NOSSA GRAMÁTICA COMPLETA

Indicada para todos os cursos e concursos

LUIZ ANTONIO SACCONI

Professor de Língua Portuguesa pela Universidade de São Paulo

NOSSA GRAMÁTICA COMPLETA

Indicada para todos os cursos e concursos

35ª edição

Apresentação

Sem querermos ser pretensiosos nem desejarmos absolutamente parodiar quem quer que seja, somos obrigados a confessar que nunca na história deste país se escreveu e elaborou uma gramática como esta. De todos os pontos de vista. Depois de acurado exame, chegarão positivamente à mesma conclusão o professor, o estudante e o estudioso.

Há pedagogos por aí que advogam o ensino das teorias de Barthes, Lacan e Chomsky nas nossas escolas de ensino médio. Todos os eminentes linguistas devem ser estudados, sem dúvida, mas a tempo e a hora e respeitados os devidos níveis. A alunos que saem do ensino médio dizendo *"Acabou" as aulas, "começou" as férias*, ou seja, sem conseguir distinguir o sujeito de orações simples, não podemos nos dar ao luxo de ensinar Chomsky, Lacan e Barthes. Uma casa não começa a ser construída pelo telhado. Quem ousou fazê-lo, não se deu bem... Alguns desses ilustres pedagogos, ainda, têm o desplante de afirmar aos quatro cantos do mundo que falar e escrever de acordo com a norma-padrão, com a gramática normativa, é uma aspiração reacionária, própria de gente conservadora, o que, já de per si, define-os como enganadores, falsos educadores, pseudopedagogos. É justamente em razão dessa mentalidade, que a carência educacional no Brasil tem se mostrado tão avassaladora, que o nosso ensino alcança os piores índices de eficácia, detectados anualmente por organismos internacionais. Costumamos dizer que a capacidade didática de um professor é, de fato, uma dádiva de Deus. Essa capacidade, sem nunca esquecer o rigor teórico, cremos demonstrar em cada linha desta obra.

Hão de notar o professor, o aluno e o estudioso que cada capítulo foi sensivelmente melhorado, sofrendo mesmo uma renovação completa, mas sem nunca deixar de lado o critério prático, simples e objetivo, características marcantes de todas as nossas obras.

Reparem no cuidado com o projeto gráfico! A obra ficou mais arejada em relação às edições anteriores, convidando à leitura, ao estudo e às pesquisas, quando não convidando ao aprofundamento de conhecimento.

Mesmo com todas essas inovações, sabemos que não atingimos a perfeição. Por isso, gostaríamos de receber sugestões de todos, professores, alunos e estudiosos em geral. Contamos com vocês para aprimorarmos cada vez mais esta que é, sem dúvida nem pretensão, não só a mais completa, mas também a mais ousada gramática jamais publicada no Brasil. Confira!

Luiz Antonio Sacconi

Não tenho sentimento nenhum político ou social.
Tenho, porém, num sentido, um alto sentimento patriótico.
Minha pátria é a língua portuguesa.

Fernando Pessoa

Sumário

1 INTRODUÇÃO — 11

Vocábulo – Palavra – Termo 11
Signos linguísticos: o significante e o significado 11
Discurso ou fala – Língua – Linguagem – Linguística ... 12
A comunicação e os seus elementos 12
Denotação – Conotação 13
Funções da linguagem 13
Tipos de discursos 14
Norma-padrão 15
Modalidades de língua ou línguas funcionais 15
O conceito de erro em língua; Os momentos do discurso 16
Língua escrita – Língua falada – Nível de linguagem ... 17
Gíria 18

2 FONOLOGIA (1) — 19

Fonologia – Fonética 19
A língua e as suas unidades mínimas 19
Fonema 19
Variantes combinatórias ou alofones 20
Neutralização – Arquifonema 20
Letra – Dígrafo – Tipos de fonemas 21
Vogais – Consoantes – Semivogais 21
■ Classificação das vogais 22
■ Classificação das consoantes 24
Sílaba – Divisão silábica 26
Acento ou acento prosódico; Sílabas tônica, átona e subtônica 27
Palavras oxítonas, paroxítonas e proparoxítonas 27
Encontros vocálicos – Encontros consonantais 27
■ Testes e exercícios 28
■ Testes de concursos e vestibulares 30

3 FONOLOGIA (2) — 32

Alfabeto 32
Sinais diacríticos ou Notações léxicas 33
Ortografia 33
Formas variantes 34
Os símbolos das unidades de medida 34
O hífen e os prefixos e pseudoprefixos 35
■ Emprego do hífen 35
■ Omissão do hífen 36
Por que - Porque, etc. 37
Uso de **há** (verbo) e **a** (preposição) 38
■ Testes e exercícios 39
■ Testes de concursos e vestibulares 43

4 ORTOFONIA — 45

Ortoepia e prosódia 45
Plurais metafônicos 45
A pronúncia dos verbos 46
Acentuação gráfica 46
■ Testes e exercícios 48
■ Testes de concursos e vestibulares 54

5 ESTRUTURA DAS PALAVRAS — 57

Estrutura das palavras 57
■ Radical 57
■ Afixos 57
■ Vogal temática 58
■ Tema 58
■ Desinência 58
■ Interfixos 59
■ Testes e exercícios 60
■ Testes de concursos e vestibulares 65

6 FORMAÇÃO DE PALAVRAS — 68

Formação de palavras 68
■ Derivação 68
■ Composição 69
■ Onomatopeia 69
■ Abreviação 69
■ Hibridismo 69
■ Testes e exercícios 70
■ Testes de concursos e vestibulares 71

7 CLASSES DE PALAVRAS – PALAVRAS DENOTATIVAS — 73

Classes de palavras 73
Palavras denotativas 73
- Testes e exercícios 75

8 SUBSTANTIVO — 76

Substantivo 76
Classificação do substantivo 76
Gênero do substantivo 77
Particularidades de gênero 80
- Testes e exercícios 82
- Testes de concursos e vestibulares 85

9 NÚMERO DO SUBSTANTIVO — 88

Número do substantivo 88
- Lista dos plurais mais interessantes 90
- Plural dos substantivos compostos 91
- Plurais especiais 92
- Testes e exercícios 93
- Testes de concursos e vestibulares 94

10 GRAU DO SUBSTANTIVO — 97

Grau do substantivo 97
- Principais aumentativos irregulares 98
- Principais diminutivos irregulares 98
- Principais diminutivos eruditos 99
- Testes e exercícios 100
- Testes de concursos e vestibulares 101

11 ARTIGO — 102

Artigo 102
- Uso do artigo definido 102
- Omissão do artigo definido 105
- Repetição do artigo definido 108
- Uso do artigo indefinido 109
- Omissão do artigo indefinido 109
- Testes e exercícios 110
- Testes de concursos e vestibulares 111

12 ADJETIVO — 113

Adjetivo 113
- Classificação do adjetivo 113
- Flexão do adjetivo 113
- Gênero do adjetivo 113
- Número do adjetivo 114
- Grau do adjetivo 114
- Principais adjetivos superlativos absolutos sintéticos irregulares ou eruditos 115
- Locução adjetiva 116
- Adjetivo pátrio 118
- Emprego do adjetivo 119
- Testes e exercícios 120
- Testes de concursos e vestibulares 122

13 NUMERAL — 125

Numeral 125
Classificação do numeral 125
- Emprego do numeral 128
- Testes e exercícios 131
- Testes de concursos e vestibulares 132

14 PRONOME — 134

Pronome 134
Classificação do pronome 135
- Pronomes pessoais 135
- Emprego dos pronomes pessoais 136
- Pronomes possessivos 142
- Emprego dos pronomes possessivos 142
- Pronomes demonstrativos 144
- Emprego dos pronomes demonstrativos 145
- Pronomes indefinidos 149
- Emprego dos pronomes indefinidos 149
- Pronomes interrogativos 152
- Emprego dos pronomes interrogativos 152
- Pronomes relativos 153
- Emprego dos pronomes relativos 154
- Testes e exercícios 157
- Testes de concursos e vestibulares 161

15 VERBO (1) — 165

Verbo 165
- Flexão de número 165
- Flexão de pessoa 165
- Flexão de modo 166
- Flexão de tempo 166
- Voz 166
- Tempos simples e compostos da voz ativa 167
- Tempos simples e compostos da voz passiva .. 167
Tempos primitivos e derivados 168
Elementos estruturais do verbo 169
- Formas rizotônicas e arrizotônicas 170
- Conjugações 170
- Classificação dos verbos 171

NOSSA GRAMÁTICA COMPLETA

- Verbos regulares 171
- Verbos irregulares 173
- Principais verbos irregulares da 1ª conjugação .. 173
- Verbos irregulares da 2ª conjugação 175
- Verbos irregulares da 3ª conjugação 184
- Verbos anômalos 188
- Verbos defectivos 188
- Verbos impessoais e unipessoais 189
- Verbos abundantes 189
- Verbos principais 191
- Verbos auxiliares 191

Aspecto verbal 191
- Principais aspectos verbais 191
- Outros tipos de verbos 193
- Testes e exercícios 194
- Testes de concursos e vestibulares 199

16 VERBO (2) — 203

Emprego dos tempos, modos e formas nominais 203
- Modo indicativo 203
  - Presente 203
  - Pretérito imperfeito 205
  - Pretérito perfeito 206
  - Pretérito mais-que-perfeito 207
  - Futuro do presente 208
  - Futuro do pretérito 210
- Modo subjuntivo 212
  - Presente 212
  - Pretérito perfeito 212
  - Pretérito imperfeito 213
  - Pretérito mais-que-perfeito 213
  - Futuro 214
- Modo imperativo 214
- Formas nominais 215
  - Gerúndio 215
  - Particípio 215
  - Infinitivo 216
- Testes e exercícios 220

17 ADVÉRBIO — 226

Advérbio 226
- Classificação do advérbio 226
- Gradações dos advérbios 228
- Adjetivos adverbializados 229
- Emprego do advérbio 229
- Testes e exercícios 230
- Testes de concursos e vestibulares 232

18 PREPOSIÇÃO — 234

Preposição 234
- Classificação da preposição 234
- Locução prepositiva 234
- Combinação, contração e crase 235
- Valor das várias relações estabelecidas pelas preposições 235
- Testes e exercícios 242
- Testes de concursos e vestibulares 244

19 CONJUNÇÃO — 245

Conjunção 245
- Locução conjuntiva 245
- Classificação das conjunções 245
- Conjunções coordenativas 246
- Conjunções subordinativas 248
- Testes e exercícios 252
- Testes de concursos e vestibulares 254

20 INTERJEIÇÃO — 256

Interjeição 256
- Locução interjetiva 256
- Classificação das interjeições 256
- Exercícios 258

21 FRASE. TIPOS DE FRASES. ORAÇÃO. PERÍODO — 259

Frase 259
- Tipos de frases 260
- Oração 260
- Período 260
- Exercícios 262

22 TERMOS ESSENCIAIS DA ORAÇÃO — 263

Termos essenciais da oração 263
- Sujeito 263
- Núcleo 263
- Tipos de sujeitos 264
- Orações sem sujeito – Verbos impessoais 265
- Sujeito oracional – Verbos unipessoais 268
- Sujeito representado por pronome oblíquo – Orações infinitivo-latinas 269
- Sujeito paciente 269

Predicado 271
- Núcleo 271
- Tipos de predicados 272
- Testes e exercícios 277
- Testes de concursos e vestibulares 279

23 TERMOS INTEGRANTES DA ORAÇÃO — 283

Termos integrantes da oração 283
- Complementos verbais 283
- Complemento nominal 284
- Agente da passiva 285

Casos particulares 286
- Objeto direto preposicionado 286
- Objeto direto e objeto indireto pleonásticos 288
- Objeto direto interno ou intrínseco 288
- Objeto indireto por extensão 288
- Testes e exercícios 290
- Testes de concursos e vestibulares 291

24 TERMOS ACESSÓRIOS DA ORAÇÃO — 294

Termos acessórios da oração 294
- Adjunto adnominal 294
- Adjunto adverbial 296
- Aposto 296
- Vocativo 297
- Testes e exercícios 298
- Testes e exercícios gerais sobre termos da oração 299

25 COORDENAÇÃO — 302

Coordenação 302
- Orações coordenadas assindéticas 302
- Orações coordenadas sindéticas 303
- Testes e exercícios 305
- Testes de concursos e vestibulares 305

26 SUBORDINAÇÃO OU HIPOTAXE (1) — 308

Subordinação ou Hipotaxe (1) 308
- Orações substantivas 309
- Orações adjetivas 311
- Orações adverbiais 313
- Testes e exercícios 317
- Testes de concursos e vestibulares 319

27 SUBORDINAÇÃO OU HIPOTAXE (2) — 322

Subordinação ou Hipotaxe (2) 322
- Orações reduzidas 322
- Orações justapostas 325
- Orações de narrador – Orações intercaladas 326
- Testes e exercícios 326
- Testes de concursos e vestibulares gerais 327

28 CONCORDÂNCIA NOMINAL — 330

Concordância nominal 330
- Casos principais 330
- Outros casos 337
- Testes e exercícios 339

29 CONCORDÂNCIA VERBAL (1) — 342

Concordância verbal 342
- Concordância verbal com sujeito simples – Casos gerais 342
- Testes e exercícios 349

30 CONCORDÂNCIA VERBAL (2) — 353

Concordância verbal com sujeito composto 353
- Testes e exercícios 358

31 CONCORDÂNCIA VERBAL (3) — 360

Concordância de ser e parecer 360
- Testes e exercícios 363
- Testes de concursos e vestibulares gerais sobre concordância verbal 365

32 REGÊNCIA VERBAL — 369

Regência verbal 369
- Testes e exercícios 379
- Testes de concursos e vestibulares 382

33 REGÊNCIA NOMINAL — 386

Regência nominal 386
- Testes e exercícios 389

34 CRASE — 390

Crase 390
- Crase (1) 390
- Crase (2) 392
- Casos que dispensam o uso do acento grave, indicador da crase 393
- Casos facultativos do uso do acento grave, indicador da crase 396
- Testes e exercícios 397
- Testes de concursos e vestibulares 399

35 COLOCAÇÃO DOS PRONOMES ÁTONOS OBLÍQUOS — 401

Colocação dos pronomes átonos oblíquos 401
- Casos gerais 401
- Casos inadmissíveis na norma padrão 403
- Testes e exercícios 405

36 SEMÂNTICA (1) — 407

Semântica (1) 407
- Significação das palavras 407
- Sinonímia 407
- Antonímia 408
- Homonímia 408
- Paronímia 409
- Hiperonímia 409
- Hiponímia 409
- Testes e exercícios 409
- Testes de concursos e vestibulares 416

37 SEMÂNTICA (2) — 418

Semântica (2) 418
- Linguagem figurada 418
- Figuras de linguagem 418
- Figuras de palavras 418
  - A · Tropos 418
    - A1 · Metáfora 418
    - A2 · Metonímia 419
    - A3 · Catacrese 421
    - A4 · Antonomásia ou Perífrase 421
  - B · Figuras de sintaxe 422
    - B1 · Elipse 422
    - B2 · Pleonasmo 422
    - B3 · Anacoluto 423
    - B4 · Silepse 423
    - B5 · Hipérbato ou Inversão 424
    - B6 · Aliteração 425
    - B7 · Repetição ou Iteração 425
    - B8 · Anáfora 426
    - B9 · Polissíndeto 426
    - B10 · Assíndeto 426
    - B11 · Epizeuxe 426
    - B12 · Quiasmo ou Conversão 426
    - B13 · Hipálage 426
    - B14 · Paronomásia 427
- Figuras de pensamento 427
  - Hipérbole 427
  - Lítotes (ou Litótis) 427
  - Eufemismo 427
  - Ironia 427
  - Prosopopeia ou Personificação 428
  - Apóstrofe 428
  - Antítese ou Contraste 428
  - Oxímoro ou Paradoxo 428
  - Gradação 428
  - Reticências ou Aposiopese 429
- Testes e exercícios 429
- Testes de concursos e vestibulares 431

38 VÍCIOS DE LINGUAGEM — 433

Vícios de linguagem 433
- Barbarismo 433
- Solecismo 434
- Cacofonia 434
- Ambiguidade ou Anfibologia 435
- Preciosismo ou Perífrase 435
- Arcaísmo 435
- Plebeísmo 436
- Redundância ou Tautologia 436
- Testes e exercícios 436
- Testes de concursos e vestibulares 437

39 PONTUAÇÃO — 439

Pontuação 439
- Ponto 439
- Vírgula 440
- Ponto e vírgula 450
- Dois-pontos 453
- Ponto de interrogação 454
- Ponto de exclamação 455
- Parênteses 456
- Reticências 457
- Aspas 458
- Travessão 460
- Outros sinais 461
- Parágrafo 462
- Testes e exercícios 462

40 A PALAVRA QUE — 467

A palavra *que* 467
- Testes e exercícios 470
- Testes de concursos e vestibulares 471

41 A PALAVRA SE — 473

A palavra *se* 473
- Testes e exercícios 475
- Testes de concursos e vestibulares 477

42 VERSIFICAÇÃO — 478

Versificação 478
- Metro 478
- Ritmo 481
- Rima 481
- Exercícios 484

Bibliografia 485

Soluções dos testes e exercícios 487

CAPÍTULO 1
INTRODUÇÃO

Vocábulo – Palavra – Termo

Vocábulo é o elemento linguístico sem nenhum valor semântico (v. *significante* adiante). O vocábulo nada mais é que a representação de uma ou mais sílabas agrupadas.

Palavra é o elemento linguístico com valor semântico (v. *significado* adiante). Assim, obnóxio é apenas um vocábulo para aquele que lhe desconhece o significado; é uma palavra, sem deixar de ser vocábulo, para a pessoa que saiba ser sinônimo de nocivo, perigoso. É comum o emprego de **palavra** por **vocábulo**, não constituindo a troca nenhuma impropriedade; não se pode dizer o mesmo, contudo, do emprego inverso.

Termo é a unidade linguística num contexto oracional. Assim, na oração Professor ganha muito pouco, temos três termos: professor (sujeito), ganha (verbo intransitivo) e muito pouco (adjunto adverbial). É comum o emprego de **termo** por **palavra**; o uso inverso, porém, caracteriza impropriedade.

A preposição **de** e a conjunção **que** são sempre vocábulos ou palavras, jamais termos.

Signos linguísticos: o significante e o significado

Quando transmitimos nossas ideias, pensamentos, sentimentos, experiências, etc., usamos uma palavra ou uma combinação de palavras, ou seja, usamos signos linguísticos, que apresentam sempre dois elementos inseparáveis: a realidade material ou a imagem acústica, ou seja, o elemento em que está contida a ideia (é o **significante**), e o aspecto imaterial, conceitual, a ideia ali contida (é o **significado**).

Signo linguístico é, pois, a unidade linguística constituída pelo significante (ou elemento material, o vocábulo) e pelo significado (ou ideia).

Todo signo é convencional. Daí por que a maior parte dos signos linguísticos é arbitrária, ou seja, não há nenhuma relação entre a representação gráfica ou som de bola e o objeto designado.

Fogem a esse conceito as onomatopeias, que procuram imitar um determinado som: fom-fom, cocorocó, coaxar, tiziu, etc.

Discurso ou fala – Língua – Linguagem – Linguística

Discurso ou **fala** é a utilização da língua pelo falante a seu modo, segundo suas possibilidades. É a escolha pessoal que o indivíduo faz dos signos da língua, para a expressão do seu pensamento. É, enfim, o uso individual da língua, com todas as suas implicações de criatividade e liberdade.

Língua é o instrumento social à disposição do falante; o discurso é a realização pessoal, individual.

Foi o linguista suíço Louis Ferdinand de Saussure o responsável pela dicotomia língua/discurso (em francês: *langue/parole*). Enquanto *la langue* constitui um sistema, um organismo, um instrumento, *la parole* é a sua expressão particular, que obedece à situação de momento que o falante está vivendo.

O discurso é, desta forma, a concretização da linguagem falada. Preferimos a denominação discurso à denominação fala, porque nos permite entender tanto a modalidade realizada oralmente (fala) quanto a realizada graficamente (escrita).

O discurso é a parte máxima da linguagem, e o fonema é a parte mínima, a saber: o discurso se decompõe em períodos; o período em orações; a oração em palavras; a palavra em sílabas e a sílaba em fonemas.

Linguagem é a faculdade que possui o homem de poder expressar seus pensamentos, sentimentos, experiências, etc. Quando o homem fala, emite sons (usa a linguagem falada); quando escreve, utiliza sinais (usa a linguagem escrita); quando faz gestos objetivos, usa a linguagem mímica, etc.

Quando a linguagem passa a pertencer a um determinado grupo, com o seu complexo sistema de sons e sinais, constitui a língua. A língua é, portanto, uma consequência da evolução da linguagem; é, em suma, a linguagem articulada, apanágio do ser humano.

Linguística é a ciência que estuda a linguagem. Pode ser **diacrônica** (estuda os fatos de uma língua em épocas diferentes) ou **sincrônica** (estuda os fatos de uma língua em determinada época).

A função principal da linguagem é a comunicação.

A comunicação e os seus elementos

Comunicação é o processo de que o homem dispõe para transmitir suas ideias, sentimentos, experiências, informações, etc. São seis os elementos da comunicação: o emissor, o receptor, a mensagem, o código, o canal e o referente.

Emissor (ou **codificador**, **fonte**, **remetente**) é o que formula a mensagem, mediante a palavra oral ou escrita, gestos, desenhos, etc. Ex.: a televisão.

Receptor (ou **decodificador**, **destinatário**) é o que interpreta a mensagem transmitida pelo emissor. Ex.: um auditório.

Mensagem é tudo aquilo que o emissor leva ao receptor. Pode ser visual, auditiva, audiovisual, etc.

Código é o sistema de signos e regras que permite formular e compreender uma mensagem. Quando nos comunicamos, utilizamos um código verbal (a língua). Além do código verbal, existem os códigos não verbais (gestos, expressões faciais, sinais de trânsito, cores, etc.). **Codificar** significa adotar um código e escolher, selecionar e ordenar os signos. **Decodificar** significa traduzir o código e dar-lhe um sentido.

Canal é o meio físico através do qual a mensagem se propaga, é a via de circulação da mensagem.

Referente é a entidade (objeto, fato, estado de coisas, etc.) do mundo externo a que um termo símbolo se refere (p. ex.: o referente da palavra livro é o objeto livro).

O conhecimento de todos esses elementos da comunicação é que assegura a plena eficácia da mensagem. Para que a comunicação seja perfeita, isto é, para que a mensagem seja cabalmente entendida pelo receptor, não pode conter ruído. O que vem a ser **ruído** na comunicação? É tudo aquilo que prejudica a transmissão da mensagem. Por exemplo: a má transmissão do emissor, ou a falta de atenção do receptor, ou o conhecimento insatisfatório do código usado. Assim como o toque de uma buzina durante um diálogo é um ruído, a gíria desconhecida do receptor constitui também um ruído na comunicação.

Denotação – Conotação

Denotação é o significado estrito de uma unidade linguística, comum a todos os falantes, não sujeito aos matizes do contexto, nem às valorizações subjetivas dos falantes, por isso admite apenas uma interpretação. Assim, a palavra pau, por exemplo, em seu sentido denotativo, é apenas um pedaço de madeira.

Conotação é o uso do signo em sentido mais rico, mais amplo; é o conjunto de valores afetivos ou evocadores que se associam a uma palavra ou expressão. Assim, a palavra pau, no sentido conotativo, pode ser empregada em muitas outras situações: dei-lhe um pau (castigo), a bola passou rente ao pau esquerdo (gol, arco), levar pau no vestibular (reprovação), etc.

Funções da linguagem

Todos os objetos ou seres úteis possuem uma função definida. Este livro, por exemplo, possui a sua função: fornecer conhecimentos de nossa língua para serem usados na vida prática. Numa empresa qualquer, cada funcionário desempenha uma função, desde o diretor-presidente até o empregado menos graduado.

A linguagem também possui as suas funções. Segundo o linguista Roman Jakobson, são estas as funções da linguagem:

1) Função referencial, informativa ou **cognitiva**

É a comunicação pura e simples; está centrada no assunto ou referente; por isso, a maior preocupação é a mensagem; o emissor se limita a informar. Caracteriza-se pelo uso da terceira pessoa do discurso e pela denotação. Ex.:

> O Sol é o centro do nosso sistema planetário.

2) Função emotiva ou **expressiva**

Centrada no emissor da mensagem, veicula seus sentimentos, emoções e julgamentos; por isso, o texto é eminentemente subjetivo e, às vezes, crítico. Ex.:

> Meu maior sonho é ver o mundo viver em paz.
> Ela não vai conseguir outro namorado tão sincero!

3) Função conativa ou apelativa

Centrada no receptor da mensagem, visa a uma atitude ou tomada de posição por parte do interlocutor ou receptor; por isso, o texto é geralmente sedutor, persuasivo. Toda mensagem publicitária é exemplo flagrante deste tipo de função. Ex.:

> Você acha que o mundo possa um dia viver em paz?

4) Função fática

Centrada no contato, no canal, caracteriza-se pelo uso de certas expressões, visando a estabelecer e manter o contato com o interlocutor. Ex.:

> Ei, qual é mesmo o seu maior sonho? Hem?
> Alô, alô, não desligue, não, meu amor, ouviu?

5) Função metalinguística

Centrada no código, traz sempre uma explicação, procurando definir o que não está claro. Ex.:

> O que é o amor? É um sino sem badalo.
> O que é o casamento? É o túmulo do amor.

Qualquer professor na sala de aula que utilize uma dada língua está fazendo uso da função metalinguística. Os livros didáticos, como este, também o fazem.

6) Função poética

Centrada na própria mensagem, valoriza a informação pela forma como é veiculada. O ritmo, a sonoridade e a estrutura da mensagem têm importância igual à do conteúdo das informações. É a função do estético, mas não exclusiva da poesia, pois pode existir também na prosa. Na função poética predominam a conotação e o subjetivismo. Ex.:

> Pensar eu que o teu destino
> Ligado ao meu, outro fora,
> Pensar que te vejo agora,
> Por culpa minha, infeliz...
>
> (G. Dias)

> Quem cabritos vende e cabras não tem,
> de algum lugar lhe vêm.
>
> (Provérbio)

Numa mensagem podem ser encontradas duas ou mais funções, porém, sempre com predominância de uma delas.

Tipos de discursos

São três os tipos de discursos:

1) Discurso direto

É a personagem falando. Ex.:

> A moça ia no ônibus muito contente da vida, mas, ao saltar, a contrariedade se anunciou:
> – A sua passagem já está paga – disse o motorista.
> – Paga por quem?
> – Esse cavalheiro aí.
>
> (Fernando Sabino)

Além da fala visível da personagem, o discurso direto se caracteriza pelo uso por parte do narrador de um verbo *dicendi*, ou seja, de qualquer verbo que denote o ato de falar: afirmar, dizer, exclamar, indagar, mandar, ordenar, pedir, perguntar, responder, etc. No exemplo dado, o verbo *dicendi* foi usado depois do enunciado:

– A sua passagem já está paga – disse o motorista.

Na falta do verbo *dicendi*, o narrador utiliza um recurso de pontuação, geralmente vírgula, dois-pontos, travessão, aspas ou mudança de linha. No exemplo visto, o narrador usou dois-pontos (*anunciou:*) e travessão (*– A sua passagem*).

2) Discurso indireto

É o narrador falando pela personagem. Ex.:

O doutor Fábio, em frente de sua mesa de trabalho, ar um tanto cansado, com grande simpatia, perguntou-me o que eu desejava. Respondi-lhe prontamente que desejava um lugar na expedição.

(O. B. Mott)

No discurso indireto, o verbo *dicendi* vem seguido de uma oração substantiva, iniciada pelo conetivo **que** ou **se**.

3) Discurso indireto livre ou semi-indireto

É o narrador reproduzindo o pensamento da personagem. Ex.:

Um dia acabou encontrando-se com ela numa rua escura e semideserta. Seus olhares, cúmplices, se cruzam. Chegou a hora de espantar incertezas. Não, mas não quero precipitar-me.

Note: o pensamento da personagem se confunde com a própria linguagem do narrador. Não se usa verbo *dicendi* nem conetivos. Trata-se de um tipo de discurso que aproxima o narrador da personagem.

Norma-padrão

Norma padrão é a forma linguística que todo povo civilizado possui, a que assegura a unidade da língua nacional. É justamente em nome dessa unidade, tão importante do ponto de vista político-cultural, que é ensinada nas escolas e difundida nas gramáticas. Por isso, é a forma linguística utilizada pelo segmento mais culto e influente de uma sociedade. Por considerarem-na "elitista", há hoje uma corrente de professores e linguistas contrários ao seu ensino nas escolas. Esquecem-se de que as escolas buscam formar exatamente a elite da sociedade, segmento que contribui mais (e melhor) para o progresso do país.

Modalidades de língua ou línguas funcionais

Existem basicamente duas modalidades de língua, ou seja, duas línguas funcionais:

1) Língua funcional de modalidade culta, língua culta ou língua padrão

Compreende a língua literária e tem por base a norma-padrão. É a língua utilizada pelos veículos de comunicação de massa (emissoras de rádio e televisão, jornais, revistas, painéis, anúncios, etc.), cuja função é justamente a de serem aliados da escola, prestando serviço à sociedade, colaborando na educação, e não justamente o contrário.

2) **Língua funcional de modalidade popular**, **língua popular** ou **língua cotidiana**
Apresenta gradações as mais diversas e tem o seu limite na gíria e no calão.
Sendo mais espontânea e criativa, a língua popular se afigura mais expressiva e dinâmica. Temos, assim, à guisa de exemplificação:

> **Estou preocupado.** (norma-padrão)
> **Tô preocupado.** (língua popular)
> **Tô grilado.** (gíria, limite da língua popular)

Não basta conhecer apenas uma modalidade de língua: urge conhecer a língua popular, captando-lhe a espontaneidade, expressividade e enorme criatividade, para **viver**; urge conhecer a língua padrão para **conviver**.

Podemos, agora, definir **gramática**: é o estudo das normas da língua padrão.

O conceito de erro em língua
Os momentos do discurso

Em rigor, ninguém comete erro em língua, exceto nos casos de ortografia. O que normalmente se comete em língua são transgressões da norma-padrão. De fato, aquele que, num momento íntimo do discurso, diz: **Ninguém deixou ele falar**, não comete propriamente erro; na verdade, transgride a norma-padrão.

Um repórter, ao cometer uma transgressão em sua fala, transgride tanto quanto um indivíduo que comparece a um banquete trajando *shorts* ou quanto um banhista, numa praia, vestido de fraque e cartola.

Releva, assim, considerar o momento do discurso, que pode ser íntimo, neutro ou solene.

O **momento íntimo** é o das liberdades da fala. No recesso do lar, na fala entre amigos, parentes, namorados, etc., são consideradas perfeitamente normais construções do tipo:

> Eu não vi ela hoje.
> Ninguém deixou ele falar.
> Deixe eu ver isso!
> Eu te amo, sim, mas não abuse!

> Não assisti o filme nem vou assisti-lo.
> Não fala pro teu pai!
> Sou teu pai, por isso vou perdoá-lo.

Este é o momento da informalidade, caracterizado pela liberdade dos interlocutores e de franca prevalência da língua popular sobre a língua padrão.

O **momento neutro** é o do uso da língua padrão, que é a língua da Nação. Como forma de respeito, tomam-se por base aqui as normas estabelecidas na gramática, ou seja, a norma-padrão. Assim, aquelas mesmas construções se alteram:

> Eu não a vi hoje.
> Ninguém o deixou falar.
> Deixe-me ver isso!
> Eu te amo, sim, mas não abuses!

> Não assisti ao filme nem vou assistir a ele.
> Não fales para o teu pai!
> Sou seu pai, por isso vou perdoar-lhe.

Considera-se momento neutro o utilizado nos veículos de comunicação de massa (rádio, televisão, jornal, revista, etc.). Daí o fato de gramáticos mais rigorosos não admitirem deslizes ou transgressões da norma-padrão na escrita e na fala de jornalistas, quando no exercício do trabalho. Tais veículos devem prestar serviço à causa do ensino, e não justamente o oposto.

O **momento solene**, acessível a poucos, é o da arte poética, caracterizado por construções de rara beleza.

IMPORTANTE

Vale lembrar que a língua é um costume. Como tal, qualquer transgressão, ou chamado erro, deixa de sê-lo no exato instante em que a maioria absoluta o comete, passando, assim, a constituir fato linguístico (registro de linguagem definitivamente consagrado pelo uso, ainda que não tenha amparo gramatical). Ex.:

Olha eu aqui!	→	(Substituiu: Olha-me aqui!)
Vamos nos reunir.	→	(Substituiu: Vamo-nos reunir.)
Não vamos nos dispersar!	→	(Substituiu: Não nos vamos dispersar ou Não vamos dispersar-nos.)
O soldado está a postos.	→	(Substituiu: O soldado está no seu posto.)

Exemplo clássico de transgressão que se tornou fato linguístico é o das formas verbais impeço e despeço, respectivamente de impedir e despedir. O povo viu tais verbos como derivados de pedir, que tem início, na sua conjugação, com peço. Tanto bastou para se arcaizarem as formas então legítimas impido e despido, que hoje nenhuma pessoa escolarizada tem coragem de usar.

Quando, portanto, se diz que uma frase está correta, entenda-se que ela está elaborada conforme as normas gramaticais, ou seja, conforme a norma-padrão.

Língua escrita – Língua falada – Nível de linguagem

A língua escrita, por sua própria natureza, é estática e mais elaborada que a língua falada, mas não dispõe dos recursos próprios desta.

A acentuação [relevo de sílaba(s)], a entoação (melodia da frase), as pausas (intervalos significativos no decorrer do discurso), além da possibilidade de gestos, olhares, piscadas, etc., fazem da língua falada a modalidade mais expressiva, mais criativa, mais espontânea e natural, estando, por isso mesmo, mais sujeita a transformações e a evoluções.

Nenhuma delas, porém, se sobrepõe a outra em importância. Nas escolas, principalmente, costuma se ensinar a língua falada com base na língua escrita, considerada superior. Decorrem daí as correções, as retificações, as emendas, a que os professores sempre estão atentos. A escola existe para o aprimoramento, para o aperfeiçoamento do indivíduo, e não para deixá-lo estacionado no ponto cultural adquirido naturalmente no seu ambiente.

Ao professor cabe mostrar as diferenças das duas modalidades, as características e as vantagens de uma e outra, sem deixar transparecer nenhum caráter de superioridade ou inferioridade. É preciso deixar claro ao educando que ser "bilíngue" na sua própria língua é uma vantagem.

Isso não implica dizer que se deve admitir tudo na língua falada. A nenhum povo interessa a multiplicação de línguas. A nenhuma nação convém o surgimento de dialetos, consequência natural do enorme distanciamento entre uma modalidade e outra.

> *O fato de que é o povo que faz a língua não quer dizer que se deva aceitar tudo o que venha a ser criado pelo povo. A língua pressupõe também a cultura e, às vezes, o próprio povo se encarrega de repelir uma criação que não se enquadre dentro do espírito da língua como evolução natural.*
>
> [Prof. Sebastião Expedito Ignácio (Unesp)].

A língua escrita é, foi e sempre será mais bem-elaborada que a língua falada, porque é a modalidade que mantém a unidade linguística de um povo, além de ser a que faz o pensamento atravessar o espaço e o tempo. Nenhuma reflexão, nenhuma análise mais detida será possível sem a língua escrita, cujas transformações, por isso mesmo, se processam lentamente e em número consideravelmente menor, quando cotejada com a modalidade falada.

Importante é fazer o educando perceber que o nível da linguagem, a norma linguística, deve variar de acordo com a situação em que se desenvolve o discurso.

O ambiente sociocultural determina o nível da linguagem a ser empregado. O vocabulário, a sintaxe, a pronúncia e até a entoação variam segundo esse nível. Um padre não fala com uma criança como se estivesse celebrando uma missa, assim como uma criança não fala como um adulto. Um engenheiro não usará um mesmo discurso, ou um mesmo nível de fala, para colegas e para pedreiros, assim como nenhum professor utiliza o mesmo nível de fala no recesso do lar e na sala de aula.

Existem, portanto, vários níveis de linguagem e, entre esses níveis, destacam-se em importância o culto e o cotidiano, a que já fizemos referência.

Gíria

Ao contrário do que muitos pensam, a **gíria** não constitui um flagelo da linguagem. Quem um dia, já não usou **bacana**, **dica**, **cara**, **chato**, **cuca**, **esculacho**, **estrilar**?

O mal maior da gíria reside na sua adoção como forma permanente de comunicação, desencadeando um processo não só de esquecimento, como de desprezo do vocabulário oficial. Usada no momento certo, porém, a gíria é um elemento de linguagem que denota expressividade e revela grande criatividade, desde que, naturalmente, adequada à mensagem, ao meio e ao receptor. Note, porém, que estamos falando em gíria, e não em calão.

Ainda que criativa e expressiva, a gíria só é admitida na língua falada. A língua escrita não a tolera, a não ser na reprodução da fala de determinada personagem, de determinado meio ou época, com a visível intenção de documentar o fato, ou em casos especiais de comunicação entre amigos, familiares, namorados, etc., caracterizada pela linguagem informal.

CAPÍTULO 2
FONOLOGIA (1)

Fonologia – Fonética

Fonologia é o estudo dos sons com função ou significação linguística, ou seja, os fonemas.

Fonologia e **Fonética** não se confundem, porque esta estuda os sons da fala, enquanto aquela estuda os sons da língua.

A língua e as suas unidades mínimas

A língua existe para tornar efetivo o ato da comunicação. Para tanto, toda língua apresenta unidades mínimas de significado e som. Assim, divide-se inicialmente em **frases**, que são as unidades mínimas de comunicação.

Uma frase, por sua vez, divide-se em unidades menores, as **palavras**, que, de seu lado, decompõem-se em unidades mínimas, os **fonemas**, que são apenas significantes.

Como são unidades mínimas não dotadas de significado, os fonemas não podem ser decompostos em unidades menores.

Fonema

Para entender bem o que é fonema, suponhamos a frase Cada macaco no seu galho. Nela encontramos cinco palavras, e cada uma delas se constitui de unidades mínimas, os fonemas, que se transcrevem entre barras oblíquas:

cada = / k /   / a /   / d /   / a / → [ˈkada]

Como se vê, ao procedermos à transcrição fonética das palavras, usamos colchetes em vez de barras e um apóstrofo precedendo a sílaba tônica.

Fonema é, pois, a menor unidade sonora distintiva da palavra. Por que distintiva? Porque a mudança ou comutação de um fonema acarreta um novo signo. Observe as comutações dos fonemas inicial, medial e final realizadas a seguir, para perceber como se efetiva tal distinção:

cal	cada	sob
mal	capa	sol
sal	cara	som
tal	casa	sou

Em cada um desses grupos se nota o caráter distintivo dos fonemas, porque os signos se distinguem unicamente por um dos fonemas.

A simples mudança de posição dos mesmos fonemas pode determinar um novo signo. Ex.: amor/Roma/mora/ramo/Omar.

Variantes combinatórias ou alofones

Nem sempre os fonemas têm valor distintivo. Na fala, um único fonema pode realizar-se de várias formas, ou seja, pode representar sons variados, a que se dá o nome de **variantes combinatórias** ou **alofones**. Ex.: o / ℓ / em final de sílaba se vocaliza em grande parte do Brasil e se transforma na semivogal / w /. Diz-se, então, que ocorre uma variante combinatória ou um alofone [w] do fonema / ℓ /:

mal ⟶ [ˈmaw] (grande parte do Brasil)
       ⟶ [ˈmaℓ] (Rio Grande do Sul)

O falante não se importa com a diferença, porque o fato não implica mudança de significado.

Neutralização – Arquifonema

Neutralização é a anulação de uma oposição fonológica distintiva em determinada posição. O resultado é o **arquifonema**, que se representa com maiúscula. Assim, / I / é o arquifonema resultante da neutralização da oposição fonológica entre / e / e / i /, em posição átona final, assim como / U /, em idêntica posição, é o arquifonema que resulta da neutralização da oposição fonológica entre / o / e / u /. Ex.:

| júri | jure → [ˈʒuri] | [ˈʒurI] |
| anos | ânus → [ˈɑnuS] | [ˈɑnUS] |

Outro arquifonema é / S /, que resulta da neutralização do traço de sonoridade que distingue / s / e / z /. Assim, ora se realiza surdo, ora se realiza sonoro.

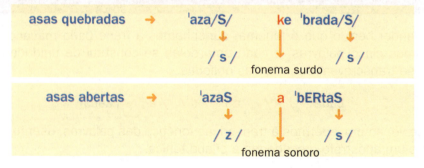

São ainda arquifonemas os sons que fazem parte destas palavras:

/ R /	→	caRta, fazeR, caRRo, Roda, honRa, guelRa
/ M /	→	caMpo, eMpate, iMposto, boM, uMbigo
/ N /	→	aNtigo, eNtrada, iNchar, oNda, assuNto

IMPORTANTE

O **m** e o **n** em final de sílaba podem ser considerados, numa etapa inicial de aprendizado de Fonologia, sinais de nasalação da vogal anterior. Vistos dessa forma, constituem um dígrafo com a vogal da sílaba.

Letra – Dígrafo – Tipos de fonemas

Nossa língua pode ser falada e escrita. Na língua falada, as palavras se constituem de fonemas; na língua escrita, as palavras são reproduzidas por meio de símbolos gráficos, a que se dá o nome de **letras** ou **grafemas**.

Nem sempre as palavras apresentam número idêntico de letras e de fonemas. Ex.:

| mola | → | quatro letras, quatro fonemas |
| unha | → | quatro letras, três fonemas |

A união das letras **n** e **h** constitui um recurso da língua, a fim de representar o fonema / η /, já que o nosso alfabeto não dispõe de grafema especial para tal representação.

Sempre que a língua recorre a duas letras para representar um só fonema, forma-se um **dígrafo** ou **digrama**. Os principais dígrafos são:

nh → unha	ch → chave	lh → palha
rr → carro	ss → massa	sc → nascer
sç → nasça	xc → exceção	gu → guidão
	qu → quilo	

De outro lado, um mesmo grafema pode representar dois ou mais fonemas distintos. A letra **s**, por exemplo, pode representar o fonema / s / (como em sapo) ou o fonema / z / (como em casa).

Assim como existem na língua dois grafemas que representam um só fonema, também existe um grafema que representa dois fonemas. É o caso de táxi, em que o **x** representa o fonema dúplice / ks /. O conjunto de dois fonemas representados por uma única letra recebe o nome de **dífono**.

A etimologia ou razão histórica é que determina o uso deste ou daquele grafema.

Vogais – Consoantes – Semivogais

Os fonemas podem ser vogais, consoantes e semivogais.

Vogais são fonemas produzidos livremente, isto é, sem a interferência de órgãos da boca. Assim, ao pronunciarmos a sequência das vogais (a e i o u), observamos que nenhum órgão da boca interrompe a passagem da corrente de ar proveniente dos pulmões. O que ocorre, nesse caso, é a modificação das cavidades faríngea e bucal, além de um movimento contínuo da língua para trás, fatores esses justamente que possibilitam a formação das diferentes vogais.

Consoantes são fonemas produzidos com interferência de um ou mais órgãos da boca. Ex.:

/ t / → para a sua formação concorre a língua e os incisivos;

/ k / → para a sua formação concorre a parte posterior da língua e o véu palatino.

Vogais são sons; consoantes são ruídos.

Semivogais são os fonemas / y / e / w / que se agrupam com uma vogal, formando sílaba. São, em verdade, fonemas intermediários entre as vogais e as consoantes. Ex.:

pai → /'pay/   mau → /'maw/

O que diferencia substancialmente as semivogais / y / e / w / das vogais / i / e / u / é que aquelas são emitidas com duração e energia menos intensas que estas.

Classificação das vogais

As vogais podem ser classificadas:

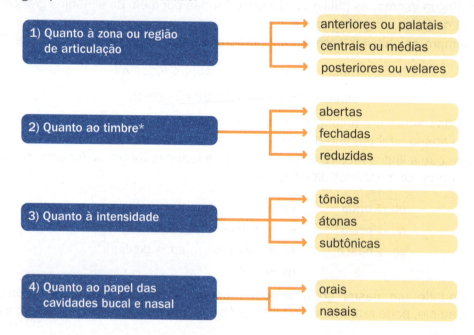

1) Quanto à zona ou região de articulação
   → anteriores ou palatais
   → centrais ou médias
   → posteriores ou velares

2) Quanto ao timbre*
   → abertas
   → fechadas
   → reduzidas

3) Quanto à intensidade
   → tônicas
   → átonas
   → subtônicas

4) Quanto ao papel das cavidades bucal e nasal
   → orais
   → nasais

1) Zona ou região de articulação	
Anteriores ou **palatais**	A língua se dirige para a região palatal ou céu da boca: / ɛ / → pé, serra, pedra, mel / i / → ri, vítima, inimigo, vida / e / → sebo, lê, medroso, rever / I / → pele, leite, quente, ponte
Centrais ou **médias**	A língua permanece em repouso: / a / → má, mala, farra / α / → banha, lama, dama
Posteriores ou **velares**	A língua recua até se aproximar do véu palatino: / ɔ / → pó, escola, prova, novos / u / → nu, urubu, tatu, angu / o / → escova, moça, boçal, pomar / U / → vaso, calo, mato, pelo

* Timbre é o efeito acústico resultante do fenômeno de ressonância.

2) Timbre

Abertas	/ a /	→	má, mala, farra
	/ ɛ /	→	pé, pezinho, leque
	/ ɔ /	→	pó, pozinho, corda
Fechadas	/ α /	→	banha, lama, dama, mambo, manta
	/ e /	→	seco, secamente, menta
	/ i /	→	tímido, timidamente, minta
	/ o /	→	doce, docemente, monte
	/ u /	→	rude, rudemente, mundo

Reduzidas: São todas as vogais átonas, mas somente as finais / e / e / o / é que se neutralizam, ou seja, passam a / I / e / U /, respectivamente:

- / a / → mala, serra, farra, amparo, antigo
- / e / → entrada, empate
- / i / → inchado, imbecil
- / o / → combate, ondulado
- / u / → juntar, umbigo
- / I / → leve, pele, leite
- / U / → vaso, calo, sonho

3) Intensidade

Tônicas — São acentuadas:

- / a / → mala, estado, âmago
- / ɛ / → fé, pele
- / e / → sebo, lêvedo
- / i / → li, vida, físico
- / ɔ / → dó, corda, polo
- / o / → pôr, ômega, onda
- / u / → nu, puro, úmido

Átonas — São inacentuadas:

- / a / → mala, azar, âmago
- / e / → trenó, empate, entrada
- / i / → cinema, inchar, inimigo
- / o / → pomada, lombada, coral
- / u / → bulir, urubu, umbigo

Subtônicas — De intensidade média, ou seja, entre as tônicas e as átonas:

- / a / → vagamente, pazinha
- / ɛ / → levemente, pezinho
- / i / → timidamente, gizinho
- / ɔ / → somente, pozinho
- / o / → tolamente, robozinho
- / u / → rudemente, urubuzinho

4) Papel das cavidades bucal e nasal

Orais: A corrente de ar sai totalmente pela boca:
má, mel, mês, ri, pó, pôr, nu

Nasais: A corrente de ar sai parte pela boca, parte pelo nariz:
lã [ˈlã], põ150es [ˈpõỹS], garanhuense [garanũˈeNsɪ]

Classificação das consoantes

As consoantes se classificam:

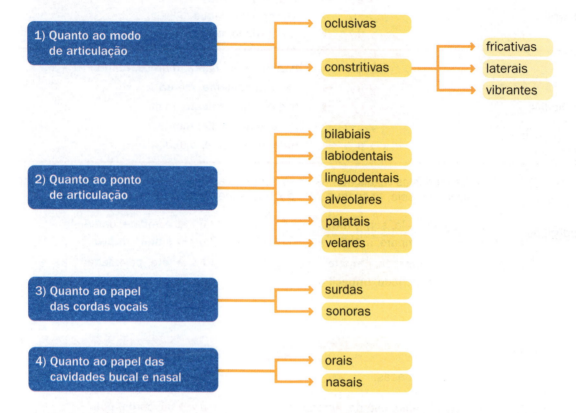

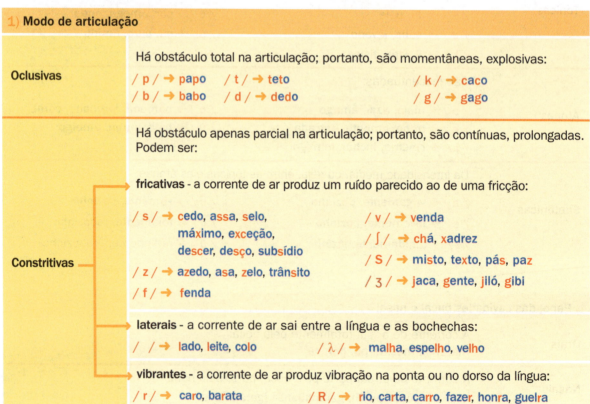

2) Ponto de articulação

Bilabiais	Formadas pelo encontro dos lábios: / m / → mama / p / → papo / b / → baba
Labiodentais	Formadas pela passagem do ar entre o lábio inferior e a borda dos incisivos superiores: / f / → fenda / v / → venda
Linguodentais	Formadas pelo encontro da língua contra os incisivos superiores: / s / → sebo, cedo, exceção, massa, nascer, nasça, máximo / z / → casa, zinco, exame, inexorável / t / → teto, tatu / d / → dedo, dado
Alveolares	Formadas pelo contato ou aproximação da ponta da língua com os alvéolos dos incisivos superiores: / n / → nenê, nu / l / → lata, cola / r / → barata, caro
Palatais	Formadas pelo contato do dorso da língua contra o palato duro ou céu da boca: / λ / → malha, velho / η / → manha, senha / ʒ / → gente, jiló / ʃ / → chá, xarope
Velares	Formadas pelo contato da parte posterior da língua contra o véu palatino: / k / → casa, queda / g / → galo, guelra / R / → rio, carro, fazer, carta, guelra, honra

3) Papel das cordas vocais

Surdas	Formadas sem vibração das cordas vocais: / p / / t / / k / → peteca / s / → selo, cedo, massa, exceção, nascer, nasça, máximo / ʃ / / f / → chefe
Sonoras	Formadas com vibração das cordas vocais: / b / / d / / g / → bodega / λ / → malha, velho / b / / η / → banho / m / / n / / r / → mineiro / ʒ / → laje, loja / z / / d / → azedo, dose / R / / v / → raiva, varrer

OBSERVAÇÃO

Todas as vogais são sonoras; quando se cochicha, porém, são surdas.

> **I M P O R T A N T E**
>
> Para melhor entender as consoantes surdas e sonoras, convém saber como funciona o aparelho fonador, conjunto de órgãos indispensáveis para que se realize o ato da fala. Tais órgãos são os pulmões, os brônquios, a traqueia, a laringe, a faringe, a boca e as fossas nasais. Na parte superior da laringe existem dois pares de pregas membranosas a que se dá o nome de cordas vocais, um par superior, outro inferior; este é o par mais importante, porque desempenha o principal papel na produção da voz. As cordas vocais inferiores assemelham-se a dois lábios quase unidos, entre os quais existe uma pequena fenda chamada glote, que permanece aberta enquanto não falamos e se fecha durante a fonação. Proveniente dos pulmões, o ar passa pela traqueia e chega à faringe; ao atingir a parte superior desta, o ar tem de transpor a glote. Se a glote estiver fechada, o ar força a passagem e faz as cordas vocais vibrar; diz-se, então, que o fonema produzido é sonoro. Se a glote está aberta, o ar passa sem dificuldade, e as cordas vocais não vibram; neste caso, o fonema produzido é surdo.

4) Papel das cavidades bucal e nasal

Orais	Para a sua formação, a corrente de ar passa apenas pela cavidade bucal.
Nasais	Formam-se pela ressonância da corrente de ar na cavidade nasal. Todas as consoantes são **orais**, com exceção destas, que são nasais: /m/ → mala /n/ → nada /η/ → manha

Sílaba – Divisão silábica

Sempre que pronunciamos uma palavra, damos impulsos expiratórios, dividindo-a dessa forma, em unidades fônicas constituídas ou apenas de uma vogal, ou centradas numa vogal. A cada uma dessas unidades se dá o nome de sílaba. A palavra amigo, por exemplo, assim se divide em sílabas: a-mi-go, onde a é uma unidade fônica constituída apenas por uma vogal; mi é outra unidade fônica centrada numa vogal e go é mais uma unidade fônica centrada numa vogal.

Sílaba é, pois, a unidade fônica constituída apenas por uma vogal, ou centrada numa vogal, e emitida num só impulso expiratório.

As sílabas que terminam por vogal são chamadas **sílabas abertas**; as que terminam por consoante ou por semivogal são chamadas **sílabas travadas**. Ex.: borboleta (bor-bo-le-ta, em que a primeira sílaba é travada e as demais são abertas); baixo (bai-xo, em que a primeira sílaba é travada e a outra é aberta).

Quanto ao número de sílabas, as palavras podem ser **monossílabas** [uma só sílaba: flor, Deus (tônicas), mas, lhe (átonas)]; **dissílabas** (duas sílabas: ritmo, istmo), **trissílabas** (três sílabas: escola, professor) e **polissílabas** (quatro ou mais sílabas: orangotango, paralelepípedo).

Na **divisão silábica** não se levam em conta os elementos formadores das palavras, mas apenas a soletração. Por isso, dividimos bisavô, superelegante e interestadual desta forma: bi-sa-vô, su-pe-re-le-gan-te, in-te-res-ta-du-al.

Palavras que trazem os dígrafos rr, ss, xc, sc, sç e xs, por questão de simetria e tradição, deixam cada letra numa sílaba. Ex.: exceto (ex-ce-to), exsudato (ex-su-da-to).

> **I M P O R T A N T E**
>
> Em nome da estética, não se deixam vogais isoladas numa linha, na transcrição linear. Ex.: a- no fim de uma linha e migo na outra, ou padari- na linha superior e a, isolado, na linha inferior.

Acento ou acento prosódico
Sílabas tônica, átona e subtônica

Acento ou **acento prosódico** é o destaque de uma sílaba em relação a outra(s), na cadeia da fala. A sílaba que contém o acento chama-se **tônica**; a que não possui o acento chama-se **átona**, e a que possui intensidade intermediária entre a tônica e a átona se diz **subtônica**. A sílaba subtônica só aparece em palavras derivadas e corresponde à tônica da palavra primitiva. Ex.:

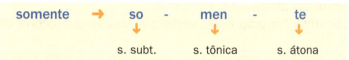

Quase todas as palavras em português têm acento. As únicas que não o possuem são as monossílabas e dissílabas átonas, representadas por artigos, pronomes pessoais oblíquos, preposições, conjunções, etc.

Quase todas as palavras portuguesas têm **acento**, mas nem todas têm **acento gráfico**, sinal usado para indicar a sílaba tônica. A palavra escola tem acento (na segunda sílaba), mas não acento gráfico; já a palavra ônibus tem acento e acento gráfico.

Palavras oxítonas, paroxítonas e proparoxítonas

Quanto à posição da sílaba tônica, as palavras podem ser oxítonas, paroxítonas e proparoxítonas.

A palavra será **oxítona** (ou **aguda**) quando a tonicidade estiver na última sílaba. Ex.: amor. Algumas oxítonas interessantes: bagdali, cateter, condor, Nobel, recém, refém, ruim, somali.

A palavra será **paroxítona** (ou **grave**) quando a tonicidade estiver na penúltima sílaba. Ex.: amoroso. Algumas paroxítonas interessantes: avaro, aziago, cateteres, celtiberos, decano, filantropo, ibero, látex, libido, pegada, pudico, Quéops, rubrica, xérox.

A palavra será **proparoxítona** (ou **esdrúxula**) quando a tonicidade estiver na antepenúltima sílaba. Ex.: âmago. Algumas proparoxítonas interessantes: aríete, crisântemo, ínterim, pólipo, protótipo, réquiem.

Nossa língua não admite nomes com acento na pré-antepenúltima sílaba, ou seja, nomes bisesdrúxulos. Somente são toleradas algumas formas verbais seguidas de pronome oblíquo: amávamo-la, fazíamo-lo, escrevíamos-lhe, etc. Nomes proparoxítonos que, ao se flexionarem no plural, tornar-se-iam bisesdrúxulos, deslocam seus acentos para outra sílaba. É o caso de júnior, cujo plural é juniores (ô), e não "júniores".

Encontros vocálicos – Encontros consonantais

As vogais e as semivogais podem aparecer juntas, formando um único grupo sonoro, que recebe o nome de **encontro vocálico**. Em português existem três tipos de encontros vocálicos: o ditongo, o tritongo e o hiato.

O **ditongo** é a sequência de vogal + semivogal, ou vice-versa. Ex.: faixa (vogal + semivogal); série (semivogal + vogal). A sequência vogal + semivogal produz um **ditongo decrescente**; a sequência semivogal + vogal proporciona um **ditongo crescente**. Os ditongos crescentes são passíveis de separação, ao contrário dos decrescentes, que nunca se separam. Os ditongos crescentes mediais podem separar-se ou não, mas a tendência moderna é separá--los, embora na pronúncia não se realize tal divisão. Ex.: nacional (na-ci-o-nal, separação preferida, e **na-cio-nal**, pronúncia comum). Os ditongos crescentes acompanhados de **g** ou de **q** jamais se separam. Ex.: **água** (**á-gua**), **aquarela** (**a-qua-re-la**). O ditongo é **oral**, quando o ar sai totalmente pela boca (**faixa**, **série**); é **nasal**, quando o ar sai parte pela boca, parte pelas fossas nasais (**mãe**, **pão**).

O **tritongo** é a sequência de semivogal + vogal + semivogal. Ex.: **Paraguai** (**Pa-ra-guai**), tritongo oral; **saguão** (**sa-guão**), tritongo nasal. O tritongo jamais se separa.

O **hiato** é a sequência imediata de vogal + vogal. Ex.: **saúde** (**sa-ú-de**), **rainha** (**ra-i-nha**).

Duas ou mais consoantes podem aparecer juntas num mesmo vocábulo; quando isso ocorre, elas recebem o nome de **encontro consonantal**. Em português existem dois tipos de encontros consonantais: o próprio e o impróprio.

O encontro consonantal **próprio** ou **perfeito** é aquele que ocorre dentro de uma sílaba. Ex.: **trama** (**tra-ma**).

O encontro consonantal **impróprio** ou **imperfeito** é aquele que ocorre entre sílabas. Ex.: **teste** (**tes-te**).

IMPORTANTE

Em palavras como feio, veia e maio existem, em rigor, dois ditongos. Veja como realmente pronunciamos tais palavras: *fei-io*, *vei-ia*, *mai-io*. A segunda sílaba traz um embrião semivocálico só registrado na fala. A tal fenômeno se dá o nome de **glide** (que se pronuncia *glaide*). Na fase inicial de aprendizado, costuma se dizer que nesses casos existem ditongo e hiato.

Testes e exercícios

1) Identifique as afirmações verdadeiras:

a) Toda letra representa um único fonema.
b) Todo fonema representa uma só letra.
c) Uma letra pode representar até cinco fonemas diferentes.
d) Nenhuma letra pode representar dois fonemas.
e) Um mesmo fonema pode ter duas representações gráficas.
f) Letra e fonema são sinônimos.
g) O fonema inicial de **cara** é o mesmo de **quilo**.
h) Dois ou mais fonemas idênticos têm de ter a mesma representação gráfica.
i) Nosso alfabeto não tem letras que correspondam a todos os fonemas da nossa língua, por isso existem os dígrafos.
j) Os fonemas são representados entre chaves.

2) Continue:

a) Toda língua apresenta unidades mínimas de significado e som.
b) As unidades mínimas de comunicação são as palavras.
c) Unidades menores que as palavras são as frases.
d) Os fonemas são unidades mínimas dotadas de significado.
e) Os fonemas são unidades mínimas significantes.
f) Fonema é a menor unidade sonora de uma palavra porque é um elemento que não pode ser decomposto em unidades menores.
g) Fonema é a menor unidade distintiva da palavra, porque a mudança ou comutação de um só fonema possibilita a existência de um novo signo.
h) Alofone é a variação sonora de uma mesma letra.
i) Neutralização é a concretização de uma oposição fonológica distintiva.
j) Digrama é o mesmo que grafema.

3 Continue:

a) A alma de uma sílaba é a vogal; não há sílabas sem vogal.
b) Uma sílaba pode ser constituída exclusivamente por uma vogal.
c) Uma sílaba sempre é emitida num só impulso expiratório.
d) Para bem dividir uma palavra em sílabas, fundamental é orientar-se pela soletração.
e) Com algumas exceções, em português todas as palavras têm acento.
f) Acento é rigorosamente a mesma coisa que acento gráfico.
g) Toda palavra monossílaba tônica pode ser chamada de oxítona; não, porém, a monossílaba átona.
h) **Álibi** é palavra esdrúxula, mas **ruim** é palavra aguda.
i) **Rubrica** é palavra grave, mas **cateter** é palavra aguda.
j) **Lúcifer** faz no plural **Lucíferes**, que é palavra bisesdrúxula.

4 Quando há troca de fonemas entre palavras, dizemos que há comutação de fonemas. Com a comutação, surgem palavras e significados diferentes. Realize todas as comutações possíveis do fonema em destaque: **m**ala, **c**ola, **f**ato, co**m**er, ce**n**a, li**m**a.

5 Identifique as palavras que trazem dífono:

a) xérox   c) mexer   e) chouriço
b) tóxico   d) fossa

6 Divida em sílabas: interestadual, subumano, sublinhar, sublocar, subemenda, superamigo, subinspetor, abrupto.

7 Identifique a palavra oxítona:

a) condor
b) sabia
c) caráter
d) reles
e) avaro

8 Identifique a palavra paroxítona:

a) cateter   c) recorde   e) ridículo
b) cupuaçu   d) pichar

9 Identifique a palavra proparoxítona:

a) surubim   c) aziago   e) ciriguela
b) orangotango d) ínterim

10 As palavras pistache e chilique se identificam:

a) pelo mesmo número de fonemas.
b) pelo mesmo número de letras.
c) por apresentarem idêntica sílaba tônica.
d) pelo mesmo número de sílabas átonas.
e) por terem ambas dois dígrafos em cada uma.
f) pelo mesmo número de vogais.
g) pelo mesmo número de sílabas.
h) pelo mesmo número de encontros consonantais.
i) por serem ambas paroxítonas.
j) por serem ambas oxítonas.

11 As palavras orangotango e chimpanzé se identificam:

a) pelo mesmo número de sílabas.
b) pelo mesmo número de sílabas átonas.
c) por apresentarem idêntica sílaba tônica.
d) pelo mesmo número de fonemas.
e) pelo mesmo número de dígrafos.
f) por serem ambas oxítonas.
g) por serem ambas paroxítonas.
h) por não terem encontros consonantais.
i) por não terem sílaba tônica.
j) por serem ambas palavras polissílabas.

12 É uma palavra paroxítona:

a) tímido   c) mendigar   e) talco
b) pirão   d) cafezal

13 É uma palavra oxítona:

a) tatu   c) multa   e) ínterim
b) fruta   d) céu

14 É uma palavra monossílaba tônica:
a) Deus   c) istmo   e) nos
b) Quéops d) mas

15 A única palavra que tem semivogal é:
a) poeta   c) casaco   e) Pacaembu
b) cair   d) gratuito

16 A única palavra que não traz semivogal é:
a) peixinho
b) azeite
c) queixada
d) paulada
e) coelho

17 As únicas palavras que trazem ditongo são:
a) assessor   f) rolimã
b) cumeada   g) curimbatá
c) circuito   h) beneficente
d) discrição   i) caranguejo
e) marceneiro   j) barbeiragem

18 A palavra que traz ditongo é:
a) paisinho
b) paizinho

19 As palavras que trazem hiato são:
a) Tietê   e) creem   i) Piraçununga
b) aorta   f) fiéis   j) ruim
c) poeira   g) Itu
d) Araraquara h) Paraguaçu

20 As duas únicas palavras que trazem tritongo são:
a) imbuia   c) manteigueira   e) saguão
b) baleia   d) quão

21 A única palavra que traz encontro consonantal é:
a) quente   c) cabeçalho   e) cachorro
b) piscina   d) abscissa

22 A única palavra que não traz dois encontros consonantais é:
a) semestre   c) baldrame   e) transitar
b) fratricídio d) extrair

23 Na palavra quiuí, encontramos:
a) dois hiatos
b) um ditongo e um hiato
c) dois ditongos
d) um encontro consonantal
e) um ditongo e dois hiatos

Testes de concursos e vestibulares

1 (UnB-Cespe) Marque a opção em que todas as palavras apresentam um dígrafo:
a) fixo, auxílio, tóxico, exame
b) enxergar, luxo, bucho, olho
c) bicho, passo, carro, banho
d) choque, sintaxe, unha, coxa
e) ninho, samba, dedo, punho

2 (TRF-SP) Na palavra cadafalso existe:
a) ditongo   d) encontro consonantal
b) hiato   e) dígrafo
c) tritongo

3 (PUC-DF) Assinale a palavra que tem o mesmo número de fonemas de cheque:
a) fixo   c) ilha   e) sapato
b) lixo   d) caixa

4 (Esag-SC) Assinale o vocábulo que tem o mesmo número de fonemas da palavra tórax:
a) filho
b) falange
c) faixa
d) quilo
e) fósforo

5 (FEP-PA) O item que tem o mesmo número de fonemas da palavra guerra é:
a) máximo
b) ficha
c) cabelo
d) papel
e) sapato

6 (Bacen) Assinale a alternativa em que há somente palavras com ditongos orais:
a) falei, família, capitães
b) acordou, estações, distraído
c) coordenar, Caieiras, cidadão
d) jamais, atribui, defendeis
e) saiu, permitiu, caatinga

7 (NEC) Assinale o item em que as palavras possuem o mesmo fonema consonantal:
a) chácara, enxame, fluxo, xadrez
b) assoalho, roçado, nascimento, auxiliar
c) asinino, azia, êxodo, ensolarado
d) gato, agente, guerra, agradável
e) caco, coturno, cicio, camarada

8 (CBM-DF) A alternativa em que, nas três palavras, há um ditongo decrescente é:
a) água, série, memória
b) balaio, veraneio, ciência
c) chapéu, tênue, história
d) porém, causa, deixar
e) joia, véu, área

9 (TJ-CE) No pronome indefinido ninguém temos:
a) um ditongo decrescente oral
b) um tritongo nasal
c) um ditongo crescente nasal
d) um ditongo decrescente nasal
e) um hiato

10 (PUC-RS) Assinale a alternativa que só apresenta tritongos:
a) calmaria, sábio, queísmo
b) retribuição, aguentar, ciência
c) saguão, paraguaio, Uruguai
d) boiada, goiaba, praiano
e) inglório, maio, meia

11 (Cesgranrio-RJ) Assinale a alternativa em que aparecem dois dífonos:
a) leite, melancia, maximizar
b) retribuímos, ninhada, fax
c) táxi, perspectiva, ninhada
d) inox, xérox, xilogravura
e) enxada, nexo, mexido

12 (PUC-SP) Um mesmo fonema pode ser grafado de diferentes maneiras. Qual a lista de palavras que exemplifica essa afirmação?
a) paciente, centro, existência
b) existência, meses, batizaram
c) projeto, prejudicando, propõe
d) quem, quando, psiquiatra
e) coisa, incomoda, continuidade

13 (PUC-SP) Nas palavras anjinho, carrocinhas, nossa e recolhendo, podemos detectar oralmente a seguinte quantidade de fonemas:
a) três, quatro, dois, quatro
b) cinco, nove, quatro, oito
c) seis, dez, cinco, nove
d) três, seis, dois, cinco
e) sete, onze, cinco, dez

CAPÍTULO 3
FONOLOGIA (2)

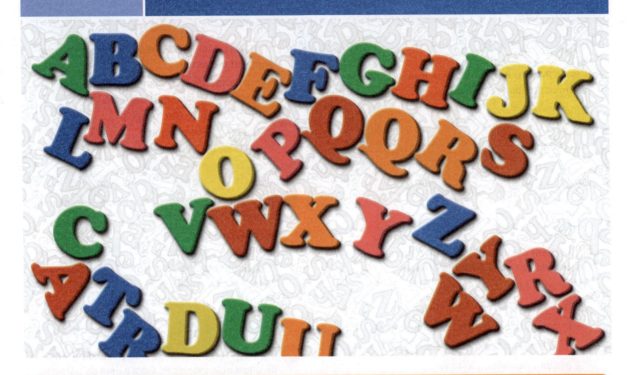

Alfabeto

Alfabeto é um conjunto de grafemas usados para transcrever a maioria dos sons da linguagem articulada.

Um alfabeto nunca reproduz todos os sons realmente utilizados pelos falantes de uma língua; por isso, há necessidade da elaboração de um alfabeto fonético (v. *representação das vogais e consoantes*), que faz corresponder um signo específico a cada som articulado.

O nosso alfabeto, atualmente, consta de 26 letras, a saber: a b c d e f g h i j k l m n o p q r s t u v w x y z. O **h** é apenas letra, já que não representa som nenhum; alguns o chamam, por isso, letra etimológica. As letras **k**, **w** e **y** foram reincorporadas ao nosso alfabeto com o Acordo Ortográfico que entrou efetivamente em vigor em 2009.

> **IMPORTANTE**
>
> As vogais isoladas **e** e **o** sempre se leem com som aberto: é, ó. Assim, dizemos que o é da palavra **selo** já não tem acento gráfico; o ó da palavra **rola** já não tem acento e assim por diante. Nas abreviaturas e siglas, sempre se leem também com timbre aberto: G**E**, IBG**E**, OAB, S**O**S, etc. E assim também: **vitamina** E, **TV** E, **as classes C, D e E da sociedade**, **a turma** O de uma escola, **o grupo** O da **Copa do Mundo**, etc.

32 — Luiz Antonio Sacconi

Sinais diacríticos ou Notações léxicas

Todos os sinais gráficos utilizados na escrita são chamados **sinais diacríticos** ou **notações léxicas**. São estes:

1) acento agudo (´):	indica que a vogal tem timbre aberto (rel**é**) ou apenas que a sílaba é tônica (ref**é**m);
2) acento circunflexo (^):	indica que a vogal tem timbre fechado (quil**ô**metro, **Ê**merson);
3) acento grave (`):	indica, hoje, apenas a ocorrência de crase, ou seja, a fusão de dois aa (**à**, **à**quele, **à**quilo);
4) til (~):	indica a nasalação de vogais ou de ditongos (hortel**ã**, c**ã**ibra). Pode aparecer numa palavra que já tenha acento agudo: órf**ã**, ím**ã**, etc.;
5) cedilha (ç):	indica som sê, quando usada a letra **c**, antes de **a**, **o**, **u**: fa**ç**a, fa**ç**o, Igua**ç**u;
6) apóstrofo ('):	indica supressão de letra (copo-d'água);
7) hífen (-):	indica variadas funções no português contemporâneo, entre as quais: separa sílabas e elementos de compostos, liga pronomes oblíquos enclíticos, etc.

IMPORTANTE

1) Costuma usar-se o hífen depois de um prefixo citado isoladamente (pré-, ante-), assim como antes de um sufixo (-açu, -oso), para indicar que tais elementos não são vocábulos, mas formas presas (sempre aparecem ligadas a outras formas).
2) Não se usa o apóstrofo nas contrações pro (= para o), pra (= para a) e ua (= uma).

Ortografia

Ortografia é a parte da Fonologia que trata da correta grafia das palavras.

A ortografia é uma invenção mais importante que a do próprio alfabeto, pois este permitiria apenas a transcrição fonética, ou seja, a escrita das vogais e consoantes, grafando-se palavras de acordo com a pronúncia de cada falante. Como há grupos de falantes que usam pronúncias diferentes, o uso do alfabeto geraria grafias diferentes para as palavras da língua, seguindo esses modos diferentes de pronunciar as palavras. A ortografia surgiu justamente para neutralizar essa variação, de tal modo que uma palavra apresentasse apenas uma grafia, congelando, assim, a forma de escrita das palavras.

Esse fato fez com que o alfabeto passasse a estabelecer a relação entre letra e som a partir da ortografia, e não mais do "som intrínseco" de cada letra. Assim, com a ortografia, a letra **s**, por exemplo, passou a representar variados fonemas, conforme já se viu no capítulo anterior.

É a ortografia, portanto, que ordena qual som devem ter as letras do alfabeto, numa língua.

Convém salientar que toda ortografia é fruto de uma convenção. Os vocábulos de uma língua se grafam segundo acordos ortográficos e nem sempre a grafia adotada por um país é a mesma de outro país em que se fala a mesma língua. No caso do idioma português, apesar do Acordo Ortográfico recentemente promulgado, temos ainda inúmeros exemplos de dessemelhança de grafia: os portugueses preferem grafar **ião**, **protão**, **electrão** e **neutrão**; os brasileiros só usamos **íon**, **próton**, **elétron**, **nêutron**.

A maneira mais simples, prática e objetiva de aprender ortografia é fazer exercícios, muitos exercícios, ver as palavras, familiarizar-se com elas quanto possível, tendo sempre à mão um bom dicionário. Conhecer regras é útil, mas nem sempre se mostra o caminho mais curto, rápido e seguro, não só em virtude das inúmeras exceções que apresentam, mas também dos conhecimentos de etimologia que exigem.

Alguns lembretes, no entanto, são oportunos: o **-an** final de certas palavras, como **Ivan**, **Aquidaban**, **fan**, **Piatan**, foi substituído por **ã**: **Ivã**, **Aquidabã**, **fã**, **Piatã**, etc.; o **-on** final das oxítonas se substitui por **-om** ou por **-ão** (**baton** > **batom**; **guidon** > **guidom** ou **guidão**); nas paroxítonas e proparoxítonas, o **-on** permanece (**elétron**, **náilon**, **Êmerson**, **Ânderson**); em nossa língua só se escreve **-im** e **-um** finais (**Delfim**, **gim**, **rum**).

IMPORTANTE

1) Verbos terminados em **-oar** ou em **-uar** têm formas com **-e** (abenç**oar**/abenç**oe**; continu**ar**/continu**e**).

2) Verbos em **-uir** têm formas com **-i** (infl**uir**/infl**ui**; contrib**uir**/contrib**ui**).

3) Quanto às terminações verbais **-isar** e **-izar**, grafa-se com **s** a terminação do verbo cujo substantivo correspondente traz is + vogal (aná**lise**/ana**lisar**; pesqu**isa**/pesqu**isar**). Não aparecendo esse conjunto no substantivo, grafa-se **-izar** (civil/civi**lizar**; simpatia/simpa**tizar**).

4) A grafia de qualquer nome próprio está sujeita às mesmas normas estabelecidas para a escrita dos nomes comuns. Assim, grafaremos sempre com acento gráfico: **Êmerson** (com acento circunflexo, e não com acento agudo), **Eneias**, **Vanderleia** (ambas agora sem acento), **Sônia**, **Vítor**, **Estêvão**, etc.

5) Quanto aos topônimos, embora haja uma tolerância em relação à sua escrita tradicional, convém dar-lhes configuração moderna. Por isso, melhor será grafar **Piraçununga** que "Pirassununga" (grafia tradicional ou secular), **Mojimirim**, **Mojiguaçu** que "Mogi-Mirim", "Mogi-Guaçu", etc. O adjetivo pátrio registrado pelo Vocabulário Oficial é apenas pira**ç**ununguense (com **ç**). Admitida a grafia tradicional, como explicar a um educando que pira**ç**ununguense é quem nasce em "Pira**ss**ununga"?

Formas variantes

Formas variantes são formas duplas ou múltiplas, equivalentes. Ex.: **aluguel**/**aluguer**, **relampejar**/**relampear**/**relampar**/**relampadejar**/**relampadar**, etc.

Os símbolos das unidades de medida

Os **símbolos das unidades de medida** se escrevem sem ponto, com letra minúscula e sem **s** para indicar o plural, de preferência sem espaço entre o algarismo e o símbolo, exceto com L [abreviatura de litro(s)]. Ex.: **2kg**, **20km**, **120km/h**, **2 L**, **100 L**. Na indicação das horas, minutos e segundos, não deve haver espaço entre o algarismo e o símbolo: **12h**, **12h15min**, **15h39'44"**.

As abreviaturas ou os símbolos não se escrevem com inicial maiúscula, nem muito menos só com maiúsculas, como se vê em placas afixadas em nossas rodovias: "80 Km" ou "80 KM". Não se vê nelas nem mesmo a abreviação correta, já que deveriam estar assim à vista pública: **80km/h**.

O símbolo do real antecede o número, sem espaço nenhum: **R$10,00**. No cifrão (note) só se tem uma barra vertical, e não duas.

O hífen e os prefixos e pseudoprefixos

Emprego do hífen

1) Os prefixos ou os pseudoprefixos só exigem hífen se a palavra seguinte começa por **h** ou se começa pela mesma letra que encerra tais prefixos ou pseudoprefixos.

Prefixos ou pseudoprefixos	Exemplos
ante-	ante-histórico
anti-	anti-horário, anti-infeccioso
arqui-	arqui-inimigo
auto-	auto-hipnose, auto-observação
contra-	contra-ataque
eletro-	eletro-óptica
extra-	extra-hepático, extra-abdominal
hiper-	hiper-humano, hiper-realista
infra-	infra-assinado
inter-	inter-hemisférico, inter-relação
intra-	intra-hepático, intra-auricular

Prefixos ou pseudoprefixos	Exemplos
micro-	micro-habitat, micro-onda
mini-	mini-hotel
multi-	multi-inseticida
neo-	neo-hebraico, neo-ortodoxo
pseudo-	pseudo-hermafrodita, pseudo-orgasmo
semi-	semi-herbáceo, semi-interno
sobre-	sobre-humano
sub-	sub-hepático, sub-base
super-	super-homem, super-realista
supra-	supra-humano, supra-axilar
ultra-	ultra-humano

Exceção

O prefixo **co-** não exige hífen mesmo no caso de a palavra começar por **o**:

coobrigação   **co**operação, etc.

2) Os prefixos **circum-** e **pan-** exigem hífen quando o segundo elemento começa por **vogal**, **m** ou **n** (além de **h**, conforme se viu acima). Ex.:

| circum-escolar | circum-murado | circum-navegação |
| pan-africano | pan-mágico | pan-negritude |

3) Os prefixos ou pseudoprefixos **além-**, **ex-**, **recém-**, **sem-** e **vice-** continuam exigindo hífen antes de qualquer letra. Ex.:

| além-mar | ex-governador | recém-nascido |
| sem-terra | vice-presidente | vice-rei |

4) Os prefixos tônicos **pós-**, **pré-** e **pró-** continuam exigindo hífen, ao contrário do que ocorre com as correspondentes formas átonas, que se aglutinam com o elemento seguinte.

Prefixos	Exemplos	
	Forma tônica	Forma átona
pós-	pós-datar, pós-graduação, pós-venda	pospasto, pospor
pré-	pré-eleitoral, pré-história, pré-médico	predeterminar, pressupor
pró-	pró-americano, pró-paz, pró-russo	proembrião, propor, prossecretário

Omissão do hífen

Não se emprega, portanto, o hífen:

1) Nas formações em que o prefixo ou o pseudoprefixo termina em **vogal** e o segundo elemento começa por **r** ou **s**, devendo estas consoantes duplicar-se. Ex.:

antirreformista	antirrevolucionário	antissemita	antisséptico	antissocial
contrarreforma	contrarregra	contrarrevolução	contrasselo	contrassenso
contrassinal	cosseno	eletrossiderurgia	extrarregulamentar	extrassensorial
hidrossanitário	infrassom	microrradiografia	microssistema	minirrádio
minirrestaurante	pseudossigla	pseudossufixo	ultrarrealismo	ultrassom

2) Nas formações em que o prefixo ou o pseudoprefixo termina em **vogal** e o segundo elemento começa por **letra diferente**. Ex.:

aerobarco	aeroclube	aeroespacial	aeromodelismo	aerossondagem
aerotransporte	agroaçucareiro	agroecossistema	agroexportador	agroindústria
agrossocial	agrovia	anteato	anteaurora	antedatar
antediluviano	anteontem	antepenúltimo	anteprojeto	antiácido
antiaderente	antiaéreo	antialérgico	anticárie	anticaspa
antieconômico	antijogo	antiortopédico	antiplaca	antipólio
antitanque	antivírus	autoacusação	autoadesivo	autoafirmação
autoajuda	autoelogio	autoerotismo	autoestima	autoestrada
autorrespeito	autorretrato	autossuficiente	autossugestão	hidroginástica
hidromassagem	radioamador	radiopatrulha	radiorreceptor	radiorrelógio
radiorrepórter	radiossonda	radiotáxi	radiotransmissor	sonoterapia

RESUMINDO

Já não se usa hífen antes de palavras iniciadas pelas letras **s** (p. ex.: antissequestro) ou **r** (p. ex.: antirreforma), a não ser, neste caso, que o prefixo termine por **r** (p. ex.: inter-racial).

Se a palavra for iniciada pela letra **h**, o hífen continuará sendo obrigatório (p. ex.: anti-horário, mini-hotel).

Se o prefixo terminar pela mesma letra que inicia a palavra a que ele se liga, o hífen também será obrigatório (p. ex.: anti-inflacionário, auto-ônibus).

Por que, Porque, etc.

I - POR QUE (em duas palavras)

Usa-se em quatro casos:

1º caso	Exemplos
Por que = **pelo qual** (ou variações). Neste caso sempre há um substantivo anteposto (claro ou subentendido):	Esse é o motivo por que o demiti. (por que = pelo qual) Essa é a razão por que o demiti. (por que = pela qual) Eis por que o demiti. (= Eis a razão, a causa pela qual o demiti.) Não há por que reclamar. (= Não há motivo pelo qual reclamar.)

2º caso	Exemplos
Por que = **por que motivo** ou **por que razão**:	Não sei por que você fez isso. (por que = por que motivo) Por que você fez isso? (Por que = Por que razão você fez isso?) *Por que construí Brasília.* (Por que = Por que motivo...) Por que os aviões caem. (= Por que motivo...)

Obs.: Vindo em **final de frase**, ou antes de **pausa forte**, o último elemento recebe acento, porque é tônico:	Você fez isso, por quê? Ah, você fez e agora não sabe por quê? Ela me fez isso por quê, se eu a amo tanto?
Grafa-se ainda **por quê** quando se omite o verbo usado na oração antecedente:	O povo escreve *pichar* com "x" e *xarope* com "ch". Explicar por quê é difícil. (= Explicar por que escreve assim é difícil.) Dizer que há milhões de menores abandonados é simples; revelar por quê é que são elas. (= ... revelar por que há é que são elas.)

3º caso	Exemplos
Por que = **por qual**:	Você sabe por que estrada eles foram? Virgílio optou por que carreira? Eles substituíram minha filha por que pessoa?

4.º Caso	Exemplos
Por que = **por** (pedido por um nome) + **que** (conjunção integrante):	**Ela demonstrou simpatia por que eu ficasse.** (Quem demonstra simpatia, demonstra simpatia por alguma coisa.) **Estou ansioso por que ela chegue.** (Quem está ansioso, está ansioso por alguma coisa.)

II - PORQUE (em uma só palavra)

Porque	Exemplos
Usa-se **porque**, em uma só palavra, nos demais casos aqui não mencionados, quando se classifica ou como conjunção, ou como palavra denotativa de realce. Obs.: Observe que **porque** (em uma só palavra) pode ser usado em oração interrogativa:	**Venha, porque fazemos questão de sua presença!** (conjunção) **Não apoio esse governo, porque desconfio dele.** (conjunção) **Quer saber por que fiz isso? Porque eu quis.** (conjunção) **Pretender manobras eleiçoeiras com esse plano é temeroso. Porque não se iludam: o povo não é bobo.** (palavra denotativa de realce) – **Não pude ir à aula ontem.** – **Porque estavas doente?** (conjunção) – **Não, porque recebi visitas.** (conjunção) **Quando todos pensam da mesma forma, é porque nenhum pensa grande coisa.** (fazendo parte de locução denotativa de realce)

IMPORTANTE

1) A conjunção aparece, às vezes, substantivada ou como sinônima de **motivo**, **razão**; neste caso, recebe acento. Ex.:

   Aprendendo um porquê, podemos aprender todos os porquês.

   Ninguém sabe o porquê de ela ter feito isso.

2) Quando se faz referência ao vocábulo, não se acentua. Ex.:

   Não encontrei nenhum porque no livro todo.
   (Estou me referindo ao vocábulo porque, não encontrado no livro.)

Uso de há (verbo) e a (preposição)

Há, verbo, usa-se quando é possível sua substituição por **faz**. Ex.:

Há muito tempo que não vejo Cristina. (= **Faz** muito tempo...)

Há anos que não viajo. (= **Faz** anos que não viajo.)

Às vezes, a palavra **tempo** vem subentendida:

> **Há** muito não viajo.
> De **há** muito venho insistindo nisso.

A, preposição, usa-se em todos os outros casos, ou seja, quando a referida substituição não é possível. Ex.:

> Daqui **a** pouco serão dez horas.
> O acidente aconteceu **a** dois metros de onde eu estava.
> O Flamengo marcou o gol da vitória **a** um minuto do final do jogo.
> A nota promissória será cobrada **a** 30 dias do seu vencimento.
> O cometa passou **a** milhares de quilômetros da Terra.

Testes e exercícios

1 Transcreva as palavras, completando-as com **e** ou com **i**, conforme convier (em caso de dúvida, consulte o seu dicionário):

a) pr★vilégio
b) um★decer
c) marc★neiro
d) ★mpecilho
e) ★lucidar
f) pont★agudo
g) m★x★rica
h) cas★mira
i) d★spr★v★nido
j) mer★tíssimo

2 Faça o mesmo, completando, agora, ora com **o**, ora com **u**, conforme convier:

a) p★lir
b) p★lenta
c) p★leiro
d) b★jão
e) b★tijão
f) b★lir
g) g★ela
h) m★queca
i) jab★ti
j) ób★lo

3 Complete ora com **s**, ora com **z**, conforme convier:

a) bele★a
b) análi★e
c) empre★a
d) co★inha
e) cafu★o
f) pesqui★a
g) atra★ado
h) defe★a
i) enfi★ema
j) mai★ena

4 Complete ora com **x**, ora com **ch**, conforme convier:

a) fle★a
b) en★er
c) me★er
d) capi★aba
e) en★arcar
f) ★u★u
g) ★arope
h) ★ícara
i) ★ingar
j) pi★e

5 Complete ora com **j**, ora com **g**, conforme convier:

a) ma★estade
b) laran★eira
c) cere★eira
d) ★iboia
e) ★eito
f) pa★em
g) va★em
h) cafa★este
i) can★ica
j) ★ia

6 Complete com **c**, **ç**, **sc**, **s**, **x** ou **ss**, conforme convier:

a) preten★ioso
b) bisse★to
c) reten★ão
d) excur★ão
e) fa★ista
f) fa★ínora
g) fa★ículo
h) plebi★ito
i) ob★ecado
j) a★e★or

7 Transcreva apenas a palavra correta de cada grupo:

a) friorento - friolento
b) estupro - estrupo
c) madrileno - madrilenho
d) aforisma - aforismo
e) cataclismo - cataclisma
f) buginganga - bugiganga
g) lazanha - lasanha
h) oleoginoso - oleaginoso
i) irascível - irracível
j) viger - vigir

8 Continue:
a) chamegão - jamegão
b) tizil - tiziu
c) cabeçalho - cabeçário
d) micelânia - miscelânea
e) dibrar - driblar
f) ancioso - ansioso
g) tintim - tim-tim
h) carramanchão - caramanchão
i) somatório - somatória
j) beneficente - beneficiente

9 Continue:
a) metereologia - meteorologia
b) decascar - descascar
c) mantegueira - manteigueira
d) barberagem - barbeiragem
e) carceragem - carceiragem
f) garage - garagem
g) carrocel - carrossel
h) cabelelero - cabeleireiro
i) goianense - goianiense
j) espontaneidade - espontaniedade

10 Continue:
a) prazeroso - prazeiroso
b) fleuma - fleugma
c) mussarela - muçarela
d) hemácea - hemácia
e) cincoenta - cinquenta
f) acensorista - ascensorista
g) bandeja - bandeija
h) caranguejo - carangueijo
i) nogento - nojento
j) nhoque - inhoque

11 Algumas palavras abaixo têm formas variantes. Identifique-as e escreva-as no caderno junto de sua variante:
a) enfarte
b) garage
c) aluguel
d) porcentagem
e) cãibra
f) rixa
g) abdome
h) bêbado
i) mortadela
j) chimpanzé

12 Continue:
a) mendigo
b) carroceria
c) quota
d) quociente
e) quatorze
f) cadarço
g) maquiagem
h) translada
i) clina
j) prancha

13 Complete os espaços com *isar* ou com *izar*, conforme convier:
a) paral★
b) catequ★
c) bat★
d) canal★
e) memor★
f) av★
g) fr★
h) cot★
i) catal★
j) fiscal★

14 Escolha a palavra correta dentre as que se propõem:
a) Esperamos que a empresa *efetui/efetue* hoje o pagamento.
b) Não quero que ele me *amaldiçoi/amaldiçoe*.
c) O rio *flui/flue* normalmente. Isso *constitui/constitue* novidade?
d) Espero que você *continui/continue* sempre assim.
e) Será que ele *distribue/distribui* mesmo presentes para as crianças pobres?

15 Identifique a opção em que todas as palavras estão corretas:
a) impecílio, extranho, fachina, atrazo
b) impecílio, estranho, fachina, atraso
c) empecilho, extranho, faxina, atrazo
d) empecilho, extranho, fachina, atrazo
e) impecílio, estranho, faxina, atrazo
f) empecilho, estranho, faxina, atraso
g) impecilho, estranho, faxina, atrazo
h) impecilho, extranho, fachina, atrazo
i) impecilho, estranho, faxina, atrazo
j) empecilho, extranho, faxina, atrazo

16 Continue:

a) carrocel, berinjela, bueiro, herege
b) pretensioso, ascensorista, atrasado, poleiro
c) pretenção, intenção, ascenção, intromissão
d) hombridade, ritmo, advinhar, obsessão
e) ancioso, excrescência, miscelânia, iate
f) rodízio, espontâneo, esplêndido, sombrancelha
g) inflingir, nascer, crescer, descer
h) infrigir, chinesa, baronesa, empresa
i) garrucha, bucha, bruxa, cachumba
j) cochilo, cochicho, chuchu, abscesso

17 Continue:

a) jiló, jeito, ojeriza, excessão
b) abuso, paralisar, dança, carramanchão
c) brasa, braseiro, sossobrar, suíço
d) extensão, estender, escassez, acessor
e) cafageste, acesso, excesso, recesso
f) piche, pichar, pichação, pichaim
g) rinxa, buzina, usina, vaso
h) inigualável, pontiagudo, casulo, pexote
i) raso, rasante, asia, vazia
j) discreção, indiscreção, idônio, inidônio

18 Complete com **al** ou com **au**, conforme convier:

a) ★tomático
b) ★tomóvel
c) ★to-falante
d) ★ditivo
e) ★tivo
f) ★maço
g) c★tela
h) ★queire
i) ★tópsia

19 Abrevie o que está por extenso:

a) 5 quilos
b) 10 quilômetros
c) 25 centímetros
d) 100 quilômetros por hora
e) 10 horas
f) 10 horas e 12 minutos
g) 0 hora e 5 minutos
h) 300 quilômetros por segundo
i) 1 metro e 80 centímetros
j) 2 metros e 50 centímetros

20 Use o prefixo dado com cada uma das palavras, conforme convier, fazendo todas as modificações que se fizerem necessárias:

ANTI-

a) horário
b) caspa
c) ferrugem
d) imperialismo
e) infeccioso
f) racista
g) seborreico
h) roubo
i) ruído
j) submarino

ARQUI-

a) rival
b) inimigo
c) trave
d) bancada
e) seguro
f) milionário
g) diocese
h) avô
i) fonema
j) episcopal

SUPER-

a) alimentação
b) realidade
c) elegante
d) ego
e) estrutura
f) humano
g) secreto
h) interessante
i) requintado
j) safra

INFRA-

a) assinado
b) citado
c) mencionado
d) estrutura
e) mamário
f) renal
g) umbilical
h) hepático
i) transcrito
j) vermelho

AUTO-

a) estrada
b) ignição
c) elogio
d) reflexão
e) retrato
f) afirmação
g) ajuda
h) hipnose
i) oxidação
j) estima

BI-

a) campeão
b) campeonato
c) dimensional
d) direcional
e) mensal
f) motor
g) nacional
h) racial
i) sexual
j) tributar

CONTRA-

a) reforma
b) revolução
c) ordem
d) oferta
e) almirante
f) ofensiva
g) ataque
h) senso
i) indicação
j) espionagem

MINI-
a) reta
b) hotel
c) saia
d) série
e) implante
f) blusa
g) restaurante
h) ônibus
i) retrospectiva
j) jardim

SEMI-
a) alfabetizado
b) novo
c) integral
d) eixo
e) nu
f) racional
g) reta
h) sintético
i) árido
j) internato

MULTI-
a) uso
b) tarefa
c) serviço
d) nacional
e) infecção
f) vitamina
g) lateral
h) mídia
i) racial
j) esportivo

PSEUDO-
a) amigo
b) cristão
c) irregularidade
d) poeta
e) sábio
f) religião
g) democrata
h) árbitro
i) inventor
j) história

SUB-
a) solo
b) diretor
c) secretário
d) base
e) chefe
f) emprego
g) humano
h) estação
i) prefeito
j) raça

21 Transcreva todas as palavras que seguem, juntando os elementos que as formam ou usando o hífen, procedendo a todas as alterações, quando necessárias:

a) tri campeão
b) super amigo
c) auto lotação
d) mini secador
e) auto peça
f) micro ônibus
g) micro ondas
h) ultra violeta
i) extra terrestre
j) mini herói

22 Identifique as opções que só trazem palavras corretas quanto ao uso ou omissão do hífen:

a) bi-campeão, bi-campeonato, micro-onda, micro-organismo
b) bicampeão, bicampeonato, micro-onda, microrganismo
c) extraoficial, extraordinário, extrajudicial, extraclasse
d) autoescola, autoajuda, socioeconômico, pan-americano
e) ultrassom, ultrassonografia, autorretrato, megarrampa
f) megaempresário, megassena, infraestrutura, minissaia
g) semi-novo, para-quedas, para-quedista, parabrisa
h) semi-novo, paraquedas, paraquedista, parabrisa
i) mal-humorado, bem-vindo, super-sônico, antiácido
j) anti-séptico, corréu, correitor, infantojuvenil

23 Complete os espaços com porque, por que, por quê ou porquê, conforme convier:

a) Pergunte ao porteiro ★ ele não saiu hoje.
b) Não lhe telefone ★ não pude.
c) Não sei ★ se toma tanto dinheiro emprestado. Você sabe ★ ?
d) Você não me telefonou ★ ?
e) Nem eu mesmo sei o ★ de eu não lhe ter telefonado.
f) ★ não contas a dificuldade ★ passaste lá no aeroporto espanhol?
g) Você não viajou ★ ? ★ estava sem dinheiro?
h) ★ o Brasil é o país do futuro: será esse o tema da palestra.
i) Não há ★ desconfiar dele. Você reclamou tanto ★ ?
j) Qual é o ★ de ela estar zangada comigo?

24 No lugar das reticências, use um dos porquês, conforme convier:

– Susana, ★ você não foi à festa ontem?
– Não fui à festa ontem ★ estava doente; essa é a razão ★ não fui. Mas, afinal, ★ você quer saber o ★ da minha ausência? ★ sentiu minha falta, foi isso? Foi essa a razão ★ você me fez essa pergunta?

25 Identifique a frase incorreta quanto ao uso dos porquês:

a) Ela não disse por que está triste.
b) Todos sabem o porquê de ela estar triste.
c) Ela está triste porque, se nada de mau lhe aconteceu?
d) Por que você está triste, Selma?
e) Nem ela mesma sabe por que está triste.

26 Identifique as frases corretas quanto ao uso dos porquês:

a) Não havia porque gritar: essa medida foi necessária.
b) O brasileiro precisa saber economizar: eis porque escrevi a matéria.
c) O ministro quer mais sacrifício do povo por quê, Senhor, se há muito o povo é sacrificado!
d) Você entendeu agora porque o ministro quer mais sacrifício?
e) Então, você não sabe por que é que ele está lançando esse programa? Ora, porque você é ingênuo! Por que você é tão ingênuo? Porque não estudou, porque não se esforçou, porque não teve força de vontade.

27 Nos espaços, use há ou a, conforme convier:

a) Daqui ★ pouco partirei, mas daqui ★ duas horas retornarei.
b) O patrão saiu ★ um minuto, mas daqui ★ dois minutos retornará.
c) Curitiba fica ★ cinco horas de São Paulo, e não ★ dez.
d) Estamos ★ alguns anos apenas do final do mundo.
e) ★ muitos quilômetros daqui fica uma pousada.
f) ★ poucos minutos o Palmeiras marcou dois gols.
g) ★ muito e muito daqui fica uma enorme galáxia.
h) ★ muito tempo não vejo tanto acidente nessa esquina.
i) Estou ★ alguns anos pensando nisso.
j) Esse fato remonta ★ séculos!

28 Identifique as frases corretas quanto ao uso do há e do a:

a) Há há vários anos essa feira aí.
b) Há a pouco menos de dez quilômetros daqui um restaurante.
c) Estamos a milhões de quilômetros do Sol e a alguns milhares de quilômetros da Lua.
d) O orador fala há horas e não se cansa; o imbecil falou há dois minutos dez palavrinhas e já se cansou.
e) De há muito que não vejo os preços subirem.

Testes de concursos e vestibulares

1 (TCU-DF) Observando a grafia das palavras abaixo, indique a opção em que todas estão corretas:

a) frear, prazeirosamente, exceção, roxo
b) ascensão, xale, obsessão, ojeriza
c) lêvedo, quis, cáqui, suscinto
d) mês, jeito, enjôo, expontâneo
e) prezado, agôsto, abscesso, jiló

2 (Aman) Assinale a alternativa correta quanto à grafia:

a) subterfúgio, mangedoura, gesto, trage
b) jiló, colégio, ojeriza, coragem
c) jeito, ágio, vertigem, magestade
d) angélico, pajem, anginho, gente
e) a viagem, sarjeta, gorgeta, berinjela

3 (PGFN-DF) Das opções abaixo, somente uma está correta. Assinale-a:

a) possue, contribue, retribue, distribue
b) continue, efetui, pontui, conclue
c) irrequieto, pátio, umbilical, creolina
d) bubina, buteco, curtiça, muringa
e) cortume, entopir, pirolito, reboliço

4 (UFMA) Assinale a opção em que todas as palavras estão escritas corretamente:

a) sossego, sucesso, começo
b) ricaço, sussego, assúcar
c) missanga, assado, assucena
d) moça, argamassa, salça
e) calsa, cansaço, falsa

5 (ITA-SP) Assinalar a alternativa em que todas as palavras estejam grafadas corretamente:

a) chuchu, jeito, vasio, pesquisar
b) chuchu, jeito, vazio, pesquizar
c) xuxu, jeito, vazio, pesquisar
d) xuxú, jeito, vasio, pesquisar
e) chuchu, jeito, vazio, pesquisar

6 (ITA-SP) Assinale a opção em que as palavras estão grafadas corretamente:

a) receoso, reveses, discrição, umedecer
b) antidiluviano, sanguissedento, aguarraz, atribue
c) ineludível, engolimos, sobressaem, explendoroso
d) dissensão, excurcionar, enxugar, asimétrico
e) encoragem, rijeza, tecitura, termo-elétrico

7 (Unirio-RJ) Assinale o item em que uma das palavras não é variante da outra, como as demais:

a) exceção - excessão
b) cousa - coisa
c) secção - seção
d) catorze - quatorze
e) quotidiano - cotidiano

8 (Fuvest-SP) Indique a alternativa correta:

a) o ladrão foi apanhado em flagrante
b) ponto é a intercessão de duas linhas
c) as despesas de mudança serão vultuosas
d) foi uma violenta coalizão de carros
e) o artigo incerto no jornal foi aplaudido

9 (Fuvest-SP) Assinale a alternativa em que a frase esteja gramaticalmente correta:

a) Foi graças à interseção do Diretor que consegui renovar a matrícula.
b) Entre os índios, a pior ofensa era ser tachado de covarde.
c) Li, na sessão policial do matutino, que "o criminoso cozera o desafeto a faca".
d) Apresentadas aquelas provas concludentes, o réu foi absorto.
e) A falsificação de minha rúbrica não convenceu a ninguém.

10 (Mack-SP) Assinale a opção em que há uma palavra incorretamente grafada:

a) A reincidência do crime na mesma semana constituiu-se num fato auspicioso na Justiça.
b) O atleta não conseguiu disfarçar a excitação ao perceber a quebra do recorde mundial.
c) Entramos numa fase de tensão fantástica, cheia de expectativas, como não se via nos últimos doze meses.
d) A explosão do consumo e a decolagem da inflação mobilizou a equipe econômica do país na semana passada.
e) O conflito defragrado entre os países do Golfo Pérsico empurrou as exportações dos produtos petroquímicos.

11 (TJ-MG) Nas frases abaixo, todas as formas verbais estão grafadas corretamente, exceto:

a) Josué, este mês atrasou o pagamento.
b) Puseste em mim tantas esperanças!
c) D. Áurea cerzia com grande habilidade.
d) Se quizeres, estudarei português contigo.
e) Fernanda já coseu suas meias.

12 (TRT-GO) Assinale a alternativa em que todas as palavras estão grafadas corretamente:

a) É esta uma das nossas reinvindicações.
b) Nomes personativos são antropônimos.
c) Trata-se de uma dança bem ritimada.
d) Nós passeiamos por toda aquela região.
e) Descobri que teu irmão é meu chará.

13 (FGV) O item que apresenta erro quanto à acentuação no emprego do por que, por quê, porque, porquê é:

a) Não sei por que não vieste ontem. / Não vim porque não me sentia bem.
b) Não é fácil o emprego do porquê. / O teu porquê me aborrece.
c) Por que não voltaste cedo? / Não sei por que estou nervosa.
d) Eis a razão porque me empenho tanto. / Ele está intranquilo sem saber por quê.
e) Não vais por quê? Desconheço o porquê de semelhante atitude.

CAPÍTULO 4
ORTOFONIA

Ortofonia é a parte da gramática que estuda a pronúncia correta das palavras, expressões e frases, segundo os padrões da língua padrão.

A ortofonia divide-se em ortoepia (ou ortoépia) e prosódia.

Ortoepia e prosódia

Ortoepia é a pronúncia correta dos fonemas, em qualquer parte da palavra. Quem diz *"pissicologia"*, *"abissoluto"*, *"dotô"*, *"fazê"*, *"escrevê"*, *"cumpade"*, *"roráima"*, *"fôrnos"*, *"socôrros"*, *"róbo"* comete erro de ortoepia.

Prosódia é a correta acentuação tônica das palavras. Quem diz *"récorde"* (em vez de recorde) ou *"gratuíto"* e *"circuíto"* (em vez de gratuito, circuito) comete silabada, que é o nome que se dá ao erro prosódico. A entoação (inflexão de voz) também é objeto de estudo da prosódia.

Plurais metafônicos

Chama-se **metafônico** o plural de algumas palavras masculinas que apresentam a vogal tônica o com timbre aberto, ao contrário das formas no singular, que apresentam a vogal tônica o com timbre fechado. Os principais plurais metafônicos são: caroços, chocos, cornos, corvos, despojos, destroços, esforços, fogos, fornos, fossos, grossos, impostos, miolos, mornos, mortos, novos, olhos, ossos, ovos, poços, porcos, portos, postos, povos, reforços, rogos, socorros, tijolos, tortos, trocos, troços.

Os diminutivos de todos esses nomes mantêm a vogal aberta: carocinhos, corpinhos, novinhos, etc.

Todas as palavras terminadas em -oso e em -posto sofrem metafonia no plural: amistosos, bondosos, corajosos, teimosos; dispostos, prepostos, etc.

Nomes próprios de família não sofrem metafonia: os Portos (ô), os Cardosos (ô), etc.

A pronúncia dos verbos

Os verbos terminados em **-echar**, **-egar**, **-ejar**, **-elhar** e **-exar** conservam o **e** tônico fechado em todas as pessoas, com exceção de **flechar**, **mechar** e **invejar**.

Nos verbos que trazem ditongo, a vogal, sempre fechada, e a semivogal devem ser muito bem pronunciadas. Eis alguns desses verbos: aleijar, empoeirar, inteirar, peneirar, afrouxar, cavoucar, estourar, pousar, roubar, endeusar, abiscoitar, amoitar-se, endoidar, noivar e pernoitar. Exceções: **aboiar**, **apoiar** e **boiar**.

Os verbos que trazem hiato possuem as formas rizotônicas com acento na segunda vogal do hiato. Eis alguns desses verbos: arraigar, desarraigar, saudar, enviuvar, ajuizar e arruinar.

Os verbos cujos radicais terminam em encontro consonantal têm, nas formas rizotônicas, o acento na vogal imediatamente anterior ao encontro consonantal. Eis alguns desses verbos: designar, impregnar, impugnar, indignar, repugnar, adaptar, captar, optar, raptar, readaptar, eclipsar, obstar e ritmar.

Os verbos apaniguar, apaziguar, averiguar e obliquar têm, nas formas rizotônicas, acento prosódico no **u** ou, ainda, acento prosódico e também gráfico no **i**: apazíguo (ou apazíguo) averíguo (ou averíguo), etc.

Os verbos aguar, desaguar, enxaguar e minguar têm, nas formas rizotônicas, acento prosódico no **u** ou, ainda, acento prosódico e também gráfico no primeiro **a**: aguo (ou águo), desaguo (ou deságuo), enxaguo (ou enxáguo), etc.

O verbo mobiliar tem, nas formas rizotônicas, o acento na segunda sílaba: mobílio, mobílias, etc.

Os verbos ensebar, amancebar, algemar, tremer, gemer e espremer não possuem formas com **e** aberto.

Todo verbo que tenha um substantivo proparoxítono correspondente começa a ser conjugado numa forma paroxítona. Ex.: específico (substantivo proparoxítono) / especificar (especifico, especificas, etc.). São estes os principais verbos com os quais ocorre o mesmo: clinicar, diagnosticar, prognosticar, rotular, vitimar, dialogar, ultimar e numerar.

Acentuação gráfica

Agora, você vai aprender a acentuar as palavras de modo bem mais fácil!

1ª regra

	Acentue todas as palavras MONOSSÍLABAS TÔNICAS terminadas em:	
a(s)	a(s) → má(s)	Portanto, **SEM** acento:
e(s)	e(s) → ré(s)	ri, ti, nu, tu, cru,
o(s)	o(s) → só(s)	mel, flor, dor, etc.

2ª regra

	Acentue todas as palavras OXÍTONAS terminadas em:	
a(s)	a(s) → cará(s)	Portanto, **SEM** acento:
e(s)	e(s) → café(s)	aqui, ali, tupi,
o(s)	o(s) → coró(s)	infantis, Itu, Bauru,
em(ens)	em(ens) → amém(éns)	angu, urubus, vez, talvez, xadrez, etc.

ATENÇÃO

As monossílabas e oxítonas que trazem os ditongos abertos **éi**, **ói** ou **éu** também recebem acento. Ex.:

réis   papéis   mói   destrói   céu   chapéu

As palavras paroxítonas que trazem qualquer desses ditongos não são acentuadas. Ex.:

heroico   nucleico   proteico

3ª regra

l, n, r, x, ã(s) i(s), us, um(uns), ons, ps ditongo (seguido ou não de s)	Acentue todas as palavras **PAROXÍTONAS** terminadas em: l, n, r, x, ã(s) → útil, pólen, ímpar, tórax, ímã(s) i(s), us → júri(s), vírus um(uns), ons → fórum(uns), nêutrons ps → bíceps ditongo → sítio(s), cárie(s), órgão(s) (seguido ou não de s)

ATENÇÃO

1) Não se acentuam as paroxítonas terminadas nos encontros **eia** ou **oia** abertos. Ex.:

ideia   geleia   Coreia   boia   jiboia   Troia

2) As paroxítonas terminadas em **oo** e em **eem** também não se acentuam. Ex.:

voo   zoo   abençoo   veem   deem   creem

4ª regra

"a mais fácil"	Acentue **todas** as palavras **PROPAROXÍTONAS**: árvore médico paralelepípedo

5ª regra

i e u tônicos de um hiato	Acentue o **i** e o **u** tônicos, quando forem a segunda vogal do hiato: **i** tônico e 2.ª vogal do hiato ↓ saída ∨ hiato	**u** tônico e 2.ª vogal do hiato ↓ saúde ∨ hiato	Nem o **i** nem o **u** recebem acento quando aparecerem antes de **nh** (rainha), ou quando estiverem na mesma sílaba de **l, m, n, r, z** e **u**: Saul, ruim, ainda, sair, raiz, saiu

ATENÇÃO

1) Não se acentua o **u** tônico depois de um ditongo, das palavras paroxítonas. Ex.:

baiuca   feiura

2) As palavras paroxítonas que trazem **i** e **u** repetidos e em sequência não recebem acento. Ex.:

xiita   juuna

> **ATENÇÃO**
>
> Recebem acento ainda os verbos: **pôr**, **pôde** (3.ª pessoa do sing. do pret. perf. do ind. do verbo **poder**), **têm** (3.ª pessoa do pl. do pres. do ind. do verbo **ter**) e derivados (**contêm**, **mantêm**, etc.) e **vêm** (3.ª pessoa do pl. do pres. do ind. do verbo **vir**) e derivados (**convêm**, **provêm**, etc.).

> **ATENÇÃO**
>
> 1) Usa-se acento agudo facultativamente nas formas verbais do pretérito perfeito do indicativo, como **amámos**, **cantámos**, **falámos**, para distingui-las das correspondentes formas do presente do indicativo (**amamos**, **cantamos**, **falamos**).
>
> 2) Usa-se acento circunflexo facultativamente na forma verbal **dêmos** (1.ª pessoa do pl. do pres. do subj.), para distingui-la da correspondente forma do pretérito perfeito do ind. (**demos**), e também no substantivo **fôrma**, para diferençá-lo de **forma** (ó), que pode ser tanto substantivo quanto verbo. A forma de plural (**fôrmas**) também recebe acento facultativamente.
>
> 3) **Sede** (ê), substantivo e forma do verbo **ser** (**sê** tu, **sede** vós), continuam sem receber acento circunflexo, mesmo facultativamente, ainda que haja a forma substantiva correspondente **sede** (é).
>
> 4) O trema foi abolido de todas as palavras portuguesas. Só permanece nas palavras derivadas de nomes próprios estrangeiros (p. ex.: **Müller**, **mülleriano**). Assim, escrevemos hoje: **aguentar**, **linguiça**, **sequestro**, **quinquenal**, **tranquilo**, etc., mas o **u** continua sendo pronunciado.
>
> 5) Não se acentua o **u** dos grupos **qu** e **gu** de verbos como **obliquar**, **apaziguar** e **averiguar**. Portanto, grafamos sem acento estas formas: **oblique**, **obliquem**; **apazigue**, **apaziguem**; **averigue**, **averiguem**, etc.
>
> 6) Já não se acentuam: **pelo**, **pelos**, **pera** e **polo**, **polos** (substantivos) nem **coa**, **coas**, formas verbais de **coar**.

Testes e exercícios

1) Leia segundo os padrões da norma padrão:
a) muitos caroços e carocinhos
b) vários prontos-socorros
c) os fornos e os forninhos
d) ele estoura, mas eu não estouro
e) ele rouba, mas eu não roubo
f) um chofer, dois choferes
g) ele treme muito, mas elas não tremem
h) um ovo choco, dois ovos chocos
i) um troco a mais, dois trocos a mais
j) um toco de cigarro, dois tocos de cigarro

d) Sou da classe E, por isso não vejo a TV E.
e) Sempre tomei vitamina E.
f) As seleções do grupo O são as mais fortes.
g) O imposto sobre o IOF aumentou.
h) Festejo muito meu aniversário; não festejas o teu?
i) Eu me indigno com essas coisas, mas eles não se indignam.
j) A fumaça de cigarro impregna na roupa e nos cabelos.

2) Continue:
a) bater o recorde nas Olimpíadas
b) o Estado de Roraima
c) Conheço tanto Elaine quanto Gislaine.

3) Continue:
a) Todos esses escândalos de corrupção me repugnam.
b) Se você não se indigna com isso, eu me indigno.
c) Este avião pousa como nenhum outro pousa.

d) Por que você treme de medo quando vê o pai da sua namorada?

e) Se você espreme o limão desse jeito, pode manchar sua roupa.

f) Seu rádio capta as emissoras que o meu capta?

g) Não sei se opto por ciências humanas ou se opto por ciências exatas.

h) Se me derem apenas uma chance, eu abiscoito esse prêmio.

i) Por que você não noiva como eu noivo: decentemente?

j) Se ela terminar o namoro comigo, eu endoido.

4 As regras de acentuação gráfica foram reduzidas com a Reforma Ortográfica. As monossílabas tônicas terminadas em a/as, e/es, o/os e as oxítonas terminadas em a/as, e/es, o/os, em/ens, continuam sendo acentuadas normalmente. Acentue ou não **apenas** as monossílabas tônicas e as oxítonas abaixo, conforme cada uma de suas regras:

a) pau   e) noz   i) virus
b) mal   f) la   j) torax
c) sol   g) dor
d) cor   h) cafe

5 Continue fazendo o mesmo:

a) cal   e) urubu   i) tres
b) voz   f) caqui   j) dez
c) flor   g) jaca
d) cuscuz   h) mes

6 Continue:

a) guarana e) ti   i) angu
b) guarani f) jilo   i) me
c) reuni   g) paje
d) isopor   h) cru

7 As monossílabas tônicas e as oxítonas que trazem os ditongos abertos **éi, ói, éu** são acentuadas. Acentue **apenas** as monossílabas tônicas e as oxítonas que trazem tais ditongos:

a) ceu   e) teu   i) doi
b) seu   f) heroi   j) dois
c) meu   g) coroneis
d) reu   h) trofeu

8 Continue fazendo o mesmo:

a) chapeu   e) anzois   i) perdoe
b) valeu   f) caracois j) mentiu
c) coice   g) aneis
d) boi   h) abençoe

9 As paroxítonas que devem receber acento são as que terminam em **i/is, us, r, x, l, n, ã/ãs, ão/ãos, ps, um/uns** e em **ditongo** (seguido ou não de **s**). Existe, no entanto, um modo mais simples de guardar esta regra. Veja se não fica melhor assim: **todas as palavras paroxítonas são acentuadas, com exceção das terminadas em a/as, e/es, o/os, em/ens**. Não melhorou muito? Acentue abaixo, então, somente as paroxítonas que devem receber acento:

a) caneca   e) item   i) hifen
b) saci   f) itens   j) hifens
c) arvore   g) polen
d) publico h) polens

10 Continue fazendo o mesmo:

a) facil   e) util   i) istmo
b) dificil f) rubi   j) ritmo
c) faceis   g) sozinho
d) dificeis h) Bauru

11 Continue:

a) pessego e) xerox   i) pudico
b) topico   f) pajem   j) safari
c) amendoa g) vagem
d) cipo   h) farmacia

Ortofonia

NOSSA GRAMÁTICA COMPLETA — 49

12 Continue:
a) biquini   e) parabens   i) gentis
b) caqui   f) nuvem   j) cobri
c) barris   g) nuvens
d) gibis   h) armazem

13 Continue:
a) jovem   e) latex   i) triplex
b) jovens   f) durex   j) circuito
c) Venus   g) duplex
d) Jesus   h) carioca

14 A regra das proparoxítonas é a mais simples: **todas as palavras proparoxítonas recebem acento gráfico, sem exceção.** Acentue, então, **apenas** as proparoxítonas:
a) magica   e) avaro   i) pudico
b) cinico   f) fisica   j) polipo
c) penico   g) prototipo
d) crisantemo h) interim

15 Continue fazendo o mesmo:
a) comico   e) exito   i) obito
b) exodo   f) hesito   j) ibero
c) candida   g) silaba
d) oxitona   h) alibi

16 Todo **i** e todo **u tônicos** que formam hiato com a vogal anterior devem ser acentuados, exceto os que formam sílaba com **l, m, n, r, z** e **u**. O **i** seguido de **nh** também dispensa o acento. Acentue, então, apenas quando for necessário:
a) saida   e) ruina   i) bainha
b) saiu   f) arruina   j) cainho
c) gaucha   g) Luis
d) gauchinha h) Luisa

17 Continue fazendo o mesmo:
a) raiz   e) faisca   i) uisque
b) raizes   f) balaustre j) campainha
c) juiz   g) caiu
d) juizes   h) reune

18 Continue:
a) traiu   e) traira   i) paul
b) trair   f) traindo   j) suiço
c) traido   g) ainda
d) traidor   h) saindo

19 Continue:
a) saude   e) gratuito   i) Toinha
b) sauda   f) aldeinha   j) caique
c) suite   g) rainha
d) fluido   h) moinho

20 Já não se acentuam estes encontros vocálicos: **eem, oo, ei, oi, eu** das paroxítonas. Então, acentue somente quando necessário:
a) leem   e) heroico   i) jiboia
b) proteico f) ideia   j) nucleico
c) voo   g) Vanderleia
d) coo   h) Eneias

21 O verbo **pôr** e a forma verbal **pôde** (do pretérito perfeito do indicativo) continuam acentuados. Acentue, então, quando convier:
a) Eu vou por aqui, porque todos foram.
b) Eu vou por aqui, porque todos puseram.
c) Ontem ele não pode vir, mas hoje ele pode.
d) Por ali por quê, se ninguém pôs?
e) Por ali nunca ninguém foi.

22 Agora, vamos fazer uma recapitulação geral. Acentue ou não as palavras a seguir, conforme suas regras:
a) tamandua e) ri   i) curimbata
b) intuito   f) fiz   j) quis
c) proprio   g) ve-la
d) ha   h) rol

23 Continue:
a) ca   e) jabuti   i) lambari
b) la   f) Paiçandu   j) apos
c) po-lo   g) Ipauçu
d) luz   h) cateter

24 Continue:
a) judo
b) lilas
c) atraves
d) talvez
e) abacaxi
f) bambu
g) bambi
h) vezes
i) talvez
j) chassi

25 Continue:
a) zoo
b) junior
c) juniores
d) tabua
e) tabuinha
f) coroinha
g) bau
h) grau
i) poluido
j) poluir

26 Continue:
a) calice
b) cale-se
c) alguem
d) ninguem
e) condor
f) capuz
g) chale
h) xale
i) chule
j) buque

27 Continue:
a) hamburguer
b) recem
c) refem
d) epopeia
e) ansia
f) anagua
g) fluor
h) consciencia
i) ja
j) assembleia

28 Continue:
a) jiu-jitsu
b) Fidel
c) ureter
d) cateter
e) cateteres
f) filantropo
g) gas
h) fenix
i) sotão
j) fenomeno

29 Continue:
a) Flavia
b) Monica
c) Pamela
d) Ines
e) Claudia
f) Vitor
g) Celio
h) Estevão
i) Luis
j) Luisinho

30 Acentue, então, quando convier:
a) ca
b) fe
c) pus
d) mes
e) ves
f) vez
g) noz
h) cru
i) nu
j) pas

31 Continue:
a) pau
b) grau
c) tras
d) ma
e) mais
f) traz
g) jaz
h) dor
i) flor
j) tu

32 Continue:
a) Bauru
b) aqui
c) ali
d) bambu
e) capaz
f) guri
g) jacare
h) pequines
i) paleto
j) armazem

33 Continue:
a) Itanhaem
b) parabens
c) refem
d) urubu
e) infantis
f) Bagda
g) gentis
h) gibi
i) semen
j) sutis

34 Continue:
a) colori
b) ponei
c) tulipa
d) ziper
e) neutron
f) orfã
g) agil
h) item
i) itens
j) especie

35 Continue:
a) benção
b) poster
c) orgão
d) ritmo
e) ageis
f) onus
g) latex
h) duplex
i) liquen
j) Queops

36 Continue:
a) hifen
b) hifens
c) textil
d) texteis
e) mapa-mundi
f) polen
g) polens
h) longinquo
i) tenue
j) cadaver

37 A seguir, existem palavras proparoxítonas e também palavras paroxítonas e oxítonas. Acentue somente as **proparoxítonas**:
a) rubrica
b) polipo
c) filantropo
d) exito
e) hesito
f) colica
g) avaro
h) aziago
i) crisantemo
j) pessego

38 Continue:
- a) petala
- b) tulipa
- c) amoniaco
- d) recorde
- e) pantano
- f) pudico
- g) pustula
- h) tunica
- i) ariete
- j) transfuga

39 Coloque acento no **i** ou no **u**, quando necessário:
- a) jesuita
- b) ruina
- c) arruina
- d) amendoim
- e) ruim
- f) gratuito
- g) circuito
- h) micuim
- i) cuica
- j) conteudo

40 Continue:
- a) gaucho
- b) gauchinha
- c) bainha
- d) tabuinha
- e) aldeinha
- f) reune
- g) juiz
- h) juizes
- i) raiz
- j) raizes

41 Continue:
- a) ainda
- b) ventoinha
- c) baiuca
- d) campainha
- e) suiço
- f) graudo
- g) heroismo
- h) sauva
- i) saudo
- j) carnauba

42 Acentue os encontros vocálicos quando convier:
- a) geleia
- b) ceu
- c) constroi
- d) constroem
- e) destroi
- f) destroem
- g) veem
- h) enjoo
- i) voo
- j) plateia

43 Continue:
- a) chapeu
- b) heroico
- c) nucleico
- d) canoa
- e) broa
- f) abençoo
- g) abençoe
- h) colmeia
- i) zoo
- j) coo

44 Transcreva as frases, acentuando as palavras, quando necessário:
- a) Va pra casa ja, seu moleque!
- b) La como ca mas noticias ha.
- c) La naquele banco a fila e tão grande que so cre quem ve.
- d) Pra tu veres: Ze escolheu tanto, escolheu tanto e acabou ficando so.
- e) O ovo estava cru, por isso ela não quis, mas serviu pra ti.

45 A seguir existem algumas palavras oxítonas. Identifique-as e acentue-as:
- a) Aqui não se reclama como ali nem como acola.
- b) Ninguem compos o poema para voce, mas sim para mim.
- c) Se cortarem esse ipe, que sera da vovo?
- d) Em Itu os urubus são gigantescos, parecem brucutus.
- e) As revistas infantis podem ser lidas tambem pelos alunos juvenis.

46 Identifique as palavras que devam ser acentuadas e transcreva-as já com o acento:
- a) pequenez
- b) talvez
- c) Bauru
- d) carate
- e) pequines
- f) xadrez
- g) refez
- h) calabresa
- i) isopor
- j) fedor

47 Identifique as palavras que podem ser tanto oxítonas quanto paroxítonas:
- a) jaba
- b) jaca
- c) revolver
- d) fume
- e) carne
- f) cara
- g) projetil
- h) reptil
- i) caqui
- j) sabia

48 Todas as palavras que seguem são paroxítonas. Assinale as opções em que todas estão corretas quanto à acentuação:
- a) álbuns, bíceps, órfã
- b) ítem, pênsil, capô
- c) ônus, hífen, hífens
- d) júri, cútis, Nélson
- e) Vítor, Estêvão, Luzia
- f) elétrons, prótons, nêutrons
- g) tótem, itens, flúor

h) repórter, súper, híper
i) frêvo, trêvo, sossêgo
j) bôa, à-tôa, corôa

c) Essas tradições provém dos nossos avós.
d) Muitos revêem o filme quando podem.
e) Se elas não vêem o que todos vêem, nada posso fazer.

49 Identifique as palavras proparoxítonas e transcreva-as acentuadas:

a) artico
b) rubrica
c) ibero
d) Emerson
e) ariete
f) Andronico
g) interim
h) tulipa
i) pegada
j) pudico

55 Identifique a opção em que há erro de acentuação:

a) fá-lo-á
b) refá-lo-ia
c) trá-lo-ia
d) retê-lo-íamos
e) ferí-lo-ia

50 Todas as palavras que seguem trazem ditongo. Acentue-o quando necessário:

a) breu
b) pneu
c) heroi
d) heroico
e) ideia
f) reu
g) meu
h) trofeu
i) doido
j) grau

56 Identifique todas as palavras que devam ter acento e transcreva-as já com o acento:

a) curimbata
b) maracuja
c) jovem
d) ion
e) proprio
f) cafe
g) cafezal
h) ceu
i) mel
j) gel

57 Continue:

a) lagoa
b) Lisboa
c) xampu
d) guru
e) gibis
f) abençoo
g) abençoe
h) cateter
i) cateteres
j) pantano

51 Continue:

a) circuito
b) gratuito
c) fortuito
d) intuito
e) polui
f) dois
g) traqueia
h) geleia
i) jiboia
j) tabareu

58 Continue:

a) textil
b) texteis
c) maquinaria
d) condor
e) obolo
f) alcool
g) alcoois
h) ansia
i) paranoico

52 Acentue ou não o **i** e o **u** em hiato, de acordo com a regra:

a) saimos
b) saida
c) sair
d) saindo
e) saisse
f) egoista
g) balaustre
h) faisca
i) ruina
j) arruina

59 Identifique as palavras que antes do Acordo Ortográfico eram acentuadas e, hoje, dispensam o uso do acento:

a) polen
b) liquen
c) baiuca
d) sinuca
e) coruja
f) pistache
g) feiura
h) semen
i) xara
j) cerebelo

53 Identifique as palavras que podem ter acento ou não, dependendo das circunstâncias em que são empregadas:

a) raiz
b) juiz
c) pais
d) cais
e) ruim

54 Identifique as opções em que há erro de acentuação nos verbos **ter**, **ver**, **vir** ou derivados:

a) Ele tem o que vocês não têm.
b) Eles retêm todo o poder nas mãos.

60 Identifique a opção em que todas as palavras estão corretamente acentuadas:

a) reuní-lo, aplaudí-lo, atraí-lo, influí-lo
b) reuni-lo, aplaudi-lo, atraí-lo, influi-lo
c) reuni-lo, aplaudi-lo, atraí-lo, influi-lo
d) reuní-lo, aplaudí-lo, atrai-lo, influi-lo
e) reuni-lo, aplaudi-lo, atraí-lo, influí-lo

61 Complete as frases com a forma correta (se valerem as duas, complete com ambas):

águam - aguam   mobilio - mobílio
a) Enquanto elas ★ as plantas, eu ★ a casa.
deságua - desagua
b) Esse rio ★ no mar ou no Amazonas?
arruine - arruíne
c) Espero que essa ferida não ★ .
saudo - saúdo
d) Eu ★ a vida todas as manhãs.
e) Eu lavo os cabelos com este xampu e,
enxáguo - enxaguo
depois, ★ bem.

62 Identifique as palavras erradas quanto à acentuação gráfica:

a) fôrma
b) tetéia
c) fôra
d) falámos
e) estóico
f) Cananéia
g) Enéias
h) jibóia
i) pajé
j) encontrámos

Testes de concursos e vestibulares

1 (TRE-MG) Assinale a série em que só uma das palavras não é acentuada:

a) fluor, constroi, atrai-lo, atraves, latex
b) graudo, nucleo, bilis, nevoa, paraiso
c) etiope, pensil, fragil, codigo, carater
d) rutilo, cadaver, rapido, pindaiba, util
e) refem, xicara, publico, latex, apoteose

2 (Unesp-SP) Justifique a acentuação nos seguintes vocábulos:

a) conveniência
b) também
c) matéria
d) espírito

3 (PUC-SP) Só numa das séries abaixo todas as palavras estão acentuadas erroneamente. Assinale-a:

a) aríete, bávaro, Bálcãs
b) crisântemo, Niágara, ômega
c) ônix, sótão, hemácia
d) boêmia, álibi, vodú
e) rêfem, récem, requiém

4 (FMU-SP) Assinale as opções em que nenhuma palavra é acentuada graficamente:

a) rubi, à toa, Carandiru, latex
b) tuim, interim, flores, ruim
c) aldeinha, tabuinha, tainha, cainho
d) sagu, pacu, Paiçandu, Ipauçu
e) abacaxi, tilburi, tamborim, sagui

5 (DPF-ANP-DF) Todos os itens da série acentuam-se graficamente e pela mesma regra:

a) tendência, possível, mínimo
b) ninguém, parabéns, retém
c) teóricos, construído, hipótese
d) imaginária, já, inevitável
e) secretária, revólver, Anhangabaú

6 (AFA) São acentuadas pela mesma regra de **alguém**, **inverossímil** e **caráter** as palavras:

a) hífen, também, impossível
b) armazém, útil, açúcar
c) têm, anéis, éter
d) há, impossível, crítico
e) pólen, magnólias, nós

7 (BRB) Dentre as alternativas abaixo, assinale aquela em que nenhuma palavra deve ser acentuada graficamente:

a) bonus, tenis, aquele, virus
b) repolho, cavalo, onix, grau
c) juiz, saudade, assim, flores
d) levedo, carater, condor, ontem
e) caju, virus, niquel, ecloga

8 (CBM-GO) Os dois vocábulos de cada item devem ser acentuados graficamente, exceto:

a) herbivoro - ridiculo
b) ritmo - bambu
c) miudo - sacrificio
d) carnauba - germen
e) Biblia - hieroglifo

9 (TJ-BA) As palavras a seguir apresentam problemas de acentuação gráfica, por causa da sua pronúncia hesitante. O item em que estão grafadas de acordo com a norma padrão é:

a) pudico, rúbrica, ínterim
b) lêvedo, boemia, íbero
c) avaro, aerolito, batavo
d) filantropo, gratuito, aziago
e) alacre, ímprobo, protótipo

10 (FEC) Assinale a opção em que o **i** e o **u** em hiato são acentuados em todas as palavras:

a) cairam, caires, caistes, sairam, sairdes
b) faisca, juizes, juiz, jesuita, juizo
c) bau, saude, balaustre, reuno, reunem
d) rainha, caique, caida, graudo, egoismo
e) raizes, saistes, saimos, saida, tainha

11 (TST) A opção em que há erro na acentuação da forma verbal acompanhada de pronome é:

a) ferí-lo-íamos   c) compô-la   e) retribuí-lo
b) cantá-la-íeis   d) vendê-lo

12 (IME) Assinale o item cujas palavras são acentuadas pela mesma regra de acentuação:

a) lá, café, retrós, amém
b) haverá, dendê, cipó, porém
c) casa, pele, ano, pajens
d) cajá, você, avô, itens
e) sofá, tênis, rapé, café

13 (ITA-SP) Assinalar o item em que todas as palavras têm a acentuação gráfica correta:

a) benção, caráter, climax, ambíguo
b) bênção, caráter, clímax, ambíguo
c) bênção, caráter, climax, ambíguo
d) benção, caracter, climax, ambíguo
e) bênção, carater, clímax, ambiguo

14 (PGR-SP) Assinale a opção em que as palavras devem ser acentuadas pelo mesmo motivo:

a) tambem, refem   d) velocidade, rubrica
b) aniversario, fortuito   e) ceu, tambem
c) fortuito, gratuito

15 (NCE) Que par de palavras abaixo não tem sua acentuação gráfica justificada com base na mesma regra?

a) súditos, fábrica   d) útil, agradável
b) denúncia, consciência   e) país, saúde
c) está, já

16 (UFRJ) O vocábulo **pôs** leva acento gráfico pelo mesmo motivo de uma das palavras a seguir. Qual?

a) pôr
b) está
c) três
d) compôs
e) têm

17 (NCE) **Violência** é palavra que recebe acento gráfico pela mesma razão de uma das palavras a seguir. Qual?

a) aí   c) válidos   e) vácuo
b) é   d) herói

18 (FGV-RJ) Assinale a alternativa em que todas as palavras estão corretamente grafadas:

a) raiz, raízes, sai, apóio, Grajau
b) carretéis, funis, índio, hifens, atrás
c) juriti, ápto, âmbar, dificil, almoço
d) órgão, afável, cândido, caráter, Cristovão
e) chapéu, rainha, Bangú, fossil, conteúdo

19 (UFSCar-SP) Assinale a série em que todas as palavras estão acentuadas corretamente:

a) idéia, urubu, suíno, ênclise
b) bíceps, heróico, ítem, fóssil
c) tênis, fôsseis, caiste, japonesa
d) fútil, hífen, ânsia, decaído
e) apóia, tapête, órfã, ruína

20 (UFF-RJ) Só numa série abaixo estão todas as palavras acentuadas corretamente. Assinale-a:

a) rápido, sede, côrte
b) Satanás, ínterim, espécime
c) corôa, vatapá, automóvel
d) cometi, pêssegozinho, viúvo
e) lápis, rainha, côr

21 (UFPR) Assinale a opção em que todos os vocábulos são acentuados por serem oxítonos:

a) paletó, avô, pajé, café, jiló
b) parabéns, vêm, hífen, saí, oásis
c) vovô, capilé, Paraná, lápis, régua
d) amém, amável, filó, porém, além
e) caí, aí, ímã, ipê, abricó

22 (TRE-MT) Segue a mesma regra de acentuação de **país** a palavra:

a) saúde   c) táxi   e) heróis
b) aliás   d) grêmios

23 (TRE-ES) **Aí** é acentuada pelo mesmo motivo de:

a) aquí   c) é   e) porém
b) dá   d) baú

24 (TRE-RJ) A alternativa que apresenta erro quanto à acentuação em um dos vocábulos é:

a) lápis, júri   d) raízes, amável
b) bônus, hífen   e) Anhangabaú, bambú
c) ânsia, série

25 (TJ-AM) Assinale a opção que traz apenas um erro de acentuação gráfica:

a) elas veem, eles mantêm, ele se contém
b) pôr, pôde, fôrma
c) graúdo, gaúcho, moínho
d) fí-lo, quí-lo, fê-lo
e) paranóia, boia, apóio

CAPÍTULO 5
ESTRUTURA DAS PALAVRAS

Estrutura das palavras

Uma palavra pode apresentar estes elementos estruturais ou elementos mórficos: radical, afixos, vogal temática, tema, desinência e interfixos. Nem sempre, porém, as palavras apresentam todos esses elementos.

> **IMPORTANTE**
>
> **Raiz** é um conceito de ordem histórica (diacrônica), e não gramatical (sincrônica); portanto, não cabe estudar o assunto aqui. Ademais, nem sempre é fácil determinar a raiz de uma palavra do ponto de vista histórico, já que no mais das vezes ela se distancia muito de sua forma originária. Poucos veem a mesma raiz em alma e unânime ou em Deus e entusiasmo.
>
> Cumpre lembrar, ainda, que **palavras cognatas** são aquelas que possuem a mesma raiz. Conclui-se daí que, sincronicamente, também não se aconselha o emprego do termo cognato. Diremos melhor **família de palavras**, que é o conjunto de todas as palavras que se agrupam em torno de um mesmo radical. Não obstante, vê-se comumente, aqui e ali, o emprego da expressão *palavras cognatas* em referência a palavras da mesma família.

● Radical

Radical, **lexema** ou **semantema** é o elemento portador de significado, comum a um grupo de palavras da mesma família. Assim, na família de palavras terra, terrinha, terriola, terrestre, térreo, terráqueo, terreno, terreiro, terroso, existe um elemento comum: terr-, que é o radical.

● Afixos

Afixos são elementos que se juntam ao radical, antes (neste caso se dizem **prefixos**) ou depois (neste caso se denominam **sufixos**) dele. Ex.: prever, desonesto (prefixos), amoroso, beleza (sufixos).

Os afixos apenas alteram o significado do radical. Não há dois radicais na palavra formada por prefixação; trata-se do mesmo radical, modificado em sua ideia primitiva.

Vogal temática

Vogal temática é aquela que vem logo após o radical e, no caso dos verbos, indica as conjugações. São três as vogais temáticas verbais: -a- (da 1.ª conjugação: cantar), -e- (da 2.ª conjugação: vender) e -i- (da 3.ª conjugação: partir).

Tema

Tema é o radical acrescido da vogal temática. Ex.: canta, vende, parti.

A vogal temática, portanto, amplia o radical em tema, ficando este pronto para receber a desinência ou o sufixo.

Desinência

Desinência é o elemento que se apõe ao tema, para indicar as flexões de gênero, número, modo, tempo e pessoa. Pode ser nominal ou verbal:

a) **desinência nominal** é aquela que indica o gênero e o número dos nomes: substantivos, adjetivos, numerais e pronomes. Ex.: -a (gorda), -s (gordos). O nome gordo possui desinência zero (∅, símbolo que representa um morfema não marcado) de gênero e número, porque o masculino é uma forma não marcada;

b) **desinência verbal** é aquela que indica o modo e o tempo (DMT), o número e a pessoa (DNP) dos verbos. Ex.: cantá-va-mos.

Vê-se que a desinência (ou flexão) compreende as categorias de gênero e número (para os nomes) e de modo, tempo, número e pessoa (para os verbos). Assim, existe a desinência nominal de gênero (-a) e a de número (-s); as desinências modo-temporais (cantava, vendia, partia) e as desinências número-pessoais (cantavas, vendíamos, partiam). Por conseguinte, cabe-nos falar apenas em flexão de gênero, número, modo, tempo e pessoa. Grau não é flexão, porque o elemento que o exprime não é desinência, mas sufixo. Ademais, na gradação ocorre alteração semântica (casa, casarão e casebre exprimem conceitos distintos).

Convém não confundir desinência com sufixo. A desinência indica apenas a flexão da palavra; o sufixo, além de alterar o significado do radical, é um elemento que sempre contém ou a vogal temática ou a desinência de gênero. Em -inho temos o sufixo -inh- com a vogal temática -o. Em -inha, de outro lado, encontramos -inh- com a desinência de gênero -a.

Alguns dão o nome de terminação ao elemento que se pospõe ao radical. Neste caso, a terminação pode ser somente um sufixo com a vogal temática (p. ex.: menininho), somente a desinência (p. ex.: aluna) ou ambos ao mesmo tempo (p. ex.: menininha).

> **IMPORTANTE**
>
> Dá-se o nome de **morfema** ao elemento linguístico que, isolado, não possui nenhum valor, servindo apenas para relacionar semantemas na oração, para definir a categoria gramatical (gênero, número e pessoa), etc. Os morfemas podem ser de dois tipos:
>
> 1) **morfemas dependentes**: são os que aparecem no vocábulo (afixos, desinências, etc.) e
>
> 2) **morfemas independentes** ou **morfemas vocábulos**: são as preposições, conjunções e os advérbios de intensidade.
>
> Subtraído o semantema, todos os elementos estruturais são morfemas.

● **Interfixos**

Interfixos são elementos que se intercalam entre o radical e o sufixo, para facilitar a pronúncia. Podem ser vogais e consoantes.

a) **vogais:** machadiano, odeio, sarcófago, frutífero, gasômetro, hemorragia, parisiense, simultaneidade, arbitrariedade, criminologia, voltímetro, camoniano, carnívoro.

b) **consoantes:** paulada, cafezal, friorento, chaleira, pezinho, sonolento, motorneiro, padeiro, sabichão, cafeteira.

São conhecidos também pelo nome de vogais de ligação e consoantes de ligação, denominações não muito próprias, porque, muitas vezes, há conjuntamente vogal e consoante. Ex.: ratazana, colheitadeira, fortalecer, pardacento, diversificar, prateleira, planificar. Daí a nossa preferência pela denominação interfixos.

IMPORTANTE

1) Os interfixos não são infixos, já que distintos são os dois conceitos. O infixo é um elemento de ligação que se intercala no radical; o interfixo é um elemento de ligação que se antepõe ao sufixo. Em nossa língua não há sequer uma palavra que traga infixo.

2) Os interfixos são elementos insignificativos, porque nada indicam, aparecendo apenas para facilitar a pronúncia dos vocábulos em que se inserem. As desinências, de outro lado, são elementos significativos, porque indicam as flexões verbais e nominais.

OBSERVAÇÕES

1) Existem, além das vogais temáticas verbais, as vogais temáticas nominais, que produzem os temas nominais, todos com -a, -e, -o átonos finais. Ex.: cama, leve e rosto apresentam vogais temáticas nominais; temos aí, portanto, três temas nominais, prontos para receber a desinência de número: camas, leves, rostos.

A vogal átona final -a só será desinência de gênero quando opuser o masculino ao feminino. Ex.: moço × moça, gato × gata, gordo × gorda, belo × bela.

Em banheira, sapata e mata, a vogal átona final ainda é desinência de gênero, porque a diferenciação semântica mínima entre a oposição masculino × feminino não é significativa.

Diferente é o caso de cama, leve e rosto, cujas vogais finais não opõem masculino a feminino. Assim, os nomes terminados em -e são temas, tirante algumas exceções: mestre/mestra, monge/monja, presidente/presidenta, parente/parenta, hóspede/hóspeda, etc., em que a oposição masculino × feminino caracteriza a presença da desinência de gênero -a.

2) Os nomes terminados em consoante (cor, raiz, mal, lápis, etc.) ou em vogal tônica (jacá, sapé, tupi, cipó, sagu, etc.) são atemáticos, isto é, não trazem vogal temática. Tais formas traduzem apenas o radical e, por conseguinte, são indivisíveis; possuem desinência zero (∅) de gênero e de número.

3) Os nomes terminados em -r, -z ou -l apresentam vogal temática apenas no plural: cor/cores, juiz/juízes, mal/males, sal/sais.

4) No caso de sais, a vogal temática é a semivogal i, com supressão ou síncope do l: sales > saes > sais.

5) Quando se aglutinam radicais, a vogal temática do primeiro elemento geralmente se reduz a i, funcionando, assim, como vogal de ligação entre os dois radicais:

boquiaberto → boca + aberto		suaviloquência → suave + eloquência
pontiagudo → ponta + agudo		altiplano → alto + plano
frutífero → fruto + fero		hortigranjeiro → horta + granjeiro

6) Os nomes derivados de verbo apresentam os dois tipos de vogal temática: a verbal e a nominal. Assim, em planejamento, por exemplo, o -a- pretônico e o -o- postônico são vogais temáticas, verbal e nominal, respectivamente. Outros exemplos: sonegadores, vendedores, pedinte.

7) O gerúndio e o particípio trazem sempre duas vogais temáticas, já que são formas a um só tempo verbais e nominais: cantando, vendendo, partindo. São chamadas formas nominais por participarem mais ativamente como nomes que como verbos, haja vista o último índice temático, que é o nominal, e não o verbal.

Testes e exercícios

1) Identifique as opções em que a palavra está corretamente dividida em seus elementos estruturais:

a) pombos = pom-bo-s
b) lares = lar-e-s
c) espantalho = esp-anta-lho
d) pombas = pomb-a-s
e) lençóis = lençó-i-s
f) males = mal-e-s
g) amarravam = amarr-a-va-m
h) viajamos = viaja-mo-s
i) fazeis = faz-e-i-s
j) ponhais = ponha-is

2) Identifique as palavras da mesma família entre as que seguem, destacando-as:

a) cândido
b) candidato
c) candura
d) candango
e) candelária

3) Entre estas palavras, identifique as que trazem simultaneamente duas vogais temáticas:

a) menestrel
b) colombina
c) trator
d) acabar
e) dólares
f) compradores
g) menestréis
h) acabamento
i) colorau
j) sambista

4) Entre estas palavras, identifique as que trazem morfema ∅:

a) professor
b) rolimã
c) juiz
d) pires
e) sal
f) fácil
g) matriz
h) flor
i) flúor
j) giz

5 Entre estas palavras, identifique as que trazem morfema de gênero:

a) catinga
b) mata
c) banheira
d) casaca
e) blusa
f) hóspede
g) parenta
h) cachaça
i) mesa
j) xereta

6 Entre estas palavras, identifique as que trazem interfixo vogal:

a) sambódromo
b) hipódromo
c) rapaziada
d) bambual
e) cipoal
f) seio
g) ceio
h) medeio
i) anseio
j) incendeia

7 Entre estas palavras, identifique as que trazem interfixo consoante:

a) cafezinho
b) cafezal
c) casario
d) lamaçal
e) sonolento
f) paisinho
g) paizinho
h) paixão
i) casarão
j) sabichão

8 Entre estas palavras, identifique as que trazem interfixos, ou seja, vogal e consoante de ligação juntas:

a) saboneteira
b) cafeteira
c) ferrolho
d) ratazana
e) manteigueira
f) lavradeira
g) prateleira
h) disqueteira
i) sanfoneira
j) bandoleira

9 Identifique as afirmações verdadeiras:

a) Na palavra **garoto** existe uma desinência de gênero.
b) Desinência é o mesmo que flexão.
c) Não existe flexão de grau.
d) Nos sufixos **-zarrão** e **-zinho**, existe o mesmo interfixo consoante.
e) Em **casinha** e **garotinha** existe no sufixo uma desinência de gênero.

10 As desinências nominais indicam apenas o gênero e o número dos nomes?

a) sim
b) não

11 As desinências verbais indicam o tempo, o modo, o número e a pessoa dos verbos, mas não a voz. Esta afirmação é:

a) falsa
b) verdadeira

12 Dê o significado de cada um dos elementos estruturais ou mórficos encontrados nas palavras que seguem, conforme este modelo:

biblioteca = livro + coleção

a) micróbio
b) democracia
c) ortografia
d) pseudônimo
e) acrofobia
f) cefalalgia
g) antropófago
h) dermatologia
i) cleptomania
j) ginecologia

13 Dê a palavra que define cada uma destas expressões, conforme este modelo:

estudo da vida = biologia

a) estudo das aves
b) estudo dos peixes
c) estudo de coisas antigas
d) estudo dos fósseis
e) estudo dos insetos
f) estudo dos moluscos
g) estudo das plantas
h) estudo dos fungos
i) estudo das funções dos órgãos
j) estudo das causas das doenças

14 Identifique a alternativa em que não há palavras da mesma família:

a) cândido, candura, candidato
b) casa, casebre, casulo
c) vazio, esvaziar, vaziez
d) gás, gasolina, gasoduto
e) jovem, juventude, jovial

15 Complete com uma palavra que tenha elementos gregos:

a) Quem tem aversão às multidões sofre de ★.
b) Quem tem mania de roubar tem ★.
c) Mulher que tem horror a homens sofre de ★.
d) Quem está com inflamação da mucosa da boca está com ★.
e) Quem demonstra ter pouca inteligência demonstra ter ★.

16 Assinale as afirmações corretas:

a) Na palavra **poento**, o sufixo **-ento** dá ideia de abundância.
b) Na palavra **mostrengo**, o sufixo **-engo** dá ideia pejorativa.
c) Na palavra **revisor**, o sufixo **-sor** dá ideia de profissão e está ligeiramente modificado.
d) A palavra **balística** é um neologismo, tendo sido formada arbitrariamente, pois o sufixo **-ística** não existe.
e) Na palavra **papeira**, o sufixo é de origem desconhecida.
f) Na palavra **paraninfo**, há um prefixo que dá ideia de **ao lado**; de fato, o paraninfo nada mais é que aquele que se coloca ao lado do noivo ou do formando.
g) Na palavra **catálogo**, há um prefixo que dá ideia de **movimento de cima para baixo**; de fato, todo catálogo é uma lista de pessoas ou coisas em ordem alfabética.
h) Na palavra **sintonizar**, há um prefixo que dá ideia de **simultaneidade**; de fato, todo aquele que sintoniza uma emissora ajusta o rádio ao comprimento de onda desejado.
i) Nas palavras **periferia** e **perigeu** há prefixos que dão exatamente a mesma ideia, ou seja, de **proximidade**; de fato, periferia é o que está próximo do centro ou do núcleo, e perigeu, o que está próximo da terra.
j) Um **programa** nada mais é que uma publicação que anuncia com **antecedência** um acontecimento; portanto, o prefixo **pro-** aí indica anterioridade.

17 A palavra **opor** é formada de **o-** (variante de **ob-**) + **pôr**; o prefixo indica oposição. Acrescente ao verbo **pôr** os prefixos cuja significação se encontra indicada:

a) ★ por (repetição)
b) ★ por (movimento através de)
c) ★ por (movimento para dentro)
d) ★ por (movimento para fora)
e) ★ por (aproximação)
f) ★ por (ao lado de)
g) ★ por (movimento para baixo)
h) ★ por (posição no meio)
i) ★ por (posição superior)
j) ★ por (movimento para a frente)

18 Identifique a palavra cujo prefixo dá ideia de:

destruição
a) distribuir   d) demitir
b) decapitar   e) decadência
c) desmoronar

movimento para a frente
a) promanar   d) projétil
b) projeto   e) reaver
c) provocar

movimento para trás
a) reagir   d) reter
b) renovar   e) remexer
c) recuar

aproximação
a) advogado   d) enterrar
b) absolver   e) intramuscular
c) bípede

substituição

a) soletrar
b) visconde
c) renome
d) prenome
e) cognome

d) Na palavra **defunto** há o prefixo **de-** (privação). De fato, no latim, *defunctu vita* é aquele que já privou da vida.

e) Na palavra **sujeitar** há o prefixo **super-** alterado (**su-**), que dá ideia de posição superior. De fato, quem se sujeita a alguém, submete-se (a força superior).

19 Entre as palavras a seguir, identifique as que dão ideia de oposição:

a) perjurar
b) impugnar
c) discordar
d) difícil
e) ilícito
f) realçar
g) ofuscar
h) repelir
i) insistir
j) casar

22 Entre estas palavras, identifique as que trazem o mesmo prefixo:

a) analfabeto
b) anidro
c) anônimo
d) afônico
e) anêmico
f) analogia
g) ateu
h) amoral
i) apartidário
j) atípico

20 Entre as palavras a seguir, identifique as que trazem prefixo com ideia de aumento ou intensidade:

a) desnudez
b) realçar
c) sobressair
d) supérfluo
e) abuso
f) desgraça
g) demora
h) sobrancelha
i) mendigo
j) sobreloja

23 Identifique a palavra cujo prefixo dá ideia de:

inversão

a) anástrofe
b) anáfora
c) anatomia
d) análise
e) anagnosia

afastamento

a) anagogia
b) anagrama
c) anacrônico
d) anético
e) anêmico

21 Identifique as afirmações verdadeiras ou corretas:

a) Na palavra **inflamável**, o prefixo **in-** dá ideia de negação; de fato, porque inflamável significa que não pega fogo, que não vira chama.

b) Na palavra **absurdo** existe o prefixo **ab-**, que dá ideia de afastamento (*ab + surdu*). De fato, absurdo é aquilo que se afasta do que é bom, do bom-senso; portanto, chocante, desagradável, discordante.

c) Na palavra **amputação** há o prefixo **am-**, variante de **ambi-** (em torno, ao redor). Amputação, no latim, significava poda (de árvores). Quando a poda era total, de um lado a outro, dizia-se que houvera amputação da árvore. Hoje, o termo pertence também à linguagem médica (operação pela qual se separa do corpo membro ou fragmento de membro).

dualidade

a) arquétipo
b) catarata
c) diáfano
d) arcebispo
e) ânfora

movimento através de

a) diagnóstico
b) autógrafo
c) arquitranca
d) botica
e) amoral

movimento de cima para baixo

a) diocese
b) diurético
c) antípoda
d) catálogo
e) arquiteto

24 Identifique as palavras cujo prefixo dá ideia de bom:

a) exosmose
b) eutanásia
c) euforia
d) evangelho
e) êxodo
f) eclético
g) eufonia
h) eucaristia
i) efêmero
j) exame

25 Dê as palavras que equivalham a:

a) tese contrária
b) debaixo da pele
c) navegar ao redor
d) citado acima
e) além dos Andes

26 Identifique as afirmações verdadeiras:

a) Na palavra **mostrengo**, o sufixo **-engo** dá ideia pejorativa.
b) Na palavra **papeira**, o sufixo é de origem desconhecida.
c) A palavra **balística**, tão em moda hoje em dia, é neologismo, tendo sido formada arbitrariamente, pois o sufixo **-ística** não existe.
d) Na palavra **revisor**, o sufixo **-sor** dá ideia de profissão e está ligeiramente modificado.
e) O radical latino da palavra **caderno** equivale ao radical grego *tetra*.

27 Dê a palavra que equivalha ao que está em destaque, usando elementos gregos:

a) mulheres que têm **horror a homens**
b) estar com **inflamação da mucosa do estômago**
c) **arte de caçar com cães**
d) **falta de governo** generalizada
e) gente que tem **aversão às multidões**
f) visitar a **cidade dos mortos** municipal
g) ser uma pessoa **que se rege por si**
h) estar com **inflamação da mucosa da boca**
i) sentir **medo a lugares elevados**
j) ser **pouco inteligente**

Testes de concursos e vestibulares

1 (TRE-GO) Assinale a alternativa em que não há correspondência entre os prefixos:

a) hemisfério - semicírculo
b) ateu - infeliz
c) antídoto - contradizer
d) anfíbio - ambidestro
e) perímetro - justapor

2 (TJ-AM) Assinale, dentre as opções, aquela em que as palavras possuem o mesmo radical:

a) telescópio, telefone, telegrama, televisão
b) taquígrafo, taquicardia, taquipneia, taquear
c) hipnose, hipnotismo, hipódromo, hipnologia
d) hidrografia, hidrômetro, higrômetro, hidrofobia
e) termologia, termômetro, termodinâmica, térmita

3 (Mack-SP) Dê o significado dos prefixos das palavras em destaque, nos seguintes períodos:

a) O poeta elaborou um verso considerado o **suprassumo** de seu entusiasmo poético.
b) Como um ser **onipotente** da atividade criadora, o artista inspirou-se numa poesia significativa de uma vida inteira.
c) Toda criação artística deve **promanar** das tendências subjetivas, intelectuais e sociais, para metamorfosear sons linguísticos em fatos relacionáveis com a arte.
d) Embora o verso estivesse **semiparalisado** no mundo interior do poeta, a experiência consciente transformou-o numa autêntica realização artística.

4 (Esaf-MPU) Assinale a opção na qual os componentes destacados das palavras não têm a mesma significação:

a) **hiper**tensão - **super**mercado
b) **a**teu - **an**arquia
c) **bí**pede - **di**ssílabo
d) **an**fíbio - **ambi**destro
e) **ante**por - **anti**aéreo

5 (UFF) O sufixo destacado em **organizador** tem o mesmo valor semântico que o presente em:

a) confidência
b) outonal
c) pedinte
d) refeitório
e) brasileiro

6 (Cesgranrio-RJ) Assinale a série de vocábulos em que todos os sufixos exprimem noção de qualidade:

a) sensibilidade - delicadeza - docemente
b) decoração - bronzeado - selvagem
c) franqueza - doçura - ferocidade
d) sentimento - rapidamente - majestosa
e) dourado - vegetação - beleza

7 (PUC-RS) Identifique a alternativa em que há correspondência de sentido entre os prefixos:

a) progredir, expor
b) impor, refrear
c) transmudar, metamorfosear
d) abstrair, supor
e) decair, apor

8 (BC) O radical **fobia** significa **medo, aversão**. O item em desacordo com esse significado é:

a) hidrofobia = medo da água
b) patofobia = medo de adoecer
c) fotofobia = medo de luz
d) necrofobia = medo de morrer
e) cinofobia = medo de cinema

9 (F. C. Chagas) Nos vocábulos **assindético** e **infeliz** temos, respectivamente:

a) prefixo de origem grega e prefixo de origem latina
b) prefixo de origem latina e prefixo de origem grega
c) infixo de origem grega e prefixo de origem latina
d) prefixos de origem grega
e) prefixos de origem latina

10 (PUC) Assinale o vocábulo cujo prefixo é semanticamente diferente do de **intocável**:

a) afônico
b) ilegal
c) desconfortável
d) anônimo
e) imigrante

11 (PUC) Aponte a opção em que aparece o mesmo prefixo existente na palavra **impunidade**, tendo ele o mesmo significado:

a) inevitável
b) invadindo
c) influência
d) inicialmente
e) incluindo

12 (Cesgranrio-RJ) Identifique a opção em que nem todas as palavras provêm de um mesmo radical:

a) noite, anoitecer, noitada
b) luz, luzeiro, alumiar
c) incrível, crente, crer
d) festa, festeiro, festejar
e) riqueza, ricaço, enriquecer

13 (DR-TC-DF) Todas as palavras abaixo são compostas de dois radicais latinos. Assinale a opção em que o vocábulo significa **que mata a esposa**:

a) parricida
b) genocida
c) uxoricida
d) fratricida
e) regicida

14 (Serpro) O prefixo de uma das palavras abaixo tem sentido de **quase**. Marque-a:

a) península
b) eufonia
c) perímetro
d) epiderme
e) amorfo

15 (Cesgranrio-RJ) Identifique o par de vocábulos cujos prefixos apresentam significação equivalente à dos elementos iniciais de **impessoal** e **predeterminado**:

a) amoral, epidérmico
b) antiaéreo, hipertenso
c) disforme, ultrapassado
d) contraindicado, transatlântico
e) desumano, antediluviano

16 (Unirio-RJ) Identifique a série em que os prefixos têm o mesmo significado:

a) contradizer, antídoto
b) desfolhar, epiderme
c) decapitar, hemiciclo
d) supercílio, acéfalo
e) semimorto, perianto

17 (Unirio-RJ) Identifique o vocábulo cujo prefixo não tem valor negativo:

a) incerteza
b) impregnado
c) inculto
d) indiferente
e) independência

18 (BNB) Assinale a alternativa em que nem todas as palavras têm o mesmo radical:

a) riqueza, ricaço, enriquecimento
b) incrível, crente, descrença
c) luz, luzeiro, luzente
d) gente, gentalha, agente
e) tarde, entardecer, tardança

19 (FAURGS-Delegado) Assinale a alternativa em que o elemento mórfico em destaque está corretamente analisado:

a) menina (-a) = desinência nominal de gênero
b) vendeste (-e-) = vogal de ligação
c) gasômetro (-ô-) = vogal temática da 2ª conjugação
d) amassem (-sse-) = desinência da 2ª pessoa do plural
e) cantaríeis (-is) = desinência do imperfeito do subjuntivo

20 (UFSC) Assinale o par de radicais gregos que apresenta seus sentidos trocados:

a) *ánemos* = vento (anemômetro) / *clorós* = verde (clorofila)
b) *mono* = um só (monotonia) / *cacós* = mau (cacoente)
c) *arcaios* = antigo (arcaísmo) / *pléos* = cheio (pleonasmo)
d) *néos* = morte (necropsia) / *necrós* = novo (neologismo)
e) *sácaron* = açúcar (sacarose) / *ictís* = peixe (ictiófago)

CAPÍTULO 6
FORMAÇÃO DE PALAVRAS

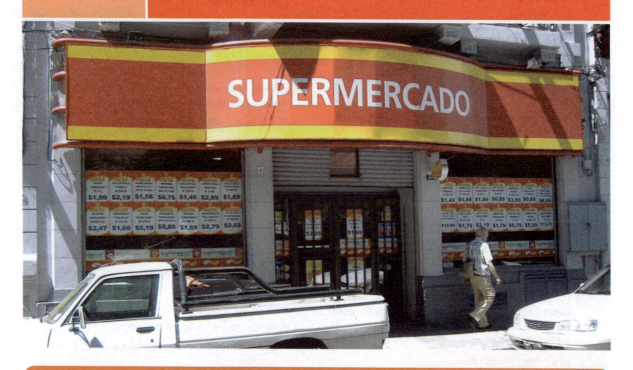

Formação de palavras

Em português, as palavras novas se formam por cinco processos principais: derivação, composição, onomatopeia, abreviação e hibridismo.

Derivação

Derivação é a formação de palavras por meio de acréscimo ou supressão de afixos. Assim, temos:

1) a **derivação prefixal** ou **por prefixação**: ocorre com acréscimo de um prefixo a um semantema. Ex.: **in**feliz, **des**leal, **super**-homem, que se dizem palavras derivadas prefixais.

2) a **derivação sufixal** ou **por sufixação**: ocorre com acréscimo de sufixo a um semantema. Ex.: banan**ada**, bel**eza**, que se dizem palavras derivadas sufixais.

3) a **derivação parassintética** ou **parassintetismo**: ocorre com acréscimo simultâneo de afixos. Ex.: **a**joelh**ar**, **en**riqu**ecer**, que se dizem derivadas parassintéticas ou parassínteses.

4) a **derivação regressiva**: ocorre com supressão de falsos ou verdadeiros sufixos de uma palavra. Ex.: sarampo (o povo imaginou que era palavra derivada de **sarampão**), burro (o povo supôs que era palavra derivada de **burrico**), que se dizem palavras derivadas regressivas. Além das regressivas nominais, existem as regressivas verbais, também conhecidas por palavras deverbais ou pós-verbais, das quais são exemplos: ajuda, caça, censura, ataque, desgaste, saque, abalo, acordo, castigo. Serão sempre nomes abstratos, indicativos de ação e terminados em -a, -e, -o.

5) a **derivação imprópria** ou **conversão**: ocorre quando uma palavra muda de classe, sem alterar a forma. Este processo pertence mais ao campo semântico que ao morfológico. A derivação imprópria se dá principalmente: quando adjetivos se tornam substantivos (os bons); quando substantivos se tornam adjetivos (gol relâmpago, banana-maçã); quando os infinitivos se tornam substantivos (o poder, o prazer); quando adjetivos passam a advérbios (ler alto, falar sério); quando palavras invariáveis se transformam em substantivos (os prós, os contras, os nãos, o porquê); quando substantivos próprios passam a comuns (champanha, gilete); quando substantivos comuns passam a próprios (Coelho, Leão).

Composição

Composição é a formação de palavras pela união de dois ou mais semantemas. Ex.: banana-maçã, aguardente. As palavras assim formadas se dizem compostas.

Como se vê, pode ser de dois tipos.

1) a **composição por justaposição**: ocorre quando os semantemas permanecem absolutamente inalterados. Ex.: banana-maçã, pé-de-morto, vaivém, que se dizem palavras compostas por justaposição.

2) a **composição por aglutinação**: ocorre quando os semantemas se fundem, com perda de fonema ou alteração de um deles. Ex.: aguardente (água + ardente), planalto (plano + alto), passatempo (passar + tempo), que se dizem palavras compostas por aglutinação.

Onomatopeia

Onomatopeia é a palavra que procura reproduzir aproximadamente certos sons ou ruídos. Ex.: reco-reco, fom-fom, bem-te-vi, tique-taque, que se dizem palavras onomatopaicas.

Abreviação

Abreviação é a redução de palavras até o limite permitido pela compreensão. Ex.: moto (de motocicleta), metrô (de metropolitano), que se dizem palavras abreviadas.

Hibridismo

Hibridismo é a formação de palavras com elementos de línguas diferentes. Ex.: sociologia (latim e grego), automóvel (grego e latim), que se dizem palavras híbridas.

Testes e exercícios

1 Use a derivação prefixal para inverter o sentido destas frases, procedendo a todas as alterações necessárias, mas de modo que a frase tenha nexo ou sentido:

a) Amigos se pautam pela lealdade.
b) O amor nos torna superiores.
c) Editor idôneo é sempre bem-visto.
d) Jogador hábil é sempre aplaudido.
e) Político probo é o que menos há por aí.

2 Identifique as correspondências verdadeiras:

a) Sampa = abreviação
b) um sim = derivação imprópria
c) televisão = hibridismo
d) sobreloja = derivação sufixal
e) descampado = parassintetismo
f) descarrilar = parassintetismo
g) comuna = derivação regressiva
h) esclarecer = derivada prefixal e sufixal
i) insensatez = derivada prefixal e sufixal
j) pastelão = derivada imprópria

3 Continue fazendo o mesmo:

a) emburrar = derivada parassintética
b) Rato = derivada imprópria
c) pornô = abreviação
d) pé-de-meia = composta justaposta
e) encapuzar = derivada parassintética
f) coaxar = onomatopeia
g) cosseno = derivada prefixal
h) ônibus = abreviação
i) reco-reco = onomatopeia
j) fom-fom = onomatopeia

4 Identifique a palavra composta:

a) super-homem
b) cabrocha
c) inseticida
d) fidalgo
e) muriçoca

5 Forme apenas parassínteses a partir destas palavras:

a) velho
b) negro
c) podre
d) ferver
e) alto
f) nobre
g) jovem
h) pobre
i) rico
j) caro

6 Dê o processo formador de cada uma destas palavras:

a) emudecer
b) manquejar
c) burocrata
d) infravermelho
e) uivar

7 Forme parassínteses a partir destes vocábulos:

a) feio
b) viés
c) gato
d) baço
e) carpete

Testes de concursos e vestibulares

1 (TRE-GO) O item cujas palavras são parassintética, onomatopaica e híbrida é:

a) anoitecer, coaxar, televisão
b) deslealdade, chilrear, automóvel
c) descobrimento, tique-taque, luzerna
d) enriquecer, zás-trás, pernalta
e) fidalgo, zum-zum, embarcar

2 (UF-GO) Na frase **Ela tem um quê misterioso**, o processo de formação da palavra em destaque chama-se:

a) composição
b) aglutinação
c) justaposição
d) derivação imprópria
e) parassintetismo

3 (FCMSC-SP) Em qual dos exemplos a seguir está presente um caso de derivação parassintética?

a) Lá vem ele, vitorioso do **combate**.
b) Ora, vá **plantar** batatas!
c) Começou o **ataque**.
d) Assustado, continuou a se **distanciar** do animal.
e) Não quero me **entristecer**, vou é cantar.

4 (Alerj/Fesp) O processo de criação vocabular que consiste em reduzir longos títulos a letras iniciais das palavras que os compõem é intitulado:

a) sigla
b) abreviação
c) hibridismo
d) onomatopeia
e) composição

5 (Acafe-SC) Aponte o exemplo que não corresponde à afirmação:

a) infeliz = derivação prefixal
b) inutilmente = derivação prefixal e sufixal
c) couve-flor = composição por justaposição
d) planalto = composição por aglutinação
e) semideus = composição por aglutinação

6 (UFU-MG) A palavra **ensolarada** tem o mesmo processo de formação da palavra:

a) injustiçada
b) inspirada
c) esperada
d) sonhada
e) amada

7 (UF-MG) Em que alternativa a palavra em destaque resulta de derivação imprópria?

a) Às sete horas da manhã começou o trabalho principal: a **votação**.
b) Pereirinha estava mesmo com a razão. Sigilo... Voto secreto... **Bobagens**, bobagens!
c) Sem radical **reforma** da lei eleitoral, as eleições continuariam sendo uma farsa!
d) Não chegaram a trocar um **isto** de prosa, e se entenderam.
e) Dr. Osmírio andaria **desorientado**, senão bufando de raiva.

8 (TJ-TO) Marque a alternativa em que ocorreu derivação regressiva:

a) distância
b) lixa
c) venda
d) telefone
e) âncora

9 (TRE-MG) Assinale o item em que todas as palavras sejam compostas por prefixação:

a) heterônimo, indizível, anônimo, recreio
b) amoroso, aleatório, preparo, postigo
c) incorreto, desleal, superpetroleiro, sublocar
d) amoral, irreal, insolente, inteligente
e) prefeito, possuir, profeta, precisão

10 (ITA) Assinale a alternativa em que uma das palavras não é formada por prefixação:

a) readquirir, predestinado, propor
b) irregular, amoral, demover
c) remeter, conter, antegozar
d) irrestrito, antípoda, prever
e) dever, deter, antever

NOSSA GRAMÁTICA COMPLETA

11 (BC) **Aguardente**, **livros**, **barco**, **bebedouro** classificam-se, respectivamente, em:

a) composta, primitiva, primitiva, derivada
b) derivada, primitiva, primitiva, composta
c) composta, derivada, primitiva, composta
d) derivada, derivada, derivada, composta
e) composta, derivada, primitiva, composta

12 (ITA) As palavras **expatriar**, **amoral** e **planalto** são formadas por:

a) derivação parassintética, prefixal, composição por aglutinação
b) derivação sufixal, prefixal, composição por aglutinação
c) derivação prefixal, prefixal, composição por justaposição
d) derivação parassintética, sufixal, composição por aglutinação

13 (CEF) Assinale o item com palavra que não é formada por derivação prefixal:

a) readmissão, preconcebido, dispor
b) rever, prejulgar, reter
c) rebuscar, dever, antever
d) insensível, reaquecido, amorfo
e) desleal, inacreditável, preposto

14 (GDF-SEA-IDR) Assinale a opção que não contém palavra formada por hibridismo:

a) monocultura, televisão
b) sociologia, automóvel
c) abreugrafia, caiporismo
d) Petrópolis, Petrolândia
e) acrobata, quadrúpede

15 (UF-CE) Aponte as indicações corretas:

a) retificação: palavra formada por prefixação e sufixação
b) pequenino: palavra formada por sufixação
c) oficial: palavra formada por sufixação
d) barbear: palavra primitiva
e) barbeiro: palavra composta

16 (UFMG) Em todas as frases, o termo grifado exemplifica corretamente o processo de formação de palavras indicado, exceto em:

a) derivação parassintética: Onde se viu **perversidade** semelhante?
b) derivação prefixal: Não senhor, não procedi nem **percorri**.
c) derivação regressiva: Preciso falar-lhe amanhã sem **falta**.
d) derivação sufixal: As moças me achavam **maçador**, evidentemente.

17 (UEL-PR) Identifique a alternativa que contenha palavras formadas exclusivamente por derivação sufixal:

a) gotícula, folhagem, amanhecer
b) abotoar, envernizar, subterrâneo
c) caldeirão, chuvisco, povaréu
d) rendeira, aguardente, sonolento
e) semicírculo, península, democracia

18 (Unirio-RJ) Assinale a opção em que o vocábulo é formado por derivação regressiva:

a) opressão
b) deficiente (adj.)
c) tribo
d) adestrar
e) manejo (subst.)

19 (Unisinos-RS) A palavra **incorruptível** é formada por:

a) derivação prefixal
b) derivação parassintética
c) derivação sufixal
d) derivação prefixal e sufixal
e) aglutinação

20 (Unesp-SP) As palavras **perda**, **corredor** e **saca-rolhas** são formadas, respectivamente, por:

a) derivação regressiva, derivação sufixal, composição por justaposição
b) derivação regressiva, derivação sufixal, derivação parassintética
c) composição por aglutinação, derivação parassintética, derivação regressiva
d) derivação parassintética, composição por justaposição, composição por aglutinação
e) composição por justaposição, composição por aglutinação, derivação prefixal

CAPÍTULO 7

CLASSES DE PALAVRAS – PALAVRAS DENOTATIVAS

Classes de palavras

Em português, as palavras se distribuem por dez classes: substantivo, artigo, adjetivo, numeral, pronome, verbo (classes flexionáveis), advérbio, preposição, conjunção e interjeição (classes não flexionáveis).

As palavras que não se enquadram em nenhuma dessas classes se dizem palavras denotativas.

Palavras denotativas

Palavras denotativas são aquelas que não exercem função sintática na oração, por terem essencialmente natureza afetiva ou subjetiva. As mais encontradas são as que indicam:

	Exemplos
1) adição	Além disso, senhores, não precisamos de seus favores.
	Roubou e ainda por cima comeu na casa!
	A senhora não trabalha e ainda reclama?!
2) adversidade	Mesmo chovendo, viajamos.
	Fui trabalhar, ainda com muita febre.
	O nadador teve cãibras, mas assim mesmo ganhou a prova.
3) afastamento	Vou embora daqui.
4) afirmação	A vida, de fato, começa aos quarenta.
	Sim, devo, não nego, pago quando puder.
	Com certeza você já sabe das minhas intenções.
	O planeta está mesmo doente.
	O ser humano é, sem dúvida, um predador.

	Exemplos
5) aproximação	Esse rapaz já é quase doutor.
	O comércio praticamente não funcionou ontem.
	Estaremos de volta lá pelas onze.
	A mulher devia ter uns setenta anos.
	Gastamos aproximadamente mil reais na festa.
6) coincidência	Logo eu fui o escolhido!
	Bem você foi acabar casando com ela!
	Justamente agora, que vou dormir, chegam visitas!
7) conclusão	Ela queria casar urgentemente; em suma, para sair de casa.
	Namorou dez dias o rapaz; enfim, ficou grávida.
8) continuação	Bem, você quer que eu responda à sua pergunta?
	Ora, mas eu não posso dar resposta à sua pergunta!
9) distribuição	Cada paixão no coração é, a princípio, como um mendigo; em seguida como um hóspede e, finalmente, como o dono da casa. Não deveis abrir a porta de vossos corações ao primeiro pedinte.
10) exclusão	Ela olhou só para mim.
	A mulher vivia unicamente para o marido.
	Não bebo nada senão água de coco.
	Estudem até a página cinquenta do livro, exclusive.
11) explicação	Toda palavra proparoxítona é acentuada. Por exemplo: álibi.
	Compramos vários objetos, a saber: lápis, canetas, cadernos, etc.
12) frequência	Você, sempre você!
	Ela me liga toda hora!
13) inclusão	Você também contra mim, Cristina?!
	Até você, Brutus?!
	Um pai – ainda o mais pobre – tem sempre uma riqueza para deixar ao filho: o exemplo.
	Todos mentem, inclusive o presidente.
14) negação	Você acha que ela é bom partido? Qual nada, rapaz!
	Se ela voltou pra mim? Nada!
	Que esperança! O homem cuidar da natureza!
	Absolutamente, hoje você não vai sair de casa.
15) precisão	Cheguei às oito horas em ponto.
	O comércio fecha às 18h exatamente.
	Ela me beijou mesmo aqui, na boca!
16) realce	Elisa é quem manda em casa.
	Eu é que sei onde andam as crianças?!
	Este país lá tem jeito?
	Estou curioso mas é de vê-la novamente.
	Quanta traição não há num beijo!
	Quase que eu caio ali.
	Você bem poderia me pagar aquela sua velha dívida!

Luiz Antonio Sacconi

	Exemplos
17) restrição	Concordo com você, em parte.
	Sua tese é relativamente bem-arquitetada.
	Vou apoiá-lo em termos.
18) retificação	Fomos assaltados por um mascarado, aliás, por dois.
	Hersílio não está em casa, isto é, mudou-se daqui.
	Filipe disse que já foi a Júpiter; não, a Plutão!
	Vou viajar por estes dias, ou melhor, sábado.
	Você é simpática, Beatriz. Perdão, também bonita.
19) seleção	Gosto do Brasil, principalmente da Bahia.
	As brasileiras são lindas, sobretudo as cariocas.
20) situação	Mas quem é essa pessoa que insiste em falar comigo?
	Então, falando mal de mim, hem, rapazes!
	Se, afinal, me escolherem, eu aceito a candidatura.

Ao encontrar qualquer dessas palavras ou equivalentes numa oração, basta classificá-la como palavra denotativa de aproximação, de restrição, etc.

Testes e exercícios

1 Identifique as afirmações corretas:

a) Em português, existem dez classes de palavras.

b) Palavras que não se enquadram em nenhuma das classes existentes se dizem conotativas.

c) O advérbio é uma classe de palavras invariável.

d) As palavras denotativas exercem função sintática na oração.

e) Quando digo **Vou embora**, emprego uma palavra denotativa de afastamento.

f) No dito popular **Vão-se os anéis; fiquem-se os dedos**, existem palavras denotativas de realce.

g) Quando alguém diz **Ela é feia e baixinha e, ademais, burra!**, emprega uma palavra denotativa de adição.

h) Quando alguém diz **O pai dela chegou justamente na hora do beijo**, justamente é palavra denotativa de afirmação.

i) Na frase **Faz bem dois anos que não vejo Beatriz**, existe palavra denotativa de aproximação.

j) Na frase **O que não iriam dizer de mim, se eu andasse com ela?**, o não é um advérbio de negação, e não palavra denotativa de realce.

2 Identifique e classifique as palavras denotativas:

a) Veja só que bobagem: ele está apaixonado!

b) Quase que eu caio ali!

c) Desse jeito até eu faço!

d) Gosto das mulheres brasileiras, mormente das baianas.

e) Tudo, menos isso!

f) Você me pergunta se ela telefonou? Nada!

g) Mas quem é essa pessoa que está querendo falar comigo?

h) Bem, passemos a outro assunto!

i) *Dor de amor, quando não passa, é porque o amor valeu.*

j) Vou viajar por estes dias, aliás, sábado.

CAPÍTULO 8 — SUBSTANTIVO

Substantivo

Substantivo é o nome de todos os seres que existem, reais ou imaginários. Ex.: livro, alma, fada.

Toda palavra que venha antecedida de um artigo é substantivo. Ex.: o não, o saber, o porém, o agá, o Ceasa, o Dersa.

Classificação do substantivo

	O substantivo pode ser:		Exemplos
1)	comum	Quando se refere a todos os seres da mesma espécie.	cidade
	próprio	Quando se refere a um só indivíduo da espécie.	Salvador
2)	simples	Quando formado por um só radical.	couve
	composto	Quando formado por mais de um radical.	couve-flor
3)	primitivo	Quando dá origem a outros substantivos.	livro
	derivado	Quando se origina de outro substantivo.	livraria

	O substantivo pode ser:		Exemplos
4)	concreto	Quando o ser tem existência independente, real ou não.	casa, fada, alma, Deus
	abstrato	Quando o ser tem existência dependente, ou seja, o ser não tem existência no mundo real, existe sempre no âmago de outro ser.	amor, saudade
		Também quando indicam ação e estado.	trabalho, ameaça, ataque, viuvez, orfandade, etc.

IMPORTANTE

1) Entre os substantivos comuns se encontram os **coletivos**, nomes que, no singular, indicam vários seres da mesma espécie. Ex.: bando (muitas pessoas de má reputação), constelação (muitas estrelas).

2) Os substantivos coletivos podem ser **específicos** (quando indicam sempre a mesma espécie de seres e, por isso, não exigem modificadores) e **não específicos** (quando se referem a duas ou mais espécies de seres, exigindo, por isso, modificadores). Ex.: arquipélago (só se refere a ilhas, portanto é específico); junta (pode ser de médicos, de examinadores, de bois; portanto não é específico).

Gênero do substantivo

Em português existem apenas dois gêneros: o masculino e o feminino. A oposição masculino/feminino se realiza normalmente mediante o uso de desinências, como -a, -esa, -essa, -oa, etc. Ex.:

aluno/aluna   barão/baronesa   visconde/viscondessa   faisão/faisoa

Sempre que houver desinência, haverá feminino, ou seja, haverá flexão de gênero. Se a oposição se realizar com palavras de radicais diferentes, não haverá flexão, haverá somente heteronímia. Ex.:

homem/mulher   genro/nora   boi/vaca

Sendo assim, não há propriedade em dizer que mulher é feminino de homem, mas sim que mulher é heterônimo feminino de homem, a exemplo de nora e de vaca, em relação, respectivamente, a genro e boi. Daí por que não há também propriedade em afirmar que vaca é feminino de boi: trata-se de heterônimos. Os heterônimos não trazem desinência de gênero.

Atenção para o gênero destes nomes	
São **masculinos**:	São **femininos**:
ágape, aguapé, alpiste, alvará, amálgama, anátema, antílope, apêndice, apetite, avestruz, axioma, bocha, cajá, caudal, champanha, clã, contralto, cotilédone, decalque, derma, diabetes, diapasão, dó, eclipse, eczema, epítome, estigma, estratagema, gambá, gengibre, guaraná, herpes, jérsei, lança-perfume, lhama, lotação (= autolotação), magazine, magma, manete, matiz, milhão, milhar, orbe, pampa, pernoite, plasma, preá, proclamas, puma, quati, sabiá, saca-rolha(s), soprano, sósia, suéter, tamanduá, tapa, telefonema, toalete (lavatório), tracoma, *vernissage*, vitiligo. O VOLP registra também como femininos estes substantivos: amálgama, bocha, cotilédone, diabetes, gambá, lhama, preá, sabiá, sósia e toalete. Não surpreende...	abusão, acne, agravante, aguardente, alcunha, alface, aluvião, atenuante, bacanal, baguete, bicama, cal, cataplasma, cólera, comichão, cultivar, debênture, decalcomania, dengue, derme, dinamite, dum-dum, echarpe, ênfase, entorse, enzima, espru, fácies, fênix, gabardine, grei, hélice, libido, mascote, matinê, musse, musselina, omelete, omoplata, ordenança, pane, patinete, poncã, quitinete, sentinela, soja, suã, torquês, tricoline, usucapião, vernissagem, vitiligem, xérox. O VOLP registra também como masculinos estes substantivos: agravante, atenuante, cataplasma, cultivar, espru, ordenança, poncã, usucapião e xérox. Não surpreende...

IMPORTANTE

1) Quanto ao gênero, os substantivos podem ser uniformes ou biformes. Os substantivos uniformes são os que apresentam apenas uma forma para os dois gêneros. Ex.:

> estudante (homem ou mulher), jacaré (macho ou fêmea), pessoa (homem ou mulher).

Os substantivos biformes são os que apresentam uma forma para cada gênero. Ex.:

> gato/gata, boi/vaca, genro/nora, boneco/boneca

2) Os substantivos ágape, aluvião, avestruz, caudal, omelete, suéter e tapa são registrados alhures como pertencentes aos dois gêneros. Consideramo-los exclusivamente masculinos, em razão de na língua contemporânea se terem fixado nesse gênero.

3) *Vernissage* é forma francesa e masculina; o aportuguesamento (vernissagem) é feminino, a exemplo de *garage* (masculina em francês) e o aportuguesamento garagem, feminino.

4) Laringe sempre foi nome masculino; tornou-se feminino na língua contemporânea por influência do gênero de faringe.

5) As siglas que se usam como nomes próprios têm o gênero do nome inicial da locução substantiva. Assim, se Ceagesp significa Companhia de Entrepostos e Armazéns Gerais de São Paulo, temos uma sigla de gênero feminino: a Ceagesp.

Se o primeiro nome da locução substantiva está no plural, faz-se a concordância, de preferência, com a ideia subentendida. Ex.: Ceasa significa Centrais de Abastecimento S.A., estando aí subentendida a ideia de entreposto ou armazém geral. Desta forma, seu gênero é o masculino: o Ceasa. Se a referida locução tivesse início com Central, o gênero seria o feminino: "a" Ceasa.

Outros casos interessantes: o Dersa (o Desenvolvimento Rodoviário S.A.), a ALFA (a Associação Lombarda de Fabricantes de Automóveis).

Principais femininos e heterônimos

abade	abadessa	cônsul	consulesa (esp.), cônsul (func.)	grou	grua
adido	adida			guri	guria
adjunto	adjunta	corno	corna (fig.)	hebreu	hebreia
alcaide	alcaidessa, alcaidina	coronel	coronela	herói	heroína
		cupim	arará	hindu	hindu (inv.)
aldeão	aldeã	defunto	defunta	hipopótamo	hipopótama
alfaiate	alfaiata	deus	deusa, diva, deia	hortelão	horteloa
almirante	almiranta	diabo	diaba, diáboa, diabra	hóspede	hóspeda, hóspede
anfitrião	anfitriã, anfitrioa				
apóstolo	apóstola	diácono	diaconisa	ilhéu	ilhoa
aprendiz	aprendiza	doge	dogesa, dogaresa	imperador	imperatriz
arcebispo	arquiepiscopisa			jabuti	jabota
asno	asna	dragão	dragoa (fig.)	javali	javalina, gironda (quando velha)
ateu	ateia	duque	duquesa		
ave	avejão	elefante	elefanta	jogral	jogralesa
bacharel	bacharela	embaixador	embaixatriz (esp.), embaixadora (func.)	judeu	judia
barão	baronesa			ladrão	ladra, ladrona (pop.)
bispo	episcopisa	ermitão	ermitã, ermitoa		
búfalo	búfala	etíope	etiopisa	lavrador	lavradeira
bugre	bugra	faisão	faisã, faisoa	lebrão	lebre
cáiser	caiserina	faquir	faquiresa	lobo	loba
camelo	camela	fariseu	fariseia	maestro	maestrina
capiau	capioa	fautor	fautriz	mandarim	mandarina
capitão	capitã	felá	felaína	marajá	marani
capitari	tartaruga	filhote	filhota	marechal	marechala
carteiro	carteira	filisteu	filisteia	melro	mélroa, melra
cavaleiro	cavaleira, amazona	frade	freira	moleque	moleca
cavalheiro	dama	frei	sóror	monge	monja
charlatão	charlatã, charlatona	ganso	gansa	músico	música
		garçom	garçonete	oficial	oficiala
cidadão	cidadã	general	generala	oficial-general	oficiala-generala
comandante	comandanta	gigante	giganta	pacuçu	paca
conde	condessa	glutão	glutona	papa	papisa (fig.)
cônego	canonisa	governante	governanta, governante	paraninfo	paraninfa
confrade	confreira	grão-duque	grã-duquesa	pardal	pardoca, pardaloca

Principais femininos e heterônimos

parente	parenta, parente	poeta	poetisa	sapo	sapa
parvo	párvoa	preposto	preposta	sargento	sargenta
patrão	patroa	rapaz	rapariga	soldado	soldada
patriarca	matriarca	político	política	suboficial	suboficiala
patrono	patrona	presidente	presidenta, presidente	sultão	sultana
pavão	pavoa			tabaréu	tabaroa
peão	peã, peona, peoa	príncipe	princesa	tabelião	tabeliã
		prior	priora, prioresa	tecelão	tecelã, teceloa
peixe-boi	peixe-mulher	profeta	profetisa	técnico	técnica
perdigão	perdiz	rajá	rani	tribuno	tribuna
perito	perita	rapaz	rapariga	tsar	tsarina
pigmeu	pigmeia	réu	ré	varão	virago
piloto	pilota	rico-homem	rica-dona	veado	veada, cerva
pinto	pinta	rinoceronte	abada	vilão	vilã, viloa
píton	pitonisa	sacerdote	sacerdotisa	visconde	viscondessa
plebeu	plebeia	sandeu	sandia	zangão	abelha

IMPORTANTE

1) Alguns substantivos femininos têm acepção inteiramente diversa dos correspondentes masculinos. Entre eles estão: banheiro/banheira, bolso/bolsa, cano/cana, cerco/cerca, espinho/espinha, lenho/lenha, tormento/tormenta, trilho/trilha, vento/venta.

2) Por outro lado, há certos substantivos que possuem os dois gêneros, guardando apenas um sentido aproximado entre si. Entre eles estão: banheiro/banheira, casco/casca, cerco/cerca, chinelo/chinela, cinto/cinta, jarro/jarra, ramo/rama.

3) Existem, ainda, alguns substantivos de gêneros diferentes e significados também diferentes, porque se originam de radicais diferentes. Ex.: caso/casa, colo/cola, mico/mica, prato/prata.

Particularidades de gênero

Além dos gêneros masculino e feminino, nossa língua apresenta algumas particularidades, constituídas pelos substantivos comuns de dois, sobrecomuns e epicenos.

Substantivos comuns de dois ou **substantivos comuns de dois gêneros** são os substantivos uniformes referentes a pessoas de ambos os sexos. A distinção de sexo se faz com o auxílio de determinantes (artigo, adjetivo, numeral ou pronome adjetivo). Ex.: o/a cabo, cadete, camelô, mártir, médium, puxa-saco, tenente, xereta.

Substantivos sobrecomuns são os substantivos uniformes referentes a pessoas de ambos os sexos. Ex.: o cadáver, o cônjuge, a criança, o gênio, o indivíduo, o membro, a pessoa, o sujeito, a testemunha, a vítima. Só o contexto nos permite saber se a referência é a homem ou a mulher.

Substantivos epicenos são os substantivos uniformes referentes a animais. A distinção de sexo se faz mediante o uso das palavras macho ou fêmea. Ex.: o jacaré macho, o jacaré fêmea; a barata macho, a barata fêmea.

IMPORTANTE

Existem substantivos que são femininos ou masculinos, consoante o significado que possuem na frase. Ex.:

Masculinos	Significado	Femininos	Significado
o águia	vigarista	a águia	ave; perspicaz
o banana	imbecil	a banana	fruto
o cabeça	líder	a cabeça	parte do corpo
o caixa	pessoa que paga ou recebe	a caixa	objeto
o capital	dinheiro	a capital	sede de governo
o cisma	separação religiosa	a cisma	receio
o coma	sono mórbido	a coma	cabeleira, juba
o grama	medida de massa	a grama	capim
o guia	pessoa que guia, acompanha ou orienta visitantes de uma empresa, pessoas incapacitadas ou menos experientes, etc.	a guia	documento
o lente	professor	a lente	vidro de aumento
o lotação	autolotação	a lotação	capacidade máxima de cinema, estádio, elevador, etc.
o moral	estado de espírito	a moral	ética; conclusão
o nascente	lado onde nasce o Sol	a nascente	fonte
o praça	soldado raso	a praça	área pública
o rádio	aparelho receptor	a rádio	emissora

Testes e exercícios

1) *Não é nossa condição social, mas a qualidade de nossa alma que nos torna felizes.* Nesta frase do poeta e filósofo francês Voltaire (1694-1778), encontramos:

a) quatro substantivos
b) um substantivo concreto e dois substantivos abstratos
c) apenas substantivos primitivos
d) um coletivo
e) nenhum substantivo próprio

2) *A tragédia da vida é que nos tornamos velhos cedo demais e sábios tarde demais.* Nesta frase do cientista e inventor norte-americano Benjamin Franklin (1706-1790), encontramos:

a) dois substantivos derivados
b) dois substantivos abstratos
c) vários substantivos concretos
d) apenas um substantivo primitivo
e) apenas um substantivo

3) Repare nesta sequência: **Deus - Sol - amor - fantasma - saudade**. Temos aí:

a) apenas substantivos concretos
b) três substantivos concretos
c) um substantivo concreto apenas
d) um substantivo abstrato apenas
e) apenas substantivos abstratos

4) Substitua as palavras em destaque por um substantivo abstrato:

a) água **fria** = a ★ da água
b) assassino **frio** = a ★ do assaltante
c) menina **muda** = a ★ da menina
d) mulheres **grávidas** = as ★ das mulheres
e) homens **estúpidos** = as ★ dos homens
f) rapazes **malvados** = as ★ dos rapazes
g) crianças **malcriadas** = as ★ das crianças
h) pessoas **hereges** = as ★ das pessoas
i) pessoas **espontâneas** = a ★ das pessoas
j) soldado **impassível** = a ★ do soldado

5) Continue:

a) **conceder** garantias = a ★ de garantias
b) **inverter** os papéis = a ★ de papéis
c) **ceder** os direitos = a ★ de direitos
d) **ressuscitar** a carne = a ★ da carne
e) **rescindir** o contrato = a ★ do contrato
f) **ascender** o balão = a ★ do balão
g) **manter** uma família = a ★ de uma família
h) **ouvir** um concerto = a ★ de um concerto
i) **extinguir** um mal = a ★ de um mal
j) **ingerir** o alimento = a ★ do alimento

6) Nos espaços, use o coletivo adequado (cada ★ corresponde a uma letra do coletivo desejado):

a) Onde você colocou meu ★ ★ ★ ★ de retratos?
b) Oito ★ ★ ★ ★ ★ ★ de bois retiraram do lamaçal a carreta atolada.
c) Os jovens usam de ★ ★ ★ ★ ★ ★ ★ ★ ★ ★ próprio e bastante criativo.
d) Durante a guerra, viam-se nos mares ★ ★ ★ ★ ★ ★ ★ de submarinos.
e) Juçara conhece toda a ★ ★ ★ ★ ★ ★ de poetas modernistas.
f) Os jornalistas fizeram um ★ ★ ★ ★ ★ ★ de perguntas ao ministro, tentando embaraçá-lo.
g) Uma ★ ★ ★ ★ ★ ★ ★ de lobos famintos pode devorar em minutos um, dois, três cães de caça, enfim, uma ★ ★ ★ ★ ★ ★ toda.
h) Essa editora acaba de publicar uma ★ ★ ★ ★ ★ ★ ★ ★ moderna, com textos de Vinícius de Morais e Carlos Drummond de Andrade, entre outros grandes poetas brasileiros.
i) A ★ ★ ★ ★ ★ de examinadores será composta apenas de professores universitários.
j) Hortênsia carregava um ★ ★ ★ ★ ★ de flores.

7) Continue:

a) Esse porta-aviões faz parte da ★ ★ ★ ★ ★ norte-americana?
b) Ela trouxe da feira duas ★ ★ ★ ★ ★ ★ de alhos e duas ★ ★ ★ ★ ★ ★ de cebolas.
c) Juçara diz que não conhece nenhum membro daquele ★ ★ ★ ★ ★ de vagabundos.

d) Ao som da flauta, o pastor conduz o seu ★★★★★★★ de ovelhas.
e) No sítio havia um grande ★★★★★★★, onde se viam dourados e jaús.
f) Quando nos sentamos à mesa, já notamos a belíssima ★★★★★★★ de prata.
g) O rei espanhol queria conhecer toda a ★★★★★ brasileira, inclusive pacas e tatus.
h) Depois, o rei se interessou pela nossa ★★★★★, com particular interesse pelas orquídeas.
i) Os caçadores disseram que capturaram uma ★★★★★★ de elefantes.
j) Fui à feira para comprar apenas uma espiga de milho, mas acabei comprando logo um ★★★★★★.

c) No último ★★★★★★★★ foi eleito Bento XVI.
d) O Papa presidiu ao ★★★★★★★★★★★ do qual fazem parte alguns cardeais brasileiros.
e) Não tenho propriamente uma ★★★★★★★★★ mas tenho vários discos raros.
f) Sobrevoou a cidade uma ★★★★★★★★★★★ de aeroplanos.
g) Na sala penetrava apenas um ★★★★★ de raios tímidos do sol da manhã.
h) O general acabou ganhando uma ★★★★★★★★★ de inimigos.
i) Em derredor do mágico, ali na rua, havia uma ★★★★★ de curiosos.
j) Caiu numa ribanceira o caminhão que levava a ★★★★★ de boias-frias.

8 Continue fazendo o mesmo:
a) A ★★★★★★★★★★★★ do Cruzeiro do Sul não está visível hoje nos céus brasileiros.
b) O albergue recolheu nesta noite fria uma ★★★★★★★★★★ de maltrapilhos.
c) No quintal da casa daquele pobre homem se via um ★★★★ de cabras muito bem-alimentadas.
d) Ela só tinha dois quadros, mas fazia questão de dizer que tinha uma ★★★★★★★★★.
e) O ★★★★★★★★★ alemão era composto de valentes soldados.
f) Com o progresso econômico, povoa a mente do povo brasileiro um ★★★★★★ de sonhos.
g) O ★★★★ era composto de jurados nacionais e estrangeiros.
h) Trouxe do supermercado dois ★★★★★★ de cenouras e um ★★★★★ de rabanetes.
i) Naquele ★★★★★ havia chaves de todos os tipos.
j) Do ★★★★★★ do Palmeiras, naquela época, faziam parte Djalma Santos, Ademir da Guia e tantos outros craques. É, antigamente o Palmeiras tinha um ★★★★★★★★ de respeito. E hoje?

9 Continue:
a) Luisinho era apenas um dos filhos que compunham a enorme ★★★★★ daquele pobre homem.
b) O presidente, naquele governo, estava cercado de uma ★★★★★★★★ de ladrões.

10 Transcreva as frases, trocando os masculinos em destaque pelos femininos ou heterônimos correspondentes, procedendo a todas as alterações necessárias:
a) Um **ateu** merece compaixão.
b) O **cônsul**, na reunião com o embaixador, disse que não sabia o que era um **sapo**.
c) Não encontrei nem o **hortelão** nem o **lavrador**.
d) O **anfitrião** parecia um **capiau**.
e) Parecia um **deus** sentado naquela poltrona.
f) Um **profeta** é como um **píton**: prevê o futuro.
g) O **poeta** assistiu à peça ao lado do **embaixador** da França.
h) Era um **plebeu**, mas se comportava como um verdadeiro **cavalheiro**.
i) O **ladrão**, que era **ilhéu**, parecia um **pigmeu**.
j) Vi um **elefante**, um **veado**, um **perdigão** e um **javali** mortos.

11 Continue:
a) O **imperador** era um grande **músico**, disse o **capitão**.
b) O **marechal** e o **tenente** viraram **heróis** na guerra, disse o **cabo**.
c) O **coronel** e o **sargento** saíram feridos do combate, mas o **soldado** não.
d) **Frei** Anselmo era o nosso **patriarca**.
e) Era o único **varão** da família, e considerado um **diabo**.

f) O **judeu** era um **político** habilidoso.
g) O **réu** era um verdadeiro **tabaréu**.
h) O **juiz** tratou o **hindu** como um **príncipe**, disse o **tenente**.
i) Dois **viscondes** eram os **papas** das letras brasileiras naquela época.
j) O **deputado** era **bacharel** em direito e excelente **piloto**.

12 Leia as frases em voz alta, usando **o** ou **a** antes dos substantivos, conforme convier:

a) ★ avestruz e ★ tamanduá estavam numa das dependências d★ magazine.
b) ★ xérox que eu tirei custou cinquenta centavos.
c) Aquele menino franzino atendia pel★ alcunha de Robinho.
d) ★ fênix é uma ave lendária.
e) O pedreiro ainda não trouxe ★ cal.
f) ★ sentinela disse que não viu ★ eclipse.
g) O aperitivo me despertou ★ apetite.
h) Você comprou ★ aguardente que eu queria, mas se esqueceu de trazer ★ saca-rolhas.
i) A polícia compareceu ao local e acabou com ★ bacanal.
j) ★ boia-fria pegava ★ gambá com as mãos e não estranhava o mau cheiro.

13 Leia as frases em voz alta, usando **um** ou **uma** antes dos substantivos, conforme convier:

a) Comprei ★ guaraná e ★ champanha para o jantar de hoje.
b) Estou com ★ comichão impressionante!
c) Como foi a ★ matinê sem pedir permissão aos pais, levou ★ tapa.
d) A polícia pegou o rapaz com ★ lança-perfume e prendeu-o.
e) O lavrador usou ★ formicida para acabar com os formigueiros.
f) O avião caiu, porque houve ★ pane no motor.
g) Depois de receber ★ telefonema do namorado, disse com ★ ênfase incomum: *Sou feliz!*
h) Edgar é analfabeto e ainda tem ★ agravante: não quer aprender.

i) Gumersindo aprendia pouco, mas tinha a seu favor ★ atenuante: ia muito cansado à aula.
j) O jogador caiu e sofreu ★ entorse no joelho direito.

14 Transcreva as frases, alterando apenas e tão somente o que não estiver de acordo com as normas gramaticais:

a) Estou com uma dó de Teresa! Ela está com um diabetes daqueles!
b) Minha irmã é uma sósia perfeita de Julia Roberts.
c) Hortênsia foi operada porque estava com o apêndice supurado.
d) O guarda-marinha disse que a ioga lhe fez muito bem.
e) Você viu a que preço foi o alface? Nossa, como está caro o alface!
f) O cólera e a dengue são doenças que já provocaram muitas mortes.
g) Camila Pitanga é o v dessa rapaziada toda.
h) O garotinho era o mascote da escola de samba.
i) A guaraná e a puxa-puxa estão uma delícia!
j) Mas que turma mais pão-dura é essa!

15 Continue:

a) Não tenho nem ideia de quanto está custando uma grama de ouro.
b) Jeni era o aluno mais inteligente da escola.
c) Luiza Erundina foi um dos bons prefeitos de São Paulo?
d) Tenho uma irmã que é crânia: só tira 10!
e) Teresinha é a maior nó-cega que conheço.
f) Essa mulher é uma monstra! Tem de ser presa urgentemente!
g) Na minha classe existe uma garota que é uma gênia: sabe tudo!
h) Minha mãe é membra da Academia de Letras da cidade.
i) Não gosto de sair com Cassilda, porque ela é uma pé-fria, só traz azar!
j) Carla era o caixa mais bonito do banco.

16 Identifique o substantivo masculino:
  a) gabardine   d) musse
  b) jérsei   e) bicama
  c) omoplata

17 Identifique o substantivo feminino:
  a) tricoline   d) sósia
  b) puma   e) matiz
  c) quati

18 Identifique os substantivos comuns de dois:
  a) mártir   f) major
  b) fotógrafo   g) capitão
  c) imigrante   h) general
  d) repórter   i) soldado
  e) rival   j) tenente

19 Identifique os substantivos sobrecomuns:
  a) comichão   f) vítima
  b) cliente   g) chofer
  c) pintassilgo   h) pé-frio
  d) pão-duro   i) chefe
  e) indivíduo   j) maestro

20 Identifique os substantivos epicenos:
  a) pantera   f) girafa
  b) faisão   g) canário
  c) pernilongo   h) asno
  d) preguiça (bicho) i) piolho
  e) tamanduá   j) zangão

21 Mude o sexo, usando o meio de que nossa língua dispõe; quando se tratar de nome epiceno, dê as duas fórmulas de distinção do sexo:
  a) a pulga   f) o paraninfo
  b) o sapo   g) o grou
  c) o rinoceronte h) o faisão
  d) o capitari   i) o gavião
  e) a rã   j) o oficial

22 Continue:
  a) o gorila   f) o pacuçu
  b) o cupim   g) o jacaré
  c) o peixe-boi   h) o faquir
  d) o jabuti   i) o leopardo
  e) o puma   j) o pavão

Testes de concursos e vestibulares

1 (Petrobras) Assinale a opção que só contenha substantivos biformes:
  a) onça, jacaré, tigre
  b) aluno, homem, carneiro
  c) artista, estudante, jornalista
  d) pessoa, criatura, criança
  e) pianista, catequista, boneca

2 (ESPM-SP) Quais os coletivos mais utilizados em português, para designar:
  a) cães de caça   d) atores
  b) anjos   e) porcos
  c) peixes

3 (Cesgranrio-RJ) Assinale a palavra que pode ser empregada nos dois gêneros, como **motorista**:
  a) indivíduo   c) testemunho   e) vítima
  b) criança   d) intérprete

4 (TJ-DF) Assinale a opção que contém um substantivo do gênero feminino:
  a) anátema, telefonema, teorema, trema
  b) edema, ágape, caudal, champanha
  c) eclipse, lança-perfume, dinamite
  d) alvará, guaraná, plasma, proclama
  e) dó, clã, fibroma, grama (unidade de peso)

5 (Fuvest-SP) O plural de **vão** é **vãos**. A palavra que também faz o seu plural desse modo é:

a) tabelião   c) mamão   e) limão
b) cidadão   d) melão

6 (Min. Marinha) A alternativa em que há erro no sentido dos substantivos é:

a) o grama = unidade de medida; a grama = relva
b) o rádio = aparelho receptor; a rádio = estação transmissora
c) o guia = documento; a guia = pessoa que guia
d) o cisma = separação; a cisma = desconfiança
e) o moral = ânimo; a moral = ética

7 (TRF-DF) Assinale a opção em que um dos substantivos é do gênero masculino:

a) omelete, aluvião, análise
b) cal, derme, champanha
c) ênfase, alface, cataplasma
d) comichão, aguardente, bacanal
e) libido, sentinela, hélice

8 (TCE-GO) Assinale a alternativa em que todas as palavras pertençam ao gênero masculino:

a) sistema, guaraná, rês, anátema
b) dilema, perdiz, tribo, axioma
c) eclipse, telefonema, dó, aroma
d) estratagema, bílis, omoplata, gengibre
e) dinamite, agiota, trema, cal

9 (Min. Marinha) A série em que todas as palavras são femininas é:

a) foliona, deusa, ilhoa, trema, dó
b) heroína, cataplasma, edema, gengibre, orbe
c) grama, fel, coral, telefonema, derme
d) gênese, sóror, omoplata, bílis, cútis
e) champanha, hélice, libido, cura, sentinela

10 (Unesp-SP) Assinale o par em que a flexão de gênero está incorreta:

a) jogral - jogralesa   d) hortelão - hortelã
b) lebrão - lebre   e) senhor - senhora
c) patrão - patroa

11 (PUC-SP) Assinale a alternativa incorreta:

a) borboleta é substantivo epiceno
b) rival é comum de dois gêneros
c) omoplata é substantivo masculino
d) vítima é substantivo sobrecomum
e) bode tem feminino heterônimo

12 (Mack-SP) Assinale o item que recebe artigo definido feminino em todos os vocábulos:

a) sósia, doente, lança-perfume
b) dó, telefonema, diabetes
c) clã, eclipse, pijama
d) cal, elipse, dinamite
e) champanha, criança, estudante

13 (Foplac-DF) Nesta relação de palavras: **cônjuge**, **criança**, **cobra** e **cliente**, tem-se:

a) 2 substantivos comuns e 2 epicenos
b) 2 substantivos sobrecomuns, 1 epiceno e 1 comum de dois gêneros
c) 1 substantivo sobrecomum, 2 epicenos e 1 comum de dois gêneros
d) 2 substantivos comuns de dois gêneros e 2 sobrecomuns

14 (Fepese-SC) Assinale o período que não contém um substantivo sobrecomum:

a) Ele foi a testemunha ocular do crime ocorrido naquela polêmica reunião.
b) Aquela jovem ainda conserva a ingenuidade meiga e dócil de criança.
c) Ele morreu e mantém-se como um ídolo carismático na memória de seus admiradores.
d) O pianista executou com melancolia e suavidade a sinfonia preferida pela plateia.
e) As famílias desestruturam-se quando os cônjuges agem sem consciência.

15 (TRT-RJ) Escolha a alternativa cujos gêneros, pela ordem, correspondem aos seguintes vocábulos: **alface**, **grama** (peso), **dó** e **telefonema**:

a) masculino - feminino - masculino - feminino
b) feminino - feminino - masculino - feminino
c) masculino - feminino - masculino - masculino
d) feminino - masculino - masculino - masculino
e) feminino - feminino - masculino - masculino

16 (ITA-SP) Examinando as palavras **telefonema**, **clã**, **dinamite** e **cataplasma**, verifica-se que:

a) apenas uma é do gênero masculino
b) apenas uma é do gênero feminino
c) todas são do gênero masculino
d) todas são do gênero feminino
e) nenhuma das afirmações está correta

17 (F. Objetivo-SP) Indique o substantivo que tenha apenas um gênero:

a) estudante
b) indígena
c) mártir
d) jornalista
e) testemunha

18 (Alerj/Fesp) Dos substantivos abaixo, o que se classifica, quanto ao gênero, como sobrecomum é:

a) ré
b) tatu
c) ente
d) aldeã
e) analista

19 (Alerj/Fesp) O vocábulo que pertence ao gênero masculino é:

a) sósia
b) libido
c) dinamite
d) cataplasma
e) aguardente

20 (Ibama) Assinale a opção em que os dois elementos não admitem flexão de gênero:

a) inglesa pálida
b) alguns mestres
c) moça ideal
d) jovem leitor
e) semelhante criatura

21 (F. Objetivo-DF) Indique a alternativa em que houve troca do significado dos substantivos:

a) o cisma = a desconfiança / a cisma = a separação
b) o crisma = o óleo santo / a crisma = a cerimônia religiosa
c) o moral = o ânimo / a moral = a ética
d) o grama = a unidade de massa / a grama = a relva
e) o lenho = o tronco / a lenha = madeira para queimar

CAPÍTULO 9
NÚMERO DO SUBSTANTIVO

pães

Número do substantivo

Em português existem dois números: o singular e o plural. A oposição singular/plural se realiza normalmente mediante o uso de desinências e terminações, como -s (livro/livros), -es (mês/meses, radar/radares), -is (canal/canais, papel/papéis, anzol/anzóis), -eis (míssil/mísseis), -ns (fórum/fóruns, item/itens), -ães (pão/pães), -ões (talão/talões), etc.

IMPORTANTE

1) Alguns substantivos terminados em -r, ao passarem para o plural, adiantam a sua sílaba tônica. Ex.: Lúcifer, Lucíferes; júnior, juniores (ô).

2) No Brasil, faz-se o plural dos substantivos terminados em -n mediante o simples acréscimo da desinência de plural -s. Ex.: hífen, hifens, nêutron, nêutrons.

3) As monossílabas tônicas e as oxítonas terminadas em -s recebem o acréscimo de -es no plural, mas as paroxítonas e proparoxítonas permanecem invariáveis. Ex.: mês/meses; freguês/fregueses; o tênis/os tênis, o ônibus/os ônibus. Exceções: o cais/os cais; o xis/os xis.

4) Os substantivos terminados em -x permanecem invariáveis no plural. Ex.: a xérox/as xérox, o fax/os fax.

5) Os substantivos terminados em -al, -el, -ol e -ul trocam a última letra por -is. Ex.: canal/canais, papel/papéis, caracol/caracóis, azul/azuis. Exceções: mal/males, cônsul/cônsules. O substantivo mel admite dois plurais: méis e meles.

6) Os substantivos terminados em -il fazem o plural trocando o -l por -s (funil/funis) ou trocando o -il por -eis (fóssil/fósseis). O substantivo réptil exerceu influência prosódica sobre projetil, que passou a ser também paroxítona (projétil); por sua vez, projetil exerceu influência prosódica sobre réptil, que passou a ser também oxítona (reptil).

7) Os substantivos terminados em -ão podem fazer o plural de três modos: a) mediante simples acréscimo da desinência -s (vão/vãos); b) mediante troca do -ão por -ões (cordão/cordões), que são os mais populares; e c) mediante troca do -ão por -ães (cão/cães). Alguns admitem dois plurais, caso de anão (anãos/anões) e até três, caso de sultão (sultãos, sultães, sultões).

8) O plural dos diminutivos terminados em -zinho ou em -zito se faz passando-se o substantivo primitivo para o plural, retirando-se o -s final e, finalmente, juntando-se a terminação -zinhos ou -zitos. Ex.:

pãozinho ➡ subst. prim. no pl. = pães, sem o s = pãe + -zinhos = pãezinhos

jornalzinho ➡ subst. prim. no pl. = jornais, sem o s = jornai + -zitos = jornaizitos

O plural dos aumentativos terminados em -zão se faz da mesma forma: um anelzão, dois aneizões.

Se o substantivo primitivo termina em -r, admitem-se dois plurais. Ex.: tratorzinho (pl.: tratorzinhos e tratorezinhos); florzita (pl.: florzitas e florezitas).

9) Em nossa língua existem alguns substantivos que só se usam no plural. São chamados *pluralia tantum*, de que são exemplos: afazeres, arredores, bodas, brócolis, cãs, cócegas, condolências, copas (naipe), custas, damas (jogo), fezes, finanças, hemorroidas, idos, núpcias, óculos, olheiras, ouros (naipe), parabéns, pêsames, picles, proclamas, reticências, sevícias, suíças (costeleta), suspensórios, víveres. Os substantivos calça, ceroula, cueca e calcinha, que se usavam até pouco tempo atrás apenas no plural (as calças, as ceroulas, as cuecas, as calcinhas), estão se fixando no singular (a calça, a ceroula, a cueca, a calcinha). Trevas, no entanto, ainda resiste, talvez por ser palavra menos usada que as citadas.

10) Existem em nossa língua ainda os substantivos sigmáticos, que possuem uma só forma para ambos os números. Ex.: alferes, atlas, bis, lápis, paraquedas, para-raios, pires. Há os que têm uso facultativo: fura-bolo(s), guarda-rede(s), saca-rolha(s), salva-vida(s), tapa-olho(s).

11) Os substantivos bules, chicletes, ciúmes, clipes, dropes, parênteses, pastéis e patins pertencem ao plural; não devem ser usados, portanto, com determinantes no singular, como: o "chicletes", um "chopes", um "clipes", quanto "ciúmes", um "dropes", o "parênteses", etc.

12) Os substantivos que vêm após palavras de ideia coletiva devem estar sempre no plural. Ex.: caixa de fósforos, maço de cigarros, par de sapatos, boa parte de mulheres, talão de cheques.

13) Os nomes de letras e de números fazem o plural normalmente. Ex.: os bb, três oo, os ii, dois quatros, muitos oitos, etc. Os nomes de números que terminam por -s ou por -z ficam invariáveis: dois três, dois dez, etc.

14) Os nomes próprios e os sobrenomes variam normalmente: os Luíses, as Isabéis, os Rauis, as Carmens, os Gusmões, os Alencares, os Rangéis, os Cabrais, etc. Os nomes e sobrenomes oxítonos terminados em -s ou em -z sofrem variação, mas os paroxítonos não. Ex.: as Beatrizes, os Dinizes, mas: os Ulisses, os Vargas, etc. Se o sobrenome, oxítono ou não, termina em ditongo + s, não varia. Ex.: os Morais, os Reis, etc. Sobrenomes estrangeiros, com terminação estranha à língua, ganham apenas um -s, porque não estão sujeitos às regras do idioma: os Disneys, os Kennedys, os Grammys, os Malufs, etc. Fazem exceção os nomes terminados em -h, que recebem -es. Ex.: os Bushes. Os nomes e sobrenomes estrangeiros que têm terminação semelhante em nossa língua, variam normalmente: os Óscares, os Nobéis. Quando compostos, os nomes e sobrenomes só têm o primeiro elemento pluralizado: as Marias Paula, os Almeidas Prado. Se os elementos vêm ligados por e, ambos variam: os Costas e Silvas.

15) As siglas fazem o plural mediante o acréscimo simples da desinência -s, sem o emprego do apóstrofo. Ex.: os DVDs, os IPVAs, as FMs.

16) Existem alguns substantivos que mudam de significado quando mudam de número. Ex.: o amor = afeto/os amores = namoro; a ânsia = aflição/as ânsias = náuseas; o ar = vento/os ares = clima, aparência; a arte = ofício/as artes = astúcia, travessura; a costa = litoral/as costas = dorso; a féria = renda diária/as férias = descanso; o ferro = metal/os ferros = grilhões; o fogo = lume/os fogos = pirotecnia; a honra = dignidade/as honras = distinção; a letra = símbolo gráfico/as letras = literatura; a liberdade = livre-arbítrio/as liberdades = atrevimento; o meio = metade/os meios = recursos; o sapinho = animal/os sapinhos = doença; o sentimento = sensibilidade/os sentimentos = condolências; o vencimento = fim/os vencimentos = salário; o viver = o estar vivo, o gozar a vida/os víveres = mantimentos; a vontade = desejo/as vontades = capricho.

17) V. *Plurais metafônicos* no capítulo 4 - Ortofonia.

Lista dos plurais mais interessantes

Singular	Plural
abajur	abajures
acórdão	acórdãos
adeus	adeuses
afegão	afegãos, afegães
alavão	alavães
alazão	alazães, alazões
álcool	álcoois
alcorão	alcorães, alcorões
aldeão	aldeãos, aldeães, aldeões
alemão	alemães
aligátor	aligatores (ó)
amanhã	amanhãs
ananás	ananases
anão	anãos, anões
ancião	anciãos
anfitrião	anfitriões
arroz	arrozes
artesão	artesãos (gente), artesões (coisa)
atol	atóis
aval	avais, avales
bastião	bastiães, bastiões
bênção	bênçãos
câncer	cânceres
cão	cães
capelão	capelães
capitão	capitães
caráter	caracteres
catalão	catalães
cateter	cateteres
charlatão	charlatães, charlatões
chofer	choferes
cidadão	cidadãos
cirurgião	cirurgiães, cirurgiões
cônsul	cônsules
contêiner	contêineres
convés	conveses

Singular	Plural
corcel	corcéis
corrimão	corrimãos, corrimões
cortesão	cortesãos, cortesões
cós	cós (inv.)
cristão	cristãos
cuscuz	cuscuz (inv.)
demão	demãos
ermitão	ermitãos, ermitães, ermitões
escrivão	escrivães
esfíncter	esfíncteres, esfincteres (té)
estupidez	estupidezes
éter	éteres
faisão	faisães, faisões
fedor	fedores
fel	féis, feles
futebol	futebóis
gângster	gângsteres
gavião	gaviões
gêiser	gêiseres
gel	géis
gene	genes
giz	gizes
gol	gols
gravidez	gravidezes
guardião	guardiães, guardiões
hambúrguer	hambúrgueres
hangar	hangares
híper	híperes (= hipermercados)
hortelão	hortelãos, hortelões
ilhós	ilhoses
invalidez	invalidezes
irmão	irmãos
júnior	juniores (ó)
Júpiter	Jupíteres
lilás	lilases

Singular	Plural
limão	limões
Lúcifer	Lucíferes
mal	males
malcriadez	malcriadezes
mamão	mamões
máxi	máxis
mel	méis, meles
melão	melões
mesquinhez	mesquinhezes
micro	micros
míni	mínis
múlti	múltis
néctar	néctares
novel	novéis
oásis	oásis (inv.)
obus	obuses
pagão	pagãos
paiol	paióis
pão	pães
Papai Noel	Papais Noéis
parmesão	parmesãos
paul	pauis
peão	peães, peões
penhoar	penhoares
placar	placares
pôster	pôsteres
prêmio Nobel	prêmios Nobel
projetil	projetis
projétil	projéteis
refrão	refrãos, refrães
reptil	reptis
réptil	répteis
retrós	retroses
revés	reveses
rol	róis
rufião	rufiães, rufiões
sacristão	sacristãos, sacristães
sassafrás	sassafrases
satanás	satanases
sênior	seniores (ô)

Singular	Plural
sol	sóis
sordidez	sordidezes
sóror	sorores
sótão	sótãos
suéter	suéteres
sultão	sultãos, sultães, sultões
suvenir	suvenires
tabelião	tabeliães

Singular	Plural
tecelão	tecelões
til	tis
torquês	torqueses
totem	tótemes
truão	truães, truões
urinol	urinóis
vão	vãos
verão	verãos, verões
vice	vices

Singular	Plural
vilão	vilãos, vilães, vilões
vulcão	vulcãos, vulcões
xadrez	xadrezes
xérox	xérox (inv.)
zangão	zangões
zângão	zângãos
zíper	zíperes

Plural dos substantivos compostos

Os substantivos compostos podem vir ou não grafados com hífen. O plural dos compostos grafados sem hífen se faz como se fossem substantivos simples. Ex.: fidalgo, fidalgos; manda-chuva, mandachuvas; malmequer, malmequeres; vaivém, vaivéns.

Eis as regras básicas para a formação do plural dos substantivos compostos escritos com hífen:

1) Quando os dois elementos forem palavras variáveis em número, ambos vão ao plural. Ex.: banana-maçã, bananas-maçãs; dedo-duro, dedos-duros; puro-sangue, puros-sangues; peixe-boi, peixes-bois; primeiro-ministro, primeiros-ministros.

2) Quando o substantivo composto for formado por dois ou mais adjetivos, só o último elemento irá ao plural. Ex.: latino-americano, latino-americanos; democrata-cristão, democrata-cristãos; ítalo-austro-húngaro, ítalo-austro-húngaros. Mesmo na função de adjetivo, tais compostos variam da mesma forma. Ex.: os povos latino-americanos; os políticos democrata-cristãos, etc.

3) Quando os dois elementos forem ligados por preposição, só o primeiro varia. Ex.: pé-de-meia, pés-de-meia.

4) Quando o primeiro elemento for verbo, só o segundo elemento varia. Ex.: beija-flor, beija-flores; mata-burro, mata-burros; tira-gosto, tira-gostos.

IMPORTANTE

Sendo guarda o primeiro elemento do composto, classifica-se como verbo se o segundo elemento for substantivo; se o segundo elemento for adjetivo, guarda será substantivo, equivalente de policial ou de vigia, vigilante; neste caso, os dois elementos variam. Ex.:

guarda-roupa (roupa é substantivo; portanto, guarda é verbo), guarda-roupas

guarda-noturno (noturno é adjetivo; portanto guarda é substantivo), guardas-noturnos

5) Quando o primeiro elemento for **grão**, **grã** (= grande) ou **bel** (= belo), ou uma palavra invariável, só o segundo elemento irá ao plural. Ex.: **grã-fino**, **grã-finos**; **bel-prazer**, **bel-prazeres**; **vice-presidente**, **vice-presidentes**; **ex-prefeito**, **ex-prefeitos**; **contra-ataque**, **contra-ataques**; **alto-falante**, **alto-falantes**.

6) Quando o substantivo composto for formado por palavras repetidas ou por onomatopeias, só o segundo elemento irá ao plural. Ex.: **empurra-empurra**, **empurra-empurras**; **teco-teco**, **teco-tecos**; **tique-taque**, **tique-taques**; **bem-te-vi**, **bem-te-vis**. Se, porém, o composto for formado por verbos antônimos, o substantivo fica invariável. Ex.: **o vai-volta**, **os vai-volta**.

● Plurais especiais

Singular	Plural
ano-luz	anos-luz
arco-íris	arco-íris (inv.)
ave-maria	ave-marias
banho-maria	banhos-maria
bem-estar	bem-estares
bota-fora	bota-foras
cavalo-vapor	cavalos-vapor
coca-cola	coca-colas
cola-tudo	cola-tudo (inv.)
fora de série	fora de série (inv.)
fruta-pão	frutas-pães, frutas-pão

Singular	Plural
guarda-marinha	guardas-marinha, guardas-marinhas
habite-se	habite-se (inv.)
joão-ninguém	joões-ninguém
mal-estar	mal-estares
mapa-múndi	mapas-múndi
pai-nosso	pai-nossos, pais-nossos
pê-efe	pê-efes
pê-eme	pê-emes
pouca-vergonha	poucas-vergonhas
pouco-caso	poucos-casos

Singular	Plural
pró-labore	pró-labores
quatro-olhos	quatro-olhos (inv.)
salve-rainha	salve-rainhas
salvo-conduto	salvo-condutos, salvos-condutos
surdo-mudo	surdos-mudos
terra-nova	terra-novas
xeque-mate	xeques-mates, xeques-mate
zé-mané	zé-manés
zé-ninguém	zés-ninguém

Testes e exercícios

1 Ao transcrever as frases, passe para o plural o que está em destaque, procedendo a todas as alterações necessárias:

a) O **cidadão** ganhou um **cantil** do **alemão**.
b) Trouxe do supermercado **limão**, **mamão**, **pão** e **hambúrguer**.
c) Havia um **cão** no **convés** do navio.
d) Minha mulher teve uma **gravidez** tranquila.
e) Tenho um **pôster** de Juliana Paes.
f) Meu funcionário não é um **caráter** corrupto.
g) Você tem um **sassafrás** no seu quintal?
h) Aquele **cuscuz** foi feito por um **ancião**.
i) Dei um **adeus** ao **capitão**, que se emocionou.
j) O **cônsul** presenteou o **tabelião** com um **suéter**.

2 Corrija somente o que for absolutamente necessário:

a) O automóvel de meu pai tem conta-giro e toca-CDs.
b) Compre-me um maço de cigarro e uma caixa de fósforo!
c) Tomei um chopes delicioso em Ribeirão Preto!
d) Por que tanto ciúmes, Gumersindo? Sua mulher é horrível!
e) Pedi um dropes e me deram um clipes!
f) Comprei um patins importado.
g) Ganhei um chicletes importado da minha namorada.
h) Há dois alcoóis: o anidro e o hidratado.
i) Em vez de trazer um só giz, ele trouxe dois gizes.
j) A guerra e ações terroristas são duas das maiores estupidezas humanas.

3 Substitua a expressão **a família** pelo artigo os, fazendo as alterações necessárias:

a) Dizem que nenhum membro da família Kennedy chora.
b) A família Matarazzo faz parte da história de São Paulo.
c) Você esteve com a família Gusmão e com a família Maluf?
d) A família Safra é tradicionalmente de banqueiros.
e) Não conheço ninguém da família Cavalcante.

4 Passe para o plural o que está no diminutivo, procedendo a todas as alterações necessárias:

a) No papelzinho havia o desenho de um caminhãozinho e de um anelzinho.
b) O pãozinho estava embrulhado num jornalzinho.
c) O casalzinho de namorados colheu um mamãozinho e uma florzinha.
d) Pegue a colherzinha que está com aquele alemãozinho e traga-a aqui!
e) Ele pôs um tilzinho na palavra ímã que quase ninguém via.
f) A fábrica está dando bombrilzinho de presente, como oferta.
g) Comprei um limãozinho para fazer uma caipirinha.
h) Quem comprou esse anzolzinho e esse farolzinho?
i) Aquele balãozinho não foi feito por mim.
j) Esse aviãozinho que você fez é para jogar em quem?

5 Passe para o singular o que for possível:

a) Ganhei dois dropes e dois porta-aviões.
b) Tomamos três chopes e só chupamos dois dropes.
c) Só vi os clipes, porque eu estava com os óculos.
d) Estou com muitas cócegas nas costas.
e) Minha vizinha está de amores com meu patrão.
f) Não beije na boca das crianças, porque elas podem pegar sapinhos!
g) Prendeu as folhas de papel com dois clipes.
h) Você ganhou dois quebra-cabeças e três vira-latas?
i) O remédio veio com dois conta-gotas.
j) Seu carro tem dois porta-trecos?

6 Passe para o plural todos os substantivos compostos, fazendo todas as alterações necessárias:

a) Guardei o toca-CDs no guarda-roupa.
b) O democrata-cristão fez um abaixo-assinado contra a caça do beija-flor.
c) Coloquei no meu carro um alto-falante pesado e um pisca-pisca italiano.

d) Um sem-vergonha colocou terra no arroz-doce.

e) Um sem-terra apanhou muito da polícia ontem.

f) Não conheço nenhum sem-teto, nenhum sem-terra.

g) Não era um surdo-mudo, era um dedo-duro.

h) Rezei uma ave-maria, um pai-nosso e uma salve-rainha.

i) Só mesmo joão-bobo caça joão-de-barro.

7 Complete adequadamente:

a) um franco-atirador, dois ★

b) um pão-duro, dois ★

c) um empurra-empurra, dois ★

d) um mapa-múndi, dois ★

e) um habite-se, dois ★

f) um puro-sangue, dois ★

g) uma má-criação, duas ★

h) um quebra-quebra, dois ★

i) um bota-fora, dois ★

8 Assinale X nos plurais corretos:

a) o cidadão - os cidadões

b) o placar - os placars

c) o melão - os melões

d) troféu - os troféis

e) o garrafão - os garrafãos

f) teco-teco - os teco-teco

g) o anãozinho - os anãozinhos

h) o tratorzinho - os tratorezinhos

i) o joão-ninguém - os joões-ninguém

j) o aviãozinho - os aviãozinhos

9 Continue:

a) o cônsul - os cônsuls

b) o meio-fio - os meio-fio

c) o til - os tis

d) o bombril - os bombris

e) o fedor - os fedores

f) a água-viva - as água-vivas

g) o escrivão - os escrivãos

h) o amanhã - os amanhães

i) o alemão - os alemãs

j) o zíper - os zípers

Testes de concursos e vestibulares

1 (Cesgranrio-RJ) Assinale a opção cujo substantivo não tem o plural em **ãos** como artesãos:

a) cidadão
b) pagão
c) cristão
d) charlatão
e) irmão

2 (Unirio-RJ) Nas palavras abaixo, há uma com erro de flexão. Assinale-a:

a) irmãozinhos
b) exportaçõezinhas
c) lençoizinhos
d) papelzinhos
e) heroizinhos

3 (Cesgranrio-RJ) Assinale o par de vocábulos que formam o plural como **órfão** e **mata-burro**:

a) cristão/guarda-roupa
b) questão/abaixo-assinado
c) alemão/beija-flor
d) tabelião/sexta-feira
e) cidadão/salário-família

4 (BRB-DF) O plural dos substantivos **couve-flor, dedo-de-moça** e **amor-perfeito** é:

a) couve-flores, dedo-de-moças, amores-perfeitos

b) couves-flores, dedos-de-moça, amores-perfeitos

c) couves-flor, dedos-de-moças, amores-perfeitos

d) couves-flores, dedo-de-moça, amor-perfeitos

e) couves-flores, dedos-de-moças, amor-perfeitos

5 (Cespe-PE) Todos os plurais de nomes compostos abaixo estão corretos, exceto:

a) alunos de escolas-modelo
b) comprar vários quebra-nozes
c) procurar os chefes de seções
d) contratar guardas-noturnos
e) receber os redatores-chefes

6 (Carlos Chagas-SP) Assinale a alternativa em que as formas do plural de todos os substantivos se apresentam de maneira correta:

a) alto-falantes, coraçãozinhos, afazeres, víveres
b) peixe-espadas, frutas-pão, pé-de-pomba, peixe-bois
c) vaivéns, animaizinhos, beija-flores, águas-de-colônia
d) animalzinhos, vaivéns, salários-família, pastelzinhos
e) guardas-chuvas, guarda-costas, guardas-civis, couves-flores

7 (TJ-PE) Identifique o substantivo que só se usa no plural:

a) lápis   c) tênis   e) idos
b) pires   d) ônibus

8 (Mack-SP) Assinale a alternativa em que a flexão do substantivo composto está errada:

a) os pé-de-prata
b) os corre-corre
c) as públicas-formas
d) os cavalos-vapor
e) os vaivéns

9 (TCE-GO) O plural dos nomes compostos está correto em todas as alternativas, exceto:

a) As cartas-bilhetes foram trazidas hoje.
b) Os vaivéns no navio deixaram-no tonto.
c) A polícia queimou os papéis-moeda falsos.
d) Os recém-nascidos receberam ajuda total.
e) As couve-flores foram vendidas na feira.

10 (F. Objetivo-SP) Indique a alternativa que apresenta erro na formação do plural:

a) Gosta de amores-perfeitos e cultiva-os.
b) Os vice-diretores sairão amanhã.
c) As aulas serão dadas às segundas-feiras.
d) Há muitos beijas-flores no meu quintal.
e) A moda está voltando às saias-balão.

11 (TCE-PE) A alternativa que apresenta plural segundo a mesma regra de **guarda-noturno** é:

a) guarda-roupa/guarda-chuva
b) cachorro-quente/porco-espinho
c) bota-fora/prato-cheio
d) papel-moeda/pombo-correio
e) caça-níquel/arranha-céu

12 (TRE-RJ) Segue a mesma regra de formação do plural de **cidadão** o seguinte substantivo:

a) botão
b) vulcão
c) cristão
d) tabelião
e) escrivão

13 (TRE-MT) O termo que faz o plural como **cidadão** é:

a) limão
b) órgão
c) guardião
d) espertalhão
e) balão

14 (Min. Marinha) Assinale a alternativa em que todos os substantivos apresentam sua forma plural correta:

a) sempre-vivas, tico-ticos, tuneizinhos
b) terças-feiras, cachorro-quentes, florezinhas
c) altos-falantes, vaivéns, animaizinhos
d) estrelas-do-mar, autorretratos, degraizinhos
e) joões-de-barro, grã-cruzes, pãozinhos

15 (TTN) Há erro de flexão no item:

a) *A pessoa humana é vivência das condições espaço-temporais.* (L. M. de Almeida)
b) A família Caymmi encontra paralelo com dois clãs do cinema mundial.
c) Hábeis artesãos utilizam técnicas sofisticadíssimas no trabalho com metais.
d) Nos revés da vida precisa-se de coragem para manter a vontade de ser feliz.
e) Ainda hoje alguns cânones da igreja são discutidos por muitos fiéis.

16 (TRE-SP) **Será que esses ★ precisam ter as firmas reconhecidas por ★?**

a) abaixo-assinados - tabeliães
b) abaixos-assinados - tabeliães
c) abaixos-assinado - tabeliões
d) abaixos-assinados - tabeliões
e) abaixo-assinados - tabeliãos

17 (UFSM-RS) Identifique a alternativa em que o plural do diminutivo das palavras **escritor**, **informações**, **ligação** e **material** está de acordo com a língua padrão:

a) escritorezinhos, informaçãozinhas, ligaçãozinhas, materialzinhos
b) escritorzinhos, informaçãozinhas, ligaçãozinhas, materialzinhos
c) escritorezinhos, informaçõezinhas, ligaçõezinhas, materiaizinhos
d) escritorezinhos, informaçãozinhas, ligaçõezinhas, materialzinhos
e) escritorzinhos, informaçõezinhas, ligaçõezinhas, materialzinhos

18 (TRE-SP) **Sua carreira foi sempre muito desigual e cheia de ★.**

a) vaisvéns
b) vaisvém
c) vaivéns
d) vais-e-vens
e) vai-vens

19 (INPI-NCE) O plural correto de **porta-voz** é:

a) os porta-voz
b) porta-vozes
c) portas-vozes
d) portam-vozes
e) portas-voz

20 (CBMERJ - NCE) O vocábulo **televisão** tem por plural **televisões**. Entre os itens abaixo, aquele que apresenta uma forma de plural em **-ões** errada é:

a) apagões   c) cidadões   e) anões
b) corrimões d) vulcões

21 (TRE-SP) Estão corretamente grafados no plural os substantivos compostos da opção:

a) mangas-rosa, ferros-velhos, mapas-múndis
b) vira-latas, baixos-relevos, vice-reis
c) paus-brasil, obras-prima, surdos-mudos
d) louva-a-deus, arco-íris, bens-me-quer
e) altos-relevos, amor-perfeitos, bananas-prata

22 (Fiplac-GO) Assinale o período em que há erro no uso do substantivo:

a) Os bens deixados pelo pai não lhe trouxeram o bem.
b) O motorista de táxi contou sua féria e não fez boa cara.
c) A féria escolar está próxima.
d) Esta é a data do vencimento da conta de água.
e) Não recebi os meus vencimentos.

CAPÍTULO

10 GRAU DO SUBSTANTIVO

canzarrão   cãozinho

Grau do substantivo

Além das flexões de gênero e de número, o substantivo pode flexionar-se em grau, para exprimir a ideia de aumento ou de diminuição dos seres, em relação à normal.

São, assim, dois os graus do substantivo: o **aumentativo** e o **diminutivo**. Ambos podem aparecer na forma **sintética**, ou seja, numa só palavra, em que a gradação é feita com o uso de sufixos, e na forma **analítica**, ou seja, em duas palavras, em que a gradação é feita com o uso de adjetivos (grande, enorme, etc.; pequeno, minúsculo, etc.). Ex.:

> canzarrão = aumentativo sintético de **cão**
> cãozinho = diminutivo sintético de **cão**
> cão enorme = aumentativo analítico de **cão**
> cão minúsculo = diminutivo analítico de **cão**

Entre os aumentativos existem as formas **regulares**, que se formam com o auxílio do sufixo -ão ou -zão (p. ex.: cabeção, gatão, cãozão) e as formas **irregulares**, que se formam com o auxílio dos mais variados sufixos (p. ex.: cabeçorra, gatarrão, canzarrão, etc.).

Entre os diminutivos existem as formas **regulares**, que se formam com o auxílio do sufixo -inho, -zinho ou -ito, -zito (p. ex.: cavalinho, animalzinho, caminhito, papelzito), as formas **irregulares**, que se formam com o auxílio dos mais variados sufixos (p. ex.: cavalicoque, animalejo, papelucho, etc.), e as formas **eruditas**, que se formam com o auxílio dos sufixos -ulo e -culo, além dos alomorfes -áculo, -ículo, -úsculo e -únculo (p. ex.: glóbulo, animálculo, habitáculo, versículo, opúsculo, homúnculo).

IMPORTANTE

1) Alguns aumentativos e diminutivos são usados mais para exprimir afetividade, carinho, ternura do que propriamente para indicar aumento ou redução dos seres. Ex.: **paizão**, **paizinho**.

2) Usam-se também as formas aumentativas e diminutivas para exprimir desprezo, gozação ou ironia. Ex.: **politicastro** (político reles, ordinário), **chorão** (aquele que chora por qualquer motivo); **pidão** (aquele que vive pedindo coisas); **gentinha** (pessoa sem importância, pé de chinelo), **jornaleco** (jornal sem importância ou expressão); **santinho** ele: já matou mais de vinte... Tais aumentativos e diminutivos, com exceção dos que indicam ironia, se dizem **pejorativos** ou **depreciativos**.

3) Podem-se formar aumentativos e diminutivos mediante o processo de prefixação. Ex.: **super**mercado, **mini**dicionário.

4) Algumas formas aumentativas e diminutivas perderam o seu valor aumentativo ou diminutivo, para adquirirem nova significação. É o caso de **boqueirão, caldeirão, cartão, cartilha, cavalete, colchão, cordão, ferrão, florão, folhinha, lençol, mosquito, portão**, etc.

5) O sufixo **-ão** se presta, ainda, para designar substantivos que exprimem ato violento. Ex.: **apertão, arranhão, beliscão, bofetão, empurrão, escorregão**, etc.

Principais aumentativos irregulares

a bala	o balaço, o balázio	a cruz	o cruzeiro	a mão	a manzorra, a manápula, a manopla (todos pejorativos)
a barca	a barcaça	a faca	o facalhão, o facalhaz		
o beijo	a beijoca				
a boca	a bocarra, a bocaça, o boqueirão	a fatia	a fatacaz	o monte	a montanha
		o fedor	a fedentina	a mulher	a mulheraça
a cabeça	a cabeçorra	o fogo	o fogaréu	o muro	a muralha
o cão	o canzarrão	o forno	a fornalha	o nariz	o narigão
a colher	a colheraça	o forte	a fortaleza	a pedra	o pedregulho
o copo	o copaço, o copázio, o coparrão	o galo	o galaroz	a rocha	o rochedo
		o gato	o gatarrão	o sapato	a sapatorra, a sapatola (pej.)
o coração	o coraçaço	o forte	a fortaleza	a vaga	o vagalhão
o corpo	o corpanzil, o corpaço	o limão	o limonaço	a verga	o vergalhão
		o mamão	o mamonaço	a voz	o vozeirão

Principais diminutivos irregulares

a aba	a abeta	a asa	a aselha	o bastão	o bastonete
a aldeia	a aldeota, a aldeola	o astro	o asteroide	o beijo	o beijote
		o banco	a banqueta	a cabra	a capréola
o animal	o animalejo	a bandeira	a bandeirola	a caixa	o caixote, a caixeta, a caixola
a artéria	a arteríola	a barba	a barbicha		
o artigo	o artiguete	a barraca	o barraquim	a câmara	o camarim, o camarote
a árvore	a arvoreta	o barril	o barrilete		

o caminhão	a caminhonete	a folha	o folíolo	a pedra	o pedrisco
a canção	a cançoneta	a flauta	o flautim	a perdiz	o perdigoto
o cão	o canicho	o galo	o galispo	a ponte	o pontilhão
a casa	o casebre	a guerra	a guerrilha	a porta	a portinhola
o cavalo	o cavalicoque	a história	a historieta, a historíola	o rabo	o rabicho
o chapéu	a chapeleta	a ilha	a ilhota, o ilhéu	o rapaz	o rapazola, o rapazote
a chuva	o chuvisco, o chuvisqueiro	a laje	a lajota	o rio	o riacho, o ribeiro, o regato
a corda	o cordel	a língua	a lingueta		
o corpo	o corpete	o livro	o livrete, o livreto	a rua	a ruela
a cruz	a cruzeta	o lobo	o lobato	o saco	a sacola
o diabo	o diabrete	o lugar	o lugarejo	a saia	o saiote
o engenho	a engenhoca	a mala	o malote, a maleta	a sala	a saleta
a espada	o espadim	a moça	a moçoila	a sela	o selim
a estátua	a estatueta	o namoro	o namorico	o sino	a sineta
a face	a faceta	o núcleo	o nucléolo	o sítio	a sitioca
o farol	o farolete	o palácio	o palacete	a vara	a vareta, a varela
a fazenda	a fazendola	o papel	o papelucho	o velho	o velhote
a festa	o festim	a parte	a parcela	o verão	o veranico
o filho	o filhote (carinhoso)	a placa	a plaqueta	o vidro	o vidrilho
a fita	o fitilho	o poema	o poemeto	a vila	a vilela, a vileta, a vilota
o fogo	o fogacho	o povo	o poviléu		

Grau do substantivo

● Principais diminutivos eruditos

a asa	a álula	a folha	a folícula	a parte	a partícula
a ave	a avícula	o globo	o glóbulo	a pele	a película
a cela	a célula	a gota	a gotícula	a porção	a porciúncula
o corpo	o corpúsculo	o grão	o grânulo	a questão	a questiúncula
o dente	a dentícula	o homem	o homúnculo	a raiz	a radícula
o eixo	o axículo	o monte	o montículo	o rei	o régulo
a febre	a febrícula	o nó	o nódulo	o verme	o vermículo
o feixe	o fascículo	a obra	o opúsculo	o verso	o versículo
a flor	o flósculo, o florículo	o ovo	o óvulo		

IMPORTANTE

1) Como se vê, alguns aumentativos e diminutivos mudam de gênero, ao adquirirem a forma aumentativa ou diminutiva.

2) As formas **facalhão**, **vozeirão** e **homenzarrão**, entre outras, não trazem o sufixo **-ão**, mas os sufixos compostos **-alhão**, **-eirão** e **-arrão**, nos quais **-ão** é somente um dos seus elementos. Em **homenzarrão**, o sufixo vem antecedido de um interfixo, **-z-**.

Testes e exercícios

1 Complete com o aumentativo sintético irregular do substantivo em destaque:

a) Isso não é um **copo**, isso é um ★.
b) Edite não me deu um **beijo**, ela me deu uma ★.
c) Isso não é uma **cruz**, é um ★.
d) O menino não tirou uma **fatia** do bolo, tirou um ★ do bolo.
e) Seu filho não está apenas um **homem**, está um ★.
f) O técnico do Flamengo não tem um **nariz**, tem um ★.
g) Não subimos um **monte**, subimos na verdade uma ★.
h) Por aqui não há **ratos**, há ★.
i) Eu não tinha uma **pedra** no sapato, tinha um ★.
j) Não caiu uma **rocha** na estrada, caiu um ★.

2 Complete com o diminutivo sintético irregular do substantivo em destaque:

a) Isso não é uma **árvore**, é uma ★.
b) Não é preciso um **astro** chocar com a Terra, para destruí-la: basta um ★.
c) Eu fiz uma **cruz**; você, não, você fez uma ★.
d) Não passamos por uma **ponte**; na verdade, passamos por um ★.
e) Ah, rapaz, isso não é um **rio**; isso é um ★.
f) Jeni não mora propriamente numa **rua**; ela mora numa ★.
g) Se você conseguir uma **vara**, uma ★ que seja, eu apanho aquela manga.
h) Este ano não fez **verão**; fez, sim, um ★.
i) Juçara disse ao namorado que mora num **palácio**, mas na verdade ela mora num ★.
j) Elisabete não quis me dar um **beijo**; ela só me deu um ★, um selinho.

Testes de concursos e vestibulares

1 (TJ-AM) Assinale a alternativa em que não ocorre aumentativo analítico:

a) Um grande muro divide a favela do restante da cidade.
b) Um animal enorme apavorava os moradores da fazenda.
c) Era um bugre colossal, forte como um touro.
d) Um fogaréu subiu na mata, destruindo tudo à sua passagem.
e) E um grande trovão ecoou anunciando a chuva inesperada.

2 (Acadepol-Delegado-PE) Todos os diminutivos abaixo são sintéticos, exceto:

a) Um filete de sangue deixara uma mancha vermelha em sua camisa.
b) Não se compreendia o porquê da briga se todos os moradores da viela eram amigos.
c) Embora fosse uma pequena comunidade, todos se entendiam bem.
d) Trouxe uma maleta e saudades.
e) Sentado na banqueta, sonhava com a vida de menino.

3 (FCE-CE) Identifique a alternativa em que o diminutivo indique ironia:

a) É o autor de um livreco.
b) Realmente esse garoto é um santinho!
c) Sua casa não passa de um casebre.
d) Aquela garota é o meu amorzinho.
e) Tive tantas saudades, mãezinha!

4 (Mack-SP) Assinale a alternativa correta na formação do grau do substantivo:

a) mulher - mulheraz
b) mansa - manzorra
c) raio - radícula
d) copa - copázio
e) pele - película

5 (TCE-GO) Assinale a opção que contém substantivo no grau normal:

a) animalzinho
b) carinho
c) peixinho
d) cachorrinho
e) menininha

6 (TCE-GO) Assinale a opção correta na formação do grau:

a) prata - pratarraz
b) rei - régulo
c) pele - pelego
d) raio - radícula
e) paz - pacífico

CAPÍTULO 11

ARTIGO

os Cardosos

Artigo

Artigo é a palavra variável que serve para individualizar ou generalizar o substantivo e, ao mesmo tempo, indicar-lhe o gênero e o número.

Existem dois tipos de artigos: o **definido** (**o** e as variações **a**, **os**, **as**), que individualiza o substantivo, e o **indefinido** (**um** e as variações **uma**, **uns**, **umas**).

Uso do artigo definido

O artigo definido é usado principalmente nos casos que seguem:

1) Antes de qualquer substantivo que designe ser já conhecido: Falei com **o** guarda e conversei com **o** médico, mas não vi **o** professor. Note: tanto **o** guarda quanto **o** médico e **o** professor já são seres conhecidos tanto do emissor quanto do receptor; é o artigo individualizando o substantivo.

2) Antes de nomes de pessoas íntimas: **o** Zé, **a** Zefa. • Vi **o** Ivã na televisão! • Rapaz, você gosta mesmo d**a** Isabel? Sobrenomes, quando usados no plural, exigem o artigo: **os** Cardosos, **os** Serras, **os** Malufs.

IMPORTANTE

Sobre o emprego do artigo antes de nomes próprios, assim comenta Manuel Rodrigues Lapa: *A demasiada familiaridade com um ser pode trazer como resultado um aviltamento das suas qualidades. Por isso se diz hoje, não apenas com intimidade, mas com certo sentido displicente:* **o** Camões, **o** Bocage, *etc. No seu célebre soneto político a Eurico, a personagem do romance de Herculano, Guerra Junqueiro, escreveu:* Beija **a** Hermengarda, **a** tímida donzela. *O verso ficaria talvez melhor sem aquele primeiro artigo; mas o autor quis dar à figura da irmã de Pelágio um aspecto familiar e cidadão. Aquele artigo definido é, pois, intencional e até irônico. Suponha-se um repórter a fazer relato dum julgamento. Se quiser verter um desprezo, tantas vezes injusto, sobre os desgraçados que respondem pelos seus erros, dirá assim:* O libelo termina dizendo que **o** José Fernandes e **o** Manuel Vicente são verdadeiramente culpados do furto dos cereais, pelo que pede a condenação dos réus.

3) Antes de nomes de partes do mundo (continentes, países, rios, oceanos, desertos, etc.): a **Europa**, o **Brasil**, o **Amazonas**, o **Atlântico**, o **Everest**, o **Saara**, a **Via Láctea**, etc. Principais exceções: Andorra, Angola, Cabo Verde, Chipre, Cuba, Flandres, Luxemburgo, Macau, Madagascar, Marrocos, Moçambique, Mônaco, Portugal e Timor-Leste.

4) Antes de nomes de Estados brasileiros: a **Bahia**, o **Tocantins**, o **Rio Grande do Sul**, o **Mato Grosso do Sul**, a **Paraíba**, etc. Exceções: Goiás, Mato Grosso, Minas Gerais, Pernambuco, Rondônia, Santa Catarina, São Paulo e Sergipe. **Alagoas** se usa com ou sem artigo: **Alagoas**/as **Alagoas**.

5) Antes de nomes de bairros: a **Penha**, a **Lapa**, o **Cambuci**, a **Urca**, o **Rio Vermelho**, a **Pituba**, etc. Principais exceções: Botafogo, Cascadura, Catumbi, Copacabana, Ipanema, Itaigara, Itapuã, Nazaré, Ondina, Perdizes, Piatã, Pinheiros, Santana, Santa Teresa.

6) Antes de nomes de obras de arte: a *Divina Comédia*, a *Vênus de Milo*, a *Gioconda*, a *Eneida*, a *Ilíada*, etc. Atenção: O artigo não faz parte da obra de Dante Alighieri, como muitos imaginam.

7) Antes de nomes de clubes, agremiações e revistas: o **Flamengo**, o **Vasco da Gama**, o **Palmeiras**, o **Cruzeiro**, o **Atlético Mineiro**; a *IstoÉ*, a *Veja*, a *Placar*, etc.

8) Antes de certos títulos e de alcunhas e cognomes: a **doutora Sueli**, o **professor Mário**; D. **Manuel**, o **Venturoso**, D. **Maria**, a **Louca**. Exceção: Frederico Barba-Roxa.

9) Antes dos nomes de constelações: a **Ursa Maior**, a **constelação do Touro**.

10) Antes do superlativo: fazer **as** perguntas **mais** difíceis, fazer **as mais** difíceis perguntas, fazer perguntas **as mais** difíceis. Não se constrói, todavia: fazer "as" perguntas "as" mais difíceis, ou seja, com repetição do artigo.

11) Antes dos numerais: o **um**, o **dois**, o **primeiro**, a **terça parte**; esperar alguém da **uma** até **as duas horas**; n**a primeira página**, n**o primeiro andar**; aluno d**a primeira série**.

> **ATENÇÃO**
>
> 1) Quando precisamos as horas do dia, não usamos o artigo: São **cinco horas**. • É **uma hora**.
> 2) O numeral **ambos** exige o artigo posposto, a menos que venha antecedido de pronome demonstrativo: **Ambos** os remédios foram tomados à uma hora. Mas: O que **ambos esses** remédios têm em comum?

12) Depois do indefinido **todos**, com substantivo expresso: **Todos os** quatro filhos acompanharam o pai. • **Todas as** três revistas são nacionais.

> **ATENÇÃO**
>
> Se o substantivo não estiver expresso, não se usará o artigo: O pai chamou os filhos e saiu com **todos** quatro. • Chegaram-me às mãos as revistas, **todas** três nacionais.

13) Antes do indefinido **outro**, usado em sentido determinado: Ex.: **Nesta cidade existem dois supermercados, mas eu não gosto deste: vamos a**o **outro**. • **Enquanto eles trabalham, os outros brincam**.

> **ATENÇÃO**
>
> Se possuir sentido indeterminado, o indefinido aparecerá sem artigo: **Nesta cidade existem muitos supermercados, mas não gosto deste: vamos a outro**. • **Enquanto uns trabalham, outros brincam**.

14) Nas expressões em que aparece o indefinido **todo**: **todo** o mundo, em **todo** o caso. No português contemporâneo, admite-se a omissão do artigo, com as expressões adverbiais: a todo momento, a todo instante, a toda hora, em toda parte, em todo lugar, etc.

15) Antes dos nomes de festas religiosas e profanas: o Natal, a Páscoa, o carnaval, a micareta, etc.

> **ATENÇÃO**
>
> Regidos de preposição, esses nomes dispensam o artigo. Ex.: **noite de Natal, domingo de Páscoa, sábado de carnaval, época de micareta**, etc.

16) Pelo pronome possessivo, quando o substantivo designa parte do corpo, peças do vestuário, faculdades do espírito ou relações de parentesco: rapar a **cabeça**, cortar o **dedo**, sujar o **vestido**, pôr as **meias**, perder o **juízo**, usar a **inteligência**, bater no **filho**, beijar a **mãe**, etc.

17) Pelo pronome demonstrativo: **Os exportadores não serão beneficiados com a taxa de câmbio, por isso já se admite crise n**o **setor**. • **Já não há inflação n**o **país**. Em ambos os exemplos, **no** equivale a **neste**.

18) Para expressar a espécie inteira: **O homem é mortal**. • **O abacaxi é fruta ácida**. Em ambos os exemplos **O** equivale a **Todo**.

19) Quando o possessivo é usado sem substantivo, em sentido próprio ou figurado: **Como vão os seus?** • **Lindos filhos eram os meus**. • **Ele sempre faz das suas**.

> **IMPORTANTE**
>
> **1)** Toda palavra antecedida de artigo se torna um substantivo: o porquê, o i, um sim, um não, o porém, os ii, etc.
>
> **2)** Desacompanhado de substantivo, o artigo definido se torna pronome demonstrativo com o sentido de **aquele** (ou variações), **aquilo** ou **isso**. Ex.:
>
> Como são sábios os que são tolos somente em amor! (os = aqueles)
> Nas revoluções há dois gêneros de pessoas: as que as fazem e as que as aproveitam. (as = aquelas)
> Frio faz é na Antártica. Eu que o diga. (o = isso)

3) Quando antecede nome de parte do corpo ou de faculdade do espírito, o artigo equivale a um possessivo, porque denota posse. Ex.:

> Acho que quebrei a perna. (a = minha)

> Você perdeu o juízo? (o = seu)

4) O pronome indefinido **todo** ou **toda**, acompanhado do artigo, equivale a **inteiro(a)**, **total**; sem a companhia do artigo, equivale a **qualquer**, **cada um**. Ex.:

> Li **todo o** livro.
> Li **toda a** revista na antessala do consultório.

> **Todo** livro merece ser lido.
> **Toda** revista de consultório é velha.

No plural, todavia, **todos** e **todas** não dispensam o artigo:

> **Todos os** livros merecem ser lidos.

> **Todas as** revistas de consultórios são velhas.

● Omissão do artigo definido

Omite-se o artigo definido em todos os casos que seguem.

1) Antes de substantivos usados indeterminadamente: Não vou a cinema, a teatro, a circo, a lugar nenhum. • Entra presidente, sai presidente, e tudo continua como dantes no quartel de Abrantes.

2) Antes de nomes de personagens históricas ou pessoas não íntimas: Sei tudo sobre Joana d'Arc. Napoleão nasceu na Córsega. • Hersílio casou com Juçara.

> **ATENÇÃO**
>
> Nomes completos de pessoas também rejeitam o artigo. Ex.: Carlos Nóbrega Fontoura veio ao Brasil em 1931. Se, porém, qualquer nome próprio vem modificado por adjunto adnominal, o uso do artigo é obrigatório. Ex.: a heroica Joana d'Arc, o valente Napoleão, o estudioso Hersílio e a esforçada Juçara.

3) Antes de nomes de cidades e de ilhas: Criciúma, Salvador, Paris; Marajó, Creta, Itaparica, etc. Principais exceções: o Porto, o Rio de Janeiro, o Cairo, o Recife, o Aracaju (estes dois últimos ainda se usam também sem o artigo); Sicília, Sardenha, Córsega, Groenlândia, etc. Se, porém, o nome da cidade vier modificado por adjetivo ou qualquer expressão, aparecerá obrigatoriamente o artigo. Ex.: a velha Lisboa, a Roma dos Césares, etc. Quando o nome da ilha é pluralizado, o artigo é obrigatório. Ex.: as Canárias, as Baamas, as Antilhas. Aparecendo a palavra ilha antes do nome, o artigo também é de rigor: a ilha da Madeira, a ilha do Bananal, etc.

4) Antes das palavras casa, terra e palácio, usadas sem modificador: estar em casa, voltar a terra, terra à vista, despachar em palácio. Se houver modificador, no entanto, aparecerá o artigo: estar na casa da namorada, voltar à terra natal, a terra do Novo Mundo está à vista, despachar no Palácio do Planalto.

5) Antes de datas: **Em 21 de abril** se descobriu o Brasil e a **7 de setembro** se proclamou a independência. • Nasci em **18 de dezembro**.

> **ATENÇÃO**
>
> Se a data vem substantivada, usa-se o artigo. Ex.:
>
> **O 15 de Novembro** cairá numa segunda-feira este ano.
> **O 18 de dezembro** é, para mim, o grande dia do ano.

6) Antes de expressões de tratamento: **Vossa Excelência** estará atrasado para se encontrar com o ministro. Exceção: **senhor** (e variações): **O senhor** vai à festa? • **A senhora** vai bem?

7) Antes do pronome relativo **cujo** (e variações): **Virgílio, cujo** filho serve na Marinha, anda preocupado. • Eis a árvore **cujos** ramos estão secando.

8) Antes das palavras **Dom**, **Dona**, **frei** e **sóror**, usadas com nome próprio: **Dom** Henrique, **Dona** Rosa, **frei** Filipe, **sóror** Helena.

9) Antes de nomes sagrados: **Deus, Nosso Senhor, Cristo, Nossa Senhora, Santo Antônio**, etc.

> **ATENÇÃO**
>
> Autores clássicos usaram "o Cristo". Se o nome sagrado vem modificado, usa-se o artigo: a **Santíssima** Nossa Senhora, o **casamenteiro** Santo Antônio.

10) Antes de nomes próprios femininos de divindades pagãs ou mitológicas: **templo de Diana, poderes de Minerva, de Juno, de Vênus**. Se vierem com modificador, porém: **templo da célebre Diana**, etc.

11) Nos provérbios, máximas, adágios, definições e orações sentenciosas: **Pedra movediça não cria bolor**. • Água mole em pedra dura, tanto bate até que fura. • Zootecnia é a ciência e a arte de criar animais domésticos com fins econômicos. • Homem atrevido dura como vaso de vidro. Exceção: **O** hábito não faz **o** monge.

12) Antes dos nomes de planetas: **Mercúrio, Saturno, Netuno**, etc. Exceção: **a Terra**.

13) Nos vocativos: **Doutor**, que faço agora? • Que é isso, **menino**?

14) Antes dos nomes dos pontos cardeais que designam direções ou limites geográficos: O Brasil se limita a **norte** com a Venezuela, a **sul** com o Uruguai, a **leste** com o oceano Atlântico e a **oeste** com a Bolívia e o Peru.

15) Antes dos nomes dos meses: **janeiro, fevereiro, março**, etc.

16) Antes dos nomes dos dias da semana: **segunda-feira, sábado, domingo**, etc.

> **ATENÇÃO**
>
> 1) Quando se determina o dia da semana, usa-se o artigo. Ex.:
>
>   No sábado vou a Mojimirim.   A segunda-feira desta semana me foi boa.
>
> 2) Quando um fato se repete no mesmo dia da semana, usa-se, igualmente, o artigo, sempre no plural e precedido da preposição a. Ex.:
>
>   Aos sábados costumo descansar.   Às segundas-feiras não havia expediente na repartição.
>
> 3) Os substantivos semana, mês e ano podem dispensar o artigo, quando figuram em expressões temporais. Ex.:
>
>   Teremos festa semana próxima.   Voltarei mês vindouro.
>
>   Ano passado aconteceram geadas nesta região.

17) Nas locuções com pronome possessivo: a meu ver, em meu ver, a meu modo, a meus pés, a teu lado, em nosso benefício, em seu favor, em meu detrimento, etc.

18) Nas locuções adverbiais em que entram nomes de partes do corpo, de faculdades do espírito, dos sentidos, regidos de a, de ou em: de mão beijada, de mãos dadas, em primeira mão, em (ou de) segunda mão, a olhos vistos, de cabeça baixa, de orelha em pé, de pernas abertas, de cor, etc.

19) Antes de possessivos que têm o valor de **alguns**: A gramática portuguesa tem lá suas complicações. • Todo ofício tem seus cavacos.

20) Depois da expressão cheirar a: Sua camisa cheira a cigarro.

21) Em grande número de expressões, entre as quais: falar verdade, falar mentira, entrar em greve, entrar em campo, cantar vitória, pedir desculpa, pedir perdão, pedir satisfação, declarar guerra, ouvir missa, andar de avião, etc.

22) Quando o verbo ter possui como complemento nomes de partes do corpo: O rinoceronte tem chavelho. • As borboletas têm asas e pés.

> **ATENÇÃO**
>
> Mesmo quando tais nomes vêm com modificador, não se usa o artigo: ter olhos verdes, ter boca sensual, ter mãos lindas, etc. Se, porém, o modificador exprimir condição ou estado passageiro, o artigo será de rigor: ter os olhos verdes de manhã e os olhos azuis à tarde; ter a boca molhada; ter as mãos feridas, etc.

23) Na expressão de meu (= meu próprio): Nunca tive nada de meu.

24) Quando se expressa um ato que se pratica frequentemente, o possessivo não vem antecedido de artigo: Ele chega da escola, toma seu lanche e sai para jogar bola.

IMPORTANTE

1) Quando dois ou mais adjetivos modificam um mesmo substantivo, só se usa o artigo antes do primeiro. Ex.: A Lua, o belo e único satélite da Terra, já não constitui segredo para o homem.

2) É facultativo o uso do artigo antes de pronomes possessivos. Ex.: Vocês viram onde está (o) meu carro?

3) A gramática tradicional não aceita o uso do artigo antes de pronome possessivo que antecede nome de parentesco, mas na língua contemporânea tal uso é generalizado, mesmo porque o artigo, nesse caso, imprime certo caráter íntimo, carinhoso, familiar à comunicação. De fato, sente-se alguma diferença entre Gosto de meu pai e Gosto do meu pai. Os nomes pai e mãe, que exprimem individualidade única (cada pessoa não tem senão um só pai e uma só mãe), rejeitam o uso do artigo de forma terminante. Do ponto de vista lógico, não há razão por que empregar "o meu pai", "a minha mãe", visto que em meu pai e em minha mãe o pronome já determina por si só o nome de forma exclusiva. Somente a afetividade explica e justifica tal emprego.

4) No português clássico e em Portugal, não se usa o artigo antes dos nomes Europa, Ásia, África, Espanha, França, Inglaterra, Escócia, Holanda e Flandres, quando regidos de preposição. Daí por que Eça de Queirós escreveu *Cartas de Inglaterra*, e os portugueses vivem em França.

● Repetição do artigo definido

Repete-se o artigo definido principalmente nos casos que seguem:

1) Quando os termos são antônimos: o dia e a noite, o bem e o mal, a vida e a morte, o bom e o mau pai, etc.

> **ATENÇÃO**
>
> Se os nomes coordenados são sinônimos, não se repete o artigo. Ex.: Os elogios e incentivos não ajudam, prejudicam. • A paciência e tolerância são minhas armas.

2) Quando os elementos coordenados designam diferentes pessoas ou coisas: a opinião de Clarisse e a opinião de Ivã; o governador e o secretário; o verão e o outono de São Paulo.

> **ATENÇÃO**
>
> Caso dois nomes sejam coordenados por ou, não se usa o artigo antes do segundo, se este é uma explicação do primeiro. Ex.: o cloreto de sódio ou sal de cozinha; a ancilostomíase ou amarelão, etc.

3) Quando se quer dar ênfase aos elementos coordenados: O amor, a afetividade, os afagos – tudo nela era perfeito. • As mãos, a pele, os dentes, o nariz, os cabelos – nada havia em Cristina que não fosse lindo.

4) Na distinção de gênero e número: o pai e as filhas, a mãe e os filhos, o tio e os sobrinhos, a avó e as netas, a mulher e os filhos, etc.

Uso do artigo indefinido

Usa-se o artigo indefinido nos principais casos que seguem:

1) Para apresentar um ser ainda não conhecido: Tive um pneu furado; perguntei, então, a um guarda onde havia um borracheiro.

2) Antes de substantivo a que se quer dar sentido vago: Apresentaram-se uns políticos inexpressivos, que vieram cá em busca de votos.

3) Para melhor caracterizar um nome já determinado por artigo definido: Chegou, finalmente, o dia do jogo: um dia claro, bonito, próprio para a prática esportiva.

4) Junto de numerais para exprimir aproximação: A mulher tinha uns cinquenta anos. • Eram umas quinze crianças. • Já havia passado uma meia hora do horário combinado, quando ela chegou.

5) Junto de um substantivo, para reforçar a ideia expressa: Estou com uma fome! • Fez o trabalho com uma vontade!

Omissão do artigo indefinido

Omite-se o artigo indefinido nos principais casos que seguem:

1) Em comparações: A mulher falava como papagaio. • Ficou vermelha como pimentão.

2) Nos apostos: O médico lhe prescreveu tetraciclina, antibiótico de ação violenta, mas eficaz.

3) Antes de predicativo, com o verbo ser: Virgílio é mau patrão. • Teresa foi ótima aluna.

4) Quando o substantivo exprime um representante da sua classe: Livro é presente de amigo. • Soldado também é povo.

5) Nas expressões dia sim, dia não; semana sim, semana não; mês sim, mês não; ano sim, ano não.

6) Nas locuções de modo geral, de maneira geral, de forma geral: De modo geral, o brasileiro é romântico. • Referi-me aos professores de maneira geral.

7) Antes dos pronomes indefinidos outro, certo e determinado, exceto em caso de ênfase: Não foi nesse dia que o fato aconteceu, foi em outro. • As crianças têm certo receio do mar. • Quando esse menino quer determinada coisa, quem é que o faz mudar de ideia? Mas: Ela disse isso com um certo ar de indignação.

ATENÇÃO

Usa-se o artigo antes de outro, quando em correlação com um. Ex.: Um casal ficou no carro e o outro sentado no banco do jardim.

Testes e exercícios

1 Identifique todos os artigos com os substantivos que os acompanham, classificando-os em definidos ou indefinidos:

a) Se *eu fosse uma árvore ou uma planta, sentiria a mansa influência da primavera. Sou um homem... não se admire da minha alegria.*

b) *A mulher raramente nos perdoa sermos ciumentos; mas nunca nos perdoa não o sermos.*

c) *As maiores verdades são as mais simples; e assim são também os maiores homens.*

d) *Convenhamos em que não seria possível viver neste mundo sem, de vez em quando, fingir um pouco. A diferença entre o homem e o canalha está precisamente nisto: o homem de bem só finge quando a tal se vê obrigado, ou para escapar a um perigo; o canalha, pelo contrário, busca as oportunidades.*

e) *Mal começaram a existir a prudência e a perspicácia, nasceu a hipocrisia.*

2 Mude o que for necessário e quando necessário, quanto ao uso ou omissão do artigo:

a) Estados Unidos mantêm acordo com Brasil.

b) Estarei em casa entre uma e duas horas da tarde.

c) Esperei a notícia de quatro a cinco horas, mas em vão.

d) A dona Juçara chorou porque desejava viajar pelo mar, e não pela terra.

e) Telefone-me entre oito e nove horas, ou entre meio-dia e uma!

f) A partir de sete horas da noite já não estarei em casa.

g) O governador chegou a palácio por volta de zero hora.

h) Todo mundo sabe que o Aracaju é a capital do Sergipe.

i) Você nunca esteve na Franca, interior de São Paulo? Como pode uma pessoa não conhecer a Franca, pujante cidade paulista? Eu vou à Franca do Imperador duas vezes por ano.

j) Venha já, venha o quanto antes, para ver o quão idiota eu fui!

3 Elimine os artigos dispensáveis:

a) Um limão é um fruto muito ácido.

b) Nesta região, chove uma semana sim, uma semana não; geia um ano sim, um ano não.

c) Fale a verdade: você estava mentindo, não estava?

d) Essa mulher é brava como uma cascavel!

e) Ademir da Guia foi um grande jogador de futebol, foi um craque!

f) O pão francês ou a bengala endurece de um dia para o outro, porque a água que existe na sua massa evapora.

g) O rapaz ia à escola um dia sim, um dia não.

h) O presidente discursou com uma ênfase!

i) Todo o mundo tem os seus problemas, uns mais, os outros menos.

j) A etimologia ou a razão histórica é que determina geralmente a ortografia das palavras.

4 Justifique a omissão do artigo antes de **Placa**, nesta frase: **Placa bacteriana é uma camada de bactérias quase invisível que libera ácidos e toxinas e se instala em todos os dentes junto à gengiva, sendo a maior causa da gengivite.**

Testes de concursos e vestibulares

1 (Talcrim-RJ) Assinale a alternativa correta quanto ao uso do artigo:

a) O contrabandista veio de bordo e já está na terra.
b) Encontrei-me com um certo indivíduo muito impertinente.
c) Você viu o Paulinho? Quero falar com ele.
d) Trouxemos para a Vossa Excelência os documentos solicitados.
e) O Estados Unidos é um país do primeiro mundo.

2 (TRE-PE) Assinale a alternativa em que a palavra um(a) não se classifica como artigo:

a) Entro numa venda para comprar uns anzóis, quando chega um velho amigo.
b) É uma pena! Mas amanhã já não a poderei ver mais.
c) Você, minha filha, comprou duas canetas quando eu pedi uma.
d) Se as casas eram iguais, por que uma teve preço maior?
e) Era um enorme cajueiro. O maior do mundo!

3 (Alerj-Fesp) O emprego correto do artigo definido o com os nomes dos estados brasileiros é:

a) Acre   c) Sergipe   e) Pernambuco
b) Goiás d) São Paulo

4 (ITA-SP) Em uma das opções abaixo o uso do artigo é facultativo. Assinale-a:

a) Os alunos estudiosos serão recompensados.
b) Os Estados Unidos progrediram muito.
c) Conheço a encantadora Goiânia.
d) Fez todo o trabalho solicitado.
e) O meu destino é ser feliz.

5 (ITA-SP) Determine o caso em que o artigo tem valor qualificativo:

a) Estes são os candidatos de que lhe falei.
b) Procure-o, ele é o médico! Ninguém o supera.
c) Certeza e exatidão, estas qualidades não as tenho.
d) Os problemas que o afligem não me deixam descuidado.
e) Muita é a procura; pouca a oferta.

6 (Esan-SP) Em qual dos casos o artigo denota familiaridade?

a) O Amazonas é um rio imenso.
b) D. Manuel, o Venturoso, era bastante esperto.
c) O Antônio comunicou-se com o João.
d) O professor João Ribeiro está doente.
e) Os Lusíadas são um poema épico.

7 (Fatec-SP) Indique o erro quanto ao emprego do artigo:

a) Em certos momentos, as pessoas as mais corajosas se acovardam.
b) Em certos momentos, as pessoas mais corajosas se acovardam.
c) Em certos momentos, pessoas as mais corajosas se acovardam.
d) Em certos momentos, as mais corajosas pessoas se acovardam.
e) Nenhuma das anteriores.

8 (TRT-PE) Assinale a alternativa em que o uso do artigo denota aproximação:

a) Aquele documento era de um valor inestimável.
b) Ela é de uma inteligência tal, que a todos espanta.
c) Seu jeito era bem suspeito e tinha uma maneira diferente de andar.
d) Era uma aluna bem aplicada, mas gostava de desenhar no caderno dos outros.
e) Pretendemos permanecer aqui por mais umas três horas.

9 (Mack-SP) Assinale a alternativa em que há erro:

a) Li a notícia no *Estado de S. Paulo*.
b) Li a notícia em *O Estado de S. Paulo*
c) Essa notícia, eu a li em *A Gazeta*.
d) Vi essa notícia em *A Gazeta*.
e) Foi em *O Estado de S. Paulo* que li essa notícia.

10 (Ufub-MG) Em uma das frases, o artigo definido está empregado erradamente:
a) A velha Roma está sendo modernizada.
b) A "Paraíba" é uma bela fragata.
c) Não reconheço agora a Lisboa do meu tempo.
d) O gato escaldado tem medo de água fria.
e) O Havre é um porto de muito movimento.

11 (TJ-TO) Assinale a alternativa em que o substantivo se apresenta em grau ascensional (do mais vago para o mais preciso), de acordo com o uso ou não do artigo:
a) um homem - o homem - homem - este homem
b) o homem - um homem - este homem - homem
c) este homem - o homem - um homem - homem
d) homem - um homem - o homem - este homem
e) o homem - homem - um homem - este homem

12 (TRE-PE) Assinale a alternativa em que há erro relacionado ao emprego do artigo:
a) Os jovens estavam na casa.
b) Os jovens estavam em casa.
c) Os jovens estavam na casa dos amigos.
d) Os jovens ficaram na terra dos gigantes.
e) Os marinheiros permaneceram em terra.

13 (Unirio-RJ) Assinale o trecho onde há mais ocorrência de artigo definido:
a) *Toda ela cheirando ainda a cal, a tinta e a barro fresco.*
b) *A trinta ou quarenta metros da casa, estaco.*
c) *Todas as manhãs, ao lavar o rosto.*
d) *Seguro da sua rijeza hercúlea, não o deixou mais.*
e) *Promovo-a mestre do meu navio.*

14 (Esan-SP) Assinale a alternativa correta:
a) Mostraram-me cinco livros. Comprei todos cinco.
b) Mostraram-me cinco livros. Comprei todos cinco livros.
c) Mostraram-me cinco livros. Comprei todos os cinco.
d) Mostraram-me cinco livros. Comprei a todos cinco livros.
e) n.d.a.

15 (ESAer) Assinale a opção em que o artigo não foi empregado de acordo com as normas gramaticais:
a) Ele leu todo o livro de Salman Ruschdie.
b) Ele lê todo livro de José Saramago.
c) Todo o país vibrou com a seleção.
d) Todo país tem uma seleção campeã.
e) Ele afirmou que viajou toda Europa.

16 (TJ-MA) Nas opções abaixo o artigo deve ser usado apenas no plural, exceto em:
a) os pêsames   c) as olheiras   e) os lápis
b) as núpcias   d) as alvíssaras

17 (TC-DF) Aponte a alternativa em que haja erro no emprego do artigo:
a) Não respondeu a ambas as perguntas.
b) Felizes os pais cujos os filhos são bons!
c) Ele tinha muito amor a ambos os filhos.
d) A Europa é um continente maravilhoso!
e) Os marinheiros ficaram em terra.

18 (TCU-DF) Assinale a opção em que o artigo definido está substantivando uma palavra:
a) A liberdade vai marcar a poesia social de Castro Alves.
b) Leitor perspicaz é aquele que consegue ler as entrelinhas de um texto.
c) A navalha ia e vinha no couro esticado.
d) Haroldo ficou encantado com o andar de bailarina de Rosânia.
e) Bárbara dirigia os olhos para a lua encantada.

19 (Fiplac-GO) Assinale a alternativa em que há erro quanto ao uso do artigo:
a) Avisei a Mara que não haveria a reunião.
b) O fato saiu em *O Estado de S. Paulo*.
c) Todos os que leram souberam da notícia.
d) Está na hora de os servidores saírem.
e) Nada conhecia dos *Lusíadas*.

20 (F. Objetivo-SP) Assinale a alternativa em que há erro no emprego do artigo:
a) São pessoas cujas as aspirações são poucas.
b) Ambos os casos merecem consideração.
c) Eles estavam há uma semana no Recife.
d) Eles conheciam a velha Roma.
e) Convidei a Cristiane para a festa.

CAPÍTULO 12

ADJETIVO

Adjetivo

Adjetivo é toda e qualquer palavra variável que, junto de um substantivo, indica qualidade, defeito, estado ou condição. Ex.: homem bom, moço perverso, casa suja, velho amigo. Como se vê, o adjetivo pode vir antes ou depois do substantivo, às vezes, porém, não indiferentemente, como em homem grande e grande homem.

● Classificação do adjetivo

O adjetivo pode ser uniforme (quando possui uma só forma para os dois gêneros, como feliz e alegre), biforme (quando possui uma forma para cada gênero, assim como bom e boa), simples (quando constituído de um só radical, assim como vermelho e claro), composto (quando formado por mais de um radical, caso de vermelho-claro), primitivo (quando não deriva de outra palavra e geralmente dá origem a outras, caso de bom) e derivado [deriva de outra palavra (adjetivo, substantivo ou verbo), caso de bondoso, ruidoso e falante].

● Flexão do adjetivo

O adjetivo pode flexionar-se em gênero, número e grau.

● Gênero do adjetivo

Os adjetivos acompanham o gênero do substantivo por eles modificado. Podem ser uniformes e biformes.

Os adjetivos **uniformes** são os que têm apenas uma forma para os dois gêneros. Ex.: leal, jovem.

Os adjetivos **biformes** são os que têm uma forma para cada gênero. Ex.: bom, novo.

Cortês, descortês, montês e pedrês não variam em gênero, assim como incolor, multicor, sensabor, maior, melhor, menor, pior, etc.

Os adjetivos simples fazem o feminino de formas as mais diversas. Ex.: ateu/ateia, capiau/capioa, judeu/judia, temporão/temporã, etc. Alguns não sofrem nenhuma variação: anterior, cortês, hindu, inferior, simples, superior, etc.

Os adjetivos compostos fazem o feminino com variação apenas do último elemento. Ex.: política econômico-financeira, amizade luso-brasileira. Surdo-mudo, excepcionalmente, faz surda-muda no feminino: mulher surda-muda.

Número do adjetivo

Os adjetivos acompanham o número do substantivo por eles modificado.

Os adjetivos simples fazem o plural de forma elementar, ou seja, com o acréscimo da desinência -s ou -es. Ex.: ateu/ateus, inferior/inferiores, etc.

Os adjetivos compostos fazem o plural com variação apenas do último elemento. Ex.: cabelos castanho-escuros, olhos verde-claros, políticos nacional-socialistas.

Compostos indicadores de cor não variam, quando um dos elementos é substantivo. Ex.: vestidos cor-de-rosa, carros cinza-escuro. Às vezes, na indicação da cor aparece apenas o substantivo: vestidos rosa, carros cinza.

Surdo-mudo faz surdos-mudos no plural; azul-marinho, azul-celeste, furta-cor e sem-sal não variam: camisas azul-marinho, blusas azul-celeste, gravatas furta-cor, estórias sem-sal.

Grau do adjetivo

São três os graus do adjetivo: o normal ou positivo, o comparativo e o superlativo.

O grau **normal** ou **positivo** não enuncia gradação alguma, apenas indica a qualidade. Ex.: Ela é estudiosa.

O grau **comparativo** compara qualidade entre dois ou mais seres e pode ser de **igualdade** (p. ex.: Ela é tão estudiosa quanto o irmão), de **superioridade** (p. ex.: Ela é mais estudiosa do que o irmão) e de **inferioridade** (p. ex.: Ela é menos estudiosa do que o irmão).

O grau **superlativo** expressa a qualidade em termos de intensidade, de forma absoluta ou relativa e, assim, pode ser absoluto e relativo. O superlativo **absoluto** pode ser **sintético** (quando se usam afixos, princ. sufixo: amicíssimo, paupérrimo, superamigo) e **analítico** (quando se usam advérbios: muito amigo, bastante pobre). O superlativo **relativo** destaca a qualidade em relação a outros seres e pode ser de **superioridade** (o mais estudioso) e de **inferioridade** (o menos estudioso).

Os adjetivos superlativos absolutos sintéticos podem ser **regulares** (formam-se com o acréscimo da terminação -íssimo, caso de amiguíssimo) e **irregulares** ou **eruditos** (formam-se com o acréscimo de -íssimo ou de -rimo a formas eruditas, caso de amicíssimo e paupérrimo).

No aspecto semântico, as formas sintéticas são mais enfáticas que as analíticas. Assim, amicíssimo vai além de muito amigo; fidelíssimo supera em intensidade semântica muito fiel e assim por diante.

IMPORTANTE

1) Os adjetivos bom, mau, grande e pequeno possuem comparativo e superlativo irregulares:

bom	→	melhor (comp. de sup.), ótimo (sup. abs.), o melhor (sup. rel.);
mau	→	pior, péssimo, o pior;
grande	→	maior, máximo, o maior;
pequeno	→	menor, mínimo, o menor.

2) As formas superlativas sintéticas eruditas de alto e de baixo são, respectivamente, supremo (ou sumo) e ínfimo.

3) Os adjetivos terminados em -io fazem o superlativo com dois ii: frio/friíssimo, sério/seriíssimo, macio/maciíssimo. Os terminados em -eio fazem o superlativo com apenas um i: feio/feíssimo, cheio/cheíssimo. Diz-se o mesmo quando tais adjetivos assumem a forma diminutiva, para indicar valor superlativo: friinho; cheinho, feinho. Existem autores, no entanto, que não fazem distinção entre os adjetivos terminados em -io e os terminados em -eio e advogam as formas com ii em ambos os casos.

4) O adjetivo recente pode ter nupérrimo como superlativo sintético erudito. Ex.: Ele conhece todos os nupérrimos lançamentos da moda masculina.

5) A forma grandessíssimo se usa enfaticamente. Ex.: Esse rapaz é um grandessíssimo vagabundo!

6) Há inúmeras outras maneiras de conseguir o superlativo absoluto dos adjetivos. Eis as principais:

   a) empregando-se afixos (arquimilionário, ultraconservador; amicíssimo, paupérrimo);
   b) repetindo-se o adjetivo (abacaxi doce, doce; gol lindo, lindo, lindo!);
   c) mediante comparação curta (liso como quiabo, linda como ela só);
   d) empregando-se certas expressões populares (linda de morrer, feio que dói, podre de rico);
   e) usando-se o adjetivo com o sufixo -inho (grandinho, feinho);
   f) usando-se o artigo definido com alguma ênfase (o filme, a festa);
   g) usando-se a expressão um senhor ou uma senhora, também com ênfase: um senhor ator, uma senhora mulher.

7) Alguns adjetivos não sofrem flexão de grau, porque o próprio significado não o permite. Ex.: diurno, noturno, mensal.

8) Alguns adjetivos adquirem valor superlativo usados na forma diminutiva. Ex.: Que bonitinho: ele chora de amor! • Fique quietinho você aí, senão apanha! • Esse carro é bem feinho!

● Principais adjetivos superlativos absolutos sintéticos irregulares ou eruditos

acre	acérrimo	cruel	crudelíssimo	livre	libérrimo
ágil	agílimo	difícil	dificílimo	magnífico	magnificentíssimo
agradável	agradabilíssimo	doce	dulcíssimo	magro	macérrimo
agudo	acutíssimo	eficaz	eficacíssimo	maledicente	maledicentíssimo
amargo	amaríssimo	fácil	facílimo	maléfico	maleficentíssimo
amável	amabilíssimo	feroz	ferocíssimo	malévolo	malevolentíssimo
amigo	amicíssimo	fiel	fidelíssimo	manso	mansuetíssimo
antigo	antiquíssimo	frágil	fragílimo	miserável	miserabilíssimo
áspero	aspérrimo	frio	frigidíssimo	mísero	misérrimo
atroz	atrocíssimo	geral	generalíssimo	miúdo	minutíssimo
audaz	audacíssimo	honorífico	honorificentíssimo	móvel	mobilíssimo
benéfico	beneficentíssimo	humilde	humílimo	negro	nigérrimo
benévolo	benevolentíssimo	incrível	incredibilíssimo	nobre	nobilíssimo
capaz	capacíssimo	inimigo	inimicíssimo	perspicaz	perspicacíssimo
célebre	celebérrimo	íntegro	integérrimo	pessoal	personalíssimo
cristão	cristianíssimo	jovem	juveníssimo	pio	pientíssimo

pobre	paupérrimo	salubre	salubérrimo	tenro	teneríssimo
possível	possibilíssimo	são	saníssimo	terrível	terribilíssimo
preguiçoso	pigérrimo	semelhante	simílimo	tétrico	tetérrimo
pródigo	prodigalíssimo	senil	senílimo	úbere	ubérrimo
próspero	prospérrimo	sensível	sensibilíssimo	velho	vetérrimo
provável	probabilíssimo	simpático	simpaticíssimo	veloz	velocíssimo
sábio	sapientíssimo	simples	simplicíssimo	visível	visibilíssimo
sagaz	sagacíssimo	soberbo	superbíssimo	voraz	voracíssimo
sagrado	sacratíssimo	tenaz	tenacíssimo	vulnerável	vulnerabilíssimo

● Locução adjetiva

Locução adjetiva é o conjunto de duas ou mais palavras com valor de adjetivo. Ex.: **luz do sol** = **luz solar**; **região da costa** = **região costeira**. Nem sempre é possível substituir uma locução adjetiva por um adjetivo. Ex.: **sacola de pano, menino de rua**.

Eis algumas locuções interessantes, a par do adjetivo equivalente:

de abade	abacial				
do abdome	abdominal	de asno	asinino	de cana	arundináceo
de abelha	apícola	dos astros	sideral	de cão	canino
de abismo	abissal	de ave de rapina	acipitrino	de cardeal	cardinalício
de abóboras	cucurbitáceo	dos avós	avoengo	de Carlos Magno	carolíngio, carlovíngio
de abril	abrilino, aprilino	do baço	esplênico	de carneiro	arietino
		de banhos	balneário		
de absolvição	absolutório	sem barba	imberbe	de casa	domiciliar
de abutre	vulturino	da bexiga	vesical	de casamento	conjugal
de acampamento militar	castrense	de bispo	episcopal	de cavalo	equestre, equino, hípico
		de bobo	truanesco		
de açúcar	sacarino	de boca	bucal, oral	de cegonha	ciconídeo
de Adão	adâmico	de bode	hircino	do cérebro	encefálico
de advogado	advocatício	de boi	bovino	do céu	celeste, celestial
da água	aquático	de borboleta	papilionáceo		
de águia	aquilino	do braço	braquial	de chá	teáceo
da alma	anímico	de bronze	brônzeo, êneo	sem cheiro	inodoro
do alto-mar	equóreo	da cabeça	cefálico	de chumbo	plúmbeo
		do cabelo	capilar	da chuva	pluvial
de aluno	discente	sem cabelo	calvo	da cidade	citadino, urbano
de amor	erótico	de cabra	caprino		
dos Alpes	alpino	de caça	venatório	de cinza	cinéreo
dos Andes	andino	da caça com cães	cinegético	de circo	circense
de andorinha	hirundino	de cal	calcário	do clitóris	clitoriano
de anjo	angelical	de calcanhar	talar	de cobra	ofídico, viperino
de aquisição	aquisitivo				
de arcebispo	arquiepiscopal	do campo	agreste, campestre, campesino, rural	de cobre	cúprico
de árvore	arbóreo			de coelho	cunicular
de asas	alado			de convento	monástico, monacal

do coração	cardíaco, cordial (fig.)	do fígado	hepático, figadal (fig.)	de mãe	materno, maternal
do Correio	postal	de filho	filial	da maioria	majoritário
de coruja	estrigídeo	de fogo	ígneo	da manhã	matinal, matutino
da costa	costeira	de frente	frontal		
das costas	lombar	de gafanhoto	acrídio	do mar	marinho
dos costumes	consuetudinário	de gaivota	larídeo	por mar	marítimo
de cozinha	culinário	de galo	alectório	de marfim	ebóreo, ebúrneo
da coxa	crural	de ganso	anserino	de margem	marginal
de criança	infantil, pueril (fig.)	da garganta	gutural	das margens dos rios	ribeirinho
		de gato	felino		
de dança	coreográfico	de gelo	glacial	do maxilar inferior	mandibular
de dedo	digital	de guerra	bélico, marcial	de memória	mnemônico
de Descartes	cartesiano	de homem	humano	de mestre	magistral
do diabo	diabólico	de idade	etário	da minoria	minoritário
de diamante	adamantino	da Idade Média	medieval	da moeda	monetário, numismático
de dieta	dietético	da Igreja	eclesiástico		
de dinheiro	pecuniário	de ilha	insular	de Moisés	mosaico
de Direito	jurídico	do intestino	celíaco	de monge	monacal, monástico
de escravo	servil	de inverno	hibernal		
do eixo	axial	da íris	iridiano	da morte	fúnebre, mortífero, letal
de enxofre	sulfúrico	de irmão	fraterno, fraternal		
de escola	escolar			das nádegas	glúteo
do esôfago	esofágico	do joelho	genicular	do nariz	nasal
de espaço	espacial	de jovem	juvenil	de neve	níveo
de espelho	especular	de juiz	judicial	do Norte	boreal, setentrional
de esposa	uxoriano	de junho	junino		
de esposo	esponsal	do lado	lateral	da nuca	ocipital
de esquilo	ciurídeo	de lago	lacustre	de núcleo	nucleico
do estômago	gástrico, estomacal	de leão	leonino	do olho	ocular
		de lebre	leporino	de orangotango	pitecoide
de estrela	estelar	da lei	legal	do osso do braço	umeral
de fábrica	fabril	de leite	lácteo	de ouro	áureo
da face	facial, genal	de lesma	limacídeo	de outono	outonal
de falência	falimentar	de limão	cítrico	de ovelha	ovino
de fantasma	espectral, lemural	de linha	linear	de pai	paterno, paternal
		de lobo	lupino		
de farelo	furfúreo	de louvor	laudatório	de paixão	passional
de farinha	farináceo	da Lua	lunar	do pâncreas	pancreático
do fêmur	femoral	de macaco	simiesco	de pântano	palustre
de fera	ferino	de macho	másculo, viril	do Papa	papal
de ferro	férreo, ferrenho (fig.)	de madeira	lígneo, lenhoso	do paraíso	paradisíaco
				da Páscoa	pascal
				do patrão	patronal
de fezes	fecal	de madrasta	novercal	de pedra	pétreo

Adjetivo

NOSSA GRAMÁTICA COMPLETA   **117**

de peixe	písceo	de raposa	vulpino	da Terra	terráqueo
da pele	epidérmico, cutâneo, epitelial	de rato	murino	da terra (solo)	telúrico
		de rei	real	de terremoto	sísmico
sem pena	impene	de raio ou relâmpago	fulgural	da testa	frontal
do pênis	peniano			de tio ou tia	avuncular
do pescoço	cervical	sem remédio	irremediável	do tórax	torácico
da pestana	ciliar	de rim	renal	de touro	taurino
de pirata	predatório	de rio	fluvial	de trás	traseiro
dos Pireneus	pirenaico	de rocha	rupestre	de trigo	tritíceo
de Platão	platônico	sem sabor	insípido, insosso, insulso	do umbigo	umbilical
sem pluma	implume			da unha	ungueal
de pombo	columbino	de sal	salino	de veado	cervino, elafiano
de porco	suíno	de São João	joanino		
do prado	pratense	de selo	filatélico	da veia	venoso
de prata	argênteo, argentino (fig.)	de selva	silvestre	de velho	senil
		de sentido	semântico	do vento	eólio, eólico
de predador	predatório	de setembro	setembrino	de verão	estival
de professor	docente	da sobrancelha	superciliar	de víbora	viperino
de prosa	prosaico	do som	fonético	de vida	vital
de proteína	proteico	de sonho	onírico	de vidro	vítreo, hialino
do pulmão	pulmonar	do Sul	austral, meridional	da virilha	inguinal
do pulso	cárpico			da visão	ótico
de pus	purulento	da tarde	vespertino	da vontade	volitivo
do quadril	ciático	da terra	terrestre, terreno	da voz	vocal
de queijo	caseoso				

Adjetivo pátrio

Adjetivo pátrio é o que se refere a continentes, países, regiões, estados, cidades, etc. Não se confunde com adjetivo gentílico, que se refere apenas a raças e povos. Assim, **israelense** é adjetivo pátrio; **israelita**, adjetivo gentílico; **saxão** e **hebreu** também são adjetivos gentílicos.

IMPORTANTE

Não raro há necessidade de juntarmos dois ou mais adjetivos pátrios; nesse caso, o primeiro ou os primeiros devem adquirir a forma contraída ou a mais antiga. São estes os principais:

África	afro-	Brasil	brasilo-	França	franco- ou galo-	Macedônia	mácedo-
Alemanha	teuto- ou germano-	Cartago	peno- ou puno-			Malásia	malaio-
				Grécia	greco-	Polônia	polono-
América	américo-	China	sino-	Holanda	batavo- ou holando-	Portugal	luso-
Ásia	ásio-	Colômbia	colombo-			Síria	siro-
Austrália	australo-	Dinamarca	dano-	Índia	indo-	Suíça	helveto-
Áustria	austro-	Espanha	hispano-	Inglaterra	anglo-	Tibete	tibeto-
Bélgica	belgo-	Europa	euro-	Itália	ítalo-		
Bolívia	bolivo-	Finlândia	fino-	Japão	nipo-	Zâmbia	zambo-

Ao procedermos à união, o primeiro adjetivo deve ser sempre o de menor extensão. Assim, **sino-chileno** prevalece sobre **chileno-chinês**, **greco-hispânico** sobre **hispânico-grego**, **greco-romano** a **romano-grego** e assim por diante. Se ambas as formas possuírem idêntico número de sílabas, prevalecerá a ordem alfabética. Assim, prefere-se **anglo-francês** a **franco-inglês**, **franco-grego** a **greco-francês**, etc.

Emprego do adjetivo

1) A anteposição ou a posposição de alguns adjetivos aos substantivos implica mudança de significado.

Adjetivo anteposto	Significado	Adjetivo posposto	Significado
alto funcionário	f. de posição elevada	f. alto	f. de elevada estatura
belo rapaz	r. de bons princípios	rapaz belo	r. bonito
bom homem	h. de grandes virtudes	homem bom	h. bondoso
bravo rapaz	r. corajoso	rapaz bravo	r. furioso
caro amigo	querido a.	amigo caro	a. oneroso
comum acordo	a. relativo a todos	acordo comum	a. corriqueiro
grande homem	h. eminente	homem grande	h. alto
mau aluno	a. que não estuda	aluno mau	a. maldoso
novo funcionário	f. recém-contratado	funcionário novo	f. de pouca idade
pobre gente	g. infeliz	gente pobre	g. sem recursos
pronta entrega	e. rápida	entrega pronta	e. acabada
puro capricho	mero c.	capricho puro	c. sem maldade
santo homem	h. puro	homem santo	h. miraculoso
simples questão	mera q.	questão simples	q. fácil
único caso	c. exclusivo	caso único	c. ímpar
velho amigo	a. de longa data	amigo velho	a. idoso
verdadeiro homem	h. de caráter	homem verdadeiro	h. sincero

2) Alguns nomes são pronomes adjetivos quando antepostos aos substantivos e adjetivos puros, quando pospostos; neste caso também há mudança de significado.

Anteposto	Significado	Posposto	Significado
certo homem	determinado h.	homem certo	h. adequado
diversos modelos	alguns m.	modelos diversos	m. diferentes
todo homem	qualquer h.	o homem todo	o h. inteiro
vários homens	diversos h.	homens vários	h. diferentes

3) Há alguns adjetivos que devem vir obrigatoriamente antes do substantivo, seja comum, seja próprio. Ex.: **mero** só aparece anteposto ao substantivo: **mero palavreado**, **mera coincidência**; **o místico Bernardes**. Nos compostos, o adjetivo também vem antes do substantivo. Ex.: **baixo-relevo**, **alto-relevo**.

4) É comum o adjetivo passar a substantivo; para tanto, basta fazê-lo anteceder de um artigo. Ex.:

> O **brasileiro** é um **apaixonado** do futebol.
> Precisamos preservar o **verde** para podermos contemplar o **azul** do céu.

Neste caso, diz-se que o adjetivo é substantivado.

Testes e exercícios

1 Identifique os adjetivos, classificando-os em uniformes e biformes:

a) *Nada mais fácil que escrever difícil; na simplicidade está a grande complicação que dificulta o ofício.*

b) *Há uma coisa mais aviltadora do que o desprezo: é o esquecimento.*

c) *O adjetivo deve ser a amante do substantivo, e não sua mulher legítima. Entre palavras, deve haver laços passageiros, não casamentos eternos. Aí está a diferença entre um escritor original e os outros.*

d) *A mulher perdoa a fealdade, os cabelos brancos e até as doenças repugnantes; mas o que nunca a mulher perdoa é a estupidez.*

e) *As estrelas são flores incorruptíveis semeadas pela mão de Deus no campo da imensidão.*

2 Passe o adjetivo no grau positivo para o grau superlativo absoluto sintético irregular ou erudito:

a) Chorarás lágrimas amargas!
b) Como você está magra, Luísa!
c) Selma tem olhos negros.
d) Sua cidade é antiga e pobre.
e) Maísa é fiel ao marido.
f) Tenho amigos sábios.
g) São cristais frágeis esses.
h) Gostei de sua atitude: pessoal!
i) Trata-se de pessoas humildes.
j) Conheci pessoas simpáticas.

3 Substitua a locução adjetiva por um adjetivo equivalente:

a) mal **sem remédio**
b) suco **do estômago**
c) arte **de cozinha**
d) via **de rio**
e) línguas **de fogo**
f) porto **de lago**
g) resíduos **de fezes**
h) aves **de ilha**
i) doença **do coração**
j) amigo **do coração**
k) sentença **de absolvição**
l) manchas **da unha**
m) dor **na virilha**
n) brilho **dos astros**
o) hábitos **de lobo**
p) enigmas **de sonhos**
q) caixa **do tórax**
r) esperteza **de raposa**
s) músculos **das nádegas**
t) dores **nas costas**

4 Substitua a locução adjetiva por um adjetivo pátrio:

a) jornalistas **de Bogotá**
b) cidadão **de São Vicente**
c) delegações **de Lima**
d) políticos **de La Paz**
e) crianças **de Chipre**
f) leis **de Mônaco**

g) região **de Flandres**
h) moças **de Assunção**
i) praças **de Madrid**
j) mulheres **de Estocolmo**
k) cientista **de Jerusalém**
l) chope **de Ribeirão Preto**
m) boate **de Sertãozinho**
n) cerâmica **de Marajó**
o) cônsul **da Bélgica**
p) aves **de Fernando de Noronha**
q) prefeito **de São Paulo**
r) governador **de São Paulo**
s) prefeito **do Rio de Janeiro**
t) governador **do Rio de Janeiro**

h) Esse é mais um caso seríssimo que temos de resolver.
i) O pão está maciíssimo, mas está cheíssimo de formigas.
j) Não podemos aceitar um julgamento sumariíssimo como esse.

7 Substitua o adjetivo em destaque por um superlativo sintético irregular ou erudito:

a) goleiro **ultravulnerável**
b) cumprimento **superfrio**
c) água **superfria**
d) sogra **superamável**
e) café **superdoce**
f) colega **ultramiserável**
g) escritor **hipercélebre**
h) filme **hipertétrico**
i) ponta **superaguda**
j) animal **superágil**

5 Substitua a locução adjetiva pelo adjetivo pátrio composto equivalente:

a) aliança **entre o Brasil e Angola**
b) pactos **entre a Colômbia e os EUA**
c) aliança **entre a Dinamarca e o Japão**
d) guerra **entre a Bolívia e o Chile**
e) pactos **entre a França e o Canadá**
f) guerra **entre a Espanha e os EUA**
g) aliança **entre o Japão e a Rússia**
h) acordos **entre a Alemanha e o Brasil**
i) amizade **entre a Suíça e a Itália**
j) guerra **entre Cartago e Creta**

8 Dê o grau positivo destes superlativos:

a) ótimo
b) supremo
c) pigérrimo
d) vetérrimo
e) péssimo
f) dulcíssimo
g) teneríssimo
h) tetérrimo
i) libérrimo
j) frigidíssimo

6 As frases próprias da língua padrão são:

a) Manuel é mais grande que pequeno.
b) Luísa é mais pequena que você.
c) Você é um grandessíssimo sem-vergonha!
d) Essa roupa é de padrão menos inferior que aquela.
e) Meus vizinhos estão numa situação econômica precariíssima!
f) Sua irmã é mais boa que trabalhadeira.
g) Sua letra é mais má que boa.

9 Na frase **A espera é, provavelmente, o mais pesado ônus da paixão**, encontramos:

a) o grau comparativo de inferioridade
b) o grau superlativo relativo de superioridade
c) o grau comparativo de igualdade
d) o grau superlativo relativo de inferioridade
e) o grau superlativo absoluto sintético

10 Dê o plural destes adjetivos compostos:

a) terno cinza-claro
b) sapato azul-marinho
c) camisa azul-pavão
d) garoto surdo-mudo
e) olho verde-piscina
f) cabelo castanho-escuro
g) olho castanho-claro
h) camisa verde-amarela
i) revista jurídico-empresarial
j) meia amarelo-canário

c) passeata monstro
d) notícia bomba
e) traficante laranja
f) fiscalização surpresa
g) país tampão
h) operário padrão
i) garoto prodígio
j) palavra chave

11 Dê o plural:

a) conta fantasma
b) liquidação relâmpago

12 Nomeie o adjetivo em destaque, explicando por que não sofreu flexão:

As modelos, na passarela, caminham macio.

Testes de concursos e vestibulares

1 (Fiplac-GO) Em uma das alternativas abaixo há erro quanto ao adjetivo pátrio:

a) Quem nasce em Jerusalém é hierosolimitano.
b) Quem nasce em Marajó é marajoara.
c) Quem nasce em Chipre é cipriota.
d) Quem nasce em Salvador é salvadorenho.
e) Quem nasce na cidade de São Paulo é paulistano.

2 (Carlos Chagas-SP) Selecione a alternativa que completa corretamente a lacuna da frase: **Os acidentados foram encaminhados a diferentes clínicas ★.**

a) médicas-cirúrgicas
b) médica-cirúrgicas
c) médico-cirúrgicas
d) médicos-cirúrgicos
e) médica-cirúrgicos

3 (UFF) Assinale a opção que apresenta o adjetivo destacado no grau comparativo de superioridade:

a) ... por baixo da pasteurização crescente nas rádios FM, uma nova tendência se forma.
b) ... um trio animadíssimo cruzava com um lento afoxé.
c) Os trios ganharam mecânica mais sofisticada.
d) Os três ou quatro trios-elétricos dos primeiros carnavais tinham um ritmo muito acelerado.
e) ... ficaram mais importantes que os carros das escolas do Rio...

4 (Cesgranrio-RJ) Assinale a opção em que a locução destacada tem valor adjetivo:

a) *Via aos pés o lado adormecido.*
b) *O menino de propósito afrontou a vertigem.*
c) *Enquanto o Barão de pé, na margem sorria com orgulho.*
d) *Conhecendo a força de atração do abismo.*
e) *A ideia de vingança agora o enchia de horror.*

5 (TCE-GO) Assinale o par em que não há diferença quanto ao sentido do adjetivo:

a) alto funcionário - funcionário alto
b) homem simples - simples homem
c) amigo velho - velho amigo
d) mulher grande - grande mulher
e) mulher bonita - bonita mulher

6 (NEC-UFRJ) Assinale a opção em que nenhum dos adjetivos se flexiona em gênero:

a) delgado, móbil, forte
b) oval, preto, simples
c) feroz, exterior, enorme
d) brilhante, agradável, esbelto
e) imóvel, curto, superior

7 (F. Objetivo-SP) Assinale a alternativa incorreta quanto ao emprego do adjetivo:

a) força de leão = força leonina
b) perímetro da cidade = perímetro urbano
c) homem sem cabelo = homem imberbe
d) máquina de guerra = máquina bélica
e) agilidade de gato = agilidade felina

8 (Min. Marinha) *A intemperança não é menos funesta que a preguiça*. O adjetivo destacado está no grau:

a) superlativo relativo de inferioridade
b) superlativo absoluto analítico
c) comparativo de inferioridade
d) comparativo de igualdade
e) normal ou positivo

9 (TJ-SP) Em qual dos itens há um superlativo relativo?

a) Foi um gesto de péssimas consequências.
b) Aquele professor é ótimo.
c) O dia amanheceu extremamente frio.
d) Ele fez a descoberta mais notável do século!
e) Ele foi muito infeliz naquele lance!

10 (Cesgranrio-RJ) Assinale a opção em que o termo grifado, quando posposto ao substantivo, muda de significação e passa a pertencer a outra classe de palavras:

a) **complicada** solução
b) **certos** lugares
c) **inapreciável** valor
d) **engenhosos** métodos
e) **extraordinária** capacidade

11 (Cesgranrio-RJ) Assinale a opção em que ambos os termos não admitem flexão de gênero:

a) inglesa pálida
b) jovem leitor
c) alguns mestres
d) semelhante criatura
e) moça ideal

12 (CEF) Em **Este livro é melhor do que aquele** e **Este livro é mais lindo que aquele**, há os comparativos:

a) de superioridade, sintético e analítico
b) de superioridade, ambos analíticos
c) de superioridade, ambos sintéticos
d) relativo de superioridade
e) superlativo sintético

13 (TRT-SP) Assinale a única alternativa em que se encontram as formas corretas do superlativo erudito dos adjetivos **soberbo**, **malévolo** e **magro**:

a) soberbíssimo, malevolíssimo, magérrimo
b) soberbílimo, malevolérrimo, magríssimo
c) superbíssimo, malevolentíssimo, macérrimo
d) soberbérrimo, malevolentérrimo, magrílimo
e) superbérrimo, malevolentílimo, magerríssimo

14 (TJ-TO) Assinale a opção em que o adjetivo não foi flexionado corretamente no plural:

a) borboletas azul-claras
b) borboletas azul-celeste
c) camisas marrom-café
d) camisas laranja
e) camisas laranjas

15 (CEF) Assinale a opção em que o adjetivo não corresponde à locução:

a) imagem do espelho = imagem especular
b) parede de vidro = parede vítrea
c) imposição da lei = imposição legítima
d) comprimento da linha = comprimento linear
e) chifre de carneiro = chifre arietino

16 (TSE) A alternativa que concorda com **vestidos** é:

a) verdes-esmeraldas
b) verde-esmeralda
c) verdes-esmeralda
d) verde-esmeraldas
e) nenhuma das anteriores

17 (Cespe) Em **O prédio é muito alto**, a expressão destacada é:

a) superlativo absoluto analítico
b) superlativo relativo de superioridade
c) comparativo relativo
d) comparativo de superioridade
e) superlativo absoluto sintético

18 (Cesgranrio-RJ) Assinale a opção em que a locução grifada tem valor adjetivo:

a) Comprou o papel **de seda**.
b) Cortou-o **com amor**.
c) Mudava **de cor**.
d) Gritava **com maldade**.
e) Salteou **com atiradeiras**.

19 (NCE) O adjetivo de valor nitidamente subjetivo é:

a) imprensa brasileira
b) proposta milionária
c) incitamento racista
d) jovem negro
e) brilhante futuro

20 (CEF) Assinale o item em que o grau comparativo não está de acordo com a norma padrão:

a) Meu mundo é mais pequeno que o seu.
b) Meu mundo é menor que o seu.
c) A decisão foi mais boa do que má.
d) Sua nota foi mais boa do que a minha.
e) Esta mesa é mais pequena do que grande.

21 (PUC-MG) Assinale a alternativa que apresenta apenas adjetivos explicativos:

a) homem mau, água limpa, fogo brando
b) homem feliz, água suja, fogo fraco
c) homem bom, água quente, fogo forte
d) homem alto, água fria, fogo frio
e) homem mortal, água mole, fogo quente

22 (Del.-SSP-PE) Assinale a frase incorreta quanto à flexão do grau do adjetivo:

a) Há tristezas mais ruins que as nossas?
b) A proposta era mais boa do que má.
c) A proposta era mais má do que boa.
d) Minha casa é mais grande do que a sua.
e) Esta cadeira é mais pequena do que grande.

23 (Besc) Marque o item em que há erro na substituição da locução adjetiva por seu adjetivo:

a) faixa de idade = faixa etária
b) flor do campo = flor campestre
c) cordão do umbigo = cordão umbilical
d) brilho de estrela = brilho estrelar
e) alimento sem sabor = alimento insípido

CAPÍTULO 13

NUMERAL

Numeral

Numeral é a palavra variável que indica quantidade numérica ou ordem, posição dos seres.

Classificação do numeral

Os numerais podem ser **cardinais** (indicam quantidade exata de seres: um, dois, três, etc.), **ordinais** (indicam ordem, posição dos seres: primeiro, segundo, terceiro, etc.), **multiplicativos** (indicam o número de vezes que uma quantidade é multiplicada: dobro, triplo, etc.) e **fracionários** (indicam partes de uma quantidade: metade, um terço, etc.).

A seguir, o quadro dos numerais:

Algarismos Romanos	Algarismos Arábicos	Cardinais	Ordinais	Multiplicativos	Fracionários
I	1	um	primeiro	simples ou singelo	
II	2	dois	segundo	duplo ou dobro	meio ou metade
III	3	três	terceiro	triplo ou tríplice	terço
IV	4	quatro	quarto	quádruplo	quarto
V	5	cinco	quinto	quíntuplo	quinto
VI	6	seis	sexto	sêxtuplo	sexto
VII	7	sete	sétimo	sétuplo	sétimo
VIII	8	oito	oitavo	óctuplo	oitavo
IX	9	nove	nono	nônuplo	nono
X	10	dez	décimo	décuplo	décimo

Algarismos Romanos	Algarismos Arábicos	Cardinais	Ordinais	Multiplicativos	Fracionários
XI	11	onze	décimo primeiro ou undécimo	undécuplo	onze avos
XII	12	doze	décimo segundo ou duodécimo	duodécuplo	doze avos
XX	20	vinte	vigésimo		vinte avos
XXX	30	trinta	trigésimo		trinta avos
XL	40	quarenta	quadragésimo		quarenta avos
L	50	cinquenta	quinquagésimo		cinquenta avos
LX	60	sessenta	sexagésimo		sessenta avos
LXX	70	setenta	setuagésimo (de preferência a septuagésimo)		setenta avos
LXXX	80	oitenta	octogésimo		oitenta avos
XC	90	noventa	nonagésimo		noventa avos
C	100	cem	centésimo	cêntuplo	centésimo
CC	200	duzentos	ducentésimo		duzentos avos
CCC	300	trezentos	trecentésimo ou tricentésimo		trezentos avos
CD	400	quatrocentos	quadringentésimo		quatrocentos avos
D	500	quinhentos	quingentésimo		quinhentos avos
DC	600	seiscentos	seiscentésimo ou sexcentésimo		seiscentos avos
DCC	700	setecentos	setingentésimo (de preferência a septingentésimo)		setecentos avos
DCCC	800	oitocentos	octingentésimo		oitocentos avos
CM	900	novecentos	noningentésimo ou nongentésimo		novecentos avos
M	1 000	mil	milésimo		milésimo
MM	2 000	dois mil	segundo milésimo		dois mil avos
MMM	3 000	três mil	terceiro milésimo		três mil avos

IMPORTANTE

1) Os cardinais são os numerais propriamente ditos. A gramática inclui nesta classe os outros tipos por mera tradição, já que, sintaticamente, os ordinais, fracionários e multiplicativos funcionam como substantivos (dobro, metade, etc.) e quase sempre como adjetivos (meio, duplo, primeiro, segundo, etc.), exercendo a função de adjuntos. De notar que as palavras anterior, posterior, derradeiro, extremo, final, último, penúltimo e antepenúltimo, por exemplo, também indicam posição dos seres e são classificados como adjetivos, e não como ordinais.

2) Os numerais que aparecem sempre acompanhados de um substantivo se dizem **numerais adjetivos**; os que aparecem isolados são chamados **numerais substantivos**. Ex.:

> Apenas dois alunos se sentiram mal.
> Fui o primeiro candidato a chegar.

> Apenas dois se sentiram mal.
> Fui o primeiro a chegar.

3) Existem os numerais **simples** (um, dois, três, etc.), os **compostos**, ligados pela conjunção e (dezesseis, dezessete, cinquenta e um, cento e dois, mil e novecentos, etc.) e os **justapostos**, que indicam multiplicação (duzentos = 2 cem; trezentos = 3 cem, etc.).

4) O numeral cem é próclise de cento (do latim *centum*), que se usa na designação dos números entre cem e duzentos, na expressão de percentagens e com valor de substantivo, na presença de um artigo. Ex.:

> cento e um, dez por cento de comissão,
> um cento de palitos, dois centos de palitos.

5) Os numerais cardinais são invariáveis, com exceção de um e dois, das centenas a partir de duzentos e das formas terminadas em -lhão ou -lião (milhão, bilhão ou bilião, trilhão ou trilião, etc.), que se classificam como numerais substantivos coletivos e exigem o verbo no singular:

> Um milhão de pessoas **morreu** no acidente.
> Um bilhão de pessoas **vive** na Índia.

6) Os ordinais e multiplicativos com valor de adjetivo variam normalmente, em gênero e número:

> segundas filas, tributações duplas.

Os fracionários variam apenas em número:

> **dois** terços dos brasileiros, **três** quartos dos eleitores.

7) Alguns numerais sofrem variação de grau, por razões enfáticas ou mesmo por troça, ironia. Ex.:

> Produto de primeiríssima qualidade.
> O Corinthians está na segundona.
> Duzentinhos de gorjeta não é muito, não?

8) A gramática tradicional considera ambos um numeral dual, porque sempre se refere a dois seres. Antigamente ambos combinava-se com dois em construções enfáticas (ambos os dois, ambos de dois, ambos e dois, os dois ambos). Ex.:

> Você me pergunta se neblina e nebrina são formas
> corretas, e eu lhe respondo que o são, ambas as duas.

No português contemporâneo, todavia, tal construção só se admite no estilo solene.

9) Não se confunde um, artigo indefinido, com um, numeral cardinal. O primeiro aceita a posposição de **certo** ou **qualquer**; o segundo admite a anteposição de **somente** ou **apenas**. Ex.:

> Achei **um** caderno na rua. (Isto é: um caderno **qualquer**.)
> O aluno trouxe **um** caderno para todas as disciplinas. (Isto é: **um só** caderno.)

Emprego do numeral

1) Na sucessão de papas, reis, príncipes, anos, séculos, capítulos, etc. empregam-se os ordinais de 1 a 10 e daí por diante os cardinais. Ex.:

> João Paulo II (segundo), Bento XVI (dezesseis).

Se o numeral aparece anteposto, é lido como ordinal. Ex.:

> XXX Salão do Automóvel (trigésimo).

Já na enumeração de textos oficiais (leis, decretos, artigos, portarias, circulares, avisos, etc.), empregam-se os ordinais de 1 a 9 e daí por diante os cardinais. Ex.:

> lei V (quinta), decreto-lei X (dez), artigo XXI (vinte e um).

Em ambos os casos, os algarismos romanos podem ser substituídos por arábicos, embora sejam frequentes e tradicionais os romanos:

> João Paulo 2º, Bento 16, lei 5ª, decreto-lei 10, artigo 21.

2) Se o ordinal é de 2.000 em diante, o primeiro numeral deve, em rigor, ser cardinal. Ex.:

> No 2.056º ano = No dois milésimo quinquagésimo sexto ano.
> Na 2.056ª volta = Na duas milésima quinquagésima sexta volta.
> A 5.232ª pessoa = A cinco milésima ducentésima trigésima segunda pessoa.

No português contemporâneo, todavia, já aparece o ordinal como primeiro numeral:

> No 2.056º ano = No segundo milésimo quinquagésimo sexto ano.
> Na 2.056ª volta = Na segunda milésima quinquagésima sexta volta.
> A 5.232ª pessoa = A quinta milésima ducentésima trigésima segunda pessoa.

Se o número for redondo, no entanto, só se admite o ordinal como primeiro numeral. Ex.:

> No 2.000º ano = No segundo milésimo ano.
> Ser o 3.000º colocado = Ser o terceiro milésimo colocado.
> Ser a 5.000ª pessoa da fila = Ser a quinta milésima pessoa da fila.

3) A título de brevidade, constantemente usamos os cardinais pelos ordinais, principalmente na enumeração de páginas, folhas, capítulos, casas e apartamentos, caso em que os numerais não variam, em razão de estar subentendida a palavra número. Ex.:

> página vinte e um = página número vinte e um
> casa trinta e dois = casa número trinta e dois

Por essa mesma razão, devemos usar também:

> à (ou na) folha vinte e um, à (ou na) página vinte e dois, etc.,

Luiz Antonio Sacconi

mas se o substantivo estiver no plural, o numeral com ele concordará e caberá apenas o emprego da preposição a. Ex.:

> a folhas vinte e uma, a páginas trinta e duas.

Quando o numeral antecede o substantivo, emprega-se o ordinal, que varia em qualquer circunstância:

> a 21.ª página (= a vigésima primeira página),
> a 32.ª casa (= a trigésima segunda casa).

4) Quando se trata do primeiro dia do mês, convencionou-se usar apenas o ordinal:

> primeiro de janeiro, primeiro de fevereiro, etc.

5) Em sentido figurado (hipérbole), usa-se o numeral para expressar número indeterminado. Ex.:

> Já lhe disse isso mil vezes, e você ainda não aprendeu!
> O garoto fez mil e uma na casa dos Sousas.

Neste caso, diz-se que o numeral tem valor hiperbólico.

6) Em início de período, convém usar o numeral por extenso. Ex.:

> Quinhentos: esse é o número de passageiros que esse avião pode transportar.
> Quinze anos sempre é muito bom fazer.

7) No português contemporâneo, não se usa a conjunção e após mil, seguido de centena. Portanto, escrevemos:

> Ano de mil novecentos e noventa.
> Gastei mil duzentos e cinquenta reais.
> A despesa foi de mil quinhentos e um reais.

Se, porém, a centena começa por zero ou se termina por dois zeros, usa-se e:

> Gastei mil e vinte reais. (= Gastei R$1.020,00.)
> O Brasil foi descoberto no ano de mil e quinhentos. (= 1500)

As centenas devem unir-se às dezenas e unidades pela conjunção:

> Gastei mil duzentos e vinte e seis reais.
> A despesa foi de mil quinhentos e cinquenta e três reais.

De notar que não se emprega vírgula em nenhum dos casos. Com **milhão**, **bilhão**, **trilhão**, etc., a conjunção aparece, igualmente:

> Um milhão **e** duzentos mil reais.
>
> Dois trilhões **e** quatrocentos **e** cinquenta bilhões **e** setecentos **e** trinta milhões de reais.

8) A par do ordinal **primeiro** ou **primeira**, usa-se também a forma **primo** ou **prima**, derivada do latim, para indicar parentesco (**meu primo**) e em construções tradicionais da língua (**obra-prima**).

9) Os multiplicativos funcionam ora como numerais adjetivos, ora como numerais substantivos. Ex.:

> Este mês ele vai receber um **duplo** salário.
>
> Este mês ele vai receber o **dobro** do salário.

10) Os numerais fracionários acima de dez, que não sejam números redondos, são lidos com a palavra **avo**, que concorda com o numerador. Ex.:

> **1/11** (lê-se **um onze avo**);
>
> **2/12** (lê-se **dois doze avos**), mas **1/10** se lê **um décimo**;
>
> **2/20** se lê **dois vigésimos**, etc.

Os fracionários **1/2** e **1/3** são lidos, respectivamente, como **um meio** e **um terço**.

11) Os numerais são escritos em conjunto de três algarismos, contados da direita para a esquerda, em forma de centenas, dezenas e unidades, sendo cada conjunto separado por ponto ou por espaço correspondente a um ponto. Ex.:

> **8.347.769** ou **8 347 769**.

Os números que indicam o ano e os do código de endereçamento postal (CEP), porém, não têm ponto nem espaço:

> **2005**, **2008**; **05098-90**, **60160-110**, etc.

Testes e exercícios

1 Leia em voz alta:

a) o meu 20º aniversário
b) sou o 50º da fila
c) parei na 40ª volta
d) fui ao 80º distrito policial
e) fui o 70º colocado
f) é a 90ª vez que digo isso
g) desisti na 200ª volta
h) acabei de ler a 300ª linha
i) errei a 400ª questão da prova
j) gravou o seu 500º disco
k) fui o 800º a ser chamado
l) peguei a 700ª onda
m) século II
n) ano VI
o) Colégio Pio X
p) capítulo III
q) ano IV a.C.
r) século I
s) ano VII
t) Henrique VIII

2 Escreva por extenso:

a) o 2.000º inscrito
b) o 2.001º inscrito
c) o 3.487º livro da estante
d) a 3.879ª casa da vila
e) a 2.361ª pessoa da fila
f) a 8.000ª entrevista do ano
g) a 8.756ª ficha do arquivo
h) o 9.000º aluno da escola
i) o 9.271º animal abatido
j) a 10.000ª casa fiscalizada

3 Complete com multiplicativos:

a) 64 é o ★ de 8
b) 49 é o ★ de 7
c) 27 é o ★ de 3 e o ★ de 9
d) 100 é o ★ de 10
e) 120 é o ★ de 10 e o ★ de 12
f) 110 é o ★ de 10 e o ★ de 11

4 Identifique os numerais, quando houver, classificando-os em adjetivos e substantivos:

a) *A mais linda ilusão dura um segundo, e dura a vida inteira uma saudade.*

b) *Um espartano, convidado a ouvir alguém que imitava o canto do rouxinol, respondeu friamente: Já ouvi o rouxinol.*

c) A euforia da inflação baixa não durou mais que um verão.

d) Eu queria comprar duas peras, mas só me venderam uma.

e) *O nada é um infinito que nos envolve: viemos de lá e para lá voltaremos. O nada é um absurdo e uma certeza; não se pode conceber, todavia existe.*

f) Havia trezentos passageiros no avião, mas só morreram cinco no acidente.

g) *Teresinha de Jesus, de uma queda foi ao chão / Acudiram três cavalheiros, todos três chapéu na mão.*

h) Os dois alunos fizeram exame. Ambos foram aprovados.

i) Existem substantivos que apresentam a mesma forma para ambos os números: o/os lápis, o/os ônibus, o/os pires, etc.

j) *Torne-se um homem honesto e esteja certo de que haverá menos um patife no mundo.*

NOSSA GRAMÁTICA COMPLETA

Testes de concursos e vestibulares

1 (Unesp-SP) Identifique o caso em que não haja expressão numérica de sentido indefinido:

a) Ele é o duodécimo colocado.
b) Quer que veja este filme pela milésima vez?
c) *Na guerra os meus dedos disparam mil mortes.*
d) *A vida tem uma só entrada; a saída é por cem portas.*
e) n.d.a.

2 (TRE-CE) Assinale a frase incorreta quanto ao uso dos numerais:

a) Na página 2 (dois) há uma informação importante.
b) Moro na casa 1 (um) numa pequena vila, na Rua Caetano Pinto, 21 (vinte e um).
c) O jornal de domingo saiu com mais de 102 (cento e duas) folhas.
d) Na folha 102 (cento e dois) o juiz fez uma anotação.
e) Fomos até a casa 32 (trinta e duas) e batemos à porta.

3 (PUCCamp-SP) Os ordinais referentes aos números 80, 300, 700 e 90 são, respectivamente:

a) octagésimo, trecentésimo, septingentésimo, nongentésimo
b) octogésimo, trecentésimo, septingentésimo, nonagésimo
c) octingentésimo, tricentésimo, septuagésimo, nonagésimo
d) octogésimo, tricentésimo, septuagésimo, nongentésimo
e) n.d.a.

4 (Infraero-NCE) O algarismo romano XIX é lido como numeral cardinal; o item em que o algarismo romano deve ser lido como ordinal é:

a) Luís XVI   c) Pio X   e) casa II
b) João XXIII   d) século XXI

5 (Cespe) Assinale a opção incorreta quanto à grafia dos numerais:

a) O navio custou um bilhão de reais.
b) A estatal custou um bilião de reais.
c) Faltam quatorze dias para a prova.
d) Catorze mansões foram vendidas este ano.
e) Cincoenta candidatos pediram revisão.

6 (EPCAer) Observe o período: **Comprei cinco livros, mas até agora só pude ler um**. Agora assinale a alternativa correta quanto aos numerais:

a) o primeiro é adjetivo e o segundo, substantivo
b) o primeiro é substantivo e o segundo, adjetivo
c) ambos os numerais são adjetivos
d) ambos são substantivos
e) não existe numeral substantivo ou adjetivo

7 (Besc) Esta foi a **2.123.ª** pessoa que fez a inscrição no concurso.

a) duas milésimas vigésima terceira
b) vinte e uma milésima vigésima terceira
c) duas milésima centésima vigésima terceira
d) duas mil cento e vinte e três milésima
e) dois milésimo e cento e vinte e três centésima

8 (Mack-SP) Os numerais ordinais das orações foram convertidos incorretamente em fracionários em:

a) Queria **duas de cada cem** sacas de café. = dois centésimos (de)
b) Seu lucro era de **um por mil**. = um milésimo
c) Pretendia **nove partes entre cinquenta** da produção. = nove cinquenta décimos
d) A seca estragou **sete de cada dez** alqueires da plantação. = sete décimos (dos)
e) **Treze entre vinte e cinco** perfurações jorravam água. = treze vinte e cinco avos (das)

132 Luiz Antonio Sacconi

9 (Telerj) Assinale a alternativa em que o numeral tem valor hiperbólico:

a) Naquele estádio havia quinhentas pessoas.
b) Mais de cem milhões de brasileiros choraram.
c) *Com mil demônios!* – praguejou ele, diante do acidente fatal.
d) Ele foi o quadragésimo colocado.
e) Cinco oitavos do prêmio couberam a mim.

10 (FEC) O numeral multiplicativo não funciona como palavra adjetiva em:

a) Arriscou palpites duplos na sena.
b) Não fez gol porque cometeu dupla falta.
c) Eles renderam o dobro do costume.
d) Aquela vitória foi uma tripla conquista.
e) Foi, então, formada a Tríplice Aliança.

11 (CEF) Observe os numerais destacados nas frases e assinale, a seguir, a opção que traz a sua leitura correta:

1. No ano **II** o cristianismo ainda florescia.
2. Tutmés **III** foi o faraó mais ilustre da **XVIII** dinastia.
3. A supremacia papal entrou em declínio no fim do século **XI**.
4. Segundo dizem, o artigo **X** dessa lei é inconstitucional.
5. Todos os meus filhos estudam no Colégio Pio **X**.

a) segundo; terceiro; dezoitava; onze; dez; dez
b) dois; terceiro; dezoito; onze; décimo; dez
c) dois; três; décima oitava; undécimo; dez; dez
d) segundo; três; décima oitava; onze; dez; décimo
e) segundo; terceiro; décima oitava; onze; dez; décimo

12 (Investigador-SSP-CE) **Triplo** e **tríplice** são numerais:

a) ordinal o primeiro e multiplicativo o segundo
b) ambos ordinais
c) ambos cardinais
d) ambos multiplicativos
e) multiplicativo o primeiro e ordinal o segundo

13 (Bacen) Assinale o item em que o numeral ordinal, por extenso, esteja correto:

a) 2.860º = dois milésimos, octogésimo, sexagésimo sexto
b) 6.222º = sexto milésimo, ducentésimo, vigésimo segundo
c) 3.478º = três milésimos, quadrigentésimo, septuagésimo oitavo
d) 1.899º = milésimo, octogésimo, nongentésimo nono
e) 989º = nonagésimo octogésimo nono

14 (EPCAer) Só não há numeral ordinal em:

a) Encontram-se abertas as inscrições para a Terceira Mostra de Teatro de Taubaté.
b) Professorinhas de primeiras letras a escola normal fabricava às dúzias.
c) Acione o quarto botão da esquerda para a direita.
d) A derrota do Brasil na Copa América é culpa das multinacionais, segundo o Correio do Povo.
e) Em todos os concursos tirava sempre o quinto lugar.

15 (PUC-RS) Indique o item em que os numerais estão corretamente empregados:

a) Ao Papa Paulo Seis sucedeu João Paulo Primeiro.
b) Após o parágrafo nono, virá o parágrafo décimo.
c) Depois do capítulo sexto, li o capítulo undécimo.
d) Antes do artigo dez, vem o artigo nono.
e) O artigo vigésimo segundo foi revogado.

CAPÍTULO 14 — PRONOME

Essas crianças são os meus sobrinhos.

Pronome

Pronome é a palavra variável que substitui ou acompanha um substantivo (nome), em relação às pessoas do discurso. Ex.:

> **Ela veio, mas não a vi.**
> **Ela** e **a** são pronomes, porque substituem um substantivo qualquer, em relação à 3.ª pessoa do discurso: são chamados, por isso, **pronomes substantivos**.

> **Nossa casa é aquele barraco.**
> **Nossa** e **aquele** são pronomes, porque acompanham um substantivo; **nossa** indica a 1.ª pessoa; **aquele**, a 3.ª: são chamados, por isso, **pronomes adjetivos**.

IMPORTANTE

As pessoas do discurso, também chamadas pessoas gramaticais, são três e podem apresentar-se no singular ou no plural: a) a **1.ª pessoa** [aquela que fala: **eu** (singular), **nós** (plural)], a **2.ª pessoa** [aquela com quem se fala: **tu** (singular), **vós** (plural)] e a **3.ª pessoa** [aquela de quem se fala: **ele**, **ela** (singular), **eles**, **elas** (plural)].

Classificação do pronome

Os pronomes se classificam em pessoais, possessivos, demonstrativos, indefinidos, interrogativos e relativos.

Pronomes pessoais

Pronomes pessoais são os que substituem uma das pessoas do discurso. Ex.: Ela veio, mas não a vi.

Os pronomes pessoais dividem-se em retos, oblíquos e de tratamento.
A divisão em retos e oblíquos baseia-se na função que eles exercem na frase:

Ela veio, mas não a vi.
↓   ↓
pronome pessoal reto   pronome pessoal oblíquo
= sujeito   = complemento verbal

Conclui-se daí que os pronomes pessoais retos exercem a função de sujeito, e os oblíquos a função de complemento.

Os pronomes pessoais retos sempre substituem as pessoas do discurso e, por isso, são sempre pronomes substantivos. Os pronomes pessoais oblíquos se usam sem preposição (quando átonos: não a vi) ou com preposição (quando tônicos: não deram a mim).

A seguir, o quadro completo dos pronomes pessoais retos e oblíquos:

Pronomes pessoais retos		Oblíquos átonos	Oblíquos tônicos
1.ª pessoa sing.	eu	me	mim, comigo
2.ª pessoa sing.	tu	te	ti, contigo
3.ª pessoa sing.	ele, ela	se, o, a, lhe	si, consigo
1.ª pessoa pl.	nós	nos	nós, conosco
2.ª pessoa pl.	vós	vos	vós, convosco
3.ª pessoa pl.	eles, elas	se, os, as, lhes	si, consigo, eles, elas

Os **pronomes de tratamento** são usados no tratamento cortês ou formal, cerimonioso. Os principais são:

1) **você** (e a variação **vocês**), que se originou de **Vossa Mercê**, hoje usado apenas para pessoas de tratamento cerimonioso. Até chegar a **você**, **Vossa Mercê** (abrev.: **V. M.ce**) passou por estas formas: **Vossemecê**, **Vosmecê** e **Vossancê**, cujas variantes populares são **Mecê**, **Vancê** e **Vassuncê**. Abrev.: **v** (**vv**). Usa-se para pessoas que gozam de nossa intimidade.

2) **senhor** (e as variações **senhora**, **senhores**, **senhoras**). Abrev.: **sr.** (**sr.ª**, **srs.**, **sr.ªs**). Usa-se para pessoas que nos merecem respeito ou pessoas de quem exigimos respeito. Antes de nomes, convém usar inicial maiúscula (**Sr. Luís**, **Sr.ª Luísa**).

3) **Vossa Senhoria** (e a variação **Vossas Senhorias**). Abrev.: **V. S.ª** (**V. S.ªs**). Usa-se para comerciantes em geral, oficiais até a patente de coronel, chefes de seção e funcionários de igual categoria.

4) **Vossa Excelência** (e a variação **Vossas Excelências**). Abrev. **V. Ex.ª** (**V. Ex.ªs**). Usa-se para oficiais de patente superior à de coronel, senadores, deputados, embaixadores,

professores de curso superior, ministros de Estado e de Tribunais, governadores, secretários de Estado, presidente da República (sempre por extenso) e outras autoridades de relevo na sociedade.

5) **Vossa Eminência** (e a variação **Vossas Eminências**). Abrev.: **V. E.ma** (**V. E.mas**). Usa-se para cardeais.

6) **Vossa Alteza** (e a variação **Vossas Altezas**). Abrev.: **V. A.** (**VV. AA.**). Usa-se para príncipes e duques.

7) **Vossa Majestade** (e a variação **Vossas Majestades**). Abrev.: **V. M.** (**VV. MM.**). Usa-se para reis e imperadores.

8) **Vossa Reverendíssima** (e a variação **Vossas Reverendíssimas**). Abrev.: **V. Rev.ma** (**V. Rev.mas**). Usa-se para sacerdotes e religiosos em geral.

9) **Vossa Excelência Reverendíssima** (e a variação **Vossas Excelências Reverendíssimas**). Abrev: **V. Ex.ª Rev.ma** (**V. Ex.as Rev.mas**). Usa-se para bispos e arcebispos.

10) **Vossa Paternidade** (e a variação **Vossas Paternidades**). Abrev.: **V. P.** (**VV. PP.**). Usa-se para superiores de ordens religiosas.

11) **Vossa Magnificência** (e a variação **Vossas Magnificências**). Abrev.: **V. Mag.ª** (**V. Mag.ªs**). Usa-se para reitores de universidades.

12) **Vossa Meritíssima** (e a variação **Vossas Meritíssimas**), sempre usado por extenso. Usa-se para juízes de direito.

13) **Vossa Santidade**, também sempre escrito por extenso. Usa-se para o Papa.

14) **Vossa Onipotência**, também sempre por extenso. Usa-se para Deus.

> **OBSERVAÇÕES**
>
> 1) Na correspondência oficial, o vocativo empregado deve vir sempre com a palavra **Senhor**: **Senhor Presidente**, **Senhor Ministro**, **Senhor Diretor**, **Senhor Reitor**, etc.
> 2) Usa-se **Dom** ou **Dona** (ambos com a mesma abreviatura: **D.**) junto a nome de pessoa ilustre (**Dom**) ou de qualquer mulher respeitosa: **D.** João VI, **Dona** Maria Joaquina.

Emprego dos pronomes pessoais

1) Os pronomes pessoais do caso reto, como vimos, exercem a função de sujeito, daí por que se chamam pronomes subjetivos. Ex.:

> **Não há nada para eu ler.**
> (em que a preposição rege o verbo, e não o pronome)

Podem, no entanto, exercer também a função de predicativo do sujeito. Ex.:

> **Ele não é eu. Eu não sou ele.**

Em nenhuma circunstância, os pronomes oblíquos **mim** e **ti** exercem função subjetiva. Assim, não se constrói: *Não há nada para "mim" fazer.* • *Sobrou tudo para "ti" fazer.*

2) Na língua padrão, só os pronomes oblíquos aparecem regidos de preposição. Daí por que as formas **nós**, **vós**, **ele** (e variações) são oblíquas quando regidas de preposição. Ex.:

> Clarisse trouxe um livro **para** nós.   Comprei um disco **para** ela.

3) Não podendo os pronomes **eu** e **tu** vir regidos de preposição, empregam-se as formas átonas correspondentes, **mim** e **ti**. Ex.:

> Esse doce é **para** mim ou **para** ti?
> (E não: *Esse doce é para "eu" ou para "tu"?*)

Na frase Entre eu ficar e eu ir, prefiro ficar, a preposição rege o verbo, e não o pronome. Há, portanto, correção em tal construção.

4) Quando concorrem numa mesma frase pronomes da 1.ª e da 2.ª pessoa, tem prioridade o da 1.ª pessoa; quando concorrem numa mesma frase pronomes da 2.ª e da 3.ª pessoa, tem prioridade o da 2.ª pessoa. Assim, a língua padrão prefere:

> Entre **mim** e **ela** só existe amizade
> a
> Entre "ela e mim" só existe amizade.

Prefere:

> Entre **ti** e **ela** só existe amizade?
> a
> Entre "ela e ti" só existe amizade?

Da mesma forma, preferível será construir:

> Entre **mim** e **os professores da escola** a relação era muito amistosa
> a
> Entre "os professores da escola e mim" a relação era muito amistosa.

5) A frase Foi difícil **para mim** chegar até aqui é da língua padrão, já que **para mim** é complemento de **difícil**. A ordem direta da frase é esta:

> Chegar até aqui foi difícil **para mim**.

Outros exemplos:

> É muito fácil **para mim** providenciar isso.
> Será impossível **para mim** concluir hoje esse trabalho.

6) Na língua padrão se emprega **entre si**, e não "entre eles", sempre que for possível a posposição do pronome **mesmos**. Ex.:

> Os irmãos discutiam **entre si**. (= entre si **mesmos**)

Para tanto, é necessário que o sujeito seja da 3.ª pessoa do plural, caso contrário, usar-se-á **entre eles**. Ex.:

> Nunca houve briga **entre eles**.

7) O pronome oblíquo **o** (ou variações) adquire a forma **-lo** (ou variações), quando posposto a formas verbais terminadas em **-r**, **-s** ou **-z**. Ex.:

> comprar + **o** = comprá-**lo**; fizemos + **a** = fizemo-**la**; fez + **as** = fê-**las**.

Se a forma verbal termina em som nasal, o pronome se transforma em **no** (ou variações), não desaparecendo nenhuma letra. Ex.:

compram + **o** = **compram-no**; **põe** + **as** = **põe-nas**.

8) O pronome de tratamento **você** (e variação) é da 2.ª pessoa, mas exige verbo e pronome na 3.ª, assim como os demais pronomes desse tipo. Ex.:

Você estuda para viver melhor com **seu** semelhante.
Vossa Excelência dormiu bem com **sua** esposa?
Sua Santidade está cansado, por isso não **o** perturbemos!

Usa-se **Vossa** quando se dirige à pessoa, e **Sua** quando se refere à pessoa. Ex.:

Vossa Excelência tem audiência hoje com o presidente, ministro?
Sua Excelência, o ministro, não pode atendê-lo hoje,
porque tem audiência com o presidente.

OBSERVAÇÃO

Você e todos os pronomes de tratamento passaram a exigir a 3.ª pessoa no século XVI, quando foi introduzido o uso dos títulos honoríficos (Majestade, Excelência, Senhoria, Alteza, Mercê, etc.) em nossa língua, que nessa época já se consolidava, depois de seu surgimento no século XI. O uso desses títulos, que substituíam **tu** e **vós**, ocasionou o emprego da 3.ª pessoa pela 2.ª, propiciando desacordo entre a teoria vista na definição das pessoas gramaticais e a prática. Por isso, **você** e todos os pronomes de tratamento, inclusive **senhor** e **senhorita**, embora sejam a pessoa com quem se fala, são considerados da 3.ª pessoa, chamada, nesse caso, pessoa de tratamento.

9) **Com nós** e **com vós** se usam na língua padrão apenas quando a elas se segue alguma palavra reforçativa; do contrário, empregam-se **conosco** e **convosco**. Ex.:

As crianças irão **com nós dois**, e não **com vós três**.
As crianças irão **conosco**, e não **convosco**.

10) Os pronomes oblíquos podem funcionar como sujeito do infinitivo, quando se usam os verbos causativos **mandar**, **deixar**, **fazer**, e os verbos sensitivos **ver**, **ouvir**, **sentir**. Ex.:

Mandaram-me entrar.   **Deixe-as** dormir!
Faça-nos trabalhar!   **Viram-me** sair.
Ouvi-a chorar.   **Sentimo-los** chegar.

As orações iniciadas pelo pronome se dizem **infinitivo-latinas**, que funcionam como objeto direto do verbo causativo ou sensitivo e somente são possíveis com esses seis verbos.

11) Na língua padrão não se usam as formas retas pelas oblíquas. Assim, constrói-se:

Não a cumprimentei. (E não: *Não cumprimentei "ela"*, própria da língua falada despretensiosa.)
A secretária recebia as cartas e as abria todas.
(E não: *A secretária recebia as cartas e abria "elas" todas.*)

Quando, porém, a **ele** se junta o pronome **todo**, no rosto do período, sendo inversa, portanto, a ordem dos termos da oração, admite-se a combinação **todos eles** ou **todas elas**, com função objetiva. Ex.:

> **Nossa empresa começou com cinco funcionários apenas; todos eles nós mantemos até hoje.**
>
> **São dez as filhas de Hersílio; todas elas eu carreguei no colo, quando crianças.**

12) Os verbos pronominais não se usam com o pronome **se**, indicador de sujeito indeterminado. Assim, a frase *Não "se" pode arrepender-se do que já está feito* deve ser substituída por **A gente não pode arrepender-se do que já está feito.**

13) Na língua padrão, observa-se a uniformidade de tratamento: se o pronome escolhido foi o da 3.ª pessoa, seu emprego e de seus correspondentes dali por diante é obrigatório. Ex.:

> **Você não imagina quanto eu a amei, Beatriz.**
> (E não: *Você não imagina quanto eu "te" amei* ou *"Não imaginas" quanto eu a amei.*)

Quanto a misturar pronome oblíquo com pronome de tratamento, como na frase *"Eu te amo você"*, diz-se que é construção inadequada, mesmo na línguagem descontraída ou despretensiosa.

14) A função sintática dos pronomes oblíquos **me**, **te**, **se**, **nos** e **vos** é determinada pela transitividade verbal. Assim, em **Ela me viu, mas não me pagou**, temos na sequência um objeto direto e um objeto indireto, já que **ver** é verbo transitivo direto, enquanto **pagar**, para pessoa, é verbo transitivo indireto.

15) O pronome **o** (e variações) funciona geralmente como objeto direto; o pronome **lhe** (e variação) funciona quase sempre como objeto indireto; o pronome **se** pode exercer função de objeto direto ou de objeto indireto, conforme a transitividade verbal. Assim, em **Elisabete se machucou, mas se dá ares de sã**, temos um objeto direto e um objeto indireto, em vista da transitividade de **machucar** e **dar**.

16) Quando dois ou mais verbos têm como complemento um mesmo pronome oblíquo, usa-se este apenas antes do primeiro verbo. Ex.:

> **Eu a vi e beijei.**
> (E não, necessariamente: *Eu a vi e a beijei.*)
>
> **Ele se culpou e maltratou.**

17) Quando o objeto direto é representado por pronome oblíquo e vem seguido de aposto, este deve ser obrigatoriamente preposicionado. Ex.:

> **Ofende-nos, aos verdadeiros patriotas, a leitura de certos jornais.**
>
> **As autoridades nos aconselham a todos que permaneçamos em nossas casas.**

18) O pronome **nós** pode exprimir um só indivíduo em duas circunstâncias:

a) quando falam autoridades (é o **plural majestático**, de que é exemplo, quando fala o presidente ou alta autoridade do governo):

> Brasileiros, estamos aqui para ouvir todas as suas reivindicações.

b) quando indica modéstia da parte de quem fala ou escreve, evitando, assim, o tom egoístico ou presunçoso da linguagem (é o **plural de modéstia**, de que é exemplo, quando fala um governador):

> Nós, governador deste estado, não aceitaremos redução de impostos;

ou quando fala uma pessoa comum:

> Fomos recebidos pelo presidente e ficamos-lhe gratos por sua atenção.

Neste caso, o particípio ou o adjetivo predicativo pode ficar no singular (por silepse de número). Assim, a última frase pode ser construída desta forma:

> Fomos recebido pelo presidente e ficamos-lhe grato por sua atenção.

19) A norma-padrão combina pronomes oblíquos de funções distintas. Na oração **Entreguei o dinheiro a ele**, temos de empregar o pronome **o**, correspondente a **o dinheiro** (objeto direto) e o pronome **lhe**, correspondente a **a ele** (objeto indireto). Procedendo à substituição, temos:

> Entreguei-lho.

Outros exemplos:

> Não deram o doce a ti? = Não to deram?
> Ninguém lhe contou os fatos? = Ninguém lhos contou?
> Juçara chegou. Vocês ma apresentam?

Tais combinações pronominais têm curso mais em Portugal que no Brasil. Ei-las todas: **me + o = mo**; **te + o = to**; **lhe + o = lho**; **nos + o = no-lo**; **vos + o = vo-lo**; **lhes + o = lho**. No lugar do **o** podem aparecer suas variações.

20) O pronome **se** não combina com **o** (ou variações). Por isso a frase *As laranjas eram tantas, que não "se as" colheram todas* contém uma impropriedade que se deve sanar, omitindo-se o pronome objetivo:

> As laranjas eram tantas, que não se colheram todas.

21) Houve um tempo em que todos os gramáticos defendiam a não contração da preposição **de** com o pronome reto subjetivo. Assim, deveríamos construir **Chegou hora de a onça beber água**, em vez de **Chegou a hora da onça beber água**. Hoje, porém, já se admite a contração.

22) Na língua coloquial e despretensiosa do dia a dia do português do Brasil já se aceita também o uso do pronome **ele** (e variações) no lugar do oblíquo **o** (e variações), devido a sua ocorrência bastante frequente. Assim, por exemplo:

> O menino está passando mal; leve **ele** pro hospital!

Ou, ainda:

> Eu vi **ela**, sim.

Num ambiente informal ou na conversa entre familiares ou amigos, pode parecer destoante ou despropositado usar O menino está passando mal; leve-**o** pro hospital. Ou, ainda: Eu **a** vi, sim.

23) Os pronomes oblíquos podem ter valor possessivo, como se vê nestas frases:

> Não **me** puxe o cabelo! (= Não puxe **o meu** cabelo!)
>
> Nunca **lhe** elogiaram a maquiagem? (= Nunca elogiaram **a sua** maquiagem?)

Na oração, porém, tais pronomes exercem a função não de adjunto adnominal, mas de objeto indireto.

24) A segunda pessoa do plural (**vós**) caiu em desuso no português do Brasil e só é usada em textos literários ou religiosos, no estilo solene ou cerimonioso e em substituição a **tu**, quando alguém quer denotar respeito em relação ao interlocutor ou à pessoa a quem se dirige. Ex.:

> *Foi para **vós** que ontem colhi, senhora,*
> *Este ramo de flores que ora envio.*
> (Manuel Bandeira)

25) Na linguagem despretensiosa, usa-se o substantivo **gente** antecedido de artigo; neste caso, **gente** se classifica como pronome e exige sempre o verbo na 3.ª pessoa do singular. O povo é dado a usar *a gente "vamos", a gente "fomos"*, em razão da noção de coletividade desse nome. A expressão *a gente* se usa: por turma ou pessoal (a gente de televisão ganha bem), pela pessoa que fala (a gente vive como pode aqui, sozinho), por nós (a gente se ama) e por o homem, a humanidade, o ser humano em geral (a gente vive a um ritmo cada vez mais alucinante, na vida moderna).

26) A preposição **até** exige as formas oblíquas tônicas. Ex.:

> Ela veio **até mim** e me sapecou uma beijoca.

Se, porém, **até** for palavra denotativa de inclusão, usar-se-ão as formas retas. Ex.:

> Todo o mundo chorou, **até eu**. *Até **tu**, Brutus*?

27) O pronome oblíquo se diz **reflexivo** quando se refere à mesma pessoa do pronome subjetivo. Ex.:

> Eu **me** vesti e tranquei-**me** no quarto.
>
> Ela **se** vestiu e trancou-**se** no quarto.

O pronome oblíquo se diz **recíproco** quando indica reciprocidade de ação. Ex.:

Olhamo-nos por alguns minutos.
Eles se amam.

Os pronomes si e consigo só se empregam como reflexivos. Ex.:

Essa gente só pensa em si mesma.
Ela fala consigo mesma.

Embora comuns em Portugal, frases como estas são rejeitadas pela língua padrão do Brasil:

Cassilda, preciso falar consigo.
Ivã, conversamos muito sobre si ontem à noite.

Pronomes possessivos

Pronomes possessivos são os que dão ideia de posse, em relação às pessoas do discurso.

Quando digo meu livro, a ideia de posse é clara, em relação à 1.ª pessoa (eu).
Os pronomes possessivos são estes:

meu, nosso (e variações) → 1.ª pessoa
teu, vosso (e variações) → 2.ª pessoa
seu (e variações) → 3.ª pessoa

Emprego dos pronomes possessivos

1) Os pronomes possessivos concordam em gênero e número com a coisa possuída, mas em pessoa com o possuidor. Ex.:

Elisa chegou com seu filho. (Elisa = possuidor; filho = coisa possuída)

2) O pronome possessivo pode vir com ou sem a anteposição do artigo. Ex.:

minha/a minha camisa; meu/o meu cabelo.

Tratando-se de nomes de parentesco, porém, a omissão é desejada:

meu pai, minha mãe, meu irmão.

Na linguagem familiar, todavia, usa-se muito: o meu pai, a minha mãe, o meu irmão, o que confere mais intimidade à comunicação.

3) Muitas vezes, a presença do artigo antes do possessivo muda o sentido da comunicação. Ex.:

Este é meu irmão. (Significa que além dele há mais irmãos.)
Este é o meu irmão. (Significa que se trata de irmão único.)

Note ainda a diferença de significado existente entre estas duas frases:

Aquela casa é minha.
Aquela casa é a minha.

4) O possessivo **seu** (e variações) pode causar ambiguidade de sentido. Ex.:

> Manuel foi ao cinema com **sua** mãe.
> (Mãe de Manuel ou mãe da pessoa com quem se está falando? Não está claro.)

Para evitar o duplo sentido, usam-se as formas **dele** (e variações), **de você** ou **do senhor**. Ex.:

> Manuel foi ao cinema com a mãe **dele** (ou **de você**, ou **do senhor**).

Podemos até juntar as formas:

> Manuel foi ao cinema com **sua** mãe **dele** (ou **de você**, ou **do senhor**).

5) Os possessivos geralmente vêm antepostos ao substantivo; quando se pospõem, podem mudar de significado a expressão de que fazem parte. Ex.:

> **Minhas** saudades de Beatriz. (= Saudades que eu sinto.)
> Beatriz sente saudades **minhas**? = (Saudades que Beatriz sente.)
> Estou com **tua** foto. (= A foto te pertence.)
> Tenho uma foto **tua**. (= Tu estás na foto.)

6) Dispensa-se o possesivo antes de nomes que indicam partes do corpo, peças de vestuário e faculdades do espírito, quando se referem ao próprio sujeito da oração; o uso do artigo, nesse caso, já denota posse. Ex.:

> Não abro mais a **boca**. (E não: *Não abro mais a "minha" boca.*)
> Virgílio rasgou a **camisa**. (E não: *Virgílio rasgou a "sua" camisa.*)
> Perdemos os **sentidos**. (E não: *Perdemos os "nossos" sentidos.*)

7) A palavra **casa**, quando significa **lar próprio**, dispensa o possessivo. Ex.:

> Estou em **casa**. (E não: *Estou em "minha" casa.*)
> Luís foi cedo para **casa**. (E não: *Luís foi cedo para "sua" casa.*)

Quando, porém, se deseja dar ênfase à expressão, ou quando é necessário discriminar a pessoa ou coisa em referência, então, emprega-se o possessivo. Ex.:

> Em **minha casa** é que ninguém irá cantar de galo.
> Vá dormir na **sua casa**, e não na **minha**.

8) O possessivo se usa muitas vezes não para indicar posse, mas afeto, cortesia, respeito, cálculo aproximado, ação habitual, predileção e também ofensa, descortesia e até ironia. Ex.:

> **Meu** caro amigo!
> Sente-se, **minha** senhora!
> **Minhas** senhoras e **meus** senhores, eis-me aqui pronto para o debate.
> Ela tem **seus** vinte e cinco anos.

> Faço os meus exercícios de vez em quando.
>
> O Lexus é o meu carro!
>
> Viu o que você fez, seu burro?
>
> Quem é que você pensa que é, sua imbecil?
>
> Aonde a senhora pensa que vai, minha boa menina?

9) Seu, nas expressões seu José, seu Manuel, seu guarda, seu moço, é redução de senhor e não se classifica, portanto, como pronome possessivo.

10) Para reforçar o caráter de posse, costuma-se empregar próprio (ou variações) depois do possessivo. Ex.:

> Levei o acidentado no meu próprio carro.
>
> Mataram-no na sua própria casa.

11) O adjetivo respectivo equivale a devido, seu, próprio. Há, portanto, redundância, quando se constrói: *Colocar as coisas nos "seus" respectivos lugares*. Ou se usa seus, ou se usa respectivos, mas não ambos ao mesmo tempo.

Pronomes demonstrativos

Pronomes demonstrativos são os que situam os seres, no tempo e no espaço, em relação às pessoas do discurso.

Quando digo este livro, estou situando o ser livro em relação à 1.ª pessoa (perto de mim). Se digo esse livro, estou determinando o ser livro em relação à 2.ª pessoa (longe de mim, perto de outrem). Se afirmo aquele livro, estou situando o ser livro em relação à 3.ª pessoa (distante da 1.ª e da 2.ª).

Os pronomes demonstrativos são estes:

isto, este (e variações)	→	1.ª pessoa
isso, esse (e variações)	→	2.ª pessoa
aquilo, aquele (e variações)	→	3.ª pessoa

As palavras o, próprio, semelhante e tal (com suas variações), quando empregadas como equivalentes de um pronome demonstrativo, serão como tal classificadas. Ex.:

> Nem tudo o que reluz é ouro. (o = aquilo)
>
> O que tem muitos vícios tem muitos mestres. (O = Aquele)
>
> A sorte é mulher, bem o demonstra: de fato, ela não ama os homens superiores. (o = isso)
>
> A luz do pirilampo é bem mais forte que a do vaga-lume. (a = aquela)
>
> Isilda mesma/própria costura seus vestidos.
>
> Nunca vi semelhante coisa.
>
> Tal absurdo eu não iria cometer. (Tal = Esse)
>
> Ela não disse tal. (tal = isso)

Emprego dos pronomes demonstrativos

1) **Este** (e variações) e **isto** usam-se:

a) em referência a seres que se encontram perto do falante. Ex.:

> **Este** livro que tenho nas mãos é bom.
> **Isto** que carrego pesa 10kg.

b) em referência ao lugar em que o falante está ou àquilo que o abrange fisicamente. Ex.:

> **Este** quarto é um forno.
> Nunca na história d**este** país houve tanto escândalo.

c) em referência ao ser que está em nós. Ex.:

> **Este** coração aguentará ainda quanto tempo?
> **Esta** alma não traz pecado.

d) em referência a um termo imediatamente anterior. Ex.:

> Consultado o juiz, **este** se manifestou favoravelmente a nossa causa.
> A motosserra abate a árvore, e **esta** volta a nascer e a crescer.

e) em referência a um momento presente ou que ainda não passou. Ex.:

> Juçara, você aqui a **estas** horas?!
> **Este** ano não está sendo bom para mim.
> N**este** dia, ano passado, estávamos juntos.

f) em referência ao que se vai anunciar. Ex.:

> Acabam de chegar **estas** mercadorias: canetas, lápis e muitas caixas de gizes brancos.
> Praticam-se aqui **estas** modalidades de esporte: natação, equitação e voleibol.

g) em referência àquilo de que estamos tratando. Ex.:

> **Este** assunto já foi discutido ontem aqui; passemos a outro!
> Tudo **isto** que estou dizendo já é velho.

h) em referência a tempo futuro, mas bem próximo do momento presente. Ex.:

> Tarifa de energia pode subir **esta** semana.
> **Esta** noite deverei vê-la: as saudades, enormes, batem muito forte.
> Um dia **destes** ela me telefona, e o amor voltará a ter curso novamente, sem atropelos nem imprevistos de má natureza.

i) no rosto da oração, desacompanhado de substantivo, equivalente de **isto**. Ex.:

> **Este** é o maior problema, caro leitor.
> **Esta** é que é a verdade, meus amigos.

NOSSA GRAMÁTICA COMPLETA

2) Esse (e variações) e **isso** usam-se:

a) em referência a seres que se encontram longe do falante e perto do ouvinte. Ex.:

> **Esse** livro que tens na mão é bom?
> **Essa** camisa que agora você veste foi presente dela?

b) em referência ao lugar em que o ouvinte está ou àquilo que o abrange fisicamente. Ex.:

> **Esse** apartamento é um forno.
> **Essa** cidade não conhece progresso há décadas, rapaz. Mude-se daí!

c) em referência ao que está na outra pessoa. Ex.:

> **Esse** teu coração me traiu.
> **Essa** alma traz inúmeros pecados.
> Quantos vivem **nesse** país da Europa?

d) em referência a tempo futuro distante ou àquilo de que desejamos distância. Ex.:

> Meu caro amigo, você ainda vai precisar de mim;
> então, **esse** dia lhe será negro, inesquecível!
> O povo já não confia **nesses** políticos.
> Não quero mais pensar n**isso**.

e) em referência àquilo que já foi mencionado. Ex.:

> Impunidade e corrupção: **esses** foram os assuntos da reunião presidencial.
> O que você quer dizer com **isso**?

f) em referência a tempo passado, mas bem próximo do momento presente. Ex.:

> **Essa** noite sonhei com ela: que saudades, meu Deus!
> Um dia d**esses** esteve aqui, sabe quem? O Papa!

g) em referência a tempo passado distante. Ex.:

> Ela, então, disse que me amava loucamente; **essa** noite não me sai da lembrança.
> Eu, que n**esse** tempo residia em Paris, não pensava muito na vida, porque estava levando a vida sem pensar. De repente...

h) em referência ao que já se mencionou. Ex.:

> Canetas, lápis e muitas caixas de gizes brancos, foram **essas** as mercadorias que chegaram.
> Natação, equitação e voleibol: são **essas** as modalidades de esporte que aqui se praticam.
> Fugir aos problemas? **Isso** não é de meu feitio.

i) para dar ênfase ou maior relevância a um ser já mencionado. Ex.:

> Todas as filhas de Viridiana se sentiam muito felizes, mas Susana, **essa** era a própria Infelicidade.

3) Aquele (e variações) e **aquilo** usam-se:

a) em referência a seres que se encontram longe do falante e do ouvinte. Ex.:

> **Aquele** livro que está na mesa é seu, Luís?
> **Aquela** camisa que seu irmão está vestindo é minha.
> **Aquilo** que eles carregam pesa 10kg.

b) em referência a tempo passado ou futuro, remoto ou muito longínquo. Ex.:

> Decidimos, então, ir a Salvador; **aquelas** férias se tornaram inesquecíveis!
> Meus amigos vão chegar à entrada da Garganta do Diabo, ao cair da tarde; n**aquele** momento vacilarão, adentrarão ou aguardarão a luz do dia seguinte?
> **Aquela** semana toda em Guarujá – que foi mesmo que fizemos?
> N**aquela** oportunidade algo muito estranho interferiu no meu comportamento.

4) Para estabelecer a distinção entre duas pessoas ou coisas anteriormente citadas, usa-se **este** (ou variações) em relação à que foi mencionada por último e **aquele** (ou variações) em relação à nomeada em primeiro lugar. Ex.:

> Luís e Jeni estudaram na Europa; **esta** em Paris, **aquele** em Londres.

5) A necessidade de ênfase poderá determinar a posposição da palavra **mesmo** (ou variações) a **este**, **esse** e **aquele** (ou variações). Ex.:

> Fique tranquilo, Luís: **esta mesma** noite você terá uma grande surpresa.
> Era prazeroso pensar que n**aquela mesma** casa houvera eu próprio nascido trinta anos antes.

6) Pospõe-se **este** ou **esse** (ou variações) a um substantivo, geralmente repetido, para se expressar maior vivacidade ou vigor à comunicação. Ex.:

> Eu tinha uma ideia brilhante, magnífica, **ideia essa** que não me deixava pregar olho à noite.
> Conheci na cidade uma pessoa muito interessante, **pessoa esta** cuja lembrança já não me sai da cabeça e me faz feliz.

7) Os pronomes **este**, **esse** e **aquele** (ou variações), quando contraídos com a preposição **de**, pospostos a substantivos, usam-se apenas no plural. Ex.:

> Você teria coragem de proferir um palavrão **d**esses, Lurdes?
> Com um frio **d**estes não se pode sair de casa.
> Nunca vi uma coisa **d**aquelas.

8) **Tal** é pronome demonstrativo, quando tomado na acepção de **este**, **isto**, **esse**, **isso**, **aquele**, **aquilo** (ou variações). Ex.:

> **Tal** era naquela época a situação do país.
> Não disse **tal**, não creio em **tal**, não falo mais sobre **tal**.
> Quando **tal** diz alguma coisa, todos ficam sabendo.

9) **Tal** é pronome adjetivo, quando acompanha substantivo ou pronome e quando acompanha **que**, formando a expressão **que tal**? (= que lhe parece?). Ex.:

> Atitudes **tais** merecem severa punição.
> Esses **tais** merecem cadeia.
> **Que tal** minha mulher, **que tais** meus filhos?

10) **Tal** é ainda pronome adjetivo, quando correlativo de **qual** ou de outro **tal**. Ex.:

> Suas manias são **tais quais** as minhas.
> A mãe era **tal quais** as filhas.
> Os filhos são **tais qual** o pai.
> **Tal** pai, **tal** filho.

11) Em início de frase, **nisto** equivale a **então, no mesmo instante**. Ex.:

> Selma ia sair escondido de casa; **nisto** chegou o pai.

12) Não há propriedade no uso de **o mesmo** (ou variações) em substituição a outro tipo de pronome ou a um substantivo, apesar de muito empregado até por escritores de renome. Assim, por exemplo:

> Quero comprar o livro, mas antes preciso saber o preço do **mesmo**.
> (Isto é: *preciso saber o seu preço.*)
>
> A inauguração do cinema se deu ontem e **à mesma** compareceram várias autoridades.
> (Isto é: *a ela compareceram.*)

Muitas vezes o emprego de **o mesmo** (ou variações) nem é necessário para a cabal compreensão da frase, como neste exemplo: *O acidente ocorreu ontem, e "o mesmo" foi presenciado por muitas pessoas.* A frase sem "o mesmo" ficaria perfeita: **O acidente ocorreu ontem e foi presenciado por muitas pessoas.**

13) **Mesmo** e **próprio** variam em gênero e número, quando têm caráter reforçativo:

> ela **mesma** faz isso, elas **mesmas** fazem isso, eles **próprios** cozinham, elas **próprias** cozinham; ela foi contra si **mesma**.

Pronomes indefinidos

Pronomes indefinidos são os que se referem à 3.ª pessoa de modo vago ou impreciso.

Quando digo alguém entrou, uso um pronome que se refere à 3.ª pessoa de modo vago (alguém): trata-se, pois, de um pronome indefinido. Quando digo todos se foram, uso um pronome que se refere à 3.ª pessoa de modo impreciso (todos): é outro pronome indefinido.

Os pronomes indefinidos são estes:

Invariáveis			Variáveis		
algo	cada	algum	certo	tanto
alguém	outrem	nenhum	diverso	qual
nada	que	todo	vário	qualquer
ninguém	quem	muito	outro	um (quando isolado)
tudo		pouco	quanto	

Certas palavras funcionam acidentalmente como pronomes indefinidos. Ex.: **mais e menos** (mais amor e menos confiança), (os) **demais** (você fica; os demais podem sair) e **um**, quando associado a **outro** (uns gostam das loiras; outros, das morenas).

Quando o pronome é substituído por um grupo de palavras de sentido indefinido, temos as **locuções pronominais indefinidas**, de que são exemplos todo o mundo, cada um, cada qual, qualquer um, quem quer que, o que quer que, todo aquele que, seja qual for, seja quem for, um ou outro, etc.

Emprego dos pronomes indefinidos

1) O pronome algo tem significado quantitativo e equivale a **alguma coisa**. Ex.:

Tenho algo importante para lhe dizer.

Às vezes aparece acompanhado da preposição de, com valor partitivo. Ex.:

Há algo de novo no ar.
Ele nunca faz algo de útil.

Também é empregado como advérbio, equivalendo a **um tanto**. Ex.:

Só o ouvirei, se o assunto for algo importante.

2) O pronome cada, que indica uma parte do todo, sem identificá-la, é sempre adjetivo. Ex.:

Cada dia que nasce é uma nova oportunidade que Deus nos oferece para melhorarmos.

Não seguido de substantivo, deve anteceder um ou qual. Ex.:

Os abacaxis custam R$3,00 cada um. (E não: "cada".)
Cada qual sabe onde lhe aperta a botina.

NOSSA GRAMÁTICA COMPLETA

Tem valor intensivo nesta frase e semelhantes:

> Esse menino tem **cada** uma!

Antes de numeral cardinal, discrimina unidades. Ex.:

> **Cada dois** dias, ele falta à aula.

---

3) **Qualquer**, quando posposto ao substantivo, tem valor pejorativo. Ex.:

> Ele diz que não quer casar com uma **mulher qualquer**.

Antecedido do artigo **um**, ou mesmo antecedendo a este, também assume valor depreciativo. Ex.:

> O povo não pode eleger para presidente **um qualquer** (ou **qualquer um**).

Na linguagem jornalística é usado impropriamente como equivalente de **nenhum(a)**. Assim, por exemplo: *Não houve "qualquer" interesse do público pelo desfile.*

É composto de **qual** + **quer** (do verbo **querer**), daí por que seu plural é **quaisquer** (a única palavra em português cujo plural é feito no seu interior).

---

4) O pronome **algum** (ou variações), anteposto ao substantivo, tem sentido positivo. Posposto, passa a equivaler a **nenhum**, tendo, portanto, valor negativo. Ex.:

> Tenho aqui **algum** dinheiro.
>
> Não tenho dinheiro **algum**.

---

5) **Todo** ou **toda** no singular e junto de artigo significa **inteiro**; sem artigo, equivale a **qualquer** ou a **todos os** ou a **todas as**. Ex.:

> **Toda a** cidade está iluminada. (= a cidade **inteira**)
>
> **Toda** cidade está iluminada. (= **todas** as cidades)

Com topônimos, o artigo só aparece no caso do nome o admitir:

> **todo o** Brasil, **toda a** Alemanha, **toda a** França, etc.,

mas:

> **todo** Portugal, **toda** Paris, etc.

No plural, o artigo é de rigor, a menos que se lhe sigam pronomes. Ex.:

> **Todos os** brasileiros amam futebol.

Mas:

> **Todos aqueles** espanhóis serão deportados.

Posposto ao substantivo, **todo** ou **toda** exprime totalidade. Ex.:

> O **país todo** votou em ordem.
>
> Eu disse isso a **vida toda**.

OBSERVAÇÕES

1) Ainda que **todo** ou **toda** equivalha a **qualquer**, pode ser usado conjuntamente com este. Ex.: **Todo** e **qualquer** sacrifício é válido, se for para o bem do Brasil. • **Toda** e **qualquer** reclamação deve ser endereçada à diretoria.

2) **Todo**, usado antes de adjetivo, é advérbio e equivale a totalmente, completamente. Ex.: **Ele ficou todo desconcertado**, quando viu a ex-namorada com outro. Mesmo sendo advérbio, admite-se sua variação: **Ela ficou toda desconcertada**, quando viu o ex-namorado com outra. • **Os meninos voltaram todos sujos**. • **As crianças chegaram todas molhadas**.

---

6) Nenhum, pronome que generaliza a negação, varia normalmente, desde que anteposto ao substantivo. Ex.:

Não havia **nenhumas frutas** na cesta.

Não temos **nenhuns meios** de resolver isso.

Posposto, não varia em hipótese nenhuma:

Não havia **fruta nenhuma** na cesta.

Não temos **recurso nenhum** para resolver isso.

Sendo posposto, figurará obrigatoriamente no singular, não sendo próprias, portanto, frases como esta: *Não temos recursos "nenhuns" para resolver isso.*

Nenhum é contração de **nem um**, forma mais enfática, que se refere à unidade. Compare estas duas frases:

Nenhum aluno passou.   **Nem um** aluno passou.
(**Um** é numeral.)

7) Certo só se classifica como pronome indefinido quando vem anteposto ao substantivo; posposto, é adjetivo, equivalendo a **adequado**, **verdadeiro**, **exato**. Ex.:

Certas pessoas não podem ser eleitas.

Precisamos eleger as **pessoas certas**.

No meio da frase, pode vir ou não antecedido do artigo indefinido **um** (ou variações), que lhe confere caráter enfático. Ex.:

Então, (**um**) **certo** dia, ela me procurou.

Se o substantivo que o acompanha exprime qualidade ou sensação, **certo** atenua um pouco a sua significação. Ex.:

Ele tem (**um**) **certo** talento.

Ela sempre se queixa de (**uma**) **certa** dorzinha na virilha.

NOSSA GRAMÁTICA COMPLETA

8) Os pronomes **certo** e **qualquer** indicam ideias diferentes. **Certo** dá ideia particularizada e um tanto pejorativa do ser, entre outros da mesma espécie, mas sem identificá-lo; **qualquer**, por seu lado, não indica particularização nenhuma nem dá ideia pejorativa do ser. Veja estes exemplos:

> **Certas** pessoas nem deveriam se candidatar.
> (Quando digo isso, revelo que eu sei quem são as
> pessoas, mas, por alguma razão, não quero identificá-las.)
>
> **Quaisquer** pessoas se candidatam hoje em dia.
> (Sem ideia pejorativa nem de particularização.)

9) **Tudo** é pronome que originariamente se refere apenas a coisas, mas tem sido aplicado a pessoas no português contemporâneo. Ex.:

> Na adolescência, **tudo** são flores.
> Dizem que no congresso é **tudo** igual...

Pronomes interrogativos

Pronomes interrogativos são os indefinidos **que**, **quem**, **qual** (e variação), **quanto** (e variações), empregados em frases interrogativas. Ex.:

> **Que** fazer nos momentos de infelicidade, desespero e desilusão?
> Olhar para o céu, se for noite; olhar para um jardim, se for dia... (LAS)

Existem as frases interrogativas diretas e as indiretas. As diretas têm os pronomes no início, exigem resposta imediata e têm entoação ascendente; as indiretas trazem os verbos **saber**, **perguntar**, **indagar**, **ignorar**, **verificar** e **ver** (chamados verbos *dicendi*), não exigem necessariamente resposta imediata e têm entoação normal ou descendente. Ex.:

> Com **quem** andas?
> (interrogativa direta)
>
> Diz-me com **quem** andas, que te direi quem és.
> (interrogativa indireta)

Como se vê, as diretas se encerram por ponto de interrogação; as indiretas por ponto final.

Emprego dos pronomes interrogativos

1) O pronome **quem** é sempre substantivo e se refere a pessoas:

> **Quem** chegou?

2) O pronome interrogativo **que**, que se refere a pessoas e a coisas, pode vir acompanhado de palavras reforçativas ou de realce, para dar maior vigor à comunicação. Ex.:

> **Que** que você tem com a minha vida?
> O **que** é que você está fazendo aí, Maria Chiquinha?
> **Que** que é isso?!

3) No português do Brasil, a expressão **que é feito de?** ou a reduzida **que é de?** no sentido de **onde está?** se contraiu de tal forma, que deu origem a simples palavras ou formas populares: **cadê**, **quede** e **quedê**, que hoje têm curso normalmente, tanto na língua falada quanto na língua escrita. Assim, em regressão de emprego, temos:

> **cadê** meus óculos = **que é de** meus óculos = **que é feito de** meus óculos?

4) Os pronomes **que** e **qual** são indicadores de escolha ou seleção. Ex.:

> **Que** jornal deu essa notícia?
>
> **Qual** a revista que trouxe isso?

A noção de escolha ou seleção se reforça com o emprego da expressão **qual dos** ou **qual das**. Ex.:

> Em **qual dos** jornais está essa notícia?
>
> Em **qual das** revistas você leu isso?

5) Os pronomes interrogativos se empregam ainda com valor exclamativo. Ex.:

> *Quanta mentira não há num beijo!*
>
> *Quanto veneno! Quanta traição!*

6) **Quando**, **como**, **onde** e **por que** são advérbios interrogativos e podem aparecer tanto nas interrogativas diretas quanto nas indiretas. Ex.:

> **Quando** chegaremos?
>
> Não sei **quando** chegaremos.

Pronomes relativos

Pronomes relativos são os que se relacionam com um termo antecedente, dando início a uma oração, chamada adjetiva. Ex.:

> *Os homens são plantas **que** secam antes de amadurecer.*
> (**que** = pronome relativo; **que secam** = oração adjetiva)
>
> *A vida é um cárcere, **cuja** chave é a morte.*
> (**cuja** = pronome relativo; **cuja chave é a morte** = oração adjetiva)

No primeiro exemplo, o pronome **que** se relaciona com o termo antecedente **plantas** (**plantas que** = **plantas as quais**); no segundo, o pronome **cuja** se relaciona com o termo antecedente **cárcere** (**cárcere cuja chave** = **chave do cárcere**), embora concorde com o consequente **chave**. O pronome **cujo** faz com que o nome antecedente sempre seja o ser possuidor; o nome consequente, o ser possuído.

São estes os principais pronomes relativos: os invariáveis **que**, **quem**, **onde**, **como**, **quando** e os variáveis **o qual**, **cujo**, **quanto** (após os indefinidos **tudo**, **todo** e **tanto**).

OBSERVAÇÃO

Os pronomes relativos, assim como as conjunções, recebem o nome genérico de conetivos, porque são elementos de ligação.

Emprego dos pronomes relativos

1) Que é o pronome relativo mais usado; aplica-se a pessoas e a coisas e só deve ser antecedido de preposição monossilábica. Ex.:

> Essa é a mulher que me amou perdidamente.
>
> *Há uma idade em que a mulher gosta mais de ser namorada do que amada.*

Na língua cotidiana, pode aparecer desprovido de função sintática. Ex.:

> Essa é a mulher que eu cuido dela.
> (Em vez de: Essa é a mulher de quem eu cuido.)

A função que deveria ser exercida pelo relativo está expressa em **dela**. Esse **que** é chamado **relativo universal**.

2) O qual (ou variações) emprega-se:

a) para evitar duplo sentido. Ex.:

> Não conheço o pai da garota o qual se acidentou.

Se usássemos aí o relativo **que**, ficaríamos sem saber ao certo quem teria sofrido o acidente, se o *pai* ou a *garota*.

b) quando o antecedente se encontra distante. Ex.:

> Esse foi o discurso pronunciado pelo deputado por Santa Catarina, o qual muita repercussão causou na Câmara.

O pronome relativo se refere a *discurso*, que se encontra a distância.

c) com preposições de duas ou mais sílabas. Ex.:

> Nunca está só quem possui um bom livro para ler
> e boas ideias **sobre** as quais meditar.
>
> A inveja é um mal **contra** o qual há poucos remédios.
>
> A felicidade é um sentimento **para** a qual todos apelam,
> quando já não há nenhuma possibilidade de alcançá-la.

Das preposições monossilábicas, apenas **sem** e **sob** exigem **o qual**. Ex.:

> Foi ali que conheci uma pessoa **sem** a qual já não posso viver.
>
> Essa é a máscara **sob** a qual te escondes?

3) Quem, no português contemporâneo, somente se aplica a pessoas e sempre aparece antecedido da preposição **a**, no caso do verbo ser transitivo direto. Ex.:

> João Paulo II é o papa **a quem** mais admiro. (a quem = objeto direto preposicionado)
>
> Todos já conhecem a pessoa **a quem** amo. (a quem = objeto direto preposicionado)

Não sendo transitivo direto o verbo, o pronome aparecerá antecedido da preposição exigida pelo verbo ou pelo nome. Ex.:

> Conheci uma pessoa **por quem** me enamorei. (por quem = objeto indireto)
>
> Conheci uma pessoa **de quem** fiquei enamorado. (de quem = complemento nominal)

É denominado **relativo indefinido** quando aparece sem nome antecedente. Ex.:

> *Quem não quer raciocinar é um fanático;*
> *quem não sabe raciocinar é um tolo;*
> *e quem ousa raciocinar é um escravo.* (quem = sujeito)
>
> *Não se odeia a quem se despreza;*
> *odeia-se a quem é julgado igual ou superior.* (quem = sujeito)

Alguns preferem decompor esse pronome em **aquele que** para efeito de análise; outros acham melhor considerá-lo sujeito de uma oração justaposta, e esta é a nossa posição.

---

4) Cujo sempre exprime posse e se refere a um nome antecedente (ser possuidor) e a um nome consequente (ser possuído, com o qual concorda em gênero e número). Ex.:

> *Esta é a árvore **cujas** folhas caem inexplicavelmente.*
> (= Esta é a árvore as folhas **da qual** caem inexplicavelmente.)
>
> *Existem pessoas **cujos** defeitos lhes ficam bem;*
> *e outras que são infelizes com suas boas qualidades.*

Se o verbo ou o nome exigir preposição, esta aparece antes do pronome. Ex.:

> *Essa é a escada **por cujos** degraus passou o imperador.*

Não se usa artigo depois deste pronome, que é sempre adjetivo.

OBSERVAÇÃO

Não se emprega **cujo** (ou flexões) com o valor de **o qual** (ou flexões), como neste exemplo:
O carro "cujo" eu comprei é importado.

5) Onde se aplica a coisa e é empregado para indicar lugar; aparece com ou sem antecedente; quando aparece sem, denomina-se **relativo indefinido locativo**, dando início a oração justaposta. Ex.:

> Não conheço a cidade **onde** nasceu o presidente. (onde = adjunto adverbial de nasceu)
>
> **Onde** entra o sol, não entra o médico. (Onde entra o sol = oração justaposta locativa)
>
> Por **onde** eu viajar, qualquer reino que eu visitar, meu coração, que não viajou, volta-se apaixonadamente para você.

6) Quanto (ou variações) se aplica a pessoas ou coisas e aparece após os indefinidos **tanto** (ou variações), **todo** (ou variações) e **tudo**. Ex.:

> Nesta região há **tanto** ouro **quanto** você nem possa imaginar.
> (quanto = objeto direto de possa imaginar)
>
> Leve **tantas** maçãs **quantas** quiser! (quantas = objeto direto de quiser)
>
> Esqueçam-se de **tudo quanto** escrevi! (quanto = objeto direto de escrevi)
>
> Faço saber a **todos quantos** este edital virem ou dele tomarem conhecimento que...
> (quantos = sujeito de virem)

Às vezes, omite-se o seu antecedente. Ex.:

> Nesta região há ouro **quanto** você nem possa imaginar.
>
> Leve maçãs **quantas** quiser!

7) Como só se classifica como pronome relativo quando tem as palavras **modo, maneira** ou **forma** como antecedente; serve para indicar modo e equivale a **conforme** ou a **pelo qual** (ou variações). Ex.:

> Veja o **modo como** ela anda! (como = adjunto adverbial de anda)
>
> Contaram-me a **maneira como** você se comportou na festa.
> (como = adjunto adverbial de se comportou)

8) Quando é pronome relativo sempre que tiver como antecedente um nome que dê ideia de tempo; nesse caso, equivale a **em que**. Ex.:

> Afinal, era chegado o dia **quando** teríamos de resolver o caso.
> (quando = adjunto adverbial de resolver)
>
> Bendita a hora **quando** você aqui apareceu!
> (quando = adjunto adverbial de apareceu)

9) O pronome relativo exerce função sintática na oração a que pertence. (V. *regência verbal*, item 2, em IMPORTANTE.)

Testes e exercícios

1 Identifique e classifique os pronomes pessoais, dizendo a que pessoa do discurso se referem:

a) Já estávamos cansados de trabalhar; eles ainda não estavam.
b) Os netos ameigam-lhe a face, mas ele permanece impassível.
c) Nunca o magoarei, a menos que o senhor me magoe.
d) Vossa Excelência irá conosco ou com Sua Majestade?
e) Não lhes pagaremos antes que nos peçam desculpas.

2 Transcreva as frases, completando-as com o pronome pessoal adequado:

a) Juçara não ★ ama, mas ele ★ ama.
b) Teresinha não ★ entende, mas eu ★ entendo.
c) Isabel não ★ cumprimentou, mas eles ★ cumprimentaram.
d) Os árabes brigam entre ★ mesmos. Que haverá entre ★ ?
e) ★ sempre ★ levanto cedo: ★ nunca ★ deitamos tarde.

3 Transcreva as frases, substituindo o que está em destaque por pronomes pessoais:

a) Se eu der minha palavra **a vocês**, saberei cumprir **ela** até o fim.
b) O ladrão pulou o muro, os policiais perseguiram **o ladrão** e prenderam **o ladrão**.
c) Tiramos uma xérox do documento, trouxemos **a xérox** e pusemos **a xérox** em cima da mesa do chefe.
d) Ela traz a alface e põe **a alface** na geladeira; as crianças vêm e tiram **a alface** da geladeira.
e) Como a filha deles chegou tarde, castigaram **a filha**.

4 Complete com **eu** ou **mim**, conforme convier:

a) Trouxeram um presente para ★, mas não era para ★ abrir.
b) Meus filhos não dormem sem ★, não dormem sem ★ estar a seu lado.
c) Sempre houve amizade entre ★ e Isabel, mas não entre ★ e Isilda.
d) Lá em casa, deixam tudo para ★ fazer, mas nunca dá para ★ fazer tudo sozinho.
e) Perguntaram o que houve entre ★ e você. Houve algo entre ★ e você?

5 Complete com **com nós** ou **conosco**, conforme convier:

a) Ninguém quis conversar ★; nem mesmo ★ dois alguém quis conversar.
b) As crianças vieram ★; sim, é isso, as crianças vieram ★ mesmos.
c) Vocês querem ir ao cinema ★ todos, ou preferem ir só ★ ?
d) Hilda se encontrou ★ à hora do almoço e falou ★, chefes de seção.
e) ★, trabalhadores, ninguém colabora; se ninguém colabora ★, quem irá colaborar com vocês?

6 Complete com **consigo** ou **contigo**, conforme convier:

a) Elisa costuma conversar ★ mesma.
b) Hortênsia, eu gostaria de conversar ★ um instante.
c) Manuel, os professores querem falar ★ urgentemente.
d) Jeni, não quero mais conversa ★ ; até agora não entendi por que fui fazer amizade ★.
e) Juçara não queria levar todo aquele dinheiro ★: era muito perigoso.

7 Substitua o elemento que dá ideia de posse por um oblíquo:

a) Não levaram a minha bolsa porque eu estava atento.
b) Os netos tocavam de leve a sua face.
c) Ninguém haverá de calar a nossa voz.
d) O filho poupou a seus pais mais um desgosto.
e) Quase que a onda arranca os calções das crianças.

8 Ao encontrar os pronomes possessivos, diga a que pessoa do discurso estão relacionados:

a) *Quando pratico o bem, sinto-me bem; quando pratico o mal, sinto-me mal: eis a minha religião.*
b) *Os vícios dos outros estão diante dos nossos olhos, os nossos estão atrás de nós.*
c) *Procura a satisfação de ver morrer os teus vícios, antes que morras!*
d) *Aquele a quem confiais vosso segredo torna-se senhor de vossa liberdade.*
e) *A virtude é como o percevejo: para que exale seu cheiro, é preciso esmagá-lo.*

9 Explique a diferença de sentido existente em cada grupo de frases:

a) Minhas lembranças da viagem ainda são nítidas.
b) Envie lembranças minhas aos amigos daí!
c) Minha raiva passou logo.
d) Você ainda sente raiva minha?
e) Ela viu minhas fotos.
f) Ela pediu umas fotos minhas.

10 Elimine os possessivos supérfluos, quando possível:

a) Vou escovar os meus dentes e lavar as minhas mãos. Você já lavou as suas?
b) Machuquei o meu dedo na máquina, mas sinto dor nas minhas costas.
c) Sujei a minha calça no carro, depois de bater a minha cabeça na porta.
d) Telefonei a Luís, mas ele não estava em sua casa.
e) Cheguei a minha casa por volta da meia-noite, trazendo o meu presente.

11 Identifique as frases em que o pronome possessivo está reforçado por motivo de clareza:

a) Veio comigo Manuel, Luísa e o filho dela, Antônio.
b) Veio comigo Luísa, Manuel e todos os seus filhos.
c) Veio comigo seu filho, Manuel, Luísa e sua irmã.
d) Veio comigo Manuel, Luísa e seu filho dela, Gumersindo.
e) Veio comigo seu filho Manuel, Luísa e seus irmãos dela.

12 Explique a diferença de significado existente entre estas duas frases:

a) Este é meu automóvel.
b) Este é o meu automóvel.

13 Identifique os pronomes demonstrativos:

a) *Eu diria com Lourenço, o Magnífico, que os que não contam com outra vida, morreram também para esta.*
b) *A maior desfeita para com o próximo não é odiá-lo, mas ser-lhe indiferente; essa é a essência da desumanidade.*
c) *Quando uma mulher se casa pela segunda vez, isso é sinal de que detestava seu primeiro marido. O homem, ao contrário, só torna a casar se adorou sua primeira mulher."*
d) *A vida é uma tragédia para os que sentem e uma comédia para os que pensam.*
e) *Nunca falar de si mesmo aos outros e falar-lhes sempre deles mesmos é a essência da arte de agradar. Cada um o sabe, e todos o esquecem.*

14 Complete as frases, usando **este**, **esse** ou **aquele** (ou variações), quando convier:

a) ★ guaraná que você está tomando é gostoso, Isabel?
b) Não, ★ guaraná que estou tomando não é gostoso.
c) Luís, vá buscar-me ★ xérox que lá está.
d) Lurdes queria comer ★ alface da geladeira.
e) Zósimo convidou Jeni e Luís para ir ao cinema; ★ aceitou o convite, apressado; ★ recusou, séria.
f) D★ vida ninguém leva nada e n★ vida ninguém sabe o que irá encontrar.
g) *Amai-vos uns aos outros*, ★ são as palavras de Cristo.
h) São ★ as palavras de Cristo: *Amai-vos uns aos outros*.
i) ★ vida nos reserva muitas surpresas.
j) Nunca na história d★ país se viu tanta corrupção, tanto escândalo, tanta cara de pau.

15 Identifique os pronomes e locuções pronominais indefinidos, classificando-os em substantivos e adjetivos:

a) *Quem diz que de muitos gosta, quem diz que a muitos quer bem, finge carinho a todos, não gosta de ninguém.*

b) *Devemos combater todos os nossos defeitos e não pactuar com nenhum.*

c) *Todos precisamos uns dos outros.*

d) *Se existisse um vestido belíssimo, um vestido dum esplendor excepcional, que só poderia ser vestido para ir ao cadafalso, não faltariam mulheres capazes de fazer algo para vesti-lo.*

e) *Nada é tão estúpido como vencer; a verdadeira glória é convencer.*

f) *Todos apreciam e admiram a simplicidade, poucos a adotam; ninguém a inveja.*

g) *A violência não deixa de ter alguma parentela com o medo.*

h) *O coração humano é uma grande necrópole! Abramos nossas recordações: quantos túmulos!*

i) *A felicidade de cada indivíduo funda-se na desgraça alheia: o conforto e a comodidade de uns exige as privações e a infelicidade de outros.*

j) *A alma de muita gente é como um rio profundo: a face tão transparente, e quanto lodo no fundo!...*

16 Mude quando for necessário:

a) Os champanhas custaram R$20,00 cada.
b) Estarei a seu lado até o fim, qualquer que sejam as consequências.
c) Não vejo qualquer problema em convidá-la para jantar conosco.
d) Toda cidade ficou às escuras: não se via luz em bairro nenhum.
e) Pedi cinco garrafas de cerveja; todas cinco estavam trincadas.
f) Manuel e Pascoal chegaram; todos dois são meus amigos de infância.
g) Vocês não são nenhum coitadinhos.
h) Toda cidade possui nome, toda cidade possui casas.
i) Todo o mundo disse que viu muitos óvnis nesta região, mas até agora não vi nem um.
j) Nossa empresa não tem nenhuns meios de fazer o que vocês desejam.

17 Identifique as frases que trazem pronome indefinido:

a) Notou-se nele um certo ar de desprezo.
b) Quero saber a hora certa.
c) Na certa ninguém viu o cometa.
d) O cometa só poderá ser visto em hora certa.
e) A certa altura, surge o cometa nos céus.

18 Complete com o pronome interrogativo adequado:

a) ★ está aí? ★ pretendes?
b) Por ★ estrada iremos?
c) Quero saber ★ ganhas na empresa.
d) Por ★ time torces?
e) Veja ★ horas são!

19 Identifique os pronomes relativos:

a) *Cão que ladra não morde. Pedra que rola não cria limo.*
b) *Choupana onde se ri vale mais que palácio onde se chora.*
c) *Tudo quanto nasce, morre. Tudo quanto morre, se transforma.*
d) *A paciência é uma árvore cuja raiz é amarga, mas que produz os mais doces frutos.*
e) *Não é o que oferecemos, mas o modo como oferecemos que determina o valor do presente.*
f) *Há pensamentos que são verdadeiras orações. Em dados momentos, seja qual for a postura do corpo, a alma está de joelhos.*
g) *Bom senso é coisa de que todos necessitamos, que poucos têm e de que ninguém julga precisar.*
h) *Amar e desaparecer: eis coisas que andam juntas desde a eternidade. Querer amar é também estar pronto para morrer.*
i) *Já dei tudo. Nada me resta de tudo quanto tive, exceto tu, Esperança!*
j) *O que o dinheiro faz por nós não compensa o que fazemos por ele.*

20 Complete com o pronome relativo adequado:

a) Aquela moça, ★ pai é advogado, formou-se este ano.
b) Aquele homem, ★ mulher é advogada, é aposentado.
c) Aquela mulher, ★ filhos acabam de se formar, é lavadeira.
d) Beatriz foi a mulher de ★ mais gostei.
e) Ele se confessou culpado à mulher, perante ★ chorou.
f) Quais foram as pessoas com ★ você conversou?
g) Esse é o homem ★ vi na festa e ★ cumprimentei.
h) A mulher ★ tanto amei casou e nunca mais a vi.
i) Este é o rio em ★ águas navegaram os bandeirantes.
j) Essa é a árvore a ★ sombra sempre descansávamos.

21 Transforme cada par de frases numa só frase, usando o pronome relativo **que**:

a) O livro é de suspense. Estou lendo um livro de suspense.
b) O filme é excelente. Vi o filme ontem.
c) A estrada foi toda recapeada. O governo construiu a estrada em 1950.
d) A garota ama o namorado. O namorado não trabalha nem estuda.
e) A garota ama o namorado. A garota foi paquerada por você.

22 Faça o mesmo, usando agora o pronome relativo **cujo** (ou variações):

a) As árvores são velhas. As folhas das árvores estão caindo.
b) Os edifícios são financiados pela Caixa. A construção dos edifícios foi demorada.
c) A menina teve um acesso de nervos. O pai da menina morreu.
d) O livro saiu publicado recentemente. As folhas do livro se destacam facilmente.
e) As escolas estão conservadas. Os diretores das escolas são competentes.

23 Complete com **que** ou **o qual** (ou variações), mas só use este quando absolutamente necessário:

a) O supermercado da esquina, ★ sofreu reformas, deverá abrir amanhã.
b) O supermercado ★ amanhã vai ser inaugurado fica perto de casa.
c) A moça ★ veio reclamar não é minha vizinha.
d) A moça da casa, ★ caiu, era minha conhecida.
e) As mães de Isabel e Virgílio, ★ desejavam conversar com o diretor da escola sobre seus filhos, estavam preocupadas.

24 Distinga o pronome relativo do pronome interrogativo e do pronome indefinido:

a) Não sei **que** tipos de brincadeira se usavam naquela época.
b) Não me lembro de **qual** das duas garotas eu gostava mais.
c) Esta é a cidade **que** me viu nascer.
d) Luísa era a garota com **quem** eu mais brincava.
e) **Que** dias maravilhosos passei ao lado delas!
f) Ignoro completamente **quem** fez isso.
g) Ninguém sabe **que** horas são. **Que** horas são, gente?
h) **Que** tempinho bom aquele!
i) **Quem** era minha maior paixão? Rosa.
j) Aquele era o tempo em **que** tudo era bonito.

25 Na frase **Não sei o bairro onde ela mora**, o pronome em destaque é:

a) indefinido
b) pessoal
c) relativo
d) demonstrativo
e) possessivo

Testes de concursos e vestibulares

1 (Cefet-MG) Identifique a alternativa em que o emprego do pronome fere a norma padrão:

a) O livro? ... Deram-mo para que o devolvesse à Biblioteca.
b) Para mim, resolver este exercício é fácil.
c) Não se preocupe, querida, eu vou consigo ao aeroporto.
d) Remetemos o abaixo-assinado a Sua Excelência, o governador.
e) Ela ficou-me observando enquanto eu lia sua mão.

2 (Mack-SP) Identifique a alternativa que traz pronome adjetivo:

a) Não sei o que diz aquele anúncio.
b) Venho pensando em tudo o que ele disse.
c) De que se queixa o cliente?
d) Isto é o que comprei ontem.
e) Pensei que fosse outra pessoa.

3 (Agente-MG) Assinale o período em que o **lhe** não tem valor de pronome possessivo:

a) *... quase sentia morder-lhe a pele o frio úmido da madrugada...*
b) *A franja comprida ameaçava entrar-lhe pelos olhos bistrados.*
c) *A voz de Margô pareceu-lhe anônima.*
d) *Foi de olhos baixos que lhe acendeu o cigarro.*
e) *Um baque metálico decepou-lhe a palavra pelo meio.*

4 (FGV-RJ) Assinale o item em que há erro quanto ao emprego dos pronomes **se, si, consigo**:

a) Feriu-se quando brincava com o revólver e o virou para si.
b) Ele demonstra que só cuida de si.
c) Quando V. S.ª vier, traga consigo a informação pedida.
d) Ele se arroga o direito de vetar tais artigos.
e) Espere um momento, pois tenho de falar consigo.

5 (PUC-DF) Assinale a alternativa em que o pronome pessoal está empregado corretamente:

a) Este é um problema para mim resolver.
b) Entre eu e tu não há mais discussão.
c) A questão deve ser resolvida por eu e você.
d) É um suplício para mim viajar de avião.
e) Quando voltei a si não sabia onde me encontrava.

6 (Mack-SP) Assinale a alternativa correta com relação ao uso do pronome pessoal:

a) Entre eu e ti existe um grande sentimento.
b) Isso representa muito para mim viver.
c) Com tu, passo os momentos mais felizes.
d) Com nós é assim: não respeitou, leva sopapo.
e) Entre mim e ti há sempre harmonia.

7 (TJ-AM) Assinale a opção em que o pronome foi mal empregado:

a) Entre eu e ela nada ficou acertado.
b) Estavam falando com nós dois.
c) Aquela casa não era para mim; comprá-la com que dinheiro?
d) Aquela viagem de navio, quem não a faria?
e) Viram-no passeando na praça, mas não o chamaram.

8 (TRE-MT) A alternativa em que o emprego do pronome pessoal não obedece à norma padrão portuguesa é:

a) Fizeram tudo para eu ir lá.
b) Ninguém lhe ouvia as queixas.
c) O vento traz consigo a tempestade.
d) Trouxemos um presente para si.
e) Não vá sem mim.

9 (CMB) Assinale a opção que apresenta mau uso dos pronomes:

a) A situação com a qual lidamos parece ser semelhante àquela.
b) É excelente a solução dada pela empresa, pois esta terá maiores lucros, e aquela beneficiará os empregados.
c) Quanto aos funcionários, a pesquisa lhes fornecerá dados úteis.
d) A solução depende de ele ter boas intenções e de nós termos vontade de agir.
e) As famílias cujos os chefes estão desempregados sabem bem o que é depressão.

10 (Cesgranrio-RJ) Assinale a opção em que houve erro, ao se substituir a expressão grifada pelo pronome oblíquo:

a) estimam **seu torrão** = estimam-no
b) fazer conhecidos **seus costumes** = fazê-los conhecidos
c) viu **os partidos de cana** = viu-os
d) sorver **o ar ácido** = sorver-lhe
e) o homem tirava tudo **da terra** = o homem tirava-lhe tudo

11 (IDR-DF) Assinale a opção em que o pronome pessoal está de acordo com a norma padrão:

a) Ora, Rosânia, não falei consigo?
b) Trago esta carta para si.
c) Amigos de infância, não havia segredos entre eu e Anderson.
d) Aqueles livros todos eram para mim ler.
e) Por eu ser sempre pontual, eles não se incomodavam com minha chegada.

12 (UFPA) Apenas uma das alternativas abaixo está correta. Assinale-a:

a) Sabeis Vossas Excelências das vossas responsabilidades?
b) Sabem Vossas Excelências das suas responsabilidades?
c) Sabeis Vossas Excelências das suas responsabilidades?
d) Sabeis Suas Excelências das vossas responsabilidades?
e) Sabem Suas Excelências das vossas responsabilidades?

13 (GDF-SEA-IDR) **Fala com a gerência. Aposto que eles irão conseguir um lugar para ★. Aliás, ★ mesmos aconteceu coisa idêntica.**

a) ti - com nós
b) ti - conosco
c) si - com nós
d) si - conosco
e) você - conosco

14 (ITA-SP) O pronome de tratamento usado para cardeais é:

a) Vossa Santidade
b) Vossa Magnificência
c) Vossa Eminência
d) Vossa Reverendíssima
e) Vossa Paternidade

15 (Cesgranrio-RJ) Assinale a opção em que o pronome oblíquo possui nítido valor possessivo:

a) Chegaram ao ônibus, sentaram-se e iniciaram a viagem.
b) Compreendo-te e considero que te será desagradável tal excursão.
c) Escutaram-nos atentamente as últimas palavras.
d) Avisar-vos-emos todas as notícias.
e) Consideramos-te pronto para a execução deste serviço.

16 (BC) **Chegou Pedro, Maria e seu filho dela.** O pronome possessivo está reforçado para:

a) ênfase
b) elegância do estilo
c) destaque
d) clareza
e) figura de harmonia

17 (Cesgranrio-RJ) **Brandura e grosseria alternam-se em seu comportamento: já não o suporto, pois ★ é o traço dominante; ★, o esporádico.**

a) esse - este
b) essa - esta
c) aquele - esse
d) esta - aquela
e) esta - essa

18 (TRT-SP) Assinale a alternativa em que o pronome **lhe** tem valor possessivo:

a) Caiu-lhe nas mãos um belo romance de José de Alencar.
b) Dei-lhe indicações completamente seguras.
c) Basta-lhe uma palavra apenas.
d) Seus amigos escreveram-lhe um singelo poema.
e) Informaram-lhe o resultado da prova realizada ontem.

19 (TCE-CE) Assinale a alternativa em que há erro no emprego dos possessivos:

a) Nós comemoramos nosso aniversário em casa.
b) Recebemos nosso presente com entusiasmo.
c) Gostaria de saber notícias suas.
d) Minha cara colega, deixe de tolices!
e) Quando caí da moto, quebrei o meu braço.

20 (Bacen) Em **Ela mesma apresentou aquela proposta**, os termos em destaque são:

a) pronome possessivo - pronome demonstrativo
b) adjetivo - pronome demonstrativo
c) pronome demonstrativo - pronome possessivo
d) advérbio - adjetivo
e) pronome demonstrativo - pronome demonstrativo

21 (TJ-TO) Na frase **Nosso lema era vencer ou vencer**, a palavra destacada é:

a) pronome substantivo possessivo
b) pronome adjetivo possessivo
c) pronome substantivo pessoal do caso oblíquo
d) pronome adjetivo pessoal
e) pronome demonstrativo

22 (Cesgranrio-RJ) **Ao comparar os diversos rios do mundo com o Amazonas, defendia com azedume e paixão a preeminência ★ sobre cada um ★.**

a) desse - daquele
b) daquele - destes
c) deste - daqueles
d) deste - desse
e) deste - desses

23 (Esaf-TTN) Assinale a frase incorreta quanto ao emprego de pronomes:

a) O aluno cujo pai viajou foi reprovado naquele concurso.
b) Os próprios contribuintes sabem que não apresentaram suas declarações em tempo.
c) Ele sempre trazia consigo a foto do filho desaparecido.
d) Eu ti amo, meu amor. Quero a tua felicidade.
e) As duas equipes lutaram muito, e o jogo foi equilibrado; ganhou a que teve mais sorte.

24 (ITA-SP) O pronome entre parênteses preenche a lacuna em todas as opções, exceto:

a) Ele entregara o livro para ★ guardar. (mim)
b) A embarcação virou com ★ três. (nós)
c) Entre ★ e ele há muitas divergências. (ti)
d) Esperávamos por papai sem o ★ não sairíamos. (qual)
e) É esta a razão por ★ lutamos. (que)

25. (Mack-SP) **Ninguém** atinge a perfeição alicerçado na busca de valores materiais, nem mesmo **os que** consideram **tal** atitude um privilégio dado pela **existência**. Os pronomes destacados classificam-se como:

a) indefinido - demonstrativo - relativo - demonstrativo
b) indefinido - pessoal oblíquo - relativo - indefinido
c) de tratamento - demonstrativo - indefinido - demonstrativo
d) de tratamento - pessoal oblíquo - indefinido - demonstrativo
e) demonstrativo - demonstrativo - relativo - demonstrativo

26. (TCU) Assinale a alternativa incorreta, considerando a adequação da combinação efetuada:

a) O segredo, ele mo contou sem mágoa nenhuma.
b) Calmamente ela toma do livro e no-lo traz.
c) Encontraram a joia e, sorridentes, deram-lha.
d) Minhas desculpas peço-lhas e prometo calar.
e) Pegou o livro e entregou-o-lhe, com autógrafo.

27. (Aman-RJ) Em uma das alternativas há erro quanto ao emprego do pronome:

a) A vós não vos interessa o que dizem?
b) Não há quem não concorde convosco.
c) A paz esteja convosco todos.
d) Só vós sois santo, ó Deus imortal!
e) Vossa Senhoria não se irritou com eles?

28. (BC) Nas opções abaixo, aquela em que o pronome possessivo não traz ambiguidade é:

a) O diretor comentou com a secretária que haviam recusado a sua proposta.
b) Ele foi direto a ela e pediu a sua carteira.
c) O chefe de seção anunciou à funcionária a sua demissão dela.
d) Geraldo, hoje eu vi o João com sua namorada.
e) Sabe da novidade? Luís não aceitou a sua nomeação.

29. (Fuvest-SP) Destaque a frase em que o pronome relativo está empregado corretamente:

a) É um cidadão em cuja honestidade se pode confiar.
b) Feliz o pai cujos os filhos são ajuizados.
c) Comprou uma casa maravilhosa cuja casa lhe custou uma fortuna.
d) Preciso de um pincel delicado, sem o cujo não poderei terminar o meu quadro.
e) Os jovens, cujos pais conversei com eles, prometeram mudar de atitude.

30. (FEI-SP) Identifique a alternativa em que todas as palavras destacadas são pronomes:

a) **Um** só aluno não **nos** prestou **nenhuma** colaboração.
b) **Quem** a ajudará a alcançar **todo** o sucesso?
c) **Aquele ao qual** se entregou o prêmio, ficou **muito** feliz.
d) **Todos os que** ajudam são **nossos** amigos.
e) n.d.a.

CAPÍTULO 15
VERBO (1)

amarrar

Verbo

Verbo é a palavra que pode sofrer as flexões de número, pessoa, tempo e modo. Ex.:

amarrei	flexão de número (está no singular),
	flexão de pessoa (é da 1ª pessoa),
	flexão de tempo (é o pretérito perfeito),
	flexão de modo (é o indicativo).

Ao conjunto de flexões verbais se dá o nome de **conjugação**. Verbo é, assim, a palavra que pode ser conjugada; indica essencialmente um desenvolvimento, um processo (ação, estado ou fenômeno).

IMPORTANTE

Voz não é flexão, é aspecto verbal; trata-se da forma que o verbo assume para exprimir sua relação com o sujeito: amarrei (voz ativa), fui amarrado (voz passiva), amarrei-me (voz reflexiva).

● Flexão de número

A **flexão de número** indica a quantidade de seres envolvidos no processo verbal. São dois os números: o **singular** e o **plural**. O verbo está no singular quando a quantidade de seres envolvidos no processo é simples ou unitária: amarro, amarras, amarra. O verbo está no plural quando a quantidade de seres envolvidos no processo é dupla ou múltipla: amarramos, amarrais, amarram.

● Flexão de pessoa

A **flexão de pessoa** indica as pessoas do discurso (1ª, 2ª e 3ª).

A 1ª é a que fala, ou seja, o emissor ou falante, e corresponde aos pronomes pessoais eu (singular) e nós (plural): amarro, amarramos.

A 2ª é a pessoa com quem se fala, ou seja, o receptor ou ouvinte, e corresponde aos pronomes pessoais tu (singular) e vós (plural): amarras, amarrais.

A 3ª é a pessoa de quem se fala e corresponde aos pronomes pessoais ele, ela (singular) e eles, elas (plural): amarra, amarram.

Flexão de modo

A **flexão de modo** indica a maneira, o modo como o fato se realiza. São três os modos: o **indicativo**, o **subjuntivo** e o **imperativo**, que estudaremos detidamente em *Emprego dos tempos, modos e formas nominais*.

Além dos modos, existem as formas nominais: o **infinitivo**, o **gerúndio** e o **particípio**, que também estudaremos adiante.

Flexão de tempo

A **flexão de tempo** indica o momento ou a época em que se realiza o fato. São três os tempos: o **presente**, o **pretérito** e o **futuro**. Somente o pretérito e o futuro são divisíveis.

Existem tempos simples, compostos, primitivos e derivados, que estudaremos adiante.

Voz

Voz é a maneira como se apresenta a ação expressa pelo verbo em relação ao sujeito. Tal relação pode ser de atividade, de passividade ou de atividade e passividade ao mesmo tempo. Desta forma, são três as vozes verbais:

a) **ativa** (o sujeito se diz **agente**, porque é o praticante da ação verbal, como em **amarrei o cadarço**),

b) **passiva** (o sujeito se diz **paciente**, porque é o recebedor da ação verbal, como em **o cadarço foi amarrado por mim**) e

c) **reflexiva** (o sujeito se diz **agente** e **paciente**, pois é ao mesmo tempo o praticante e o recebedor da ação verbal, como em **amarrei-me à árvore**).

A voz passiva pode ser:

a) **analítica** (formada com os verbos **ser**, **estar**, **ficar**, **andar**, **viver**, **ir**, **vir**, etc., seguidos de particípio, como em **o cadarço foi amarrado por mim**) e

b) **sintética** (formada com um verbo transitivo direto acompanhado do pronome **se**, que se diz apassivador, como em **amarrou-se o cadarço**.

Apenas os verbos transitivos diretos e os transitivos diretos e indiretos vão para a voz passiva. Com outros tipos de verbo, não existe voz passiva. Portanto, nas frases **Precisa-se de empregados** e **Vive-se bem nesta cidade**, sendo os verbos, respectivamente, transitivo indireto (**precisar**) e intransitivo (**viver**), o sujeito é indeterminado, e o pronome **se** já não é apassivador, mas índice de indeterminação do sujeito.

OBSERVAÇÕES

1) Quando no plural, a voz reflexiva pode indicar reciprocidade de ação, como em **Nós nos amarramos**. (= Um amarrou o outro.)

2) Com os verbos neutros (**nascer, viver, morrer, dormir, acordar, sonhar,** etc.) não há voz ativa, passiva nem reflexiva, porque o sujeito não pode ser visto como agente, paciente ou agente-paciente.

3) Em **Ele levou uma surra**, temos um verbo de sentido passivo, mas a voz não é passiva. Os verbos de sentido passivo também não podem ter voz ativa, passiva ou reflexiva.

4) Tanto na voz ativa quanto na voz passiva os tempos podem ser simples e compostos. Nos tempos compostos da voz ativa, usamos **ter** ou **haver** + **particípio**; nos tempos compostos da voz passiva, usamos **ter** ou **haver** + **particípio** do verbo **ser** + outro **particípio**. A seguir, o quadro de ambos.

Tempos simples e compostos da voz ativa

Modo	Tempo
Indicativo	Presente → **amo**
	Pretérito — perfeito — simples: **amei** / composto: **tenho amado**
	Pretérito — imperfeito: **amava**
	Pretérito — mais-que-perfeito — simples: **amara** / composto: **tinha amado**
	Futuro — do presente — simples: **amarei** / composto: **terei amado**
	Futuro — do pretérito — simples: **amaria** / composto: **teria amado**
Subjuntivo	Presente → **ame**
	Pretérito — perfeito: **tenha amado**
	Pretérito — imperfeito: **amasse**
	Pretérito — mais-que-perfeito: **tivesse amado**
	Futuro — simples: **amar** / composto: **tiver amado**

OBSERVAÇÃO

Das formas nominais, só o infinitivo e o gerúndio possuem formas compostas: infinitivo pessoal (**ter amado**, **teres amado**, etc.), infinitivo impessoal (**ter amado**) e gerúndio (**tendo amado**).

Tempos simples e compostos da voz passiva

Modo	Tempo
Indicativo	Presente → **sou amado(-a)**
	Pretérito — perfeito — simples: **fui amado(-a)** / composto: **tenho sido amado(-a)**
	Pretérito — imperfeito: **era amado(-a)**
	Pretérito — mais-que-perfeito — simples: **fora amado(-a)** / composto: **tinha sido amado(-a)**
	Futuro — do presente — simples: **serei amado(-a)** / composto: **terei sido amado(-a)**
	Futuro — do pretérito — simples: **seria amado(-a)** / composto: **teria sido amado(-a)**
Subjuntivo	Presente → **seja amado(-a)**
	Pretérito — perfeito: **tenha sido amado(-a)**
	Pretérito — imperfeito: **fosse amado(-a)**
	Pretérito — mais-que-perfeito: **tivesse sido amado(-a)**
	Futuro — simples: **for amado(-a)** / composto: **tiver sido amado(-a)**

Nas formas nominais, temos:

Modo	Tempo
Infinitivo	impessoal → presente: **ser amado(-a)** pretérito: **ter sido amado(-a)** pessoal → presente: **ser amado(-a), seres amado(-a), ser amado(a), sermos amados(as), serdes amados(as), serem amados(as)** pretérito: **ter sido amado(-a), teres sido amado(-a), ter sido amado(-a), termos sido amados(-as), terdes sido amados(as), terem sido amados(-as)**
Gerúndio	presente: **sendo amado(-a, -os, -as)** pretérito: **tendo sido amado(-a, -os, -as)**
Particípio	**amado(-a, -os, -as)**

Tempos primitivos e derivados

Tempos primitivos são os que dão origem a outros tempos, chamados **derivados**. Existem dois tempos e uma forma nominal que dão origem a todos os tempos e formas nominais, inclusive a um modo, o imperativo. Tomemos por exemplo o verbo caber:

Primitivos	Derivados
Infinitivo impessoal (caber)	a) futuro do presente → **caber-ei, caber-ás, caber-á**, etc. b) futuro do pretérito → **caber-ia, caber-ias, caber-ia**, etc. c) pret. imperfeito do indicativo → **cab-ia, cab-ias, cab-ia**, etc. Obs.: O pretérito imperfeito do indicativo é formado com a substituição do sufixo **-r** do infinitivo pelas desinências modo-temporais **-va-** (para a 1.ª conjugação → **dar, da-va**) e **-a-** (para a 2.ª e a 3.ª conjugação → **cabe-r, cabi-a, feri-r, feri-a**). Como se observa, o pretérito imperfeito, na 2.ª conjugação, deveria ser "cabea", e não **cabia**. O **-i-** desta forma é um alomorfe (a vogal temática **-e-** sempre passa a **-i-** antes de **-a-**). d) infinitivo pessoal → **caber, caber-es, caber, caber-mos**, etc. e) gerúndio → **cabe-ndo** f) particípio → **cabi-do** Obs.: 1) No gerúndio e no particípio, como se vê, o sufixo **-r** do infinitivo dá lugar a outros sufixos: **-ndo** (para o gerúndio) e **-do, -to** ou **-so** (para o particípio). 2) Na 2.ª conjugação, o particípio tem o tema em variante ou alomorfe (**cabido**, e não "cabedo"), por influência da vogal temática da 3.ª conjugação.

Primitivos	Derivados
Presente do indicativo (1.ª pessoa caib-o)	a) presente do subjuntivo → **caib-a, caib-as, caib-a**, etc. Obs.: 1) O presente do subjuntivo, como se vê, não apresenta vogal temática, mas apenas desinência modo-temporal (DMT) e desinências número-pessoais (DNP). A DMT da 1.ª conjugação é **-e-** (**cant-e**) e da 2.ª e 3.ª é **-a-** (**caib-a; part-a**). 2) O modo imperativo sai totalmente do modo subjuntivo, com exceção das 2.ªs pessoas do imperativo afirmativo, as quais saem do presente do indicativo, sem o **s** final. Como o verbo **caber** não tem imperativo, em virtude do seu próprio significado, vejamos como fica o imperativo do verbo **pôr**. b) imperativo afirmativo → **põe, ponha, ponhamos, ponde, ponham.** c) imperativo negativo → **não ponhas, não ponha, não ponhamos, não ponhais, não ponham.**

Primitivos	Derivados
Pretérito perfeito do indicativo (coub-e)	a) pret. mais-que-perfeito do ind. → coub-era, coub-eras, etc. b) pret. imperf. do subjuntivo → coub-esse, coub-esses, etc. c) futuro do subj. → coub-er, coub-eres, coub-er, etc. Obs.: Não se enquadram no sistema estudado, neste ou naquele caso, os seguintes verbos: **dar, estar, dizer, fazer, haver, pôr, querer, saber, ter, trazer, ir e vir.**

Elementos estruturais do verbo

Uma forma verbal pode ser constituída de todos estes elementos estruturais ou mórficos: radical (R), também denominado semantema e lexema, vogal temática (VT), tema (T), desinência modo-temporal (DMT), também denominada sufixo temporal, e desinência número-pessoal (DNP), também conhecida por desinência pessoal.

Radical é o elemento portador do significado e a parte do verbo que sobra, quando retiradas as terminações **-ar, -er, -ir**. Portanto, **am-, vend-** e **part-** são radicais.

O radical, embora às vezes alterado, aparece em toda a conjugação. Retirado o radical, restarão os morfemas: VT, DMT e DNP, elementos que podem aparecer ou não durante a conjugação.

A ausência de qualquer desses elementos estruturais é indicada com o morfema zero, ou seja, $\emptyset$ (conjunto vazio).

Vogal temática é o elemento que caracteriza as conjugações. São três: **-a-, -e-, -i-**.

Tema é o radical acrescido da vogal temática: **ama-, vende-, parti-**. É o elemento que recebe as desinências.

Desinência modo-temporal (DMT) é o elemento que indica o tempo e o modo: **am-a-va, vend-e-ra, part-i-a**. O quadro a seguir nos dá uma visão geral de todas as DMTs.

Desinências modo-temporais (DMTs) e sufixos das formas nominais					
	Indicativo		**Subjuntivo**		**Formas nominais**
Tempos	**1ª conj.**	**2ª e 3ª conj.**	**1ª conj.**	**2ª e 3ª conj.**	
presente	$\emptyset$	$\emptyset$	-e-	-a-	infinitivo **-r** gerúndio **-ndo** particípio **-do**
pret. perf.	$\emptyset$	$\emptyset$			
pret. imperf.	-va- (-ve-)	-a- (-e-)	-sse-	-sse-	
pret. m.-q.-p.	-ra- (-re-)	-ra- (-re-)			
fut. do pres.	-ra- (-re-)	-ra- (-re-)			
fut. do pret.	-ria- (-rie-)	-ria- (-rie-)			
futuro			-r-	-r-	

Desinência número-pessoal (DNP) é o elemento que se flexiona e identifica a pessoa e o número: **am-o, ama-s, ama-, ama-mos, ama-is, ama-m**.

A 3ª pessoa do singular do presente do indicativo possui DNP $\emptyset$. A seguir, o quadro das DNPs.

Quadro das desinências número-pessoais (DNPs)		
Tempos	**Singular**	**Plural**
presente do indicativo	-o -s $\emptyset$	-mos -is -m

Quadro das desinências número-pessoais (DNPs)		
Tempos	Singular	Plural
pretérito perfeito do indicativo	-i -ste -u	-mos -stes -ram
futuro do subjuntivo e infinitivo flexionado	∅ -es ∅	-mos -des -em

I M P O R T A N T E

1) A vogal temática, em contato com a vogal da DNP, sofre queda. Assim, na 1.ª pessoa do singular do presente do indicativo, temos:

ama > amao > amo; vende > vendeo > vendo; parti > partio > parto.

2) As DMTs e as DNPs são denominadas genericamente sufixos flexionais (SF). Assim, podemos estabelecer a seguinte fórmula geral:

$$\text{forma verbal} = \underbrace{R + VT}_{T} + \underbrace{DMT + DNP}_{SF}$$

3) A 1.ª e a 3.ª pessoas do singular do pretérito perfeito do indicativo da 1.ª conjugação apresentam a vogal temática em variante (amei, amou). Na 2.ª conjugação ocorre apenas a variante -i-, na 1.ª pessoa do singular (vendi). Na 3.ª conjugação, a vogal temática apresenta somente um alomorfe (-e-), no presente do indicativo (partes, parte, partem) e no imperativo afirmativo (parte).

4) A 1.ª pessoa do singular do presente do indicativo, todo o presente do subjuntivo e todo o imperativo negativo possuem vogal temática zero (VT ∅).

5) O particípio de todos os verbos da 2.ª conjugação apresenta vogal temática em variante: vendido, corrido, sofrido, quando normalmente deveria ser "vendedo", "corredo", "sofredo".

6) No gerúndio e no particípio, existem duas vogais temáticas, uma verbal, a outra nominal: amando, amado; vendendo, vendido; partindo, partido.

Formas rizotônicas e arrizotônicas

Formas rizotônicas	são aquelas que trazem o acento no radical (amo, amas, ama, amam; ame, ames, ame, amem).
Formas arrizotônicas	são aquelas que trazem o acento fora do radical (amamos, amais; amemos, ameis).

Conjugações

São três as conjugações, caracterizadas pela vogal temática:

1.ª conjugação	caracterizada pela vogal temática -a-: am-a-r;
2.ª conjugação	caracterizada pela vogal temática -e-: vend-e-r;
3.ª conjugação	caracterizada pela vogal temática -i-: part-i-r.

O verbo **pôr**, assim como seus derivados, pertence à 2ª conjugação. Sua forma atual não apresenta vogal temática, porém, encontramo-la em sua forma antiga **poer**, derivada do latim *ponere*, que pertencia à 2ª conjugação. A vogal temática desse verbo se revela em algumas de suas formas: p**õe**, p**õe**s, p**õe**m, etc. Em po**e**nte e po**e**deira, por exemplo, o **e** se conservou, não desaparecendo como em **pôr**.

● Classificação dos verbos

Os verbos se classificam quanto à flexão (regulares, irregulares, anômalos, defectivos e abundantes), quanto à função (principais e auxiliares), quanto ao aspecto (v. *aspecto verbal*, adiante), quanto à formação (primitivos, derivados, simples e compostos) e quanto à ausência de sujeito (impessoais, unipessoais).

● Verbos regulares

Verbos regulares são os que apresentam radical inalterado durante a conjugação e desinências idênticas às de todos os verbos regulares da mesma conjugação. Como suas formas são modelares, os verbos regulares são chamados de **paradigmas**.

A seguir, conjugação dos verbos amar, vender e partir, paradigmas de suas conjugações. As formas verbais estão divididas em seus elementos estruturais, a saber: radical, vogal temática, DMT e DNP. O morfema zero está indicado por ∅ (conjunto vazio).

Amar	Vender	Partir
\multicolumn{3}{c}{Modo indicativo}
\multicolumn{3}{c}{Presente}
am ∅ ∅ o	vend ∅ ∅ o	part ∅ ∅ o
am a ∅ s	vend e ∅ s	part e ∅ s
am a ∅ ∅	vend e ∅ ∅	part e ∅ ∅
am a ∅ mos	vend e ∅ mos	part i ∅ mos
am a ∅ is	vend e ∅ is	part i ∅ is (crase: **partis**)
am a ∅ m	vend e ∅ m	part e ∅ m
\multicolumn{3}{c}{Pretérito perfeito}
am e ∅ i	vend ∅ ∅ i	part i ∅ i (crase: **parti**)
am a ∅ ste	vend e ∅ ste	part i ∅ ste
am o ∅ u	vend e ∅ u	part i ∅ u
am a ∅ mos am á ∅ mos	vend e ∅ mos	part i ∅ mos
am a ∅ stes	vend e ∅ stes	part i ∅ stes
am a ∅ ram	vend e ∅ ram	part i ∅ ram
\multicolumn{3}{c}{Pretérito imperfeito}
am a va ∅	vend i a ∅	part i a ∅
am a va s	vend i a s	part i a s
am a va ∅	vend i a ∅	part i a ∅
am á va mos	vend í a mos	part í a mos
am á ve is	vend í e is	part í e is
am a va m	vend i a m	part i a m
\multicolumn{3}{c}{Pretérito mais-que-perfeito}
am a ra ∅	vend e ra ∅	part i ra ∅
am a ra s	vend e ra s	part i ra s
am a ra ∅	vend e ra ∅	part i ra ∅
am á ra mos	vend ê ra mos	part í ra mos
am á re is	vend ê re is	part í re is
am a ra m	vend e ra m	part i ra m

NOSSA GRAMÁTICA COMPLETA

Amar	Vender	Partir
Modo indicativo			
Futuro do presente			
am a re i	vend e re i	part i re i
am a rá s	vend e rá s	part i rá s
am a rá ∅	vend e rá ∅	part i rá ∅
am a re mos	vend e re mos	part i re mos
am a re is	vend e re is	part i re is
am a rã o	vend e rã o	part i rã o
Futuro do pretérito			
am a ria ∅	vend e ria ∅	part i ria ∅
am a ria s	vend e ria s	part i ria s
am a ria ∅	vend e ria ∅	part i ria ∅
am a ría mos	vend e ría mos	part i ría mos
am a ríe is	vend e ríe is	part i ríe is
am a ria m	vend e ria m	part i ria m
Modo subjuntivo			
Presente			
am ∅ e ∅	vend ∅ a ∅	part ∅ a ∅
am ∅ e s	vend ∅ a s	part ∅ a s
am ∅ e ∅	vend ∅ a ∅	part ∅ a ∅
am ∅ e mos	vend ∅ a mos	part ∅ a mos
am ∅ e is	vend ∅ a is	part ∅ a is
am ∅ e m	vend ∅ a m	part ∅ a m
Pretérito imperfeito			
am a sse ∅	vend e sse ∅	part i sse ∅
am a sse s	vend e sse s	part i sse s
am a sse ∅	vend e sse ∅	part i sse ∅
am á sse mos	vend ê sse mos	part í sse mos
am á sse is	vend ê sse is	part í sse is
am a sse m	vend e sse m	part i sse m
Futuro			
am a r ∅	vend e r ∅	part i r ∅
am a r es	vend e r es	part i r es
am a r ∅	vend e r ∅	part i r ∅
am a r mos	vend e r mos	part i r mos
am a r des	vend e r des	part i r des
am a r em	vend e r em	part i r em
Modo imperativo			
Afirmativo			
am a ∅ ∅	vend e ∅ ∅	part e ∅ ∅
am ∅ e ∅	vend ∅ a ∅	part ∅ a ∅
am ∅ e mos	vend ∅ a mos	part ∅ a mos
am a ∅ i	vend e ∅ i	part i ∅ i (crase: **parti**)
am ∅ e m	vend ∅ a m	part ∅ a m
Negativo			
não am ∅ e s	não vend ∅ a s	não part ∅ a s
não am ∅ e ∅	não vend ∅ a ∅	não part ∅ a ∅
não am ∅ e mos	não vend ∅ a mos	não part ∅ a mos
não am ∅ e is	não vend ∅ a is	não part ∅ a is
não am ∅ e m	não vend ∅ a m	não part ∅ a m

	Amar	Vender	Partir
	Formas nominais		
	Infinitivo impessoal		
	am a r ∅	vend e r ∅	part i r ∅
	Infinitivo pessoal		
	am a r ∅ am a r es am a r ∅ am a r mos am a r des am a r em	vend e r ∅ vend e r es vend e r ∅ vend e r mos vend e r des vend e r em	part i r ∅ part i r es part i r ∅ part i r mos part i r des part i r em
	Gerúndio		
	am a ndo ∅	vend e ndo ∅	part i ndo ∅
	Particípio		
	am a do ∅	vend i do ∅	part i do ∅

Verbos irregulares

Verbos irregulares são os que apresentam radical alterado durante a conjugação e/ou as desinências não são as mesmas para todos os verbos irregulares da mesma conjugação.

A conjugação no presente e no pretérito perfeito do indicativo já nos permite saber se o verbo é regular ou irregular.

OBSERVAÇÃO

Certos verbos sofrem alterações no radical apenas e tão-somente para que seja mantida a regularidade sonora. Entre esses estão corrigir (corrijo), fingir (finjo), embarcar (embarquei), tocar (toquei), etc. Tais alterações não caracterizam irregularidade, porque o fonema se mantém inalterado.

A seguir a conjugação dos principais verbos irregulares das três conjugações.

Principais verbos irregulares da 1.ª conjugação

Dar		
Indicativo	Presente dou, dás, dá, damos, dais, dão	
	Pretérito perfeito dei, deste, deu, demos, destes, deram	
	Pretérito imperfeito dava, davas, dava, dávamos, dáveis, davam	
	Pretérito mais-que-perfeito dera, deras, dera, déramos, déreis, deram	
	Futuro do presente darei, darás, dará, daremos, dareis, darão	
	Futuro do pretérito daria, darias, daria, daríamos, daríeis, dariam	
Subjuntivo	Presente dê, dês, dê, demos, deis, deem	
	Pretérito imperfeito desse, desses, desse, déssemos, désseis, dessem	
	Futuro der, deres, der, dermos, derdes, derem	
Imperativo	Afirmativo dá, dê, demos, dai, deem	
	Negativo não dês, não dê, não demos, não deis, não deem	

Dar	
Formas nominais	Infinitivo impessoal dar
	Infinitivo pessoal dar, dares, dar, darmos, dardes, darem
	Gerúndio dando
	Particípio dado

Por serem regulares, os verbos **circundar** e **vedar** não se conjugam por **dar**.

Estar	
Indicativo	Presente estou, estás, está, estamos, estais, estão
	Pretérito perfeito estive, estiveste, esteve, estivemos, estivestes, estiveram
	Pretérito imperfeito estava, estavas, estava, estávamos, estáveis, estavam
	Pretérito mais-que-perfeito estivera, estiveras, estivera, estivéramos, estivéreis, estiveram
	Futuro do presente estarei, estarás, estará, estaremos, estareis, estarão
	Futuro do pretérito estaria, estarias, estaria, estaríamos, estaríeis, estariam
Subjuntivo	Presente esteja, estejas, esteja, estejamos, estejais, estejam
	Pretérito imperfeito estivesse, estivesses, estivesse, estivéssemos, estivésseis, estivessem
	Futuro estiver, estiveres, estiver, estivermos, estiverdes, estiverem
Imperativo	Afirmativo está, esteja, estejamos, estai, estejam
	Negativo não estejas, não esteja, não estejamos, não estejais, não estejam
Formas nominais	Infinitivo impessoal estar
	Infinitivo pessoal estar, estares, estar, estarmos, estardes, estarem
	Gerúndio estando
	Particípio estado

Por **estar** conjuga-se **sobrestar**, mas não **obstar** e **sustar**, que são verbos regulares.

OBSERVAÇÕES

1) Dos verbos irregulares da primeira conjugação, merece lembrança ainda **apiedar-se**, que muda o **e** em **a** nas formas rizotônicas:

> Presente do indicativo: apiado-me, apiadas-te, apiada-se, apiedamo-nos, apiedais-vos, apiadam-se.
> Presente do subjuntivo: se apiade, te apiades, se apiade, nos apiedemos, vos apiedeis, se apiadem.

A irregularidade deste verbo provém do fato de ainda sobreviverem as formas rizotônicas do verbo arcaico **apiadar-se**, as quais substituem as formas correspondentes de **apiedar-se**. Não obstante, firma-se no português contemporâneo o uso apenas do verbo regular **apiedar-se**.

2) O verbo **consumar** é regular, conjugando-se pelo paradigma da sua conjugação (**amar**). Também são regulares: acuar, amputar, amuar, arruar, atuar, autuar, continuar, cultuar, disputar, encafuar, esquivar-se, graduar, habituar, imputar, jejuar, recuar, reputar e suar.

3) Os verbos terminados em -ear trocam o e por ei nas formas rizotônicas. Assim, o presente do indicativo do verbo passear é: passeio, passeias, passeia, passeamos, passeais, passeiam; o presente do subjuntivo é: passeie, passeies, passeie, passeemos, passeeis, passeiem. Todos os verbos terminados em -ear assim se conjugam.

4) Os verbos terminados em -iar conjugam-se regularmente. Assim, o presente do indicativo do verbo negociar é: negocio, negocias, negocia, negociamos, negociais, negociam. O presente do subjuntivo é: negocie, negocies, negocie, negociemos, negocieis, negociem.

Verbos irregulares da 2ª conjugação

Caber		
Indicativo	Presente	caibo, cabes, cabe, cabemos, cabeis, cabem
	Pretérito perfeito	coube, coubeste, coube, coubemos, coubestes, couberam
	Pretérito imperfeito	cabia, cabias, cabia, cabíamos, cabíeis, cabiam
	Pretérito mais-que-perfeito	coubera, couberas, coubera, coubéramos, coubéreis, couberam
	Futuro do presente	caberei, caberás, caberá, caberemos, cabereis, caberão
	Futuro do pretérito	caberia, caberias, caberia, caberíamos, caberíeis, caberiam
Subjuntivo	Presente	caiba, caibas, caiba, caibamos, caibais, caibam
	Pretérito imperfeito	coubesse, coubesses, coubesse, coubéssemos, coubésseis, coubessem
	Futuro	couber, couberes, couber, coubermos, couberdes, couberem
Imperativo	Afirmativo	Não há.
	Negativo	Não há, em virtude do seu próprio significado
Formas nominais	Infinitivo impessoal	caber
	Infinitivo pessoal	caber, caberes, caber, cabermos, caberdes, caberem
	Gerúndio	cabendo
	Particípio	cabido

Crer		
Indicativo	Presente	creio, crês, crê, cremos, credes, creem
	Pretérito perfeito	cri, crestes, creu, cremos, crestes, creram
	Pretérito imperfeito	cria, crias, cria, críamos, críeis, criam
	Pretérito mais-que-perfeito	crera, creras, crera, crêramos, crêreis, creram
	Futuro do presente	crerei, crerás, crerá, creremos, crereis, crerão
	Futuro do pretérito	creria, crerias, creria, creríamos, creríeis, creriam
Subjuntivo	Presente	creia, creias, creia, creiamos, creiais, creiam
	Pretérito imperfeito	cresse, cresses, cresse, crêssemos, crêsseis, cressem
	Futuro	crer, creres, crer, crermos, crerdes, crerem
Imperativo	Afirmativo	crê, creia, creiamos, crede, creiam
	Negativo	não creias, não creia, não creiamos, não creiais, não creiam

Crer

Formas nominais	
	Infinitivo impessoal crer
	Infinitivo pessoal crer, creres, crer, crermos, crerdes, crerem
	Gerúndio crendo
	Particípio crido

Dizer

Indicativo	
	Presente digo, dizes, diz, dizemos, dizeis, dizem
	Pretérito perfeito disse, disseste, disse, dissemos, dissestes, disseram
	Pretérito imperfeito dizia, dizias, dizia, dizíamos, dizíeis, diziam
	Pretérito mais-que-perfeito dissera, disseras, dissera, disséramos, disséreis, disseram
	Futuro do presente direi, dirás, dirá, diremos, direis, dirão
	Futuro do pretérito diria, dirias, diria, diríamos, diríeis, diriam

Subjuntivo	
	Presente diga, digas, diga, digamos, digais, digam
	Pretérito imperfeito dissesse, dissesses, dissesse, disséssemos, dissésseis, dissessem
	Futuro disser, disseres, disser, dissermos, disserdes, disserem

Imperativo	
	Afirmativo dize ou diz, diga, digamos, dizei, digam
	Negativo não digas, não diga, não digamos, não digais, não digam

Formas nominais	
	Infinitivo impessoal dizer
	Infinitivo pessoal dizer, dizeres, dizer, dizermos, dizerdes, dizerem
	Gerúndio dizendo
	Particípio dito

Por dizer se conjugam todos os seus derivados: bendizer, condizer, contradizer, desdizer, entredizer, interdizer, maldizer, predizer, redizer e tresdizer. Estes verbos da 2ª conjugação possuem formas duplas na 2ª pessoa do singular do imperativo afirmativo: dizer, fazer, jazer, prazer e trazer.

Fazer

Indicativo	
	Presente faço, fazes, faz, fazemos, fazeis, fazem
	Pretérito perfeito fiz, fizeste, fez, fizemos, fizestes, fizeram
	Pretérito imperfeito fazia, fazias, fazia, fazíamos, fazíeis, faziam
	Pretérito mais-que-perfeito fizera, fizeras, fizera, fizéramos, fizéreis, fizeram
	Futuro do presente farei, farás, fará, faremos, fareis, farão
	Futuro do pretérito faria, farias, faria, faríamos, faríeis, fariam

Subjuntivo	
	Presente faça, faças, faça, façamos, façais, façam
	Pretérito imperfeito fizesse, fizesses, fizesse, fizéssemos, fizésseis, fizessem
	Futuro fizer, fizeres, fizer, fizermos, fizerdes, fizerem

Imperativo	
	Afirmativo faze ou faz, faça, façamos, fazei, façam
	Negativo não faças, não faça, não façamos, não façais, não façam

Fazer

Formas nominais	
	Infinitivo impessoal fazer
	Infinitivo pessoal fazer, fazeres, fazer, fazermos, fazerdes, fazerem
	Gerúndio fazendo
	Particípio feito

Por fazer se conjugam todos os seus derivados: afazer, benfazer, contrafazer, desfazer, liquefazer, perfazer, rarefazer, refazer e satisfazer.

Haver

Indicativo	
	Presente hei, hás, há, havemos ou hemos, haveis ou heis, hão
	Pretérito perfeito houve, houveste, houve, houvemos, houvestes, houveram
	Pretérito imperfeito havia, havias, havia, havíamos, havíeis, haviam
	Pretérito mais-que-perfeito houvera, houveras, houvera, houvéramos, houvéreis, houveram
	Futuro do presente haverei, haverás, haverá, haveremos, havereis, haverão
	Futuro do pretérito haveria, haverias, haveria, haveríamos, haveríeis, haveriam

Subjuntivo	
	Presente haja, hajas, haja, hajamos, hajais, hajam
	Pretérito imperfeito houvesse, houvesses, houvesse, houvéssemos, houvésseis, houvessem
	Futuro houver, houveres, houver, houvermos, houverdes, houverem

Imperativo	
	Afirmativo há, haja, hajamos, havei ou hei, hajam
	Negativo não hajas, não haja, não hajamos, não hajais, não hajam

Formas nominais	
	Infinitivo impessoal haver
	Infinitivo pessoal haver, haveres, haver, havermos, haverdes, haverem
	Gerúndio havendo
	Particípio havido

Poder

Indicativo	
	Presente posso, podes, pode, podemos, podeis, podem
	Pretérito perfeito pude, pudeste, pôde, pudemos, pudestes, puderam
	Pretérito imperfeito podia, podias, podia, podíamos, podíeis, podiam
	Pretérito mais-que-perfeito pudera, puderas, pudera, pudéramos, pudéreis, puderam
	Futuro do presente poderei, poderás, poderá, poderemos, podereis, poderão
	Futuro do pretérito poderia, poderias, poderia, poderíamos, poderíeis, poderiam

Subjuntivo	
	Presente possa, possas, possa, possamos, possais, possam
	Pretérito imperfeito pudesse, pudesses, pudesse, pudéssemos, pudésseis, pudessem
	Futuro puder, puderes, puder, pudermos, puderdes, puderem

Imperativo	
	Afirmativo Não há.
	Negativo Não há.

Formas nominais	
	Infinitivo impessoal poder
	Infinitivo pessoal poder, poderes, poder, podermos, poderdes, poderem
	Gerúndio podendo
	Particípio podido

NOSSA GRAMÁTICA COMPLETA

	Pôr (antigo *poer*)
Indicativo	Presente ponho, pões, põe, pomos, pondes, põem
	Pretérito perfeito pus, puseste, pôs, pusemos, pusestes, puseram
	Pretérito imperfeito punha, punhas, punha, púnhamos, púnheis, punham
	Pretérito mais-que-perfeito pusera, puseras, pusera, puséramos, puséreis, puseram
	Futuro do presente porei, porás, porá, poremos, poreis, porão
	Futuro do pretérito poria, porias, poria, poríamos, poríeis, poriam
Subjuntivo	Presente ponha, ponhas, ponha, ponhamos, ponhais, ponham
	Pretérito imperfeito pusesse, pusesses, pusesse, puséssemos, pusésseis, pusessem
	Futuro puser, puseres, puser, pusermos, puserdes, puserem
Imperativo	Afirmativo põe, ponha, ponhamos, ponde, ponham
	Negativo não ponhas, não ponha, não ponhamos, não ponhais, não ponham
Formas nominais	Infinitivo impessoal pôr
	Infinitivo pessoal pôr, pores, pôr, pormos, pordes, porem
	Gerúndio pondo
	Particípio posto

Pelo verbo **pôr** são conjugados todos os seus derivados: **antepor, apor, compor, contrapor, decompor, depor, descompor, dispor, entrepor, expor, impor, indispor, interpor, justapor, opor, pospor, predispor, prepor, pressupor, propor, recompor, repor, sobrepor, superpor, supor** e **transpor**.

	Precaver
Indicativo	Presente precavemos, precaveis
	Pretérito perfeito precavi, precaveste, precaveu, precavemos, precavestes, precaveram
	Pretérito imperfeito precavia, precavias, precavia, precavíamos, precavíeis, precaviam
	Pretérito mais-que-perfeito precavera, precaveras, precavera, precavêramos, precavêreis, precaveram
	Futuro do presente precaverei, precaverás, precaverá, precaveremos, precavereis, precaverão
	Futuro do pretérito precaveria, precaverias, precaveria, precaveríamos, precaveríeis, precaveriam
Subjuntivo	Presente Não há.
	Pretérito imperfeito precavesse, precavesses, precavesse, precavêssemos, precavêsseis, precavessem
	Futuro precaver, precaveres, precaver, precavermos, precaverdes, precaverem
Imperativo	Afirmativo precavei
	Negativo Não há.
Formas nominais	Infinitivo impessoal precaver
	Infinitivo pessoal precaver, precaveres, precaver, precavermos, precaverdes, precaverem
	Gerúndio precavendo
	Particípio precavido

Como se vê, o verbo **precaver** se conjuga apenas e tão somente nas formas arrizotônicas; trata-se de um verbo defectivo que não se deriva de **ver** nem de **vir**. As formas inexistentes deste verbo são substituídas pelas correspondentes dos sinônimos **precatar, acautelar** ou **prevenir**.

	Prover	
Indicativo	Presente	provejo, provês, provê, provemos, provedes, proveem
	Pretérito perfeito	provi, proveste, proveu, provemos, provestes, proveram
	Pretérito imperfeito	provia, provias, provia, províamos, províeis, proviam
	Pretérito mais-que-perfeito	provera, proveras, provera, provêramos, provêreis, proveram
	Futuro do presente	proverei, proverás, proverá, proveremos, provereis, proverão
	Futuro do pretérito	proveria, proverias, proveria, proveríamos, proveríeis, proveriam
Subjuntivo	Presente	proveja, provejas, proveja, provejamos, provejais, provejam
	Pretérito imperfeito	provesse, provesses, provesse, provêssemos, provêsseis, provessem
	Futuro	prover, proveres, prover, provermos, proverdes, proverem
Imperativo	Afirmativo	provê, proveja, provejamos, provede, provejam
	Negativo	não provejas, não proveja, não provejamos, não provejais, não provejam
Formas nominais	Infinitivo impessoal	prover
	Infinitivo pessoal	prover, proveres, prover, provermos, proverdes, proverem
	Gerúndio	provendo
	Particípio	provido

Como se vê, o verbo **prover** só não se conjuga pelo verbo **ver** nos tempos derivados do pretérito perfeito; conjuga-se também assim o verbo **desprover**.

	Querer	
Indicativo	Presente	quero, queres, quer, queremos, quereis, querem
	Pretérito perfeito	quis, quiseste, quis, quisemos, quisestes, quiseram
	Pretérito imperfeito	queria, querias, queria, queríamos, queríeis, queriam
	Pretérito mais-que-perfeito	quisera, quiseras, quisera, quiséramos, quiséreis, quiseram
	Futuro do presente	quererei, quererás, quererá, quereremos, querereis, quererão
	Futuro do pretérito	quereria, quererias, quereria, quereríamos, quereríeis, quereriam
Subjuntivo	Presente	queira, queiras, queira, queiramos, queirais, queiram
	Pretérito imperfeito	quisesse, quisesses, quisesse, quiséssemos, quisésseis, quisessem
	Futuro	quiser, quiseres, quiser, quisermos, quiserdes, quiserem
Imperativo	Afirmativo	Não há.
	Negativo	Não há. Usa-se, contudo, antes de infinitivo, para casos de cortesia: **queira entrar**, **queira sentar-se**, **queiram aguardar**. Significa, então, **fazer o favor de**, **ter a bondade de**, possuindo, portanto, sentido figurado.
Formas nominais	Infinitivo impessoal	querer
	Infinitivo pessoal	querer, quereres, querer, querermos, quererdes, quererem
	Gerúndio	querendo
	Particípio	querido

Reaver		
Indicativo	Presente	reavemos, reaveis
	Pretérito perfeito	reouve, reouveste, reouve, reouvemos, reouvestes, reouveram
	Pretérito imperfeito	reavia, reavias, reavia, reavíamos, reavíeis, reaviam
	Pretérito mais-que-perfeito	reouvera, reouveras, reouvera, reouvéramos, reouvéreis, reouveram
	Futuro do presente	reaverei, reaverás, reaverá, reaveremos, reavereis, reaverão
	Futuro do pretérito	reaveria, reaverias, reaveria, reaveríamos, reaveríeis, reaveriam
Subjuntivo	Presente	Não há.
	Pretérito imperfeito	reouvesse, reouvesses, reouvesse, reouvéssemos, reouvésseis, reouvessem
	Futuro	reouver, reouveres, reouver, reouvermos, reouverdes, reouverem
Imperativo	Afirmativo	reavei
	Negativo	Não há.
Formas nominais	Infinitivo impessoal	reaver
	Infinitivo pessoal	reaver, reaveres, reaver, reavermos, reaverdes, reaverem
	Gerúndio	reavendo
	Particípio	reavido

Como se vê, o verbo **reaver** se conjuga por **haver**, mas só possui as formas em que este conserva a letra **v**. As formas dos sinônimos **recuperar** e **recobrar** suprem as formas inexistentes deste verbo.

Requerer		
Indicativo	Presente	requeiro, requeres, requer, requeremos, requereis, requerem
	Pretérito perfeito	requeri, requereste, requereu, requeremos, requerestes, requereram
	Pretérito imperfeito	requeria, requerias, requeria, requeríamos, requeríeis, requeriam
	Pretérito mais-que-perfeito	requerera, requereras, requerera, requerêramos, requerêreis, requereram
	Futuro do presente	requererei, requererás, requererá, requereremos, requerereis, requererão
	Futuro do pretérito	requereria, requererias, requereria, requereríamos, requereríeis, requereriam
Subjuntivo	Presente	requeira, requeiras, requeira, requeiramos, requeirais, requeiram
	Pretérito imperfeito	requeresse, requeresses, requeresse, requerêssemos, requerêsseis, requeressem
	Futuro	requerer, requereres, requerer, requerermos, requererdes, requererem
Imperativo	Afirmativo	requere, requeira, requeiramos, requerei, requeiram
	Negativo	não requeiras, não requeira, não requeiramos, não requeirais, não requeiram

Requerer

Formas nominais	Infinitivo impessoal requerer
	Infinitivo pessoal requerer, requereres, requerer, requerermos, requererdes, requererem
	Gerúndio requerendo
	Particípio requerido

Como se vê, o verbo requerer só é irregular na primeira pessoa do singular do presente do indicativo e, consequentemente, em todo o presente do subjuntivo e no modo imperativo; nas demais formas é regular, não se conjugando, portanto, pelo verbo **querer**.

Saber

Indicativo	Presente sei, sabes, sabe, sabemos, sabeis, sabem
	Pretérito perfeito soube, soubeste, soube, soubemos, soubestes, souberam
	Pretérito imperfeito sabia, sabias, sabia, sabíamos, sabíeis, sabiam
	Pretérito mais-que-perfeito soubera, souberas, soubera, soubéramos, soubéreis, souberam
	Futuro do presente saberei, saberás, saberá, saberemos, sabereis, saberão
	Futuro do pretérito saberia, saberias, saberia, saberíamos, saberíeis, saberiam
Subjuntivo	Presente saiba, saibas, saiba, saibamos, saibais, saibam
	Pretérito imperfeito soubesse, soubesses, soubesse, soubéssemos, soubésseis, soubessem
	Futuro souber, souberes, souber, soubermos, souberdes, souberem
Imperativo	Afirmativo sabe, saiba, saibamos, sabei, saibam
	Negativo não saibas, não saiba, não saibamos, não saibais, não saibam
Formas nominais	Infinitivo impessoal saber
	Infinitivo pessoal saber, saberes, saber, sabermos, saberdes, saberem
	Gerúndio sabendo
	Particípio sabido

Ser

Indicativo	Presente sou, és, é, somos, sois, são
	Pretérito perfeito fui, foste, foi, fomos, fostes, foram
	Pretérito imperfeito era, eras, era, éramos, éreis, eram
	Pretérito mais-que-perfeito fora, foras, fora, fôramos, fôreis, foram
	Futuro do presente serei, serás, será, seremos, sereis, serão
	Futuro do pretérito seria, serias, seria, seríamos, seríeis, seriam
Subjuntivo	Presente seja, sejas, seja, sejamos, sejais, sejam
	Pretérito imperfeito fosse, fosses, fosse, fôssemos, fôsseis, fossem
	Futuro for, fores, for, formos, fordes, forem
Imperativo	Afirmativo sê, seja, sejamos, sede, sejam
	Negativo não sejas, não seja, não sejamos, não sejais, não sejam

Verbo (1)

Ser

Formas nominais	
	Infinitivo impessoal ser
	Infinitivo pessoal ser, seres, ser, sermos, serdes, serem
	Gerúndio sendo
	Particípio sido

Ter

Indicativo	
	Presente tenho, tens, tem, temos, tendes, têm
	Pretérito perfeito tive, tiveste, teve, tivemos, tivestes, tiveram
	Pretérito imperfeito tinha, tinhas, tinha, tínhamos, tínheis, tinham
	Pretérito mais-que-perfeito tivera, tiveras, tivera, tivéramos, tivéreis, tiveram
	Futuro do presente terei, terás, terá, teremos, tereis, terão
	Futuro do pretérito teria, terias, teria, teríamos, teríeis, teriam

Subjuntivo	
	Presente tenha, tenhas, tenha, tenhamos, tenhais, tenham
	Pretérito imperfeito tivesse, tivesses, tivesse, tivéssemos, tivésseis, tivessem
	Futuro tiver, tiveres, tiver, tivermos, tiverdes, tiverem

Imperativo	
	Afirmativo tem, tenha, tenhamos, tende, tenham
	Negativo não tenhas, não tenha, não tenhamos, não tenhais, não tenham

Formas nominais	
	Infinitivo impessoal ter
	Infinitivo pessoal ter, teres, ter, termos, terdes, terem
	Gerúndio tendo
	Particípio tido

Por ter se conjugam todos os seus derivados: **abster-se**, **ater-se**, **conter**, **deter**, **entreter**, **manter**, **obter**, **reter** e **suster**.

Trazer

Indicativo	
	Presente trago, trazes, traz, trazemos, trazeis, trazem
	Pretérito perfeito trouxe, trouxeste, trouxe, trouxemos, trouxestes, trouxeram
	Pretérito imperfeito trazia, trazias, trazia, trazíamos, trazíeis, traziam
	Pretérito mais-que-perfeito trouxera, trouxeras, trouxera, trouxéramos, trouxéreis, trouxeram
	Futuro do presente trarei, trarás, trará, traremos, trareis, trarão
	Futuro do pretérito traria, trarias, traria, traríamos, traríeis, trariam

Subjuntivo	
	Presente traga, tragas, traga, tragamos, tragais, tragam
	Pretérito imperfeito trouxesse, trouxesses, trouxesse, trouxéssemos, trouxésseis, trouxessem
	Futuro trouxer, trouxeres, trouxer, trouxermos, trouxerdes, trouxerem

Imperativo	
	Afirmativo traze ou traz, traga, tragamos, trazei, tragam
	Negativo não tragas, não traga, não tragamos, não tragais, não tragam

Formas nominais	
	Infinitivo impessoal trazer
	Infinitivo pessoal trazer, trazeres, trazer, trazermos, trazerdes, trazerem
	Gerúndio trazendo
	Particípio trazido

Ver		
Indicativo	Presente	vejo, vês, vê, vemos, vedes, veem
	Pretérito perfeito	vi, viste, viu, vimos, vistes, viram
	Pretérito imperfeito	via, vias, via, víamos, víeis, viam
	Pretérito mais-que-perfeito	vira, viras, vira, víramos, víreis, viram
	Futuro do presente	verei, verás, verá, veremos, vereis, verão
	Futuro do pretérito	veria, verias, veria, veríamos, veríeis, veriam
Subjuntivo	Presente	veja, vejas, veja, vejamos, vejais, vejam
	Pretérito imperfeito	visse, visses, visse, víssemos, vísseis, vissem
	Futuro	vir, vires, vir, virmos, virdes, virem
Imperativo	Afirmativo	vê, veja, vejamos, vede, vejam
	Negativo	não vejas, não veja, não vejamos, não vejais, não vejam
Formas nominais	Infinitivo impessoal	ver
	Infinitivo pessoal	ver, veres, ver, vermos, verdes, verem
	Gerúndio	vendo
	Particípio	visto

Por **ver** se conjugam os derivados antever, entrever, prever e rever, mas não **precaver**, que dele não se deriva, e **prover**.

Dos verbos irregulares da 2ª conjugação merecem citação, ainda:

Aprazer		
Indicativo	Presente	aprazo, aprazes, apraz, aprazemos, aprazeis, aprazem
	Pretérito perfeito	aprouve, aprouveste, aprouve, aprouvemos, aprouvestes, aprouveram
	Pretérito imperfeito	aprazia, aprazias, aprazia, aprazíamos, aprazíeis, apraziam, etc.

É mais usado nas terceiras pessoas, do singular e do plural. O verbo primitivo **prazer** só é usado na 3.ª pessoa do singular e do plural, em todos os tempos e modos.

Valer		

A irregularidade deste verbo se encontra apenas no presente do indicativo (1.ª pessoa) e em todo o presente do subjuntivo.

Indicativo	Presente valho, vales, vale, valemos, valeis, valem
Subjuntivo	Presente valha, valhas, valha, valhamos, valhais, valham

Por **valer** se conjugam os derivados desvaler e equivaler

OBSERVAÇÕES

1) Os verbos terminados em **-ger** mudam o **g** em **j** antes de **a** e **o**. São estes os principais: abranger (abran**j**o, abranges, etc.), **constranger**, eleger, proteger, ranger, reger e tanger.

2) Os verbos benzer, coser, cozer e lamber são inteiramente regulares.

Verbos irregulares da 3ª conjugação

Agredir		
Indicativo	Presente	agrido, agrides, agride, agredimos, agredis, agridem
	Pretérito perfeito	agredi, agrediste, agrediu, agredimos, agredistes, agrediram
	Pretérito imperfeito	agredia, agredias, agredia, agredíamos, agredíeis, agrediam
	Pretérito mais-que-perfeito	agredira, agrediras, agredira, agredíramos, agredíreis, agrediram
	Futuro do presente	agredirei, agredirás, agredirá, agrediremos, agredireis, agredirão
	Futuro do pretérito	agrediria, agredirias, agrediria, agrediríamos, agrediríeis, agrediriam
Subjuntivo	Presente	agrida, agridas, agrida, agridamos, agridais, agridam
	Pretérito imperfeito	agredisse, agredisses, agredisse, agredíssemos, agredísseis, agredissem
	Futuro	agredir, agredires, agredir, agredirmos, agredirdes, agredirem
Imperativo	Afirmativo	agride, agrida, agridamos, agredi, agridam
	Negativo	não agridas, não agrida, não agridamos, não agridais, não agridam
Formas nominais	Infinitivo impessoal	agredir
	Infinitivo pessoal	agredir, agredires, agredir, agredirmos, agredirdes, agredirem
	Gerúndio	agredindo
	Particípio	agredido

Por **agredir** se conjugam: **cerzir**, **denegrir**, **prevenir**, **progredir**, **regredir** e **transgredir**.

Cobrir		
Indicativo	Presente	cubro, cobres, cobre, cobrimos, cobris, cobrem
	Pretérito perfeito	cobri, cobriste, cobriu, cobrimos, cobristes, cobriram
	Pretérito imperfeito	cobria, cobrias, cobria, cobríamos, cobríeis, cobriam
	Pretérito mais-que-perfeito	cobrira, cobriras, cobrira, cobríramos, cobríreis, cobriram
	Futuro do presente	cobrirei, cobrirás, cobrirá, cobriremos, cobrireis, cobrirão
	Futuro do pretérito	cobriria, cobririas, cobriria, cobriríamos, cobriríeis, cobririam
Subjuntivo	Presente	cubra, cubras, cubra, cubramos, cubrais, cubram
	Pretérito imperfeito	cobrisse, cobrisses, cobrisse, cobríssemos, cobrísseis, cobrissem
	Futuro	cobrir, cobrires, cobrir, cobrirmos, cobrirdes, cobrirem
Imperativo	Afirmativo	cobre, cubra, cubramos, cobri, cubram
	Negativo	não cubras, não cubra, não cubramos, não cubrais, não cubram
Formas nominais	Infinitivo impessoal	cobrir
	Infinitivo pessoal	cobrir, cobrires, cobrir, cobrirmos, cobrirdes, cobrirem
	Gerúndio	cobrindo
	Particípio	coberto

Por **cobrir** se conjugam: **descobrir**, **dormir**, **encobrir**, **engolir**, **recobrir** e **tossir**. O verbo **engolir**, segundo o VOLP, se conjuga por **fugir**. Não agasalha as formas **engolimos**, **engolis**.

Ferir		
Indicativo	Presente	firo, feres, fere, ferimos, feris, ferem
	Pretérito perfeito	feri, feriste, feriu, ferimos, feristes, feriram
	Pretérito imperfeito	feria, ferias, feria, feríamos, feríeis, feriam
	Pretérito mais-que-perfeito	ferira, feriras, ferira, feríramos, feríreis, feriram
	Futuro do presente	ferirei, ferirás, ferirá, feriremos, ferireis, ferirão
	Futuro do pretérito	feriria, feririas, feriria, feriríamos, feriríeis, feririam
Subjuntivo	Presente	fira, firas, fira, firamos, firais, firam
	Pretérito imperfeito	ferisse, ferisses, ferisse, feríssemos, ferísseis, ferissem
	Futuro	ferir, ferires, ferir, ferirmos, ferirdes, ferirem
Imperativo	Afirmativo	fere, fira, firamos, feri, firam
	Negativo	não firas, não fira, não firamos, não firais, não firam
Formas nominais	Infinitivo impessoal	ferir
	Infinitivo pessoal	ferir, ferires, ferir, ferirmos, ferirdes, ferirem
	Gerúndio	ferindo
	Particípio	ferido

Por ferir se conjugam: aderir, advertir, aferir, aspergir, assentir, auferir, compelir, concernir, conferir, conseguir, consentir, convergir, deferir, desferir, desmentir, despir, diferir, digerir, discernir, dissentir, divergir, divertir, expelir, gerir, impelir, inerir, inferir, ingerir, inserir, interferir, investir, mentir, perseguir, preferir, pressentir, preterir, proferir, propelir, prosseguir, referir, refletir, repelir, repetir, ressentir, revestir, seguir, sentir, servir, sugerir, transferir, transvestir ou trasvestir e vestir.

Fugir		
Indicativo	Presente	fujo, foges, foge, fugimos, fugis, fogem
	Pretérito perfeito	fugi, fugiste, fugiu, fugimos, fugistes, fugiram
	Pretérito imperfeito	fugia, fugias, fugia, fugíamos, fugíeis, fugiam
	Pretérito mais-que-perfeito	fugira, fugiras, fugira, fugíramos, fugíreis, fugiram
	Futuro do presente	fugirei, fugirás, fugirá, fugiremos, fugireis, fugirão
	Futuro do pretérito	fugiria, fugirias, fugiria, fugiríamos, fugiríeis, fugiriam
Subjuntivo	Presente	fuja, fujas, fuja, fujamos, fujais, fujam
	Pretérito imperfeito	fugisse, fugisses, fugisse, fugíssemos, fugísseis, fugissem
	Futuro	fugir, fugires, fugir, fugirmos, fugirdes, fugirem
Imperativo	Afirmativo	foge, fuja, fujamos, fugi, fujam
	Negativo	não fujas, não fuja, não fujamos, não fujais, não fujam
Formas nominais	Infinitivo impessoal	fugir
	Infinitivo pessoal	fugir, fugires, fugir, fugirmos, fugirdes, fugirem
	Gerúndio	fugindo
	Particípio	fugido

Por fugir se conjugam: acudir, bulir, consumir, cuspir, desentupir, entupir, escapulir, sacudir, subir e sumir.

Ir		
Indicativo	Presente	vou, vais, vai, vamos, ides, vão
	Pretérito perfeito	fui, foste, foi, fomos, fostes, foram
	Pretérito imperfeito	ia, ias, ia, íamos, íeis, iam
	Pretérito mais-que-perfeito	fora, foras, fora, fôramos, fôreis, foram
	Futuro do presente	irei, irás, irá, iremos, ireis, irão
	Futuro do pretérito	iria, irias, iria, iríamos, iríeis, iriam
Subjuntivo	Presente	vá, vás, vá, vamos, vades, vão
	Pretérito imperfeito	fosse, fosses, fosse, fôssemos, fôsseis, fossem
	Futuro	for, fores, for, formos, fordes, forem
Imperativo	Afirmativo	vai, vá, vamos, ide, vão
	Negativo	não vás, não vá, não vamos, não vades, não vão
Formas nominais	Infinitivo impessoal	ir
	Infinitivo pessoal	ir, ires, ir, irmos, irdes, irem
	Gerúndio	indo
	Particípio	ido

Vir		
Indicativo	Presente	venho, vens, vem, vimos, vindes, vêm
	Pretérito perfeito	vim, vieste, veio, viemos, viestes, vieram
	Pretérito imperfeito	vinha, vinhas, vinha, vínhamos, vínheis, vinham
	Pretérito mais-que-perfeito	viera, vieras, viera, viéramos, viéreis, vieram
	Futuro do presente	virei, virás, virá, viremos, vireis, virão
	Futuro do pretérito	viria, virias, viria, viríamos, viríeis, viriam
Subjuntivo	Presente	venha, venhas, venha, venhamos, venhais, venham
	Pretérito imperfeito	viesse, viesses, viesse, viéssemos, viésseis, viessem
	Futuro	vier, vieres, vier, viermos, vierdes, vierem
Imperativo	Afirmativo	vem, venha, venhamos, vinde, venham
	Negativo	não venhas, não venha, não venhamos, não venhais, não venham
Formas nominais	Infinitivo impessoal	vir
	Infinitivo pessoal	vir, vires, vir, virmos, virdes, virem
	Gerúndio	vindo
	Particípio	vindo

Por vir se conjugam: advir, avir-se, convir, desavir-se, intervir, provir e sobrevir.

Dos verbos irregulares da 3ª conjugação, merecem menção ainda:

Atribuir	
Indicativo	Presente atribuo, atribuis, atribui, atribuímos, atribuís, atribuem

Por ele se conjugam: abluir, afluir, aluir, anuir, arguir, concluir, confluir, contribuir, constituir, defluir, desobstruir, destituir, diluir, diminuir, distribuir, estatuir, evoluir, excluir, fruir, imbuir, incluir, influir, instituir, instruir, intuir, obstruir, poluir, possuir, redarguir, refluir, restituir, retribuir, substituir e usufruir.

Fruir, assim como o derivado usufruir, que não se conjugava na 1ª pessoa do presente do indicativo (fruo, usufruo) e, por conseguinte, em todo o presente do subjuntivo e imperativo negativo, possui conjugação completa na língua contemporânea.

Cair

Indicativo	Presente caio, cais, cai, caímos, caís, caem

Por ele se conjugam: abstrair, atrair, contrair, decair, descair, distrair, esvair, extrair, recair, retrair, sair, sobressair, subtrair e trair.

Construir

Indicativo	Presente construo, constróis, constrói, construímos, construís, constroem

Por ele se conjugam: destruir e reconstruir. O verbo construir, assim como destruir e reconstruir, admite formas duplas: construis, a par de constróis; construi, a par de constrói; e construem, a par de constroem. Na língua contemporânea, contudo, tais formas não se impuseram e já se consideram arcaicas.

Frigir

Indicativo	Presente frijo, freges, frege, frigimos, frigis, fregem
Subjuntivo	Presente frija, frijas, frija, frijamos, frijais, frijam

Trata-se do único verbo cuja vogal **i** da penúltima sílaba passa a **e**.

Ouvir

Indicativo	Presente ouço, ouves, ouve, ouvimos, ouvis, ouvem
Subjuntivo	Presente ouça, ouças, ouça, ouçamos, ouçais, ouçam

Parir

Indicativo	Presente pairo, pares, pare, parimos, paris, parem
Subjuntivo	Presente paira, pairas, paira, pairamos, pairais, pairam

Pedir

Indicativo	Presente peço, pedes, pede, pedimos, pedis, pedem
Subjuntivo	Presente peça, peças, peça, peçamos, peçais, peçam

Por **pedir** se conjugam: desimpedir, despedir, expedir, impedir e medir. Os verbos **desimpedir, despedir, expedir** e **impedir** não são derivados de **pedir**; conjugam-se por este em virtude de uma falsa analogia; os antigos clássicos escreviam e diziam **desimpido, despido, expido** e **impido**.

Polir

Indicativo	Presente pulo, pules, pule, polimos, polis, pulem
Subjuntivo	Presente pula, pulas, pula, pulamos, pulais, pulam

Por este verbo se conjuga sortir.

Remir

Só possui as formas arrizotônicas; as pessoas que lhe faltam são supridas pelas do sinônimo **redimir**. Assim, o verbo **remir**, que é regular, porém defectivo, conjuga-se desta forma:

Indicativo	Presente redimo, redimes, redime, remimos, remis, redimem
Subjuntivo	Presente redima, redimas, redima, redimamos, redimais, redimam

Rir

Indicativo	Presente rio, ris, ri, rimos, rides, riem

Por ele se conjuga sorrir.

Verbo (1)

NOSSA GRAMÁTICA COMPLETA

OBSERVAÇÕES

1) Estes verbos são regulares, conjugam-se por **partir**: admitir, adstringir-se, afligir, agir, aludir, aplaudir, assumir, atingir, cindir, cingir, coagir, coibir, coincidir, colidir, coligir, compartir, comprimir, confundir, consistir, constringir, contundir, corrigir, cumprir, curtir, definir, deglutir, demitir, deprimir, descingir, desencardir, desfranzir, desinibir, desistir, destingir, desunir, difundir, dirigir, dirimir, discutir, dissuadir, distinguir, dividir, embutir, emitir, erigir, esparzir, evadir, exibir, exigir, eximir, existir, extinguir, fingir, franzir, iludir, impingir, incidir, incumbir, incutir, infligir, infringir, infundir, inibir, inquirir, insistir, insurgir-se, invadir, munir, nutrir, oprimir, permitir, perquirir, persistir, prescindir, presumir, proibir, punir, reagir, reassumir, recingir, recoligir, redigir, repartir, rescindir, residir, resistir, ressurgir, restringir, retingir, retroagir, sucumbir, suprimir, suprir, surgir, tingir, transigir e urdir.

2) O verbo **submergir** assim se conjuga no presente do indicativo: submerjo (ê), submerges (é), submerge, submergimos, submergis, submergem. Por ele se conjugam emergir e imergir, que já não são defectivos na língua contemporânea.

3) O verbo **aduzir** não possui a desinência **e** na 3.ª pessoa do singular do presente do indicativo: aduzo, aduzes, aduz, aduzimos, aduzis, aduzem. Por ele se conjugam: conduzir, deduzir, induzir, introduzir, produzir, reduzir, reproduzir e seduzir.

Verbos anômalos

Verbos anômalos são os que, durante a conjugação, apresentam radicais distintos. Existem apenas dois: **ser** (sou, és, fui) e **ir** (vou, ia, fui).

Verbos defectivos

Verbos defectivos são os que não têm a conjugação completa. Os principais verbos defectivos são adequar e precaver (só se conjugam nas formas arrizotônicas), computar (não possui as três pessoas do singular do presente do indicativo e, consequentemente, todo o presente do subjuntivo), viger (só se conjuga nas pessoas que mantêm a vogal temática **e**), reaver (derivado de **haver**, só se conjuga nas formas em que este conserve a letra **v**) e boa parte dos verbos da 3.ª conjugação, que se dividem em:

1) os que seguem a conjugação de **abolir**, que não possui a 1.ª pessoa do singular do presente do indicativo e, consequentemente, todo o presente do subjuntivo e todo o imperativo negativo.

Presente do indicativo	–, aboles, abole, abolimos, abolis, abolem

Seguem Abolir: aturdir, banir, bramir, brandir, brunir, carpir, colorir (**colorar** é regular), comedir, delinquir, delir, demolir, descomedir, desmedir, detergir, disjungir, esculpir, espargir, exaurir, explodir, expungir, extorquir, fremir, fulgir, fundir, haurir, jungir, insculpir, pungir, refulgir, retorquir, ruir e urgir. Não há, contudo, na língua contemporânea, como deixar de aceitar as formas **bano, carpo, demulo, esculpo, expludo, fundo** e **insculpo**.

2) os que seguem a conjugação de falir, que só se usa nas formas arrizotônicas, não possuindo, portanto, todo o presente do subjuntivo e todo o imperativo negativo.

Presente do indicativo –, –, –, falimos, falis, –

Seguem Falir: adimplir, adir, aguerrir, combalir, embair, emolir, empedernir, esbaforir-se, escandir, espavorir, florir, foragir-se, garrir, rangir, reflorir, remir, renhir, ressarcir, ressequir e transir. Na língua contemporânea já se veem escando, escandes, etc.; ressarço, ressarces, etc.

Verbos impessoais e unipessoais

Verbos impessoais são os que se conjugam apenas na 3.ª pessoa do singular e não têm sujeito.

São impessoais os verbos haver (= existir) e fazer (quando indica tempo decorrido) e todos os verbos que indicam fenômenos da natureza, como anoitecer, amanhecer, chover, gear, nevar, relampejar, trovejar e ventar.

Verbos unipessoais são os usados somente nas terceiras pessoas (do singular e do plural) e têm sujeito.

São unipessoais os verbos constar, convir, ser (preciso, necessário, etc.) e todos os que indicam vozes de animais, como cacarejar, latir, miar e piar.

Tanto uns quanto outros podem ser empregados em sentido figurado e, nesse caso, têm conjugação completa. Ex.:

Amanheci bem-disposto.
Choveram balas ontem entre a polícia e os marginais.
O que é que a vizinha está cacarejando lá no quintal?

Verbos abundantes

Verbos abundantes são os que têm duas ou mais formas equivalentes, geralmente de particípio. Ex.: havemos/hemos, haveis/heis, acendido/aceso, soltado/solto.

Dos particípios, o que termina em -do é regular; o outro, irregular. Os particípios regulares são usados na voz ativa, ou seja, com ter e haver; os irregulares são empregados na voz passiva, ou seja, com ser, estar, ficar, etc.; nem sempre, porém, a língua contemporânea segue tal norma. Na relação que segue, indicamos nos parênteses o uso correto dos particípios na voz ativa (**a**) e na voz passiva (**p**).

Infinitivo	Particípio regular	Particípio irregular
aceitar	aceitado (a/p)	aceito (p)
acender	acendido (a)	aceso (p)
assentar	assentado (a/p)	assento (p)
benzer	benzido (a)	bento (p)
corrigir	corrigido (a/p)	correto (v. obs. 4, pág. 269)
desenvolver	desenvolvido (a/p)	desenvolto (p)
dispersar	dispersado (a)	disperso (p)

Infinitivo	Particípio regular	Particípio irregular
distinguir	distinguido (a/p)	distinto (p)
eleger	elegido (a)	eleito (a/p)
emergir	emergido (a)	emerso (p)
encher	enchido (a/p)	cheio (p)
entregar	entregado (a)	entregue (p)
envolver	envolvido (a/p)	envolto (p)
enxugar	enxugado (a/p)	enxuto (p)
erigir	erigido (a/p)	ereto (p)

Infinitivo	Particípio regular	Particípio irregular	Infinitivo	Particípio regular	Particípio irregular
expelir	expelido (a/p)	expulso (p)	misturar	misturado (a/p)	misto (p)
expressar	expressado (a/p)	expresso (p)	morrer	morrido (a)	morto (p)
exprimir	exprimido (a)	expresso (p)	murchar	murchado (a/p)	murcho (p)
expulsar	expulsado (a)	expulso (p)	ocultar	ocultado (a/p)	oculto (p)
extinguir	extinguido (a)	extinto (p)	omitir	omitido (a/p)	omisso (p)
findar	findado (a/p)	findo (p)	pagar	pagado (a, em desuso)	pago (a/p)
fixar	fixado (a/p)	fixo (p)	pegar	pegado (a/p)	pego (p)
frigir	frigido (a)	frito (a/p)	prender	prendido (a)	preso (p)
fritar	fritado (a/p)	frito (p)	romper	rompido (a/p)	roto (p)
ganhar	ganhado (a, em desuso)	ganho (a/p)	salvar	salvado (a)	salvo (a/p)
gastar	gastado (a, em desuso)	gasto (a/p)	secar	secado (a/p)	seco (p)
imergir	imergido (a)	imerso (p)	segurar	segurado (a/p)	seguro (p)
imprimir	imprimido (a)	impresso (p)	soltar	soltado (a)	solto (a/p)
inserir	inserido (a/p)	inserto (p)	submergir	submergido (a)	submerso (p)
isentar	isentado (a)	isento (p)	sujeitar	sujeitado (a)	sujeito (p)
juntar	juntado (a/p)	junto (p)	suprimir	suprimido (a/p)	supresso (p)
limpar	limpado (a/p)	limpo (a/p)	suspender	suspendido (a)	suspenso (p)
malquerer	malquerido (a)	malquisto (p)	tingir	tingido (a/p)	tinto (p)
matar	matado (a)	morto (p)	vagar	vagado (a)	vago (p)

IMPORTANTE

1) Estes verbos e seus derivados só possuem o particípio irregular: abrir/aberto, cobrir/coberto, dizer/dito, escrever/escrito, fazer/feito, pôr/posto, ver/visto, vir/vindo.

2) Na língua contemporânea quase não se usa ganhado, gastado e pagado, que tendem a arcaizar-se; preferem-se as formas ganho, gasto e pago, tanto na voz ativa quanto na voz passiva. O particípio pego (ê) se usa apenas na voz passiva (Ele foi pego em flagrante.), mas na voz ativa se usa apenas pegado (Tenho pegado resfriado constantemente.). Já os "particípios" criados na língua popular, como "chego" (Eu tinha "chego" tarde.), "falo" (Ele já tinha "falo" isso.), "empregue" (Tenho "empregue" na caderneta de poupança.), "entregue" (O goleiro tinha "entregue" o jogo.) e "trago" (Eu já tinha "trago" os documentos exigidos.), convém evitar.

3) O verbo imprimir, no sentido de produzir movimento, não é abundante. Ex.: O motorista havia imprimido grande velocidade ao veículo. • Foi imprimida grande velocidade ao veículo.

4) Corrigir é verbo abundante, mas o particípio irregular correto não conservou o significado de corrigir, já que se usa como sinônimo de isento de erros, certo, apropriado: frase correta, uso correto, conduta correta, etc.

5) O verbo completar não é abundante; portanto, usa-se o particípio completado, tanto na voz ativa quanto na voz passiva: Tinha completado vinte anos naquele dia. • O dinheiro para a compra do televisor foi completado por mim.

Verbos principais

Verbos principais são os que, num tempo composto ou numa locução verbal*, exprimem a ideia fundamental, mais importante. Assim é que no tempo composto tenho trabalhado, a ideia fundamental está em trabalhado; e na locução verbal tenho de trabalhar, a ideia mais importante está em trabalhar.

Verbos auxiliares

Verbos auxiliares são os que entram na formação de tempos compostos (ter, haver, ser, estar) e em perífrases verbais*, para indicar valores aspectuais, modais, etc. (dever, poder, começar a, pôr-se a, acabar de, parar de, andar, ir, vir, etc.)

Ser e estar + particípio formam a voz passiva, respectivamente de ação e estado; ter ou haver + particípio formam os tempos compostos da voz ativa. Ex.:

> A moça era cumprimentada por todos.
> A moça estava acompanhada do pai.
> Naquela época eu ainda não tinha /havia nascido.

Aspecto verbal

Aspecto verbal é a duração do processo verbal. Ao aspecto interessa a noção de início, curso, fim ou mesmo um instante da ação verbal. Há verbos que exprimem ação de longa duração (viajar, viver, trabalhar) e verbos que exprimem ação de curta duração (explodir, estourar, acordar).

O verbo dormir, por exemplo, apresenta aspecto durativo; em **dormir** há uma ideia de começo e de permanência da ação, para só depois terminar. Ninguém dorme instantaneamente. **Dormir** pressupõe que o processo verbal continua depois de iniciado.

O verbo aprender, por outro lado, apresenta aspecto permansivo, isto é, em **aprender** há uma ideia de permanência dos resultados do processo, que já terminou. **Aprender** significa reter dados. Todo aquele que aprende algo, retém o ensinamento, mas o processo já findou.

Os mais variados matizes de duração do processo verbal podem estar contidos na própria significação do verbo (dormir, aprender), na flexão temporal, ou podem ser conseguidos mediante o uso de verbos auxiliares ou de sufixos.

Principais aspectos verbais

São estes os principais aspectos do processo verbal:

1) **pontual** ou **momentâneo** (o processo é instantâneo, súbito). Ex.: abocanhar, achar, apagar, cair, deitar-se, dizer, entrar, espirrar, estourar, explodir, levantar-se, morrer, olhar, piscar, saltar, sair, etc. Esses verbos, que exprimem ação de curta duração, em vista da sua rapidez, não apresentam com a mesma nitidez os três aspectos de início, desenvolvimento e fim da ação.

2) **durativo**, **cursivo** ou **progressivo** (o processo está em desenvolvimento, isto é, continua depois de iniciado). Ex.: agonizar, amamentar, andar, aprender, brilhar, conhecer, correr, cortar, dormir, existir, habitar, morar, residir, saber, viajar, viver, etc. Usam-se também, entre outros, os verbos auxiliares andar, estar, ficar, ir e vir com gerúndio ou infinitivo, regido da preposição a (estou cantando, estou a cantar).

---

*Locução verbal, perífrase verbal ou conjugação perifrástica é o conjunto verbo auxiliar + verbo principal (no gerúndio ou no infinitivo). Ex.: ir andando, estar dormindo; precisar ir, ter de fazer.
Nossa língua não dispõe de flexões próprias suficientes para exprimir com rigor todos os momentos do processo verbal. Vale-se, então, dos verbos auxiliares, que se usam para exprimir os mais diferentes aspectos da ação.

3) permansivo (o processo terminou, mas seus resultados continuam por determinado tempo). Ex.: adoecer, aprender, castigar, empalidecer, odiar, parar, saber, etc. Pode ser expresso pelo auxiliar continuar, com gerúndio ou infinitivo regido da preposição a (continuo cantando, continuo a cantar).

4) incoativo ou **inceptivo** (o processo começa). Ex.: brotar, decolar, despontar, embarcar, nascer, partir, planejar, etc. Pode ser expresso pelo sufixo -ecer (amanhecer, anoitecer) e pelos auxiliares começar a, desatar a, entrar a, passar a, pôr-se a, principiar a (todos com infinitivo): começar a chorar, pôr-se a cantar, principiou a falar.

5) conclusivo ou **cessativo** (o processo termina). Ex.: acabar, acordar, ancorar, aportar, chegar, concluir, morrer, terminar, etc. Pode ser expresso por auxiliares: acabar de, deixar de, desistir de, cessar de, parar de (todos com infinitivo): acabar de entrar, parar de gritar.

6) iterativo ou **frequentativo** (o processo se repete). Ex.: abanar, agitar, almoçar, apedrejar, badalar, bebericar, bocejar, bombardear, cabecear, cear, chuviscar, cochilar, comer, cortejar, embalar, esbravejar, escoicear, esmurraçar, esvoaçar, exercitar, farejar, fervilhar, festejar, flamejar, folhear, fumegar, galopar, gotejar, jantar, navegar, passear, patinar, pentear, pestanejar, zangar, etc. Pode ser expresso pelo prefixo re- (reler, refazer) e por vários sufixos: -ear (pentear), -ejar (gotejar), -icar (bebericar), -ilhar (dedilhar), -inhar (patinhar), -iscar (chuviscar, petiscar), -itar (saltitar) e, em casos raros, -izar (pulverizar). Pode ser expresso também por auxiliares: adorar, costumar, gostar de, odiar, soer, tornar a, voltar a (todos com infinitivo): costumo dormir, tornei a voltar.

7) resultativo ou **consecutivo** (a ação traz um resultado). Expresso por auxiliares: chegar a, conseguir, lograr, vir a (todos com infinitivo): cheguei a chorar, veio a falecer.

8) iminencial (a ação é iminente, está prestes a acontecer). Expresso por auxiliares: estar, ir (ambos com gerúndio, ou infinitivo regido de a ou para): está para viajar, íamos caindo, íamos a cair.

Existem ainda os auxiliares que exprimem o modo segundo o qual o emissor encara o processo; são os auxiliares **modais**: almejar, atrever-se a, buscar, desejar, dever, experimentar, haver de, ir, necessitar, ousar, poder, precisar, pretender, procurar, propor-se (a), querer, saber, tentar, ter de, tratar de, vir, visar a.

O verbo parecer é auxiliar quando exprime a noção de aparência. Ex.:

As crianças parecem gostar da brincadeira.

De modo nenhum será verbo de ligação nesse caso. Quando aparece na 3.ª pessoa do singular, antecedido de infinitivo, pode ser visto de duas formas: como auxiliar ou como intransitivo. Ex.:

Teresa parece acreditar em mim.
Ou:
Parece acreditar em mim Teresa.

Portanto, esse período pode ser simples (Teresa parece acreditar em mim) ou composto (Parece acreditar em mim Teresa).

Outros tipos de verbos

Além de todos os tipos de verbos vistos, existem ainda os vicários e pronominais.

Verbos vicários são os que se empregam por outro, usado anteriormente. Os principais são fazer e ser. Ex.:

> Elisa chorava, mas não o fazia com muita vontade.
> O pai nunca vinha a casa e quando o fazia, era para buscar dinheiro.

Verbos pronominais são os que se conjugam com pronomes átonos oblíquos. Existem dois tipos: os pronominais acidentais e os pronominais essenciais. Os verbos pronominais **acidentais**, também chamados **reflexivos**, são os que podem ser usados também sem o pronome oblíquo (p. ex.: cortar-se). os verbos pronominais **essenciais** são os que se conjugam com um pronome integrante, ou seja, aquele que faz parte intrínseca do verbo (p. ex.: arrepender-se).

A seguir, um modelo de conjugação de um verbo pronominal.

	Zangar-se
Indicativo	Presente zango-me, zangas-te, zanga-se, zangamo-nos, zangais-vos, zangam-se
	Pretérito perfeito zanguei-me, zangaste-te, zangou-se, zangamo-nos, zangastes-vos, zangaram-se
	Pretérito imperfeito zangava-me, zangavas-te, zangava-se, zangávamo-nos, zangáveis-vos, zangavam-se
	Pretérito mais-que-perfeito zangara-me, zangaras-te, zangara-se, zangáramo-nos, zangáreis-vos, zangaram-se
	Futuro do presente zangar-me-ei, zangar-te-ás, zangar-se-á, zangar-nos-emos, zangar-vos-eis, zangar-se-ão
	Futuro do pretérito zangar-me-ia, zangar-te-ias, zangar-se-ia, zangar-nos-íamos, zangar-vos-íeis, zangar-se-iam
Subjuntivo	Presente me zangue, te zangues, se zangue, nos zanguemos, vos zangueis, se zanguem
	Pretérito imperfeito me zangasse, te zangasses, se zangasse, nos zangássemos, vos zangásseis, se zangassem
	Futuro me zangar, te zangares, se zangar, nos zangarmos, vos zangardes, se zangarem
Imperativo	Afirmativo zanga-te, zangue-se, zanguemo-nos, zangai-vos, zanguem-se
	Negativo não te zangues, não se zangue, não nos zanguemos, não vos zangueis, não se zanguem
Formas nominais	Infinitivo impessoal zangar-se
	Infinitivo pessoal zangar-me, zangares-te, zangar-se, zangarmo-nos, zangardes-vos, zangarem-se
	Gerúndio zangando-se
	Particípio não se usa com pronome enclítico.

Testes e exercícios

1 Identifique os verbos:

a) *A ingratidão é uma forma de fraqueza, jamais conheci homem de valor que fosse ingrato.*

b) *Para o homem, só há três acontecimentos: nascer, viver e morrer. Ele não se sente nascer, sofre morrendo e se esquece de viver...*

c) *O fim da vida é triste; o meio não vale nada; e o princípio é ridículo.*

d) *É quase impossível mudar o hábito alimentar de um povo.*

e) *O valor de um homem se mede pelo seu querer, e não pelo seu saber.*

2 Identifique as afirmações verdadeiras:

a) O verbo sofre variação de gênero, número e pessoa.

b) O verbo sofre variação de número, pessoa, tempo, modo e voz.

c) O verbo sofre variação de número, pessoa, tempo e modo, mas não a de voz.

d) Como voz não é flexão, não pode o verbo flexionar-se em voz.

e) Existem seis pessoas gramaticais: eu, tu, ele ou ela, nós, vós, eles ou elas.

3 Identifique cada tipo de voz:

a) A mulher se matou.
b) O boi foi morto.
c) O menino se feriu com a faca.
d) Tranquei todos no quarto.
e) Ela se vestiu apressada.
f) Tranquei-me no quarto.
g) Barbeio-me diariamente.
h) Sou barbeado diariamente.
i) Freei o carro bruscamente.
j) O carro foi freado bruscamente.

4 Passe para a voz passiva analítica:

a) Os meninos deixavam os livros na carteira.
b) O professor interrompeu a aula.
c) Os garotos enfurecem o professor.
d) Ninguém previu o dia de amanhã.
e) Vimos qualquer coisa ali.

5 Passe para a voz passiva sintética:

a) Os livros eram deixados na carteira.
b) Vários animais são mortos.
c) Milhares de peixes são pescados neste rio.
d) Serão feitos novos investimentos.
e) O material será posto no lugar.

6 Identifique as frases que trazem locução verbal:

a) As crianças começaram a gritar. Ninguém soube explicar por quê.
b) Hei de encontrar um amor eterno.
c) Tenho pensado muito nesse assunto.
d) A gente não deveria crescer nunca.
e) *Visto que a vida é uma curta viagem que temos de fazer no mundo por decisão dos nossos antepassados, procuremos fazê-la na primeira classe, em vez de irmos no carro dos animais.*

7 Separe estas formas verbais em seus elementos estruturais, identificando-os:

a) arranjamos
b) sofreram
c) pesquisei
d) sentirei
e) discuti
f) subirão
g) enfeitará
h) enfrentava
i) cavaste
j) falásseis

8 Distinga as formas rizotônicas das arrizotônicas: **penso, pensava, atiramos, quebrarei, quebre, quisesse, peguemos**

9 Use o verbo em destaque no presente do subjuntivo, conforme convier:

a) Não quero que tu **jogar** bola aqui.
b) Embora **tomar** o ônibus lotado todos os dias, não nos irritamos.
c) Embora **passear** todos os dias, não nos cansamos.
d) Não quero que **pôr** a culpa em vossos pais.
e) Espero que vocês **ir** conosco.

10 Use a forma adequada do verbo em destaque:

a) Quando cheguei à escola, já **dar** o sinal de entrada.
b) Queremos que você **estar** aqui amanhã às 7h.
c) Quem **estar** doente poderia retirar-se.
d) O jogador deseja que se **consumar** logo sua transferência para a Itália.
e) Não creio que você **suar** como eu **suar**. Você **suar**?

11 Use o verbo em destaque no presente do indicativo e, no lugar de ★, sua forma adequada:

a) Eu não **caber** aí, mas espero que eles ★.
b) Eu me **contradizer** a todo instante, mas espero que vocês não se ★.
c) Eu **perfazer** o percurso em uma hora, mas espero que vocês o ★ em menos tempo.
d) Eu me **desdizer** já, contanto que vocês também se ★.
e) Nós nos **desdizer** já, contanto que ele também se ★.

12 Use o verbo em destaque no pretérito perfeito do indicativo e, no lugar de ★, sua forma adequada:

a) Eu **supor** isso, mas não esperava que eles também ★.
b) Eu me **precaver** de tudo, mas se eu não me ★.
c) Eu **prover** a geladeira de refrigerantes, mas se não a ★, as crianças ficariam sem bebida.
d) Eu me **contradizer**, mas seria melhor se não me ★.
e) Nós nos **precaver** de tudo, mas será que ele também se ★?

13 Use o verbo em destaque conforme convier:

a) Se eu **dispor** de dinheiro, comprarei um carro.
b) Poderei colaborar, se você não se **opor**.
c) Se você se **compor** com seu adversário, talvez vencesse as eleições.
d) Enquanto eu não **pôr** a limpo este caso, não ficarei sossegado.
e) Eu esperava que vocês **propor** medidas mais inteligentes.

14 Use o verbo em destaque no imperativo:

a) **Pôr** tudo em ordem, para que possas viajar tranquilo!
b) Não **impor** nossas opiniões!
c) Não **fazer** a outrem aquilo que não quereis que vos façam!
d) **Pôr** a mão na consciência e vereis que não tendes razão.
e) **Precaver** vossos amigos contra a maldade dessa gente!

15 Use os verbos em destaque no tempo conveniente e, no lugar de ★, sua forma adequada:

a) Querem que eu **valer** o que não acho que ★.
b) Ontem eu **reaver** tudo o que perdi. Se não ★ estaria perdido.
c) Se você **ver** minha filha na praia, mande-a para casa!
d) Se nós **ver** sua filha na praia, mandá-la-emos para casa.
e) Quem **prever** o futuro terá tudo nas mãos.

16 Use os verbos em destaque nos tempos e modos convenientes:

a) Aquele que **rever** seus planos para o ano que vem estará sendo precavido.
b) Enquanto não a **ver** feliz, não descansaremos.
c) É preciso que você **reaver** seu prestígio, porque eles já o **reaver**.
d) Enquanto não a **ver** feliz, não descansarei.
e) Seria bom que você **rever** todos os seus conceitos.

17 Use os verbos em destaque no pretérito mais-que-perfeito do indicativo:

a) Quando chegamos, a babá já **entreter** as crianças.
b) A polícia **deter** os ladrões antes mesmo do mandado judicial.
c) Como nunca **manter** segredos, ninguém lhes queria contar mais esse.
d) A namorada, naquela noite, não o **reter** por nenhum minuto a mais, por isso estava feliz.
e) Todos queriam saber como é que o avião **suster-se** em voo apenas com uma turbina funcionando.

18 Use o verbo em destaque no presente do indicativo ou do subjuntivo, conforme convier:

a) Querem que eu o **agredir**, mas não querem que nós o **agredir**.
b) Ninguém aconselha que nós **cuspir** na rua.
c) Esse pássaro todos os dias **escapulir** da gaiola.
d) O rapaz **polir** bem automóveis, aliás, todos aqui **polir** bem automóveis.
e) Mesmo que você **provir** de classes abastadas, tais gastos não se justificam.

19 Use a forma nominal adequada do verbo em destaque:

a) Tínhamos **cobrir** as crianças. Tínhamos ou não tínhamos **cobrir**?
b) Todos haviam **descobrir** o plano. Haviam ou não haviam **descobrir**?
c) Alguns têm **encobrir** a verdade. Têm ou não têm **encobrir**?
d) Estávamos **vir** de onde nunca tínhamos **vir**.
e) Você tinha **escrever** tudo aquilo de raiva. Não tinha **escrever** de raiva?

20 Use o verbo em destaque no tempo, modo ou forma nominal convenientes:

a) Embora você **intervir**, não conseguiria demovê-la do seu propósito.
b) Ainda ontem eles **desavir-se** por questões fúteis.
c) A polícia já havia **intervir** na briga quando chegamos.
d) A polícia não estava **intervir** na briga. Será que ela já tinha **intervir** antes?
e) Depois de todos aqueles fatos, **sobrevir** outros que me deixaram ainda mais preocupado.

21 Use o particípio regular ou o irregular do verbo em destaque, conforme convier:

a) Tínhamos **pegar** forte resfriado. Nenhuma gripe foi **pegar** pelas crianças.
b) Ninguém tinha **aceitar** o convite deles.
c) O professor tem **chegar** no horário, mas os alunos têm **chegar** atrasados.
d) Tínhamos **falar** sobre todos os assuntos. Você tem **falar** sobre mim?
e) A editora tinha **imprimir** muitos exemplares do livro. Tais exemplares foram **imprimir** por ocasião da Bienal do Livro.

22 Use o verbo em destaque no presente do indicativo, conforme convier:

a) Eu **inscrever-se** no mesmo dia que tu **inscrever-se**.
b) Nós **dirigir-se** neste instante até a Prefeitura. Vós não **dirigir-se** conosco?
c) Quando faz muito frio, nós **cobrir-se**, ela **cobrir-se**, tu **cobrir-se**, todos **cobrir-se**.
d) Eu sempre **sair-se** bem quando estudo; sempre **sair-se** mal quando não estudo.
e) Nós **enveredar-se** floresta adentro, assim como eles **enveredar-se**.

23 Identifique as frases que não estão em conformidade com a norma padrão:

a) Essa lei ainda vige; se ainda vige, ela está vigendo.
b) É bom que os flamenguistas se precavenham contra os vascaínos domingo: o jogo vai ser difícil!
c) Se houver mais impostos, as empresas falem uma a uma.
d) Gostaria que você se precavesse contra os maus vizinhos, que todos temos.
e) Quem computa os dados aqui?

Luiz Antonio Sacconi

24 Mude as frases quando o verbo não for usado em conformidade com a norma padrão:

a) Se virdes um leão à frente, mantém-te calmo!
b) O homem já se havia abstido do fumo e também do álcool.
c) Se ele mantesse o preço de ontem, eu compraria o carro.
d) Se ao menos ele prevesse a confusão que ia dar!
e) O Amazonas deságua no oceano Atlântico. Você sempre creu nisso?

25 Use os verbos em destaque no tempo, modo e pessoa convenientes:

a) Embora **ser** ignorante, ela não é humilde.
b) Embora **ser** ignorante, ele não era humilde.
c) Caso ele **repelir** a proposta, e não **querer** acompanhar-me, diga-lhe que estou resolvido a viajar sozinho.
d) Por mais insultos que **proferir**, não me ofendes.
e) Talvez não **querer** levar-me consigo, ou porque **saber** que estou cansado, ou porque **estar** aborrecidos comigo.

26 Use os verbos em destaque no presente do indicativo, conforme convier:

a) Eu **hastear** a bandeira como todos **hastear**. Nós **hastear** também.
b) Eu **arriar** a bandeira como todos **arriar**. Nós **arriar** também.
c) Eu **arrear** o animal como todos **arrear**. Nós **arrear** também.
d) Nós **odiar** anedotas sujas; aliás, todos aqui **odiar** esse tipo de anedotas.
e) Nós **recear** que ela venha aqui agora. Vocês não **recear**?

27 Mude as frases quando necessário, tendo em vista a norma padrão:

a) Só vou dormir quando ver os gols do meu time, pela televisão.
b) Eu pentio o cabelo de hora em hora. Meu chefe quer que eu pentie.
c) Se ela vir aqui e nos ver tão tristes, ficará triste também.
d) Se a polícia não intervir, vai haver confusão.
e) A polícia não interviu: houve confusão.
f) Comprei-lhe um presente que condiza com sua personalidade.
g) Eu queria seguir uma carreira que condizesse com minha formação profissional.
h) Eu não sube do acontecido; se subesse, teria intervido.
i) Se você previr chuva, avise-me!
j) O artista se estreou ontem no palco. Muitos artistas têm se estreado nesse teatro.

28 Complete com a devida forma do verbo **haver**:

a) Embora ★ festa, ninguém está contente.
b) Embora ★ festa, eu não estava contente.
c) Quando vocês ★ resolvido o que fazer, avisem-me!
d) Se vocês ★ chegado antes, isso não teria acontecido.
e) Quem ★ ganho o prêmio não éramos nós.
f) Quem ★ saído do circo não mais poderia entrar.
g) Eles esperam que nós ★ feito um bom negócio.
h) Eles esperavam que nós ★ feito um ótimo negócio.
i) Quando vocês ★ comido tudo, lhes darei mais.
j) ★ dinheiro para tanta festa!

29 Use o verbo em destaque no imperativo:

a) **Expor** nossa opinião com franqueza!
b) **Pôr** tudo em ordem, para que possas viajar tranquilo!
c) Não **impor** vossas opiniões!
d) Nunca **impor** tuas opiniões!
e) Não **pôr** a mão no fogo por essas criaturas, que vos arrependereis!
f) **Precaver** vossos amigos contra a maldade dessa gente!
g) **Fazer** tudo com dedicação igual à de seus colegas, meu amigo!

h) Não **dizer** nunca: desta água não beberemos!

i) Não **pôr** nunca a carroça na frente dos bois, que nos daremos mal!

j) Não **fazer** a outrem aquilo que não quereis que vos façam!

30 Use o verbo em destaque no tempo e modo convenientes:

a) Eu **sugerir** que você **ir** ao Maracanã amanhã.

b) Quando você **vir** aqui, eu irei embora.

c) Quando vocês **vir** aqui, nós iremos embora.

d) Quando nós **vir** aqui, ela irá embora.

e) Cassilda me recomendou que não **intervir** em briga alheia.

f) Alcibíades **intervir** na discussão ontem só porque eu também **intervir**.

g) A polícia só **intervir** na discussão quando um dos rapazes puxou uma faca.

h) Creio que as crianças **ir** comigo à praia.

i) Todos querem que esse fato se **consumar** logo.

j) Todos pedem que eu **consumir** logo esse dinheiro.

31 Use um dos particípios dados (ou ambos) para completar as frases, conforme convier:

a) Tínhamos ★ todo o dinheiro em doces. (gastado – gasto)

b) Eu tinha ★ cedo à escola aquele dia. (chegado – chego)

c) Quem tinha ★ a verdade não seria castigado. (falado – falo)

d) Não fui eu quem havia ★ a mala com dinheiro. (trazido – trago)

e) Os alunos já haviam ★ papel e caneta para fazer a prova. (pegado – pego)

f) Muita gente foi ★ falando mal de você, Bete. (pegada – pega)

g) Eu não tinha ★ nenhum livro para estudar, naquele dia. (abrido – aberto)

h) Você tem ★ muito dinheiro em ações? (empregado – empregue)

i) Você tem ★ pontualmente suas mensalidades? (pagado – pago)

j) Eu nunca havia ★ nenhum prêmio na loteria. (ganhado – ganho)

k) A polícia tem ★ muitos bandidos ultimamente? (prendido - preso)

l) A empregada tem ★ os quartos diariamente. (limpado – limpo)

m) Disseram que o goleiro tinha ★ o jogo naquela decisão. (entregado – entregue)

n) O governo tem ★ muitas empresas da falência. (salvado – salvo)

o) O povo tem ★ bons deputados ultimamente? (elegido – eleito)

p) Eu tinha ★ resfriado, por isso não trabalhei aquele dia. (pegado – pego)

q) O ladrão foi ★ em flagrante. (pegado – pego)

r) Tínhamos ★ todas as nossas dívidas. (pagado – pago)

s) O ministro já tinha ★ todas as nossas sugestões. (aceitado – aceito)

t) As crianças tinham ★ todos os passarinhos das gaiolas. (soltado – solto)

32 Substitua o que está em destaque por uma forma simples:

a) Judite nos disse que **tinha ido** à praia mais cedo.

b) Susana nos disse que **havia tido** pesadelo à noite.

c) Contei-lhe que **tínhamos estado** alerta durante o tempo todo.

d) Verificaram que eu **tinha vindo** só.

e) Eles garantiram que a iniciativa **tinha cabido** à mulher.

Testes de concursos e vestibulares

1 (CEF) O período em que aparece a forma verbal incorretamente empregada é:

a) Se o compadre trouxesse a rabeca, a gente do ofício ficaria exultante.
b) Quando verem o Leonardo, ficarão surpresos com os trajes que usa.
c) Leonardo propusera que se dançasse o minueto da corte.
d) Se o Leonardo quiser, a festa terá ares aristocráticos.
e) O Leonardo não interveio na decisão da escolha do padrinho do filho.

2 (ESA) Em todos os itens a lacuna pode ser preenchida pelo verbo indicado, no subjuntivo, exceto:

a) Olhou para o cão, enquanto esperava que lhe ★ a porta. (abrir)
b) Por que foi que aquela criatura não ★ com franqueza? (proceder)
c) É preciso que uma pessoa se ★ para encurtar a despesa. (trancar)
d) Deixa de luxo, minha filha, será o que Deus ★. (querer)
e) Se isso me ★ possível, procuraria a roupa agora mesmo. (ser)

3 (Fuvest-SP) Em **Queria que me ajudasses**, o trecho destacado pode ser substituído por:

a) sua ajuda
b) a vossa ajuda
c) a ajuda de vocês
d) a ajuda deles
e) a tua ajuda

4 (Fiscal-SEF-PE) Assinale a alternativa que não contenha verbo na voz reflexiva:

a) *Todos conhecem o modo por que se vestem as negras da Bahia.* (M. A. Almeida)
b) *Quando sentires o tentador, refugia-te no trabalho...* (Coelho Neto)
c) *Muitos saíam até o terreiro, para se refrescar...* (Graça Aranha)
d) *Bingo correu de novo, esticou-se todo e, mais uma vez - plaf!* (Pedro Bandeira)
e) *Maria é meiga e faz-me festas em me vendo triste.* (Laudelino Freire)

5 (FEC) Das frases abaixo, a que se apresenta incorreta quanto à conjugação verbal é:

a) Ele ainda não reouve o que perdeu.
b) Os citados já requiseram os pedidos?
c) O diretor entreteve o aluno muito tempo.
d) Sempre passeamos ali e nunca nos assaltaram.
e) Querem que tragamos os fax corrigidos?

6 (NCE) Como sabemos, o morfema **-ndo** forma gerúndios. O item em que a forma em destaque não corresponde a um gerúndio é:

a) Chegando os corpos, será feita a autópsia.
b) Os médicos estiveram realizando exames.
c) Os poetas tinham vindo ao sepultamento do colega.
d) Tendo tempo, todos participarão do exame.
e) Ganhará dinheiro, vendendo bugigangas.

7 (Famih-MG) Em qual dos verbos a seguir, a vogal temática não aparece no infinitivo?

a) minta
b) colore
c) descubra
d) põe
e) entenda

8 (Esan-MG) A forma verbal está empregada corretamente no item:

a) Será atendido, se fazer a parte que lhe cabe.
b) É aconselhável que se averiguem as causas.
c) Ontem, intervimos no debate, mas hoje, não.
d) Os bombeiros deteram o fogo na mata.
e) Ele só frige ovos com muita manteiga.

9 (TST-DF) Assinale a opção em que há erro devido à mistura de tratamento:

a) Não vades agora, pois há inimigos que vos aguardam na estrada.
b) Não vá agora, pois há inimigos que o aguardam na estrada.
c) Não vás agora, pois há inimigos que te aguardam na estrada.
d) Não vão agora, pois há inimigos que vos aguardam na estrada.
e) Não vão agora, pois há inimigos que os aguardam na estrada.

10 (Faap-SP) Assinale a resposta correspondente à alternativa que completa corretamente os espaços em branco: **Se você o ★, por favor ★-lhe que ★ para apressar o processo**.

a) ver - peça - intervenha
b) vir - peça - intervém
c) vir - peça - intervenha
d) ver - pede - intervenha
e) vir - peças - interviesse

11 (USF-SP) Transpondo para a voz passiva a frase **O acaso provoca, muitas vezes, grandes descobertas**, obtém-se a forma verbal:

a) tem provocado
b) é provocado
c) são provocadas
d) foram provocadas
e) foi provocado

12 (Mack-SP) Assinale a opção em que todos os verbos estão em tempos do pretérito:

a) Chamei-lhe a atenção porque teria observado de perto seu progresso.
b) Concordei que assim era, mas aleguei que a velhice agora estava tranquila.
c) Lembra-me de o ver erguer-se assustado e tonto.
d) Meu pai respondia a todos os presentes que eu seria o que Deus quisesse.
e) Se advertirmos constantemente esta moça, perderemos uma excelente profissional.

13 (FGV) Assinale o item em que há erro quanto à flexão verbal:

a) Quando eu vir o resultado, ficarei tranquilo.
b) Aceito o lugar para o qual me proporem.
c) Quando estudar o problema, ficará sabendo a verdade.
d) Sairás assim que te convier.
e) O fato está patente a quem se detiver a observá-lo.

14 (Unesp-SP) Aponte a alternativa em que o verbo **reaver** está correto:

a) É necessário que você reavenha aquele dinheiro.
b) É necessário que você reaveja aquele dinheiro.
c) É necessário que você reaja aquele dinheiro.
d) É necessário que você reava aquele dinheiro.
e) O verbo reaver não tem presente do subjuntivo.

15 (ITA-SP) Assinale a correta:

a) Peça e receberá; procura e achará; bate à porta e ela lhe será aberta.
b) Pedi e recebereis; procurai e achareis; batei à porta e ela vos será aberta.
c) Pede e receberás; procure e acharás; bate à porta e ela te será aberta.
d) Peçais e recebereis; procurai e achareis; batei à porta e ela vos será aberta.
e) Peça e receberá; procure e achará; bata à porta e ela te será aberta.

16 (Fuvest-SP) ★ **em ti**, mas nem sempre ★ **dos outros.**

a) Creias - duvides
b) crê - duvidas
c) Creias - duvidas
d) Creia - duvide
e) Crê - duvides

17 (Fuvest-SP) **Ele ★ a seca e ★ a casa de mantimentos.**

a) preveu - proveu
b) prevera - provira
c) previra - proviera
d) preveu - provera
e) previu - proveu

18 (Osec-SP) Transpondo para a voz passiva a frase **Os alunos cumprimentavam respeitosamente aquele professor,** obtém-se a forma verbal:

a) foi cumprimentado
b) era cumprimentado
c) foram cumprimentados
d) ia sendo cumprimentado
e) tinha sido cumprimentado

19 (TRE-AL) Transpondo para a voz ativa a frase **Solicita-se a atenção de V. S.ª para um dado importante,** obtém-se a forma verbal:

a) é solicitado
b) solicitam
c) foi solicitada
d) solicitaram
e) solicitou-se

20 (Fuvest-SP) A frase negativa que corresponde a **Põe nela todo o incêndio das auroras**, é:

a) Não põe nela todo o incêndio das auroras.
b) Não ponhas nela todo o incêndio das auroras.
c) Não põem nela todo o incêndio das auroras.
d) Não ponha nela todo o incêndio das auroras.
e) Não pondes nela todo o incêndio das auroras.

21 (Unesp-SP) **Explicou que aprendera aquilo de ouvido.** Transpondo essa oração para a voz passiva, temos a seguinte forma verbal:

a) tinha sido aprendido
b) era aprendido
c) fora aprendido
d) tinha aprendido
e) aprenderia

22 (F. C. Chagas-SP) **Estas conversas são para nós ★ durante o inverno**.

a) alimentarmos-nos
b) alimentar-mo-nos
c) nos alimentarmo-nos
d) nos alimentarmos
e) nos alimentar-mo-nos

23 (Vunesp-SP) **Os projetos não foram executados conforme as especificações.** Se transpusermos esta oração para a voz passiva pronominal, o resultado será:

a) Não se executaram os projetos conforme as especificações.
b) Não se executou os projetos conforme as especificações.
c) Não se executa os projetos conforme as especificações.
d) Não se executará os projetos conforme as especificações.
e) Não se executam os projetos conforme as especificações.

NOSSA GRAMÁTICA COMPLETA

24 (TRE-MT) Só está correta a forma verbal grifada na frase:

a) Embora ele **esteje** indicado, o Senado ainda não o aprovou.
b) Ele **passeiava** diariamente no parque.
c) Quando eles **trouxerem** a permissão, poderão entrar.
d) Se **mantermos** as posições, o inimigo não avançará.
e) Os deputados se **entretiam** com esses discursos.

25 (TRE-SP) Tendo ★ na operação, os funcionários se ★ a serviços essenciais e executaram as tarefas que lhes ★.

a) intervido - ativeram - caberam
b) intervido - ateram - couberam
c) intervindo - ateram - caberam
d) intervindo - ativeram - couberam
e) intervido - ativeram - couberam

26 (Cescea-SP) Identifique a alternativa em que um dos verbos foi usado na voz passiva pronominal (passiva sintética):

a) Ao longo dessa estrada, desdobra-se uma cadeia de montanhas.
b) Ao longo dessa estrada, souberam amar-se em silêncio.
c) Eles nunca se importaram com ninguém.
d) Abandonaram a brincadeira, pois podiam machucar-se seriamente.

27 (Delegado-PR) Transpondo para a voz passiva a frase **Os cavalinhos de pau despertavam a fantasia das crianças**, obtém-se a forma verbal:

a) fora despertada
b) despertou-se
c) ia sendo despertada
d) foi despertada
e) era despertada

28 (FEI-SP) Em todas as frases os verbos estão na voz passiva, exceto em:

a) João e Paulo agrediram-se durante a discussão.
b) A partir de hoje, abrir-se-ão novos horizontes.
c) Ainda não se lançaram as redes ao mar.
d) Já se têm feito muitas experiências.
e) n.d.a.

29 (Famih-MG) Existe verbo defectivo em:

a) É possível que façamos as tarefas impostas.
b) A criança, resolvendo exercícios escolares, coloriu o desenho.
c) Quando eu o vir, darei o recado.
d) Haja o que houver, não peça favores.
e) Deu no jornal, todos lemos as notícias.

30 (Fuvest-SP) Assinale a alternativa correta:

a) Não odeie teu semelhante.
b) Não odieis teu semelhante.
c) Ama o seu próximo como a si mesmo.
d) Ame o seu próximo como a si mesmo.
e) Ame a teu próximo como a ti mesmo.

CAPÍTULO 16 — VERBO (2)

Veja aquela estrela!

Emprego dos tempos, modos e formas nominais

Modo indicativo

O **modo indicativo** serve para exprimir um fato certo, real, verdadeiro. É o modo das orações coordenadas e das orações principais.

Presente

O **presente** indica que o fato:

1) acontece no momento em que se fala. Ex.:

> Vejo uma estrela.
> Os rapazes e as garotas conversam animadamente.

É o **presente pontual** ou **momentâneo**. Este aspecto pode ser expresso também mediante o emprego do auxiliar estar junto de gerúndio. Ex.:

> Estou vendo uma estrela.
> Os rapazes e as garotas estão conversando animadamente.

Neste caso, o conceito de presente se torna mais rigoroso.

2) começa num passado mais ou menos distante e perdura ainda no momento em que se fala. Ex.:

> Moro onde não mora ninguém.
> Eu existo.

É o **presente durativo**, que também pode ser expresso por perífrase. Ex.:

> Estou morando onde não está morando ninguém.

NOSSA GRAMÁTICA COMPLETA

3) é uma verdade universal, indiscutível, ou considerada como tal. Ex.:

> A Lua gira em torno da Terra.
> A aranha sobe pelo fio da própria baba.
> A discordância não exclui a admiração.

É o **presente universal**, que se encontra nos provérbios, máximas e no enunciado de leis e verdades permanentes. O fato aqui é incontestável e não deixa de acontecer. (Os provérbios e máximas, se bem que enunciem fatos contestáveis, são considerados como verdades universais; daí a sua inclusão neste aspecto.)

O presente universal é conhecido também por **presente permansivo**.

4) costuma acontecer ou se repete mais ou menos com frequência. Ex.:

> De madrugada os galos cantam.
> Gosto de música.
> Aos domingos saímos a passeio.

É o **presente habitual** ou **iterativo**. Num momento qualquer, o fato aqui pode deixar de acontecer; portanto é contestável. Este presente também recebe o nome de **presente frequentativo**.

Quando desejamos dar realce e vivacidade ao estilo, podemos empregar o presente:

a) pelo pretérito perfeito do indicativo, nas narrações, para tornar mais vivos e atuais fatos do passado. Ex.:

> Cabral encontra o Brasil, e Pero Vaz Caminha escreve imediatamente uma carta ao rei de Portugal.
> O presidente Costa e Silva assina, então, o AI-5, que tolhe toda a liberdade do indivíduo e da imprensa.

É o **presente histórico** ou **presente narrativo**.

b) pelo futuro do presente, desde que esteja claro na frase pelo menos um elemento que dê ideia de tempo. Ex.:

Assim, não tem nenhum cabimento exigirem alguns obrigatoriamente o uso do futuro neste caso.

c) pelo pretérito imperfeito do subjuntivo. Ex.:

> Se ela não me avisa, eu estaria morto. (avisa = avisasse)
> Se você não se desvia do poste, morreria. (desvia = desviasse)

d) pelo futuro do subjuntivo. Ex.:

> Quando **saímos** desta, vamos para o céu. (saímos = sairmos)
> Se ela **quer**, consegue tudo do marido. (quer = quiser)
> Se você **casa** com ela, arruína sua vida. (casa = casar)

Note que, para satisfazer a uniformidade temporal, usa-se também neste caso o presente pelo futuro do presente, já que as frases correspondentes são:

> Quando sairmos desta, **iremos** para o céu.
> Se quiser, **conseguirá** tudo do marido.
> Se você casar com ela, **arruinará** sua vida.

Pretérito imperfeito

Como o próprio nome revela, o **pretérito imperfeito** indica fundamentalmente um fato passado não concluído ou que perdurou muito antes de concluir-se.

O pretérito imperfeito indica:

1) que o fato, agora passado, então era presente e teve curso prolongado. Ex.:

> Filipe **bebia** muito naquela época.
> Os espectadores **riam** à larga!

É o **imperfeito durativo**, **cursivo** ou **progressivo**.

2) que o fato passado é permanente ou tomado como tal. Ex.:

> Nossa casa **ficava** entre montanhas.
> Castro Alves **era** baiano.

É o **imperfeito universal**.

3) que o fato acontecia habitualmente. Ex.:

> À despedida, Cristina me **beijava** três vezes.
> **Acendiam** a luz do terraço sempre à mesma hora.
> Onde estivesse a notícia, **estava** o microfone da Difusora.

É o **imperfeito habitual** ou **iterativo**.

4) entre dois fatos concomitantes, aquele que decorria no momento em que se deu ou se dava o outro. Ex.:

> Quando **atravessava** a rua, o automóvel atropelou-o.
> Enquanto o pai **trabalhava**, os filhos ficavam brincando.

É o **imperfeito pontual** ou **momentâneo**.

5) um fato passado de maneira vaga (nas lendas, fábulas, contos infantis, etc.). Ex.:

> Era uma vez duas princesas.
> Hitler conquistava, assim, a França.

É o **imperfeito histórico** ou **narrativo**.

Quando desejamos imprimir ênfase ao estilo, podemos empregar o pretérito imperfeito:

a) pelo **presente**, para atenuar uma afirmação ou um pedido, numa forma de demonstrar cortesia. Ex.:

> Eu precisava falar muito contigo, Isabel.
> Você podia emprestar-me cinquenta reais, Luís?

b) pelo **futuro do pretérito**, em três situações:

I) simplesmente substituindo-se um pelo outro, caracterizando-se, assim, a língua coloquial. Ex.:

> Não me disseram que você vinha hoje.
> Você me prometeu que não contava isso para ninguém, hem!

II) para indicar que o fato seria consequência certa e imediata de outro, que é irreal ou não ocorreu. Ex.:

> Se eu fosse o prefeito, desapropriava toda esta região.
> Se viéssemos de trem, não chegávamos a tempo.

III) para exprimir a nossa vontade, mas de modo cortês. Ex.:

> Se eu fosse você, não ia lá.
> Eu não saía com uma chuva dessas, Jeni.

Pretérito perfeito

Existem o pretérito perfeito simples e o pretérito perfeito composto.

O **pretérito perfeito simples** indica:

1) um fato passado já concluído. Ex.:

> Fiz coisas boas que me trouxeram prejuízos; fiz coisas ruins que me deram lucro.

2) um fato passado já concluído, mas cujos efeitos perduram no presente. Ex.:

> Esse acontecimento muito me ensinou.
> Nunca entendi tais coisas.

É o **perfeito permansivo**.

3) um fato que costuma acontecer e pertence a qualquer tempo. Ex.:

> Quem nunca **comeu** melado, quando come se lambuza.
> Aquele que de si **deu** pouco, nada **fez**.
> *Quem nunca se aventurou nunca perdeu nem ganhou.*

É o **perfeito habitual** ou **iterativo**.

Na língua popular é comum aparecer o pretérito perfeito pelo presente do indicativo. Ex.:

> Hoje não posso trabalhar, porque **vim** com a família.
> **Viemos** aqui para beber ou para conversar?

Quando desejamos ênfase, empregamos o pretérito simples pelo futuro do presente composto. Ex.:

> Quando fores com o barro, já **voltei** com o tijolo. (voltei = terei voltado)
> Quando ela souber a verdade, já **parti**. (parti = terei partido)

Nas orações temporais, podemos usá-lo pelo mais-que-perfeito. Ex.:

> Assim que **terminou** o relato, desmaiou. (terminou = terminara)
> Mal **cheguei** a casa, caiu a tempestade. (cheguei = chegara)

O **pretérito perfeito composto** indica que o fato se inicia no passado, dura e se vem repetindo até o presente. Ex.:

> **Tenho trabalhado** muito.
> As garotas **têm visto** objetos estranhos nesta região.

Sempre apresenta aspecto iterativo, diferente da forma simples. Observe a diferença:

> **Trabalhei** muito.
> As garotas **viram** objetos estranhos nesta região.

A forma composta é usada ainda para confirmar-se uma ordem, ou ao concluir-se um discurso. Ex.:

> **Tenho dito**.   **Tenho concluído**.

Pretérito mais-que-perfeito

Tanto o **mais-que-perfeito simples** quanto o **mais-que-perfeito composto** indicam:

1) um fato passado, anterior a outro também passado. Ex.:

> Quando chegamos, a família toda já **almoçara** (ou **tinha almoçado**).
> Logo que **entráramos** (ou **havíamos entrado**), percebemos a tristeza de todos.

Na língua falada, costuma aparecer em seu lugar o pretérito perfeito:

> Logo que **entramos**, percebemos a tristeza de todos.

2) um fato vagamente situado no passado. Ex.:

> Todos respiravam aliviados; o Japão **sucumbira** (ou **havia sucumbido**).
> O menino, afinal, **obtivera** (ou **tinha obtido**) permissão dos pais.

3) um fato passado em referência ao momento presente, quando tal fato não é absolutamente certo. Ex.:

> **Pensáramos** (ou **Tínhamos pensado**) que você não pudesse ajudar.
> **Jeni imaginara** (ou **havia imaginado**) que estivéssemos ricos.

Na língua culta, costuma aparecer o pretérito mais-que-perfeito simples:

a) pelo **futuro do pretérito**, inclusive nas orações optativas, que exprimem desejo. Ex.:

> Tal empreendimento **proporcionara** grandes lucros,
> se não ocorressem tantos imprevistos.
> Não **fora** felicidade pura, se não tivesse Cristina a meu lado.
> Quem me **dera** levar a vida que você leva! (oração optativa)

b) pelo **pretérito imperfeito do subjuntivo**. Ex.:

> Não **fora** a geada, teríamos uma colheita extraordinária!
> Não **leváramos** bastante alimento, passaríamos fome.
> Que fora a vida, se nela não **houvera** lágrimas?
> (A. Herculano)

Futuro do presente

O **futuro do presente simples** pode indicar:

1) um fato posterior certo. Ex.:

> **Irei** a Mojimirim na próxima semana.
> **Avisaremos** o pessoal do que houve somente amanhã.

2) um fato atual duvidoso. Ex.:

> Não **estaremos** todos sendo muito injustos para com ele?
> O velho **suportará** mais esta decepção?
> De Curitiba à fazenda **haverá** quando muito doze quilômetros.

Este emprego do futuro é comum nas frases interrogativas, entendendo-se, em consequência, que a resposta somente será possível após reflexão mais ou menos longa. Eis um exemplo colhido em Vieira:

> E eu, em toda a Escritura Sagrada, só acho um homem que satisfizesse à minha pergunta. E que homem **será** este? Cristão? Não. Judeu? Não. Gentio? Não. Turco? Não. Herege? Não. Pois que casta de homem **será** ou pode ser...?

Eis ainda outro exemplo, do próprio Vieira:

> *E se a ingratidão ressuscita o aborrecimento
> até nos mortos, como achará amor nos vivos?*

3) ordem categórica, substituindo com mais energia o imperativo. Ex.:

> Não furtarás.
> Honrarás pai e mãe.
> *Eu disse ao mar; até aqui chegarás e não passarás daqui.* (Vieira)

É o futuro **jussivo**, comum no enunciado das leis, contratos e ordens judiciais. Ex.:

> *O proprietário edificará de maneira que o beiral do seu telhado não despeje sobre o prédio vizinho.* (Código Civil Brasileiro, art. 575)

4) ordem atenuada ou um pedido. Ex.:

> Se eu morrer, rezarás por minhalma.
> Se eu viver, comemorarás comigo a vitória.
> Você me acompanhará até o portão?

É o **futuro apelativo**.

5) um fato que pode acontecer ou não. Ex.:

> Pensarão os senhores que me vinguei: enganam-se.
> Dirão vocês que cometemos grave erro: direi eu que fomos muito corajosos.

É o **futuro eventual**.

6) fato tomado como verdade universal. Ex.:

> O viajante que nada possui, passará cantando na frente dos ladrões.
> O dinheiro será teu senhor, se não for teu escravo.

É o **futuro universal**, dos provérbios, máximas e adágios.

OBSERVAÇÃO

Quando se constrói Será que ela já chegou?, tem-se a palavra **possível** subentendida: Será **possível** que ela já chegou?. Não há inconveniente neste emprego.

O **futuro do presente composto** indica:

a) que o fato estará concluído antes de outro que lhe é posterior. Ex.:

> Quando vocês voltarem, terei levado as crianças à escola.
> Já haveremos saído quando vocês lá chegarem.

b) que o fato futuro é quase certo. Ex.:

> Se nos descobrirem aqui, teremos provocado um escândalo.
> Ouvindo as fitas gravadas, o juiz terá descoberto toda a trama.

c) a possibilidade de um fato passado. Ex.:

> Terão concluído as investigações os detetives?
> Não terá sido nosso o equívoco?

Futuro do pretérito

O **futuro do pretérito simples** indica:

1) um fato posterior a certo momento do passado. Ex.:

> Ontem você disse que me telefonaria.
> Eles prometeram que me apoiariam.

2) um fato futuro certo, mas ainda dependente de certa condição. Ex.:

> Os mundos seriam zeros sem conta, se não tivessem no princípio, a dar-lhes valor, esta unidade – Deus!
> O pai ficaria feliz se o filho seguisse a carreira diplomática.

3) um fato futuro duvidoso. Ex.:

> Seria possível um casamento desses?
> O velho suportaria mais esta decepção?
> Teríamos força para resistir a um novo ataque inimigo?

Neste caso, o futuro do pretérito substitui o futuro problemático, sendo as frases quase sempre interrogativas.

4) incerteza sobre fatos passados. Ex.:

> Seriam no máximo oito horas quando o acidente aconteceu.
> Naquela oportunidade teríamos no banco pouco mais de vinte reais, se tanto.
> Estaria o major realmente doente, quando morreu?

5) polidez ou timidez para fato presente. Ex.:

> Eu pediria que vocês agora fizessem silêncio.
> Eu sugeriria que primeiro entrasse ela, depois entro eu.
> Gostaria de vê-la novamente, Débora.
> O senhor poderia prestar-me um favor?
> Vocês aceitariam um aperitivo?

6) surpresa ou repulsa, em frases interrogativas ou exclamativas. Ex.:

> Ela pensaria isso de mim?   Eu lá beijaria uma boca daquelas!

OBSERVAÇÃO

Podemos usar, com o futuro do pretérito, tanto o advérbio seguramente quanto o advérbio certamente, ou equivalentes. Ex.:

> Devido ao engarrafamento, Débora seguramente (ou certamente) chegaria atrasada ao aeroporto.

O **futuro do pretérito composto** indica:

1) fato que poderia ser realizado posteriormente a outro fato passado. Ex.:

> Teria vendido o terreno se soubesse desse aumento de imposto.
> Teria rasgado a carta se ela mo permitisse.

2) incerteza sobre um fato passado mediante certa condição, dúvida ou ignorância. Ex.:

> Teria sido feliz se me casasse com ela?
> Haveríamos colhido tanto se não chovesse?
> Ela haveria mesmo se esquecido de mim?
> Que teria você ido fazer no mato, Maria Chiquinha?

3) incerteza sobre um fato passado, sem referência a nenhuma condição. Ex.:

> O vendedor nos teria enganado a todos?
> A estória teria sido mesmo essa?
> Que teria acontecido por lá?

4) a possibilidade de um fato passado. Ex.:

> O governador teria recebido vocês ontem.
> Ter-lhe-íamos perdoado ontem: hoje não há tempo para perdão.

Modo subjuntivo

Serve para exprimir um fato irreal, provável, duvidoso. É o modo das orações subordinadas e das orações optativas (exprimem desejo).

Presente

Indica que o fato é duvidoso, provável. Ex.:

Talvez haja novidades para mim.   Possivelmente estejamos com razão.

Espero que você não me decepcione.

É o tempo das orações optativas. Ex.:

Deus lhe pague!   Não queira saber como fiquei!

Pode ser empregado pelo futuro. Ex.:

Ela nos fará sinal assim que apontemos na esquina.
Que não me respondas malcriado outra vez quando eu te chame!

É ainda o tempo das orações coordenadas alternativas de quer... quer (quer chova, quer faça sol, irei amanhã à praia), das orações subordinadas substantivas (espero que você seja compreensiva comigo) e das adjetivas (farei o que você queira).

OBSERVAÇÕES

1) Nas orações adjetivas, pode aparecer o presente do indicativo no lugar do presente do subjuntivo. Ex.:

Farei o que você quer.

2) O presente do subjuntivo também aparece nas orações adverbiais, sendo neste caso apenas servidão gramatical. Ex.:

Vamos embora, antes que seja tarde!
Ficarei aqui, até que amanheça.
Viva de modo que todos o respeitem!

Pretérito perfeito

O **pretérito perfeito** é um tempo eminentemente composto e indica:

1. fato passado. Ex.:

Espero que Luís tenha entendido bem minhas ordens.
Não acredito que a Rússia tenha ocupado essa ilha do Japão.

2) fato futuro já concluído em relação a outro fato futuro. Ex.:

> Acredito que Juçara já tenha saído quando chegarmos.
> Espero que Luís já tenha cumprido minhas ordens quando chegarmos a casa.

Pretérito imperfeito

O **pretérito imperfeito** indica um fato hipotético. Ex.:

> Jogasse Pelé, teríamos vencido.
> Falássemos a verdade, prejudicaríamos a muitos.

O pretérito imperfeito deve ser usado:

1) nas orações optativas (exprimem desejo). Ex.:

> Tivesse eu essa oportunidade!
> Oxalá vivesse mais alguns anos para poder ver de novo o cometa!

2) nas orações substantivas, exprimindo um fato passado subordinado a outro simultaneamente passado. Ex.:

> Pedi que ela me trouxesse algum dinheiro.
> Queriam que eu votasse no candidato do governo.

3) nas orações adjetivas, nas mesmas condições anteriores. Ex.:

> Poucos professores houve na escola que impusessem tanto respeito.
> Qualquer pessoa que refletisse não daria uma declaração dessas.

4) nas orações adverbiais causais, concessivas, finais, condicionais, etc. Ex.:

> Pedi-lhe perdão, não porque me sentisse culpado,
> mas para que não se zangasse comigo.
> Embora trabalhássemos muito, não conseguimos ficar ricos.
> Se alguém tocasse no fio elétrico, morreria por certo.

Pretérito mais-que-perfeito

O **pretérito mais-que-perfeito** se usa sempre juntamente com o futuro do pretérito e indica:

1) um fato anterior a outro passado. Ex.:

> Venceríamos a partida se não tivéssemos menosprezado o adversário.
> Não teria cometido tolice se você tivesse chegado antes.

2) um fato irreal no passado. Ex.:

> Supúnhamos que você tivesse viajado ontem.
> Calculávamos que tudo houvesse terminado bem.

Futuro

O **futuro simples** deve ser usado:

1) nas orações adjetivas. Ex.:

> Somente será aprovado aquele que trouxer os trabalhos programados.
> Nada farei por aqueles que não me ajudarem.

2) nas orações adverbiais condicionais, conformativas, temporais, proporcionais, etc. Ex.:

> Se corrermos, o bicho pega; se ficarmos, o bicho come.
> Lutem como puderem!
> Quando você vir o disco voador, avise o pessoal!
> Quanto menor for o frasco, melhor será o perfume.

O **futuro composto** indica um fato futuro concluído em relação a outro fato futuro. Ex.:

> Quando tivermos terminado este trabalho, chamar-nos-ão para outro ainda mais pesado.
> O candidato esquecerá todas as promessas quando houverem passado as eleições.

● Modo imperativo

Indica, além de ordem, pedido, exortação, advertência, convite, conselho, súplica, etc. Ex.:

Desça daí, menino! (ordem)	Sente-se, por favor! (convite)
Beije-me, querida! (pedido)	Vivam intensamente! (conselho)
Sejamos fortes! (exortação)	Ajudai-me, Senhor! (súplica)
Escuta primeiro os teus botões! (advertência)	

O ponto de exclamação indica ênfase, rigor; não se desejando tais ideias, podemos terminar a frase apenas com o ponto final.

O imperativo é comumente usado no lugar de oração condicional. Ex.:

> Trabalha, e estarás salvo. (Trabalha = Se trabalhares)
> Segue-me, e terás o reino do céu. (Segue = Se seguires)

Além do imperativo, podemos usar o presente do indicativo, se desejamos ordem ou pedido atenuados, brandos, menos imperativos. Ex.:

> Você, agora, vai levar as crianças à escola.
> A senhorita me atende ao telefone, por favor.

> Vocês hoje dormem aqui em casa.
> Faz favor de entrar, rapaz.

Muitas vezes usamos, por cortesia, o infinitivo no lugar do imperativo. Ex.:

> Escrever três vezes a palavra exceção.

> Sublinhar o sujeito das orações.

Trata-se de uma espécie de imperativo coletivo ou com pessoa indeterminada; não varia, como se vê.

Formas nominais

Gerúndio

Aparece:

1) nas locuções verbais. Ex.:

> estar chorando, andar pedindo, vêm vindo;

2) nas orações reduzidas. Ex.:

> Não dispondo de combustíveis, os países escandinavos utilizam energia elétrica em grande escala.
> Há muita gente passando fome por aí.

O gerúndio geralmente equivale a um advérbio, mas pode também funcionar como adjetivo: pele ardendo, água fervendo, casa contendo muitos quartos.

Também se emprega no lugar do imperativo, nas ordens coletivas. Ex.:

> Circulando! Todos circulando!   Escrevendo! Todos, escrevendo!

Particípio

Aparece:

1) em orações subordinadas reduzidas. Ex.:

> Preocupado com a chuva, o homem se esqueceu do pacote.
> O único país sul-americano banhado pelo Atlântico e pelo Pacífico é a Colômbia.

2) nos tempos compostos (caso em que não varia). Ex.:

> Tenho enfrentado muitas dificuldades.   Havíamos participado da reunião.

3) na voz passiva (caso em que varia). Ex.:

> Débora foi elogiada por todos.
> Foi marcada nova reunião.
> São feitas diariamente as inspeções.

O particípio também substitui o imperativo. Ex.:

Recuado!   Calados! Todos, calados!

Infinitivo

Nossa língua possui dois infinitivos: o pessoal ou conjugável e o impessoal ou não conjugável.

O **infinitivo pessoal** não existia em latim, por isso nunca houve uniformidade quanto ao seu emprego; usa-se mormente para desfazer ambiguidades de sujeito. Não constitui, como se tem afirmado comumente, idiotismo da língua portuguesa, porquanto outras línguas românicas o possuem, entre elas o galego, o mirandês e o napolitano do século XV.

O **infinitivo impessoal** expressa o processo verbal de modo vago, geral. Ex.:

É proibido colar cartazes.
Não é permitido entrar de shorts.
A maior virtude é ser sincero: é feio mentir.
Fumar prejudica a saúde.

Emprego do infinitivo pessoal

Embora não haja normas rígidas de emprego do infinitivo pessoal, podemos dizer que convém usá-lo nestes casos, principalmente:

1) quando o infinitivo tem sujeito próprio. Ex.:

Luís pensa estarmos de férias.
Não sairemos daqui sem meus amigos chegarem.
O pai ficou preocupado por não estarem em casa as crianças.
Ela saiu sem termos notado.

2) quando o infinitivo, tendo sujeito no plural, vem no início da frase, regido ou não de preposição. Ex.:

Para encontrarmos um amigo, devemos fechar um olho.
Para conservarmos um amigo, devemos fechar os dois.
Apesar de estares com gripe, não tens febre.
Ganharmos o pão para nossa família é nossa obrigação.
Obterem um favor do governo?! Que esperança!

Se o infinitivo regido de preposição aparece posposto ao verbo principal, torna-se facultativa a flexão. Ex.:

Devemos fechar um olho para encontrar/encontrarmos um amigo.
Não tens febre, apesar de estar/estares com gripe.

A flexão será, porém, obrigatória, se o verbo regido de preposição for pronominal ou se exprimir reciprocidade ou reflexibilidade de ação. Ex.:

Promovemos a reunião para nos **informarmos** de tudo.
Sugiro que vocês saiam para se **entenderem** lá fora.
Entrem para se **vestirem**.

---

3) depois da combinação **ao** (preposição + artigo). Ex.:

Ao chegarmos, encontramos tudo sujo.
Todas as crianças, **ao entrarem**, devem lavar os pés.
Toma cuidado **ao dirigires** à noite!

---

4) quando o sujeito do infinitivo é indeterminado ou paciente. Ex.:

Faço isso para não me **julgarem** que sou maluco.
A polícia trabalha incessantemente para se **acharem** os criminosos.

---

5) quando o infinitivo for sujeito de verbo impessoal. Ex.:

Não foi preciso **chegarem** a tanto.
É comum **aparecerem** leões por aqui. Convém **estarmos** atentos.
Falta **pagarmos** a conta e **darem**-nos a nota fiscal.

---

6) quando ocorrer elipse do finito. Ex.:

Viu morrer os irmãos e depois **morrerem** os dias.
O porteiro deixou entrar o chefe da turma e mais tarde **entrarem** todos os demais.

---

7) quando, por atração, o verbo **ser** concordar com o predicativo no plural. Ex.:

Ninguém duvida **serem** manobras da oposição essas que vimos ontem.
A polícia ainda não sabe **sermos** sequestradores.

---

8) quando vier substantivado. Ex.:

Que a lei proíba aos jovens o **terem** acesso ao volante!
O que mais irritou os jornalistas foi o **termos** enganado.

Emprego do infinitivo impessoal

Usaremos o infinitivo impessoal nestes casos, principalmente:

1) quando o infinitivo equivale a um imperativo. Ex.:

> **Cessar** fogo, soldados!
> **Amar** a Deus sobre todas as coisas.
> **Passar** bem, senhores!

2) nas locuções verbais, quando há um só sujeito, indicado pelo auxiliar. Ex.:

> Devemos **amar** a Deus sobre todas as coisas.
> Pretendemos **chegar** cedo a casa.
> Haveremos de **vencer** essa eleição!
> As crianças querem **andar** de bicicleta.

Quando o infinitivo está diante do auxiliar, desintegrando-se, assim, a locução verbal, convém efetuar a flexão. Ex.:

> Podem esses políticos viciados da nossa República, num momento grave como este, **esquecerem** os seus próprios interesses?
>
> Devem essas pobres criaturas, trabalhadoras incansáveis, cada vez mais miseráveis, vítimas deste regime selvagem, ainda **arcarem** com todas as consequências dos erros até aqui cometidos?

3) quando o sujeito do infinitivo é um pronome oblíquo, com os verbos causativos **mandar**, **fazer**, **deixar** e sensitivos **ver**, **ouvir**, **sentir**. Ex.:

> **Mandei**-os entrar e não os **deixei** sair.
> Aquela música **fê**-los chorar. **Ouvi**-os chorar, **senti**-os chorar.

Pode haver flexão, todavia, se, em vez de um pronome oblíquo, o seu sujeito for um substantivo ou mesmo outro tipo de pronome. Ex.:

> Mandei os alunos entrar/entrarem e não deixei as crianças sair/saírem.
> Deixei todos entrar/entrarem, mas mandei os outros sair/saírem.
> Greve faz o presidente e o sindicalista trocar/trocarem insultos.

Se o infinitivo for pronominal ou se exprimir reciprocidade ou reflexibilidade de ação, sua flexão é obrigatória. Ex.:

> Vi-os abraçarem-**se**, beijarem-**se** e depois **se** pentearem.
> Vi os namorados abraçarem-**se** e **se** beijarem.

Com tais verbos sensitivos e causativos, o normal é aparecer o infinitivo antes do seu sujeito. Ex.:

> Mandei **entrar** os alunos e não deixei **sair** as crianças.
> Deixai **vir** a mim os pequeninos.

4) quando não houver nenhuma dúvida acerca do sujeito do infinitivo. Ex.:

> Vocês tinham razão de agir duro com seus filhos.
> O pai convenceu as filhas a voltar cedo.
> Éramos pontuais em cumprir nossos deveres.
> As pessoas eram obrigadas a aguardar em fila.
> Os operários foram acusados de boicotar o chefe.
> Nada nos permite chegar a essa conclusão.
> Compete aos jovens criar um mundo mais justo e humano.
> Importa aos políticos ser honestos.
> Era impossível aos passageiros sair do avião.
> Não nos é possível debater a inflação.
> A forte neblina obrigou os aviões a descer em Viracopos.
> Convidei os turistas a voltar.

5) quando regido da preposição **de**, na forma ativa, mas em sentido passivo, na função de complemento nominal com adjetivos como: **fácil, difícil, bom, ruim, gostoso, duro**, etc. Ex.:

> Automóveis **gostosos de** dirigir.
> Exercícios **fáceis de** fazer.
> São exemplos **dignos de** ser seguidos.

6) quando o sujeito do infinitivo é idêntico ao do verbo regente. Ex.:

> Acreditamos estar com a razão.
> As crianças fingiram estar cegas.
> Os sequestradores afirmam possuir armas pesadas consigo.
> Julgamos ter melhor preparo que vocês.

7) quando, regido da preposição **de**, equivaler a um adjetivo. Ex.:

> Esses acidentes são **de** enlouquecer. (= enlouquecedores)
> Tais notícias eram **de** preocupar. (= preocupantes)
> Os depoimentos são **de** comprometer. (= comprometedores)

8) quando **a** + **infinitivo** equivalem a um gerúndio. Ex.:

> Mais vale um pássaro na mão que dois **a** voar. (= voando)
> As crianças estavam **a** cantarolar baixinho. (= cantarolando)

9) quando a ideia de seu sujeito já estiver indicada num outro elemento, geralmente pronome. Ex.:

> É sina nossa **desanimar** sempre na última hora.
> É tradição desses times **chegar** à final e **perder**.
> Foi pura manobra deles **propor** isso agora.

Se o verbo for pronominal, contudo, haverá variação:

> Será sina nossa **nos desvalorizarmos** sempre, nos acordos com os patrões?
> Seria manobra deles **se oporem** agora ao projeto?

OBSERVAÇÕES

1) O verbo **parecer** admite duas construções:

> As crianças **parecem gostar** da festa. (Forma locução verbal.)
> As crianças **parece gostarem** da festa. (É verbo intransitivo, com sujeito oracional, já que essa frase equivale a esta: **Parece gostarem** da festa as crianças.)

2) Usa-se indiferentemente, com plurais em referência:

> Gumersindo não vê coisa nenhuma, **a não ser** (ou: **a não serem**) os defeitos dos outros.
> As crianças **a ser** (ou: **a serem**) atendidas chegam a cem.

Testes e exercícios

1) Identifique o presente pontual, o presente durativo, o presente habitual, o presente universal e o presente histórico:

I

a) O hábito não faz o monge.
b) Caxias se volta para seus comandados e grita: "Avante!"
c) Levanto-me às oito horas todos os dias.
d) Manuel nos conta um fato interessante.
e) O homem come para viver.
f) Trabalho aqui desde criança.
g) Sofro de bronquite há muitos anos.
h) Em Belém do Pará chove dia sim, dia não.
i) No mundo, tudo se transforma.
j) Baltasar olha para o cobrador, hesita um instante e, afinal, diz um palavrão.

II

a) A mãe aconselha a filha e sai.
b) O rio Tietê banha quase todo o Estado de São Paulo.
c) Tomo café todos os dias.
d) Gato escaldado até de água fria tem medo.
e) Não minto.
f) Anchieta desembarca no Brasil poucos anos após o descobrimento.
g) Canto para espantar os males.
h) Quem canta seus males espanta.
i) Estou com uma comichão daquelas!
j) Tudo o que cai na rede é peixe.

2 Diga por quais tempos usamos o presente nestas frases:

a) Amanhã vou a Salvador.
b) Se queres comer, trabalha!
c) Se não sou esperto, seria atropelado pelo automóvel.
d) Quando vir Susana, resolvo com ela esse problema.
e) Luísa, espere-me à porta do teatro, que chego lá dentro de instantes.

3 Construa cinco frases usando o presente-futuro.

4 Identifique o imperfeito durativo, o imperfeito universal, o imperfeito habitual, o imperfeito pontual e o imperfeito histórico:

I

a) Almoçávamos quando chegou o pessoal.
b) Quando cheguei, as crianças dormiam.
c) Eu ia sempre a estádios de futebol.
d) Bernadete almoçava em casa quase todos os dias.
e) Na juventude, Luís jogava futebol como poucos.
f) O rio passava perto de casa.
g) A igreja matriz ficava em frente da praça.
h) Duas princesinhas existiam que eram muito infelizes.
i) O pessoal se divertia muito com aquelas cenas.
j) Quando corri para socorrê-las, já era tarde.

II

a) Ia à missa todos os domingos.
b) Confessava-se todas as semanas.
c) O terreno estava à venda.
d) Era uma vez três coelhinhos.
e) Assim que saía de casa, encontrava os amigos.
f) O rio Tietê era piscoso.
g) Mal via a filha, começava a chorar.
h) Os alunos não gostavam da disciplina.
i) Ninguém se incomodava com o barulho.
j) Cabral descobria, assim, o Brasil.

5 Diga por quais tempos usamos o pretérito imperfeito nestas frases:

a) Eu podia conversar com você hoje, Susana?
b) Ninguém me disse que você gostava tanto assim de futebol.
c) Você devia estudar mais, Ifigênia.
d) Se eu fosse você, não andava com essa gente.
e) Eles me informaram que chegavam cedo.

6 Responda ou dê o que se pede:

a) Construa duas frases em que se tenha o pretérito perfeito simples indicando um fato passado já concluído.
b) Construa duas frases em que se tenha o pretérito perfeito composto; explique o que esse tempo indica.
c) Qual o aspecto sempre apresentado pela forma composta?
d) Qual a forma usada para confirmar-se uma ordem? Dê exemplo.
e) Qual a forma usada para concluir-se um discurso? Dê exemplo.

7 Identifique o **perfeito permansivo** e o **perfeito habitual**:

a) Nunca fiz concessões a ninguém.
b) Quem em vida não amou, não viveu.
c) Esse fato calou fundo em nós.
d) Não encontrei nesta rodovia, desde que nela transito, nenhum patrulheiro.
e) Não me esqueci dela nunca mais.

8 Faça o mesmo:

a) Emagreci dezoito quilos: estou macérrimo!
b) Convidaram-me para ir àquela festa.
c) *Quando saímos de nossa esfera, ordinariamente nos perdemos na dos outros.*
d) *A mulher que nunca foi bonita, nunca foi moça.*
e) Depois de ouvir aquilo, tranquilizei-me.

9 Diga por quais tempos usamos o pretérito perfeito nestas frases:

   a) Quando voltares da Europa, já comprei essa casa.
   b) Logo que vi a banda passar, alegrei-me.
   c) Assim que fores comprar o pão, aprontei o jantar.
   d) Assim que viu o monstro, perdeu os sentidos.
   e) Desde que senti passar as dores, rejuvenesci dez anos.

10 Dê duas frases em que se vê o pretérito perfeito empregado pelo presente do indicativo, troca verificada na língua popular do dia a dia.

11 Responda ou dê o que se pede:
   a) Construa uma frase com o pretérito mais-que-perfeito simples indicando um fato passado, anterior a outro também passado. (É possível substituir-se a forma simples dessa frase pela forma composta?)
   b) Construa uma frase com o pretérito mais-que-perfeito simples indicando um fato vagamente situado no passado. (Poderíamos usar no lugar da forma simples a forma composta?)
   c) Construa uma frase com o pretérito mais-que-perfeito exprimindo um fato passado em referência ao momento presente, quando tal fato não é absolutamente certo.
   d) Quais são os tempos que podem ser usados pelo pretérito mais-que-perfeito simples? Forneça exemplos de cada um deles.
   e) Dê exemplo de oração optativa em que se usa o pretérito mais-que-perfeito pelo futuro do pretérito.

12 Identifique as frases em que o pretérito mais-que-perfeito foi usado pelo futuro do pretérito, ou pelo pretérito imperfeito do subjuntivo, e, ainda, as frases em que houve ambos os empregos:

   a) Nada tivera sentido se não houvesse o amor.
   b) Tudo fora nada se Deus não criara o mundo.
   c) Não fora o mau tempo, já estaríamos viajando.
   d) Ficara muito rico se não gastasse tanto.
   e) Tudo fora ilusão se não houvera o amor.

13 Construa uma frase em que o futuro do presente simples exprime um fato posterior certo.

14 Construa duas frases em que o futuro do presente composto indica:
   a) que o fato estará concluído antes de outro que lhe é posterior;
   b) que o fato futuro é quase certo;
   c) possibilidade de um fato passado.

15 Identifique o futuro jussivo, o futuro apelativo, o futuro eventual e o futuro universal:
   a) Imaginará teu pai que fugimos.
   b) Obedecerás a mim para sempre.
   c) Poderemos conseguir no máximo uns míseros reais.
   d) Perguntarão vocês se não estou agindo como tolo; dir-lhes-ei que não.
   e) Caminharás a meu lado por toda a vida.
   f) Pagareis pelo que a ela fizestes.
   g) Julgarão vocês que esmorecemos; ao contrário, reagimos.
   h) Ofenderá a um ausente quem discutir com um ébrio.
   i) Você me fará, então, esse grande favor?
   j) Quem tiver ofício não morrerá de fome.

16 Comente a propriedade ou a impropriedade do uso do futuro do presente nesta frase:

   Acredito que com este dinheiro **conseguiremos** superar as nossas dificuldades.

17 Construa uma frase com o futuro do pretérito simples exprimindo:

a) um fato posterior a certo momento do passado;
b) um fato futuro certo, mas ainda dependente de certa condição;
c) um fato futuro duvidoso;
d) incerteza sobre fatos passados;
e) polidez para fato presente.

18 Construa uma frase com o futuro do pretérito composto exprimindo:

a) incerteza sobre um fato passado mediante certa condição;
b) incerteza sobre um fato passado, sem referência a nenhuma condição;
c) a possibilidade de um fato passado;
d) um fato que poderia ser realizado posteriormente a outro fato passado.

19 Diga o que exprime o futuro do pretérito nestas frases:

a) Gostaria de ir à Europa se tivesse férias.
b) Far-nos-ia esse favor seu irmão se precisássemos? Ninguém sabe.
c) Aceitaria o cavalheiro um cálice de vinho?
d) Nunca afirmei que votaria em você.
e) Que resolução tomariam eles neste caso?
f) Deus me acudiria no mesmo instante com Sua misericórdia, se isso acontecesse.
g) Estimaria recebê-lo em casa amanhã.
h) Viveríamos ainda agora se não nos escondêssemos?
i) Elza teria no máximo trinta anos quando enviuvou.
j) Não prometi que o visitaria quando pudesse?

20 Construa uma frase em que o presente do subjuntivo indica que o fato é duvidoso, provável.

21 Construa uma oração optativa.

22 Construa uma frase em que se usa o presente pelo futuro.

23 Diga em quais frases o pretérito composto do subjuntivo foi usado para exprimir fato passado e em quais foi usado para exprimir um fato futuro já concluído em relação a outro fato futuro:

a) Creio que ela já se tenha arrependido do que fez, quando lhe telefonar.
b) Espero que vocês não se tenham esquecido de mim quando voltarem da Europa, e me visitem.
c) É possível que eles tenham morrido quando lá chegarmos.
d) É provável que você tenha entendido tudo.
e) Não é bom que tenhamos agido dessa forma.

24 Construa uma frase com o pretérito imperfeito do subjuntivo exprimindo um fato hipotético.

25 Diga em que frases o pretérito mais-que-perfeito do subjuntivo indica um fato anterior a outro fato passado e em quais exprime um fato irreal no passado:

a) Seríamos roubados se não nos tivéssemos precavido.
b) Estarias arruinado se não tivesses feito poupança.
c) Imaginávamos que vocês tivessem casado.
d) Eu achava que houvesse viajado.
e) Caso não houvéssemos chegado a tempo, teríamos sido assaltados.

26 Construa uma frase usando o futuro composto.

27 Use o verbo em destaque no futuro, conforme convier:

a) Somente receberá perdão aquele que **dizer** a verdade.
b) Receberá o ordenado quem **fazer** bem o trabalho.
c) Vivam como **poder**.
d) Quando você **ver** Jonas, avise-o do ocorrido.
e) Se elas **pôr** biquínis, poremos também.
f) Quanto menor **estar** a cerca, melhor.

g) Quem não **saber** isso, não passará.

h) Quem **ver** o cão raivoso deverá comunicar às autoridades.

i) Quanto mais líquido aí **caber**, melhor.

j) Não perdoarei àqueles que não me **trazer** presentes.

28 O modo imperativo exprime apenas e tão somente ordem? Justifique sua resposta.

29 Que tempo do indicativo pode substituir o imperativo nas ordens atenuadas? Dê exemplo.

30 Forneça exemplo em que o imperativo equivale a uma oração condicional.

31 Atenue a ordem ou o pedido, usando tempo e modo adequados:

a) Toque essa música!

b) Faça-me arroz à grega, Teresa!

c) Empresta-me este livro!

d) Arruma-lhe R$2,00, Edgar!

e) Sente-se aqui!

32 Faça de modo inverso:

a) Vocês agora vão cumprimentar todos os convidados.

b) Tu hoje ficas em casa.

c) Hoje vais dormir conosco.

d) Vocês almoçam com a gente hoje.

e) Minha filha o acompanha até o portão.

33 Dê o que se pede:

a) quatro exemplos em que se vê o gerúndio empregado em casos distintos;

b) dois exemplos em que o particípio faz parte de oração reduzida;

c) três exemplos em que se tenha tempo composto;

d) três exemplos em que se tenha voz passiva.

34 Responda:

a) na frase **O pessoal tem vindo aqui semanalmente**, a forma **vindo** é de particípio ou de gerúndio? Justifique sua resposta.

b) na frase **Finda a festa, apagaram-se as luzes**, há gerúndio ou particípio? Justifique sua resposta.

c) qual o verbo que possui uma só forma tanto para o particípio quanto para o gerúndio? Dê uma frase com o particípio e outra com o gerúndio.

35 Identifique as frases que trazem o particípio como mero adjetivo:

a) Tenho lido muita notícia má ultimamente.

b) Tucídides é um homem lido.

c) A luz foi acesa por um dos convidados.

d) Deixei a luz acesa.

e) Tínhamos elaborado muitas perguntas.

f) Foram perguntas elaboradas com muito carinho.

g) Luís é um homem atarefado, por isso, não tem descansado direito.

h) Homem descansado produz melhor.

i) Tenho viajado pouco ultimamente.

j) Manuel é um homem viajado.

36 Flexione o infinitivo sempre que for necessário:

a) Esperamos vencer todas as dificuldades.

b) Estamos aqui para ouvir suas pretensões.

c) Apesar de estar sem ânimo nenhum, continuamos a trabalhar.

d) Disseram-me ter vendido sua casa por preço baixo. Por que o fizeste?

e) O capitão forçou os soldados a entrar na mata.

f) Estávamos cansados de ouvir tanta asneira.

g) Todos podiam assistir ao jogo sentados.

h) Ao entrar no palco, os atores aplaudiram a plateia.

i) Em vez de ficar resmungando, trabalhem!

j) Isto prova ser inúteis quaisquer esforços de nossa parte.

a) Os passarinhos não costumam cantar no inverno.
b) Acusaram algumas pessoas de não trabalhar com vontade.
c) Não nos devíamos preocupar com isso.
d) Hoje nos podemos orgulhar do que fizemos.
e) Não ajas dessa maneira, para não julgar que és doido.
f) Mandei as crianças sair rapidamente.
g) Mandei-as sair rapidamente.
h) As visitas parecem gostar da festa.
i) As visitas parece gostar da festa.
j) Ouvimos as cigarras cantar todos os dias.

a) Essas notícias não são dignas de ser publicadas.
b) Cabe a nós pagar as despesas.
c) Façam as crianças comer à vontade.
d) Trabalhar tanto para quê, se ninguém nos paga?!
e) Notou-se estar as paredes pintadas de outra cor.
f) O palhaço fazia até os adultos rir.
g) Sem pagar, as pessoas não podem entrar no circo.
h) Vocês não têm o direito de fazer isso.
i) Morrer todos na batalha é coisa impossível; alguns dentre nós haveremos de ver a vitória final.
j) Espero meus amigos; admira-me não ter chegado ainda.

37 Assinale as frases que trazem o infinitivo usado conforme o que foi exposto:

a) Tu te alegrarás, ao ver meus filhos crescidos.
b) Queremos colaborar com vocês todos.
c) Desejamos viver muitos anos.
d) Vocês não têm vergonha de vestir essas calças?
e) Querer uma coisa e ser obrigados a fazer outra: é o que acontece todos os dias.
f) Por ter tido medo, falharam os planos; sê mais corajoso!

g) O professor obrigou os alunos a ficar quietos.
h) Sinto diminuir minhas economias dia a dia.
i) As crianças viram os namorados beijar-se.
j) Preparem-se, a fim de seguir para o Sul.

a) Médicos da Universidade da Califórnia afirmam que as pessoas que tomam muito café podem correr maiores riscos de contrair câncer.
b) Não estamos em condições de arriscar tanto.
c) Viu-se ruir vários prédios.
d) Forçaram muitas pessoas a brigar.
e) Os empresários esperam ser razoáveis nossas propostas.
f) Os empresários devem ser razoáveis nas propostas.
g) Não valeu a pena encontrar-se os documentos: não recebi recompensa.
h) Ouviu-se ladrar todos os cães da vizinhança.
i) Aconteceu aparecer milhares de mosquitos por lá.
j) Estamos aqui para ver o que aconteceu.

38 Distinga o futuro do subjuntivo do infinitivo:

a) Se **colarmos** cartazes no muro, que acontecerá?
b) Ao **colarmos** cartazes no muro, multaram-nos.
c) Vocês podem **pegar** prisão por causa disso.
d) Se **pegar** prisão, como ficarão meus filhos?
e) É preciso **obedecer** às leis em vigor.
f) Os que não **obedecerem** às leis, podem ser presos.
g) Quem **se retirar**, deverá **avisar** o chefe com antecedência.
h) Ao **se retirarem**, avisem o chefe!
i) **Abandonar** os estudos?! Você não pode **fazer** isso nunca!
j) No momento que **abandonar** o vício, verá que sua vida melhorará.

CAPÍTULO 17 — ADVÉRBIO

Advérbio

Advérbio é a palavra invariável que modifica geralmente o verbo, exprimindo uma circunstância (tempo, modo, lugar, etc.) e exerce na oração a função de adjunto adverbial. Ex.:

Volto **logo**. • Transcreveu a carta **errado**. • Ficaremos **aqui**.

Os chamados advérbios de intensidade, que modificam, além do verbo (choveu **muito**), o adjetivo (**muito** bom), outro advérbio (**muito** mal), indicando-lhes o grau, são, em rigor, morfemas de grau, já que não exprimem circunstância alguma. (Entende-se por circunstância toda particularidade que vem esclarecer ou modificar um fato.)

Palavras e locuções que modificam orações, exprimindo um ponto de vista ou um estado emocional momentâneo do falante, são palavras denotativas. Ex.:

Dificilmente chegaremos a Salvador com esta chuva. • **Felizmente** chegamos!

O conjunto de duas ou mais palavras com valor de advérbio se diz **locução adverbial**, de que são exemplos: **às pressas**, **às vezes**, **a pé**, **a esmo**, **ao vivo**, **de propósito**, **de repente**, **de vez em quando**, etc.

Classificação do advérbio

Os advérbios e as locuções adverbiais se classificam de acordo com as circunstâncias que expressam. Sendo assim, são estes os principais tipos de adjunto adverbial:

	Exemplos
a) de assunto:	Brasileiro gosta de falar **sobre futebol**. • Especializou-se **em dermatologia**.
b) de causa:	Vou acabar morrendo **de saudade**, Beatriz! • As folhas caem **com o vento**. • Vocês discutem **por ninharia**.
c) de companhia:	As crianças vieram **com os pais**. • Fiquei **com os meus avós**.

	Exemplos
d) de concessão:	Em que pese ao mau tempo, viajamos. • Apesar de você, sou feliz.
e) de condição:	Sem recibo, não pago. • Publiquei o livro mediante contrato.
f) de conformidade:	Danço conforme a música. • Segundo Freud, isso é grave.
g) de dúvida:	Talvez ainda chova hoje. • Ela tem entre 1,70m e 1,75m.
h) de efeito:	Isso lhe redundou em prejuízos enormes! • Nossos bens reverterão em benefício dos filhos.
i) de favor:	Falei pelo réu (= em favor do réu).
j) de finalidade:	Saí a passeio. • Pedi-a em casamento. • Amigos são para as ocasiões difíceis.
k) de intensidade:	Fale pouco e trabalhe bastante! • Essa curva é tão perigosa!
l) de instrumento:	Fechei o portão a cadeado. • Matou a cobra com um porrete. • O governo adquiriu popularidade com esse programa social. • Brincadeira de mão nunca dá bom resultado.
m) de limitação ou referência:	Em esperteza, ninguém ganha deles. • Ninguém a iguala em formosura. • Ser paulista de nascimento, mas baiano de coração.
n) de lugar:	Fui atrás e voltei na frente. • Entrar direto no assunto (adjunto adverbial de lugar virtual ou figurado).
o) de matéria:	Vinho se faz com uva. • Este prato é feito de porcelana.
p) de medida ou de peso:	A Petrobras profundou o poço vinte metros (= até vinte metros). • A mala pesa dez quilos.
q) de meio:	Cheguei de avião e já mandei o recado por um mensageiro. • Ele só viaja a cavalo. Compreende o de **meio social**: Entre os hebreus sacrificavam-se animais.
r) de modo:	Não se vive sem oxigênio. • Ir depressa e voltar devagar.

OBSERVAÇÕES

1) Quando o gerúndio exprime modo, não constitui oração; trata-se de um adjunto adverbial, já que tal forma nominal não corresponde nunca a uma oração desenvolvida. Ex.: Ela chegou chorando.

2) É comum omitir-se a preposição nas locuções adverbiais de modo. Ex.: Olho no goleiro, acabou chutando o pênalti para fora. (Por: De olho no goleiro, acabou chutando o pênalti para fora.)

	Exemplos
s) de oposição:	Jogar contra o Corinthians. • Brigar com todo o mundo.
t) de ordem:	Classificar-se em terceiro lugar.
u) de preço:	Comprei tudo por cem reais. • Vendi tudo pelo custo.
v) de quantidade:	Eu já lhe disse isso três vezes (= por três vezes). • O Palmeiras venceu o Juventus de 3 a 0. • O Juventus perdeu de 0 a 3.
w) de reciprocidade:	Entre mim e ela sempre houve amor.
x) de simultaneidade:	Desfez-se, assim, em mim, com aquela carta, mais uma ilusão.
y) de substituição:	Assinei o recibo pelo chefe. • Juro por Deus (= em nome de Deus).
z) de tempo:	Raramente chove no sertão nordestino. • De pequenino é que se torce o pepino. • Nos momentos difíceis é que se conhece o verdadeiro amigo (adjunto adverbial virtual ou figurado).

> **OBSERVAÇÃO**
>
> É comum omitir-se a preposição nas locuções adverbiais de tempo. Ex.: Este ano choveu muito. (Por: Neste ano choveu muito.)

Quando, como, onde e por que são, respectivamente, advérbios interrogativos de tempo, modo, lugar e causa. Podem aparecer tanto nas orações interrogativas diretas quanto nas indiretas. Ex.:

> Quando voltaremos?
> Ninguém soube me dizer quando voltaremos.

As palavras denotativas, vistas no capítulo 7, são por muitos consideradas, mormente nossos dicionaristas, como advérbios, que elas não são.

Gradações dos advérbios

Alguns advérbios, principalmente os de modo, admitem, à maneira dos adjetivos, a flexão de grau. São dois os graus do advérbio: comparativo e superlativo.

O **grau comparativo** pode ser:

a) de igualdade:	Elisa anda tão devagar quanto (ou como) eu.
b) de superioridade:	Elisa anda mais devagar que (ou do que) eu.
c) de inferioridade:	Elisa anda menos devagar que (ou do que) eu.

O **grau superlativo** pode ser apenas **absoluto**, subdividido em **sintético** (nossas finanças vão otimamente) e **analítico** (nossas finanças vão muito bem). Se admitirmos o emprego de sufixo de intensidade para a formação do superlativo, teremos, então:

> O homem estava muitíssimo bêbado.
> Os Lexus são carros fantásticos, mas pouquíssimo vendidos por aqui.

Na linguagem familiar, costuma-se expressar o valor superlativo do advérbio por formas diminutivas. Ex.:

> Ele acordou cedinho e saiu agorinha há pouco.
> Fiquei pertinho dela.

A ideia superlativa adverbial também se consegue com a repetição de advérbios. Ex.:

> Volto já, já.
> Chegaremos logo, logo.

Adjetivos adverbializados

Alguns adjetivos não variam em gênero nem em número e passam a exercer, assim, a função de advérbio, equivalendo geralmente a formas terminadas em -mente. Ex.:

Transcreveu a carta errado. (Transcreveu a carta erradamente.)
Falemos claro! (= Falemos claramente!)

Saiam rápido!
Chuchus custam barato.
As meninas suavam frio.

A gasolina brasileira custa caro.
Vocês juraram falso.
Tais fatos me calaram fundo.

São chamados **adjetivos adverbializados**.

Todos esses nomes, quando usados em função adjetiva ou predicativa, variam normalmente. Ex.:

O Brasil vende muito cara sua gasolina aos brasileiros.

Quero deixar bem claras duas coisas: nossa gasolina é cara e nossa gasolina é ordinária!

OBSERVAÇÃO

Não é raro aparecer advérbio e até locução adverbial em função adjetiva. Ex.: Um homem alerta vale por dois. • Você é devagar demais! • Estou a pé: meu carro está na oficina.

Emprego do advérbio

1) Os advérbios terminados em -mente são formados mediante junção desse sufixo à forma feminina do adjetivo, quando este possui masculino e feminino. Assim, rápida + -mente = rapidamente; péssima + -mente = pessimamente, etc. Mas: casual + -mente = casualmente (porque casual não é um adjetivo que possui masculino e feminino.) Os adjetivos terminados em -ês e em -or apresentavam no português antigo uma única forma para ambos os gêneros, daí por que, antes de receber o referido sufixo, não assumem a forma feminina. Assim, temos: cortês, cortesmente; português, portuguesmente; superior, superiormente; melhor, melhormente.

2) Aparecendo na frase vários advérbios terminados em -mente, só o último receberá o sufixo. Ex.:

O Brasil está crescendo econômica, política e socialmente.

Só o desejo de ênfase é que fará cada advérbio ter seu sufixo:

O Brasil está crescendo economicamente, politicamente e socialmente.

3) **Melhor** e **pior** são comparativos adverbiais quando modificam verbo e, neste caso, são formas irregulares do grau comparativo dos advérbios **bem** e **mal**; quando modificam substantivo, são comparativos adjetivos e, neste caso, são formas irregulares do grau comparativo dos adjetivos **bom** e **mau**. Ex.:

> falar melhor, jogar pior (advérbios); governo melhor, povo pior (adjetivos).

4) **Talvez** exige o verbo no subjuntivo, quando vem anteposto; vindo posposto, exprime dúvida leve e, então, usa-se o indicativo. Ex.:

> Talvez eu vá a Salvador. • Irei talvez a Salvador.

5) Usam-se de preferência as formas **mais bem** e **mais mal** antes de adjetivos ou de particípios. Ex.:

> Este assunto é mais bem interessante que aquele.
> (em vez de: "melhor interessante")

> Esses alunos são mais mal-alimentados que aqueles.
> (em vez de "pior alimentados")

6) **Primeiro**, ao modificar o verbo, é advérbio. Ex.:

> Cheguei primeiro.

7) Os advérbios têm considerável mobilidade semântica e funcional, daí por que alguns deles se veem na função de adjetivo e de predicativo. Ex.:

> Há gente assim. • Um palhaço demais.
> O mundo é assim mesmo. • Esse palhaço é demais.

Testes e exercícios

1) *A verdade é um espelho que caiu das mãos de Deus e se quebrou. Cada um recolhe o pedaço e diz que toda a verdade está naquele caco.* Neste sábio provérbio iraniano:

a) encontramos apenas um advérbio
b) encontramos dois advérbios
c) encontramos cinco advérbios
d) encontramos quatro advérbios
e) não encontramos advérbio nenhum

2) *Se você viver cem anos, eu quero viver cem anos menos um dia, assim nunca terei de viver sem você.* Nesta tenra declaração de amor, provavelmente de um(a) adolescente apaixonado(a):

a) encontramos pelo menos um advérbio
b) encontramos três advérbios
c) encontramos quatro advérbios
d) encontramos cinco advérbios
e) não encontramos advérbio nenhum

3 Substitua as expressões adverbiais em destaque por um advérbio equivalente:

a) Tudo se consegue **pouco a pouco**.
b) O motorista agiu **com mestria**.
c) A rádio toca música **sem interrupção**.
d) Ele abate animais **sem piedade**.
e) Ela agiu **sem manifestação da vontade**.
f) Todos falavam **ao mesmo tempo**.
g) Nunca diga nada **sem refletir**!
h) Ele envelheceu **antes do tempo**.
i) Fiz isso **de propósito**.
j) Sempre a ajudarei **com prazer**, Ifigênia.

4 Substitua a locução adverbial em destaque pelo advérbio equivalente:

a) O fantasma apareceu **neste lugar**.
b) **Em nenhum momento** eu disse que cria em fantasmas.
c) **Com certeza** você estava sonhando, quando viu um fantasma.
d) E se eu lhe disser que **neste momento** estou vendo um fantasma?!
e) Se você continuar falando **desse modo**, vou acabar acreditando em fantasma!
f) Dizem que **naquele lugar** já baixou um óvni.
g) Óvni?! **Sem dúvida**, você está delirando!
h) Segundo os ufologistas, os ETs querem exterminar o mal **pela raiz**. E o mal é o homem!
i) Não se assuste, se encontrar um ET **por acaso** no seu quintal!
j) Recebê-lo-ei **com frieza**.

5 Continue, às vezes substituindo uma expressão qualquer, equivalente de um advérbio:

a) Ninguém consegue assobiar e chupar cana **ao mesmo tempo**.
b) Evite sair com quem dirige **sem muito cuidado**!
c) Ela fazia exercícios apenas **de vez em quando**.
d) Posso dizer que a felicidade me bateu à porta **sem que eu esperasse**.
e) A oposição atacou **com força** o aspecto eleitoreiro dessa medida do governo.
f) É difícil encontrar motorista que recebe uma multa **sem se revoltar**.

g) Nós sempre nos tratamos **como irmãos**.
h) Documentos apresentados **fora do tempo apropriado** não serão considerados.
i) Os socialistas dizem que o capitalismo é **por sua própria natureza** injusto.
j) Os jogadores das duas equipes se perfilam **lado a lado** na execução do Hino Nacional.

6 Identifique as opções em que **meio** é advérbio:

a) Só comi meio mamão.
b) Sei um meio de entrar sem pagar.
c) Estacionei no meio da rua.
d) Ele mede só um metro e meio.
e) Encontrei-a meio nua.
f) Rachei a tábua ao meio.
g) Comprei um carro com ele, meio a meio.
h) Vilma saiu meio triste, mas voltou meio alegre.
i) É preciso cuidar do meio ambiente.
j) Eles se valem de qualquer meio para conseguirem o seu objetivo.

7 Identifique as frases em que cabe o emprego do advérbio **meio**:

a) Minha mãe não é mulher de ★ palavras.
b) Minha mãe é uma mulher ★ preocupada com tudo.
c) Se as crianças chegarem ★ molhadas, é porque tomaram chuva.
d) O tráfego de veículos estava sendo feito em ★ pista.
e) Seu sapato tem apenas ★ vida.
f) Ele, sozinho, tomou ★ garrafão de pinga!
g) Quando cheguei, a limpeza já estava ★ acabada.
h) Hoje, Ifigênia acordou ★ tristonha.
i) Não houve ★ de ela querer casar com o rapaz.
j) As portas e janelas da casa estavam ★ abertas.

8 Mude o que tiver que ser mudado, segundo o que já estudamos:

a) Dão-se aulas particulares a domicílio.
b) Esse é um professor que vai a domicílio dar aulas.
c) Ele dá aulas em domicílio.
d) Fazemos demonstrações de nossos produtos a domicílio.
e) O MEC considera que o concurso para professores titulares correu, a *grosso modo*, bem.
f) Professores da rede municipal de Niterói estão dando a lição em alto e bom som e sem comprometer seu principal instrumento de trabalho.
g) Você não reparou que suas meias estão do avesso?
h) Essa questão está muito melhor elaborada que aquela.
i) Não existe político mais bem-intencionado que outro: todos são bem-intencionados...
j) Esse médico faz consulta a domicílio.
k) Meus amigos vieram de a pé, quando poderiam ter vindo de a cavalo.
l) De lá de longe se via o que aqui se passava.
m) Quando foi que vocês chegaram lá de cima?
n) Daqui de fora não se vê nada aí dentro.
o) Você é daqui de Salvador ou é de lá do Recife?
p) Nossos clientes recebem suas mercadorias a domicílio.
q) Ele não permite que a filha trabalhe nem tampouco que namore.
r) Ela não fala inglês e tampouco alemão.
s) O pessoal não veio nem tampouco avisou que não viria.
t) O congresso não dará ao ministro nem tanto, que o faça um candidato forte à presidência, nem tão pouco, que o transforme em incapaz.

9 Assinale as opções em que **não** não dá ideia de negação:

a) Querem trabalhar? Não? Então, não vão comer.
b) Eu não disse que ia chover?
c) Ela bem que poderia me esperar, mas não, preferiu ir sozinha.
d) Ele disse que não disse o que eu disse.
e) Ela era não só bonita, mas inteligente.
f) Pois não, estou às suas ordens, chefe!
g) Esta vida é ou não é mera ilusão?
h) O que seria da vida se não existissem as mulheres?
i) Viu como não vale a pena mentir?
j) O que não faz o homem por dinheiro!

10 Identifique as frases que trazem **melhor** e **pior** como advérbios:

a) Conheço isso melhor que vocês.
b) Vocês estudaram isso pior que eu.
c) Ele é muito melhor que vocês.
d) Tudo é pior quando se vê melhor.
e) Nada melhor que um dia após o outro.

Testes de concursos e vestibulares

1 (Cescea-SP) Na frase **Dizem que os mineiros trabalham em silêncio**, há:

a) duas locuções verbais
b) uma locução verbal
c) uma locução adverbial
d) não sei

2 (F. Objetivo-SP) **Não examinava nem cheirava: engolia com voracidade.** A expressão **com voracidade** indica circunstância adverbial de:

a) causa
b) condição
c) concessão
d) tempo
e) modo

3 (TJ-SP) Marque a opção em que a palavra em destaque é advérbio:

a) O colega **mal** entendia o que lhe dizíamos.
b) **Mal** chegando, pusemo-nos a gritar.
c) Não pratique o **mal**.
d) Maneco, você é **mau**, hein!
e) Aquele garoto pratica sempre o **mal**.

4 (TRT-RS) Uma das opções abaixo contém um advérbio de modo. Marque-a:

a) Hoje faz mau tempo.
b) Os maus serão castigados.
c) Não deves fazer o mal.
d) Maria anda malvestida.
e) Mal chegou, olhou desconfiado.

5 (FEP-PA) Em todas as alternativas há dois advérbios, exceto:

a) Ele permaneceu muito calado.
b) Amanhã, não iremos ao cinema.
c) O galo, ontem, cantou desafinadamente.
d) Tranquilamente, realizou-se hoje o jogo.
e) Ele falou calma e sabiamente.

6 (UFCE) A opção em que há um advérbio exprimindo circunstância de tempo é:

a) Possivelmente viajarei a São Paulo.
b) Mila tinha aproximadamente quinze anos.
c) As tarefas foram executadas concomitantemente.
d) Os jovens chegaram demasiadamente atrasados.

7 (F. C. Chagas-SP) Assinale a alternativa em que o termo destacado tem valor de advérbio:

a) Achei-o **meio** triste, com o ar abatido.
b) Não há **meio** mais fácil de estudar.
c) Só preciso de **meio** metro dessa renda.
d) Encarou-nos, esboçando um **meio** riso.
e) Ela caiu bem no **meio** do jardim.

8 (NCE) Os advérbios terminados em **-mente** são formados pela junção desse sufixo à forma feminina de adjetivo. Os dois exemplos abaixo em que não é possível indicar formalmente o gênero do adjetivo são:

a) simplesmente - aproximadamente
b) aproximadamente - diariamente
c) diariamente - normalmente
d) normalmente - simplesmente
e) simplesmente - diariamente

9 (TJ-MG) **O Papa falou clara e insistentemente**. Na expressão em destaque:

a) temos um adjetivo e um advérbio
b) eliminou-se a terminação **-mente** do primeiro advérbio para se evitar o eco
c) a forma **clara** torna a sequência adverbial mais enfática
d) a forma **clara** não é escorreita
e) a forma **clara** é um adjetivo adverbializado

10 (Mack-SP) Na frase **As negociações estariam meio abertas só depois de meio período de trabalho**, as palavras destacadas são, respectivamente:

a) advérbio e adjetivo
b) advérbio e advérbio
c) adjetivo e adjetivo
d) numeral e advérbio
e) numeral e adjetivo

NOSSA GRAMÁTICA COMPLETA

CAPÍTULO 18

PREPOSIÇÃO

arroz com feijão

Preposição

Preposição é a palavra invariável que liga duas outras palavras entre si, estabelecendo entre elas certas relações. Ex.: casa de Luís (relação de posse); caderno de exercícios (relação de finalidade); estou em casa (relação de lugar); ser contra a corrupção (relação de oposição). A primeira palavra, que reclama a outra, chama-se **regente**; a segunda, reclamada pela antecedente, denomina-se **regida**. No lugar da palavra regida podemos ter uma oração. Ex.: Saiu para trabalhar. • Tinha poucas esperanças de que o salvassem. • Obrigou o filho a que se lavasse.

Classificação da preposição

As preposições podem ser essenciais e acidentais.

As **preposições essenciais** são aquelas que sempre foram preposições: a, ante, após, até, com, contra, de, desde, em, entre, para, per, perante, por, sem, sob, sobre, trás. Exigem os pronomes pessoais nas formas oblíquas. Ex.: Ela vive sem mim. • Sempre houve sinceridade entre mim e ti.

As **preposições acidentais** são aquelas que, em determinado estádio da língua, passaram a ser preposições, resultando, portanto, de uma derivação imprópria: afora, como, conforme, consoante, durante, exceto, mediante, menos, salvante, salvo, segundo, tirante, visto, etc. Exigem os pronomes pessoais nas formas retas. Ex.: Afora eu, todos aqui são estrangeiros. • Todos concordaram, menos tu. As preposições conforme, exceto, salvo, segundo e tirante eram originariamente formas nominais.

Locução prepositiva

Locução prepositiva é o conjunto de duas ou mais palavras com valor de preposição. Ex.: a fim de, além de, antes de, depois de, ao invés de, em que pese a, à custa de, em via de, a expensas de, defronte de, a par de, através de. Como se vê, toda locução prepositiva termina por preposição; assim, a norma culta não aceita o uso "em que pese o temporal", "através a luz", etc.

Combinação, contração e crase

Combinação é a união da preposição a com o artigo o (ou a variação os), ou com o advérbio onde: ao, aos, aonde. Na combinação, os vocábulos preservam a individualidade fonética.

Contração é a união de uma preposição com outra palavra, havendo perda ou transformação de fonema. Ex.: do (de + o), na (em + a), pelos (per + os), daquele (de + aquele), nisso (em + isso), etc.

Crase é a fusão de vogais idênticas: à (preposição a + artigo a); àquilo (preposição a + 1ª vogal do pronome aquilo). A crase nada mais é que um caso especial de contração.

Valor das várias relações estabelecidas pelas preposições

A

A preposição a introduz objeto indireto (falar aos repórteres), complemento nominal (ter amor aos filhos) e adjunto adverbial (ir a pé) e indica estas relações principais:

	Exemplos
1) **causa** ou **motivo**:	morrer à fome; acordar aos gritos das crianças; voltar a pedido dos amigos.
2) **conformidade**:	puxar ao pai; bife à milanesa; jogar à Telê Santana.
3) **destino** (em correlação com a prep. **de**):	de Santos a Guarujá são poucos quilômetros; daqui a Salvador são mais de dois mil quilômetros.
4) **distância**:	morreu a três passos de mim; estávamos a poucos anos do ano 2000.
5) **exposição** ou **contato**:	estar ao sol, à sombra, ao relento.
6) **fim**:	dei-lhe algo a beber; a que devo sua visita?
7) **instrumento** ou **meio**:	escrever a lápis; fechar a cadeado; voltar a pé.
8) **intervalo entre dois pontos temporais** (em correlação com a prep. **de**):	as entradas para o jogo serão vendidas apenas das 9h ao meio-dia.
9) **lugar**:	ir a Madri; cair a 20m do mar; estarei sempre a seu lado; chegue mais à nossa roda!
10) **medida**:	comprar a quilo; vender a metro.
11) **modo**:	chegar aos prantos; falar aos gritos; sol a pino.
12) **preço**:	a como são vendidos os melões? a dez reais cada um?!
13) **proximidade** ou **contiguidade**:	estar ao telefone; ficar à janela; sentar-se à mesa; dormir ao volante; blusa colada ao corpo.
14) **quantidade** ou **medida**:	caíram limões às centenas do pé; comprar papel a metro.
15) **referência**:	ser impermeável a líquidos; mostra-se insensível a críticas.
16) **sequência** (no tempo e no espaço):	dia a dia; caso a caso; um a um; dois a dois.
17) **tempo**:	nasci a 18 de dezembro; ao entrar, feche a porta!
18) **transformação**:	passar a cobrar ingresso; começar a ganhar dinheiro.

ATÉ

A preposição até indica limite: Cavei um poço até vinte metros. • Vou até o supermercado. • Torcer pelo Flamengo até a morte. Pode vir ou não acompanhada de a, outra preposição, formando uma locução prepositiva. Assim, é indiferente construir: Ir até o (ou até ao) supermercado. • Torcer pelo Flamengo até a (ou até à) morte. Cumpre não confundi-la com a palavra denotativa de inclusão até, que equivale a inclusive, também, ainda, vista neste exemplo: Até o cemitério foi depredado. A preposição pede pronome oblíquo tônico: Ela chegou até a mim e disse tudo; já a palavra denotativa exige pronome reto: Até eu acreditei nele.

COM

A preposição com forma locução adverbial (agir com cuidado), locução adjetiva (mulher com bigode) e locução prepositiva (de acordo com o dispositivo legal) e introduz complemento nominal (não ter amizade com ninguém), objeto indireto (não concordar com ninguém), adjunto adnominal (mulher com bigode é o que mais há por aqui) e adjunto adverbial (agir com cuidado). Indica estas relações principais:

	Exemplos
1) adição:	café com leite; arroz com feijão.
2) causa ou causalidade:	assustar-se com o trovão; saiu depressa, com medo de que o vissem.
3) companhia:	fui ao cinema com ela; passei boas horas com a turma.
4) concessão (antes de infinitivo):	com atuar tão bem, tanto no cinema quanto na televisão, nunca recebeu um prêmio.
5) compensação:	ela me pagou o favor com um pontapé.
6) concessão ou restrição:	com tantos amigos no governo, não consegues um emprego?!; com todo esse dinheiro, não é feliz.
7) conteúdo:	ônibus com turistas; caixa com frutas da época.
8) estado:	ficar com o rosto inchado, com a vista embaçada.
9) idade:	com dois anos, já fala quase tudo.
10) limite ou ponto de junção:	conheci-a na Avenida Ipiranga com a Avenida São João.
11) matéria:	vinho se faz com uva, e omelete se faz com ovos.
12) meio ou instrumento:	abriu a garrafa de cerveja com os dentes; acenar com um lenço.
13) modo:	tratar os filhos com carinho; agir com maldade; escrever com erros de ortografia.
14) posição:	a seleção brasileira vai jogar com a seleção holandesa.
15) posição favorável ou apoio:	estou com você e não abro; estamos com o governo.
16) posse:	sujeito com cara de poucos amigos; monstro com dois olhos de fogo.
17) qualidade ou conteúdo de pessoas, animais ou coisas:	é um homem com caráter; é uma equipe com brio; jegue com carga; copo com água.
18) referência:	ela é meiga com o namorado; comigo é sempre assim.
19) simultaneidade:	com a idade, vem a experiência; no mundo moderno, a mulher concorre com o homem.
20) tempo futuro:	com uma semana, você estará melhor; com um mês, seus cabelos voltarão a crescer, depois de tomar este medicamento.

CONTRA

A preposição contra introduz objeto indireto (o cão investiu contra o carteiro), complemento nominal (marcha contra a carestia) e adjunto adverbial (remar contra a maré; olhar contra o Sol). Indica estas relações principais:

	Exemplos
1) **competição**:	atleta que corre contra seu próprio recorde.
2) **contato** ou **proximidade**:	segurar o cãozinho contra o peito; cingir a bandeira contra o coração.
3) **contraste**:	fazer um desenho de flores contra um fundo escuro.
4) **direção**:	atirar contra um alvo; olhar contra o Sol; chutar contra seu próprio gol.
5) **direção oposta**:	ventos que sopram contra as montanhas; remar contra a maré; apoiou a viga contra o muro.
6) **objeção**:	nada tenho contra isso nem contra você.
7) **oposição**:	lutar contra as adversidades da vida; ser contra as privatizações; depor contra alguém; jogar contra um adversário forte; todos estão contra mim; tomar um antídoto contra o veneno.
8) **prevenção** ou **extinção**:	seguro contra incêndios; xarope contra tosse.
9) **restrição**:	ganhar o jogo, contra as expectativas da torcida.
10) **troca** ou **permuta**:	pagar contra recibo; apostar um contra dez; encomenda que só se entrega contra reembolso.

DE

A preposição de introduz adjunto adnominal (ar de tristeza; casa de praia), adjunto adverbial (levantar-se de madrugada; fugir de casa), aposto (a cidade de Salvador; o mês de dezembro), complemento nominal (abuso de poder; longe de casa), objeto indireto (gostar de tudo), predicativo (fi-la de boba) e voz passiva (osso duro de roer; jogo difícil de vencer). Usa-se para imprimir ênfase a um adjetivo: Pobre de mim! Forma parte das perífrases com verbos auxiliares: Ela há de me pagar! Antecede o complemento agente das orações passivas: Ela aqui é querida de todos. Indica estas relações principais:

	Exemplos
1) **assunto**:	falar de futebol.
2) **autor**:	livro de Machado de Assis; música de Tom Jobim.
3) **causa**:	morrer de fome; chorar de saudade.
4) **comparação de quantidades**:	Ele ganha mais de mil reais por mês.
5) **conteúdo**:	maço de cigarros; talão de cheques; taça de champanha.
6) **definição**:	homem de bom-senso; pessoa de coragem.
7) **dimensão, tamanho, medida, número, valor**:	prédio de dois andares; pico de 3.000m; um litro de leite; dez metros de fazenda; dicionário de cem mil verbetes; carro de trezentos mil reais.
8) **estado** ou **condição**:	ficar de cama; estar de dieta.
9) **fim** ou **finalidade**:	automóvel de passeio; máquina de escrever; sala de jantar; chegou o momento de agir.
10) **gênero** ou **espécie**:	o som do rádio; motorista de ônibus; colega de turma.
11) **idade**:	rapaz de quinze anos.

	Exemplos
12) **ilação** ou **dedução**:	disto que se pode concluir, então?
13) **instrumento** ou **meio**:	briga de faca; viajar de avião; viver de ilusões.
14) **lugar, origem** ou **procedência**:	vir de Madri; descender de alemães; vinho do Porto.
15) **matéria**:	saco de plástico; casa de madeira; copo de cristal.
16) **medida** ou **extensão**:	homem de dois metros; rua de vinte quilômetros.
17) **modo**:	ficar de pé; dar de coração; tocar de ouvido.
18) **ponto de partida**:	de hoje em diante; de Campinas a São Paulo são cem quilômetros.
19) **posse** ou **propriedade**:	perdi o colar de minha mãe; casa de Luís.
20) **preço**:	caderno de três reais.
21) **qualidade**:	menino de juízo; homem de valor; pessoa de boa-fé.
22) **semelhança** ou **comparação**:	olhos de gata; ele é o maior de todos.
23) **situação** ou **estado inicial**:	os olhos dela, de verdes se tornaram azuis; de contínuo passou a diretor da empresa.
24) **tempo**:	estudar de tarde, e não de noite; viajar de manhã; de pequenino é que se torce o pepino.
25) **valor distributivo**:	paguei o televisor em três prestações de cem reais.
26) **valor partitivo**:	comeu do meu pão; bebeu do meu vinho; um de nós o denunciou.

DESDE

A preposição **desde** introduz adjunto adverbial (trabalhar desde cedo) e indica tempo ou lugar a partir do qual se realiza uma ação: desde o ano passado eu não vejo Beatriz; dormi desde lá até aqui.

EM

A preposição **em** introduz objeto indireto (crer em Deus), complemento nominal (a crença em Deus), adjunto adverbial (ficar em casa), adjunto adnominal (sociedade em evolução). Antes de gerúndio indica anterioridade imediata: Em chegando ao estádio, a equipe foi recebida com palmas pelos torcedores. Indica estas relações principais:

	Exemplos
1) **assunto** ou **matéria em que alguém sobressai**:	ser especializado em informática; ele é doutor em letras; ela é versada em arqueologia.
2) **cálculo** ou **avaliação**:	o terreno está avaliado em milhões de reais.
3) **causa**:	contorcer-se em dores.
4) **destino**:	deu a filha em casamento.
5) **estado** ou **qualidade**:	ferro em brasa; televisor em cores; votos em branco.
6) **fim, finalidade** ou **objetivo**:	vir em socorro de alguém; pedir alguém em casamento; intervir em favor de um amigo.
7) **forma** ou **semelhança**:	escada em espiral; revista em quadrinhos; juntar as mãos em concha.
8) **indumentária**:	ela se apresentou em traje de gala.

	Exemplos
9) **limitação** ou **referência**:	nunca fui tão bom aluno em Matemática; em esperteza, você não perde de ninguém; ninguém a iguala em formosura.
10) **lugar**:	ficar em casa; o jantar está na mesa; moro em São Paulo.
11) **matéria**:	a colcha era tecida em pura lã; esculpir em pedra-sabão.
12) **meio** ou **instrumento**:	resolver o caso no tapa; pagar em cheque.
13) **modo**:	trabalhar em paz; ir em turma; escrever em francês; pedi-a em namoro.
14) **preço**:	avaliar a casa em milhões de reais.
15) **processo**:	edifício em construção; frutos em flor.
16) **quantidade**:	a melancia foi partida em cinco fatias.
17) **sucessão**:	de grão em grão; de porta em porta.
18) **tempo**:	fiz o percurso em duas horas; chegarei em instantes; o acordo foi firmado em 1999; em maio ocorrem mais casamentos que nos outros meses.
19) **transformação** ou **alteração**:	converter água em vinho; todos nos transformaremos em pó.

ENTRE

A preposição **entre** introduz objeto indireto (**discutir entre irmãos**) e adjunto adverbial (**ficar entre uma questão e outra**) e indica estas relações principais:

	Exemplos
1) **companhia**:	viajar entre um grupo de turistas.
2) **escolha**:	entre os vários tipos de música, prefiro a bossa nova; a escolha estava entre vencer ou morrer.
3) **interior** ou **âmago**:	eu, entre mim, pensava justamente o contrário.
4) **ligação** ou **conexão**:	ferrovia entre duas cidades.
5) **lugar**:	usar palito entre os lábios; estar entre os aprovados; os Pireneus se localizam entre a França e a Espanha.
6) **meio social**:	esse é um costume popular entre os gregos; estou entre seus amigos.
7) **meio-termo, intermediação** ou **dúvida**:	a cor do carro fica entre o verde e o azul; o doce custa entre dez e quinze reais; sua estatura é entre baixa e média; ela tem entre 1,70m e 1,75m; a temperatura está entre 30 °C e 33 °C.
8) **qualidade**:	está entre os melhores da posição.
9) **reciprocidade**:	entre mim e ela sempre houve harmonia; há certa semelhança entre as duas questões.
10) **relação** ou **comparação**:	há muita diferença entre o pai e o filho; não há muita diferença entre democratas e republicanos, nos Estados Unidos.
11) **tempo**:	chegarei entre o meio-dia e a uma hora; a casa foi construída entre 1840 e 1852.
12) **totalidade**:	entre tripulantes e passageiros, existiam trezentas pessoas no avião.

PARA

A preposição **para** introduz objeto indireto (apelar para a instância superior), complemento nominal (minha ida para Salvador) e adjunto adverbial (ir para a cama) e indica estas relações principais:

	Exemplos
1) **consequência:**	estou hoje muito alegre para me preocupar com mesquinharias; você é bastante inteligente para não cair nessa.
2) **destinação:**	apartamento para todos os gostos; concerto para violino; filme para crianças.
3) **direção:**	inclinei a cabeça para a direita; dirigi-me para casa.
4) **duração:**	há combustível para poucos quilômetros; o Nordeste tem sol para o ano todo.
5) **fim** ou **finalidade:**	nasci para o trabalho; vim para ficar; tenho a chave para a solução desse caso.
6) **fim no tempo:**	o golpe de Estado era esperado para aquela noite; a festa é para amanhã.
7) **iminência:**	estou para sair de férias; vocês já estão para sair?
8) **lugar:**	vou para Salvador; apontar o dedo para o céu. (Neste caso, dá ideia de estada permanente ou definitiva, ao contrário da prep. a, que exprime breve regresso ou permanência efêmera.)
9) **necessidade** ou **conveniência** (com o verbo estar):	ele está para ser operado.
10) **pendor** ou **prática:**	não sou homem para isso.
11) **preço:**	um carro para um milhão de dólares se vende?
12) **proporção:**	as baleias estão para os peixes assim como nós estamos para as galinhas; ele é alto para a sua idade.
13) **propriedade** ou **adequação:**	este não é assunto para crianças; isso não é para mim, que sou pobre.
14) **proximidade no tempo** (com o verbo estar):	já estou para sair.
15) **quantia** ou **quantidade:**	ele tem para mais de um milhão na conta bancária; tenho para mais de cinco mil CDs.
16) **referência** ou **opinião:**	para mim, ela está mentindo; para o delegado, o criminoso é a mulher do ator.
17) **tempo:**	para o ano, irei a Manaus; lá para o final de dezembro, viajaremos; são dois minutos para o meio-dia.

PERANTE

A preposição **perante** introduz adjunto adverbial (ficar perante o ladrão) e indica a relação de lugar (posição em frente): **perante o juiz, negou o crime**. Não admite a presença de outra preposição posposta: perante "a" Deus, perante "a" ela, etc.

POR

A preposição por introduz agente da passiva (o beijo foi dado por ela), objeto indireto (torcer por um time qualquer), objeto direto preposicionado (pedir por socorro), complemento nominal (fazer opção por medicina), predicativo do objeto (deram-me por morto) e adjunto adverbial (vou por ali). Indica estas relações principais:

	Exemplos
1) causa:	encontrar alguém por coincidência; casar por interesse.
2) conformidade:	tocar pela partitura.
3) equivalência ou comparação:	louco por louco, fico com o meu vizinho.
4) falta ou carência:	o trabalho todo ainda está por fazer.
5) favor:	morrer pela pátria.
6) lugar:	morar por aqui; passar por Manaus; passear pela cidade.
7) medida:	vender bolacha por quilo.
8) meio:	ler pelo rascunho; enviar o livro pelo correio; saber das notícias pela TV; curso por correspondência.
9) modo:	proceder à chamada por ordem alfabética; escrever por extenso; eles se comunicam por mímica.
10) preço:	comprar o livro por dez reais.
11) quantidade:	perder por 0 a 2; emagrecer dois quilos por semana.
12) reciprocidade:	faça isso por mim, que eu farei tudo por você!; é bonito o amor dele pela mulher.
13) substituição:	deixar o certo pelo duvidoso; comprar gato por lebre; quase me dão cem reais por dois reais.
14) tempo:	viver por muitos anos; estudar pela manhã; pelo Natal, saberás o presente que te darei.

SEM

A preposição sem introduz adjunto adnominal (homem sem pudor) e adjunto adverbial (viver sem dinheiro) e indica a relação de privação, carência, ausência ou desacompanhamento (que pode ser vista como de modo): estar sem dinheiro; palavras sem sentido; sem o empréstimo, não construiremos a casa; não se vive sem oxigênio; são trinta reais da comida e vinte da bebida, sem a gorjeta.

SOB

A preposição sob introduz adjunto adverbial (morar sob a ponte) e indica estas relações principais:

	Exemplos
1) lugar (posição inferior):	ficar sob o viaduto; esconder-se sob a cama.
2) modo:	sair sob pretexto não convincente.
3) tempo:	houve muito progresso no Brasil sob D. Pedro II.

SOBRE

A preposição **sobre** introduz adjunto adverbial (**voar sobre a floresta**), objeto indireto (**sobre quem cairá o erro?**) e adjunto adnominal (**ter jurisdição sobre alguém**) e indica estas relações principais:

	Exemplos
1) assunto:	conversar **sobre** política; falar **sobre** futebol.
2) direção:	ir **sobre** o adversário.
3) excesso (antes de infinitivo):	**sobre** ser ignorante, era presunçoso.
4) lugar (posição superior):	o avião caiu **sobre** uma lavoura de arroz; flutuar **sobre** as ondas.

TRÁS

No português contemporâneo, a preposição **trás** não se usa senão nas locuções adverbiais **para trás** e **por trás** (**ficar para trás**, **chegar por trás**) e na locução prepositiva **por trás de** (**ficar por trás do muro**).

Testes e exercícios

1 Identifique as opções em que há pelo menos uma preposição:

a) Aquela menina é a que perdeu o pai.
b) Calisto aprendeu a andar a cavalo ainda menino.
c) Esta não é a praia dela.
d) Deixei-a completamente só.
e) Não vi a comitiva presidencial nem queria vê-la.

2 Identifique as preposições, quando houver:

a) Entre mim e sua irmã só existe amizade.
b) Como se comportará o Vasco da Gama ante o adversário hoje?
c) O dólar se desvaloriza perante o euro.
d) A mãe chorava, e ele ainda achava graça!
e) É mais fácil viver sem pão do que sem ilusões.

3 Identifique as locuções prepositivas, quando houver:

a) Diante de tantas pessoas, não podia me calar.
b) A trepadeira está já em cima da laranjeira.
c) Ele torce pelo Flamengo, e não pelo Jabaquara!
d) Cerca de quinze pessoas ficaram de fora.
e) À medida que o tempo passa, mais nervosa ela fica.

4 Identifique as afirmações corretas:

a) **Do** é combinação da preposição **de** com o artigo **o**.
b) **Na** é contração da preposição **em** com o artigo **a**.
c) **Àquele** é contração da preposição **a** com o pronome demonstrativo **aquele**.
d) **Ao** é combinação da preposição **a** com o artigo **o**.
e) **À** é combinação da preposição **a** com o artigo **a**.

5 *Se você está seguindo no rumo errado, lembre-se de que Deus encheu a estrada de retornos.* Nesta frase do pensador americano H. Jackson Brown Jr. (1940-):

a) encontramos apenas uma preposição
b) encontramos apenas duas preposições
c) encontramos apenas uma preposição contraída
d) encontramos três preposições
e) não encontramos preposição nessa frase

6 *O professor medíocre descreve, o professor bom explica, o professor ótimo demonstra e o professor fora de série inspira.* Nesta frase do escritor americano William Arthur Ward (1921-1994), encontramos:

a) apenas uma preposição
b) duas preposições
c) três preposições
d) duas contrações
e) uma combinação

7 Complete com a preposição adequada, usando, quando for o caso, contração, combinação ou crase:

a) Vendi o televisor ★ cores e saí ★ férias.
b) Onde estará ela ★ estas horas?
c) Viajei ★ pé o tempo todo no ônibus.
d) Fui ★ pé mesmo, porque gosto de caminhar.
e) *Ouviram ★ Ipiranga as margens plácidas.*
f) Jeni ia ★ supermercado e não encontrava nada, mas eu ia ★ feira e encontrava tudo.
g) Juçara não tem vindo ★ praia ultimamente.
h) Eu não vou ★ cinema hoje, porque o filme não é bom.
i) Prefiro praia ★ piscina, areia ★ cloro.
j) É preferível morrer ★ se render, ficar solteiro ★ casar.

8 Complete com a preposição adequada, usando, quando for o caso, combinação ou contração:

a) Moro ★ Mato Grosso, e não ★ Mato Grosso do Sul.
b) Estive ★ Guarujá, e não ★ Jaú.
c) Ela mora ★ Tocantins, e não ★ Amazonas.
d) Estive ★ Marrocos, e não ★ Argélia.
e) Nunca morei ★ Sergipe, mas já morei ★ Pernambuco.
f) Quando eu for ★ Mato Grosso, talvez dê um pulo ★ Mato Grosso do Sul.
g) Eles vão todo fim de semana ★ Guarujá, mas nunca ★ Jaú.
h) Quando viajarmos ★ Tocantins, talvez estiquemos a viagem ★ Amazonas.
i) Nunca fui ★ Marrocos, nunca irei ★ Marrocos, porque não tenho dinheiro para ir ★ Marrocos.
j) Gostei ★ Sergipe, gostei ★ Pernambuco, gosto muito ★ Recife.

9 Assinale a opção correta em cada conjunto:

a) De repente, ela começou chorar!
b) De repente, ela começou a chorar!
c) Ao verem os bandidos, as pessoas começaram a gritar.
d) Ao verem os bandidos, as pessoas começaram gritar.
e) A coisa começou ficar preta a partir desse instante.
f) A coisa começou a ficar preta a partir desse instante.

10 Dê o valor das relações estabelecidas pelas preposições:

a) Entre os antigos chineses já se praticava a acupuntura.
b) Morreu de frio, porque morava numa casa de madeira, em pleno bosque.
c) A menina apanhou de cinta, chorou perante estranhos e foi direto para a cama.
d) Falei com dificuldade sobre o televisor em cores que veio de Manaus.
e) *Quando dois brincam de mão, o Diabo cospe vermelho.*

NOSSA GRAMÁTICA COMPLETA

Testes de concursos e vestibulares

1 (Fuvest-SP) Em **óculos sem aro**, a preposição **sem** indica ausência, falta. Explique o sentido expresso pelas preposições destacadas em:

a) Cale-se ou expulso a senhora **d**a sala.
b) Interrompia a lição **com** piadinhas.

2 (TCE-SP) Marque, dentre as opções, a expressão destacada que não é locução prepositiva:

a) A única coisa que podia fazer naquele momento era sentar-se **à beira d**a estrada.
b) Todos se afastaram, e um grande vazio se formou **em torno d**a fogueira.
c) Entrou no consultório e sentou-se **defronte d**o médico.
d) Fez tudo o que pôde **a fim de** conseguir o amor de Paola.
e) Devido ao acidente, **à proporção que** vinham os carros, aumentava o engarrafamento.

3 (CEF) Em cada uma das frases que seguem ocorre uma preposição destacada. Indique o tipo de relação que ela estabelece, conforme o código e assinale a sequência obtida:

A - relação de companhia
B - relação de tempo
C - relação de instrumento
D - relação de causa

1. Voltou a limpar as unhas **com** o grampo.
2. Estive **com** minha irmã durante toda a tarde.
3. Era nosso agregado **desde** muitos anos.
4. Janete pulava **de** alegria.

a) C - A - B - D   d) A - C - B - D
b) C - A - D - B   e) A - D - C - B
c) C - B - A - D

4 (ANA-NCE) Em **Morrerão de doenças**, o valor semântico da preposição destacada repete-se em:

a) As águas ficarão contaminadas de bactérias.
b) Os estudos mostraram a contaminação das águas.
c) As águas contaminadas são a causa de doenças.
d) A água dos rios é mais contaminada que a marinha.
e) Os habitantes do Sul padecem de frio.

5 (PUC-SP) No período **Apesar disso, a palestra de seu Ribeiro e D. Glória é bastante clara**, a palavra destacada veicula uma ideia de:

a) concessão
b) comparação
c) consequência
d) companhia
e) modo

CAPÍTULO 19

CONJUNÇÃO

a Terra e a Lua

Conjunção

Conjunção é a palavra invariável que liga orações ou, ainda, termos de mesma função sintática. Ex.:

A Lua simboliza o pensamento criativo, **e** o Sol representa o pensamento racional.

(A conjunção **e** liga orações.)

A Lua **e** o Sol são astros visíveis a olho nu.

(A conjunção **e** liga sujeitos, ou seja, termos de mesma função sintática.)

Locução conjuntiva

Locução conjuntiva é o conjunto de duas ou mais palavras com valor de conjunção. Ex.: **a fim de que**, **à medida que**, **à proporção que**, **logo que**, etc. Toda locução conjuntiva termina por conjunção.

Classificação das conjunções

Existem dois tipos de conjunções: as coordenativas e as subordinativas.

As **conjunções coordenativas** ligam orações ou termos da oração sintaticamente independentes. Ex.:

A Lua simboliza o pensamento criativo, **e** o Sol representa o pensamento racional.
A Lua **e** o Sol são astros visíveis a olho nu.

No primeiro exemplo temos orações sintaticamente independentes, isto é, orações que não dependem uma da outra no plano sintático. Tanto é assim, que podemos separá-las por ponto. Ex.:

A Lua simboliza o pensamento criativo. O Sol representa o pensamento racional.

NOSSA GRAMÁTICA COMPLETA

No segundo exemplo veem-se dois sujeitos, termos sintaticamente independentes, porque não estão subordinados um ao outro, mas apenas ligados entre si.

As **conjunções subordinativas**, ao contrário, ligam orações sintaticamente dependentes. Ex.:

Espero que tudo termine bem.

Note: a primeira oração (espero) não se completou sintaticamente; a outra oração (que tudo termine bem) não possui um dos seus membros mais importantes (espero). Vê-se, pois, que há uma dependência sintática entre as orações, que são ligadas por uma conjunção, chamada subordinativa.

Conjunções coordenativas

São cinco os tipos de conjunções coordenativas:

1) aditivas: exprimem ideia de soma, adição, acréscimo: e (para a afirmação), nem (para a negação). Ex.:

A alegria prolonga a vida e dá saúde.
Não te enfades nem desanimes; se fracassares, recomeça!

OBSERVAÇÃO

Também são aditivas as correlativas mas também, mas ainda, como (depois de não só) e como, quanto (depois de tanto). Ex.: Juçara não só trabalha, mas também estuda. (= Juçara trabalha e estuda.) • O amor não só faz bem, como alimenta. (= O amor faz bem e alimenta.) • Tanto advogo quanto ensino. (Advogo e ensino.)

2) adversativas: exprimem essencialmente ressalva de pensamentos, ressalva essa que pode indicar ideia de oposição, retificação, restrição, compensação, advertência ou contraste: mas, porém, todavia, contudo, entretanto, no entanto, não obstante, etc. Ex.:

Hersílio trabalha muito, mas ganha pouco. (oposição)
Elisa é criança, mas é uma linda criança. (retificação)
Foi ao baile, porém dançou pouco. (restrição)
Não fomos campeões, todavia exibimos o melhor futebol. (compensação)
A rodovia é boa, contudo é muito movimentada. (advertência)
O esqueleto do homem é interno; os insetos, entretanto, trazem o esqueleto fora do corpo. (contraste)

OBSERVAÇÃO

Repare bem nestas adversativas, que, no mais das vezes, são confundidas com outros tipos de conjunções: Juçara fuma, e não traga. (e = mas) • Veio de automóvel, quando poderia ter vindo a pé. (quando = mas) • Gosto muito de Cristina, agora, beijar os pés dela eu não vou. (agora = mas) • O homem, faminto, não comia, antes engolia os alimentos. (antes = mas) • O maior fator da evolução humana não é a inteligência, senão o caráter; não é o pensamento, mas a vontade. (senão = mas)

A conjunção **e** pode também ter valor consecutivo, desde que substitua **que**, e a oração principal aceite o advérbio **tão**. Ex.: *A chuva foi intensa, e a cidade ficou inundada*. (Isto é: *A chuva foi tão intensa, que a cidade ficou inundada.*) Algumas conjunções exprimem consequência no plano semântico, mas não no plano sintático; daí não poderem ser tomadas como consecutivas. Ex.: *Apanhou toda aquela chuva e ficou gripado.*
• *Nadou, nadou, e morreu na praia.*

Em frases como *Trabalha, e Deus te ajudará*, o conetivo pode ser visto como conjunção consecutiva, em virtude da dependência sintática existente entre uma oração e outra. Ainda assim, preferimos outra análise de tais orações, qual seja a que considera a primeira como condicional e a outra como principal, sendo o **e** expletivo.

3) **alternativas:** exprimem ideia de alternância, ligando pensamentos que se excluem: **ou**, **ou...ou**, **ora...ora**, **quer...quer**, **já...já**, **umas vezes...outras vezes**, **talvez...talvez**, **seja...seja**. Ex.:

> Minha alma existe **ou** não existe. Se ela existe, só pode ser eterna.
> Homem solitário **ou** é besta, **ou** é anjo.
> O dinheiro **umas vezes** traz felicidade, **outras vezes** traz desgraça.

Como se, vê as conjunções alternativas geralmente aparecem repetidas, mas nem toda repetição caracteriza alternância de pensamentos. Na frase *Ela **nem** veio nem me telefonou*, há ideia de adição, embora negativa: *Ela **não** veio nem me telefonou*. O primeiro **nem** é apenas equivalente de **não**.

OBSERVAÇÃO

A conjunção alternativa é **seja...seja**, e não "fosse...fosse", "será...será", etc. Assim, este exemplo contém uma impropriedade: *Os chineses empregaram drogas feitas de vegetais, "fosse" para ajudar a produzir a imortalidade física, "fosse" para um uso médico mais ortodoxo.*

4) **conclusivas:** exprimem ideia de conclusão lógica: **logo**, **portanto**, **por isso**, **por conseguinte**, **pois** (depois de verbo), **assim**, **então**, **em vista disso**. Ex.:

> Trabalha muito, **logo** deve ganhar bem.
> Você nos ajudou muito; terá, **pois**, nossa gratidão.
> O carro enguiçou, **assim** não pudemos chegar na hora combinada.

De modo que, **de maneira que**, **de forma que** e **de sorte que** são locuções conclusivas quando não há possibilidade de subentendimento do pronome **tal** na oração anterior. Ex.:

> Juçara nunca está em casa, **de modo** que não a fui procurar lá.
> Luís não veio com as passagens, **de sorte que** não poderemos viajar.

Alguns consideram tais locuções somente como consecutivas – em nosso ver equivocadamente, porquanto neste caso não há subordinação sintática.

> **OBSERVAÇÃO**
>
> A conjunção e se presta, às vezes numa mesma frase, a duas interpretações. Repare neste exemplo, colhido em parachoque de caminhão: **Tô com Deus e tô contente.** Se a intenção é afirmar a companhia e o contentamento, temos uma conjunção aditiva, a exemplo de **Saí e diverti-me.** Se, por outro lado, o propósito é afirmar que o fato de se estar com Deus é essencial para a ocorrência do fato enunciado na segunda oração, a conjunção se reveste de caráter conclusivo, equivalendo a **logo**, **por isso**, **por conseguinte**: **Tô com Deus, por isso tô contente.** Não se pôde apurar qual o verdadeiro objetivo do caminhoneiro. Nem dele se poderia exigir conhecimentos de pontuação, para usar, antes da referida conjunção, uma providencial vírgula, caso quisesse de fato concluir algo. Ao ler a frase, porém, recebi a mensagem com conjunção conclusiva, e não com aditiva.

5) **explicativas:** exprimem ideia de explicação, motivo, razão: **porque**, **que**, **porquanto**, **pois** (antes de verbo). Ex.:

> Não chore, **porque** será pior!
> O homem devia estar mal-humorado, **porque** não conversava com ninguém.
> Choveu aqui, **que** as ruas estão todo molhadas.
> Dizei ao tempo, Senhor, **que** não me tire este amor, **pois** seria tirar-me a vida.

> **OBSERVAÇÃO**
>
> **Senão** é conjunção explicativa, quando equivale a **porque**. Ex.: **Não insista, senão é pior!** • **Não me toque, senão eu grito!** Nem sempre há equivalência; em verdade, o que ocorre nesse caso são duas ideias conjugadas, quais sejam a de explicação e a de condição, com prevalência da primeira. Se não, vejamos: **Não insista, porque, se você insistir, é pior!** • **Não me toque, porque, se você me tocar, eu grito!** Não obstante a concorrência dos dois conceitos, analisa-se a oração iniciada por **senão** apenas como coordenada sindética explicativa, uma vez que análise sintática se faz sem levar em conta o que resulta de possíveis desdobramentos.

Conjunções subordinativas

São dez os tipos de conjunções subordinativas:

1) **integrantes:** introduzem orações subordinadas que exercem função substantiva, ou seja, função de sujeito, objeto direto, objeto indireto, complemento nominal, predicativo e aposto: **que** (para a afirmação certa) e **se** (para a afirmação incerta). Ex.:

> É preciso **que** trabalhemos duro.
> Espero **que** sejas feliz.
> Não sei **se** isso é bom.
> Lembra-te de **que** és pó!
> Estou certo de **que** passarás no vestibular.
> Minha sorte foi **que** não choveu.
> Só espero uma coisa: **que** não chova.

OBSERVAÇÃO

Nas interrogativas indiretas, ocupam o lugar das conjunções integrantes os pronomes e advérbios interrogativos (quando, onde, por que, como, etc.). Ex.: Perguntei quem havia chegado. • Quero saber qual de vocês me caluniou. • Não sei onde eles estão. • Ninguém compreendeu por que ele fez isso. • Não sei quando as crianças chegaram.

---

2) **causais:** iniciam orações subordinadas que exprimem a causa, a justificativa daquilo que se declara na oração principal: porque, que, porquanto, pois, visto que, já que, uma vez que, como (no início da oração = já que), se (= já que), etc. Ex.:

> A menina chorou porque apanhou da mãe.
> A fruta caiu do pé que estava madura.
> *A realidade deve ser aceita como é, sem nenhuma opinião a respeito, uma vez que não pode ser modificada.*
> Como hoje é Natal, oremos!
> Se Susana gosta de você, por que não a procura?

OBSERVAÇÃO

Quando pode ser conjunção causal e, nesse caso, pode ser substituída por se (= já que). Ex.: Por que ficar amontoado na cidade, sob a poluição, quando existe um mundo de terra fértil no campo para se trabalhar?

---

3) **comparativas:** iniciam orações subordinadas que se constituem no segundo elemento de uma comparação: que ou do que (após mais, menos, maior, menor, melhor, pior), qual ou como (após tal), como ou quanto (após tanto, tão), como (= igual a), assim como, etc. Ex.:

> No elogio há sempre menos sinceridade que na censura.
> Nada destrói mais completamente as superstições do que uma instrução sólida.
> O filho nasceu tal qual o pai.
> Recebeu tantos presentes quanto (ou como) o irmão.
> Você conhece tão bem como (ou quanto) eu tais problemas.
> O ciumento é como o medroso: sempre vê coisas que não existem.

OBSERVAÇÕES

1) Como se analisa-se conjuntamente, no português contemporâneo, e apenas como comparativa, exprimindo, porém, ideia de comparação hipotética ou condicional. Ex.: *Vive com os homens como se Deus te visse!*

2) Tal e qual, ao modificarem um nome, são pronomes; portanto, passíveis de variação. Ex.: Os filhos são tais qual o pai: inteligentes e dedicados. • Os filhos são tais quais os pais: inteligentes e dedicados. • O filho é tal quais os pais: inteligente e dedicado. • Tinha os lábios inferiores tais quais os de índios botocudos. Nesse caso, a oração iniciada pelo pronome qual é comparativa justaposta.

4) concessivas: iniciam orações subordinadas que exprimem um fato contrário ao da oração principal, mas não suficiente para anulá-lo: **embora**, **ainda que**, **mesmo que**, **se bem que**, **posto que**, **conquanto**, **apesar de que**, **por...que**, **sem que** (= embora não), **que**, etc. Ex.:

> Foi à praia, **posto que** estivesse chovendo.
> **Por** pior **que** seu filho seja, não o critique!
> Cem reais mais **que** eu ganhasse, já estaria satisfeito.

5) condicionais: iniciam orações subordinadas que exprimem hipótese ou condição para que o fato da oração principal se realize ou não: **se**, **caso**, **contanto que**, **salvo se**, **exceto se**, **desde que** (com verbo no subjuntivo), **a menos que**, **a não ser que**, **senão** (= se não for; a não ser), **sem que** (= se não), etc. Ex.:

> **Caso** chova, não poderemos retornar.
> **A menos que** aconteça algum imprevisto, estarei em Salvador amanhã.
> **Sem que** eu tenha esse documento nas mãos, nada poderei fazer.

6) conformativas: iniciam orações subordinadas que exprimem acordo, concordância, conformidade de um fato com outro: **conforme**, **consoante**, **segundo**, **como** (= conforme, de acordo com o que), **que** (= conforme), etc. Ex.:

> Cada um colhe **conforme** semeia.
> Que seja tudo **como** Deus quiser!
> **Que** eu saiba, ela não é casada.

7) consecutivas: iniciam orações subordinadas que exprimem a consequência ou efeito do que se declara na oração principal: **que** (após os termos reforçativos **tão**, **tanto**, **tamanho**, **tal**, ou após as expressões adverbiais **de sorte**, **de modo**, **de maneira**, **de forma**, com subentendimento do pronome **tal**), **que** (= sem que), **sem que**, **senão**. Ex.:

> Deus pôs o prazer tão próximo da dor, **que** muitas vezes se chora de alegria.
> Cristina me olha de forma **que** me deixa encabulado.
> O cantor não passava por três notas **que** não desafinasse.

OBSERVAÇÕES

1) Às vezes, o termo reforçativo **tanto** não aparece expresso. Ex.: Chove que é o diabo! (Isto é: Chove **tanto**, que é o diabo!)

2) É preciso muita atenção para não confundir as conjunções consecutivas de frases desse tipo com os pronomes relativos de frases aparentemente semelhantes. Neste exemplo temos pronome relativo: *As crianças de Ifigênia faziam um barulho **que** era um inferno!* A oração iniciada por **que** modifica *barulho* (= um inferno). Neste exemplo, porém, temos conjunção consecutiva: *As crianças de Ifigênia faziam um barulho **que** nem sequer dava para conversar direito.* A oração iniciada por **que** não modifica o substantivo *barulho*. Seria, contudo, pronome relativo o **que**, se a frase fosse construída assim: *As crianças de Ifigênia faziam um barulho **que** não permitia a conversa das pessoas.* Agora, o **que** substitui *barulho*. Atente-se para este par de exemplos: *Este ano deu milho que foi uma beleza!* • *Esta terra dá milho que é uma beleza!* No primeiro exemplo, temos conjunção consecutiva, porque a intenção não foi dizer que o milho foi uma beleza, mas sim o fato de dar (em abundância). De outro lado, no segundo exemplo temos pronome relativo, porque agora se afirma que o milho (que a terra dá) é uma beleza. Tanto é assim, que esta frase dirime quaisquer dúvidas: *No quintal havia uma jabuticabeira que dava frutos que eram uma delícia!* Ou, então, esta: *A jabuticabeira dá frutos que são uma delícia!* Tanto um *que* quanto o outro estão relacionados com *frutos*: são pronomes relativos.

3) O *que* destes exemplos também é conjunção consecutiva: *Lurdes não abre a boca que não diga asneiras.* • *Ninguém falava contra o governo que não fosse castigado.* • *Não chovia que não inundasse todo o bairro.* Observe que a oração subordinada enuncia a consequência do fato expresso na oração principal. É preciso, também aqui, muita atenção, a fim de não se fazer confusão entre esse *que* consecutivo e o *que* pronome relativo de frases como esta: *Nada há no cérebro que antes não haja passado pelos sentidos.* Esse *que* substitui não *cérebro*, mas *nada*.

4) Dos termos reforçativos, *tão* é advérbio; *tanto* às vezes é advérbio, outras vezes é pronome; *tal*, pronome; *tamanho* (*tam magnum*) é adjetivo.

---

8) temporais: iniciam orações subordinadas que dão ideia de tempo: **quando, logo que, depois que, antes que, sempre que, desde que, até que, assim que, enquanto, mal, apenas** (as duas equivalentes de **logo que**), **sem que** (= antes que), etc. Ex.:

Quando estiveres irado, conta dez; quando estiveres muito irado, conta cem.
Um homem não está velho até que comece a lastimar, em vez de sonhar.
Mal Hermengarda abriu a boca, todos começaram a rir.
Morreu sem que pudesse conhecer o neto.
Apenas chegou, já foi para a cama, tal o cansaço.

OBSERVAÇÕES

1) O *que* é conjunção temporal quando se segue às expressões **agora, a primeira vez, a única vez, a última vez** e semelhantes. Ex.: *Agora, que as crianças dormiram, vamos sair.* • *A primeira vez que tu me enganares, a culpa será tua; mas a segunda vez, a culpa será minha.*

2) O *que* não é temporal, mas integrante, em orações deste tipo: *Faz dois anos que saí da escola.* • *Três horas já faz que elas saíram.* Neste caso, a oração iniciada pela conjunção *que* pode ser substituída pelo pronome *isso*, evidenciando-se, assim, o seu caráter substantivo.

3) A conjunção *enquanto* indica tempo concomitante; por isso seria melhor classificá-la como temporal concomitante, já que, das temporais, é a única que exprime tal conceito, confundindo-se não raro com as proporcionais. Aliás, o mais acertado mesmo seria incorporar as proporcionais às temporais, já que ambas expressam ideia de tempo.

---

9) finais: iniciam orações subordinadas que exprimem uma finalidade: **para que, a fim de que, que** (= para que), **porque** (raramente) e as locuções **de modo que, de forma que, de maneira que** e **de sorte que** (equivalentes de **para que**). Ex.:

Deus fez a vida para que ela fosse vivida, e não para que fosse conhecida.
Não perguntes à Felicidade quem ela é nem de onde veio; abre-lhe a porta, a fim de que ela entre e feche-a, bem aferrolhada, a fim de que não fuja!

NOSSA GRAMÁTICA COMPLETA

> Entre em silêncio, que as crianças não acordem!
> É preciso rezar porque não estoure uma guerra mundial.
> Viaja sempre à janela, de modo que possa apreciar a paisagem.

10) **proporcionais:** introduzem orações subordinadas que exprimem concomitância, simultaneidade: à proporção que, à medida que, ao passo que, quanto mais, quanto menos, quanto menor, quanto maior, quanto melhor, quanto pior. Ex.:

> As criaturas são mais perfeitas à proporção que são mais capazes de amar.
> À medida que a civilização progride, a ecologia sofre quase necessariamente.
> A estrela era mais bem vista ao passo que o Sol se punha no horizonte.
> *Quanto mais conheço os homens, mais estimo os animais.*
> Quanto maior era o seu esforço, tanto menor era o resultado a meu favor.

OBSERVAÇÃO

Os tipos todos de conjunção subordinativa podem ser memorizados desta forma: I CCC CCC TFP.

Testes e exercícios

1) *A saudade é a maior prova de que o passado valeu a pena.* Nesse pensamento de um anônimo:

a) existe apenas uma conjunção
b) existem duas conjunções
c) existem três conjunções
d) existem várias conjunções
e) não existe conjunção nenhuma

2) *Quando pensei que já sabia todas as respostas, veio a vida e mudou todas as perguntas.* Nessa frase de uma baianinha inspirada (Creudeir Silva Brizolara):

a) encontramos apenas uma conjunção
b) encontramos duas conjunções
c) encontramos três conjunções
d) encontramos várias conjunções
e) não encontramos conjunção nenhuma

3) Identifique e classifique as conjunções coordenativas:

a) O diretor não diz sim nem diz não.
b) Já me sinto alegre, já me sinto muito triste.
c) Bate à outra porta, que esta não se abre!
d) A boa árvore dá bom fruto; logo, pelos frutos se conhece a árvore.
e) Seus amigos não só nos ofenderam, como também nos ameaçaram.
f) As árvores são preciosas à vida humana, por conseguinte preservemo-las!
g) Era noite, e a Lua brilhava no céu sereno.
h) O mexicano aprecia muito o futebol, mas sua maior paixão são as touradas.
i) *Não dês o dedo ao vilão, porque te tomará a mão!*
j) Ou ficávamos quietos, ou morríamos.

4 Ligue os pensamentos dados, usando a conjunção coordenativa adequada:

a) Não duvide de nada! Neste mundo tudo é possível.
b) Vocês estudam. Deverão passar.
c) Cassilda não vai a praia. Cassilda não vai a cinema.
d) Plante! O governo garante.
e) O lavrador semeia. A lavradeira, tempos depois, colhe.
f) O espetáculo foi bom. Não agradou ao público.
g) Todos falam em violência. Ninguém faz nada para coibir a violência.
h) Nadando, ele é grande atleta. Jogando futebol, ele é grande atleta.
i) Está fazendo frio. Levarei uma blusa.
j) As crianças brincam. As crianças brigam.

5 Dê a ideia que a conjunção coordenativa transmite às orações por ela iniciadas. Ex.:

Ela comeu e bebeu. (adição)
Ela comeu, mas não bebeu. (ressalva – oposição)

a) Você está preparado para o vestibular, **por isso** não se preocupe!
b) A garotinha não chorava **nem** reclamava.
c) *Em briga de marido e mulher não se mete a colher,* **pois** *o demônio já lá andou metendo o garfo.*
d) *São inúmeras as pessoas que vivem demasiadamente em função do passado. O passado deve ser um trampolim,* **e** *não um sofá.*
e) Não recebi nenhum presente dela, **mas** ganhei dois beijos.
f) Luísa, somos uma só alma, **portanto** sinto a tua falta. Ainda te amo.
g) Não corra, **que** é pior!
h) As crianças estão aí; não foram, **pois**, ao clube.
i) **Quer** queira, **quer** não queira, viajarei amanhã.
j) *Penso,* **logo** *existo.*

6 Identifique e classifique as conjunções ou locuções subordinativas:

a) Ninguém se julga tão velho, que não possa viver mais um ano.
b) Quanto maior é o mérito, maior é o número de invejosos.
c) Tudo saiu como prevíramos.
d) Convém que acreditemos mais nas pessoas.
e) Veja se as crianças já estão dormindo.
f) À medida que avançava nos estudos, mais perseguições sofria.
g) Enquanto se discute passa, às vezes, a ocasião.
h) Quando se corre atrás de duas lebres, perdem-se ambas.
i) Deve-se obedecer mais a Deus que aos homens.
j) Não quero mais sair contigo, a menos que te comportes melhor.

7 Dê a ideia que a conjunção subordinativa transmite às orações por ela iniciadas. Ex.:

Quando cheguei, todos já estavam dormindo.
(tempo)
Nossa intenção é que voltes logo. (integração)
Estudo, a fim de que possa vencer na vida.
(finalidade)

a) Cada um age **como** quer.
b) **Como** ninguém cumpre sua obrigação, ele também não cumpre a dele.
c) **Quanto mais** se viaja, mais cultura se adquire.
d) *Não pretendas* **que** *as coisas sejam* **como** *as desejas; aceita-as* **como** *são.*
e) **Quando** *você dá o primeiro martelo a uma criancinha, o mundo todo se torna um prego.*
f) *Tudo é muito engraçado,* **contanto que** *suceda a outros.*
g) Todo jovem acha **que** a sua vida é a primeira página do livro da existência.
h) A sombra é sempre negra, **ainda que** seja a sombra de um cisne.
i) O diabo é tanto mais diabólico **quanto** mais respeitável.
j) O vício é **como** a flecha: facilmente se introduz, mas dificilmente se extrai.

8 Identifique as opções em que há algum erro quanto ao emprego da conjunção ou da locução conjuntiva:

a) O homem chegou ao hospital cheio de balas pelo corpo; conseguiu, contudo, sobreviver.

b) O homem chegou ao hospital gravíssimo; no entretanto, sobreviveu.

c) Voto nele, porquanto é o melhor candidato.

d) A água é um agente transmissor de doenças, por conseguinte a sua qualidade microbiológica é de vital importância para a sociedade.

e) Não sei se caso ou se compro uma bicicleta.

f) Se caso chover, recolha a roupa do varal!

g) A menos que mudemos o nosso orgulho, o nosso egoísmo vai nos separar.

h) A natureza vai reagir aos desmandos do homem, a menos que comecemos já a preservá-la.

i) À medida em que você envelhece, vai cada vez mais invejando os mais jovens.

j) Farei tudo consoante determina a lei.

Testes de concursos e vestibulares

1 Identifique o período que contém conjunção:

a) Era uma casa branca, de tijolos.
b) Vi o carro novo do Mário.
c) Viu o carro vermelho, gostou e comprou.
d) Falou todo o tempo contra nós.

2 (UF-MG) Em *Orai porque não entreis em tentação*, o valor da conjunção do período é de:

a) causa   c) conformidade   e) finalidade
b) condição   d) explicação

3 (Fuvest-SP) *A cláusula mostra que tu não queres enganar.* A classe gramatical da palavra que no texto é a mesma da palavra que na seguinte frase:

a) Ficam desde já excluídos os sonhadores, os que amam o mistério.
b) Não foi a religião que te inspirou esse anúncio.
c) Que não pedes um diálogo de amor, é claro.
d) Que foi, então, senão a triste, longa e aborrecida experiência?
e) Quem és tu que sabes tanto?

4 (Infraero) Assinale a alternativa em que existe uma conjunção integrante:

a) Não sei o motivo que o levou a isso.
b) Esta é a razão por que luto.
c) Queria saber se eu o ajudaria.
d) Esperamos o trem que nos levaria ao destino.
e) Foi linda a manhã que passou.

5 (EN) O item em que ocorre erro quanto à análise da relação estabelecida pela conjunção é:

a) Era tão jovem **que** ninguém acreditava ser um médico. rel. de consequência
b) Não falava com ninguém **enquanto** fazia o trabalho. rel. de tempo
c) É bom o político fingir influência, **embora** não tenha. rel. de concessão
d) E **como** rel. de causa engordava a olhos vistos.
e) **Se** fizesse uma dieta rigorosa, emagreceria um pouco. rel. de concessão

6 (CBM-RJ) Identifique a alternativa onde **como** é conjunção causal:

a) Fiz como você pediu.
b) Como chovesse, não pudemos sair de casa.
c) Ele agiu como se fosse o chefe.
d) Como vai você? – perguntou-me ele.
e) Era tão bonita como a irmã.

7 (PUC-RS) As orações que podem ser relacionadas pela conjunção **portanto** são as da alternativa:

a) Muitos candidatos disputam uma vaga no vestibular. Alguns não estão convenientemente preparados.
b) Os candidatos se preparam com seriedade. Não conseguem atingir o seu objetivo.
c) Os vestibulandos estão bem preparados. Esperam, tranquilos, a sua aprovação.
d) Deviam ser candidatos bem preparados. Foram aprovados no vestibular.
e) Os candidatos preparam-se cuidadosamente. Realizam as provas com atenção.

8 (Petrobras) Assinale a alternativa em que o **porque** não é causal:

a) A candidata chorou porque não passou no concurso.
b) A candidata chorou, porque seus olhos estavam vermelhos.
c) A candidata chorou porque lhe mostraram os erros.
d) A candidata chorou porque acabaram suas chances.
e) A candidata chorou porque a prova foi difícil.

9 (PUC-RS) A lacuna que pode ser preenchida pela expressão **ainda que** é a da alternativa:

a) As notícias divulgadas pelos jornais contribuem para formar a opinião pública ★ sejam fidedignas.
b) O comentário de um fato da atualidade orienta o público ★ for objetivo.
c) A análise dos fatos conduz à formulação de opiniões ★ seja clara e compreensível.
d) A divulgação de alguns fatos é necessária ★ eles sejam chocantes.
e) A formulação de opiniões é fundamental numa sociedade ★ ela for crítica.

CAPÍTULO 20
INTERJEIÇÃO

Interjeição

Interjeição é a palavra com a qual exprimimos nossas emoções ou sentimentos repentinos e, ainda, com a qual chamamos alguém.

Locução interjetiva

Locução interjetiva é o grupo de palavras com valor de interjeição. Ex.:

> Ora bolas! Que horror! Puxa vida! Muito bem! Deus me livre!
> Ai de mim! Que esperança! Muito obrigado! Graças a Deus!

Toda frase mais ou menos breve proferida em tom exclamativo se torna automaticamente uma locução interjetiva, dispensando, assim, qualquer análise dos termos que a compõem. Ex.:

> Macacos me mordam! Valha-me Deus! Raios te partam! Deus o livre!
> Quem me dera! Meu Deus do céu!

Classificação das interjeições

São estes os principais tipos de interjeições, segundo o sentimento que expressam:

	Exemplos
1) **Admiração** ou **espanto**:	Oh! Cruzes! Uau! Ué! Uai! Quê! Caramba! Puxa! Nossa! Meu Deus! Nossa Senhora! Virgem Maria! Santo Deus! Puxa vida! Barrabás! Barbaridade! Homem! Homem de Deus! Macacos me mordam!
2) **Advertência**:	Cuidado! Atenção! Alerta! Calma! Alto! Sentido! Devagar! Olha! Fogo!
3) **Afugentamento**:	Fora! Rua! Saia!
4) **Agradecimento**:	Obrigado! Grato! Agradecido! Muito obrigado! Valeu!

	Exemplos
5) **Alegria:**	Ah! Oba! Olá! Olé! Viva! Oh! Eta! Eita! Aleluia!
6) **Alívio:**	Arre! Ufa! Ah! Oh! Também!
7) **Animação:**	Avante! Eia! Sus! Vamos! Coragem! Força! Ânimo!
8) **Apelo** ou **chamamento:**	Alô! Psiu! Hei! Ó! ou Ô! Socorro! Oi!
9) **Aplauso:**	Bravo! Bis! Parabéns! Apoiado! Ótimo! Viva! Muito bem!
10) **Aversão** ou **repugnância:**	Xi! Ih! Credo! Nossa! Eita!
11) **Cessação:**	Alto! Basta! Chega!
12) **Concordância:**	Sim! Ótimo! Claro! Pois não!
13) **Desejo:**	Tomara! Oxalá! Pudera! Oh! Queira Deus!
14) **Discordância:**	Negativo! Que esperança! 'Pera lá! Vírgula!
15) **Dor:**	Ai! Ui! Caramba! Oh!
16) **Dúvida** ou **negação:**	Qual! Hum! Hem! ou Hein! Que nada! Qual o quê! Pois sim!
17) **Impaciência:**	Raios! Droga! Bolas! Ora! Ora bolas!
18) **Lamento** ou **compaixão:**	Coitado! Oh! Pobre de mim! Que pena!
19) **Reprovação:**	Ora! Francamente! Essa não! Ora pois! Eita!
20) **Satisfação:**	Oba! Boa! Opa! Que bom!
21) **Saudação:**	Salve! Oi! Olá! Ave! Viva!
22) **Silêncio:**	Psiu! (demorado) Silêncio! Basta! Alto! Chega! Pst! Caluda!
23) **Surpresa:**	Oi! Ave! Olá! Ah! Oh! Quê! Valha!
24) **Terror** ou **medo:**	Cruz credo! Cruzes! Minha nossa!

Como se vê, a mesma interjeição pode exprimir emoções ou sentimentos diversos, conforme o contexto e a entoação. Oh!, por exemplo, ora exprime alegria, ora espanto.

Qualquer palavra, quando proferida em tom exclamativo, torna-se uma interjeição. Assim, tornam-se interjeições:

a) **substantivos**. Ex.: Cuidado! Atenção! Silêncio!
b) **adjetivos**. Ex.: Boa! Bravo! Coitado! Apoiado!
c) **verbos**. Ex.: Viva! Basta! Chega! Pudera!
d) **advérbios**. Ex.: Avante! Fora! Alerta!

OBSERVAÇÕES

1) Existem interjeições onomatopaicas, ou seja, que procuram reproduzir o som provocado por algum fenômeno. Ex.: **Pum! Bumba! Catapimba! Catrapus! Tchim-bum! Zás!**

2) As interjeições nada mais são que frases implícitas. Assim, **Ai!** = Tenho dor!, **Socorro!** = Acudam-me!, **Silêncio!** = Fique(m) quieto(s)!, **Atenção!** = Esteja(m) atento(s)! Por esse motivo, a interjeição não deveria fazer parte das classes de palavras.

3) A interjeição **oxalá!** leva o verbo para o subjuntivo. Ex.: **Oxalá ela me procure!** • **Oxalá não mais aumente o preço da gasolina!**

4) A interjeição **oh!** emprega-se quando há exclamação, admiração; a interjeição **ó!**, quando se chama alguém. Ex.: **Oh! que bela garota!** • **Ó garota, vem cá!**

5) No lugar do ponto de exclamação, pode aparecer vírgula com algumas interjeições curtas. Ex.: **Oh, que bela garota!** • **Ah, sua danada!**

Como se vê, tanto ao ponto de exclamação quanto à vírgula, segue-se letra minúscula.

Exercícios

1 Diga que sentimento ou estado de espírito as interjeições destacadas indicam:

a) **Arre!** O governo resolveu baixar a carga tributária!
b) **Uai!** Onde é que você vai tão linda assim?
c) **Ah!** Beatriz, se soubesses quanto te amei!
d) **Oba!** Eis o Sol: hoje vai dar praia!
e) **Oh!** Que dia lindo está fazendo!

2 Escreva **ó** ou **oh!**, conforme convier:

a) ★ meu amigo, ajude-me aqui, por favor!
b) ★, teremos mais chuva!
c) ★ rapaz, não faça isso, não!
d) ★. como sou feliz!
e) ★ compatriotas, levantai o nome deste país!

Luiz Antonio Sacconi

CAPÍTULO 21

FRASE. TIPOS DE FRASES. ORAÇÃO. PERÍODO

Frase

Frase é a unidade de comunicação cuja característica fundamental, na língua falada, é a entoação.

Uma simples palavra, proferida com entoação própria, pode tornar-se uma frase. A palavra fogo, sem nenhuma melodia própria, não passa de uma palavra morta, sem função comunicativa. Ao proferirmos fogo!, com entoação de pavor, susto, estaremos proferindo uma frase.

A emoção não permite ao falante elaborar uma estrutura mais perfeita (Estou vendo fogo); usa, então, uma exclamação, que lhe possibilita expressar mais rapidamente o pensamento.

A entoação é, assim, a alma da frase nominal, constituída por nomes (substantivos, adjetivos e advérbios): Fogo!, Lindo!, Abaixo a corrupção! Nas frases verbais, de estrutura mais perfeita, a entoação já não tem tanta importância, uma vez que apenas revela um aspecto psicológico do falante. Nesse caso, a frase pode ser declarativa, interrogativa, imperativa, optativa e exclamativa (v. *Tipos de frases*, página seguinte).

Não há fundamento na afirmação de que a frase deve ter, necessariamente, sentido completo, já que as palavras vicárias sim ou não (das respostas), isoladas de um contexto, nada representam; só vão ter sentido se houver um propósito definido de expressar um pensamento, caso em que substituem uma oração:

– Você já foi à Bahia?
– Sim. (= Eu já fui à Bahia.)

– Você já foi à Bahia?
– Não. (= Eu não fui à Bahia.)

Vê-se, pois, que a frase nem sempre é analisável. Pode ser breve ou longa. Ex.:

Frases breves

Fogo!
Cruz credo!
Macacos me mordam!
Cheguei!
Está frio.

Vitória do Flamengo.
Cada macaco no seu galho.
Nova alta do dólar.
Engavetamento na serra.
Cada cabeça uma sentença.

Frases longas

> Os infinitamente pequenos têm orgulho infinitamente grande.
>
> O músculo cardíaco tem uma história de milênios,
> a força de uma bomba e o ritmo de uma metralhadora.
>
> Dá a uma criança e a um porco o que querem e terás um excelente
> porco e uma péssima criança!
>
> O sangue parte do coração pela aorta, a mais espessa e larga artéria de
> todo o organismo, e percorre uma enorme rede de tubos.

Tipos de frases

As frases podem ser verbais e nominais.

A frase **verbal** indica sempre um processo e, por isso, exprime uma visão dinâmica do mundo. Ex.:

> O Flamengo venceu.
> Automóvel atropela pedestres.

A frase **nominal** exprime uma visão estática do mundo; por isso, aparece sem verbo ou, então, com verbo vazio de significado, ou seja, verbo de ligação. Ex.:

> Vitória justa do Flamengo.
> A característica das frases nominais é a melodia, a entoação.

Oração

Oração é todo e qualquer enunciado que contém verbo ou expressão verbal. Ex.:

> Os cientistas descobriram um novo planeta fora do sistema solar.
> O descobrimento pode trazer muitas outras novidades.

Para que haja oração, não há necessidade de que o enunciado tenha sentido completo; basta que existam os elementos estruturais indispensáveis à sua formação. Ex.:

> Preciso.

Temos o sujeito (**eu**) e o predicado (**preciso**), por isso temos oração, mas falta-lhe a integridade semântica. Trata-se de uma oração perfeita quanto à forma, porém, imperfeita quanto ao sentido.

Período

Período é a frase expressa por uma ou por várias orações.

Forma-se, assim, um período, quando externamos um pensamento completo, mediante oração ou orações, terminado por pausa forte, marcada na escrita por ponto final, ponto de interrogação, ponto de exclamação, reticências e, às vezes, dois-pontos.

Uma frase expressa por uma só oração ou por um só predicado isolado constitui um **período simples**.

Uma frase expressa por duas ou mais orações ou por dois ou mais predicados isolados, constitui um **período composto**.

IMPORTANTE

1) Tanto na frase quanto na oração as palavras obedecem a uma disposição, a uma ordem, para que haja perfeita transmissão da informação. Se tivermos, por exemplo, estas palavras: *"Quadrinhos menino em o revista uma lê"*, o entendimento da mensagem fica impossível, porque as palavras estão dispostas numa ordem anormal, incompatível com os princípios da nossa língua. Se, contudo, dispusermos essas mesmas palavras numa ordem linguística, facilmente entenderemos a mensagem: **O menino lê uma revista em quadrinhos.**

   Portanto, existe mais ou menos uma ordem linguística que devemos seguir na elaboração de uma frase ou de uma oração. A essa ordem se dá o nome de **sintaxe**.

2) As orações se classificam, quanto ao sentido, em:

   a) **declarativas** – quando enunciam um fato qualquer. Ex.:

   > **Elisabete estuda português.** (declarativa afirmativa)
   > **Elisabete não estuda português.** (declarativa negativa)

   b) **interrogativas** – quando por intermédio delas se deseja dirimir uma dúvida, receber qualquer esclarecimento ou pedir uma informação. Ex.:

   > **Como se chama aquela ilha?**
   > **Quem governava o país naquela época?**
   > **Quando serão realizadas as eleições?**

   c) **imperativas** – quando contêm uma ordem, um pedido, um conselho, um convite, uma súplica, etc. Ex.:

   > **Estudem português!**   **Salvem-me!**

   d) **optativas** – quando traduzem um desejo. Ex.:

   > **Deus lhe pague!**   **Sejam bem-vindos a Criciúma!**   **Que Deus o acompanhe!**

   Sempre têm o verbo no subjuntivo, mas podem tê-lo ainda no imperativo. Ex.:

   > **Sede felizes!**

   Podem confundir-se com as imperativas, quando as duas possuem o verbo na 3.ª pessoa do subjuntivo. Ex.:

   > **Abram-se as portas deste país a todos os povos!**

   Neste caso, somente o contexto, mormente na língua escrita, ou a entoação, na língua falada, poderão indicar se a oração é optativa ou imperativa.

   e) **exclamativas** – quando traduzem uma admiração. Ex.:

   > **Vencemos!**   **Que lindo está o céu hoje!**

3) Qualquer oração pode tornar-se interrogativa ou exclamativa, desde que esteja convenientemente marcada na língua escrita ou possua entoação adequada na língua falada. Ex.:

   > **Elisabete estuda português.** (declarativa)   **Elisabete estuda português!** (exclamativa)
   > **Elisabete estuda português?** (interrogativa)   **Elisabete, estuda português!** (imperativa)

Às vezes se usa a oração interrogativa para pedir a confirmação de um fato surpreendente ou espantoso; neste caso ela se aproxima da exclamativa, o que nos leva a usar, na língua escrita, os dois sinais, com prioridade para aquele que denota o estado que prevalece sobre outro. Ex.:

> Mataram o presidente?!   Mataram o presidente!?

4) Quanto à ordem, as orações se classificam em **diretas** e **indiretas**.

Orações **diretas** são aquelas que apresentam os termos em sua ordem natural, isto é, sujeito, verbo e complementos. Ex.:

> A comitiva presidencial chegou ao Rio de Janeiro à uma hora.
> O rapaz atendeu ao telefone com visível má vontade.

Orações **indiretas** são aquelas que apresentam os termos não em sua ordem normal. Ex.:

> À uma hora chegou ao Rio de Janeiro a comitiva presidencial.
> Com visível má vontade atendeu o rapaz ao telefone.

5) Num período pode haver orações subordinadas e coordenadas; chamar-se-á, então, **período misto** ou por **coordenação** e **subordinação**. Ex.:

> Os homens são assim: pensam como sábios e agem como tolos.
> Uma mãe leva vinte anos para fazer de seu filho um homem, e outra mulher faz dele um tolo em vinte minutos.

Exercícios

1) Transforme as frases nominais em frases verbais e vice-versa:

a) O cometa desapareceu.
b) Violento protesto dos EUA contra a Rússia.
c) O atleta rescindiu o contrato com o clube.
d) O comandante se manteve impassível.
e) Reduzimos todos os nossos preços.

2) Identifique as afirmações verdadeiras:

a) Oração é uma frase com verbo ou com uma expressão verbal.
b) Toda oração precisa ter necessariamente sentido completo.
c) Frase é todo enunciado que não traz verbo.
d) A frase nominal exprime uma visão estática do mundo.
e) A frase verbal deve trazer necessariamente verbo não transitivo.
f) Uma frase pode ser oração, mas uma oração é sempre frase.
g) Uma oração pode ser frase, mas uma frase não pode ser oração.
h) Oração e frase são absolutamente a mesma coisa.
i) Período é uma frase que traz pelo menos um verbo.
j) Período e frase são a mesma coisa.

CAPÍTULO 22
TERMOS ESSENCIAIS DA ORAÇÃO

Termos essenciais da oração

Os termos essenciais da oração são o sujeito e o predicado.

Sujeito

Sujeito é o ser ou aquilo a que se atribui a ideia contida no predicado.

Podemos afirmar, sob outro aspecto, que sujeito é o termo representado por substantivo ou expressão substantiva, ao qual, no sintagma oracional, se atribui um predicado.

A maneira prática de encontrar o sujeito de uma oração é fazer a pergunta **o que?** antes do verbo. Ex.:

> A casa de Juçara sofreu reforma geral.
> **O QUE** sofreu reforma geral?
> Resposta: **A casa de Juçara.** (eis o sujeito da oração)

A definição comum sobre sujeito "é o ser de que se declara alguma coisa" é imperfeita, porque não leva em consideração as orações interrogativas, imperativas e optativas, além de existirem sujeitos que não são seres, mas estados, qualidades, fatos ou fenômenos.

Núcleo

No sujeito podem aparecer certas palavrinhas ou expressões secundárias, que não são fundamentais ao entendimento da frase. Geralmente são artigos, adjetivos, numerais, pronomes possessivos, etc., que gravitam um termo chave, chamado **núcleo**. Ex.:

> A **casa** de Juçara | sofreu reforma geral.
> Núcleo

Note: no sujeito **A casa de Juçara** há somente um termo importante: **casa**, que é o termo sobre o qual pesa toda a declaração contida no predicado. **A** e **de Juçara** aparecem como termos secundários, acessórios, já que não são essenciais ao entendimento da frase.

Outros exemplos:

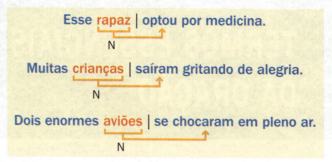

Tipos de sujeitos

A Nomenclatura Gramatical Brasileira (NGB) considera somente estes tipos de sujeitos:

1) simples – quando há somente um núcleo. Ex.:

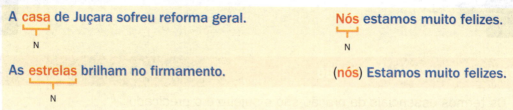

IMPORTANTE

A designação sujeito oculto não é própria. A NGB acertadamente aboliu o termo, pois oculto significa que está escondido. No último exemplo o sujeito não está escondido, já que a própria desinência verbal o deixa claro: (**nós**) **estamos**. O morfema **-mos** corresponde sempre à 1.ª pessoa do plural. Em vez de sujeito oculto, diz-se com maior propriedade **sujeito desinencial** ou, então, **sujeito implícito na desinência verbal**.

2) composto – quando há dois ou mais núcleos. Ex.:

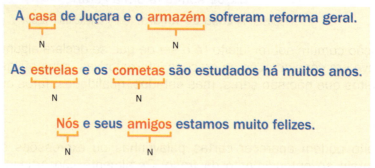

3) indeterminado – quando a identidade do sujeito é desconhecida realmente ou escondida propositadamente. Ignora-se não só a identidade, mas também o número de agentes. Ex.:

Roubaram minha carteira.
Marisa, falaram mal de você.
Trabalha-se demais no Japão.

Precisa-se de empregados.
Não se é grande no mundo senão quando se é fanático por uma ideia.

Como se vê, indetermina-se o sujeito de duas maneiras:

a) colocando-se o verbo na terceira pessoa do plural, sem referência ao pronome **eles** (e variação), nem a qualquer substantivo anteriormente expresso, o que o torna, este sim, um sujeito oculto, desconhecido literalmente em número e identidade;

b) colocando-se o pronome **se** junto de qualquer tipo de verbo na terceira pessoa do singular, exceto o transitivo direto.

IMPORTANTE

1) Sujeito indeterminado não existe como elemento na oração; se o sujeito é representado por um pronome indefinido, não será indeterminado, mas **simples**, porquanto neste caso o sujeito existe como elemento, embora não lhe conheçamos a identidade. Ex.:

Alguém mexeu na minha bolsa. Ninguém saiu de casa.

Convém lembrar que fazer análise sintática significa analisar todos os elementos estruturais da oração, em relação aos demais. O problema da identidade do agente pertence muito mais ao terreno da lógica que ao da sintaxe. Caso contrário, teríamos de ver como indeterminado o sujeito desta oração: Um mascarado roubou o banco.

2) Nas orações comparativas é comum aparecer o sujeito sem o verbo expresso, ou com ele subentendido. Ex.:

Elisabete é maior do que eu. (= ... do que eu sou)
Mulher bonita é como estrela: brilha. (= ... é como estrela é)

3) É comum a ocorrência de um sujeito **hipotético**, geralmente representado pelo pronome **isso**, em que se resumem algumas orações do período anterior ou dos períodos anteriores. Ex.:

Seria ridículo, se não fosse cômico.

Tanto o sujeito de seria quanto o de fosse são um hipotético isso, que se refere a algo já expresso anteriormente. Outros exemplos:

Drogas. Se fosse bom, não teria esse nome.
(= Drogas. Se isso fosse bom, isso não teria esse nome.)
Vão me atirar pedras. Pouco importa. (= Isso pouco importa.)

● Orações sem sujeito – Verbos impessoais

Orações sem sujeito são as que trazem verbo impessoal.

Verbo impessoal é o que não tem sujeito e se apresenta na terceira pessoa do singular. Os principais verbos impessoais são:

1) haver, quando sinônimo de existir, acontecer, realizar-se ou fazer (em orações temporais). Ex.:

Havia poucos ingressos à venda. (Havia = Existiam)
Houve duas guerras mundiais. (Houve = Aconteceram)
Haverá reuniões aqui. (Haverá = Realizar-se-ão)
Deixei de fumar há muitos anos. (há = faz)

IMPORTANTE

Na língua popular se vê o uso do verbo **ter** como impessoal. Ex.:

> **Tinha** poucos ingressos à venda.
> **Teve** duas guerras mundiais.
> **Terá** reuniões aqui.

> Deixei de fumar **tem** vários anos.
> **Tem** gente que gosta de apanhar.

Mesmo Carlos Drummond de Andrade escreveu: *Tinha uma pedra no meio do caminho.*

---

2) **fazer**, **ser** e **estar** (quando indicam tempo). Ex.:

> **Faz** invernos rigorosos no Sul do Brasil.
> **Era** primavera quando a conheci.
> **Estava** frio naquele dia.

---

3) todos os verbos que indicam fenômenos da natureza são impessoais: **chover**, **ventar**, **nevar**, **gear**, **trovejar**, **amanhecer**, **escurecer**, etc. Quando, porém, se constrói: **Amanheci** mal-humorado, usa-se o verbo amanhecer em sentido figurado. Qualquer verbo impessoal, empregado em sentido figurado, deixa de ser impessoal para ser pessoal. Se não, vejamos: **Amanheci** mal-humorado. (Sujeito desinencial: *eu*) • **Choveram** candidatos ao cargo. (Sujeito: *candidatos*) • **Fiz** quinze anos ontem. (Sujeito desinencial: *eu*) • Meu chefe **trovejava** de raiva. (Sujeito: *meu chefe*)

---

4) São impessoais, ainda:

a) o verbo **passar** (seguido de preposição), indicando tempo. Ex.:

> Já **passa** das seis.

b) os verbos **bastar** e **chegar**, seguidos da preposição **de**, indicando suficiência. Ex.:

> **Basta** de tolices.   **Chega** de blasfêmias.

c) os verbos **estar** e **ficar** em orações tais como **Está** bem, **Está** muito bem assim, Não **fica** bem, **Fica** mal, sem referência a sujeito expresso anteriormente. Podemos, ainda, neste caso, classificar o sujeito como **hipotético**, tornando-se, tais verbos, então, pessoais.

d) o verbo **dar** + **para** da língua popular, equivalente de **ser possível**. Ex.:

> Não **deu para** chegar mais cedo.   **Dá para** me arrumar uns trocados?

IMPORTANTE

1) Nas orações **Era primavera** e **Estava frio**, o predicado é nominal, já que nelas existem verbos de ligação, cujos predicativos são **primavera** e **frio**. Este é um tipo esdrúxulo de predicativo, já que se trata de orações sem sujeito.

2) A existência de **orações sem sujeito** nos leva a concluir que, em rigor, o sujeito não é exatamente um termo essencial da oração, classificação que adotamos aqui por ser oficial. Preferimos chamar às orações sem sujeito **predicados isolados**.

O predicado, este sim, é o termo essencial a qualquer oração; o sujeito só é termo essencial de oração bimembre; nas orações unimembres ou impessoais, como já afirmamos, não pode sê-lo.

3) Todos os verbos impessoais, quando acompanhados de auxiliares, transmitem a estes sua impessoalidade. Ex.:

> **Deve haver** muitos ingressos à venda.
> **Começa a haver** guerrilhas na região.
> **Começou a haver** brigas na festa.
> **Devia haver** mil pessoas no galpão.
> **Tinha de haver** brigas no comício!
> **Poderá haver** outras guerras mundiais.
> **Costuma haver** reuniões lá.
> **Vai fazer** dias frios.
> **Está havendo** muitas divergências entre os diretores da empresa.
> **Há de haver** outras oportunidades para mim.

4) O verbo **haver** fica no pretérito imperfeito do indicativo quando o outro verbo da frase está nesse tempo e modo, ou quando está no pretérito mais-que-perfeito do indicativo. Ex.:

> **Não viajávamos havia muitos anos.**
> (= Não viajávamos **fazia** muitos anos.)

> **Havia muitos anos que não viajáramos tanto.**
> (= **Fazia** muitos anos que não viajáramos tanto.)

Quando, porém, se emprega o pretérito imperfeito pelo pretérito perfeito, usa-se **há**, e não **havia**. Ex.:

> **Há trinta anos a guerra começava.**
> (**Começava** está por **começou**.)

> **O presidente morria há dez anos.**
> (**Morria** está por **morreu**.)

Observe que, para o momento presente, dizemos:

> **Faz trinta anos que a guerra começava.**
> (E não: "*Fazia...*")

> **O presidente morria faz vinte anos.**
> (E não: *morria "fazia"...*)

5) Numa oração, pode aparecer a locução expletiva ou de realce **é que**, que não tem relação sintática com nenhum termo da oração. Ex.:

> As rosas **é que** são belas,
> Os espinhos **é que** picam;
> As rosas **é que** caem,
> Os espinhos **é que** ficam.

Se os elementos da locução vierem separados, haverá variação do verbo, mas se altera o critério de análise. Ex.:

> **São** as rosas **que** são belas,
> **São** os espinhos **que** picam;
> **São** as rosas **que** caem,
> **São** os espinhos **que** ficam.

Outros exemplos:

> Eu é que escrevi isso.
> Fui eu que escrevi isso.
>
> Nós é que iremos com você.
> Seremos nós que iremos com você.

Não há necessidade absoluta de, nos exemplos em que a locução varia, serem consideradas duas orações, embora se possa assim proceder.

Sujeito oracional – Verbos unipessoais

Sujeito oracional é aquele representado por uma oração. Este tipo de sujeito ocorre quando o verbo é unipessoal.

Verbo unipessoal é o que, tendo sujeito, só se usa nas terceiras pessoas, do singular e do plural. Os principais verbos unipessoais são:

1) cumprir, importar, convir, doer, aprazer, parecer, ser (preciso, necessário, etc.). Ex.:

> Cumpre trabalharmos bastante. (Suj.: trabalharmos bastante)
> Importa cuidar da saúde. (Suj.: cuidar da saúde)
> Convém que voltes cedo. (Suj.: que voltes cedo)
> Dói-me ver tanta miséria. (Suj.: ver tanta miséria)
> Apraz-me encontrá-la com saúde. (Suj.: encontrá-la com saúde)
> Parece que vai chover. (Suj.: que vai chover)
> É preciso que chova. (Suj.: que chova)

2) fazer e ir, em orações que dão ideia de tempo, seguidos da conjunção que. Ex.:

> Faz dez anos que deixei de fumar.
> (Suj.: que deixei de fumar)
> Vai para (ou Vai em ou Vai por) dez anos que não vejo Susana.
> (Suj.: que não vejo Susana)

Todos os sujeitos apontados são oracionais.

IMPORTANTE

1) Consideramos unipessoal, e não impessoal, o verbo fazer seguido de oração iniciada pela conjunção que, a nosso ver integrante. A NGB não trata dos verbos unipessoais, considerando todos os verbos só usados nas terceiras pessoas como impessoais.

Na frase **Faz dez anos que deixei de fumar**, a oração iniciada pelo conetivo é substituível pelo pronome substantivo isso, o que comprova seu valor substantivo:

> Faz dez anos que deixei de fumar. (= Faz dez anos isso.)

Se, em vez desse pronome, usarmos uma expressão no plural, o verbo não poderá ficar no singular:

> **Faz dez anos isso.** (= Isso faz dez anos.)
> **Fazem dez anos esses fatos.** (Esses fatos fazem dez anos.)

Quando se trata de pessoa, o verbo **fazer** é empregado em sentido figurado:

> **Fizeram dez anos essas crianças.** (Essas crianças fizeram dez anos.)

Não nos parece coerente ver sentido figurado nas frases anteriores, caso contrário estaremos obrigados a ver também sentido figurado nas frases em que se usa a palavra **que**.

2) Os verbos onomatopaicos são todos unipessoais:

> latir, miar, grunhir, zurrar, cacarejar, pipilar, ornejar, matraquear, etc.

Sujeito representado por pronome oblíquo – Orações infinitivo-latinas

Os verbos **deixar**, **mandar**, **fazer** (chamados **causativos**), **ver**, **ouvir** e **sentir** (chamados **sensitivos**) muitas vezes têm como complemento uma oração com verbo no infinitivo, cujo sujeito pode ser representado por um pronome oblíquo. Ex.:

> **Deixe a vida fluir pelo seu corpo e a vontade de viver tomar conta de você.** (a vida = sujeito de fluir)
> **Deixe-o sair.** (o = sujeito de sair)
> **Mande-os entrar.** (os = sujeito de entrar)
> **Fizeram-me falar.** (me = sujeito de falar)
> **Viram-nos chorar.** (nos = sujeito de chorar)
> **Ouvi-te assobiar.** (te = sujeito de assobiar)
> **Senti-as chegar.** (as = sujeito de chegar)
> **Ele se viu morrer.** (se = sujeito de morrer)

Sujeito paciente

Sujeito paciente é o que recebe a ação verbal. Podemos encontrar sujeito paciente em duas estruturas distintas:

1) com o verbo **ser** + particípio (voz passiva analítica). Ex.:

> **Muita gente é assaltada diariamente em São Paulo.**
> sujeito paciente — voz passiva analítica

> **Os grandes peixes são pescados nos grandes rios.**
> sujeito paciente — voz passiva analítica

2) com verbo transitivo direto + o pronome **se** (voz passiva sintética). Ex.:

> **Assalta-se muita gente diariamente em São Paulo.**
> VTD + se — sujeito paciente

> **Pescam-se grandes peixes nos grandes rios.**
> VTD + se   sujeito paciente

O termo que recebe a ação verbal será sempre o sujeito paciente da estrutura **verbo transitivo direto** + o pronome **se**.

IMPORTANTE

1) Qualquer verbo transitivo direto pode ser usado na voz passiva (analítica ou sintética). O verbo **ter**, como um deles, não constitui exceção. Ex.:

> **Tiveram-se** três desses livros na mão.
> **Têm-se** muitas regalias aqui.
> **Tinham-se** os ingressos na mão.

Muitos não aceitam o uso do verbo **ter** por **haver** (= existir, realizar-se, etc.), mas a verdade é que muitos autores de nomeada das nossas letras o fizeram. Quem, um dia, não disse ou não vai dizer: **Não tem nada não, pode deixar, um dia você me paga!** ou **Não tem dúvida: devo sim, pago quanto puder**?

2) Alguns verbos transitivos diretos apresentam forma duplamente passiva: sintética e analítica. Ex.:

> **Quando se é amado** dessa forma, o jeito é corresponder ao amor.
> Porque **se ama, se é amado.**
> **Quando se é desprezado** injustamente, cumpre desprezar o injusto.

3) O emprego do verbo haver pessoal

O verbo **haver** é pessoal, ou seja, tem sujeito, nestes principais casos:

a) quando é auxiliar. Ex.: **Havíamos** chegado cedo.

b) quando é sinônimo de julgar, considerar. Ex.: **Houveram**-me por louco.

c) quando é pronominal, podendo ter estes sentidos:
– conduzir-se, comportar-se. Ex. **Nós nos houvemos como cavalheiros.** • **Eles se houveram muito bem na competição.**
– ajustar contas, entender-se (em confronto). Ex.: **Se você sonegar imposto, terá de haver-se com o fisco.**
– defrontar-se, lutar. Ex.: **Os aliados se houveram com os alemães na Europa e na África.**
– nas seguintes expressões: **haver por bem** (= resolver), **haver mister** (precisar, necessitar, desejar) e **tido e havido**. Ex.: **O pai houve por bem perdoar ao filho.** • **Hei mister os teus conselhos.** • **O rapaz era tido e havido por louco.**

Ainda como pessoal pode ser encontrado nestas acepções, porém, não no português contemporâneo:

a) ter, possuir. Ex.: **Houvemos** muita pena deles.

b) conseguir, obter. Ex.: **Onde houveram** vocês tanto dinheiro? • **Os flamenguistas houveram dos vascaínos honrosa vitória.** (Usam-se, neste caso, além da preposição **de**: **contra** e **sobre**.)

c) herdar. Ex.: **Os filhos houveram** duas fazendas dos pais.

4) **A expressão haja vista**

A expressão **haja vista** é absolutamente invariável no português contemporâneo; equivale a **veja**. Ex.: **A situação pode piorar. Haja vista** os protestos dos trabalhadores. • **O caso está encerrado. Haja vista** as declarações do ministro.

5) Usa-se também o verbo **haver** seguido de infinitivo, quando existe a expressão **razão por que** subentendida: **Não há temer o futuro.** (= Não há **razão por que** temer o futuro.)

6) Seguido da preposição **de** + **infinitivo**, o verbo **haver** forma o chamado futuro promissivo ou jussivo: **hei de vencer, haverei de comprar**, etc.

Predicado

Predicado é tudo aquilo que se atribui ao sujeito. Encontrando o sujeito, encontra-se automaticamente o predicado. Assim, se na oração: A casa de Juçara sofreu reforma geral, o sujeito é **A casa de Juçara**, o predicado será: **sofreu reforma geral**.

Núcleo

Todo predicado traz também um termo chave, ou seja, um termo que contém uma declaração maior sobre o sujeito. Esse termo é o núcleo do predicado. Ex.:

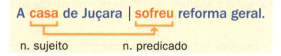

O termo que, no predicado, está intimamente relacionado com o núcleo do sujeito é **sofreu** (núcleo do predicado).

Outros exemplos:

Como se vê, o núcleo do predicado pode ser o verbo e um nome ao mesmo tempo. O núcleo nominal pode referir-se a um termo do próprio predicado (repare no último exemplo).

Tipos de predicados

São três os tipos de predicados: verbal, nominal e verbonominal.

1) Verbal – o núcleo é o verbo ou expressão de valor verbal. Ex.:

A casa de Juçara **sofreu** reforma geral.
　　　　　　　　　↓
　　　　　　　　verbo

Apenas dois cientistas **puderam observar** o eclipse.
　　　　　　　　　　　↓
　　　　　　　　　expr. verbal

O cavalo de Troia **pode ter sido** um barco. Ou talvez nem **tenha havido** a guerra de Troia.
　　　　　　　　↓　　　　　　　　　　　　　　　　　　　　↓
　　　　　　expr. verbal　　　　　　　　　　　　　　　expr. verbal

IMPORTANTE

O núcleo do predicado verbal pode vir representado pelo verbo transitivo ou pelo verbo intransitivo.

Há três tipos de verbos transitivos:

1) verbo transitivo direto – transita diretamente para o complemento, ou seja, sem a ajuda de preposição. Ex.:

Ouvi o estrondo.　　**Derrubaram** a árvore e o poste.

O complemento do verbo transitivo direto se chama **objeto direto** (o estrondo, a árvore e o poste).

2) verbo transitivo indireto – transita indiretamente para o complemento, ou seja, com a ajuda de preposição. Ex.:

Concordei com tudo.　　**Acredito em** Deus.

O complemento do verbo transitivo indireto se chama **objeto indireto** (com tudo, em Deus).

3) verbo transitivo direto e indireto – liga-se direta e indiretamente ao complemento e antigamente se chamava bitransitivo. Ex.:

Escrevi uma carta ao presidente.　　**Paguei** um guaraná a Lurdes.

Temos aí, portanto, objetos diretos (uma carta, um guaraná) e objetos indiretos (ao presidente, a Lurdes).

Verbo intransitivo é o que tem sentido completo, por isso não precisa de nenhum complemento. Ex.:

A borboleta **morreu**.　　As crianças **riram**.
Todos **choraram**.

A maneira mais aconselhável de encontrar o tipo de verbo é proceder desta forma:

Quem **morre**, morre.
Quem **ouve**, ouve alguma coisa.
Quem **acredita**, acredita **em** alguma coisa.

Não se aconselha o critério: "quem ouve, ouve o quê", "quem concorda, concorda com o quê", etc.

Qualquer verbo pode ser usado intransitivamente. Ex.:

> Quem ama geralmente não pensa.   Comi, bebi, cantei à vontade.

Diferentes são estes casos:

> O Brasil não tem vulcões, mas já teve, há setenta milhões de anos.
> Eu disse tudo. Você não disse?
> Eu acredito em Deus. Você não acredita?

Em cada um desses exemplos, o verbo é transitivo, cujo complemento se encontra ali subentendido, porém claro na oração anterior.

2) Nominal – o núcleo é nome ou expressão de valor nominal. Ex.:

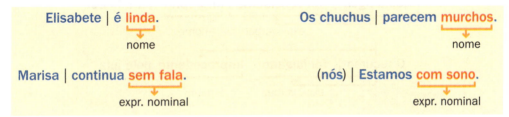

O núcleo do predicado nominal recebe o nome de **predicativo**.

Pode haver **predicativo do sujeito** e **predicativo do objeto**, conforme se refira a um e outro. Nos exemplos vistos anteriormente, linda, murchos, sem fala e com sono são predicativos do sujeito, porque a este se referem.

IMPORTANTE

O predicado nominal traz um verbo de ligação.

Verbo de ligação é o que não indica ação alguma por parte do sujeito; é vazio de significado, já que sozinho não apresenta nenhuma noção. Sua função é indicar estado, qualidade ou condição do sujeito. Eis os principais, classificados por seu aspecto:

1) estado permanente – ser, viver. Ex.:

> Juçara é bonita.   Ela vive alegre.

2) estado transitório – estar, andar, achar-se, encontrar-se. Ex.:

> Juçara está bonita.   Ela se encontra alegre.

3) estado mutatório – ficar, virar, tornar-se, fazer-se, meter-se a. Ex.:

> Juçara ficou bonita.   Ela se tornou alegre.

4) estado continuativo – continuar, permanecer. Ex.:

> Juçara continua bonita.   Ela permanece alegre.

5) estado aparente – parecer. Ex.:

> Juçara parece bonita.

Os transitivos e os intransitivos são verbos **nocionais**; os de ligação são verbos **não nocionais**, porque totalmente vazios de significado.

3) Verbonominal – o núcleo é verbo (ou expressão verbal) e nome ao mesmo tempo. Ex.:

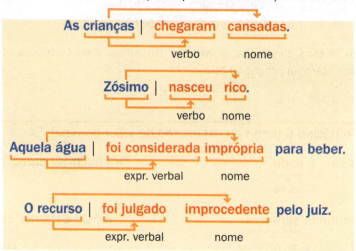

Quando o verbo deste tipo de predicado for intransitivo, ou estiver na voz passiva, o predicativo será sempre do sujeito. Quando, porém, o verbo for transitivo direto, o predicativo poderá ser **do sujeito** ou **do objeto**, conforme se refira a um e outro. Ex.:

Podemos ter, ainda, o predicativo do objeto indireto, porém, só com o verbo **chamar**. Ex.:

O verbo **chamar**, ao pedir predicativo, pode ser construído destas maneiras:

Chamei **ao rapaz** vigarista.	→	Chamei-**lhe** vigarista.
Chamei **ao rapaz** de vigarista.	→	Chamei-**lhe** de vigarista.
Chamei **o rapaz** vigarista.	→	Chamei-**o** vigarista.
Chamei **o rapaz** de vigarista.	→	Chamei-**o** de vigarista.

Nos dois primeiros exemplos de cada conjunto, o verbo **chamar** é transitivo indireto; nos dois últimos, transitivo direto. A preposição **de** é facultativa em ambos os casos. Na verdade, o verbo **chamar**, em todos os exemplos vistos, é **transobjetivo** (v. Importante 9 a seguir).

IMPORTANTE

1) Nas orações do tipo *São duas horas*, a NGB manda que analisemos a expressão em destaque como **predicativo do sujeito**. Mas, neste caso, a oração **não tem** sujeito! Por isso, preferimos ver tal função como **predicativo neutro**.

2) Pode haver predicativo de oração objetiva direta:

As crianças achavam **engraçado** matar formigas.

Vocês acham **bonito** cuspir no chão?

3) Considera-se como predicativo o termo adverbial que se encontra ligado ao sujeito mediante verbos de ligação:

A vida é **assim** mesmo.   Estamos **mal** de finanças.

É **longe** sua chácara?   O vestido ficou **bem** em você.

Na verdade, porém, tais verbos se situam numa faixa intermediária: entre os de ligação e os nocionais.

4) Toda locução que indicar estado do sujeito implica a existência de um predicado nominal e, consequentemente, de um predicativo. Ex.:

Ifigênia está **de pé**.

Estou **com sono**.

É **de esperar** novo elenco de medidas por parte do governo.

Se, em vez de acompanharem verbos de ligação, essas mesmas expressões acompanharem verbos nocionais, o predicado será, então, verbonominal:

Um imperador deve morrer **de pé**.

As crianças chegaram **com sono**.

5) Quando um pronome oblíquo serve de complemento a verbos de mesma transitividade, podemos usar apenas o primeiro pronome, prescindindo do outro ou dos outros. Ex.:

*Os aduladores são como as plantas parasitas que abraçam o tronco e os ramos de uma árvore para melhor **a** aproveitar e consumir.*

A mãe **lhe** falou e implorou.

6) Existem certos verbos intransitivos que, não raro, aparecem modificados por adjuntos e dão a impressão de ser transitivos indiretos, porque também vêm acompanhados de preposição. Tais verbos aceitam, numa frase interrogativa, o advérbio **onde**, o mesmo não ocorrendo com os verbos transitivos indiretos. Ex.:

> **Luísa está em Piraçununga. = Luísa está onde?**
> **Neusa foi a Moji das Cruzes. = Neusa foi aonde?**
> **Filipe chegou agora de Lajes. = Filipe chegou agora de onde?**

Ressalte-se que na oração **Heloísa gosta de Bajé**, o verbo **gostar** é transitivo indireto, porquanto quem gosta, gosta de alguma coisa, e não de "onde".

7) O verbo **fugir** é transitivo indireto, apesar de comportar a pergunta com o advérbio **onde**.

> **Ele fugiu da cadeia.** (= Ele fugiu de **onde**?)

Convém lembrar, porém, que o verbo **fugir** era intransitivo em latim, ou melhor, era seguido de ablativo, e não de dativo. Em português entrou como transitivo indireto.

8) Os verbos não possuem classificação fixa; podem ora ser transitivos, ora intransitivos, ora de ligação. Ex.:

> **Ercília está doente.** (está = VL)
> **Ercília está no quarto.** (está = VI)
> **A mulher virou bruxa.** (virou = VL)
> **A mulher virou a cabeça.** (virou = VTD)
> **Luísa anda nervosa.** (anda = VL)
> **Luísa anda devagar.** (anda = VI)

O verbo somente será de ligação quando o predicado contiver o termo que indique o estado, a qualidade ou a condição do sujeito. Esse termo se denomina predicativo, conforme já vimos.

9) São conhecidos como verbos **transobjetivos** aqueles que exigem, além de um objeto, um predicativo. Ex.:

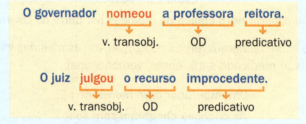

10) Verbos transitivos são assim classificados, independentemente da voz em que são usados. Assim, o verbo **substituir** é transitivo direto em ambos estes casos:

> **O real substituiu o cruzeiro real.**
> **O cruzeiro real foi substituído pelo real.**

Na primeira estrutura, o objeto direto é claro; na segunda, está representado no sujeito; trata-se do verbo **substituir**, transitivo direto, na voz passiva.

Se o verbo é transitivo direto e indireto, na voz passiva só aparece o objeto indireto:

O pai deu cinco reais ao filho.
Cinco reais foram dados pelo pai ao filho.

Nos dois exemplos, o verbo **dar** é transitivo direto e indireto.

11) No plano semântico, discute-se muito se há equivalência entre duas orações de estruturas distintas: uma com o verbo na voz ativa, a outra com o verbo na voz passiva. Suponhamos, então, que uma pessoa tenha duas casas para vender, uma ao lado da outra. À frente de uma coloca a placa: **Vende-se esta casa.** À frente da outra usa esta placa: **Esta casa é vendida.** À qual das casas se dirigirá o interessado: àquela que se anuncia **Vende-se esta casa** ou àquela que traz o anúncio **Esta casa é vendida?**

Haveria equivalência semântica, ainda, entre estas duas frases: **Tubarão come pessoas** e **Pessoas são comidas por tubarão?** Ou entre estas: **Aranhas fazem teias** e **Teias são feitas por aranhas?**

Testes e exercícios

1) Ao encontrar o sujeito, classifique-o e identifique o seu núcleo:

a) Os caroços de ameixa são muito duros.
b) Tudo passa sobre a terra.
c) Não existem rios no deserto.
d) Completamente feliz ninguém é.
e) Fizemos isso propositadamente.
f) Faz-me o coração tique-taque.
g) Acabaram as férias.
h) Começaram as aulas.
i) Um profundo corte no supercílio e uma grande ferida curaram os filhos de Juçara.
j) São carnívoros o tigre, o leão, o leopardo e a pantera.

2) Reconheça o sujeito indeterminado, o sujeito desinencial e o sujeito oracional:

a) É preciso que estudemos bastante.
b) Crê-se em Deus.
c) Falou-se muito em futebol.
d) Gritaram o meu nome por aí.
e) Não lhe dói bater em seu filho?

f) Não é importante que você saiba isso.
g) Ainda não encontraram o corpo do rapaz afogado.
h) Gastei muito com supérfluos.
i) Parece que as crianças gostaram da brincadeira.
j) Come-se muito bem nesse restaurante.

3) Identifique as orações sem sujeito:

a) Está muito frio hoje.
b) Choveu papel picado nas ruas ontem.
c) Choveu demais ontem.
d) Faz sol hoje.
e) Alguém bateu à porta.
f) Um mascarado passou por ali.
g) Esperanças haverá sempre.
h) Chega de promessas, promessas.
i) Amanhece cedo nesta estação.
j) Há um lápis na mesa.

4 Faça o que for necessário para deixar todas estas orações sem sujeito:

a) Aconteceram dois acidentes hoje nessa esquina.
b) Realizaram-se várias comemorações em homenagem aos novos campeões.
c) Nesta região do país, os verões são insuportáveis.
d) Ontem os ventos sopraram bastante fortes.
e) De madrugada a chuva caiu torrencialmente.
f) Naquela hora da noite já não existiam pessoas na rua.
g) Existirão muitos candidatos a esse cargo.
h) No inverno, aqui, a geada castiga as plantações.
i) Aconteceram muitas brigas na festa; existiam alguns penetras.
j) Nunca existiram rios no deserto?

5 Identifique o verbo impessoal e o verbo unipessoal:

a) Faz calor insuportável em Belém.
b) Parece que elas estão nervosas.
c) Convém regressarmos logo.
d) Relampeja bastante.
e) Foi necessário que agíssemos.

6 Use os verbos ou as locuções em destaque de forma conveniente:

a) Quando entrei no cinema, **haver** quatro ou cinco poltronas vazias.
b) **Fazer** dez anos que não viajo.
c) **Dever haver** muitos feridos nesse acidente.
d) **Ir fazer** amanhã cinco anos que ela se foi.
e) Alguns prisioneiros foram torturados; daí **haver** eles se revoltado.

7 Formule uma frase em que haja sujeito hipotético.

8 Substitua os verbos em destaque por uma das formas do verbo **haver(-se)**, conforme convier:

a) Nossos atletas **se comportaram** bem nas Olimpíadas.
b) **Tinham** já meus amigos comprado os ingressos para o jogo.
c) **Existiam** muitas vagas na garagem.
d) Se vocês **tivessem** sido cautelosos, não **teriam** passado por tal vexame.
e) Espero que **existam** muitos amigos meus nesta festa.

9 Identifique as frases construídas de acordo com a norma padrão:

a) Se houverem, os técnicos da empresa, encontrado as razões do acidente, saberemos de tudo ainda hoje.
b) Depois de haverem ali várias reuniões é que foram fazer a limpeza do local.
c) Seria bom que houvessem menos impostos no Brasil.
d) Naquela época não costumava haver eleições gerais.
e) Fazia séculos que não nos víamos.

10 Complete com a forma conveniente do verbo **haver**:

a) As crianças ★ aberto o cofre sem nenhum esforço.
b) Tínhamos feito um lanche ★ poucos minutos.
c) Naquela época, aos sábados não ★ aulas.
d) Não ★ nem mesmo sete meses que deixáramos Salvador e já estávamos com saudade.
e) ★ quase duzentos anos era proclamada a Independência.

11 Diga quantas orações existem neste período: **Um homem casado vive como um cão, mas morre como um rei; um solteiro vive como um rei, mas morre como um cão.**

12 Ao encontrar o predicado, classifique-o, identificando o seu núcleo:

a) Aquela estrela parece um planeta.
b) Gato e rato jamais comerão no mesmo prato.
c) O ninho do beija-flor é feito pela fêmea.
d) O professor entrou na sala sério.
e) A chuva cai fina e fria.

13 Identifique os predicativos do sujeito e os predicativos do objeto:

a) Escolheram-nos para cristos.
b) As paixões tornam os homens cegos.
c) Acho razoáveis suas pretensões.
d) É melhor tornar-se ilustre do que nascer ilustre.
e) Ali, gato vira sabão.

14 Classifique os verbos:

a) Bateram dez horas há pouco.
b) Não existem rios por aqui.
c) Não há rios por aqui.
d) Avisaram-me de tudo.
e) Prefiro cinema a teatro.
f) O pai levou-os à escola.
g) Faltou-me coragem para tudo.
h) Ela pensou em tudo.
i) O caminhão transporta terra para a obra.
j) Os ausentes nunca têm razão.

Testes de concursos e vestibulares

1 (FCMSC-SP) Observe as orações seguintes:

1) Dizem por aí tantas coisas...
2) Nesta faculdade acolhem muito bem os alunos.
3) Obedece-se aos mestres.

O sujeito está indeterminado:

a) somente na 1
b) somente na 2
c) somente na 3
d) em duas delas somente
e) nas três orações

2 (ESA) Assinale a opção que contenha verbo transitivo indireto:

a) A festa acabou.
b) Meus cabelos estão molhados.
c) A menina arrumou o quarto.
d) O vaso virou um monte de cacos.
e) Você precisa de ajuda?

3 (TCE-AL) Assinale o período em que há sujeito indeterminado:

a) Amanheceu radiante o dia de hoje.
b) No inverno anoitece muito cedo.
c) Vive-se bem com Deus.
d) Conta-se que vai haver festa.
e) Contam-se muitas coisas de você.

4 (UEPG-PR) Só num caso a oração é sem sujeito. Identifique-a:

a) Faltavam três dias para o batismo.
b) Houve por improcedente a reclamação do aluno.
c) Só me resta uma esperança.
d) Havia tempo suficiente para as comemorações.
e) n.d.a.

5 (FMU-SP)

*Ouviram do Ipiranga as margens plácidas
De um povo heroico o brado retumbante*

O sujeito da afirmação com que se inicia o Hino Nacional é:

a) indeterminado
b) um povo heroico
c) as margens plácidas do Ipiranga
d) do Ipiranga
e) o brado retumbante

6 (TRT-TO) Qual a alternativa em que há sujeito indeterminado?

a) Comecei a estudar muito tarde para o exame.
b) Em rico estojo de veludo, jazia uma flauta de prata.
c) Soube-se que o proprietário estava doente.
d) Houve muitos feridos no desastre.
e) Julgaram-no incapaz de exercer o cargo.

7 (UM-SP) O sujeito é simples e determinado em:

a) Há somente um candidato ao novo cargo, doutor?
b) Vive-se bem ao ar livre.
c) Na reunião de alunos, só havia pais.
d) Que calor, filho!
e) Viam-se eleitores indecisos durante a pesquisa.

8 (Fesp) Em **Retira-te, criatura ávida de vingança!**, o sujeito é:

a) te
b) não há sujeito
c) desinencial
d) criatura
e) n.d.a.

9 (ESA) Assinale a alternativa com oração sem sujeito:

a) Trouxeram essa encomenda para você.
b) Hoje fez muito frio em São Paulo.
c) Precisa-se de um ajudante de pedreiro.
d) A noite foi muito fria no Recife.
e) O céu está nublado.

10 (F. C. Chagas-SP) Assinale a oração sem sujeito:

a) Convidaram-me para a festa.
b) Diz-se muita coisa errada.
c) O dia está quente.
d) Alguém se enganou.
e) Vai fazer bom tempo amanhã.

11 (FCE-RJ) Assinale a alternativa em que há uma oração com predicado verbonominal:

a) O mar estava calmo naquela manhã.
b) Nenhum navio partiu ontem.
c) Achei esse sujeito muito antipático.
d) O homem ficou furioso com a brincadeira.
e) Ele terminou o trabalho ontem à tarde.

12 (BC) Com oração sem sujeito, o verbo fica na 3ª pessoa do singular. Isso se comprova em:

a) Chegou o pacote de livros.
b) Existe muita gente amedrontada.
c) Ainda há criança sem escola.
d) Não procede a acusação contra ele.
e) É proibida a entrada.

13 (Magistério-PR) Indique, dentre os itens abaixo, a oração sem sujeito:

a) Falaram mal de você.
b) Ninguém se apresentou.
c) Precisa-se de professores.
d) A noite estava agradável.
e) Vai haver um campeonato.

14 (TCE-MG) Em todas as alternativas o verbo **dar** é transitivo, exceto em:

a) Ana Paula dava jantares às amigas.
b) Estava disposto a dar a pele, a se consumir.
c) Aceitava, mas dava-lhe o troco.
d) Laura deu uma noiva linda.
e) Pediu a Cida que me desse umas aulas.

15 (BNB) Há verbo transitivo indireto em:

a) O juiz apitou. Os jogadores saíram.
b) Pega essa bola que é tua, Marcos!
c) Mantenha a cabeça no lugar, rapaz!
d) Lembro-me da Academia de 1965.
e) O goleiro desvia a bola com a ponta dos dedos.

16 (Esal-MG) Em **O tempo estava de morte, de carnificina**, o verbo é:

a) de ligação
b) transitivo indireto
c) intransitivo
d) transitivo direto
e) transitivo direto e indireto

17 (UE-CE) Em **Cuspi no chão com um nojo desgraçado daquele sangue**, o verbo **cuspi** é:

a) intransitivo
b) transitivo direto
c) transitivo indireto
d) transitivo direto e indireto
e) de ligação

18 (FMPA-MG) Identifique a alternativa em que o verbo destacado não é de ligação:

a) A criança **estava** com fome.
b) Pedro **parece** adoentado.
c) Ele **tem** andado confuso.
d) **Ficou** em casa o dia todo.
e) A jovem **continua** sonhadora.

19 (Unificado) Entre as frases abaixo, somente uma apresenta sujeito indeterminado. Assinale-a:

a) Há a marca da vida nas pessoas.
b) Não se necessita de lavadeira.
c) Vai um sujeito pela rua.
d) Não se engomou seu paletó.
e) Pede-se um pouco de paciência.

20 (FEC) Todos os períodos apresentam verbo transitivo direto e indireto, exceto em:

a) Fernando opôs à pretensão da noiva a razão de estado.
b) Essa palavra proferida sem intenção pelo velho, infligiu-lhe a maior das humilhações.
c) Deus a destinaria à opulência.
d) Vou confiar-lhe meu segredo, um segredo que a ninguém foi revelado e só Deus sabe.
e) Estas últimas palavras, a moça proferiu-as com uma indefinível expressão.

21 (FEC-TCE-TO) Assinale a alternativa que apresenta verbo intransitivo:

a) Preferia cinema a teatro.
b) Ainda restam quatro sacas e dois baús.
c) Havia 30 pessoas num lugar para dez mil.
d) Realizaram duas provas num mesmo dia.
e) As salas permanecem vazias.

22 (FEC) Na oração **A inspiração é fugaz, violenta**, podemos afirmar que o predicado é:

a) verbonominal, porque o verbo é de ligação e vem seguido de dois predicativos
b) nominal, porque o verbo é de ligação
c) verbal, porque o verbo é de ligação e são atribuídas duas caracterizações ao sujeito
d) verbonominal, porque o verbo é de ligação e vem seguido de dois advérbios de modo
e) n.d.a.

23 (Fiscal-MT) **O professor entrou apressado**. O destaque indica:

a) predicado nominal
b) predicado verbonominal
c) predicado verbal
d) adjunto adverbial
e) sujeito

24 (Talcrim-RJ) Em **1 – Paulo está adoentado** e **2 – Paulo está no hospital**, o predicado é:

a) verbal em 1 e 2
b) nominal em 1 e 2
c) verbonominal em 1 e 2
d) verbal em 1 e nominal em 2
e) nominal em 1 e verbal em 2

25 (BC) Numa das opções o predicado está incorretamente destacado:

a) **A muitos encontrei felizes**.
b) **Decorreram** alguns instantes de silêncio.
c) A paisagem **estendia-se imensa e tranquila**.
d) O ar **campestre é saudável**.
e) **Foram** Pedro e Paulo.

26 (ESA) Na oração **Reprovaram alguns autores esta história**, aponte o núcleo do sujeito:

a) história
b) alguns autores
c) reprovaram
d) autores
e) alguns

27 (FCAA-UFES) Assinale a opção cujo sujeito não é indeterminado:

a) Soa um toque áspero de trompa.
b) Falou-se de tudo na reunião.
c) Precisa-se de trabalhadores braçais.
d) Batem à porta.
e) Vive-se bem aqui.

28 (BRB-DF) Assinale a alternativa em que ocorra sujeito composto:

a) Deus, Deus, que buscarei na vida?
b) Os livros comprei, os quadros e as folhas.
c) Nós, os homens de amanhã, venceremos.
d) Saíram João e Maria.
e) Ontem apareceu João e José, hoje.

29 (Foplac-DF) Assinale a alternativa em que apareça predicado verbonominal:

a) A chuva permanecia calma.
b) A chuvarada assustou os habitantes da vila.
c) Toninho ficou satisfeito.
d) Os meninos saíram do cinema calados.
e) Os candidatos estavam preocupados.

30 (Acadepol-ES) Aponte a alternativa em que ocorre oração sem sujeito:

a) Basta de férias!
b) Choveu muito confete na comemoração.
c) Êmerson faz vinte anos amanhã.
d) Consertam-se carrinhos de rolimã.
e) Eles haviam feito todo o trabalho.

CAPÍTULO 23
TERMOS INTEGRANTES DA ORAÇÃO

Termos integrantes da oração

Os **termos integrantes da oração** são os complementos verbais, o complemento nominal e o agente da passiva.

Complementos verbais

Complementos verbais são elementos substantivos que completam o sentido de um verbo. Existem dois tipos:

1) o **objeto direto** – é o complemento que se liga diretamente ao verbo, ou seja, sem o auxílio de preposição. Ex.:

> Os velhos usam bengala.
> Comprei todos os melões do supermercado.
> Luisinho quebrou dois pratos.

O objeto direto é, enfim, o complemento do verbo transitivo direto.

2) o **objeto indireto** – é o complemento que se liga indiretamente ao verbo, isto é, por meio de preposição. Ex.:

> Edite desconfia de tudo.   Acredito em Deus.   O inimigo resistiu ao ataque.

O objeto indireto é, enfim, o complemento do verbo transitivo indireto.

IMPORTANTE

1) Alguns verbos admitem dois objetos indiretos. Ex.:

> A mulher se queixou do patrão/à polícia.
> Êmerson desculpou-se do ocorrido/à namorada.

NOSSA GRAMÁTICA COMPLETA

2) O pronome oblíquo **o** (e variações) só exerce a função de objeto direto; o pronome **lhe** (e variação) só exerce a função de objeto indireto. Os demais pronomes ora exercem a função de objeto direto, ora a de objeto indireto, conforme a transitividade verbal. Ex.:

> Ninguém **me** viu. (me = OD; viu = VTD)
> Ninguém **me** obedece. (me = OI; obedece = VTI)

3) Verbos transitivos diretos e indiretos, em virtude de trazerem dois complementos distintos, podem estar na voz passiva, com objeto indireto. Ex.:

> *A independência nunca é dada a um povo. Ela deve ser conquistada e, uma vez conquistada, tem que ser defendida.*

Não se deve confundir esse complemento indireto com o complemento nominal, que estudaremos a seguir.

Complemento nominal

Complemento nominal é o complemento de um nome (substantivo, adjetivo ou advérbio). Ex.:

> Juçara tem certeza **da vitória**.

Da vitória completa o sentido de **certeza**, um substantivo (portanto, um nome), pois quem tem certeza, tem certeza de alguma coisa. Diz-se, então, que **certeza** é um nome de valor relativo.

Outros exemplos:

> A sala está cheia **de gente**. (cheia = adjetivo de valor relativo)
> Tenho saudades **de Teresa**. (saudades = subst. de valor relativo)
> Sua casa é longe **da escola**. (longe = advérbio de valor relativo)
> A lembrança **da namorada** fê-lo chorar. (lembrança = subst. de valor relativo)
> Anteriormente **ao presidente**, falou o ministro. (anteriormente = advérbio de valor relativo)
> Independentemente **do seu consentimento**, irei a Bajé. (independentemente = advérbio de valor relativo)

IMPORTANTE

Diferença entre objeto indireto e complemento nominal

O objeto indireto completa o sentido de verbo; o complemento nominal prende-se a um nome (substantivo, adjetivo ou advérbio), ainda que ambos os termos venham precedidos de preposição. Ex.:

> Creio **em Deus**. (OI)
> A crença **em Deus** é necessária. (CN)
> Gosto **de boas leituras**. (OI)
>
> O gosto **às boas leituras** tornou-o sábio. (CN)
> Lembrou-se **dela** e chorou. (OI)
> A lembrança **dela** fê-lo chorar. (CN)

Agente da passiva

Agente da passiva é o complemento de um verbo na voz passiva. Ex.:

> O edifício foi destruído pelo fogo.

Pelo fogo completa o sentido de foi destruído, voz passiva; diz-se, por isso, agente da passiva.

O agente da passiva vem precedido geralmente da preposição por, mas também pode aparecer antecedido da preposição de. Ex.:

> O cantor ficou rodeado de fãs.

O agente da passiva sempre corresponde ao sujeito do verbo na voz ativa. Ex.:

> O fogo destruiu o edifício.   Fãs rodearam o cantor.

Às vezes o agente da passiva é indeterminado. Ex.:

> Todos os ratos da casa foram mortos. (Por quem, não se sabe.)
> Quem não quer ser aconselhado, não pode ser ajudado.
> (Dois agentes da passiva indeterminados.)

As passivas sintéticas também não trazem determinado o agente. Ex.:

> Vende-se casa.   Dá-se terra.

IMPORTANTE

Diferença entre agente da passiva e complemento nominal

O agente da passiva só pode existir quando o verbo está na voz passiva, que se forma essencialmente por estes verbos auxiliares:

a) ser, nas passivas de ação;
b) estar, viver e andar, nas passivas de estado;
c) ficar, nas passivas de mudança de estado.

Ademais, um verbo na voz passiva sempre possui correspondente na voz ativa. Ex.:

> O inferno é pavimentado de boas intenções.
> (= Boas intenções pavimentam o inferno.)
>
> O envelope foi carimbado pelo funcionário postal.
> (= O funcionário postal carimbou o envelope.)
>
> O ator estava (ou vivia, ou andava) cercado de fãs.
> (= Fãs cercavam o ator.)
>
> As ruas ficaram cobertas de lama.
> (= Lama cobriu as ruas.)

Geralmente se confunde com o complemento de um adjetivo, ou seja, com um complemento nominal. Ex.:

> O rapaz estava apaixonado pela colega.
> De repente, fiquei ansioso da sua volta.

Observe que, neste caso, o verbo não está na voz passiva. Se tentarmos efetuar a mesma correspondência vista nos exemplos anteriores, não conseguiremos a contento:

"A colega apaixonava o rapaz." (!?)   "A sua volta ansiou-me de repente." (!?)

Nestas orações não existem agentes da passiva, mas adjuntos adverbiais: *As frutas ficam bichadas com o tempo.* • *Os cabelos ficam sujos com o vento.* Muitos consideram tais termos como agentes da passiva pelo simples fato de poderem ser os sujeitos em outra estrutura: *O tempo bicha as frutas.* • *O vento suja os cabelos.*

Casos particulares

Objeto direto preposicionado

Objeto direto preposicionado é o objeto direto antecedido de preposição, geralmente a, raramente de.

Este tipo de complemento pode aparecer:

1) quando o objeto direto é representado por nome de pessoa. Ex.:

Venderam a Cristo por algum dinheiro.   Não roube a Pedro para dar a Paulo.

2) quando o objeto direto é representado por nome que indica alguma atividade. Ex.:

Quem rouba a ladrão tem cem anos de perdão.

3) quando o objeto direto é pronome oblíquo tônico. Ex.:

Não entendo nem a ele nem a ti.
Essa medida prejudicou a nós, trabalhadores.

4) quando o objeto direto, por ênfase, aparece no rosto da oração. Ex.:

A ela você pode até não conhecer, mas a mim você conhece!

5) quando é preciso coordenar pronome oblíquo e substantivo. Ex.:

Conheço-o, sim, e aos seus amigos.
Visitamo-la e a seus parentes.

6) com o nome Deus. Ex.:

Amar a Deus sobre todas as coisas.
Não vemos a Deus, mas Ele está em toda parte.

7) com os pronomes de tratamento. Ex.:

Não respeitaram a V. Ex.ª nem àquela senhora.

8) quando se quer evitar ambiguidade ou duplo sentido, principalmente se os termos da oração se apresentam em ordem inversa. Ex.:

> Venceram **aos franceses** os alemães.
> **Aos pais** amam os filhos.
> **Ao Cruzeiro** derrotará o Palmeiras.

> Ama-se **aos pais**.
> Castiga-se **aos maus**.

9) quando o predicativo do objeto a este precede. Ex.:

> Encontrei desesperado **ao homem**.
> Vi ameaçado de morte **a Luís**.

10) quando o objeto direto for constituído por pronome indefinido ou pelo relativo **quem**. Ex.:

> O raio fere **a uns**, o relâmpago **a muitos**; o trovão **a todos**.
> Comovemos **a todos**, mas **a ninguém** convencemos.
> Não conhecíamos o homem **a quem** devíamos proteger.
> Não tenho **a quem** amar.

11) depois das conjunções **como** e **que** (ou **do que**). Ex.:

> Amo-a **como** a minha irmã.
> O árbitro prejudicou mais os brasileiros **que** aos italianos.
> Eu o estimava mais **do que** a meu irmão.

12) quando o objeto direto for um infinitivo que completa o sentido dos verbos **ensinar** e **aprender**. Ex.:

> Foi Luís quem lhe **ensinou** a nadar.
> É preciso **aprender** a votar nos melhores candidatos.

13) quando se deseja dar ideia de porção de alguma coisa. Ex.:

> Não beberei **desta água** nem comerei **deste pão**.
> Deu-lhe **do seu leite**, ofereceu-lhe **do seu manjar**.

14) quando a construção for idiomática, tal quais:

> puxar **da faca**
> arrancar **da espada**
> sacar **do revólver**
> pedir **por socorro**
> pegar **do ônibus**
> saber **do caso**
> pegar **em alguma coisa**

> cumprir **com o dever**
> chamar **por alguém**
> esperar **por alguém**
> gozar **de liberdade**
> acabar **com o trabalho**
> ansiar **pelo cargo**, etc.

OBSERVAÇÕES

1) **Puxar da faca**, **arrancar da espada** e **sacar do revólver** são construções que, além de exprimirem ação repentina, imediata, indicam que se vai fazer o uso do objeto para algum fim específico (uma luta, um combate, etc.). Por causa dessa pequena mudança de significado que a preposição imprime às expressões, alguns propugnam que tais complementos sejam considerados objetos indiretos.

2) Não se confunde objeto direto preposicionado com objeto indireto, porque este é complemento de verbo transitivo indireto; aquele, de verbo transitivo direto.

Objeto direto e objeto indireto pleonásticos

Objeto direto e **objeto indireto pleonásticos** são os objetos repetidos no meio da frase, usados por motivo de ênfase. Ex.:

A vida leva-a o vento. (ODPI)

De que lhe vale ao homem conquistar o mundo, se perde a alma? (OIPI)

A mim não me agrada esse cantor. (OIPI)   Dívidas, convém saldá-las. (ODPI)

O objeto pleonástico será sempre aquele que relembrar o outro. Isso quando concorrem dois pronomes; no caso de concorrer um pronome apenas, será sempre ele o objeto pleonástico.

Objeto direto interno ou intrínseco

É o objeto direto cujo núcleo possui radical idêntico ao do verbo da oração. Ex.:

Manuel sempre **viveu vida** de rei.   Boas criaturas jamais **sonham sonhos** ruins.
A anfitrioa **vestia** elegante **vestido**.   As crianças **pescaram** enorme **peixe**.

Todo objeto direto interno traz necessariamente um adjunto, caso contrário se incorre numa redundância.

Este tipo de objeto pode ser expresso por um substantivo de radical diferente do verbo, porém, de ideia paralela ou afim. Ex.:

Você ainda vai chorar lágrimas amargas!   Dormi um sono muito tranquilo.

O **objeto direto interno** é usado para reforçar o conceito expresso pelo verbo.

Objeto indireto por extensão

Objeto indireto por extensão é todo complemento indireto de verbo não transitivo indireto. Ex.:

Isto é para mim.
Para mim, a mulher se matou; para o delegado, mataram-na.
Não me ponha os pés no sofá nem me saia mais à rua hoje!
Puseram-nos olho-gordo.
Apanhe a cesta e retire-lhe apenas três frutos!

Alguns chamam os complementos vistos no segundo exemplo **objeto indireto de opinião**; outros, **dativo de opinião**.

Os pronomes do terceiro exemplo, para alguns, são **dativos éticos**; para outros, meros **expletivos**.

Os pronomes do quarto e quinto exemplos são analisados como **adjuntos adverbiais**.

Os pronomes átonos que acompanham verbo de ligação e predicativo são, igualmente, objetos indiretos por extensão. Ex.:

> Isto me será útil.
> As férias lhe foram benéficas.
> Este clima nos será saudável.
> Aquilo não te é conveniente.

Todos os pronomes grifados podem ser substituídos pelas formas tônicas correspondentes:

> Isto será útil a mim.
> As férias foram benéficas a ele.
> Este clima será saudável a nós.
> Aquilo não é conveniente a ti.

Nestes exemplos, sem dúvida, os termos grifados são complementos nominais; temos aí uma estrutura autêntica de complemento nominal: nome relativo, preposição e pronome tônico. A estrutura dos exemplos iniciais, porém, não lhes é equivalente: trata-se de pronome átono, verbo de ligação, nome relativo. Está claro que útil a mim não equivale, no plano sintático, a me útil. Os que veem equivalência fazem análise lógica, em vez de análise sintática.

Assim, exerce a função de objeto indireto por extensão todo pronome átono que, no plano lógico, sirva de complemento indireto ao conjunto verbo de ligação/nome relativo.

OBSERVAÇÃO

Os pronomes que indicam posse também são, em nosso ver, objetos indiretos por extensão, e não adjuntos adnominais, como quer a NGB. Ex.:

> Pisaram-me o calo.
> O pássaro quase lhe arranca os olhos.
> Quebro-te a cara.
> O ladrão rasgou-nos a camisa.

Todos os pronomes átonos vistos equivalem a um possessivo:

> Pisaram o meu calo.
> O pássaro quase arranca os olhos dele.
> Quebro a tua cara.
> O ladrão rasgou a nossa camisa.

Mas análise sintática não se faz por equivalências. O fato de tais oblíquos poderem ser substituídos por possessivos não significa que devam exercer função sintática análoga a estes. Deve se dizer que cada uma dessas orações traz um pronome que indica o possuidor de alguma coisa. E o fato de um elemento oracional indicar posse não implica que deva necessariamente exercer função adjunta. Mais uma vez convém afirmar: o que se tem de fazer é análise sintática, e não análise lógica.

Testes e exercícios

1 Identifique os complementos verbais e os complementos nominais:

a) Destruíram o ninho, mas não vi a destruição do ninho.
b) O gorila tem particular aversão a peixe, não gosta de peixe.
c) Ninguém traiu a Pátria, não houve traição à Pátria.
d) O porco é o único animal invulnerável à picada de serpentes.
e) As corujas só se alimentam de animais vivos; a alimentação de animais vivos lhes é mais salutar.

2 Identifique os agentes da passiva:

a) O prédio era cercado de pinheiros por todos os lados.
b) O mata-borrão foi inventado por acaso, na Inglaterra.
c) O homem suava por todos os poros, por motivos desconhecidos.
d) A tinta de escrever foi inventada pelos gregos, mas a bicicleta é invenção dos ingleses, foi inventada pelos ingleses.
e) Estou louco por uma motocicleta Harley-Davidson.

3 Os termos em destaque ora são objetos indiretos, ora são complementos nominais. Distinga uns e outros:

a) Devemos obedecer **aos superiores**; devemos obediência **aos superiores**.
b) Necessito **de ajuda**; tenho muita necessidade **de ajuda**.
c) Acredito **em milagres**, mas não dou crédito **a milagreiros**.
d) Prefiro futebol **a basquete**; tenho preferência **por futebol**.
e) Cobra não ataca o homem; o ataque **ao homem** só ocorre como defesa.

4 Transforme os complementos verbais em complementos nominais, como se vê por este modelo: **Poucos respeitam os animais. = Poucos têm respeito aos animais.**

a) Poucos amam os bichos.
b) Confiamos muito em você.
c) Os EUA desejam manter a paz naquela região.
d) Eu os considero muito.
e) Ela não se interessa por mim.

5 Identifique o objeto indireto, o complemento nominal e o agente da passiva:

a) *O uso do cachimbo faz a boca torta.*
b) *Gato escaldado até de água fria tem medo.*
c) *Não é dado ao ser humano conhecer toda a extensão da sua ignorância.*
d) *Se o mundo fosse realmente governado pelo acaso, não haveria tantas injustiças.*
e) *Não há absurdo que não tenha sido aprovado por algum filósofo.*

6 Os termos em destaque ora são objetos indiretos, ora são objetos diretos preposicionados. Distinga uns e outros:

a) *Não vês **a Deus**, entretanto O reconheces por meio de Suas obras.*
b) *Quem pode negar **a Deus** diante de uma noite estrelada, diante da sepultura dos seus caros, é muitíssimo infeliz. Ou muitíssimo culpado.*
c) *Alguns filósofos querem dar uma explicação do mundo, prescindindo **da alma** e **de Deus**. Tanto valeria querer explicar a cor, suprimindo a vista e a luz.*
d) *A fé em Deus e a fé no próprio semelhante dão-**se** as mãos, sendo o ateu, por força, o inimigo do gênero humano e de si mesmo.*
e) *Amamos tanto **a Deus**! Mas somente quando precisamos **Dele**!*

7 Identifique os objetos diretos pleonásticos e os objetos indiretos pleonásticos:

a) A piranha, o homem sempre a temeu.
b) A mim me parece injusta a pena imposta ao réu.
c) Aos garis convém dar-lhes alguns trocados.
d) O árbitro do jogo ninguém o protegeu à saída do estádio.
e) Ao árbitro do jogo deram-lhe alguns safanões.

8 Identifique os objetos diretos internos e os objetos indiretos por extensão:

a) O que me é bom também lhe é bom.

b) Não lhe foi suficiente a advertência de ontem?

c) O destino faz-nos muitas vezes chorar lágrimas amargas.

d) O medo acrescentou-lhe asas aos pés.

e) *O homem começa por amar o amor e acaba por amar uma mulher. A mulher começa por amar um homem e acaba por amar o amor.*

Testes de concursos e vestibulares

1 (ECT) Assinale a alternativa que contenha objeto direto:

a) Seus argumentos não me convencem.
b) Faltava-lhe um pouco mais de tolerância.
c) Isto não nos convém.
d) A ti sempre desobedecia.
e) "Amar é impossível", disse-nos triste.

2 (Bacen) Assinale a frase que não contenha complemento nominal:

a) Não tenho medo de suas ameaças.
b) Não tenho nada de que reclamar.
c) Fumar é prejudicial à saúde.
d) Nada faremos relativamente a esse caso.
e) Essa menina tem muita sensibilidade para música.

3 (DR-DF) O agente da passiva foi corretamente destacado em todas as opções, exceto em:

a) O presídio tinha sido cercado **pelos soldados**.
b) Ela é a única responsável **pela festa**.
c) O time foi derrotado **pelo campeão da cidade**.
d) O mestre foi homenageado **pelos alunos**.
e) A casa foi destruída **pela inundação**.

4 (Acadepol-PE) Em todas as alternativas abaixo há objeto direto, exceto em:

a) Achei um erro nas suas contas.
b) Ninguém me convidou para a festa.
c) Quem tem um lápis aí?
d) Espere-me na porta da escola.
e) Não confio nesse sujeito.

5 (Unirio-RJ) Indique a opção em que o termo destacado não é predicativo:

a) *As palavras, porém, são **mais difíceis**...*
b) *... e vêm **carregadas** de uma vida...*
c) *... vi-me **cercada** de pessoas...*
d) *... selecionando animadamente e com **grande competência**...*
e) *Pareciam **pequenas abelhas alegres**...*

6 (PUC) Aponte a opção em que o termo destacado tem a mesma função sintática que **A lua era magnífica**.

a) *Vede o que não seria com este **exército amigo**.*
b) *Mas os seus olhos, não; estão **aqui**, ao pé de mim (...).*
c) *Rubião parecia **totalmente outro**.*
d) *(...), tendia antes a cerceá-las, que a inspirar-lhe **novas**.*
e) *(...), e tudo isso, sem que ele se zangasse, sem que se fosse **embora** (...).*

7 (Unificado) Em qual das frases abaixo há um predicativo do objeto?

a) *A viagem era* **curta**.
b) *tanto bastou para que ele interrompesse* **a leitura**.
c) *... e acabou alcunhando-me* **Dom Casmurro**.
d) *que não gostam de meus hábitos* **reclusos e calados**.
e) *não cuide que o dispenso* **do teatro** *amanhã*.

8 (TCE-BA) Nas orações abaixo, os termos destacados são objeto indireto, exceto na opção:

a) Ele dedica a vida **às crianças abandonadas**.
b) Ela pediu-**me** dinheiro.
c) Os policiais resistiram **aos assaltantes**.
d) Você não deu **a informação pedida**.
e) Não gostei **desse filme**.

9 (Fiscal-PA) Todos os termos destacados estão classificados corretamente, exceto em:

a) Foi traído **pelos amigos**. (agente da passiva)
b) Aconteceram **coisas estranhas** por lá. (sujeito)
c) A fé **no futuro** o anima. (complemento nominal)
d) Estás apto **para o serviço**? (objeto indireto)
e) Diga-**me** seu endereço. (objeto indireto)

10 (EsPCEx) Em todas as alternativas abaixo há objeto direto preposicionado, exceto em:

a) Acho que ela não consegue amar a ninguém.
b) Dedicou-se a estudos sociais.
c) Para sair com a turma o diretor escolheu a nós.
d) Ofenderam a mim, e não a ele.
e) O professor elogiou a todos.

11 (UFPE) Assinale a alternativa cujo termo destacado é predicativo do objeto:

a) Com o novo pacote econômico, os assalariados se dizem **injustiçados**.
b) Comprei alguns acessórios; pretendo tornar meu escritório mais **acolhedor**.
c) Sua presença é **perturbadora**.
d) **Fininha e persistente**, a garoa molhava os homens na fila.
e) Já lhe disse que só ficarão **acesas** as velas.

12 (TCE-SP) No período **Sem dúvida este jovem gosta de música e toca órgão muito bem**, os termos destacados são, respectivamente:

a) complemento nominal e objeto direto
b) complemento nominal e agente da passiva
c) objeto indireto e objeto direto preposicionado
d) objeto direto e objeto indireto
e) objeto indireto e objeto direto

13 (UFCE) Analise pela ordem os termos destacados e aponte sua função:

1. As meninas assistiam **alegres** ao espetáculo.
2. **Uma flor**, o Quincas Borba!
3. Isto é **bem dele**!
4. Consideramos **indiscutíveis** os direitos de herdeira.

a) predicativo do sujeito, todos
b) predicativo do sujeito nas três primeiras orações e predicativo do objeto na quarta
c) objeto direto, sujeito, predicativo do sujeito, objeto direto
d) predicativo do objeto, sujeito, objeto direto, predicativo do objeto
e) predicativo do sujeito, aposto, predicativo do sujeito, objeto direto

14 (Esag-SC) Identifique o predicativo do objeto entre os termos destacados:

a) Os funcionários obedeciam **ao chefe**.
b) Os funcionários prestaram contas **ao chefe**.
c) Os funcionários chamavam-lhe **de chefe**.
d) Ele zombou friamente **do chefe**.
e) O gari ia protestar **contra o chefe**.

15 (Magistério-MG) Assinale a frase em que o objeto direto é pleonástico:

a) A borboleta negra, encontrei-a à noite.
b) Eu a sacudi de novo.
c) Fiquei a olhar o cadáver com simpatia.
d) Um golpe de toalha rematou a aventura.
e) Vi dali o retrato de meu pai.

16 (Mack-SP) Assinale a opção em que o termo destacado é objeto direto:

a) Plastificam-se **documentos**.
b) Faltaram quatro **pessoas**.
c) Ocorreram **fatos** estranhos.
d) Deve haver **pessoas** interessadas na vaga.
e) Devem existir **pessoas** interessadas na vaga.

17 (BC) Em **Não eram tais palavras compatíveis com a sua posição**, o termo em destaque é:

a) complemento nominal
b) objeto indireto
c) objeto direto
d) sujeito
e) agente da passiva

18 (TJ-SP) Marque a função sintática do termo destacado: **A aldeia era povoada de indígenas**.

a) agente da passiva
b) complemento nominal
c) adjunto adverbial
d) objeto indireto
e) objeto direto

19 (FEC) A alternativa em que o termo destacado não está corretamente classificado é:

a) Mozart nasceu **compositor**. (predicativo do sujeito)
b) Não duvides **das verdades divinas**! (objeto indireto)
c) Foi demorado o desembaraço **das bagagens**. (complemento nominal)
d) Vives cercado **por perigos**. (agente da passiva)
e) Caíram **bombas** sobre a cidade. (objeto direto)

20 (TFC-TCU) Dentre as opções abaixo assinale aquela em que há objeto direto preposicionado:

a) Passou aos filhos a herança recebida dos pais.
b) Amou a seu pai, com a mais plena grandeza da alma.
c) Amou sua mulher como se fosse a única.
d) Naquele tempo era muito fácil viajar para os infernos.
e) Em dias ensolarados, gosto de ver nuvens flutuarem nos céus de agosto.

CAPÍTULO 24 — TERMOS ACESSÓRIOS DA ORAÇÃO

Termos acessórios da oração

Termos acessórios da oração são os que aparecem acidentalmente na oração. Existem três tipos: o adjunto adnominal, o adjunto adverbial e o aposto.

Adjunto adnominal

Adjunto adnominal é o termo de valor nominal não exigido por nenhum outro da oração.

Gira em torno do núcleo de uma função sintática (sujeito, objeto direto, objeto indireto, complemento nominal, etc.). É representado na oração por adjetivos, locuções adjetivas, pronomes adjetivos, numerais e artigos. No período, a oração adjetiva exerce essa função. Exemplos de adjuntos adnominais:

> O mundo é filho da desobediência.
> Se Adão tivesse cumprido as ordens do Senhor,
> a humanidade ficaria limitada às personagens do Paraíso.

Observe: **o** (artigo); **da desobediência** (locução adjetiva); **as** (artigo); **do Senhor** (locução adjetiva); **a** (artigo); **do Paraíso** (locução adjetiva).

O adjetivo predicativo (limitada) é termo essencial, assim como o sujeito, e não pode ser considerado adjunto.

> Saúda aquela criança que passa, será talvez um homem;
> saúda-a duas vezes, será talvez um grande homem.

Observe: **aquela** (pronome adjetivo); **que passa** (oração adjetiva); **um** (artigo); **duas** (numeral); **um** (artigo); **grande** (adjetivo).

OBSERVAÇÃO

A Nomenclatura Gramatical Brasileira adotou a denominação adjunto adnominal, na qual concorrem dois prefixos iguais; seria melhor optar por adjunto nominal. Veja a observação que fazemos no item *Adjunto Adverbial*.

IMPORTANTE

Diferença entre complemento nominal e adjunto adnominal

Sutil, muitas vezes, é a diferença entre um complemento nominal e um adjunto adnominal.

Se o termo regido de preposição estiver preso a adjetivo ou a advérbio, será sempre complemento nominal. Ex.:

> desejoso da vitória
> cheio de gente
>
> independentemente da sua vontade
> longe de casa

Quando, porém, o termo regido de preposição estiver preso a um substantivo, poderemos ter complemento nominal ou adjunto adnominal.

O substantivo de valor relativo, ou seja, que reclama complemento, será sempre abstrato e, geralmente, de radical idêntico ao do verbo que lhe corresponde na família de palavras. Ex.:

> ter certeza da vitória (certeza = substantivo abstrato)
> a existência de Deus (existência = substantivo abstrato)
> a crença na eternidade (crença = substantivo abstrato)

Todos esses substantivos abstratos possuem verbos correspondentes: acertar, existir, crer.

Alguns substantivos, todavia, ora aparecem como abstratos, ora como concretos. Ex.:

> pedido de socorro (CN, pois pedido = substantivo abstrato)
> pedido da firma (AAdn, pois pedido = substantivo concreto)

No primeiro caso, a preposição **de** possui sentido passivo, já que podemos ter a equivalência **socorro foi pedido**; no segundo caso, a preposição **de** tem sentido ativo, uma vez que temos a correspondência a **firma pediu**, e não a "firma foi pedida". Outros exemplos:

> redação da revista (CN)
> redação do rapaz (AAdn)
> notícia de falecimento (CN)
> notícia do jornal (AAdn)
>
> sua capacidade de memorização é admirável (CN)
> a capacidade do professor é admirável (AAdn)
> explicação do assunto (CN)
> explicação do professor (AAdn)

Vejamos, agora, exemplos com substantivos deverbais, ou seja, derivados de verbos:

> ameaça de fuga (CN)
> ameaça de tempestade (AAdn)
> preparo do discurso (CN)
> preparo dos atletas (AAdn)
>
> embarque de automóveis (CN)
> embarque de tropas (AAdn)
> a conquista da Amazônia (CN)
> a conquista dos brasileiros (AAdn)

Neste caso, o complemento nominal corresponde a um complemento objetivo; o adjunto corresponde a um complemento subjetivo:

> pedido de socorro = complemento adjetivo (pedir socorro)
> pedido da firma = complemento subjetivo (a firma pede)

Adjunto adverbial

Adjunto adverbial é o termo de valor adverbial que gravita quase sempre um verbo.

> **OBSERVAÇÕES**
>
> 1) Em adjunto adverbial, assim como em adjunto adnominal, também há concorrência de prefixos que transmitem a mesma ideia; neste caso tal acúmulo, porém, faz-se necessário, a fim de evitar conceituação diversa; de fato, se a NGB optasse por "adjunto verbal", a expressão poderia levar à compreensão de que tal tipo de adjunto só modificasse verbo. Por analogia com adjunto adverbial é que se adotou a outra denominação, já recomendada, adjunto adnominal.
>
> 2) Em *Advérbio*, arrolamos os principais tipos de adjuntos adverbiais.

Aposto

Aposto é o termo que esclarece, explica, desenvolve ou resume outro. Ex.:

> A mata Atlântica, a segunda floresta mais devastada do mundo, revela novidades que surpreendem até os cientistas.
>
> Vênus, uma bela mulher de bom gênio, era a deusa do amor; Juno, uma víbora, a deusa do casamento. E sempre foram inimigas mortais...
>
> Ninguém é capaz de supor que um animalzinho tão belo e colorido como uma borboleta possa ameaçar o ser humano.
>
> O amor é na mocidade o que a mocidade é na vida, o que a vida é na eternidade, isto é, um relâmpago.
>
> O terremoto causou muitas mortes, coisa já esperada.
>
> Juçara abraçou forte o namorado, sinal de que gosta muito dele.
>
> Foi desencadeada a conspiração, fato que não teve apoio popular.
>
> O presidente não usava colete de segurança, o que preocupava a primeira-dama.
>
> O ouro, os diamantes e as pérolas, tudo é terra e da terra.
>
> A noz, o burro, o sino e o preguiçoso, sem pancadas nenhum faz o seu ofício.

O aposto pode aparecer antes do termo fundamental. Ex.:

> Único metal líquido, o mercúrio possui inúmeras utilidades.

O tipo de aposto que especifica ou individualiza um termo genérico denomina-se **aposto de especificação**. Ex.:

a cidade de Salvador	o major Gumersindo
o rio Tietê	meu tio Manuel
o mês de dezembro	a Rua da Praia
o planeta Vênus	a palavra saudade

O tipo de aposto que se refere individualmente a cada um dos elementos citados chama-se **aposto distributivo**. Ex.:

> Há duas tragédias na vida: uma é não conseguir o que nosso coração deseja; a outra é consegui-lo.

O aposto pode aparecer depois de vírgula, dois-pontos ou travessão. Ex.:

> *O sono é a infância da morte: **um repouso transitório**. Tem um túmulo, **o leito**; tem um verme, **o pesadelo**. Em compensação, como a morte, propicia um bálsamo – **o esquecimento**.*
>
> *Meteorologia: **mentirologia**.*
>
> *Socialismo: **um ao lado do outro**. Capitalismo: **um acima do outro**.*

Pode haver aposto de pronome relativo (**que**). Ex.:

> **Veja o que você encontra dentro das fronteiras brasileiras: praias, montanhas, campos, cidades históricas, caprichos da natureza, rios, caça e pesca.**

IMPORTANTE

1) Não se deve confundir aposto com predicativo. Exemplo de predicativo:

> **Medrosa**, Ifigênia não saía à noite.
> (= **Como era medrosa**, Ifigênia não saía à noite. – oração causal latente.)

Medrosa é termo que não pode ser tomado por aposto, uma vez que este é um termo de natureza substantiva; **medrosa** é adjetivo. Seria aposto, se considerássemos redução de uma expressão substantiva:

> **Mulher medrosa**, Ifigênia não saía à noite.

2) De modo nenhum existe aposto quando o predicativo vem antecedido de conjunção. Ex.:

> **Quando gerente do banco**, Luís vivia nervoso.
> **Embora mau aluno**, ajudava todos.
> **Como amigo**, digo-lhe: seja mais prudente ao volante!

Neste caso, o que há de fato são orações com verbo subentendido:

> Quando **era** gerente do banco...   Embora **fosse** mau aluno...   Como **sou** amigo...

3) Observe ainda estes apostos:

> Nós **todos** estaremos no mesmo barco.   Elas **todas** ficaram sem graça.

● Vocativo

Vocativo é o termo que, na oração, serve para pôr em evidência o ser a quem nos dirigimos, sem manter relação sintática com outro. Ex.:

> **Amigos**, peçam alegria a Deus.
> Amai, **rapazes**!

IMPORTANTE

Aposto e vocativo não se confundem; ambos aparecem entre vírgulas, mas somente o segundo serve para evidenciar o ser; a função do primeiro é apenas explicativa. O vocativo não mantém relação sintática com nenhum termo da oração de que dela faz parte.

Testes e exercícios

1) Em **As maiores jazidas de ferro do mundo estão no Brasil**, os termos destacados exercem a função de:

a) adjunto adnominal
b) adjunto adverbial
c) aposto
d) vocativo
e) n.d.a.

2) **Os jovens e os loucos imaginam que vinte anos ou vinte moedas não acabam nunca.** Os termos destacados exercem a função de:

a) adjunto adnominal
b) adjunto adverbial
c) aposto
d) vocativo
e) n.d.a.

3) Em **Aquele irmão do meu maior amigo vendeu a sua casa por ninharia**, o termo destacado exerce a função de:

a) adjunto adverbial
b) adjunto adnominal
c) agente da passiva
d) aposto
e) n.d.a.

4) **Uma casa sem livros é uma casa sem dignidade.** Os termos destacados exercem a função de:

a) adjunto adnominal, ambos
b) adjunto adnominal e complemento nominal
c) complemento nominal e adjunto adnominal
d) complemento nominal, ambos
e) n.d.a.

5) Em **O primeiro presidente brasileiro, marechal Deodoro da Fonseca, usava imponente barba**, o termo destacado é:

a) adjunto adnominal
b) vocativo
c) aposto
d) adjunto adverbial
e) n.d.a.

6) Em **Salvador, conheci a praia de Itapuã e a lagoa do Abaeté.** Os termos destacados são:

a) apostos
b) vocativos
c) adjuntos adnominais
d) adjuntos adverbiais
e) n.d.a.

7) **Mulheres, dinheiro, ambição, tudo é ilusão.** O termo destacado é:

a) aposto
b) vocativo
c) adjunto adverbial
d) adjunto adnominal
e) n.d.a.

8) Em **As chuvas cessaram, o que tem preocupado os agricultores**, o termo em destaque é:

a) vocativo
b) adjunto adnominal
c) aposto
d) adjunto adverbial
e) n.d.a.

9) Identifique o aposto e o vocativo:

a) Caxias, o Patrono do Exército Brasileiro, venceu o exército paraguaio em Itororó.
b) Libertai-me, Senhor, de todos os males!
c) Santos Dumont, o Pai da Aviação, se vivesse, teria feito 130 anos em 2003.
d) Ó céus, ouvi minha prece!
e) Araçatuba, cidade paulista, possui milhares de bicicletas.

10) Distinga os adjuntos adnominais dos complementos nominais:

a) compra do apartamento
b) pagamento do devedor
c) punição de Deus
d) promoção de festas
e) medo da guerra
f) execução do plano
g) fabrico de cerveja
h) dia de sol
i) redução de crimes
j) caçador de bandidos

Testes e exercícios gerais sobre termos da oração

1 Identifique o sujeito de cada oração:

a) O Brasil possui a melhor seleção de futebol do mundo.
b) A melhor seleção de futebol do mundo é a do Brasil.
c) Não existem rios no deserto.
d) O vício faz o homem miserável.
e) Completamente feliz ninguém é.
f) São horríveis essas verdades.
g) Ouviram do Ipiranga as margens plácidas.
h) É o choro da saudade este.
i) Serena e calma corre a vida.
j) Na vida nem tudo são flores.

2 Identifique as opções em que há oração sem sujeito:

a) O sujeito era mesmo muito intrometido.
b) Não gosto de sujeito metido a besta.
c) Eles se julgam sábios, mas são idiotas.
d) É cedo demais para perdoar-lhes.
e) Sempre houve corrupção no Brasil.
f) Sempre existiu corrupção no Brasil.
g) Choveu demais ontem!
h) Começam a chover protestos da oposição.
i) Está chovendo canivete!
j) Está chovendo a cântaros!
k) Como chove!

3 *Há pessoas que choram por saberem que as rosas têm espinhos; outras há que sorriem por saberem que os espinhos têm rosas.* Nesse pensamento de autor desconhecido, encontramos:

a) vários objetos diretos
b) vários objetos indiretos
c) vários predicativos do sujeito
d) vários complementos nominais
e) vários adjuntos adverbiais de tempo

4 *Se não queres que ninguém saiba, não o faças!* Nesse provérbio chinês, encontramos:

a) um objeto direto oracional
b) um objeto direto
c) um predicativo do sujeito
d) um sujeito simples e um sujeito desinencial
e) três adjuntos adverbiais de negação

5 *As palavras são anões; os exemplos são gigantes.* Nesse provérbio suíço encontramos:

a) dois predicativos do sujeito
b) dois objetos diretos
c) dois sujeitos simples
d) dois adjuntos adnominais
e) dois sujeitos compostos

6 *Se voltares as costas à luz, nada mais verás além da tua própria sombra.* Nesse pensamento de autor desconhecido, encontramos:

a) dois verbos transitivos
b) dois verbos de ligação
c) dois complementos nominais
d) dois adjuntos adverbiais
e) dois sujeitos desinenciais

7 *O que sabemos é uma gota, o que ignoramos é um oceano.* Nessa frase de Isaac Newton, encontramos:

a) dois sujeitos representados por pronome demonstrativo
b) dois sujeitos desinenciais
c) dois sujeitos compostos
d) dois predicativos do sujeito
e) dois objetos diretos representados por pronome relativo

8 *A Física moderna leva-nos necessariamente a Deus.* Nessa frase do astrofísico britânico Arthur Stanley Eddington (1882-1944), encontramos:

a) um verbo transitivo direto e indireto
b) um sujeito simples
c) apenas dois adjuntos adnominais
d) um predicado verbal
e) um adjunto adverbial

9 *O coração humano recusa-se a acreditar num universo sem uma finalidade.* Nessa sábia afirmação do filósofo alemão Immanuel Kant (1724-1804), encontramos:

a) um sujeito composto
b) um sujeito simples
c) um sujeito desinencial
d) um objeto indireto
e) um adjunto adverbial

10 *Há dois tipos de pessoas: as que têm medo de perder Deus e as que têm medo de O encontrar.* Nessa frase do matemático e filósofo religioso francês Blaise Pascal (1623-1662), encontramos:

a) uma oração sem sujeito
b) apenas dois objetos diretos
c) dois complementos nominais
d) as = adjunto adnominal
e) que = sujeito

11 *É um cientista bem medíocre aquele que pretende poder passar sem fé ou sem Deus!* Nessa afirmação do cientista alemão Wernher von Braun (1912-1977), criador dos foguetes que levaram o homem à Lua, encontramos:

a) um predicativo do objeto
b) aquele = sujeito
c) que = sujeito
d) dois objetos indiretos
e) apenas um adjunto adnominal

12 *Do meu telescópio, eu via Deus caminhar! A maravilhosa disposição e harmonia do universo só pode ter tido origem segundo o plano de um Ser que tudo sabe e tudo pode. Isto fica sendo a minha última e mais elevada descoberta.* Nessas palavras do matemático inglês Isaac Newton (1642-1727), encontramos:

a) Deus = objeto direto
b) tudo = objeto direto
c) que = sujeito
d) Isto = predicativo do sujeito
e) a minha última e mais elevada descoberta = sujeito composto

13 *Para o crente, Deus está no começo; para o físico, Deus está no ponto de chegada de toda a sua reflexão.* Nessas palavras do físico e pensador alemão Max Planck (1858-1947), criador da teoria quântica, encontramos:

a) Deus = sujeito
b) um período e duas orações
c) no começo = adjunto adverbial
d) um complemento nominal
e) um sujeito composto

14 *Como físico, portanto, como homem que dedicou a sua vida à insípida ciência, à investigação da matéria, estou certo de não dar margens a ser considerado um irresponsável. E, assim, após as minhas pesquisas do átomo, posso dizer o seguinte: não existe matéria isoladamente! Toda matéria consiste e se origina somente pela força que põe em vibração as partículas atômicas e as coliga nos minúsculos sistemas solares do átomo. Uma vez que em todo o universo não há uma força abstrata inteligente e eterna, devemos consequentemente admitir a existência de um Espírito Inteligentíssimo.* Nessas palavras do mesmo Max Planck, encontramos:

a) quatro períodos
b) matéria = sujeito
c) de um Espírito Inteligentíssimo = objeto indireto
d) em todo o universo = sujeito
e) uma força abstrata inteligente e eterna = objeto direto

15 *Quem a Deus tem, nada lhe falta. Só Deus basta.* Nessas palavras de Santa Teresa de Ávila (1515-1582), encontramos:

a) Quem = sujeito
b) a Deus = objeto indireto
c) um sujeito indeterminado
d) Deus = sujeito
e) lhe = objeto indireto

16 *Existem apenas duas maneiras de ver a vida. Uma é pensar que não existem milagres, e a outra é pensar que tudo é um milagre.* Nessas palavras do maior cientista do século XX, Albert Einstein (1879-1955), encontramos:

a) duas = adjunto adnominal
b) a vida = sujeito
c) milagres = objeto direto
d) tudo = predicativo do sujeito
e) maneiras = sujeito

17 *A frase mais deliciosa que se pode ouvir na ciência, aquela que todos os cientistas adoram, não é EUREKA!, mas: QUE ENGRAÇADO!...* Nessa frase, tão simples quão genial, do bioquímico e escritor americano, nascido na Rússia, Isaac Asimov (1920-1992), encontramos:

a) um período simples
b) que = sujeito
c) aquela que = aposto e objeto direto
d) a frase mais deliciosa = sujeito
e) um predicado nominal

18 *Há três amigos fiéis: esposa velha, cão velho e dinheiro no bolso.* O termo destacado é:

a) aposto
b) sujeito
c) adjunto adnominal
d) vocativo
e) n.d.a.

19 *Delicada e sensível, a pele merece cuidados especiais.* O termo destacado é:

a) predicativo do sujeito
b) predicativo do objeto
c) sujeito
d) adjunto adnominal
e) complemento nominal

20 *Não sei como é a alma de um criminoso, mas a alma de um homem honesto, de um homem de bem, de um homem bom, é um inferno!* O termo destacado é:

a) complemento nominal
b) adjunto adnominal
c) sujeito
d) predicativo do sujeito
e) n.d.a.

CAPÍTULO 25

COORDENAÇÃO

O tempo não para no porto, não apita na curva, não espera ninguém.

Coordenação

Coordenação é o relacionamento de termos de mesma função sintática dentro da oração, ou de orações de funções equivalentes dentro de um período. A coordenação é conhecida também, impropriamente, pelo nome de parataxe[1].

Na coordenação há nexo semântico, mas não nexo sintático entre as orações, porque no plano sintático não há dependência entre uma e outra.

Quando o período traz duas ou mais orações de funções equivalentes, ou seja, coordenadas, ele se diz **composto por coordenação**.

As orações coordenadas podem ser assindéticas e sindéticas.

● Orações coordenadas assindéticas

Orações coordenadas assindéticas são aquelas cujo conetivo não vem expresso; em seu lugar aparece vírgula, ponto e vírgula ou dois-pontos. Ex.:

Cheguei, vi e venci.
O tempo não para no porto, não apita na curva, não espera ninguém.
O amor é sempre criança: nunca tem preocupações.

Como se observa, não importa a posição da oração coordenada no período; ela pode estar no início, no meio ou no final.

---

[1] **Parataxe** não é o termo que se refere apenas e tão somente à coordenação. Designa a construção sintática em que as orações se ligam por justaposição, e não por conetivos. Assim, parataxe pode ser tanto uma relação de coordenação quanto de subordinação. Se não, vejamos:

Foi ao supermercado, voltou, nada trouxe. (Parataxe – relação de coordenação.)

Viverás muito tempo, é claro. (Parataxe – relação de subordinação, já que esse período equivale a este: É claro que viverás muito tempo.)

Orações coordenadas sindéticas

Orações coordenadas sindéticas são aquelas em que há conetivo expresso. Existem cinco tipos:

1) Aditivas: iniciadas principalmente por **e** ou **nem**, exprimem adição, soma de pensamentos. Ex.:

> Os doidos inventam a moda, **e o povo os segue**.
>
> Os espíritos tranquilos não se confundem **nem se atemorizam**; continuam em seu ritmo próprio, na aventura ou na desgraça, como os relógios durante as tempestades.
>
> O árbitro não só marcou pênalti, **mas também expulsou o jogador infrator**.
>
> Tanto leciono **quanto** advogo.

2) Adversativas: iniciadas principalmente por **mas**, **porém**, **todavia**, exprimem contraste, ressalva de pensamentos. Ex.:

> Não ter feito nada é uma estupenda vantagem;
> **mas não se deve abusar**.
>
> A mulher culpada ainda pode amar a virtude,
> **porém não pregá-la**.
>
> O conhecimento científico pôs a fé em xeque,
> **todavia não tem respostas para questões fundamentais**.

OBSERVAÇÃO

O **e** pode ter valor adversativo, iniciando, assim, orações adversativas. Ex.:

> Juçara fuma, **e não traga**.
>
> Toda mulher vale um beijo; algumas valem dois; **e nenhuma vale três**. (Humberto de Campos)
>
> A Felicidade é uma ilusão de distância. As estrelas estão no vazio, **e nós vemo-las no céu**.
> (Coelho Neto)

3) Alternativas: iniciadas principalmente por **ou**, **ou ... ou**, **ora ... ora**, exprimem escolha, alternância, exclusão. Ex.:

> Uma poesia deve ser excelente
> **ou não existir por nada**.
>
> As mulheres em tudo vão ao extremo: **ou são melhores,
> ou são piores** do que os homens.
>
> Na floresta, ao anoitecer, **ora se ouvem pipilos estranhos,
> ora se veem aves misteriosas**.

4) Conclusivas: iniciadas principalmente por **logo**, **portanto**, exprimem conclusão. Ex.:

> A formosura da carne costuma ser um véu para cegar nossos olhos,
> um laço para prender os pés, um visgo para impedir as asas;
> **logo**, **não é verdadeira**.
>
> O zero, como desenho, é a perfeição: como número nada vale;
> **portanto**, **é o vazio absoluto na perfeição**.
>
> Cada qual, livremente, faz o seu próprio preço,
> alto ou baixo, e ninguém vale senão o que se faz valer;
> **taxa-te**, **pois**, **livre ou escravo**: isto depende de ti.
>
> O lago está na minha fazenda: **por conseguinte me pertence**.

IMPORTANTE

As orações em destaque abaixo também são conclusivas, e não consecutivas, como querem alguns:

> Cheguei de viagem à tarde, **de modo que não posso saber o** que aconteceu pela manhã.
> O pior já passou, **de forma que não há mais nada** com que se preocupar.

De modo que e **de forma que**, assim como **de maneira que** e **de sorte que**, em frases semelhantes, são locuções coordenativas conclusivas, como facilmente se percebe pelo significado que imprimem à oração.

5) Explicativas: iniciadas principalmente por **que**, **porque**, **pois**, exprimem motivo, razão. Ex.:

> Não faças mal ao teu vizinho, **que o teu vem pelo caminho!**
>
> Amemos, **porque** amar é um santo escudo.
>
> Aquele que diz uma mentira não calcula
> a pesada carga que põe em cima de si, **pois terá de inventar
> uma infinidade delas** para sustentar a primeira.
>
> Voltarei logo, **que não posso demorar-me**.
>
> Choveu aqui, **que as ruas estão todo molhadas**.
>
> O rapaz desapareceu, **porque não o tenho visto por aqui**.

Testes e exercícios

1 Não se deve tomar **coordenação** como sinônimo de **parataxe**, porque:

a) a parataxe é muito mais um termo ligado à subordinação que à coordenação.
b) a parataxe designa a construção sintática em que as orações não se misturam.
c) a parataxe designa a construção sintática em que as orações se ligam por justaposição, e não por conetivos.
d) a parataxe designa a construção sintática em que as orações se ligam por conetivos, e não por justaposição.
e) a parataxe é um termo esdrúxulo, que já caiu em desuso.

2 Identifique o período em que há parataxe:

a) Um cachorro vadio não é uma criança abandonada, convém lembrar.
b) Um pouco de ciúme todo o mundo tem.
c) O país pagou a dívida com a fome do povo.
d) Nunca pude imaginar que o país chegaria a esse ponto.
e) Os pombos e as andorinhas sujam as ruas, depredam telhados, fazem cocô na cabeça dos nossos velhinhos que tomam sol nos bancos das praças.

3 Classifique as orações coordenadas existentes em cada período:

a) Não duvide de nada, porque neste mundo tudo é possível!
b) Eu sou mau; agora, também não sou bobo.
c) As crianças não só choravam, como também gritavam.
d) Ifigênia não estuda, não obstante trabalha o dia todo.
e) O pai não batia, antes torturava o filho.
f) Está fazendo frio; levarei, pois, uma blusa.
g) Chove à beça, de forma que não podemos ir hoje à praia.
h) Colaborou com vinte reais, quando poderia ter colaborado com mais.
i) *A mulher ou ama ou odeia: não há outra opção.*
j) *Terás alegria, ou terás poder, disse Deus: não terá um e outro.*

Testes de concursos e vestibulares

1 (TRE-MT) Dentre as opções abaixo há uma com oração absoluta. Assinale-a:

a) *Um amigo meu diz que em todos nós existe o charlatão.* (Clarice Lispector)
b) *Sente-se uma vaga sensação panteísta.* (Ramalho Ortigão)
c) *Rubião fitou um pé que se mexia disfarçadamente.* (Machado de Assis)
d) *O funcionário não deu satisfações e afastou-se.* (Graciliano Ramos)
e) *Estavam nisto quando a costureira chegou à casa da baronesa.* (Machado de Assis)

2 (TCE-MG) Assinale a opção que contém oração coordenada sindética:

a) *Esfregou as mãos finas, esgaravatou as unhas sujas.* (Graciliano Ramos)
b) *Naquela noite, jantei sozinho, pois Albérico viajara para Malhada da Pedra.* (J. Conde)
c) *A campainha retiniu, entraram no camarote.* (Eça de Queirós)
d) *Furta cavalos, bois, marca-os de novo, recorta sinais de orelha com uma habilidade de cigano velho.*
e) *Dona Tonica não lustrava as unhas, disso sabiam todos.*

3 (IDR-DF) Apenas um dos períodos abaixo é composto por coordenação. Assinale-o:

a) *Minha terra tem palmeiras onde canta o sabiá.* (G. Dias)
b) *Já se vê quanto vai do saber aparente ao saber real.* (Rui Barbosa)
c) *A morte é para qualquer momento, não se pode estar de pijama.* (Guimarães Rosa)
d) *Carmélia bailava à sombra de árvores que refulgiam ao sol.* (Ciro dos Anjos)
e) Todos os pais aconselham, se bem que nem todos possam jurar pelo valor de seus conselhos.

4 (TCU) Aponte a alternativa em que ocorra oração coordenada sindética conclusiva:

a) Todos estavam presentes, porém ninguém prestou atenção.
b) Saiu cedo, no entanto não chegou na hora combinada.
c) Estes exercícios são mais fáceis, portanto resolva-os agora!
d) Vá embora, que logo começará a chover!
e) Não só compareceram, mas também ajudaram.

5 (Aman) Por definição, oração coordenada que seja desprovida de conetivo é denominada assindética. Observe os períodos seguintes e assinale em qual deles há coordenação assindética.

I – Não caía um galho, não balançava uma folha.
II – O filho chegou, a filha saiu, mas a mãe nem notou.
III – O fiscal deu o sinal, os candidatos entregaram a prova. Acabara o exame.

a) I apenas
b) II apenas
c) III apenas
d) nos três
e) em nenhum deles

6 (TCE-PA) Há oração coordenada na opção:

a) A paisagem perdeu o encanto da frescura.
b) O autor sobre o qual falávamos fará uma palestra amanhã.
c) Não vejo flores nesta primavera.
d) Estudamos toda a matéria para o concurso.
e) Vesti-me rapidamente, tomei um táxi, mas ainda cheguei atrasado.

7 (Cesgranrio-RJ) Assinale a opção em que a conjunção e está empregada com valor adversativo:

a) *Deixou viúva e órfãos miúdos.*
b) *Para diminuir a mortalidade e aumentar a produção, proibi a aguardente.*
c) *Tenho visto criaturas que trabalham demais e não progridem.*
d) *Iniciei a pomicultura e a avicultura.*
e) *Perdi dois caboclos e levei um tiro de emboscada.*

8 (IBGE) Aponte a alternativa em que ocorra coordenada sindética adversativa:

a) Ou você resolve o exercício, ou fica sem nota.
b) Não resolveu o exercício, logo ficou sem nota.
c) Resolva o exercício, porque você ficará sem nota!
d) Preferia ficar sem nota a resolver o exercício.
e) Ficou sem nota, mas não resolveu o exercício.

9 (Cesesp-PE) Assinalar a alternativa correta chamando de:

I – o período composto por coordenação sindética;

II – o período composto por coordenação assindética.

a) Colhemos frutos, jogamos bola. (I)
b) Bem depressa chegou o trem; despedimo-nos sem demora. (I)
c) O tempo de serviço acabou em 1855, o escravo ficou livre, mas continuou o ofício. (I)
d) Dormi tarde, mas acordei cedo. (II)
e) Fui bem em Física, mas não acertei nada de Química. (II)

10 (Fiscal-MT) Assinale a alternativa em que há um período simples (oração absoluta):

a) Ninguém sabia que a prova seria hoje.
b) Ficou provado que tudo era uma farsa.
c) Fui a Roma, mas não vi o Papa.
d) Todos os homens da aldeia eram de baixa estatura.
e) Chegamos, vimos e vencemos.

11 (UVV-ES) *Não chores, que a vida é luta.*

Segue o teu ritmo, não contraries a tua índole!

Os alicerces cederam; a casa ruiu, pois.

As orações são coordenadas:

a) sindética conclusiva, sindética negativa, sindética explicativa

b) assindética, sindética aditiva, sindética explicativa
c) sindética explicativa, assindética, sindética conclusiva
d) sindética aditiva, assindética, sindética conclusiva
e) assindética, sindética adversativa, sindética conclusiva

12 (TRT-ES) Em **Choveu durante a noite, porque as ruas estão molhadas**, a oração destacada é:

a) coordenada assindética
b) coordenada sindética explicativa
c) coordenada sindética conclusiva
d) coordenada sindética alternativa
e) n.d.a.

CAPÍTULO 26
SUBORDINAÇÃO OU HIPOTAXE (1)

aluno **estudioso**

Subordinação ou Hipotaxe (1)

Subordinação ou Hipotaxe é o relacionamento de termos dependentes e também de orações dependentes dentro de um período.

Na subordinação sempre há um termo **subordinante** (também chamado **regente** ou **principal**) e um termo **subordinado** (também chamado **regido** ou **dependente**).

Como exemplo de relacionamento de termos, podemos citar a subordinação:

1) do adjetivo ao substantivo:	aluno estudioso;
2) do verbo ao sujeito:	o aluno estuda;
3) dos complementos e adjuntos ao verbo:	estudar português, gostar do filme, chegar à escola, etc.

Dentro de um período, na subordinação, uma oração depende de outra. Assim, também há uma oração regente, chamada **principal**, e uma regida, de nome **subordinada**.

Quando o período traz duas ou mais funções distintas, ou seja, uma principal, outra subordinada, ele se diz **composto por subordinação**. Ex.:

Espero que vocês sejam felizes.

Observe que a oração iniciada pelo conetivo depende da outra: espero é verbo de sentido incompleto. Assim, espero é a oração principal; que vocês sejam felizes é a oração subordinada.

O período composto por subordinação é iniciado ou por conjunção subordinativa, ou por pronome relativo. Assim, existem as orações:

1) **substantivas** (iniciadas por conjunção integrante);
2) **adjetivas** (iniciadas por pronome relativo) e
3) **adverbiais** (iniciadas por qualquer tipo de conjunção subordinativa, exceto a integrante).

O período que contém orações coordenadas e subordinadas chama-se período misto. Ex.:

> Susana telefonou-me e disse que iria ao cinema.
>
> Susana telefonou-me = oração coordenada assindética;
> e disse = oração coordenada sindética aditiva (e principal, em relação à posterior) e
> que iria ao cinema = oração subordinada substantiva objetiva direta.

Orações substantivas

Normalmente, as orações subordinadas substantivas desenvolvidas são introduzidas pelas conjunções integrantes **que** (nas afirmações certas) e **se** (nas afirmações incertas), mas elas podem também ser iniciadas por pronomes e advérbios interrogativos, nas interrogativas indiretas. Ex.:

> Perguntei quem havia chegado.   Perguntei-lhe onde estava.
> Quero saber qual de vocês me caluniou.   Não sei quando o pessoal chegou.

Orações substantivas são as que exercem função substantiva, ou seja, funcionam como sujeito, objeto direto, objeto indireto, complemento nominal, predicativo e aposto. Por isso, são de seis tipos:

1) Subjetivas: funcionam como sujeito. Ex.:

> É importante que você aprenda português.
> O que é importante? **Que você aprenda português** (suj.).
>
> É possível que os homens valham mais; é certo que as mulheres valem melhor.
> Amigo que não presta e faca que não corta, que se perca, pouco importa.
> Diz-se que Homero era cego.
> Parece que a inflação voltou com toda a força.
> Está decidido que a dívida externa brasileira não será paga.

2) Objetivas diretas: funcionam como objeto direto. Ex.:

> Espero que você aprenda português.
> Quem espera, espera alguma coisa. **Que você aprenda português** (obj. dir.).
>
> Hortênsia julga que tem o rei na barriga.
> Não sei se a alma existe, mas se ela existe, só pode ser eterna.
> Mão fria, coração quente. Também se diz assim em francês, também em russo, também em árabe. Isso demonstra que a imbecilidade é universal.

3) Objetivas indiretas: funcionam como objeto indireto. Ex.:

> Aconselho-o a que aprenda português.
> Quem aconselha, aconselha alguém a alguma coisa. **A que aprenda português** (obj. ind.).
>
> Avisei-o de que o eclipse acontecerá amanhã.

Lembra-te **de que és pó**.

Desgraça a todos o livro que não convida para que o tornem a ler.

Não gosto **que você saia à noite**.

Creio **que tudo está bem agora**.

Nos dois últimos exemplos há elipse de preposições: **de** e **em**, respectivamente.

4) Completivas nominais: funcionam como complemento nominal. Ex.:

Tenho certeza **de que você está aprendendo português**.
Que tem certeza, tem certeza de alguma coisa. **De que você está aprendendo português** (compl. nominal).

O fato **de que és mudo** não te impede de trabalhar.

A notícia **de que o presidente renunciou** não é verdadeira.

O estranho sorriso do garoto era sinal **de que ainda não aprendera a lição**.

Estou convencido, com Rousseau, **de que a gente nasce inteligente e perspicaz, imaginativo e sutil, entusiasta e corajoso**. A sociedade é que nos torna logo muito burro e impenetrável, curto e grosseiro, mole e covarde. (Sérgio Milliet)

5) Predicativas: funcionam como predicativo. Ex.:

Minha vontade é **que você aprenda português**.
É, verbo de ligação, tem como complemento **que você aprenda português** (predicativo).

Nosso desejo era **que aquilo acabasse rapidamente**.

O fato foi **que o preço dos automóveis aumentou muito**.

Cada qual sabe amar a seu modo: o modo pouco importa; o essencial é **que saiba amar**.

A verdade é **que o analfabeto, por mais inteligente que seja, não faz nada perfeito**. (Viriato Correia)

6) Apositivas: funcionam como aposto. Ex.:

Quero somente isto: **que você aprenda português**.
Que você aprenda português (aposto de **isto**).

Bêbado, Luís apenas sabia dizer isto: **que estava morto!**

Só uma coisa sabemos: **que não sabemos nada**.

As orações apositivas costumam aparecer justapostas, isto é, sem a conjunção integrante. Ex.:

Quero somente isto: **aprenda português**.

Só uma coisa sabemos: **não sabemos nada**.

OBSERVAÇÕES

1) Entre as orações subordinadas substantivas poderíamos incluir as que exercem a função de **agente da passiva**, sempre justapostas, iniciadas por de ou por e pronome indefinido. Ex.:

> O rapaz era amado de quantas o namoravam.
> = Quantas namoravam o rapaz amavam-no.
>
> O candidato está rodeado de quem não deseja a sua eleição.
> = Quem não deseja a eleição do candidato rodeia-o.
>
> Seremos julgados por quem nos criou.
> = Quem nos criou nos julgará.
>
> O ator era reconhecido por quantos o viam na rua.
> = Quantos viam o ator na rua reconheciam-no.

De forma nenhuma é possível analisar tais orações como completivas nominais.

2) Todas as orações substantivas podem ser substituídas pelo pronome substantivo **isso**.

Orações adjetivas

Orações adjetivas são as que equivalem a um adjetivo. Ex.:

> O jornal, que ainda ninguém leu, está ali.   O jornal que você trouxe é velho.

Ambas as orações modificam um termo de natureza substantiva (o jornal); trata-se, portanto, de orações adjetivas, cuja função é de adjunto adnominal do termo que elas modificam. Sempre são iniciadas por pronome relativo.

Há dois tipos de orações adjetivas:

1) **Explicativas:** modificam um termo de sentido amplo e genérico, enfatizando a sua maior característica, ou uma de suas características. Ex.:

> Brasília, que é capital do Brasil, foi fundada em 1960.
> O jornal, que ainda ninguém leu, está ali.

Vêm sempre entre vírgulas, que marcam a necessária pausa respiratória entre o termo modificado e o resto da oração principal.

> O animal mais veloz do mundo é o avestruz, que chega a atingir uma velocidade de 120km/h.
>
> A Capela Sistina, onde foram realizadas todas as eleições papais nos últimos séculos, tinha acomodações para oitenta participantes apenas.
>
> O rio Volga, depois de percorrer o território russo, deságua no mar, que, na verdade, não passa de um grande lago salgado, cujo nome é mar Cáspio.

No último exemplo existem orações adjetivas explicativas coordenadas entre si.

Quando a oração adjetiva explicativa contém predicado nominal – e só neste caso – muita semelhança guarda com o aposto. Se não, vejamos:

> Brasília, que é a capital do Brasil, foi fundada em 1960.
> oração adj. explicativa
>
> Brasília, a capital do Brasil, foi fundada em 1960.
> aposto

2) Restritivas: apenas restringem o sentido do termo que elas modificam. Ex.:

> O jornal que você trouxe é velho.

Não se trata de um jornal qualquer; portanto não é um termo tomado em seu sentido amplo; trata-se apenas do jornal que você trouxe.

> Há dentro de todo homem uma tragédia que ele ignora e uma comédia que ele vive.
>
> Choupana onde se ri vale mais que palácio onde se chora.
>
> Não é o que oferecemos, mas o modo como oferecemos que determina o valor do presente.
>
> A perseverança é a virtude pela qual todas as outras virtudes frutificam.
>
> Considera-se magnífico tudo quanto se desconhece.
>
> A beleza tem tantos significados quantas atitudes tem o homem.
>
> A paciência é uma árvore cuja raiz é amarga, mas que produz os mais doces frutos.

OBSERVAÇÃO

Uma mesma frase pode apresentar matizes diferentes de significado se contiver ora um, ora outro tipo de orações adjetivas. Se não, vejamos:

> O jornal que ainda ninguém leu está ali.
> O jornal, que ainda ninguém leu, está ali.

Na primeira frase, estamos tratando de um jornal que ainda ninguém leu (sentido restrito do termo **jornal**); na segunda, tratamos apenas de um jornal, termo usado em seu sentido amplo.

Tal matiz semântico faz-se melhor sentir se tomarmos como exemplo uma das frases de Eça de Queirós:

> Ora, o brasileiro que não é formoso, nem espirituoso, nem elegante, nem extraordinário – é um trabalhador.

As orações explicativas demonstram clara mudança semântica:

> Ora, o brasileiro, que não é formoso, nem espirituoso, nem elegante, nem extraordinário – é um trabalhador.

Em síntese: as orações adjetivas restritivas são indispensáveis ao sentido da frase, ao contrário das orações adjetivas explicativas, cuja omissão não acarreta nenhum prejuízo lógico ao enunciado, mas pode acarretar grave prejuízo estilístico.

Orações adverbiais

Orações adverbiais são as que funcionam como adjunto adverbial da oração principal, sendo introduzidas por conjunção subordinativa (exceto a integrante, que inicia oração substantiva). Existem nove tipos:

1) Causais: iniciadas principalmente por *porque*, *já que* e *visto que*, exprimem a causa do que se declara na oração principal. Ex.:

> Filipe julga que vale muito *porque é rico*.
> *Já que você quer pagar-me*, aceito.
> *Como hoje é Natal*, oremos!
> *Se Marisa gosta de você*, por que não a procura?
> *Se a água branda gasta a pedra dura*, por que um afeto constante não haveria de amolecer um coração teimoso de mulher?
> *Visto que a vida é uma curta viagem* que temos de fazer no mundo, por decisão dos nossos antepassados, procuremos fazê-la na primeira classe, em vez de irmos no carro de animais.

2) Comparativas: iniciadas principalmente por *que*, *do que* e *como*, representam o segundo termo de uma comparação. Ex.:

> No elogio há sempre menos sinceridade *que na censura*.
> Nada destrói mais completamente as superstições *do que uma instrução sólida*.
> Nada enfurece tanto o homem *como a verdade*.
> Nada valoriza tanto *quanto a honestidade*.
> A candura tem seus pedantismos, *assim como os pedantes, às vezes, têm canduras irrisórias*.
> Trata o amigo cautelosamente *como se um dia tivesse de ser teu amigo*!

OBSERVAÇÃO

Nas orações comparativas, o verbo se encontra geralmente subentendido. Para efeito de análise, não é preciso considerar, nas ligadas por *como se*, primeiramente a comparativa, depois a condicional. Modernamente, toma-se a expressão toda como comparativa. Por isso, esta análise é desnecessária e obsoleta:

> Trata o amigo cautelosamente *como* (tratarias) / *se um dia tivesse de ser teu amigo!*

3) **Concessivas:** iniciadas principalmente por embora, se bem que e ainda que, exprimem um fato contrário ao da oração principal, mas não suficiente para anulá-lo. Ex.:

> Não ficamos satisfeitos com o resultado do concurso, embora o tivéssemos vencido.
>
> A notícia dada pelos jornais, se bem que mentirosa, causou impacto junto à opinião pública.
>
> Ainda que chegues a viver cem anos, nunca deixes de aprender!
>
> O burro, por mais esforçado que seja, nunca faz nada direito.
>
> Por bem que se fale, quando se fala muito, acaba-se sempre por dizer alguma asneira.
>
> As paixões são como os ventos que são necessários para dar movimento a tudo, conquanto muitas vezes causem temporais.
>
> Vou dizer toda a verdade, nem que me prendam.

4) **Condicionais:** iniciadas principalmente por se, caso, contanto que e desde que, exprimem uma condição ou hipótese necessária para que se realize o fato expresso na oração principal. Ex.:

> Todas as virtudes estão encerradas na justiça; se és justo, és homem de bem.
>
> O mais tímido esquece a timidez, o mais fátuo o orgulho, o mais indigente a miséria, desde que se preocupe mais com o próximo do que consigo próprio.
>
> Não saia daqui sem que eu lhe chame!

OBSERVAÇÃO

São condicionais as orações com o verbo no imperativo, deste tipo:

> Trabalha, e estarás salvo! (= Se trabalhares)
> Segue-me, e terás o Reino do Céu. (= Se me seguires)

A oração iniciada por e é a principal. Muitos, no entanto, preferem classificar a oração iniciada pela conjunção como consecutiva e a outra como principal. Não há nenhum inconveniente em analisar tais orações dessa forma, já que podem de fato ser vistas assim.

5) **Conformativas:** iniciadas principalmente por conforme, como, segundo e consoante, expressam a conformidade de um pensamento com o outro, existente na oração principal. Ex.:

> Cada um colhe conforme semeia.
>
> Como vocês todos sabem, o Brasil é o maior produtor mundial de mamona.
>
> O futebol, como o conhecemos hoje, surgiu na Inglaterra em 1863.
>
> O diabo não é tão feio como o pintam.
>
> Que seja tudo como Deus quiser!
>
> Tudo saiu como foi planejado.
>
> Segundo penso, tudo foi uma brincadeira.
>
> Devemos escrever consoante prescreve a ortografia oficial.

6) **Consecutivas:** iniciadas principalmente por que (depois de tão, tanto, tamanho, tal, etc.), traduzem a consequência ou o resultado do que se afirma na oração principal. Ex.:

> Estou tão exausto, que mal posso ter-me em pé.
> *A liberdade é um bem tão apreciado, que cada um quer ser dono até da alheia.*
> Nunca a fortuna põe um homem em tal altura, que não precise de um amigo.
> Choveu de forma que tivemos de usar o acostamento rodoviário.
> Elisabete maquiou-se de sorte que ninguém a reconheceu.
> Construí a casa de maneira que não houvesse nenhuma possibilidade de roubo.
> Essa mulher fala que é uma barbaridade!
> Amo-a que é um desespero!
> Nesta cidade não chove que não se apaguem as luzes.
> Nenhum candidato prestava o concurso que não fosse aprovado.

OBSERVAÇÃO

Muitos veem os dois últimos exemplos como orações condicionais. A ideia de consequência, porém, é evidente.

7) **Temporais:** iniciadas principalmente por quando, enquanto e logo que, exprimem o tempo em que ocorre o fato expresso na oração principal. Ex.:

> *Quando a gente conhece alguém, conhece-lhe o rosto, e não o coração.*
> *A gente vive somente enquanto ama.*
> *A verdade é uma senhora inconveniente que produz escândalos toda vez que aparece em público.*
> A primeira vez que isso aconteceu foi em 1987.
> Mal vem ao mundo, o homem já começa a sofrer.

8) **Finais:** iniciadas principalmente por para que e a fim de que, exprimem a finalidade daquilo que se afirma na oração principal. Ex.:

> *Se alguém disser mal de ti, não o digas tu dele, para que a ele não te assemelhes!*
> Levantei-me, a fim de que ela pudesse sentar-se.
> Fiz-lhe um sinal que se calasse.
> Falta pouco que a noite caia.
> Rezemos porque não nos surpreendam aqui!

9) Proporcionais: iniciadas principalmente por à medida que e à proporção que, exprimem um fato simultâneo ao da oração principal. Ex.:

> À medida que a civilização progride, a poesia decai quase necessariamente.
>
> As solteironas, à proporção que envelhecem,
> tornam-se más, intrigantes, maledicentes.
>
> A estrela era mais bem vista ao passo que o Sol se punha no horizonte.
>
> O diabo é tanto mais diabólico quanto mais respeitável.
>
> Quanto mais conheço os homens, mais estimo os animais.
> (Alexandre Herculano)

OBSERVAÇÃO

As orações iniciadas por **sem que** se classificam melhor entre as concessivas ou entre as condicionais. As modais existem, porém, apenas como reduzidas. Essa é a visão oficial, e não pretendemos dela nos afastar.

IMPORTANTE

Diferença entre oração causal e oração explicativa

A grande diferença entre as orações causais e as orações explicativas está em que aquelas indicam a causa de um efeito exposto na oração principal; estas não exprimem tal relação, qual seja, a de causa e efeito. Ex.:

> Todo homem morre porque Deus quer.
> Todo homem morre, porque ninguém é imortal.

Na primeira frase temos oração causal; primeiro Deus quer (causa), depois vem o efeito: o homem morre.

Na segunda frase, temos oração explicativa: o fato de ninguém ser imortal jamais será causa de o homem morrer, porque não ocorre primeiro que o outro fato, necessariamente. Outros exemplos:

> A menina chorou, porque seus olhos estão vermelhos.
> A menina chorou porque apanhou da mãe.

Está claro: na primeira frase a oração é explicativa; o fato de seus olhos estarem vermelhos não é a causa de ela ter chorado.

Na segunda frase, a oração é, sem dúvida, causal: o fato de ela ter apanhado da mãe foi a causa do choro.

As orações iniciadas por que e porque sempre serão explicativas se o verbo da oração anterior estiver no modo imperativo. Ex.:

> Não chore, que será pior!
> Acalme-se, porque o pior já passou!

OBSERVAÇÃO

Existem outros meios, ainda artificiais, nem sempre muito seguros, que nos auxiliam na identificação de um tipo e outro de orações. Vejamos alguns deles:

Período com oração causal

Não saímos porque choveu.
= Como choveu, não saímos.
= Por causa da chuva, não saímos.
= Por ter chovido, não saímos.

Período com oração explicativa

O amor é sempre criança, porque nunca tem preocupações.
= O amor é sempre criança: nunca tem preocupações.
= O amor é sempre criança. Ele nunca tem preocupações.
= O amor é sempre criança, pois nunca tem preocupações.

As causais não aceitam normalmente os artifícios que se empregam para as explicativas, e vice-versa.

Testes e exercícios

1 A subordinação também é conhecida pelo nome de:

a) hipertaxe   c) hipotaxe   e) hitachi
b) hipetaxe   d) hitaxe

2 Em relação ao verbo, o sujeito é termo:

a) subordinado
b) subordinante
c) coordenado
d) subordinado e coordenado
e) subordinante e coordenado

3 No período por subordinação, a oração regente recebe o nome de:

a) oração assindética   d) oração coordenada
b) oração principal   e) oração sindética
c) oração subordinada

4 No período por subordinação, a oração regida recebe o nome de:

a) oração principal   d) oração coordenada
b) oração subordinada   e) oração sindética
c) oração assindética

5 Complete os segmentos de frase abaixo com orações subordinadas substantivas, classificando-as em seguida:

a) Foi necessário ★
b) Parece ★
c) Os antigos acreditavam ★
d) Tenho certeza ★
e) Convém ★
f) O ruim é ★
g) Luís se esqueceu ★
h) Exijo de você só isto: ★
i) Nota-se ★
j) Peço-lhe só uma coisa: ★

6 Dê a função do termo em destaque e, posteriormente, transforme os períodos simples em compostos, fazendo do termo analisado oração substantiva:

a) Desejo-lhe só isto: **a sua felicidade!**
b) Duvidei **da sua honestidade.**
c) É preciso **a promoção de concursos.**
d) Todos sentimos necessidade **do amparo de Deus.**
e) Nosso azar foi **a explosão do bujão de gás.**

7 Substitua as orações substantivas por um substantivo, assim como neste modelo:

Ninguém quer que ele renuncie ao cargo.

Ninguém quer a sua renúncia ao cargo.

a) Os jornais noticiaram **que mataram o mafioso.**
b) Está provado **que isso aconteceu.**
c) Todos sabem **que ela odeia o padrasto.**
d) Ninguém me convencerá **de que ela é leiga nesse assunto.**
e) Um fato me preocupa: **que se incentive o desmatamento.**

8 Classifique todas as orações substantivas:

a) Quero provar que estou certo.
b) Tenho a impressão de que agi bem.
c) Lembre-se de que todos somos pó!
d) Que você venha já, eu exijo.
e) Sabe-se que o coração é uma máquina complexa.
f) O bom é que não sofremos nenhum gol.
g) De uma coisa se sabe: que o coração é uma máquina complexa.
h) *O ruim do desejo é que volta sem avisar.*
i) *Se uma mulher não te ama cada dia mais, podes ficar certo de que ela te ama cada dia menos.*
j) *Admira-me que o homem não tenha evoluído moralmente um milímetro, desde que veio ao mundo.*

9 Como se classificam as orações em destaque?

Os meninos foram advertidos **por quem morava na vizinhança.**

A vidraça foi quebrada **por quem desobedeceu ao guarda.**

10 Ao encontrar orações adjetivas, classifique-as:

a) Ninguém dá aquilo que não tem.
b) O professor, que educa, ganha miséria; o futebolista, que apenas dá chutes numa bola, ganha fortunas.
c) Perde-se tudo quanto se põe num prato furado.
d) O mar Vermelho, onde a chuva é uma exceção durante todo o ano, banha Israel, que é o berço da humanidade.
e) *O tempo, que fortifica a amizade, enfraquece o amor.*

11 Transforme as orações adjetivas em adjetivos, procedendo a todas as modificações necessárias:

a) Mulher que mora na Rua da Praia.
b) Homem que reside na Avenida Atlântica.
c) Pessoa a quem todos querem mal.
d) Vizinho a quem todos querem bem.
e) Tropas que mantêm a paz.
f) Letra que não se entende.
g) Ruídos que não se percebem.
h) Força que produz movimento.
i) Força que se aproxima do centro.
j) Força que se afasta do centro.

Luiz Antonio Sacconi

12 Classifique as orações adverbiais:

a) O engenheiro fez a planta como o outro.
b) Pascoal era tão inteligente quanto o irmão.
c) Pascoal era tão inteligente, que acabou maluco.
d) O menino escorregou porque o chão estava liso.
e) Não faria tal coisa nem que me obrigassem.
f) *Quanto menos talentosos os estilistas de hoje, mais eles se acham deuses.*
g) Não choveu como todos os lavradores esperavam.
h) Como não choveu, todos ficaram frustrados.
i) Cada um paga como pode.
j) Posto que não costumasse mentir, ninguém nele acreditava.

13 Identifique as coordenadas explicativas e as subordinadas causais:

a) Choveu, porque sempre tem que chover.
b) Choveu, porque o chão está molhado.
c) Choveu porque uma massa de ar frio se encontrou com outra de ar quente.
d) Os trabalhadores são pobres, porque são numerosos.
e) Os trabalhadores são pobres porque ganham pouco.

Testes de concursos e vestibulares

1 (Agente-DF) Há oração subordinada substantiva apositiva em:

a) Na rua, perguntou-lhe em tom misterioso: Onde poderemos falar à vontade?
b) Ninguém reparou em Olívia: todos andavam como pasmados.
c) As estrelas, que vemos através da folhagem, parecem grandes olhos curiosos.
d) Em verdade eu tinha fama e era valsista emérito: não admira que ela me preferisse.
e) Sempre desejava a mesma coisa: que a sua presença fosse notada.

2 (Esesp-ES) Assinale a alternativa que contém oração subordinada adverbial concessiva:

a) Já que está aqui, faça-me um favor!
b) Embora eu não mereça, faça-me um favor.
c) Se eu mereço, faça-me o favor!
d) Luto para que me faça um favor.
e) Pedi tanto um favor, que fiquei rouco.

3 (Faap-SP) Não compreendíamos a razão **por que o ladrão não montava a cavalo**. A oração em destaque é:

a) subordinada adjetiva restritiva
b) subordinada adjetiva explicativa
c) subordinada adverbial causal
d) substantiva objetiva direta
e) substantiva completiva nominal

4 (UFPA) Assinale a opção que apresenta um período com oração subordinada adjetiva:

a) Ele disse que compraria a casa.
b) Não fale alto, que ele pode ouvir!
c) Vamos embora, que o dia está amanhecendo!
d) Em time que ganha não se mexe.
e) Parece que a prova não está difícil.

5 (Alerj-RJ) Um vírus, **para sobreviver**, tem de se instalar numa célula. A expressão destacada no período acima indica ideia de:

a) comparação   c) condição   e) modo
b) finalidade   d) causa

6 (MF) No período **Ocorre que os lançamentos públicos de ações da empresa encontraram número significativo de subscritores,** há uma oração subordinada:

a) adjetiva restritiva
b) adjetiva explicativa
c) substantiva objetiva direta
d) substantiva subjetiva
e) n.d.a.

7 (SRF) Há oração subordinada substantiva subjetiva no período:

a) Decidiu-se que a microinformática seria implantada naquele município.
b) Um sistema tributário obsoleto não permite que haja conscientização dos contribuintes.
c) A prefeitura necessitava de que os computadores fossem instalados com urgência.
d) Ninguém tem dúvida de que a microinformática racionaliza o sistema tributário.
e) Alguns prefeitos temiam que a utilização do computador gerasse desemprego.

8 (ESA) Ah, quem pode dizer neste país **quanto durará um menino?** A oração destacada é:

a) subordinada adverbial temporal
b) subordinada adverbial comparativa
c) subordinada adjetiva restritiva
d) subordinada substantiva subjetiva
e) subordinada substantiva objetiva direta

9 (Aman) E, **por mais que forcejasse,** não se convencia de que o soldado amarelo fosse Governo. A oração destacada nesse período classifica-se como:

a) coordenada sindética conclusiva
b) subordinada adverbial concessiva
c) subordinada substantiva objetiva direta
d) subordinada adverbial comparativa
e) subordinada adverbial consecutiva

10 (Unirio-RJ) **É preciso ter sonho sempre.** Assinale a classificação correta da oração subordinada reduzida destacada:

a) adverbial consecutiva
b) adverbial final
c) substantiva predicativa
d) substantiva subjetiva
e) substantiva objetiva direta

11 (PUC-RJ) Assinale o período em que há uma oração adjetiva restritiva:

a) A casa onde estou é ótima.
b) Brasília, que é capital do Brasil, é linda.
c) Penso que você é de bom coração.
d) Vê-se que você é de bom coração.
e) Nada obsta a que você se empregue.

12 (INSS) **Se ele confessou,** não sei. A oração em destaque é subordinada:

a) adverbial temporal
b) substantiva objetiva direta
c) substantiva objetiva indireta
d) substantiva subjetiva
e) substantiva apositiva

13 (NCE) **Quem fala em flor não diz tudo.** Assinale o comentário correto sobre o verso em destaque:

a) O sujeito da segunda oração é a oração anterior.
b) O sujeito da primeira oração é a segunda oração.
c) O objeto direto da primeira oração é a segunda oração.
d) O objeto direto da segunda é a primeira oração.
e) O período formado pelo verso é composto de uma oração absoluta.

14 (Unimep-SP) I. Mário estudou e foi reprovado!
II. Mário estudou muito e foi aprovado!

Em I e II, a conjunção **e** tem, respectivamente, valor:

a) aditivo e conclusivo
b) adversativo e aditivo
c) aditivo e aditivo
d) adversativo e conclusivo
e) concessivo e causal

15 (Omec) Assinale o período em que há uma oração subordinada adverbial consecutiva:

a) Diz-se que você não estuda.
b) Falam que você não estuda.
c) Fala-se tanto que você não estuda.
d) Comeu que ficou doente.
e) Quando saíres, irei contigo.

16 (FEC-TRT-AM) Em todas as alternativas há uma oração subordinada substantiva subjetiva, exceto em:

a) Urge que tomemos uma atitude.
b) Parece que o tempo voa.
c) O ideal seria que todos participassem.
d) É preciso que você nos apoie.
e) Importa apenas que sejam felizes.

17 (ExPCEx) Observe os seguintes períodos e assinale a opção correta:

1. O cajueiro caiu porque era velho.
2. O cajueiro caiu, embora estivesse carregado de flores.
3. O cajueiro caiu como caem os heróis.
4. O cajueiro caiu sem quebrar o telhado da casa.
5. O cajueiro caiu assustando as crianças.

a) No período 1, a oração subordinada acrescenta à principal uma ideia de consequência.
b) Há uma relação de oposição entre as orações do período 2, e entre as do período 5.
c) O termo **embora**, na oração 2, pode ser trocado por **não obstante** sem alterar o sentido entre as orações.
d) Na frase **Como era velho, o cajueiro caiu**, a relação de sentido é a mesma que ocorre no período 3.
e) As orações subordinadas dos períodos 2 e 4 expressam, em relação à principal, uma circunstância de modo.

18 (FEC-TRT) Lembro-me **de que ele só usava camisas brancas**. A oração em destaque é substantiva:

a) completiva nominal
b) objetiva indireta
c) predicativa
d) subjetiva
e) apositiva

19 (IME-RJ) No período **Tento esquecer a terra onde tanto sofri**, há:

a) oração subordinada adverbial locativa
b) oração subordinada adjetiva restritiva
c) oração subordinada adjetiva explicativa
d) oração coordenada assindética
e) nenhuma das soluções acima está correta

20 (FGV) Eles nunca perceberam o papel **que exerciam naquele período**. A 2.ª oração é:

a) substantiva objetiva direta
b) substantiva completiva nominal
c) substantiva predicativa
d) substantiva subjetiva
e) todas as alternativas estão erradas

CAPÍTULO 27
SUBORDINAÇÃO OU HIPOTAXE (2)

Subordinação ou Hipotaxe (2)

Orações reduzidas

Orações reduzidas são as que têm o verbo numa das formas nominais (gerúndio, particípio ou infinitivo). Por isso, existem as:

1) **Orações reduzidas de gerúndio**: serão quase sempre adverbiais; raramente adjetivas ou substantivas. Ex.:

Temendo a reação do pai, não contou a verdade. (adv. causal)
Sendo ateus, rezaram. (adv. concessiva)
Nesta generosa terra, em se plantando, tudo dá. (adv. condicional)
Dizendo isto, saiu. (adv. temporal)
Encontrei um homem cavando a terra. (adjetiva)
Uma das melhores maneiras de amar e odiar é esta: convivendo com elas. (subst. apositiva)
Pagou ao dentista, ficando quite com ele. (coordenada aditiva)

2) **Orações reduzidas de particípio**: serão sempre adverbiais ou adjetivas; nunca substantivas. Ex.:

Preocupado com a chuva, o homem se esqueceu do pacote. (adv. causal)
Tomada a Inglaterra, estaria ganha a guerra. (adv. condicional ou temporal)

> Cansadas da correria da vida na cidade, inúmeras pessoas têm buscado o campo como opção de lazer nos finais de semana. (adv. causal)
> Chipre, tornada independente em 1960, pertencia à Inglaterra. (adjetiva)
> A primeira impressão que se tem de uma pessoa é, sem dúvida nenhuma, a causada pelo impacto visual. (adjetiva)

3) **Orações reduzidas de infinitivo:** serão sempre adverbiais e substantivas; raramente adjetivas. Ex.:

> Quem gosta de mim sou eu mesmo; caranguejo, por ser camarada, ficou sem pescoço. (adv. causal)
> A prevalecer essa política, estaremos arruinados. (adv. condicional)
> Elisabete é bastante inteligente para acreditar nisso. (adv. consecutiva)
> Nada me deram de comer. (adv. final)
> Não é preciso provocar uma revolução dentro de casa para ganhar um novo ambiente: os revestimentos estão aí para facilitar sua vida. (subst. subjetiva; adv. final; adv. final)
> Ao sair, feche a porta! (adv. temporal)
> Serás Flamengo até morreres? (adv. temporal)
> Ficou alguns minutos a pensar na vida. (adv. modal)
> É preciso trabalhar muito. (subst. subjetiva)
> Deixe-me pensar! (subst. objetiva direta)
> A melhor política é ser honesto. (subst. predicativa)

OBSERVAÇÕES

1) Orações reduzidas de infinitivo iniciadas pela preposição **de** podem classificar-se ora como adjetivas, ora como consecutivas. Ex.:

> Virgílio não era homem de trair a mulher.
> Fazia um calor de matar.

No primeiro período temos oração adjetiva (**de** trair a mulher), que modifica o termo substantivo **homem**; no segundo, a oração se classifica como adverbial consecutiva, porque o artigo **um** retém todo o significado intensivo latente que nela existe:

> Fazia um calor de matar. (= Fazia um calor que me matava.)

Curiosamente, uma mesma oração pode classificar-se como adjetiva ou como consecutiva, dependendo da capacidade de retenção de ideia latente do termo que vem modificado. Ex.:

> Filipe não é homem de meter os pés pelas mãos.
> (= Filipe não é homem que mete os pés pelas mãos.)

A oração reduzida, neste caso, é vista como adjetiva. Vejamos de outro ponto de vista:

> Filipe não é homem de meter os pés pelas mãos.
> (= Filipe não é homem tão imprevidente, que mete os pés pelas mãos.)

NOSSA GRAMÁTICA COMPLETA

A oração reduzida, agora, é vista como adverbial consecutiva. O termo **homem** retém em si mesmo a ideia de intensidade exigida para tal classificação.

2) São orações reduzidas fixas estas adversativas:

> **Em vez de ir ao baile,** vou ao cinema.   **Ao invés de gastar,** economize!

3) Não se consideram reduzidas as orações que tiverem como núcleo uma locução verbal ou um tempo composto. Os infinitivos que exprimem ação de forma vaga: *Querer é poder*, *Invejar é descer*, também não constituem orações reduzidas, assim como os infinitivos que estiverem ligados a um substantivo, como: *sala de jantar*, *máquina de calcular*, *quarto de dormir*, *ferro de passar*, etc.

Se o infinitivo estiver ligado a um adjetivo, será considerado complemento nominal: *roupa fácil **de passar***, *livro difícil **de ler***, *pessoa dura **de aguentar***, etc.

Quando a preposição **de** e o infinitivo equivalem a um adjetivo, temos predicativo, e não oração reduzida. Ex.:

> **É de admirar** (admirável) que isso ainda aconteça.
> **É de surpreender** (surpreendente) uma atitude dessas.

4) Nem sempre os particípios constituem orações reduzidas. Nestes casos, por exemplo, são meros adjetivos, que, na oração, desempenham a função de adjunto adnominal:

> Não compro livros **usados**.   Gumersindo vende relógios **importados**.

5) A forma gerundial, quando aparece só, sem complemento ou adjunto, deve ser analisada como simples adjunto adverbial. Ex.:

> **Errando** se corrige o erro.

6) As orações reduzidas de gerúndio propiciam, no mais das vezes, liberdade de análise, sendo muito importante o contexto, para que se analise com segurança. Assim é que esta oração pode ser vista ora como temporal, ora como causal, ora como condicional, conforme a situação e o contexto em que se insere:

> **Não estando em casa o gato,** cria asas o rato.

7) Não se coordenam orações adjetivas reduzidas a desenvolvidas. Ex.:

> Os candidatos aprovados no exame médico **e que** estejam de posse da documentação exigida, poderão apresentar-se à comissão.
>
> A escravidão, abolida em 1888, **e que** teve muitos opositores entre os estudantes, foi uma nódoa na história do Brasil.

Na primeira frase **e que** se substitui com vantagem por **os quais**; na segunda, por **a qual**.

O pronome relativo **que** não se usa sem o termo antecedente expresso e imediatamente anterior.

8) As orações reduzidas do tipo **Elisabete é bastante inteligente para acreditar nisso**, **Ele é burro para entender isso** são construções copiadas do francês; daí a natural dificuldade que alguns encontram em classificá-las. Em português legítimo se usa desta forma:

> Elisabete é tão inteligente, **que não acredita nisso**.
> Ele é tão burro, **que não entende isso**.

A força, o vigor da construção francesa, contudo, prevaleceu sobre a nossa.

Orações justapostas

São orações coordenadas ou subordinadas que aparecem sem conetivo.

Não se confundem com as reduzidas, porque estas sempre trazem o verbo numa das formas nominais.

Exemplos de orações justapostas coordenadas:

> O tempo não para no porto, **não apita na curva, não espera ninguém**. (aditivas)
> Todas as horas ferem, **a derradeira mata**. (adversativa)
> Comamos, bebamos, gozemos: **depois da morte não há gozo algum**. (explicativa)

Exemplos de orações justapostas subordinadas:

> **Quem perde a vergonha** não tem mais nada **o que perder**. (substantiva subjetiva)
> Veja **quem está na sala!** (substantiva objetiva direta)
> Perguntei-lhe **quando voltava**. (substantiva objetiva direta)
> Não sei **por que nos fizeram isso**. (substantiva objetiva direta)
> Não converso **com quem não conheço**. (substantiva objetiva indireta)
> A saudade é como o sol do inverno: **ilumina sem aquecer**. (substantiva apositiva)
> Seremos julgados **por quem nos criou**. (substantiva de agente da passiva)
> **Há dias** não vejo Susana. (adv. temporal)
> **Não fora o salva-vidas**, morreríamos. (adv. condicional)
> Agora irei até o fim, **aconteça o que acontecer**. (adv. concessiva)
> Moro **onde não mora ninguém**. (adv. locativa)
> A verdade é como o sol, **a quem um eclipse pode escurecer, mas que não pode extinguir**. (adjetiva explicativa)
> Que mal faço a esta formiga **a quem esmago**? O mesmo que te faz o elefante, **calcando-te com as patas**. (adjetiva restritiva)

OBSERVAÇÕES

1) As orações justapostas substantivas objetivas diretas são iniciadas por pronomes interrogativos, que sempre exercem uma função sintática na oração; não podem, portanto, ser considerados conjunções integrantes.

2) Todas as orações substantivas apositivas são, em rigor, justapostas, porquanto a conjunção que às vezes as inicia é considerada expletiva.

3) Como se viu pelo exemplo da adverbial concessiva, não são consideradas duas orações quando aparecem justapostas do tipo *aconteça o que acontecer*, *custe o que custar*, *dê no que der*, *haja o que houver*, etc.

4) As adverbiais locativas serão justapostas somente quando não houver antecedente; aparecendo o antecedente, será adjetiva. Ex.:

> Moro nesta casa, **onde não mora ninguém.**

5) A Nomenclatura Gramatical Brasileira (NGB) não reconhece as orações substantivas de agente da passiva. Mas, como se viu, elas existem.

Orações de narrador – Orações intercaladas

Orações tais como:

> Você ficou maluco? – perguntou a mulher ao marido.
> Precisamos, dizia ele, trabalhar para prosperar.

classificam-se como principais, sendo subordinadas, respectivamente: **você ficou maluco?** e **precisamos trabalhar** (ambas justapostas). Muitos consideram equivocadamente tais orações (a que podemos chamar **orações de narrador**) como intercaladas, de que são exemplos:

> Fui falar com ela – que olhares me dirigia! – com o espírito preparado para o pior.
> Naquela noite – como havia estrelas! – decidimos o nosso futuro.

As **orações intercaladas** são analisadas à parte, porque não mantêm nenhuma relação sintática no período.

Testes e exercícios

1 Identifique as orações coordenadas e as subordinadas, classificando-as:

a) As crianças não choravam nem reclamavam.
b) Como você sabe, eu não gosto de jiló.
c) Não vou discutir resultado de pesquisas, porque eu sei como isso se faz.
d) Vá, porque é melhor para você!
e) Não fui porque não me chamaram.
f) Conta-se que Ésquilo, o criador da tragédia grega, morreu com o crânio esfacelado.
g) É muito importante que vocês pratiquem esporte.
h) A ordem era absurda, entretanto ninguém a ela desobedeceu.
i) Mal cheguei, começou a chover.
j) Respondi-lhe que não era rico.

2 Continue:

a) Você não manda nada aqui, cale a boca, pois!
b) Um pouquinho de comida já me bastava, pois estava com fome.
c) As árvores são preciosas à vida humana, de modo que devemos preservá-las.
d) Conquanto fosse absurda a ordem, ninguém a ela desobedeceu.
e) Venha cá, ou perderá a vez!
f) Como não veio, perdeu a vez.
g) *Nada é mais perigoso na sociedade do que um homem sem caráter.*
h) *Todo homem pode cometer um erro, mas só os loucos podem perseverar nele.*
i) *É teu amigo aquele que na ocasião do perigo te ajuda.*
j) *Nada se ensina ou se aprende retamente sem o escrúpulo.*

3 Classifique as orações reduzidas:

a) Estamos aqui para colaborar. Ou estaríamos aqui a fim de incomodar?
b) Pulavam, cantavam, gritavam, acordando toda a vizinhança.
c) Há muita gente reclamando da administração pública.
d) Não disponho de combustíveis minerais, os países escandinavos utilizam energia elétrica em grande escala.
e) Aborrecido com as crianças, xinguei-as.
f) Tínhamos dois caminhos a seguir.
g) Era tão valente que, estando malferido, continuou a lutar.
h) Dizia-se flamenguista até morrer.
i) Feito por você, isto sairia melhor.
j) O mais aconselhável seria concordarem conosco.

4 Dê a ideia contida na oração reduzida (causa, condição, concessão, integração, finalidade, etc.):

a) Falando assim, todos o imaginarão louco.
b) Falando assim, ele dirigia o automóvel.
c) Vi a criança entrar na escola.
d) Não vindo tua mãe, não poderás sair.
e) Intervindo a polícia, o tumulto acabou.
f) Sendo católico, não vai à missa.
g) Convém apressarem-se.
h) O importante é passearmos ao ar livre.
i) É necessário instruirmos as crianças.
j) Não há quem, visitando o Pantanal, não fique enfeitiçado com a região.

5 Ao encontrar orações reduzidas, classifique-as:

a) Uma escola só deve existir para educar pessoas.
b) Nada pode ser mais estimulante que viajar.
c) Ao falar, acabou ficando emocionado.
d) A polícia encontrou o ladrão comendo folgadamente na cozinha.
e) Gostaria de lhe fazer uma pergunta: acabou?

6 Classifique estas orações justapostas:

a) O pobre odeia o rico, o velho odeia o moço, o fraco odeia o forte.
b) A águia voa, a serpente rasteja.
c) Mostre-me onde é o banheiro!
d) Há muitos anos não vou a Bajé.
e) *Quem mata o tempo não é um assassino; é um suicida.*
f) Poderemos ser destruídos por quem nos criou.
g) Saíssemos à chuva, poderíamos contrair gripe.
h) *Onde Deus tem um templo, o diabo tem uma capela.*
i) Não sabemos quanto valemos.
j) Quero saber quem fez isso.

Testes de concursos e vestibulares gerais

1 (TCU) Nos períodos abaixo, aparece entre as orações uma relação de concessão. Assinale a letra correspondente ao período em que a relação é outra:

a) Embora estivesse doente, fiz tudo o que me era possível.
b) Fiz tudo o que me era possível, apesar de estar doente.
c) Mesmo estando doente, fiz tudo o que me era possível.
d) Fiz tudo o que me era possível, conquanto estivesse doente.
e) Fiz tudo o que me era possível, mas estava doente.

2 (Senado-DF) Em **Era tão pequena a cidade, que um grito ou gargalhada forte a atravessavam de ponta a ponta**, a oração em destaque é subordinada:

a) adverbial causal
b) adverbial final
c) adverbial consecutiva
d) adverbial temporal
e) adverbial concessiva

3 (TCE-SC) No período **Feliz o pai cujos filhos são ajuizados**, a oração em destaque é:

a) substantiva completiva nominal
b) substantiva predicativa
c) coordenada assindética
d) coordenada sindética explicativa
e) adjetiva restritiva

4 (MF) No período **Quanto mais o homem se aprofunda em suas pesquisas científicas, mais comprova ser imagem e semelhança de Deus**, há uma oração subordinada:

a) substantiva subjetiva
b) adjetiva explicativa
c) adverbial proporcional
d) adverbial temporal
e) n.d.a.

5 (Esaf) Assinale a alternativa em que a palavra **posto** é um particípio e introduz uma oração subordinada reduzida:

a) Posto o Sol, a Lua apareceu em todo o seu esplendor.
b) Posto alto nesta empresa, só o de gerente.
c) A viagem não foi ruim, posto que tenha feito muito frio.
d) Ela chegou quando eu já tinha posto o carro na garagem.
e) Posto de gasolina não dá lucro; além disso, dá muito trabalho.

6 (TJ-SP) Analise sintaticamente a oração em destaque: Esses alunos, que estão na 8.ª série, vão representar o colégio.

a) oração subordinada adjetiva restritiva
b) oração subordinada substantiva subjetiva
c) oração subordinada adjetiva explicativa
d) oração subordinada substantiva apositiva
e) oração subordinada adverbial proporcional

7 (Mapofei-SP) Transcreva a frase de acordo com o modelo:

> A colaboração dele nos surpreende.
> Surpreende-nos que ele colabore.

A intervenção dele nos convém.

8 (Fuvest-SP) **Podem acusar-me: estou com a consciência tranquila.** O dois-pontos (:) do período destacado poderia ser substituído por vírgula, explicando-se o nexo entre as duas orações pela conjunção:

a) portanto   c) como   e) embora
b) e   d) porque

9 (UFSM-RS) Identifique a alternativa que expressa a ideia correta da segunda oração, considerando a conjunção que a introduz:

A torcida incentivou os jogadores; esses, contudo, não conseguiram vencer.

a) proporção   c) explicação   e) concessão
b) conclusão   d) oposição

10 (Mack-SP) Embora todas as conjunções sejam aditivas, uma oração apresenta ideia de adversativa:

a) Não achou os documentos nem as fotocópias.
b) Queria estar atento à palestra e o sono chegou.
c) Não só aprecio a Medicina como também a Odontologia.
d) Escutei o réu e lhe dei razão.
e) Não só escutei o réu, mas também lhe dei razão.

11 (Cescea-SP) Como classificar o período que segue?

Os ilhais da fera arfam de fadiga e a espuma franja-lhe a boca, as pernas vergam e resvalam, e os olhos amortecem de cansaço.

(R. da Silva)

a) período composto por subordinação
b) período simples
c) período composto por coordenação e subordinação
d) período composto por coordenação
e) n.d.a.

12 (Cesgranrio-RJ) Foi aceita a ideia, ainda que houvesse dificuldade em encontrarem-se pares. Assinale a opção em que se altera o significado da oração **ainda que houvesse dificuldade em encontrarem-se pares**:

a) Embora houvesse dificuldade em encontrarem-se pares.
b) Conquanto houvesse dificuldade em encontrarem-se pares.
c) Sem que houvesse dificuldade em encontrarem-se pares.
d) Mesmo havendo dificuldade em encontrarem-se pares.
e) Apesar de haver dificuldade em encontrarem-se pares.

13 (Fuvest-SP)
Sei que esperavas desde o início
que eu te dissesse hoje o meu canto solene
Sei que a única alma que possuo
é mais numerosa que os cardumes do mar.

(Jorge de Lima)

As orações destacadas são subordinadas, respectivamente:

a) substantiva subjetiva – adjetiva – adverbial consecutiva.
b) adjetiva – substantiva objetiva direta – adverbial consecutiva.
c) substantiva objetiva direta – adjetiva – adverbial comparativa.
d) adjetiva – substantiva subjetiva – adverbial correlativa.
e) substantiva predicativa – adjetiva – adverbial consecutiva.

14 (PGFN) Em uma das alternativas ocorre oração subordinada adjetiva. Assinale-a:

a) Viu-se que tudo era fundamentado.
b) Fiz-lhe um sinal para que sentasse.
c) Bebeu tanto, que empanzinou.
d) A resposta que você deu ao chefe foi aceita.
e) Pula que pula e nunca se cansa.

15 (TJ-TO) Não há oração completiva nominal apenas em:

a) Afinal, me convenci de que tudo aquilo eram tolices.
b) Ela está bem educada, e estou certa de que não a deixarás ficar mal no fim do ano.
c) Todos estão concordes em que a boa educação falta quase em absoluto entre nós.
d) Ninguém fez referência a que a situação era merecedora de um estudo mais acurado.
e) Tiãozinho veio no grito com medo de que o homem desse nele com a vara de ferrão.

16 (Mack-SP) Assinale o período que contenha uma oração reduzida com valor de adjetivo:

a) O ônibus parou na rua transversal para assustar os passageiros.
b) Correndo assustado, o menino foi chamar o guarda.
c) Os garotos vestindo camisetas velhas tinham apenas uma penca de bananas amassadas.
d) Faça das entranhas coração para obter, um dia, a rara felicidade dos humanos.
e) Moleques de carrinho dirigiam-se a várias direções, atropelando-se uns aos outros.

17 (Cescea-SP) Quantas orações há no período **Um rugido tremendo, uma aclamação imensa do anfiteatro inteiro e as vozes triunfais das trombetas e charamelas encerram esta sorte brilhante?**

a) uma oração
b) duas orações coordenadas
c) três orações coordenadas
d) quatro orações, três com período oculto
e) nenhuma das soluções acima está correta

18 (FES-SP) No período: **Paredes ficaram tortas, animais enlouqueceram, e as plantas caíram**, temos:

a) duas orações coordenadas assindéticas e uma oração subordinada substantiva.
b) três subordinadas substantivas.
c) três orações coordenadas.
d) quatro orações coordenadas.
e) uma oração principal e duas orações subordinadas.

19 (FEI-SP) Indique a alternativa que apresenta uma oração subordinada substantiva apositiva:

a) Ele falou: *Eu te odeio*.
b) Não preciso de você: sei viver sozinho.
c) Sabendo que havia um grande estoque de roupas na loja, quis ir vê-las: era doida por vestidos novos.
d) Fez três tentativas, aliás, quatro. Nada conseguiu.
e) Havia apenas um meio de salvá-la: falar a verdade.

20 (Esan-SP) Na frase *Como anoitecesse, recolhi-me pouco depois e deitei-me* (Monteiro Lobato), a oração destacada é:

a) coordenada sindética explicativa
b) subordinada adverbial causal
c) subordinada adverbial conformativa
d) subordinada adjetiva explicativa
e) subordinada adverbial final

CAPÍTULO 28

CONCORDÂNCIA NOMINAL

Concordância nominal

Concordância nominal é a concordância entre nomes.
A concordância que particularmente mais vai nos interessar é a do adjetivo.

Casos principais

Quando modifica dois ou mais substantivos, a concordância mais usual é a do adjetivo com a totalidade dos substantivos (é a concordância lógica ou gramatical). Ex.:

> Loja de moto e carro usados.
> Loja de motos e carros usados.

Admite-se, neste caso, a concordância com o substantivo mais próximo (é a concordância atrativa). Ex.:

> Loja de moto e carro usado.
> Loja de carro e moto usada.

Quando o sentido exige, ou quando os substantivos são ou podem ser considerados sinônimos, também se faz a concordância com o substantivo mais próximo. Ex.:

> Comprei um relógio e um mamão saboroso.
> Homem de ideia e pensamento fixo.
> Ficar em fila bancária é vida e tempo perdido.

Se, porém, o adjetivo vem antes dos substantivos, faz-se a concordância com o substantivo mais próximo. Ex.:

> Saboreei um gostoso mamão e fruta-do-conde.
> Tomei na casa dela uma saborosa sopa e chá.

Esta regra só se quebra se os substantivos exprimem nomes próprios ou nomes de parentesco. Ex.:

> Os esforçados Luís e Manuel estudaram muito, mas não passaram.
> Estarei ainda hoje com os meus queridos pai e mãe.
> Como vão meus caros mãe e pai?

Quando os substantivos forem antônimos, só será possível a concordância gramatical. Ex.:

> Ela lhe jurou amor e ódio eternos.
> Faz dias e noites frios no Canadá.

Substantivos em gradação sinonímica exigem a concordância atrativa. Ex.:

> Todos notaram a sua aversão, o seu pavor, a sua ojeriza corajosa pelo governador.

Uma série de substantivos no singular e o último no plural exigem a mesma concordância atrativa. Ex.:

> Encontramos no México vinho, café, camisa, jornal e revistas brasileiras.

II

Os adjetivos compostos só permitem a variação do último elemento. Ex.:

> olhos verde-claros, revistas jurídico-empresariais, políticos marxista-leninistas

Não haverá variação se um dos elementos do adjetivo composto for substantivo indicando cor. Ex.:

> olhos verde-piscina, camisas vermelho-vinho

Se a cor for indicada apenas pelo substantivo, também não haverá variação. Ex.:

> olhos turquesa, camisas vinho

Os adjetivos compostos azul-marinho, azul-celeste e furta-cor são invariáveis. Ex.:

> camisas azul-marinho, meias azul-celeste, saias furta-cor

Surdo-mudo faz no plural surdos-mudos.

III

Os adjetivos predicativos exigem, geralmente, a concordância gramatical. Ex.:

> O rapaz e as garotas ficaram mudos.
> Ficaram mudos as garotas e o rapaz.

O adjetivo predicativo não varia quando representado por nome abstrato ou por substantivo de uma só forma genérica. Ex.:

> As acnes são um enigma para a medicina.
> (Enigma = substantivo abstrato.)
> Esses rios são o esgoto da cidade.
> (Esgoto é substantivo de uma só forma genérica, já que não existe "a esgota".)

IV

Variam normalmente:

	Exemplos
1) mesmo	A mulher mesma acusou o marido. • As filhas mesmas acusam o pai. Não varia, quando equivale a **realmente**, **de fato**: Ela viu mesmo o acidente? • Vocês estão mesmo falando sério?
2) próprio	A mulher própria acusou o marido. • As filhas próprias acusam o pai.
3) só	As crianças ficaram sós (= sozinhas) em casa.
4) extra	horas extras, edições extras.
5) junto	Elas chegaram juntas. Não varia, quando faz parte de locução prepositiva (junto a, junto com, junto de): Elas estão junto do pai. • Ficamos junto ao muro. • As crianças chegaram junto com a mãe. Às vezes, a preposição não vem expressa: A mãe e o pai desembarcaram; junto chegaram os filhos. (= Junto com eles chegaram os filhos.)
6) quite	Estou quite com o serviço militar. • Estamos quites com nossos credores.
7) leso	crime de leso-idioma, crime de lesa-pátria.
8) obrigado	Ela se despediu com um obrigada. • Elas se despediram com vários obrigadas.
9) anexo	Segue anexa a foto. • Seguem anexas as fotos. Embora vulgarizada, convém evitar a locução "em anexo", criada pelos que sentem insegurança no emprego do adjetivo anexo.
10) incluso	Já está inclusa na conta a gorjeta. • Vieram inclusos na nota a gorjeta do garçom e o *couvert* artístico.
11) nenhum	Não somos nenhuns bobocas. • Elas não são nenhumas coitadinhas. Quando posposto, só se usa no singular: Não tenho dinheiro nenhum. • Não votarei em candidato nenhum. (Não há propriedade na construção: *A prefeitura não tem recursos "nenhuns"*, porque não se usa tal pronome no plural, quando posposto.)

V

Variam apenas quando adjetivos:

	Exemplos
1) caro e barato	Nossa gasolina é cara (ou barata). Como advérbios, naturalmente, não variam: Nossa gasolina custa caro (ou barato).
2) bastante	Conheci bastantes pessoas na festa. • Comam bastantes frutas! Como advérbio, naturalmente, não varia: Comam bastante!

	Exemplos
3) meio	Cheguei ao meio-dia e meia (hora). • Comprei duas meias melancias. • Tomei meia xícara de café. Como advérbio, normalmente não varia: Ela ficou meio nervosa. • Eles estão meio desconfiados. Mas pode variar, por concordância atrativa: Ela estava meia nua. • As crianças ficaram meias nervosas.

NOTA

Todo, em função adverbial, não varia, mas também pode sofrer concordância atrativa. Ex.: As crianças chegaram todo (ou todas) molhadas. • Ela ficou todo (ou toda) orgulhosa.

VI

Não variam os substantivos que funcionam como autênticos adjetivos:

	Exemplos
1) bomba	revelações bomba, notícias bomba
2) cassete	fitas cassete, gravadores cassete
3) chave	elementos chave, os pontos chave de uma questão (Não convém usar hífen neste caso.)
4) fantasma	firmas fantasma, contas fantasma
5) laranja	corretores laranja, traficantes laranja
6) monstro	comícios monstro, manifestações monstro
7) padrão	escolas padrão, operários padrão
8) relâmpago	gols relâmpago, liquidações relâmpago
9) surpresa	promoções surpresa, fiscalizações surpresa
10) tampão	Existem alguns países tampão na Europa.

VII

Não variam, ainda:

	Exemplos
1) alerta	As donas de casa estão alerta a qualquer elevação de preços. (Na língua cotidiana, existe uma tendência a flexionar este advérbio.)
2) a olhos vistos	A dívida brasileira cresce a olhos vistos.
3) de modo que, de maneira que, de forma que, de sorte que	Trata-se de locuções conjuntivas, elementos não flexionáveis: Estou bem de saúde, de modo que posso viajar tranquilo.

	Exemplos
4) menos	Mais amor e menos confiança! • Há menos gente hoje do que ontem.
5) pseudo	Trata-se de um prefixo, elemento invariável: pseudoirregulares, pseudofiscalização, pseudopenalidades.
6) salvo, tirante, exceto	São preposições, portanto, palavras invariáveis: Salvo as crianças, todos ali fumam. • Tirante os traficantes, todos nessa favela são gente decente. • Exceto os pais, todos naquela casa são abstêmios.

VIII

Não variam, ainda, os adjetivos adverbializados, ou seja, os adjetivos que se usam no lugar de advérbios. Geralmente equivalem a um advérbio em -mente. São estes os principais:

Adjetivos	Exemplos	Adjetivos	Exemplos
alto	Levantem alto os braços!	fraco	Jogamos fraco as bolas.
áspero	Elas responderam áspero.	feio	Vocês comem feio.
baixo	As pessoas falavam baixo.	fino	Vocês falam fino.
barato	Chuchus custam barato.	frio	Nossas filhas suavam frio.
bonito	Vocês fizeram bonito.	forte	As mães batiam forte nos filhos.
claro	Falaremos claro.	fundo	Tais fatos me calaram fundo.
caro	A gasolina custa caro.	gostoso	Elas riem gostoso.
certo	Ela somou certo a conta?	grosso	Os garotos falaram grosso.
confuso	Elas escrevem confuso.	igual	Amamos igual a todo o mundo.
demasiado	Ela fala demasiado.	leve	Eles tocam-lhe leve o rosto.
doce	Essas moças cantam doce.	ligeiro	Andem ligeiro, crianças!
diferente	Todos aqui amam diferente.	liso	Ela gostava de dançar liso.
difícil	Vocês falam difícil.	macio	As garotas aqui andam macio.
direito	Faça as coisas direito.	mole	Eles falam mole com os filhos.
direto	Elas vieram direto para cá.	pesado	Eles emprestam pesado.
disparado	Elas venceram disparado.	rápido	Saiam rápido!
duro	As mães agem duro com os filhos.	raro	Elas raro vêm aqui.
errado	Transcrevi errado a frase.	seco	Elas responderam seco.
escondido	Ela fazia tudo escondido.	sério	As moças falavam sério.
fácil	Vocês gastam fácil.	suave	Eles assobiam suave.
falso	As meninas juraram falso.		

Convém lembrar que todos esses nomes, quando usados em função predicativa, variam:

> Quero deixar bem claras duas coisas: ...
> As crianças acharam difíceis as provas.
> Os cavalos brasileiros saíram disparados, assim que deu o sinal de partida.
> As pessoas entravam iguais e saíam diferentes daquele santuário.
> Os diretores saíram sérios da reunião.

IX

As expressões é preciso, é necessário e é bom, além de outras assemelhadas, ficam invariáveis, se acompanhadas de substantivos que exprimem ideia genérica, indeterminada. Ex.:

> É preciso muita paciência para lidar com crianças.
> É necessário folga semanal remunerada.
> Água é bom para matar a sede.
> Maçã é ótimo para os dentes.
> É proibido entrada de pessoas estranhas.
> Não é permitido presença de estranhos aqui.

Havendo determinação do substantivo, o adjetivo com ele concordará:

> Esta água é boa para matar a sede.
> A maçã nacional Fuji é ótima para os dentes.
> É proibida a entrada de pessoas estranhas.
> Não é permitida a presença de estranhos aqui.
> É precisa sua presença aqui.
> É necessária nossa participação ativa nessa reivindicação.
> São precisos milhões de anos-luz para uma visita a Plutão.
> Não serão necessários estes exercícios para aprender a lição.

OBSERVAÇÃO

A ideia de indeterminação do substantivo permanece, quando se usa pronome indefinido. Observe o primeiro exemplo:

> É preciso muita paciência para lidar com crianças.

X

Os particípios de orações reduzidas concordam normalmente com o sujeito. Só não variam quando fazem parte de tempo composto da voz ativa; na voz passiva, o particípio varia normalmente. Ex.:

> Feita a denúncia, regressamos a casa.
> Dada a ordem, tratou-se de cumpri-la.
> Dados os últimos retoques, partimos.
> Elas tinham feito a denúncia; eles haviam dado a ordem.
> Foi inaugurada, na manhã de ontem, nova creche no bairro.

XI

Possível não varia, se faz parte de uma expressão superlativa com o elemento **o** no singular (**o mais, o menos, o pior, o melhor**, etc.) ou se está acompanhando **quanto**. Ex.:

> Escreva bilhetes **o mais** legíveis possível!
> Comprei produtos **o menos** caros possível.
> Fazemos cerveja **o melhor** possível.
> Traga guaranás tão gelados **quanto** possível!

OBSERVAÇÃO

Neste caso, não se aconselha variar o artigo, já que a expressão adverbial é constituída com **o**: o mais possível. Sendo assim, convém evitar esta construção:

> Escreva "os" bilhetes **mais** legíveis "possíveis".
> Fazemos "as" cervejas **melhores** "possíveis".

XII

Dois ou mais adjetivos podem modificar um mesmo substantivo, caso em que só é possível uma concordância, estando o substantivo no plural. Ex.:

> as polícias civil e militar
> as bandeiras brasileira e inglesa
> os setores público e privado
> os níveis federal, estadual e municipal da administração pública

Se, porém, repetirmos o artigo antes do segundo adjetivo, ou dos demais, será possível ainda esta concordância, com o substantivo no singular:

> a polícia civil e a militar
> a bandeira brasileira e a inglesa
> o setor público e o privado
> o nível federal, o estadual e o municipal da administração pública

A terceira concordância, com o substantivo no singular e a não repetição do artigo, que muitos advogam como correta, não é aconselhável, em virtude do duplo sentido que acarreta:

> "a polícia civil e militar"
> "a bandeira brasileira e inglesa"
> "o setor público e privado"
> "o nível federal, estadual e municipal da administração pública"

Não há polícia no mundo que seja "civil e militar", nem muito menos bandeira que seja "brasileira e inglesa".

Observe, agora, as concordâncias possíveis, quando se trata de numerais ordinais + substantivo:

> a primeira e a segunda série (ou séries)
> a primeira e segunda séries

Isto é: havendo repetição do elemento determinante (no caso, a), qualquer concordância é possível; não havendo tal repetição, o plural será obrigatório.

Note: o artigo, no segundo exemplo, não varia:

> a (e não "as") primeira e segunda séries

Outros exemplos:

> o primeiro e o segundo ano (ou anos)
> o primeiro e segundo anos (e não: *"os" primeiro e segundo anos*)

O plural é obrigatório, se o substantivo vem antes dos numerais. Ex.:

> as séries primeira e segunda   os anos primeiro e segundo

OBSERVAÇÃO

Tem-se reprovado alhures o uso do substantivo no plural, acompanhado de dois ou mais adjetivos no singular, alegando-se que não é o substantivo que modifica o adjetivo, mas o oposto. O que ocorre, porém, não é exatamente isso, mas sim o fato de dois ou mais adjetivos modificarem um mesmo substantivo. Assim, não há razão para reprovar concordâncias tais. Outros exemplos:

> Paga-se a dívida em médio e longo prazos.
> O assunto foi ventilado nos níveis estadual e federal.
> Mísseis nucleares de longo e curto alcances.

● Outros casos

1) As expressões **um e outro** e **nem um nem outro** exigem o substantivo posposto no singular, mas o adjetivo no plural. Ex.:

   > Conheço **um e outro** rapaz argentinos; trata-se de bons rapazes.
   > Não conheço **nem uma nem outra** marca novas de uísque.

2) Se os substantivos estão ligados por **ou**, o adjetivo concorda com o substantivo mais próximo, ou, então, vai ao plural. Ex.:

   > Só é permitido o uso de caneta **ou** lápis vermelho (ou vermelhos).
   > Só é permitido o uso de lápis **ou** caneta vermelho (ou vermelhos).

3) As expressões formadas de adjetivo + **de** variam normalmente. Ex.:

   > Coitados **d**os professores brasileiros! Ganham miséria!
   > Felizes **d**os banqueiros! Ganham fábulas!

4) O pronome demonstrativo o é invariável, quando funciona como vicário, ou seja, quando substitui outro nome, expressão ou frase; equivale a isso. Ex.:

> A moça é educada, e eu também o sou. (= sou isso)
>
> Ifigênia era bonita ao natural; a irmã procurava sê-lo ao espelho. (= ser isso)
>
> Se sabes de tudo e não o confessas, estás errado. (= confessas isso)

5) A presença da preposição de entre uma palavra de valor substantivo e um adjetivo faz que este fique absolutamente invariável. Ex.:

> O ladrão fez a polícia de bobo.
>
> Vocês não me trouxeram nada de bom?
>
> Você não sabe fazer nenhuma coisa de proveitoso?
>
> Essas adolescentes não têm nada de puro.
>
> As mulheres não têm nada de ingênuo.

6) A expressão um e outro, quando se refere a substantivos já enunciados, varia em número apenas, ou em gênero e número, referindo-se um sempre ao último substantivo. Ex.:

> Tratamos de exportadores e mercado, porque se fala muito hoje de um e outros (ou: de um e outras).
>
> Compramos cadeiras e mesa novas: não lhes vou dizer o preço de um e outros (ou: de uma e outras).

Se a referência for a pessoas de sexos diferentes, exprimindo reciprocidade ou não, ficará absolutamente invariável tal expressão ou semelhante. Ex.:

> Adão e Eva pecaram e, depois, um e outro caíram nos pés do Senhor.
>
> Luís e irmã se reconciliaram, depois, um com o outro.
>
> A garota e o rapaz caminhavam juntos e, de vez em quando, dirigiam-se um ao outro.
>
> Luís e Teresa chegaram; um com frio, outro com calor.

7) Qualquer pronome que se refira a dois ou mais substantivos de gêneros diferentes, vai ao masculino plural. Ex.:

> Homens e mulheres, cumprimentaste-os sem distinção.
>
> Conheci garotas e rapazes, com os quais simpatizei bastante.

8) O substantivo candidatos rege, de preferência, nome no singular. Ex.:

> Há muitos candidatos a vereador.
>
> Havia inúmeros candidatos a deputado.

Neste caso, é a ideia de cargo ou função que predomina. Ao se verificar promoção nos quadros do Exército, os oficiais são promovidos a capitão, a major, a coronel, a general, e não a "capitães", a "majores", etc., com predomínio da ideia de patente. Assim, é legítimo construir-se:

Ana Paula de Sousa é o meu diretor adjunto.
Branca Gonçalves assumiu o cargo de desembargador.

9) As locuções não variam em hipótese nenhuma. Ex.:

Faça reclamações por escrito. (e não: "por escritas")
Os salários estão sendo pagos em dia. (e não: "em dias")

10) Quando se usam dois ou mais nomes sinônimos, de gêneros diferentes, a concordância se faz com o primeiro nome. Ex.:

A casa ou lar do animal foi devastada.
O lar ou casa do animal foi devastado.
O lastro ou âncora cambial é necessário, porque, em economia com inflação crônica, o processo de formação de expectativas geralmente é contaminado por componente psicológico.

O adjetivo ou o particípio concorda, no entanto, com o último elemento, quando está diretamente ligado ao substantivo, ou seja, sem a presença verbal. Ex.:

Foi um sangramento ou hemorragia nasal causada por pancada.
Havia um corte ou intersecção feita em ângulo reto.
Composição poética ou poema caracterizado por uma única linha métrica se diz monômetro.

Testes e exercícios

1 Efetue a concordância nominal:

a) O rapaz ficou com as pernas e os braços **fraturad★**.
b) Comprei pêssego, uvas e bananas **tempor★**.
c) Gumersindo traz no braço **estranh★** cicatriz e tatuagens.
d) A Misse Brasil tem **bel★** boca e olhos.
e) O garotinho levava para casa pedra e pão **maci★**.
f) Do supermercado trazia sempre geleia e pão **torradinh★**.
g) Hortênsia demonstra a cada novo dia dedicação e interesse **renovad★** pelos estudos.
h) Passei dia e noite **fri★** na Europa, mas verão e inverno **maravilhos★**.
i) Em São Paulo faz frio e calor **intens★** num mesmo dia.
j) Encontrei-me com ela em **ótim★** data e local.

2 Continue:

a) Mantenha os lampiões e as lâmpadas **aces★**!
b) Mantenha **aces★** as lâmpadas e os lampiões!
c) O juiz declarou o rapaz e as moças **culpad★**.
d) O juiz declarou **culpad★** as moças e o rapaz.
e) Esses rapazes são **u★ problem★** para a comunidade.

f) Dois ministros era a★ pedrinh★ nos sapatos do presidente.

g) Comi peras, maçã, bolacha, melão e uvas delicios★.

h) Comi melão, mamão, caqui, abacaxi e uvas delicios★.

i) Afinal, sorriram o★ nervos★ tio, avô e netas.

j) Agradeço a sua iniciativa, o seu zelo, a sua intenção valios★.

3 Justifique a concordância do predicativo nesta frase de jornal: **Enchentes não são novidade em São Paulo.**

4 Efetue a concordância nominal adequada:

a) Eles própr★ viraram um★ fer★, quando souberam do ocorrido.

b) Saíram duas edições extr★ do jornal naquele dia.

c) Estou quit★ com o serviço militar. Vocês estão quit★?

d) Aquela revista foi considerada uma publicação de les★-pátria.

e) Essas meninas não são nenhu★ bobas; vocês também não são nenhu★ santinhos.

f) Hortênsia saiu e nem disse obrigad★; as primas, sim, disseram muito obrigad★.

g) Remeti anex★ a nota fiscal, mas não remeti anex★ as xérox.

h) Já está inclus★ no preço a despesa que tivemos.

i) As crianças chegaram junt★, mas os adultos chegaram junt★ com o major.

j) A mãe e o pai chegaram de viagem junt★; junt★ chegaram os filhos.

k) Os homens ficaram junt★ do alambrado; as mulheres, junt★ ao poste.

l) Junt★ à casa erguiam-se duas grandes árvores.

m) Elas chegaram s★. Deixe-as s★! S★ elas apreciam ficar assim tão s★.

n) As folhas caem por si s★. Mas s★ as folhas caem, os galhos não.

o) Ifigênia caminha falando consigo mesm★.

p) Junt★ venceremos qualquer obstáculo, brasileiros!

q) Não há nenhu★ condições de viajar com essa cerração.

r) Foi a funcionária do banco mesm★ que deu esse dinheiro.

s) Foi mesm★ a funcionária do banco que lhe deu esse dinheiro?

t) Vocês estão mesm★ com dor de cabeça ou é pura encenação?

u) Conheci bastant★ pessoas na festa; elas dançaram bastant★ comigo.

v) Somos bastant★ cuidadosos, mas ela ficou mei★ zangada quando viu as crianças mei★ sujas.

w) Deste lado da rua há men★ casas: ela está men★ preocupada agora.

x) Todos devemos sempre estar alert★.

y) Foram comemorações monstr★, foi uma festa monstr★ .

z) Todos aqui são honestos, de form★ que nada há que temer.

5 Continue:

a) Essas camisas custam muito car★ ou são muito barat★ ?

b) Legumes estão barat★ na feira, mas custam muito car★ no supermercado.

c) Mais amor e men★ confiança, hem!

d) Temos bastant★ amigos e bastant★ conhecidos na cidade.

e) Somos bastant★ amigos e bastant★ risonhos com quem simpatizamos.

f) Tirant★ essas crianças que estão aí, todos aqui são órfãos.

g) Excet★ nós, ninguém aqui dorme cedo.

h) Salv★ meus amigos, ninguém aqui dorme cedo.

i) O banco tinha várias contas fantasm★. Existem muitos eleitores fantasm★.

j) Não sou árabe nem judeu, de mod★ que não estou preocupado com essa guerra.

k) Senti-me realizado, quando vi aprovad★ a lei e o regulamento para punição dos corruptos.

l) Verdura é bo★ para a saúde, mas pimenta é u★ venen★ para o estômago.

m) É proibid★ entrada de pessoas estranhas.

n) É proibid★ a entrada de pessoas estranhas.

o) É **precis★** muita cautela para tratar com bandidos.
p) É **precis★** muitos exercícios para aprender isso.
q) É **necessári★** presença obrigatória amanhã na escola.
r) É **necessári★** sua presença amanhã na escola.
s) Comprem cervejas geladas quanto **possíve★**!
t) Neusa dá aulas na quinta e na sexta **séri★**.
u) Neusa dá aulas na quinta e sexta **séri★**.
v) Há duas escolas **padr★** no meu bairro.
w) **Dad★** as altas taxas de juros, não podemos fazer operações bancárias.
x) É **utilizad★** para a perfuração uma série de brocas.
y) **Dad★** a palavra final, temos de acatá-la.
z) O presidente pinta o pior dos mundos **possíve★** para o ano que vem.

6 Mude a concordância nominal, sempre que for necessário:
a) Encontrei uma e outra porta inteiramente aberta.
b) Não conheço nem um nem outro caminho novo para ir à fazenda.
c) Não me apetecia ovo ou batata cozidos.
d) Na cesta havia uma laranja ou uma mexerica estragadas.
e) Feliz de vocês que trabalham pouco e ganham fortuna!
f) Se vocês são instruídos, nós também os somos.
g) Essas meninas não têm nada de bobas.
h) Nesses encontros acontecem muitas coisas de bom.
i) Se vocês são honestas, nós também a somos.
j) Comprei televisor e máquinas importados; um e outras chegaram avariados.
k) Comprei televisor e máquinas importadas; umas e outro chegaram avariados.
l) A mãe e o filho voltaram cedo da festa; uma com gripe, o outro com febre.
m) Moças e velhos, abracei-os um a um.

n) Vendi a moto e o carro; uma e outro estavam dando muita despesa.
o) Vendi as motos e o carro; um e outras estavam dando muita despesa.
p) Vendi a moto e os carros; uns e outra já não me satisfaziam.
q) A namorada e o namorado só de vez em quando conversavam um com a outra.
r) As crianças e o pai caminhavam juntos; de repente um e outro caíram.
s) Escolhemos péssima hora e local para nos encontrarmos.
t) É rigorosamente proibido entrada de pessoas estranhas aqui!
u) É rigorosamente proibida a entrada de pessoas estranhas aqui!
v) É vedado aos candidatos a utilização de calculadoras.
w) A porta estava meio aberta, por isso fiquei meio intrigada, disse ela.
x) Aguardo ocasião e momento oportunos para agir.
y) As gêmeas vestiam calças e blusas vinho.
z) Não havia nenhuns motivos para você faltar ao serviço nem nenhumas razões para faltar à aula.

7 Identifique a frase de concordância nominal perfeita:
a) Persival e Hortênsia próprio ficaram com o bilhete.
b) Elas mesmo não quiseram colaborar.
c) As empregadas saíram dizendo: Muito obrigadas.
d) Eles próprio enviaram a carta anexo.
e) Vai anexo à carta a minha tese.

8 Identifique as frases de concordância nominal imperfeita:
a) Passei dias e noites frias na Europa.
b) Só vi o primeiro e segundo avião.
c) Vão junto com o dinheiro duas moedas antigas.
d) Maçã é bom para os dentes.
e) Conservo meus livros o mais limpos possível.

CAPÍTULO 29
CONCORDÂNCIA VERBAL (1)

A poluição acarreta danos à saúde.

Concordância verbal

Concordância verbal é aquela que se faz do verbo com o sujeito. Ex.:

A casa ruiu.   As casas ruíram.

● Concordância verbal com sujeito simples – Casos gerais

1) O verbo concorda com o sujeito em número e pessoa. Ex.:

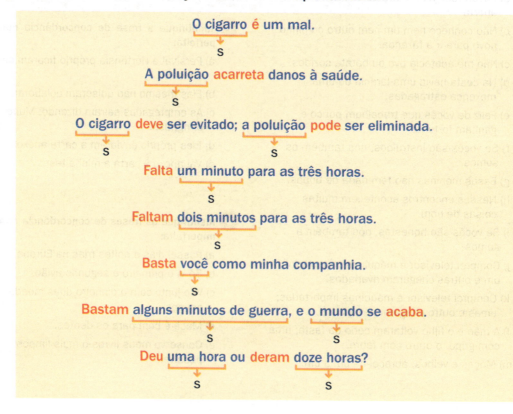

342 — Luiz Antonio Sacconi

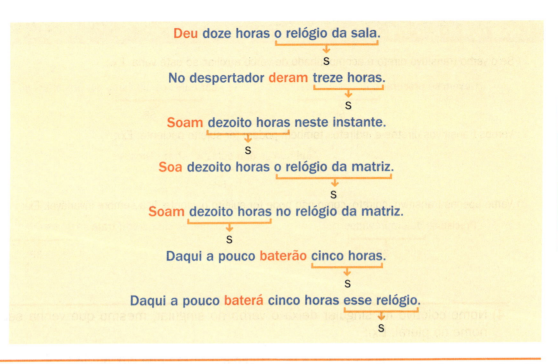

Deu doze horas o relógio da sala. — S
No despertador deram treze horas. — S
Soam dezoito horas neste instante. — S
Soa dezoito horas o relógio da matriz. — S
Soam dezoito horas no relógio da matriz. — S
Daqui a pouco baterão cinco horas. — S
Daqui a pouco baterá cinco horas esse relógio. — S

2) Os verbos que não podem ter sujeito, ou seja, os verbos chamados **impessoais**, são usados sempre na 3.ª pessoa do singular. Ex.:

Chove bastante. Venta muito.
Faz invernos rigorosos no Sul do Brasil.
Como havia muitas pessoas na fila, houve brigas e discussões.

Se vierem acompanhados de auxiliar, este ficará, ainda, na 3.ª pessoa do singular. Ex.:

Deve chover bastante. Pode ventar muito.
Está fazendo invernos rigorosos no Sul do Brasil.
Como deve haver muitas pessoas na fila, pode haver brigas e discussões.
Está havendo protestos no Brasil inteiro por causa do excesso de impostos.

OBSERVAÇÃO

Alguns verbos rigorosamente impessoais são, no mais das vezes, usados em sentido figurado; neste caso, sofrem variação normal. Ex.:

Chovem asneiras nas provas de Português.   **Trovejavam** de raiva os chefes da seção.

3) Verbo transitivo direto + **se** + sujeito paciente = o verbo concorda normalmente com o sujeito. Ex.:

Alugam-**se** automóveis e vendem-**se** bicicletas. — SP / SP
Aqui não **se** cometem equívocos nem **se** praticam malabarismos. — SP / SP

NOSSA GRAMÁTICA COMPLETA

IMPORTANTE

1) Se o verbo transitivo direto é acompanhado de verbo auxiliar, só este varia. Ex.:

Devem-se procurar outras soluções: não se **podem** dar aulas particulares por preço tão vil.
　　　SP　　　　　　　　　　　　　　　　　　　SP

2) Verbos transitivos diretos e indiretos também podem ter sujeito paciente. Ex.:

Aqui não se **dão** aulas a estrangeiros.
　　　　　　SP

3) Verbo apenas transitivo indireto, como não pode ter sujeito paciente, fica sempre invariável. Ex.:

Precisa-se de empregados.　　　　Os rapazes chegaram; **trata**-se de estudantes.
　　　SP　　　　　　　　　　　　　　　　　　　　　　　　　SP

4) Nome coletivo no singular deixa o verbo no singular, mesmo que venha seguido de nome no plural. Ex.:

O **pessoal** ainda não **chegou**; a **turma** não **gostou** disso.
Um **bando** de cafajestes **depredou** a casa.
Uma **série** de irregularidades **aconteceu** ali.

IMPORTANTE

1) Um milhão, **um bilhão**, **um trilhão**, etc. exigem o verbo no singular, como nomes coletivos que são. Ex.:

Um milhão de reais **foi gasto** à toa nessa obra.
Um bilhão de pessoas **vive** na Índia.

Usada a conjunção, seguida de número determinado e inteiro, contudo, o verbo vai ao plural. Ex.:

Um milhão e quinhentos mil reais **foram gastos** à toa nessa obra.
Mais de um bilhão e cem mil pessoas **vivem** na Índia.

Se a conjunção não é seguida de número determinado e inteiro, temos:

Um milhão e meio de reais **foi gasto** à toa nessa obra.
Mais de um bilhão e pouco de pessoas **vive** na Índia.

Muitos usam o verbo no plural com milhão, bilhão, trilhão, etc., levando em consideração a ideia que tais nomes representam, sem atentarem para o número em que se encontram (singular). Um nome coletivo apenas dá ideia de pluralidade, sem necessariamente exigir o plural. Ex.:

O **exército** alemão **é** brioso.　　　　A **fauna** brasileira **é** riquíssima.

Tonelada, também nome coletivo, exige verbo no singular:

Uma **tonelada** de grãos **foi perdida**.　　　　Uma **tonelada** de caixas de manga **foi exportada**.

Se no sujeito aparece a conjunção **e**, não seguida de número determinado e inteiro, o verbo continua no singular:

> Uma tonelada e meia de grãos foi perdida.
> Uma tonelada e pouco de grãos foi perdida.

Se os números são determinados e inteiros, porém, o verbo no plural é obrigatório:

> Uma tonelada e duzentos quilos de grãos foram perdidos.
> Uma tonelada e cem quilos de papel estão estragados.

2) Quando um coletivo seguido de nome no plural antecede o pronome relativo **que**, faculta-se a concordância (com o coletivo ou com o nome). Ex.:

> O diretor fez referência à série de irregularidades que aconteceu (ou aconteceram) ali.
> Foi um bando de cafajestes que depredou (ou depredaram) a casa.
> Ninguém sabia dar resposta a uma série de perguntas que foi feita (ou foram feitas).

5) Se o sujeito for ligado pela preposição **com**, o verbo irá ao plural, se não se desejar dar destaque a nenhum elemento. Ex.:

> O príncipe com sua comitiva ficarão hospedados neste hotel.

O verbo ficará no singular, porém, se se deseja dar destaque ao primeiro elemento; nesse caso, o segundo elemento vem isolado por vírgulas. Ex.:

> O príncipe, com alguns membros da corte, ficará hospedado neste hotel.

6) O verbo **viver**, nas orações optativas, deve concordar normalmente com o sujeito, que neste caso aparece posposto. Ex.:

> Viva a noiva! Vivam os noivos!   Viva eu! Vivamos nós! Vivam todos!

7) Nomes que terminam em **-s** exigem o verbo no plural somente se estiverem acompanhados de determinante no plural; caso contrário, o verbo fica no singular. Ex.:

> Santos fica em São Paulo; Campos é cidade fluminense.
> O Amazonas deságua no oceano Atlântico.
> Itens nunca recebeu acento gráfico.
> Meus óculos desapareceram.
> Os Estados Unidos terão novo presidente este ano.

IMPORTANTE

Nomes de obras artísticas, quando acompanhados de determinante no plural, devem deixar o verbo no singular:

> *Os imigrantes* foi uma boa telenovela.
> *Os cafajestes* está esgotado há muito tempo.
> *Os mansos* continua em cartaz nos cinemas da cidade.
> Chegou *Os pensadores*: em todas as bancas.

Existe, porém, a prática de usar o plural, mormente quando se trata de obra literária e clássica:

Os lusíadas são de Camões.
Os três mosqueteiros foram escritos por Alexandre Dumas.
Os sertões engrandeceram a literatura brasileira.

Ainda assim, melhor será o uso do singular, considerando todos esses casos como de plural aparente, a fim de evitar pequenas polêmicas. Dionélio Machado, por exemplo, tem uma obra que se intitula *Os ratos*. Adotada a prática de uso do verbo no plural, seremos obrigados a construir:

Os ratos contribuíram bastante na literatura brasileira moderna.
Os ratos estão em que parte da biblioteca?
Os ratos são muito agradáveis, levei-os à praia e me deliciei com eles.

Todos conviremos em que não fica bem.

8) Coletivos partitivos (a maioria de, grande parte de, bom número de, metade de, etc.), seguidos de nome no plural, deixam o verbo no singular (concordando com eles), ou vão ao plural (concordando com o nome posposto a eles). Ex.:

A maioria dos homens pagou/pagaram ingresso.
Metade dos turistas já retornou/retornaram a seus países.
A maior parte dos homens ficou molhada/ficaram molhados.
Grande número de mulheres ficou molhado/ficaram molhadas.

9) Números percentuais e fracionários exigem a concordância normal. Ex.:

Trinta por cento da cidade estão inundados.
          suj.

Um terço da cidade está inundado; dois terços estão sob as águas...
     suj.   suj.

Os percentuais também admitem a concordância irregular ou figurada, isto é, a concordância com o nome que se lhes segue. Ex.:

Trinta por cento da cidade está inundada.

Sessenta por cento das mulheres ficaram feridas.

Se o número percentual vem determinado por artigo ou por pronome adjetivo, faz-se com eles a concordância. Ex.:

Os 30% da produção serão exportados. • Esses 2% do lucro já me bastam.

Atente-se para estas concordâncias, com números inteiros e fracionários:

> O 1,36kg de presunto que comprei estava estragado.
> Meu 1,99kg de queijo desapareceu da geladeira.
> Os 36g de presunto que comprei estavam estragados.
> Meus 99g de queijo desapareceram da geladeira.
> Seu 1,90m não lhe permitia tanta agilidade.
> Seus 90cm não impunham respeito a ninguém.

10) O pronome **que** não interfere na concordância; o pronome **quem**, porém, exige o verbo na 3.ª pessoa do singular. Ex.:

> Sou eu que faço tudo aqui, mas são eles que ganham dinheiro.
>
> Sou eu **quem** faz tudo aqui, mas são eles **quem** ganha dinheiro.

OBSERVAÇÃO

Na língua cotidiana, o pronome **quem** não interfere na concordância. Ex.:

> Sou eu quem **faço** tudo aqui, mas são eles quem **ganham** dinheiro.

Tal concordância deve ser evitada. Se invertermos a ordem dos termos da oração, teremos apenas uma concordância:

> Quem faz tudo aqui sou eu, mas quem ganha dinheiro são eles.

Não se vê, mesmo na língua cotidiana, esta concordância absurda: "Quem **faço** tudo aqui sou eu, mas quem **ganham** dinheiro são eles".

11) Quando concorrem dois pronomes, o verbo concorda com o segundo pronome, se ambos estão no plural, mas concordará com o primeiro pronome, se possuírem números distintos. Ex.:

Ambos os pronomes no plural:

> Quais de nós estaremos vivos amanhã?
>
> Alguns de vós sabereis de toda a verdade.

Pronomes de números distintos:

> Qual de nós estará vivo amanhã? • Cada um de vós saberá de toda a verdade.

12) Todos os pronomes de tratamento são da 3.ª pessoa; portanto exigem o verbo nessa pessoa. Ex.:

> V. Ex.ª acordou cedo hoje! • V. M. fique despreocupado, que nada lhe acontecerá!

13) Um + substantivo + **que** exigem o verbo na 3.ª pessoa do singular, a exemplo de **o primeiro que, o último que, o único que**. Ex.:

> Sou **um homem que** acredita em Deus.
> Sempre fui **uma pessoa que** cumpriu o seu dever.
> Sou **o primeiro que** chega e o último que fala.
> Fui **o único que** manteve a calma.

14) O verbo concorda com o numeral que acompanha expressões tais como **mais de, menos de, cerca de, perto de**, etc. Ex.:

> **Mais de** um aluno passou. • **Menos de** duas pessoas entraram no cinema.
>
> **Cerca de** cem turistas morreram no acidente. • **Perto de** mil crianças nasceram hoje.

IMPORTANTE

1) Mais de um exige o plural quando o verbo exprime reciprocidade de ação ou, então, quando se lhe segue um coletivo com nome no plural. Ex.:

> **Mais de um** jogador se cumprimentaram após o jogo.
> **Mais de uma** pessoa se abraçaram emocionadas.
> **Mais de um** bilhão de pessoas no mundo não sabem ler.
> **Mais de um** cardume de piranhas nos atacaram.

2) Quando a tais expressões se segue um número percentual, a concordância com este é obrigatória. Ex.:

> Mais de 1% da produção foi perdido.
> Menos de 80% da produção foram perdidos.

15) A expressão **um dos que** exige, no português contemporâneo, o verbo obrigatoriamente no plural. Ex.:

> Manuel é **um dos que** mais reclamam, mas **um dos que** menos ajudam.
> Serei eu **um dos que** votarão na oposição,
> porque sou **um dos que** não aceitam este estado de coisas.

Observe que a expressão de sentido contrário, **nenhum dos que** ou **nem um dos que**, não aceita o verbo no singular. Ex.:

> **Nenhum dos que** se elegeram é político experiente.
> **Nem uma das que** me escreveram recebeu resposta.

Em hipótese nenhuma, em nenhum estádio da língua se construiu: *Nenhum dos que se "elegeu" é político experiente.* • *Nem uma das que me "escreveu" recebeu resposta.*

Isso é solecismo puro, como o é *"eles foi"* ou *sou um dos que "vive" no Rio de Janeiro.*

IMPORTANTE

O uso do verbo no singular com a expressão pura e simples **um dos que** – reiteramos – é, na língua contemporânea, absolutamente inaceitável. Os exemplos clássicos existentes pertencem, no mais das vezes, ao quinhentismo, época em que o português, tenro de existência, não havia ainda firmado regras de uso de modo definitivo; segui-los, hoje, é enveredar por caminhos estreitos, que só levam ao solecismo.

Quando a expressão **um dos que** vem entremeada de substantivo, o verbo pode:

1) ficar no singular obrigatoriamente. Ex.:

> O Tietê é **um dos** rios paulistas **que** atravessa o Estado de São Paulo.

Neste caso, o uso do singular é de rigor, porque o verbo se refere a um só ser, e não a mais do que um: **dos** rios paulistas, o Tietê é **um que** atravessa o Estado de São Paulo; aliás, o único, já que não existe outro que o faça. Outro exemplo:

> O Sol é **um dos** astros **que** dá luz e calor à Terra.

Também aqui só cabe o uso do verbo no singular, porque a referência verbal se faz a um só ser: **dos** astros, o Sol é **um** (o único) **que** dá luz e calor à Terra; nenhum outro astro o faz.

2) ir ao plural. Ex.:

> O Tietê é **um dos** rios paulistas **que** estão poluídos.

Aqui cabe o uso do plural, porque a referência verbal se faz a dois ou mais seres, e não apenas a um; **dos** rios paulistas **que** estão poluídos, o Tietê é **um** deles, não o único. Outro exemplo:

> O Sol é **um dos** astros **que** possuem luz própria.

Há outros astros que possuem luz própria, e não apenas o Sol; daí o uso do verbo no plural.

3) ficar no singular, ou ir ao plural, dependendo do sentido que se queira dar à frase. Ex.:

> Luísa foi **uma das** mulheres **que** mais me amou/amaram.

O verbo ficará no singular se, **das** mulheres, Luísa foi **uma que** mais me amou; se, porém, **das** mulheres **que** mais me amaram, Luísa foi apenas **uma**, o verbo irá ao plural. Este é um caso, como se vê, opinativo. Outro exemplo:

> Ademir da Guia foi **um dos** maiores craques **que** existiu no Brasil.

Esta é uma frase típica de torcedor apaixonado. Aquele que não se deixa levar pela paixão constrói:

> Ademir da Guia foi **um dos** maiores craques **que** existiram no Brasil.

Testes e exercícios

1) Mude a concordância verbal, quando for necessário, para atender à norma padrão:

a) **Sobrou** muitos doces na festa.
b) **Choveu** garrafas na cabeça do árbitro.
c) **Deu** dez horas o relógio da matriz.
d) No meu relógio já **deu** dez horas.
e) **Bateu** agora mesmo seis horas.
f) Quando **soava** três horas, **saía** os funcionários.
g) No circo **faltou** palhaços, mas não **sobrou** emoções.
h) Não **existe** nas cidades próximas postos de combustível.
i) Não **deve** existir ciúmes num relacionamento sincero e sadio.
j) **Acabou** as aulas, **começou** as férias.

k) **Faz** dez dias que não durmo direito.

l) **Está** havendo muitas guerras no mundo atualmente.

m) **Costuma** haver abalos de terra nesta região.

n) **Haviam** vários passageiros feridos.

o) **Poderá** haver muitas críticas a essa medida do governo.

p) Como **chovem** promessas durante uma campanha eleitoral!

q) Como **choveram** pedidos de autógrafo!

r) **Fazem** noites muito frias no Sul do Brasil.

s) Um milhão de garrafas vazias **estão jogadas** ali no lixão.

t) Uma tonelada de crustáceos **foram pescados** ontem.

u) Um trilhão de reais **foi gasto** nessa obra inútil.

v) Um milhão e duzentas mil ações **foram negociadas** ontem na Bovespa.

w) No Brasil **vive** um milhão de espécies de animais diferentes.

x) Um bilhão e pouco de quilos de papéis picados **foram recolhidos** pelos garis na passagem de ano.

y) Será mesmo que **houveram** essas abduções?

z) **Vão** para dez anos que mudamos para cá.

2 Use os verbos em destaque no presente do indicativo:

a) **Reformar**-se colchões velhos e **pregar**-se botões.

b) Aqui se **planejar** o futuro do país; é um lugar onde não se **poder** cometer equívocos.

c) **Dever** se investigar todas as pistas, **dever** se acreditar em todas as informações.

d) Acho que se **dever** intensificar as buscas aos corpos das pessoas que se afogaram.

e) **Necessitar**-se de bons profissionais de venda, mas **exigir**-se referências.

f) Não se **dever** perdoar aos corruptos nem se **poder** desobedecer às leis.

g) Chegaram os turistas; **tratar**-se de suecos.

h) Já não se **assistir** a jogos de futebol tão bons quanto antigamente.

i) Não se **dever** roubar os ricos; **dever** se tirar dos ricos para dar aos pobres.

j) Não se **estar** criticando os homens públicos; **estar** se criticando os políticos.

3 Use os verbos em destaque no pretérito perfeito do indicativo:

a) Um cardume de submarinos **povoar** nossos mares durante a guerra.

b) O pessoal ainda não **vir**, a turma não **avisar** vocês?

c) Um bando de pombos **pousar** no beiral do telhado.

d) **Acontecer** muitos problemas durante a viagem.

e) **Acontecer** uma série de problemas durante a viagem.

4 Ao encontrar problemas de concordância verbal, mude, para atender à norma padrão:

a) Viva os novos campeões brasileiros de futebol!

b) Os Estados Unidos são um país capitalista.

c) Os Alpes fica na Suíça; os Andes é que fica na América do Sul.

d) Os meus óculos estão sujos, e as minhas costas estão doendo.

e) *Os mercenários* foi um ótimo filme!

f) *Os normais* viraram filme!

g) *Os sertões* são uma obra-prima da literatura brasileira.

h) A maior parte dos alunos passou.

i) Grande parte dos melões vendidos está madura.

j) A maioria dos eleitores votaram nos candidatos do governo.

5 Use os verbos em destaque no pretérito perfeito do indicativo:

a) Os Estados Unidos **invadir** o Iraque e **depor** o ditador iraquiano.

b) Os Estados Unidos sempre **ser** alvo de críticas dos países pobres.

c) Não se **poder** responsabilizar os pais da criança pelo acidente.

d) Até que enfim se **poder** obter as informações desejadas.

e) Nunca **ocorrer** tantos acidentes nessa esquina como agora.

6 Mude o que tiver de ser mudado quanto à concordância verbal, para atender à norma padrão:

a) Cinco por cento da produção de soja se perdeu com as chuvas, mas esses 5% não significam muito prejuízo.

b) Apenas 1% dos alunos daquela escola passaram no vestibular.

c) Alguns de nós morrerão antes do ano 2100.

d) Um sexto dos meus bens caberá a meu neto.

e) Dois terços dos meus bens ficará com meus filhos.

f) Um quarto da família queria um advogado; dois quartos queriam outro.

g) Foram eles quem pagou as despesas; fomos nós quem comeu.

h) Foram eles que pagaram as despesas; fomos nós que comemos.

i) Algum de vocês morrerá antes do ano 2100?

j) Qual de vocês me trairá? Quais de vocês me seguirão?

k) Vossa Excelência ireis viajar amanhã?

l) Vossa Senhoria não tendes ideia do que aconteceu!

m) Qual de nós entrará sem pagar?

n) Quais de nós entrarão sem pagar?

o) Vinte por cento das frutas estão maduras.

p) Dois quintos da fazenda está ocupada com soja; um quinto está ocupado com arroz, e os outros dois quintos correspondem a pastagem.

q) Um décimo de todos os bens ficarão com o filho; sete décimos ficarão com a filha.

r) Sempre fui um cidadão que cumpri com as minhas obrigações.

s) Mais de um passageiro morreram no acidente.

t) Fui um dos que não disse nada na reunião.

u) Esse rapaz é um dos que mais nos ajuda.

v) O Sol é um dos astros que possui luz e calor próprios.

w) O Sol é um dos astros que dá luz e calor à Terra.

x) A Lua é um dos astros que gira em torno da Terra.

y) A Terra é um dos planetas que gira em torno do Sol.

z) O Atlântico é um dos oceanos que banha o Brasil.

7 Use os verbos em destaque no presente do indicativo:

a) O México é um dos países latinos que se **limitar** com os EUA.

b) O Chile é um dos países sul-americanos que não se **limitar** com o Brasil.

c) A Bolívia é um dos países sul-americanos que não **possuir** saída para o mar.

d) O Flamengo é um dos clubes brasileiros que **participar** do campeonato brasileiro.

e) Manuel é um dos que se **queixar** desse barulho.

f) Sou um dos brasileiros que mais **trabalhar**.

g) Sou um dos que não **aceitar** essa decisão.

h) Sou um brasileiro que **acreditar** no futuro deste país.

i) Sou uma pessoa que **acreditar** em milagres.

j) Somos uma instituição que **arrecadar** dinheiro para os pobres.

8 Identifique a concordância verbal incorreta:

a) Vossa Excelência é muito bondoso.
b) Mais de um jornal deu essa notícia.
c) Elaborou-se ótimos projetos, mas tudo deu em nada.
d) Minha família e eu chegamos ontem de viagem.
e) Os Pireneus ficam no Velho Mundo.

9 Identifique a concordância verbal correta:

a) Poderá haver problemas sérios no futuro.
b) Deverão haver muitas reclamações dos alunos.
c) Estão havendo várias greves pelo país.
d) Três mil reais são muito por esse trabalho.
e) Cada um dos alunos receberam suas senhas.

10 Identifique o erro de concordância em relação ao verbo em destaque:

a) Grande parte dos jogadores **reclamou** contra o árbitro.
b) Fui eu quem **jogou** isso no lixo.
c) **Chovem** reclamações contra as companhias de telefone celular.
d) **Ficaremos** os alunos e eu, professor, à espera do diretor.
e) Embora ninguém notasse, **houveram** muitos presos durante a manifestação.

11 Identifique as orações de concordância verbal perfeita:

a) Os Estados Unidos retirou-se da conferência.
b) Reforma-se colchões velhos.
c) Mais de um candidato foi admitido ontem.
d) Mais de uma pessoa se abraçou entusiasticamente.
e) Mais de uma quadrilha de assaltantes foi presa pela polícia.

12 Identifique a frase de concordância verbal imperfeita:

a) Participou do debate Paula e Carlos.
b) Discutimos Cristina e eu.
c) Tu e ele colaboraríeis comigo?
d) Fomos nós quem redigiu o manifesto.
e) Viva os novos campeões brasileiros de futebol!

13 Ponha no plural:

a) Lá só se via jipe.
b) Lá só se encontra caminhão.
c) Lá só se vê motocicleta.
d) Lá só se lê bom livro.
e) Lá só se dá bom conselho.
f) Podia ser um trator.
g) Vinha vindo um carro.
h) Existe pessoa boa no mundo?
i) Ia começar o jogo.
j) Surge outro carro.

14 Passe para o plural o que está em destaque, fazendo todas as alterações necessárias:

a) Ocorreu no domingo muito **jogo** importante pelo campeonato.
b) Acontece muito **acidente** nesta rodovia.
c) Para você conseguir o passaporte, ainda falta outro **documento**.
d) Faz um **ano** que ela não me escreve nem me telefona.
e) Existe, por acaso, **vida** em outro **planeta**?

CAPÍTULO 30
CONCORDÂNCIA VERBAL (2)

Cidades
A gasolina e o álcool sobem hoje.

Concordância verbal com sujeito composto

A seguir, as principais regras de concordância verbal com sujeito composto.

1) Verbo depois do sujeito composto vai obrigatoriamente para o plural; verbo antes do sujeito pode concordar com o elemento mais próximo. Ex.:

> A gasolina e o álcool sobem hoje.
> Sobe (ou Sobem) hoje a gasolina e o álcool.
> O motorista e todos os passageiros morreram.
> *Passará o céu e a terra, mas minhas palavras ficarão.*

Se, todavia, os sujeitos pospostos são de números diferentes, a concordância se fará obrigatoriamente com o elemento mais próximo. Ex.:

> Morreu o motorista e todos os passageiros.
> Morreram todos os passageiros e o motorista.

O verbo anteposto ao sujeito irá obrigatoriamente para o plural quando exprimir reciprocidade de ação. Ex.:

> Brigaram Ifigênia e Hortênsia.   Cumprimentaram-se o professor e o aluno.

IMPORTANTE

1) Quando o sujeito é representado por números que identificam as horas, a concordância se faz normalmente:

> Uma hora e um quarto foram gastos no trabalho.
> Uma hora e vinte minutos serão gastos no trabalho.
> Uma hora e meia estão sendo perdidas inutilmente.
> Exatamente duas horas e dois minutos foram cronometrados desde a sua saída até a chegada.

NOSSA GRAMÁTICA COMPLETA

Se o verbo usado é de ligação, a concordância é outra, visto que o verbo aparece, por via de regra, antes do numeral. Ex.:

> **É** uma hora e um quarto.
> **Era** uma hora e vinte minutos.
> **Será** só um minuto e meio.

Veja o que afirmamos em *Concordância* de **ser** e **parecer** (p. 456).

2) Fica no singular o verbo, ainda, quando o sujeito composto é constituído de orações. Ex.:

> **É** preciso que eu vá e que você fique.
> **Era** necessário que ela me amasse e que eu antes a encontrasse...

2) Sujeito formado de pessoas gramaticais diferentes = o verbo concorda com a pessoa que tem primazia (a primeira tem primazia sobre as demais, e a segunda prevalece sobre a terceira). Ex.:

> Eu e ela **chorávamos** muito; tu e ele **ríeis** à beça.
> **Chorávamos** eu e ela; **ríeis** à beça tu e ele.
> **Chorava** eu e ela; **rias** à beça tu e ele.

OBSERVAÇÃO

Como a segunda pessoa do plural é de uso muito restrito na língua contemporânea, prefere-se o emprego da terceira, quando concorre a segunda com a terceira. Ex.:

> Tu e ele **riam** à beça.

3) Aparecem entre os sujeitos as palavras **como**, **menos**, **inclusive**, **exceto** ou as expressões **bem como**, **assim como**, **tanto quanto** ou equivalentes = o verbo concorda com o primeiro elemento. Ex.:

> Vocês, **como** eu, **gostam** de praia.
> Todos, **menos** tu, **aplaudiram**.
> Este contrato, **inclusive** as despesas a ele atinentes, **corre** por conta do proprietário do imóvel.
> A vida, **bem como** a matéria e a energia, sempre **existiu**.
> Juçara e o marido, **assim como** nós, **vivem** uma fase difícil.
> A música, **tanto quanto** a matemática e a química, **conseguiu** superar as barreiras culturais e linguísticas entre os povos.

4) Um e outro, nem um nem outro, nem ... nem = verbo no singular ou no plural, indiferentemente. Ex.:

> Veja a indiferença com que **um e outro** ouve/ouvem o discurso!
> Os dois alunos foram avisados, mas **nem um nem outro** compareceu/compareceram à escola.
> **Nem** eu **nem** Isabel sabe/sabemos o motivo da demissão.
> **Nem** Isabel **nem** eu sei/sabemos o motivo da demissão.

OBSERVAÇÃO

Em orações como Um e um são dois, Dois e dois são quatro, Corinthians e Palmeiras terminou em 0 a 0, o sujeito é composto só aparentemente, porque não se pode atribuir o predicado a um só núcleo do sujeito, mas a ambos ao mesmo tempo, os quais formam um todo uno e indivisível; portanto o sujeito é único. Estão no mesmo caso as orações que têm como núcleos do sujeito infinitivos que formam um todo. Ex.: *Crer em Jesus Cristo e viver como pagão é grande absurdo.* (Padre Vieira)

O absurdo resulta da contradição entre os dois atos, não sendo possível atribuir a um só núcleo aquilo que se declara no predicado; há, também aí, somente um sujeito. Está no mesmo caso esta frase tipicamente esportiva: Dois contra um é falta.

5) Os sujeitos apresentam gradação de ideias = verbo no singular. Ex.:

> Um prefeito, um governador, um presidente, precisa de no mínimo cinco anos de mandato para poder realizar uma boa administração.

6) Os sujeitos são sinônimos ou tomados por sinônimos = verbo no singular. Ex.:

> O rancor e o ódio não conduz a boa coisa.
> A coragem e o destemor fez dele um herói.

7) Infinitivos antônimos ou determinados = verbo no plural. Ex.:

> Discordar e apoiar são próprios da democracia.
> O andar e o nadar fazem bem à saúde.

OBSERVAÇÃO

Se os infinitivos não são antônimos, ou se não vêm determinados, o verbo fica no singular. Ex.:

> Ensinar e aconselhar é de sábios.
> Andar e nadar faz bem à saúde.
> Sujar a roupa de giz e passar noites corrigindo provas nunca desanimou os professores.
> Ser esposa, cuidar do marido, dos filhos, da casa e ainda trabalhar fora deixa as mães sobrecarregadas e exaustas.

8) Um pronome indefinido resume todos os sujeitos anteriores = verbo no singular. Ex.:

> Vaias, protestos, risadas, ironias, palavrões, **nada** abalava o ânimo do ministro.
> O burro, o asno e o preguiçoso, sem pancadas, **nenhum** se mexe.
> Honrarias, glória, elogios, notoriedade, fama,
> **cada um** deles é apenas um eco, uma sombra, um sonho, uma flor que qualquer vento leva e qualquer chuva danifica.

OBSERVAÇÃO

No singular ainda fica o verbo quando, depois do pronome indefinido, aparece a expressão **e muito mais** ou equivalente. Ex.:

> Solidão, angústia, tristeza, tudo isso **e muito mais** o afligia.

9) Vários sujeitos têm como adjunto o pronome **cada** ou **nenhum** = verbo no singular. Ex.:

> **Cada** diretor, **cada** professor, **cada** aluno, naquela escola, fazia o que bem entendia.
> **Nenhum** político, **nenhum** cidadão, **nenhum** ser humano, faria isso.

10) Sujeitos ligados por **não só ... mas também**, **tanto ... como** ou equivalentes = verbo no plural. Ex.:

> **Não só** a mãe, **mas também** a filha precisam de ajuda.
> **Tanto** a mãe **como** a filha choraram.

11) Sujeitos ligados pela preposição **com** = verbo no plural. Ex.:

> A mãe **com** a filha estiveram no baile.
> Ela **com** as amigas saíram a passeio.

OBSERVAÇÃO

Desejando se dar ênfase ao primeiro sujeito, quer por sua importância natural, quer por deliberação própria do autor da frase, o verbo com ele concorda. Ex.:

> O rei **com** os guarda-costas esteve no baile.
> O ministro **com** seus assessores chegou de automóvel.

Neste caso teríamos, de fato:

> O rei esteve no baile com os guarda-costas.
> O ministro chegou de automóvel com seus assessores.

Eis outros casos, em que se usa o verbo no singular:

> O frango **com** polenta fez a fama desse restaurante.
> O café **com** leite da sua casa é melhor que o da minha.

12) Entre os sujeitos aparece a conjunção **ou** = o verbo fica no singular se há ideia de exclusão ou de sinonímia. Ex.:

> Luís **ou** Manuel **casará** com Teresa.
> A Fonêmica **ou** Fonologia **estuda** os fonemas de uma língua.

Se o sujeito for constituído de pessoas gramaticais diferentes, o verbo concordará com a pessoa mais próxima. Ex.:

> Eu **ou** ele **casará** com Teresa.
> Ele **ou** eu **casarei** com Teresa.

Diz-se o mesmo de **nem ... nem**. Ex.:

> **Nem** Luís **nem** Manuel **casará** com Teresa.
> **Nem** ele **nem** eu **casarei** com Teresa.
> **Nem** eu **nem** ele **casará** com Teresa.

IMPORTANTE

1) A conjunção **ou** exige o verbo no singular:

a) se aparecer ligando adjetivos, com valor de aditivo, após um sujeito simples. Ex.:

> O policial, civil **ou** militar, **deverá** prestar exames médicos anuais.
> (= O policial, civil **e** militar,...)

b) quando aparece junto de **vice-versa**. Ex.:

> A troca, na escrita, do **i** pelo **e**, ou **vice-versa**, **é** comum.

Às vezes se usa **e vice-versa** no lugar de **ou vice-versa**, o que não altera a concordância. Ex.:

> A troca, na escrita, do **i** pelo **e**, **e vice-versa**, **é** comum.

2) A conjunção **ou** exige o verbo no plural:

a) se não há ideia de exclusão. Ex.: Luís **ou** Manuel **chegarão** a qualquer momento.
b) se há antonímia. Ex.: O amor **ou** o ódio exagerados não **levam** a boa coisa.
c) se a conjunção tem valor corretivo. Ex.: O ladrão **ou** os ladrões **saíram** pela porta dos fundos.

13) Um ou outro faz parte do sujeito = verbo no singular. Ex.:

> **Um ou outro** acidente **acontecia** neste local.
> **Uma ou outra** pessoa **comparecia** às festas ali realizadas.

14) Quando dois ou mais adjuntos modificam um único núcleo, o verbo, naturalmente, fica no singular, concordando com o núcleo único. Ex.:

> **A imagem** de Nosso Senhor do Bonfim e de Nossa Senhora da Conceição
> saiu para a procissão na hora marcada.

> **O preço** dos combustíveis e dos alimentos aumentou.
> **A vida** dos pais e dos filhos continua inalterada.

Se, porém, houver dois ou mais núcleos, representados por substantivos e artigo(s), o verbo vai ao plural. Ex.:

> **A imagem** de Nosso Senhor do Bonfim e **a** de Nossa Senhora da Conceição
> saíram para a procissão na hora marcada.
>
> **O preço** dos combustíveis e **o** dos alimentos aumentaram.
>
> **A vida** dos pais e **a** dos filhos continuam inalteradas.

Testes e exercícios

1 Mude a concordância verbal, quando for necessário, para atender à norma padrão:

a) Voltamos de Santos apenas as crianças e eu.
b) Com o presidente na sala ficamos, então, eu e o ministro.
c) Para esse menino não adianta castigo nem suspensão.
d) Discutia muito o ministro e o deputado.
e) Voltaram das férias apenas as crianças e eu.
f) Todos os dias vimos aqui meus amigos e eu.
g) Todos, menos nós, fomos ao comício.
h) Todos os convidados, assim como nós, divertiram-se muito.
i) Constantemente venho aqui eu e meus amigos.
j) Existe só um substantivo e só um verbo nessa frase.

2 Use o verbo em destaque no presente do indicativo:

a) **Viver** discutindo esse menino e a irmã.
b) **Viver** brincando esse menino e eu.
c) Eu, assim como meus irmãos, **ser** de Sagitário.
d) Meus irmãos, assim como eu, **ser** de Sagitário.
e) Será possível que não **existir** de fato você nem eu?
f) **Caber** no meu automóvel a caixa e todos os apetrechos.
g) Todos os dias ao portão **namorar** ela e eu.
h) Cusparada, violência, socos, pontapés, tudo **acontecer** nesse jogo.
i) Cada produto, cada ação, cada esforço, conquista ou felicidade **ter** seu quinhão de custo.
j) Passageiros, tripulantes, animais, ninguém **escapar** com vida se este avião explodir.

3 Mude o que tiver que ser mudado, quanto à concordância verbal, para atender à norma padrão:

a) Luís e Manuel vadiaram o ano todo; um e outro, mesmo assim, passou.
b) Nem um nem outro caçador conhecem esta região.
c) Nem eu nem meus amigos tomam bebida alcoólica.
d) Que padre, que religioso, que leigo não vão entender esta nossa atitude?
e) Um dia, uma hora, um minuto, bastam para acontecer uma tragédia.
f) Nem ela nem você sairá comigo outra vez.
g) A decência e a honestidade ainda me norteia.
h) O elogio e o incentivo constrói.
i) Comer e dormir em seguida engorda.
j) Ganhar e perder são do esporte.
k) Não só o filho, mas também o pai provocou o acidente.
l) Tanto o marido quanto a mulher mentiram.
m) Tanto as mulheres quanto eu frequentamos esse clube.
n) Filipe ou Virgílio apitarão esse jogo de futebol.
o) Filipe ou Virgílio dirigirá o automóvel.
p) Filipe ou Virgílio casará com Ifigênia.
q) Susana ou Juçara jantarão comigo.
r) A casa ou o terreno estarão à venda ainda amanhã.
s) O autor ou os autores do crime cumprirão pena máxima.
t) Eu ou ele será o goleiro do time amanhã.
u) Uma ou outra gorjeta caía na caixinha de vez em quando.
v) Uma ou outra pessoa apareciam por lá de vez em quando.
w) Os assassinos ou o assassino fugiu a pé.
x) A vida ou a morte eternas não existe.
y) Dinheiro, conforto, luxo, saúde, nada para ele têm valor.
z) Cada estação, cada lua, cada dia, muda o aspecto do oceano.

4 Identifique as frases corretas quanto à concordância verbal:

a) O comer e o dormir muito engorda.
b) Amar e odiar são próprios do ser humano.
c) Caminhar e fazer exercícios físicos diariamente ajudam a manter a forma.
d) Nadar e caminhar fazem bem à saúde.
e) Mulheres, homens, crianças, velhos, ninguém vive bem aqui.

5 Identifique a frase errada quanto à concordância verbal:

a) Para que o espetáculo tenha início, falta apenas o ator e a atriz.
b) Nem um nem outro caçador conhecem esta região.
c) Pai e filho discutem diriamente; nem um nem outro vale grande coisa.
d) Nem o presidente nem o ministro soube explicar o caso.
e) Com o presidente na sala ficou, então, eu e o ministro.

CAPÍTULO

CONCORDÂNCIA VERBAL (3)

Agora são nove horas.

Concordância de ser e parecer

Os verbos **ser** e **parecer** geralmente concordam com o elemento no plural mais próximo. Ex.:

Agora **são** dez horas.
Hoje **são** dezoito de dezembro; ontem **foram** dezessete; amanhã **serão** dezenove.
Duas garrafas de vinho **são** a parte que me cabe na aposta.
Os alunos chegaram. A maioria **são** menores.
As casas **foram** vendidas. Grande parte **foram** muito baratas.
Dois milhões de dólares **são** apenas uma pequena parte de sua fortuna.
Três bilhões de dólares **são** um bom dinheiro, não é verdade?

Se, porém, o sujeito for pessoa, o verbo com ele concordará obrigatoriamente. Ex.:

Fernando Pessoa **foi** vários poetas, **é** vários poetas.
No circo, o palhaço **é** as delícias da garotada.
Ele **é** forte, mas não **é** dois.
Com aquela roupa, ela **parece** muitas coisas, menos gente.

O verbo **ser** fica obrigatoriamente no singular quando se deseja fazer prevalecer a importância do sujeito sobre a do predicativo. Ex.:

Justiça **é** tudo, justiça **é** as virtudes todas.
Minha vida **é** essas duas crianças.

Fica ainda no singular o verbo **ser** quando o sujeito é o pronome relativo **que**. Ex.:

Deixe-me estar mais alguns minutos nesta minha casa,
que daqui a pouco **será** só escombros.
Na casa **que era** só jardins se plantou mais uma roseira.

Fica ainda no singular o verbo **ser** quando a ele se seguem termos como **muito**, **pouco**, **nada**, **tudo**, **bastante**, **mais**, **menos**, etc. Ex.:

> Seis dias de carnaval é **muito**, mas os salvadorenses acham que é **pouco**.
> Duas surras será **pouco** para ele aprender.
> Dez anos é **nada** na eternidade.
> Dois beijos dela é **tudo** o que eu quero na vida!
> Três viagens é **mais** do que suficiente para levar tudo isso.
> Dez dólares é bem **menos** que dez libras esterlinas.

Quando se usam pronomes retos, o verbo sempre com eles concorda. Ex.:

> O professor aqui sou eu; o aluno és tu; as personagens somos nós.
> O responsável por isto aqui são vocês.

Quando, porém, concorrem dois pronomes retos, ou um pronome reto e um pronome de tratamento, o verbo ser concorda com o primeiro. Ex.:

> Você não é eu, nem eu sou você.   Elas não são nós; nós não somos elas.

O verbo **ser** fica no singular, em qualquer hipótese, sempre que o predicativo é constituído pelo pronome demonstrativo **o**. Ex.:

> Amigos é o que não me falta.   Eleições diretas era o que o povo mais queria.

Ainda no singular ficará o verbo **ser** quando o sujeito, no plural, for usado sem determinantes (artigos, pronomes adjetivos, numerais, etc.), e o predicativo se encontrar no singular. Ex.:

> Lágrimas é coisa que não o comove.
> Mentiras é sempre coisa detestável.
> Greves é próprio de regimes democráticos.
> Cigarros acesos em restaurantes é coisa de gente desrespeitosa.
> Ciúmes é demonstração de insegurança.
> Naquela época, manifestações estudantis era coisa de subversivo.
> Trinta por cento é um índice inflacionário alto demais.
> Dez por cento, para ele, era uma comissão irrisória.
> Vinte por cento não é fatia de mercado desprezível.
> Questões ecológicas será o tema do encontro.

O verbo **parecer**, quando é auxiliar numa locução verbal, sofre flexão; quando não forma locução verbal, é verbo intransitivo e, neste caso, não varia. Ex.:

> As crianças **parecem gostar** do filme.   As crianças **parece gostarem** do filme.

No último período há inversão da ordem dos termos, pois essa frase equivale a esta:

> **Parece gostarem** do filme as crianças.

Observe, ainda, estes exemplos, em que **parecer** não varia:

> As crianças **parece** que gostaram do filme.   As estrelas **parecia** que não piscavam.

NOSSA GRAMÁTICA COMPLETA

Isto é:

Parece que as crianças gostaram do filme.
Parecia que as estrelas não piscavam.

Se, porém, ao verbo **parecer** seguir-se infinitivo pronominal, somente variará o infinitivo. Ex.:

As crianças **parece queixarem-se** do colchão duro.

IMPORTANTE

Além dessas concordâncias estudadas, existe a concordância irregular ou figurada, que se faz com a ideia subentendida, e não com o que está escrito. Este tipo de concordância recebe o nome de **silepse**, de que há três tipos: de gênero (SG), de número (SN) e de pessoa (SP).

1) A **silepse de gênero** se dá nestes principais casos:

   a) com os nomes de cidades, ruas, avenidas, rodovias, etc. Ex.: **Ribeirão Preto ficou inundada, devido às chuvas.** (= A **cidade** de Ribeirão Preto) • A **Trabalhadores será prolongada.** (= A **rodovia** Trabalhadores)

   b) com as fórmulas de tratamento em geral. Ex.: **Vossa Excelência é muito bom.**

   c) com os pronomes indefinidos ou com palavra ou expressão de ideia indefinida. Ex.: **Alguém está nervosa, por acaso?** • **A gente ficou convencido das suas boas intenções.** • **Uma pessoa carregava uns pacotes, e a polícia o deteve.**

   d) com o substantivo tomado em sentido genérico, ficando o adjetivo no gênero neutro, representado em português pelo masculino. Ex.: **É preciso muita imaginação para viver no Brasil.** • **Limonada é ótimo para matar a sede.**

   e) com um pronome, em referência a substantivo sobrecomum. Ex.: **Quem me atendeu foi aquele caixa, mas não sei o nome dela.** • **Era uma criança inteligente; com ele todos aprendiam algo.**

   f) com os artigos **o** e **um**, quando usados com nome feminino aplicado a pessoa do sexo masculino. Ex.: **O camisa dez do Palmeiras era, nesse tempo, Ademir da Guia.** • **Seu marido, Ifigênia, é um banana.**

2) A **silepse de número** se dá nestes três casos:

   a) com os pronomes **nós** e **vós** substituindo **eu** e **tu**. Ex.: **Estamos muito motivado para esse trabalho.** • **Vós sereis bem recompensado por isso.**

   b) com o coletivo no singular, porém, com o verbo no plural, a concordar com a ideia de plural contida no coletivo. Ex.: **O pessoal de casa estava inquieto desde a mudança de governo; pensavam em mudar-se para o exterior.** • **A maioria dos homens ficaram resfriados.**

   c) com as expressões numéricas, o verbo **ser** fica no singular por silepse. Ex.: **Alguns segundos de tortura é uma eternidade.** • **Dois metros é a distância mínima exigida aos visitantes do zoo.** • **Sessenta por cento foi uma boa comissão.** • **Quinhentos reais é uma fortuna para um mendigo.**

3) A **silepse de pessoa** ocorre quando aquele que fala ou escreve também participa do processo verbal; daí o verbo ir necessariamente para a primeira pessoa do plural. Ex.: Os brasileiros somos românticos. • Os três íamos caminhando pela praia.

O nome **gente**, geralmente de ideia coletiva, favorece muito as silepses. Se não, vejamos: Eles pensam que a gente é bobo. (SG) • Aquela gente não vai ao baile: estão cansados. (SG e SN) • A gente não vai ao baile: estamos cansados. (SG, SN e SP) • A gente não fez isso por mal. Acho que nos interpretaram errado. (SN e SP)

Testes e exercícios

1 Mude a concordância verbal, quando for necessário, para atender à norma padrão:

a) O jornalista é os olhos e as orelhas da população.
b) Cem mil reais é pouco por esse terreno.
c) Tudo são boatos, nada parecem fatos verdadeiros.
d) Minha cama eram algumas folhas de jornal.
e) Hoje é onze ou doze de março?
f) O dono daquilo não era só nós, era eles.
g) Do palacete que era só mármores restaram apenas escombros.
h) Lá em casa o culpado de tudo sempre é eu.
i) Minha mãe é muitas coisas lá em casa: cozinheira, lavadeira, babá, professora, etc.
j) Não foi eu que fiz isso, foi eles.
k) Vinte quilos é muito para uma criança carregar.
l) Dois meses eram pouco tempo para uma viagem tão longa.
m) Isso, afinal, é vaias ou é aplausos?
n) Intrigas são o que não falta por aqui.
o) Carros era o que menos faltava para os congressistas.
p) Manuel é os mimos de toda a família.
q) O que pressinto são coisas ruins.
r) Gumersindo são as únicas preocupações de todos nós.
s) Minha vida são essas crianças.
t) Esse filho é as esperanças da família.

2 Use o verbo em destaque no presente do indicativo:

a) Dois pares de sapatos por vinte reais **ser** barato.
b) Hoje **ser** dia dois ou três de abril?
c) Hoje **ser** dois ou três de abril?
d) Não **ser** eu que entrego jornais nesta rua.
e) Cinco metros de pano **ser** bastante para fazer um terno.
f) Isso **parecer** milhões de grãos de areia juntos.
g) Seis meses **ser** pouco tempo de namoro.
h) Os meninos **parecer** que estão com febre.
i) Os meninos **parecer** estar com febre.
j) Quem manda aqui **ser** eu; quem obedece **ser** vocês.

3 Identifique as concordâncias corretas:

a) Os rapazes parecem arrependerem-se do que fizeram.
b) Os rapazes parece arrependerem-se do que fizeram.
c) Os rapazes parecem arrepender-se do que fizeram.
d) Os alunos parece que se queixam muito do calor.
e) Os alunos parecem que se queixam muito do calor.
f) Aquelas maçãs parecia que eram peras.
g) Aquelas maçãs pareciam ser peras.
h) Aquelas maçãs parecia serem peras.
i) Aquelas maçãs pareciam que eram peras.
j) Aquilo não eram peras.
k) Os latinos somos muito emotivos.
l) A Vieira Souto continua congestionada.
m) Estamos certo de que venceremos as eleições.
n) Ficaremos muito agradecido se você fechar essa janela.
o) Não temos de que nos queixar: fomos bem recebido e muito aplaudido pela multidão.
p) Bom número de crianças estão famintas.
q) A rapaziada lá da minha escola, depois que acabaram as aulas, saíram pulando de alegria.
r) Senhor ministro, V. Exª está errado.
s) Dizem que Salvador é suja, mas esquecem de dizer que Salvador é encantadora.
t) Dizem que o Rio de Janeiro é perigoso, mas esquecem de dizer que o Rio continua lindo.

4 Justifique a concordância verbal desta frase:

Opções é o que não vai faltar neste Natal para presentear os amigos.

5 Identifique as frases que trazem silepse e classifique-as:

a) São José do Rio Preto ficou vazia neste fim de semana.
b) Todos os professores merecemos melhores salários.
c) Vi uma pessoa entrar, mas não consegui detê-lo.
d) A gente ficou aborrecido com isso.
e) Vossa Excelência está zangado comigo?
f) A multidão estava furiosa e não admitia outro resultado senão aquele que desejavam.
g) Os cinco íamos no automóvel, conversando.
h) Bom número de mulheres está nervoso.
i) Boa parte dos homens ficou apreensiva.
j) O eleitorado não suportava mais aquela situação de miséria em que vivia, por isso estavam ansiosos para a chegada da eleição.

6 Identifique as frases que trazem silepse de gênero:

a) A Lapa, a minha querida Lapa, está se desfigurando com a construção de tantos prédios.
b) A Dutra estava congestionada, e a Anhanguera também.
c) Quando eu morava no meu querido Ipanema, as águas do mar ainda eram claras, cristalinas; a areia era alva, fina.
d) Você viaja sempre pela Castelo Branco?
e) Em São Paulo, ainda tenho uma casa no sossegado Santa Cecília.

Testes de concursos e vestibulares gerais sobre concordância verbal

1 (Fuvest-SP) Assinale a alternativa que preenche corretamente as lacunas dos períodos abaixo:

Pedrinho ★ as esperanças dos pais.

★ fazer horas que eles saíram.

Dez quilos ★ suficiente para a viagem.

Joaquim ou Manuel ★ com Maria.

a) são – Devem – são – casarão
b) são – Devem – é – casarão
c) é – Deve – são – casarão
d) são – Deve – são – casará
e) é – Deve – é – casará

2 (TTN) Assinale o período que apresenta erro de concordância verbal:

a) As relações dos ecologistas com uma grande empresa que desrespeitava as normas de preservação ambiental começa a melhorar, para o benefício da humanidade.
b) Até 1995, 50% de recursos energéticos e de matéria-prima serão economizados por uma empresa que pretende investir 160 milhões de dólares no projeto.
c) Hoje não só o grupo dos ecologistas carrega a bandeira ambientalista, mas também aqueles empresários que centram seus objetivos no uso racional dos recursos naturais.
d) Os Estados Unidos são o país mais rico e poluidor do mundo, entretanto não defendem a tese do "desenvolvimento sustentável", a exemplo de muitas nações ricas.
e) É preciso ver que águas contaminadas, ar carregado de poluentes e florestas devastadas exigem o manejo correto da natureza, num país povoado de miseráveis.

3 (Acafe-SC) Não ★ meios de saber que já ★ vinte anos que não se ★ mais galochas.

a) haviam – faz – usam
b) havia – faz – usam
c) havia – fazem – usa
d) haviam – fazem – usam
e) haviam – fazem – usa

4 (IBGE) Assinale a única alternativa correta quanto à concordância verbal:

a) Naquela época não haviam antibióticos.
b) Descobriu-se vacinas contra muitas doenças.
c) Livros, cintos, suspensórios, tudo nos trouxe benefícios.
d) Fez grandes progressos as pesquisas científicas.
e) Tu e o mundo serias totalmente outros.

5 (FEI-SP) Observe as frases a seguir:

I – Quais de vós dirias a verdade?
II – Tudo eram alegrias naquela casa.
III – Como é bom cerveja gelada no verão!
IV – Bateu dez horas agora mesmo na catedral.

Identifique a alternativa correta quanto à concordância:

a) II e IV estão corretas
b) II e III estão corretas
c) todas estão corretas
d) I e III estão corretas
e) n.d.a.

6 (Fuvest-SP) Transcreva as frases a seguir, substituindo **existir** por **haver** e vice-versa:

a) *Existiam* jardins e manhãs naquele tempo: *havia* paz em toda parte.
b) Se *existissem* mais homens honestos, não *haveria* tantas brigas por Justiça.

7 (ESA) Há erro de concordância verbal em:

a) Sou eu quem prendo aos céus a terra.
b) Fui eu que imitei o ronco do bicho.
c) Antigamente deviam haver ali belas matas.
d) Na igreja, ao lado, bateram devagar dez horas.
e) Nas minhas terras, o rei sou eu.

8 (FEI-SP) Identifique as alternativas corretas quanto à concordância verbal:

I – Tu e ele viajareis juntos.
II – Os Lusíadas tornaram Camões imortal.
III – Vossa Excelência agiu com prudência.
IV – Havia já dois meses que não nos víamos.
V – Jogos, viagens, diversões, nada pôde satisfazê-los.

A sequência que contém apenas alternativas corretas é:

a) I, III e V são corretas
b) II, IV e V são corretas
c) I, II e III são corretas
d) II, III e V são corretas
e) todas as alternativas são corretas

9 (TRE-MT) A única concordância verbal correta está na afirmativa:

a) O que fizeram Capitu e eu?
b) No relógio deu duas horas.
c) Fazem, hoje, dois meses de sua morte.
d) Houveram muitas discussões naquela reunião.
e) Os Estados Unidos são o país mais poderoso do mundo.

10 (AFTN) Está correta a concordância verbal em:

a) As discussões que se trata sobre a questão do endividamento externo serão o tema central do encontro.
b) Durante o seminário, apresentou-se três propostas diferentes de revisão da lei salarial.
c) Inclui-se no parecer do relator as alterações aceitas de comum acordo para todos os partidos.
d) Seria ingênuo pensar que as restrições palacianas ao projeto decorre apenas de idiossincrasias pessoais.
e) Positivamente, falta clareza e seriedade na condução dos negócios públicos.

11 (PUC-SP) A concordância verbal está incorreta em:

a) Tu e teu amigo estareis seguros aqui, mesmo durante a implosão dos edifícios interditados.
b) Jovens recém-chegados, com muito entusiasmo, também aplaudia a coragem dos bombeiros.
c) A gente do campo é mais solidária, mais confiante e mais social que a dos centros urbanos.
d) O festival de cinema e o curso de música em que se inscreverão os trabalhos começarão amanhã.
e) Vivem-se vários tipos de vida nas grandes cidades brasileiras.

12 (TRE-RJ) A alternativa que apresenta erro quanto à concordância verbal é:

a) Eram dois irmãos bem parecidos.
b) Só eles podem fazer tais exceções.
c) São dificuldades a serem vencidas.
d) Deram quatro horas no relógio da Central.
e) Tudo estava bem, se não houvessem ameaças.

13 (IBGE) Ainda que ★ eleições, não ★ que se ★ os resultados.

a) hajam – convém – antecipem
b) haja – convêm – antecipe
c) haja – convêm – antecipem
d) haja – convém – antecipem
e) hajam – convém – antecipe

14 (Vunesp-SP) Identifique a alternativa em que não há erro de concordância verbal:

a) Para Margarida bastaria alguns vestidos novos e um colar de brilhante.
b) Sobrou algumas questões muito difíceis de resolver.
c) Fazem uns dez anos que uso sapatos azul-marinho.
d) Blusas verde-garrafa, sapatos e meias escuros, tudo era de seu agrado.
e) Dois dias depois da festa ainda haviam odores estranhos no salão.

15 (Fuvest-SP) Indique a alternativa correta:

a) Tratavam-se de questões fundamentais.
b) Comprou-se terrenos no subúrbio.
c) Precisam-se de publicitários.
d) Reformam-se ternos.
e) Obedeceram-se aos severos regulamentos.

16 (Unip-SP) Assinale a alternativa gramaticalmente correta:

a) Não mais se vê, naquela casa sinais de destruição.
b) Deverá haver algumas modificações na política econômica.
c) Já que não se assistem a bons espetáculos, os torcedores não comparecem aos estádios.
d) Estava faltando quinze minutos para o início do baile, quando ela chegou.
e) O mau resultado conseguido pelo banco fez com que se mudasse as regras do jogo.

17 (Mack-SP) Assinale a única alternativa incorreta quanto à concordância verbal:

a) A causa da tristeza de Maria eram as ausências dele.
b) Se não houvessem cometido muitos erros no passado, hoje não haveria tantos problemas.
c) Nossos costumes provêm, em parte, da África.
d) Se não existissem motoristas irresponsáveis, deveriam haver menos acidentes fatais.
e) Quem de nós, na próxima reunião do Conselho Administrativo, apresentará as propostas?

18 (FCCA-Ufes) Aponte a oração correta:

a) Aluga-se casas.
b) Vendem-se apartamentos.
c) Precisa-se pedreiros.
d) Precisam-se de pedreiros.
e) Fez-se reformas na escola.

19 (BC) Num dos provérbios abaixo não se observa a concordância prescrita pela gramática:

a) Não se apanham moscas com vinagre.
b) Casamento e mortalha no céu se talha.
c) Quem ama o feio, bonito lhe parece.
d) De boas ceias, as sepulturas estão cheias.
e) Quem espalha ventos colhe tempestades.

20 (F. C. Chagas-SP) Em muito pouco tempo ★ vários erros, e ★ horas para corrigi-los.

a) foram cometidos – serão necessárias
b) foi cometido – será necessário
c) foram cometidos – será necessárias
d) foi cometido – serão necessárias
e) foram cometidos – será necessária

21 (Mack-SP) O período está expresso corretamente em:

a) Não se pensam em miséria com dinheiro no bolso.
b) Estudaram-se esta matéria.
c) Esclareceram-se as dúvidas.
d) Comentaram-se muito durante a estreia da peça.
e) Convocou-se os candidatos à Prefeitura.

22 (ESAer) Aponte a concordância menos aceitável:

a) Isto são sintomas menos sérios.
b) Aquilo são lembranças do passado.
c) Paula foi os sonhos de toda a família.
d) Aquela jovem tinha duas personalidades.
e) Pedrinho eram as preocupações da família.

23 (TJ-BA) Já ★ uns doze anos que ele saíra da terra natal, e não sabia que lá ★ ocorrido mudanças.

a) deviam fazerem – havia
b) devia fazer – haviam
c) devia fazer – havia
d) deviam fazer – haviam
e) deviam fazer – havia

24 (Fuvest-SP) ★ dez horas que se ★ iniciado os trabalhos de apuração dos votos sem que se ★ quais seriam os candidatos vitoriosos.

a) Fazia – haviam – previsse
b) Faziam – haviam – prevesse
c) Fazia – havia – previsse
d) Faziam – havia – previssem
e) Fazia – haviam – prevessem

25 (Fuvest-SP) Quantas semanas ★ para eles ★ o trabalho?

a) é necessário – terminassem
b) é necessário – terminar
c) são necessários – terminarem
d) são necessários – terminem
e) são necessárias – terminarem

26 (PRF) Acredito que ★ muitas enchentes, pois ★ fatos que ★ afirmá-lo.

a) haverão – ocorre – permitem
b) haverá – ocorre – permitem
c) haverá – ocorrem – permitem
d) haverão – ocorre – permite
e) haverão – ocorrem – permite

27 (BC) Dentre as frases abaixo uma está incorreta em relação à concordância verbal:

a) Fazem dois meses que não chove.
b) Isto são sintomas menos sérios.
c) Paula foi os sonhos da família.
d) Não se poderiam esquecer tantas aflições.
e) Faz alguns minutos que eles se retiraram.

28 (CEF) Como ★ meses que a produção estava parada, não ★ peças ★ para a clientela.

a) faziam – haviam – suficientes
b) fazia – havia – suficiente
c) faziam – havia – suficiente
d) fazia – havia – suficientes
e) faziam – haviam – suficientes

29 (ESAer) Não chove ★ meses, mas a esperança e o vigor que sempre ★ no sertanejo não o ★.

a) faz – existiu – abandonou
b) faz – existiram – abandonaram
c) fazem – existiu – abandonou
d) fazem – existiram – abandonaram
e) fazem – existiu – abandonaram

30 (ITA-SP) Disse o sabiá à flauta: Eu, tu e o artista ★ de modo diferente; mas o artista e tu ★ de modo igual. Portanto, entre ★ e ★ há uma grande diferença. Completam as frases:

a) cantam – cantais – mim – tu
b) cantemos – cantam – eu – ti
c) cantamos – cantas – eu – ti
d) cantamos – cantais – mim – ti
e) cantais – cantam – eu – você

Luiz Antonio Sacconi

CAPÍTULO 32 — REGÊNCIA VERBAL

Regência verbal

Regência verbal é a maneira de o verbo relacionar-se com seus complementos.

A seguir, a regência de alguns verbos importantes. Entenda-se desde já que TD = verbo transitivo direto, TI = verbo transitivo indireto, TDI = verbo transitivo direto e indireto e VP = verbo pronominal.

AGRADAR		Exemplos
TD	fazer as vontades de, ou mimar, acariciar:	agradar filhos, agradar fregueses; ela vive agradando o gatinho.
TD	satisfazer, contentar (quando o sujeito é pessoa ou ser animado):	Por mais que se esforce, ela não consegue agradar o chefe.
TI	satisfazer, contentar (quando o sujeito é ser inanimado):	A notícia agradou ao presidente. • O espetáculo não agradou ao público. • Qual foi o carro que mais lhe agradou no Salão do Automóvel?
O antônimo desagradar é sempre TI:		desagradar ao público, desagradar à plateia.

AGRADECER		Exemplos
TD	mostrar-se agradecido por:	agradecemos o favor prestado, agradecemos a preferência.
TD	demonstrar, manifestar ou expressar gratidão a:	agradecer o público, agradecer os fregueses.

Na língua popular se vê esta construção: agradecer alguém "por" alguma coisa: *O comerciante agradeceu os fregueses "pela" preferência.* • *Agradeci a moça "pelo" favor prestado.* Convém evitar esse emprego.

NOSSA GRAMÁTICA COMPLETA

AJUDAR		Exemplos
TD e TI	prestar auxílio ou ajuda a, auxiliar:	ajudar os (ou aos) pobres; ajudar no serviço caseiro; ninguém o (ou lhe) ajudou?
TD	prestar socorro a, socorrer:	ajudar os feridos.
TD	facilitar:	água não ajuda a digestão.
TI	servir de acompanhante:	ajudar à missa.

Se, depois do verbo ajudar, vier TD, serão possíveis duas construções: Ajudei-o a escrever a carta ou Ajudei-lhe a escrever a carta. • Ajude a prefeitura a manter a cidade limpa ou Ajude à prefeitura a manter a cidade limpa. Se o infinitivo for intransitivo, transitivo indireto ou pronominal, o verbo ajudar se usará apenas com objeto direto de pessoa: Ajudei o rapaz a fugir = Ajudei-o a fugir. • Ajudei o homem a gostar da leitura = Ajudei-o a gostar da leitura. • Ajudem uma criança a preparar-se para a vida = Ajudem-na a preparar-se para a vida.

ANSIAR		Exemplos
TD	desejar intensamente; querer ardentemente; almejar:	ansiar um diploma.
	O objeto direto pode aparecer preposicionado:	Ela anseia por um diploma e por um marido.
TD	causar agonia, angústia ou aflição a; agoniar, angustiar:	A doença dele anseia toda a família. • A pulga nas costas o ansiou o tempo todo.
TD	requerer, exigir ou necessitar urgentemente:	Esse é um problema que anseia toda a atenção do Congresso.

ANTECEDER		Exemplos
TD ou TI	acontecer antes, preceder:	Muitas manifestações antecederam a (ou à) revolução. • Um silêncio sepulcral antecedeu o (ou ao) ataque. O artigo sempre antecede um (ou a um) substantivo. Sendo assim, admite tanto o pronome o (e variações) quanto lhe(s): Em seu discurso, o presidente criticou aquele que o (ou lhe) antecedeu.

APROVEITAR		Exemplos
TI e VP	servir-se, valer-se:	Aproveitaram-se da estada do presidente na cidade para lhe pedir recursos para o município. (E não: "Aproveitaram a" estada do presidente...) • Os ladrões se aproveitaram da confusão para fugir. (E não: Os ladrões "aproveitaram a" confusão para fugir.)

ASPIRAR		Exemplos
TD	meter nos pulmões (pela boca ou pelo nariz) qualquer matéria gasosa:	aspirar gás, ar, um aroma, um perfume.
TD	absorver ou puxar (por aparelho apropriado):	aspirar o pó do tapete; aspirar água de um tanque; as bombas aspiram a água.
TDI	desejar ardentemente ou ter uma grande ambição por (algo muito importante ou valioso):	aspirar a um diploma, a um emprego melhor, à fama, ao cargo de chefe. [Antes de infinitivo, usa-se ou não a preposição: Ele aspira (a) chegar em primeiro lugar na competição.] Como complemento, não aceita lhe nem lhes, que se substituem por a ele, a ela, a eles, a elas: Quando o emprego é bom, quem é que não aspira a ele? • O cargo está vago, e muitos aspiram a ele.

ASSISTIR		Exemplos
TD	prestar assistência a; ajudar:	assistir doentes, pobres, menores.
TD	auxiliar, principalmente como subordinado; assessorar:	assistir o presidente, assistir o ministro.
TD	fazer ou limpar uma jogada para servir a bola a (o companheiro):	Esse é um atacante que prefere assistir os companheiros a finalizar para o gol.
TI	estar presente, presenciar, ver:	assistir a um filme, a um programa, a um jogo.
TI	caber:	Não lhe assiste esse direito.
TI	testemunhar, ver, observar:	Assisti ao crescimento de todos vocês. • O barbeiro, nosso vizinho, assistiu a nós todos ficarmos homens.

ATENDER		Exemplos
TD	receber (para ouvir):	O diretor atendeu o pai do aluno. • O presidente não quis atender o empresário. • Ninguém o atendeu.
TI	acolher ou acatar com atenção, para tomada de providências:	O diretor atendeu ao pedido do pai do aluno. • Não podemos atender a esses apelos.
TI	escutar, dar atendimento:	Atenda ao telefone, que eu atendo à porta e ao portão!
TI	convir, servir:	Este computador não atende aos interesses da nossa empresa.
TI	acatar, levar em conta:	Atenda aos conselhos e aos avisos que lhe dão!

ATINGIR		Exemplos
TD	sempre TD, em qualquer acepção:	Ele é tão alto, que sua cabeça atinge o teto. • Só atinge uma graça quem merece. • Este elevador atinge o último andar do prédio em segundos. • Atingir os 120 anos com saúde é uma graça divina. • As despesas atingem vultosa quantia. • A inflação alta atinge sempre os mais pobres. • Os alpinistas atingiram o pico da montanha em três dias. • O cantor atingiu o clímax da fama bastante jovem.

AVISAR		Exemplos
TD e TDI	informar, cientificar:	Avise a polícia rodoviária, em caso de acidente! • Avise o pessoal da minha chegada! • Avise-os de que cheguei!
TD e TDI	prevenir, aconselhar:	Quem te avisa teu amigo é. • Ele me avisou do perigo que eu corria. • Avise-o do perigo que está correndo!

CERTIFICAR – CIENTIFICAR		Exemplos
TDI	colocar (alguém) a par de (um fato), informar, avisar:	Certifique (Cientifique) meus amigos de minha chegada! • Certifique (Cientifique) a meus amigos minha chegada. Como se vê, podemos usá-los com objeto direto para pessoa e objeto indireto para coisa, ou, ainda, com objeto indireto para pessoa e objeto direto para coisa. Prefira, no entanto, a primeira regência.

CHAMAR		Exemplos
TD	pedir a presença de, fazer sinal para vir:	chamar as crianças para jantar; chamar a polícia.
TD	mandar vir:	chamar o elevador, um táxi, um médico.
TD	convocar com algum sinal (sino, apito, campainha, etc.):	O sinal chama os alunos para a aula.

CHAMAR		Exemplos
TD	atrair:	A fêmea chama o macho. • Dinheiro chama dinheiro.
TD	acordar:	Chamaram-me bem cedo hoje.
TD	dizer, invocando:	chamar o nome de todos os santos.

Na acepção de qualificar, cognominar, é TD ou TI, com predicativo do objeto obrigatório. Constrói-se, então, de duas formas diferentes: Chamei meu amigo gênio ou Chamei a meu amigo gênio. Ou seja: Chamei-o gênio ou Chamei-lhe gênio. A preposição de pode aparecer antes do predicativo do objeto: Chamei-o de gênio ou Chamei-lhe de gênio.

| VP | ter por nome: | Como você se chama? Eu me chamo Luís. (Cuidado para não se esquecer do pronome, neste caso.) |

CONSISTIR		Exemplos
TI	ser o equivalente; equivaler:	A liberdade não consiste em fazer o que queremos, mas em ter o direito de fazer o que devemos. (João Paulo II)
TI	ser composto ou constituído; compor-se, constituir-se:	O arquipélago consiste em dezenas de ilhas.
TI	fundar-se, estribar-se, basear-se, fundamentar-se:	Sua carreira consiste em seu trabalho. • Nossa atividade consiste na venda de produtos pela Internet.
TI	representar, significar, constituir-se:	Sua presença em nossa festa consiste numa honra para nós.

Como se vê, não se usa a preposição "de" em nenhuma acepção. A regência "consistir de", muito comum, deve-se à influência do inglês *consist of*.

CONSTITUIR		Exemplos
TD	formar (pessoas ou coisas) as partes integrantes de um todo; compor:	As coníferas constituem cerca de um terço das florestas do mundo.
TD e VP	representar:	O ouro constitui uma riqueza nacional. • O ouro se constitui numa das maiores riquezas nacionais.
TD	estabelecer, organizar, estruturar, formar:	constituir uma empresa, uma sociedade, uma família.
TD	dar procuração a:	constituir um advogado.
VP	compor-se, formar-se:	A Terra se constitui de dois terços de água.
VP	ter sua formação ou criação; criar-se:	O sistema solar se constituiu há bilhões de anos.
VP	representar, significar, consistir:	Sua presença em nossa festa se constitui numa honra para nós.
VP	assumir um cargo, encargo, obrigação ou condição:	Ela se constituiu na representante da classe. • Ele quis se constituir no salvador da pátria e deu no que deu.

CUSTAR

Este verbo, usado como TI, tem uma construção gramatical e uma construção popular, já consagrada, ainda que do ponto de vista de uma análise estrutural não se sustente. Estabelece a gramática que, na acepção de ser difícil ou penoso, seu sujeito é sempre uma oração reduzida de infinitivo. Ex.: Custou-me crer nisso. (O que me custou? Sujeito: crer nisso me custou.) • Custa-lhes ajudar os outros? (O que lhes custa? Ajudar os outros lhes custa?) No português do Brasil ainda se usa o infinitivo precedido da preposição a: Custou-me a crer nisso.

Na língua popular, é comum esta construção: *"Eu custei" a crer nisso.* • *"Vocês custam" a ajudar os outros?* Ocorre que as pessoas não custam; é o fato que custa, não uma ou mais pessoas. Do ponto de vista lógico ou racional, não há como defender tal construção. O povo, no entanto, já a está consagrando. Exigir em concursos e vestibulares, portanto, o conhecimento deste verbo do ponto de vista estritamente gramatical já não tem sentido.

ENSINAR		Exemplos
	Vão nos interessar apenas as acepções que seguem.		
TDI	transmitir conhecimento por meio de lições:	ensinar as crianças a ler; ensinei-lhe piano desde pequeno.
TDI	educar com castigo:	ensinar o filho a respeitar os mais velhos; ensinar-lhe o respeito aos mais velhos.
TDI	lecionar:	ensinar português aos filhos.
TDI	mostrar ou indicar (para o bem de alguém):	Ele lhe ensinou o caminho; resta saber se você está disposto a trilhá-lo.

ESQUECER – LEMBRAR		Exemplos
TD ou TI	mas neste último caso são sempre pronominais:	Esqueci todos os meus documentos. • Não lembro o seu nome. • Esqueci-me de todos os meus documentos. • Não me lembro do seu nome.
TI	quando se dá ao ser esquecido ou lembrado a função de sujeito:	Esqueceu-me o documento em casa. • Não lhe lembram os bons momentos de infância? (Neste caso, exercem a função de sujeito, respectivamente: documento e momentos.)

IMPLICAR		Exemplos
TD	fazer supor, dar a entender; pressupor:	Aquele sorriso implica certa cumplicidade. • Sua tese implica um paradoxo. • O fato de ela ser simpática não implica que seja leviana.
TD	produzir como consequência; acarretar, importar:	Uma ação implica uma reação igual e contrária. • A revolução implicou profundas reformas sociais.
TD	tornar indispensável ou necessário; requerer, exigir:	Um empreendimento desse vulto implica muitos estudos e conhecimentos. • Democracia implica responsabilidade e certa disciplina.
TDI	envolver (em situação ilegal ou embaraçosa), comprometer:	Colegas procuraram implicá-lo no crime.
TDI	originar, causar, produzir:	A tecnologia implica maior conforto para a humanidade.
TI	ter implicância ou birra:	O velho vive implicando com as crianças. • Por que você só implica comigo? • A patroa implica muito com as empregadas.

INFORMAR		Exemplos
TD	dar notícias ou informações a; comunicar, inteirar, cientificar:	A mídia informa o público diariamente.
TD	instruir, passar conhecimentos a:	A escola não deve só informar os alunos, mas também formá-los.
TD	dar informe ou parecer sobre:	O delegado da Receita Federal já informou o processo.
TDI	dar notícias ou informações; comunicar; inteirar; cientificar:	Os jornais e as rádios informam o público diariamente acerca de (ou a respeito de, ou de, ou sobre) tudo o que acontece no mundo. • Informei ao pessoal o ocorrido. • Informaram-lhes que havia neblina na serra. • Informei ao vendedor que eu estava interessado na compra do veículo.

Repare: é verbo transitivo direto de pessoa e indireto de coisa ou transitivo direto de coisa e indireto de pessoa, indiferentemente. Assim, não se constrói: Informei "o" vendedor "que" eu estava interessado na compra do veículo nem Informei "ao" vendedor "de que" eu estava interessado na compra do veículo.

INTERESSAR		Exemplos
VP	tomar interesse; empenhar-se, esforçar-se:	Ele se interessa muito nos (ou pelos) problemas da família. • Nunca me interessei em (ou por) pescar.
VP	ter ou demonstrar interesse; sentir atração:	Sempre me interessei em (ou por) política. • Antigamente as mulheres não se interessavam em (ou por) futebol. • Nós nos interessamos na (ou pela) casa e compramo-la.

O antônimo, desinteressar-se, usa-se em duas acepções e pede apenas a preposição de: 1) perder o interesse; desmotivar-se (desinteressei-me do negócio); 2) negligenciar, não fazer caso (depois que rompeu o noivado, ela passou a desinteressar-se da aparência, não se cuidando nem mesmo na higiene).

MORAR – RESIDIR		Exemplos
	Usam-se apenas e tão somente com a preposição em:	Moro em bairro pobre. • Resido em bairro pobre. • Moramos na Rua da Liberdade. • Residimos na Avenida do Amor.

NAMORAR		Exemplos
TD	no português castiço, é apenas TD:	Luísa namora Calasãs. • Quer me namorar, Susana?

No português do Brasil, porém, usa-se esse verbo como transitivo indireto, à moda do italiano: namorar com alguém. Por que, afinal, nós, brasileiros, usamos namorar com? Porque a língua nos permite estar de namoro com. O povo usa namorar com não só por analogia com tal construção, mas também porque se diz corretamente casar com e noivar com. Então, o homem do povo, com certa lógica, raciocina assim: Se eu posso noivar com ela e até casar com ela, por que é que não posso namorar com ela? E vai namorando com ela...

NECESSITAR		Exemplos
TI	precisar, sentir necessidade, carecer:	Necessito de um empréstimo.
TD	demandar, exigir, requerer, reclamar:	Um país sério necessita uma classe política também séria, assim como qualquer terra fértil necessita adubos. • Um câncer necessita extirpação.

V. precisar.

OBEDECER – DESOBEDECER		Exemplos
TI	sempre TI:	Aqui todos obedecem ao regulamento. • Aqui ninguém desobedece ao regulamento. Quando o complemento é coisa, não aceitam lhe nem lhes, mas apenas a ele, a ela, a eles, a elas: O regulamento é esse, e todos obedecem a ele. • As leis são essas, mas todos desobedecem a elas.

Mesmo sendo transitivos indiretos, admitem emprego na voz passiva: O regulamento é obedecido por todos. • O regulamento não é desobedecido por ninguém.

PAGAR – PERDOAR		Exemplos
TDI	com objeto direto para coisa e objeto indireto para pessoa:	Paguei todas as minhas dívidas a meus credores. • Perdoei todas as dívidas a meus devedores.

PAGAR – PERDOAR		Exemplos
TDI	No caso de pagar, podemos empregar a coisa pelo seu proprietário:	Nenhum aluno ainda pagou ao colégio. (Quem paga o colégio só pode ser o seu proprietário.)
Ambos admitem o emprego na voz passiva: Meus credores foram pagos ontem. • O filho foi perdoado pelo pai.		

PRECISAR		Exemplos
TD	determinar ou indicar de modo exato, preciso:	O paraquedista precisou o lugar do pouso.
TI	ter precisão, necessidade, direito, obrigação, etc. de; necessitar:	Preciso de ajuda. • A empresa precisa de funcionários qualificados. Antigamente se usava o verbo precisar, assim como necessitar, como transitivo direto: Preciso (ou Necessito) ajuda. • A empresa precisa (ou necessita) funcionários qualificados. Tal regência caiu em desuso, nessa acepção. O português contemporâneo só aceita a omissão da preposição quando o objeto é oracional: Preciso que todos me ajudem. • Você necessita descansar um pouco.

PREFERIR		Exemplos
TD e TDI	escolher; achar melhor:	Prefira sempre o que é melhor para você! • Prefiro maçã a pera. • Ele preferiu morrer a capitular. • Ela prefere comer macarrão a comer arroz.
Não admite modificadores tais como "mais", "muito mais", "milhões de vezes", "antes", etc. nem aceita a regência "do que", que muito se vê na língua popular, por influência da construção É melhor isto do que aquilo, legítima.		

PRESIDIR		Exemplos
TD ou TI	dirigir como presidente ou como autoridade máxima:	Um nordestino preside o (ou ao) país atualmente. • Era eu quem presidia a (ou à) reunião.
TD ou TI	assistir, dirigindo ou orientando; exercer autoridade ou controle, assistindo:	A professora presidia bem os (ou aos) alunos, na representação da peça. • Cada escola deve ter seu orientador educacional, para presidir os (ou aos) educandos.
TD ou TI	dirigir, governar, reger:	São essas as leis que presidem o (ou ao, ou no) universo, desde o princípio dos tempos. • A lei do menor esforço é a que preside as (ou às, ou nas) manifestações coletivas.
TD ou TI	nortear, orientar:	São estes os princípios que presidem a (ou à) minha vida.

PREVENIR		Exemplos
TDI	preparar o espírito de; advertir, alertar:	Os salva-vidas preveniam os banhistas de que o mar estava perigoso. • O Serviço de Meteorologia preveniu os motoristas do mau tempo.
TDI	tomar medidas antecipadas ou acautelatórias, a fim de estar preparado para; acautelar; precaver; pôr de sobreaviso:	Preveniram-nos contra represálias. • Já preveni a turma contra todos os imprevistos que poderemos enfrentar na escalada do pico.
As regências não podem ser trocadas de uma acepção para outra, ou seja, não convém construir: O Serviço de Meteorologia preveniu os motoristas "contra" o mau tempo.		

PROCEDER		Exemplos
TI	levar a efeito; realizar, efetuar, fazer:	proceder a um sorteio, proceder à correção das provas, proceder ao exame de corpo de delito. Não admite emprego na voz passiva, como neste exemplo: *O exame de corpo de delito "foi procedido" em tempo hábil.*
	corrija-se:	Procedeu-se ao exame de corpo de delito em tempo hábil.

O verbo proceder tem outras acepções, mas a que mais nos interessa é apenas esta.

QUERER		Exemplos
TD	desejar:	O menino queria balas. • Não o quero mais aqui, saia!
TI	estimar, amar:	O menino queria muito ao pai. • A garota queria muito ao namorado, por isso reconciliaram-se. • Nunca lhe quis nem lhe vou querer, disse a ex-namorada ao rapaz, que sempre acreditou que ela o amasse.

REPARAR		Exemplos
TD	consertar:	reparar uma fechadura, um relógio.
TI	observar:	reparar num exemplo, no belo corpo de uma garota. Neste caso, quando o objeto é oracional, a preposição pode não aparecer: Os pais repararam que os filhos brincavam animadamente. • Não reparei que ela chorava.
TI	olhar:	Repare para aquela paisagem: não é linda? • Se você reparar para o céu hoje, verá o famoso cometa.

RESPONDER		Exemplos
TD	dar respostas grosseiras a, ser respondão ou grosseiro com:	Gente educada não responde os mais velhos. • Quando o menino respondeu a mãe, levou um tapa na boca.
TI	dar resposta, corresponder a uma pergunta:	Você já respondeu à carta que recebeu ontem? • Procurem responder a todas as questões da prova! Nesta acepção, não admite lhe nem lhes como complemento, que se substituem por a ele, a ela, a eles, a elas:As questões estão aí; procurem responder a elas com calma! • Recebi ontem a carta, mas ainda não tive tempo de responder a ela. Quando o objeto é oracional, a preposição não aparece:Ao me perguntarem sobre o assunto, respondi que nada tinha a declarar.
	Usa-se na voz passiva:	As questões foram respondidas em duas horas. • A carta ainda não foi respondida.

SATISFAZER		Exemplos
TD ou TI	agradar a, contentar:	É duro satisfazer (a) gregos e troianos. • Meus presentes nunca a (ou lhe) satisfaziam.
TD ou TI	corresponder às expectativas de:	A apresentação do cantor não satisfez o (ou ao) público.

Apesar de ser admitida a transitividade indireta, melhor será sempre usar este verbo como TD. Não podemos esquecer que **fazer** é somente TD, e satisfazer forma-se dos vocábulos latinos *satis* (= suficiente, bastante) + *facere* (= fazer, tornar).

SERVIR		Exemplos
TD	prestar serviços a:	O garçom já o serviu, cavalheiro?
TD	consagrar-se ao serviço de:	servir o Exército.
TD	ser útil a:	Gosto de servir os amigos.
TD	pôr sobre a mesa (bebida ou comida):	servir o café, o almoço.
TDI	oferecer, dar:	Serviram-nos frutas no desjejum.
TI	prestar serviços militares:	servir na guerra.
TI	ser útil, convir:	Compramos a máquina, mas infelizmente ela não serve a nosso tipo de trabalho. • Essa mulher não lhe serve, rapaz: esqueça-a!
TI	ajustar-se ao corpo:	A camisa não lhe serviu.
TI	ter serventia:	Folhas de jornal serviam de cama ao mendigo.
TI	prestar serviços de qualquer natureza, como subordinado de outrem:	Ele serviu a seu país por muitos anos.

Como intransitivo, significa prestar serviços como doméstico ou garçom: Sirva à mesa!

SIMPATIZAR – ANTIPATIZAR	Exemplos
São TI e não pronominais:	Simpatizei com vocês todos. • A garota antipatizou com o rapaz à primeira vista.

SOBRESSAIR	Exemplos
TI e não pronominal:	Qual foi o goleiro que sobressaiu naquela Copa do Mundo? • Nunca sobressaímos em Matemática.

OBSERVAÇÃO

Um dicionário registra este verbo como pronominal, equivocadamente.
Aliás, os equívocos nesse dicionário são tantos, que nada mais nos surpreende.

SUCEDER		Exemplos
TI	substituir por eleição, direito natural, etc.:	Lula sucedeu a Fernando Henrique; quem lhe sucederá? • O filho sucedeu ao pai no trono.
É verbo intransitivo, na acepção de acontecer e de acontecer sucessivamente:		Não se esqueça do que sucedeu ontem aqui. • Sucederam anos e anos, até que um dia ela voltou.
Pode ter dois objetos indiretos, como nestes exemplos:		Sucedo-lhe no cargo. • O general sucedeu ao coronel no comando das operações.

TORCER		Exemplos
TI	desejar a vitória, fazer torcida:	Torce pelo Vasco da Gama no Rio de Janeiro e pelo Palmeiras em São Paulo. • Por que time você torce? • Estou torcendo muito por você, Denise!

Como se vê, não se usa a preposição "para".

> **OBSERVAÇÃO**
>
> Quando se constrói **Eu torcia para que meu time vencesse**, usa-se o verbo como intransitivo. O que existe aí não é a preposição **para** pura e simples, mas a locução conjuntiva **para que** (= **a fim de que**), que dá início a uma oração adverbial final: **Eu torcia a fim de que meu time vencesse**.

VISAR		Exemplos
TD	pôr o visto:	visar um cheque, um passaporte.
TD	apontar para:	visar um alvo.
TI	desejar muito, almejar:	Todos os partidos políticos visam ao poder. • Os governantes deveriam somente visar ao bem-estar da população. Não aceita **lhe** nem **lhes** como complemento, que se substituem por **a ele, a ela, a eles, a elas**: O poder envaidece; por isso todos visam a ele. • Os diplomas são importantes, por isso muitos visam a eles.
Seguido de infinitivo, pode dispensar a preposição:		Todos os partidos políticos visam chegar ao poder.

> **IMPORTANTE**
>
> 1) A norma padrão exige que os verbos e expressões que dão ideia de movimento sejam usados com a preposição **a**:
>
> > Cheguei a Natal e fui direto ao hotel.
> > Voltei a casa desanimado.
> > As crianças subiam às árvores, aos postes, aos muros, a todos os lugares.
> > Quando desci ao andar térreo, pude ver o que de fato acontecia.
> > Dei um pulo ao supermercado para comprar açúcar.
> > Com um frio destes ninguém sai à rua.
> > Quando retornarás ao Rio Grande?
>
> No Brasil, no entanto, é comum o emprego da preposição **em** com tais verbos.
>
> 2) O pronome relativo exerce função sintática na oração a que pertence: sujeito (**a vida que levamos**), objeto direto (**a caneta que comprei**), predicativo (**brigam sempre, como velhos inimigos que são**), objeto indireto (**essa é a máquina de que precisamos; esse é o homem de cuja competência precisamos**) e adjunto adverbial (**este é o bairro em que moramos; o caso aconteceu na Lapa, em cujo bairro moramos**). Note que tanto o objeto indireto quanto o adjunto adverbial vêm precedidos da devida preposição, pedida pelo verbo (quem precisa, precisa **de**; quem mora, mora **em**).

Testes e exercícios

1 Mude a regência verbal, quando for necessário, para atender à norma padrão:

a) Não agrade muito seus filhos! Isso só agrada os psicólogos.
b) O filme não agradou o público nem a crítica.
c) A mãe batia no filho e depois ia agradá-lo; isso desagradou bastante o pediatra.
d) Nenhuma secretária consegue agradar esse empresário.
e) Ele é um cavalheiro: sabe agradar as mulheres; ela, no entanto, é o contrário: não sabe agradar os homens.
f) É certo que todo artigo antecede a um substantivo.
g) Aproveito a ocasião para cumprimentar a todos.
h) Que século antecedeu ao século XX?
i) O rapaz aproveitou a confiança que nele depositaram e surripiou a patroa.
j) Você acompanhou o período que antecedeu à revolução de 1964?

2 Transcreva as frases, substituindo o verbo em destaque por **agradar** (a, b, c) ou **desagradar** (d, e), procedendo às alterações necessárias:

a) Pais que **mimam** os filhos agem muito mal.
b) A música não **satisfez** o público nem o governador.
c) O governador anterior não **satisfez** a população que o elegeu.
d) Seu comportamento **não satisfez** parentes e amigos.
e) **Não satisfazer** os adversários faz parte do jogo político.

3 Mude a regência verbal, quando for necessário, para atender à norma padrão:

a) Edgar aspira o cargo de chefia; poucos o aspiram, porque é um cargo de muita responsabilidade.
b) Todos os alunos aspiram a aprovação. Você também não a aspira?
c) Gosto do ar do campo, porque só no campo aspiro o perfume das flores.
d) Assistimos um bom programa de televisão. Você não assiste televisão?
e) Três médicos assistem o rapaz acidentado.
f) Não gosto de assistir filmes pela televisão por causa das dublagens, sempre horríveis!
g) Todos os que assistiram o jogo gostaram. Você não o assistiu?
h) Que programa você mais gosta de assistir pela televisão?
i) Os espetáculos desse circo são ótimos, mas não tenho tempo para assisti-los.
j) O governo assiste as populações flageladas e também os desempregados.
k) Como poderia eu esquecer de você, se todos os dias lembro do seu nome?
l) Ele pediu que esqueçam tudo o que escreveu?
m) Cristina, espero que você nunca esqueça de mim!
n) Então, você não lembra de mim?! Puxa, eu nunca esqueci de você!
o) Toda mudança de residência implica em despesas de transporte.
p) Inflação alta implica perda de poder aquisitivo.
q) Uma crise econômica implicará na demissão de muita gente.
r) Residimos à Rua da Paz, e não à Rua do Sossego.
s) Moro à Avenida da Alegria, e não à Avenida da Tristeza.
t) Minha namorada mora à Alameda Itu; eu moro no Beco do Tigre.
u) Obedeçam seus pais, nunca desobedeçam seus pais.
v) Embora pedisse perdão, o pai não quis perdoá-lo. Você perdoa seus amigos? Ou não costuma perdoá-los?
w) O padeiro já chegou. Tenho que pagá-lo hoje sem falta. E não tenho dinheiro para pagá-lo!
x) Ninguém o pagará nem o perdoará por ter feito aquilo ontem.
y) Disse o candidato a seus adversários políticos: *Eu os perdoo, eu os perdoo!*
z) Prefiro milhões de vezes passear do que ficar em casa.

4 Continue:

a) Aceite o abraço do amigo que já não a quer porque não lhe quer. E não fique triste, porque outros a poderão querer, querendo-lhe muito mais do que eu lhe quis.

b) Repare aquela moça que ali vai; agora repare o namorado dela. Não é engraçado?

c) Ainda não respondi o cartão que recebi de Hortênsia. Você já respondeu aquela carta que recebeu sábado?

d) O rapaz teve de responder processo por ter feito isso. Você já respondeu algum processo na vida? Eu não respondi nenhum.

e) Cartas chegam de todo o país, mas não tenho tempo de respondê-las.

f) O questionário foi entregue ontem; ainda não o respondi. Você já respondeu o questionário que lhe entregaram?

g) Quantos anos você serviu o príncipe? Serviu-o por muito tempo?

h) Essa peça não serve a esta máquina. Dê uma peça que lhe sirva!

i) Ninguém se antipatizou com você, Marisa. Você é que se antipatiza com todo o mundo.

j) Você sabe quem antecedeu ao Papa Bento XVI?

k) Nunca sobressaí em Matemática, mas meus irmãos sempre sobressaíram nessa disciplina.

l) Quem mais se sobressaiu no concurso foi a filha de Calasãs. A filha de Travaços não conseguiu sobressair-se desta vez.

m) Será que os militares ainda visam o poder?

n) O progresso é um bem, e o governo que não o vise perde todo o seu prestígio.

o) Nenhum partido atual visa abandonar a luta pelo poder.

p) O menino visou o passarinho e acabou acertando na minha vidraça.

q) Nunca reparei os defeitos dela: quem ama não repara os defeitos.

r) O delegado exorbitou de suas funções.

s) Você não prefere ir ao cinema do que ir ao teatro?

t) Isilda está grávida e prefere ter homem do que ter mulher.

u) As crianças preferem muito mais praia do que piscina.

v) Queríamos essa menina como uma filha.

w) Esses vultosos desperdícios implicarão na falência da empresa.

x) Não exceda dos limites de carga deste elevador!

y) Eu nunca faltei das aulas, principalmente dessa aula.

z) O Palmeiras nunca mais terá um camisa 10 que se ombreie a Ademir da Guia.

5 Sabendo que o pronome relativo **que** se usa para coisa, que o pronome relativo **quem** se usa para pessoa e que antes do pronome relativo deve sempre aparecer a preposição pedida pelo verbo, use um ou outro pronome relativo, antecedido ou não de preposição, conforme convier:

a) Não foi esse o jogo ★ eu vi, não foi esse o jogo ★ assisti.

b) Não me faças perguntas ★ eu não possa responder!

c) Não conheço a rua ★ Juçara mora.

d) Voltei para buscar o pacote ★ havia esquecido.

e) Voltei para buscar o pacote ★ me havia esquecido.

f) Está aí um fato ★ jamais esquecerei.

g) Está aí um fato ★ jamais me esquecerei.

h) O programa ★ você assistiu não foi o programa ★ eu assisti.

i) O cargo ★ você deseja não é o cargo ★ eu desejo.

j) O cargo ★ você aspira não é o cargo ★ eu aspiro.

k) O cargo ★ você visa não é o cargo ★ eu viso.

l) Portugal é o próximo país ★ irei.

m) Qual é, afinal, a conclusão ★ deveremos chegar?

n) A cidade ★ primeiro chegamos foi Nova Friburgo.

o) Não conheço o assunto ★ você se refere nem a pessoa ★ você se refere.

p) Edgar foi o convidado ★ menos simpatizei.

q) Persival é o amigo ★ mais confio.
r) Susana foi a mulher ★ mais gostei na vida.
s) É esse o candidato ★ vais votar?
t) Gumersindo não ama a mulher ★ se casou.
u) Então, foi você a pessoa ★ todos antipatizaram?
v) Essa é uma notícia ★ não acredito.
w) O doce ★ mais gosto é brigadeiro.
x) A casa ★ moramos fica num bairro pobre.
y) Essa é a casa ★ precisamos, este é o bairro ★ gostamos.
z) Existem amigos ★ sempre nos queixamos, mas ★ nunca nos esquecemos.

Testes de concursos e vestibulares

1 (Fuvest-SP) Identifique a alternativa correta:

a) Preferia brincar do que trabalhar.
b) Preferia mais brincar do que trabalhar.
c) Preferia brincar a trabalhar.
d) Preferia brincar à trabalhar.
e) Preferia mais brincar que trabalhar.

2 (TTN) Marque a alternativa incorreta quanto à regência verbal:

a) Na verdade, não simpatizo com suas ideias inovadoras.
b) Para trabalhar, muitos preferem a empresa privada ao serviço público.
c) Lamentavelmente, não conheço a lei que te referes.
d) Existem muitos meios a que podemos recorrer neste caso.
e) Se todos chegam à mesma conclusão, devem estar certos.

3 (Cesgranrio-RJ) Assinale a opção cuja lacuna não pode ser preenchida pela preposição entre parênteses:

a) Uma companheira desta, ★ cuja figura os mais velhos se comoviam. (com)
b) Uma companheira desta, ★ cuja figura já nos referimos anteriormente. (a)
c) Uma companheira desta, ★ cuja figura havia um ar de grande dama decadente. (em)
d) Uma companheira desta, ★ cuja figura andara todo o regimento apaixonado. (por)
e) Uma companheira desta, ★ cuja figura as crianças se assustavam. (de)

4 (SFE-MG) Assinale a frase errada quanto à regência verbal:

a) Prefiro trabalhar a ficar parado.
b) Informei-lhe de todas as consequências.
c) Esqueceram-se das malas na estação.
d) A mudança não agradou aos contribuintes.
e) Esse não é assunto que lhe assiste.

5 (ITA) Aponte a alternativa correta:

a) Antes prefiro aspirar uma posição honesta que ficar aqui.
b) Prefiro aspirar uma posição honesta que ficar aqui.
c) Prefiro aspirar à uma posição honesta que ficar aqui.
d) Prefiro antes aspirar a uma posição honesta que ficar aqui.
e) Prefiro aspirar a uma posição honesta a ficar aqui.

6 (TJ-BA) Assinale a alternativa em que ocorra um erro de regência verbal:

a) Esqueceu-me o desejo discreto de conhecer as coisas do coração.
b) Lembrou-me a inusitada transformação por que passa a universidade brasileira.
c) Prefiro os casos que a inteligência discute a formas tecnocráticas de solução.
d) Aqui se jogam as sementes para informar-lhes de que a cultura não deve ser acadêmica.
e) Lembra-me tudo, lembram-me todos os acontecimentos de ontem.

7 (IBGE) Éramos ★ assistindo ★ jogo.

a) em seis – o   c) seis – o   e) seis – ao
b) em seis – ao d) seis – a

8 (Fuvest-SP) A arma ★ se feriu desapareceu. Aqui está a foto ★ me referi. Era um amigo de infância ★ nome não me lembrava. Passamos por uma fazenda ★ se criam búfalos.

a) que – de que – cujo – que
b) com que – que – cujo qual – onde
c) com que – a que – de cujo – em que
d) que – cujas – do cujo – na cuja
e) com a qual – de que – do qual – onde

9 (UFMT) Assinale a alternativa em que a regência do verbo **implicar** está incorreta:

a) Ele nos implicou mais ainda.
b) Fomos implicados naquela greve.
c) Ela sempre implicou comigo.
d) O estudo implica disposição e disciplina.
e) Seu talento implicou numa promoção.

10 (TRT) Assinale a alternativa que completa convenientemente as lacunas abaixo:

I – Certifiquei ★ de que o prazo esgotara-se.
II – Recebi ★ em meu escritório.
III – Informo ★ que as notas fiscais estão rasuradas.
IV – Avisei ★ de que tudo fora resolvido.

a) o – o – lhe – o
b) o – o – o – o
c) lhe – lhe – lhe – o
d) o – lhe – lhe – o
e) lhe – lhe – o – o

11 (PUC-SP) Assinale a alternativa em que a regência verbal é incorreta:

a) É saudável aspirar o ar da manhã.
b) Concentrei-me, visei o alvo e errei.
c) Informe a ele que o trem já partiu!
d) Os torcedores assistiram um grande jogo de futebol.
e) Chegou cedo a casa e logo dormiu.

12 (Mack-SP) **Preveniu- ★ logo ★ perigos que ★ ameaçavam**.

a) lhe – dos – o
b) o – contra os – lhe
c) lhe – contra os – o
d) o – dos – lhe
e) o – contra os – o

13 (Assembleia-MG) Assinale a alternativa que apresenta erro de regência:

a) Nenhum dos que estavam presentes simpatizou com as novas orientações.
b) Simpatizei com a nova diretoria e com as suas orientações.
c) Há alguns deputados com os quais não nos simpatizamos.
d) Somente o chefe da seção de pagamentos não simpatizou com as novas orientações.
e) A Assembleia inteira não simpatizou com o novo líder da maioria.

14 (BC) Assinale a opção em que o verbo **custar** não está sendo usado de acordo com a norma padrão:

a) O trabalho custou muito esforço ao funcionário.
b) Custou-me entender o processo.
c) Custou ao promotor entender as alegações da defesa.
d) Custa-me dar esta informação.
e) O promotor custou para entender as alegações da testemunha.

15 (IME) Assinale a alternativa correta quanto à regência verbal:

a) A peça que assistimos foi boa.
b) Estes são os livros que precisamos.
c) Esse foi um ponto que todos se esqueceram.
d) Joyce é o escritor que mais aprecio.
e) O ideal que aspiramos é conhecido.

16 (PUC-RJ) **Não é este o livro ★ lhe falei e ★ leitura me deliciei.**

a) que – de cuja
b) a que – a cuja
c) de que – a qual
d) de que – com a qual
e) de que – com cuja

17 (UFMT) Assinale a única alternativa incorreta quanto à regência do verbo:

a) Meu amigo perdoou ao irmão.
b) Perdoou o atraso no pagamento.
c) Moram na Rua Conselheiro Pena.
d) Lembrou ao pai que já haviam passado da hora.
e) Lembrou de todos os momentos felizes.

18 (TRE-MT) Há erro de regência verbal, de acordo com a norma padrão, em:

a) O informante não precisou do dinheiro ganho.
b) Eles se referiram sobre o outro governo.
c) Todos preferiram o elogio à censura.
d) Eis o ponto de que discordo.
e) Seu telefone não atende às chamadas.

19 (TCE-PB) Preencha os claros com uma das opções: Só não ★ idiota porque ★ muito bem.

a) o chamei – lhe quero
b) o chamei de – o quero
c) chamei-o – quero-lhe
d) lhe chamei – quero-o
e) lhe chamei de – o quero

20 (MPU) Assinale a alternativa em que a regência está de acordo com a norma padrão:

a) Estes são os recursos que dispomos.
b) Perdoei o amigo que me ofendeu.
c) Assiste ao trabalhador o direito de férias.
d) Perdoo aos teus erros.
e) Paguei a uma dívida atrasada.

21 (Iesp-ES) Assinale a alternativa em que a regência verbal está correta:

a) Ainda não paguei o advogado.
b) Chegamos finalmente em Santa Teresa.
c) Esta é a cidade que mais gosto.
d) Assisti ao rodeio de que você gostou.
e) Prefiro mais a cidade do que o campo.

22 (Mack-SP) Assinale a alternativa incorreta quanto à regência verbal:

a) Ele custará muito para me entender.
b) Chamei-lhe sábio, pois conhece a vida.
c) Hei de querer-lhe como a minha filha.
d) No sítio, as crianças aspiram o ar puro.
e) Ele só assiste a filmes de faroeste.

23 (FCAA-UFES) A planta ★ frutos são venenosos foi derrubada. O estado ★ capital nasci é este. O escritor ★ obra falei morreu ontem. Este é o livro ★ páginas sempre me referi. Este é o homem ★ causa lutei.

a) em cuja – cuja – de cuja – a cuja – por cuja
b) cujos – em cuja – de cuja – cujas – cuja
c) cujos – em cuja – de cuja – a cujas – por cuja
d) cuja – em cuja – cuja – cujas – por cuja
e) cujos – cuja – cuja – a cujas – por cuja

24 (UFPR) Em uma das alternativas há erro de regência verbal. Assinale-a:

a) Esqueceram-lhe os compromissos.
b) Nós lhes lembramos o compromisso.
c) Eu esqueci os compromissos assumidos.
d) Não me lembram tais palavras.
e) Lembro-me que essas eram as suas palavras.

25 (TCE-PB) Assinale a opção em que a regência verbal não segue a norma padrão:

a) Só me permitiram informar-lhe um atraso.
b) Não informaram aos alunos o ocorrido.
c) Não informaram aos alunos sobre o ocorrido.
d) Não informaram os alunos sobre o ocorrido.
e) Só me permitiram informar-lhe o ocorrido.

CAPÍTULO 33
REGÊNCIA NOMINAL

Tenha sempre amor a tudo o que faz!

Regência nominal

Regência nominal é a maneira de o nome relativo relacionar-se com seus complementos.

Nomes relativos são aqueles que não têm sentido completo, por isso pedem outros nomes que os complementem, chamados **complementos nominais**. Se for uma oração que complemente o sentido do nome relativo, ela se diz **completiva nominal**. Ex.:

> Tenho certeza **da tua inocência**.
> (**Da tua inocência** = complemento nominal, porque completa o sentido do nome relativo **certeza**: quem tem certeza, tem certeza de alguma coisa.)
>
> Tenho certeza **de que és inocente**.
> (**De que és inocente** = oração completiva nominal, porque completa o sentido do nome relativo **certeza**.)

A seguir, alguns dos nomes relativos mais interessantes.

Nomes relativos	Exemplos
acostumado a ou com	Já estou acostumado a isso (ou com isso).
adido a	Ele é um adido a uma embaixada estrangeira.
adjunto a	Ele é um adjunto a imprensa em palácio.
amizade a ou por (simpatia, estima), com (relações de estima; ligação)	Prestei-lhe o favor em consideração à amizade que sempre demonstrou a (ou por) todos nós. • Os pais não queriam que os filhos tivessem amizade com as filhas dos vizinhos.
amor a ou por	Tenha sempre amor a (ou por) tudo o que faz!
amoroso com ou para ou para com	Ele é muito amoroso com (ou para ou para com) os filhos.
antipatia a ou por	Ela tem antipatia ao (ou pelo) rapaz.
apaixonado de (entusiasta, aficionado), por (enamorado)	Ele é apaixonado de corridas de Fórmula 1. • Ela é apaixonada por um piloto de Fórmula 1.
apto a ou para	Se você é maior, está apto a (ou para) dirigir.
assíduo em	Sou assíduo nas aulas. (Despreze a regência assíduo "a".)

Nomes relativos	Exemplos
atenção a ou **para** (concentração, cuidado), **com** ou **para com** (consideração, cortesia)	Preste **atenção ao** (ou **para o**) que vou dizer! • Por que toda essa **atenção com** (ou **para com**) as garotas, hem, professor?
aversão a ou **por**	Tenho **aversão a** (ou **por**) cigarro.
chute a	Os jogadores treinam **chutes a** gol.
consideração a, com, para com ou **por** (respeito), **acerca de, a respeito de, sobre** (reflexão, raciocínio)	Essa atitude reflete sua falta de **consideração aos** (ou **com os**, ou **para com os**, ou **pelos**) colegas de profissão. [Em correlação com **em** ou com **por**, todavia, usa-se apenas **a**: Tudo o que fiz foi em (ou por) **consideração a** meus amigos.] • Tecer consideração **acerca da** (ou **a respeito da**, ou **sobre a**) legalidade de certas medidas presidenciais. (Nesta acepção usa-se mais no plural: **considerações**.)
constante de ou **em**	O advogado ainda não conhece as provas **constantes dos** (ou **nos**) autos.
consulta a	Em dúvida sobre a ortografia de uma palavra, faça **consulta a** seu dicionário! (Despreze a regência *consulta "em"*.)
correspondente a ou **de**	Há muitos provérbios em português **correspondentes a** esse (ou **desse**).
curioso a (interessante), **de** (interessado; prático)	Essa é uma notícia **curiosa aos** professores. • Estou **curioso de** saber notícias dela. • Ele sempre foi **curioso de** eletrônica. (Evite a regência *curioso "por"*.)
deputado por	Ele é **deputado por** Goiás, e não **pela** Bahia.
desacostumado a ou **com**	Estou **desacostumado a** (ou **com**) essas coisas.
equivalente a ou **de**	Esse produto é **equivalente aos** (ou **dos**) melhores do mundo.
falta a (ausência), **com** ou **para com** (culpa leve)	Sua **falta às** aulas foi notada. • Estou em **falta com** (ou **para com**) ele.
grudado a	A bala ficou **grudada a** meus dentes. • As crianças tinham os olhos **grudados à** televisão.
horror a, de ou **por**	Toda mulher tem **horror a** (ou **de**, ou **por**) baratas.
ida a ou **para** (neste caso, quando houver ideia de permanência ou estada demorada em determinado lugar)	Sua **ida ao** médico o aliviou das preocupações. • Quando se dará sua **ida para** Manaus? (Pressupõe que a pessoa vai mudar-se para Manaus.)
impróprio para	O filme é **impróprio para** menores.
inclinação a ou **para** (queda, propensão, tendência), **por** (simpatia, atração)	Ele sempre demonstrou **inclinação às** (ou **para as**) ciências exatas. • Sempre senti **inclinação por** morenas.
invasão de (Atenção: Quando aparece adjunto adnominal, rege **em**.)	A **invasão de** domicílio é crime. (Despreze a regência *invasão "a"*.) • A **invasão** dos americanos **no** Afeganistão foi um sucesso.
liderança sobre	O goleiro exerce **liderança sobre** todo o time. (Despreze a regência *"em"*.)
morador em	Sou **morador na** Rua da Paz. (Despreze a regência *morador "a"*.)
ódio a ou **contra**	A criança cresceu com **ódio à** (ou **contra a**) babá. (Despreze a regência *ódio "de"*.)
ojeriza a ou **por**	Tenho **ojeriza a** (ou **por**) fumantes.
palpite sobre	Você quer um **palpite sobre** esse jogo? (Despreze a regência *palpite "para"*.)

Nomes relativos	Exemplos
paralelo a (semelhante), **com** (noção de direção)	Não encontrei caso **paralelo** ao que acabo de ver. • A nova rodovia correrá **paralela com** o mar.
parecido a ou **com**	Ele é muito **parecido** ao (ou **com** o) pai.
passagem por	A **passagem** de aviões russos **por** território alemão é constante. (Despreze a regência *passagem "sobre"*.)
preferência a ou **por**	O público manifestou **preferência** a (ou **por**) um dos concorrentes.
preferível a	A democracia é **preferível** a qualquer outro regime de governo. (Despreze a regência *preferível "do que"*.)
presente a (com nomes abstratos) ou **em** (com nomes concretos)	Estive **presente** àquela recepção. • Estive **presente** no estádio naquele dia.
pressão sobre	O vento exerce **pressão sobre** a janela. (Despreze a regência *pressão "em"*.)
próximo a ou **de**	Estou **próximo** ao (ou **do**) zoo.
relacionado a ou **com** (preferível)	Esse é um assunto **relacionado com** o (ou **ao**) aquecimento global. (A regência *relacionado* a surgiu por analogia com *relativo* a.)
relativo a	Esse é um assunto **relativo** ao aquecimento global.
residente em	Sou **residente** na Rua da Paz. (Despreze a regência *residente "a"*.)
senador por	Ele é **senador** pela Bahia, e não **por** Goiás.
sito em	O armazém, **sito** na Praça do Comércio, passa por reformas. (Despreze a regência *sito "a"*.)
situado em	O armazém, **situado** na Praça do Comércio, passa por reformas. (Despreze a regência *situado "a"*.)
vinda a ou **para** (neste caso, quando houver ideia de permanência ou estada demorada em determinado lugar)	Sua **vinda** ao médico o aliviou das preocupações. • Quando se dará sua **vinda para** Manaus? (Pressupõe que a pessoa vai mudar-se para Manaus.)

Testes e exercícios

1 Identifique as frases corretas quanto à regência nominal:

a) Os jogadores treinaram muitos chutes em gol.
b) As crianças estão prestando muita atenção no que o avô conta.
c) Um adido a embaixada brasileira deu declarações a um adjunto a imprensa no Palácio do Planalto.
d) Nunca fui assíduo a festinhas dessa natureza.
e) Ninguém notou a sua falta da aula, nem muito menos a sua falta do trabalho.
f) Faça consulta a um bom médico, e não a charlatães!
g) O selo ficou grudado em meus dedos.
h) Você soube da invasão dos americanos no Iraque?
i) Nessa época éramos moradores à Avenida da Esperança.
j) Qual é seu palpite para o jogo Flamengo x Vasco?
k) A passagem de carros argentinos sobre território gaúcho está proibida.
l) É preferível comer jiló do que ficar sem comer nada.
m) O supermercado, sito na Rua dos Alecrins, abre às 6h.
n) Os corintianos têm ódio dos palmeirenses?
o) Não conheço nenhum senador de Pernambuco nem deputado de Sergipe.
p) O menor exerce liderança sobre todo o grupo.
q) Por que você não está prestando atenção na aula?
r) Quando vai ser nossa ida no zoológico, professora?
s) Os carros japoneses são equivalentes aos melhores do mundo.
t) Luís de Sousa, residente à Rua dos Alecrins, é brasileiro nato.

2 Complete com a preposição adequada:

a) Minha namorada mora ★ Rua da Paixão, e eu moro ★ Avenida da Saudade.
b) Já estou acostumado ★ o ruído que vem da rua.
c) Se você tem aversão ★ sangue, não pode ser médico!
d) Preste atenção ★ placas de sinalização!
e) Ela não consegue ser amorosa ★ criança mal-educada!
f) Se você está próximo ★ estádio, por que não compra um ingresso para mim?
g) Se é preferível viajar de trem ★ viajar de avião, por que você só viaja de avião?
h) Você é bom de palpite? Então, dê um palpite ★ o jogo de amanhã!
i) Por que você tem horror ★ bichos?
j) O povo já está desacostumado ★ preços altos e inflação alta.

3 Identifique a frase que apresenta erro de regência nominal:

a) Se você é sadio, está apto a servir o Exército.
b) Ela está próxima de ter um ataque de nervos.
c) Se eu nunca fui morador na Rua da Alfândega, por que você me foi procurar lá?
d) Quem for residente na Praça dos Três Poderes, que se retire daqui!
e) A que devemos tua vinda para a nossa cidade? Já voltas amanhã à tua terra?!

4 Identifique a alternativa que contém erro de regência nominal:

a) Esse assunto é muito mais relacionado com física que com química.
b) Por que tanta falta de consideração para com os turistas?
c) Brasileiro é apaixonado por futebol.
d) Quais são os adjetivos constantes nesse texto?
e) Há várias obras importantes correspondentes dessa, na literatura brasileira.

CAPÍTULO 34

CRASE

Crase

Crase é o nome que se dá à fusão ou contração de dois **aa**. Para indicar essa fusão usa-se o acento grave (`).

Como se percebe, crase e acento são, pois, conceitos distintos; entender essa distinção é fundamental para bem compreender este assunto.

OBSERVAÇÃO

Antigamente se escrevia **Fui a a escola** ou, como fazia Camões: **Fui aa escola**. Foi justamente para evitar esse encontro desagradável das duas vogais que se deliberou juntar esses dois **aa** num só **a** e marcar a fusão ou a crase mediante o emprego de um sinal. O sinal escolhido foi o acento grave, que, hoje, só existe para esse fim. Assim, quando escrevemos um **à**, estamos indicando que aí existem de fato dois **aa**, um é preposição e o outro geralmente é o artigo **a**.

Feitas essas considerações, passemos aos dois casos obrigatórios do uso do acento grave, indicador da crase.

● Crase (1)

Acentua-se o **a** quando, ao substituirmos um substantivo feminino por um masculino, o **a** dá lugar a **ao**. Ex.:

Fui a escola.

Esse **a** tem ou não tem acento? É ou não é craseado? Façamos a substituição desse substantivo feminino (**escola**) por outro, masculino (**colégio**, por exemplo):

Fui ao colégio.

Como o **a** inicial deu lugar a **ao**, aquele **a** é acentuado, é craseado. Portanto, grafaremos:

Fui à escola.

390   Luiz Antonio Sacconi

Outros exemplos:

> Não me refiro **à** secretária, mas **ao** secretário.
> Entreguei o livro **à** professora, e não **ao** professor.
> Deram o presente **à** vizinha, e não **ao** vizinho.

IMPORTANTE

1) Os substantivos femininos **terra** (chão firme, oposto de bordo) e **casa** (lar) rejeitam o artigo **a** e, por consequência, não pode haver crase. Não havendo crase, cabe-nos grafarmos:

> Depois de tantos dias no mar, chegamos **a terra**.
> Fui **a casa**, mas regressei em poucos minutos.
> Você ainda não retornou **a casa** desde aquele dia?

Vindo tais substantivos com modificador, o **a** passa a receber acento:

> Depois de tantos dias no mar, chegamos **à terra procurada**.
> Fui **à casa dela**, mas regressei em poucos minutos.
> Você ainda não voltou **à casa paterna**?

2) O pronome **aquele** (e variações) e também **aquilo** podem receber acento no **a** inicial, desde que haja um verbo ou um nome relativo que peça a preposição **a**. Ex.:

> Não fui a aquela farmácia = Não fui **àquela** farmácia.
> Não fiz referência a aquilo = Não fiz referência **àquilo**.

Às vezes o pronome **aquela** ou **aquelas** vem representado por **a** ou **as**, também pronomes demonstrativos, principalmente quando vêm antes do pronome relativo **que**:

> Esta revista é igual a a (= aquela) **que** li = Esta revista é igual **à que** li.
> Suas visões foram semelhantes a as (= aquelas) **que** tive ontem à noite =
> = Suas visões foram semelhantes **às que** tive ontem à noite.

3) Antes de pronome possessivo é facultativo o uso do artigo; sendo assim, facultativo também será o uso do acento grave no **a** que se antepõe a esse tipo de pronome. Ex.:

> Refiro-me a/**à sua** colega, e não a/**à minha**.
> Faço referência a/**à tua** firma, e não a/**à nossa**.

Pronomes possessivos antecedidos de nomes de parentesco rejeitam o uso do artigo; sendo assim, não se usa o acento grave no **a** que a eles se antepõe. Ex.:

> Refiro-me a **sua mãe**, e não a **minha**.
> Faço referência a **tua prima**, e não a **nossa avó**.

4) Só acentuamos o **a** antes de nomes de pessoas quando se tratar de indivíduo que faça parte do nosso círculo de amizades, indivíduos aos quais damos tratamento íntimo: a **Marisa**, a **Bete**, a **Rosa**, etc. Ex.:

> Refiro-me à **Marisa**, e não à **Bete**.
> Faço referência à **Rosa**, e não à **Hortênsia**.

NOSSA GRAMÁTICA COMPLETA

Quando se tratar de pessoas com as quais não temos nenhuma intimidade, o acento não tem razão de ser, já que não usamos artigo antes de nomes de pessoas desconhecidas ou não amigas.

Suponhamos, então, que haja alguém de nome **Lurdes** ou de nome **Jeni**, com as quais não mantemos nenhum relacionamento íntimo ou amigo. Grafaremos, então:

> Refiro-me a **Lurdes**, e não a **Jeni**.
> Faço referência a **Jeni**, e não a **Lurdes**.

5) É facultativo o uso do artigo antes de todos estes nomes de lugar, quando vêm regidos de preposição: **Europa**, **Ásia**, **África**, **França**, **Inglaterra**, **Espanha**, **Holanda**, **Escócia** e **Flandres**. Conclui-se daí que também facultativo será o uso do acento grave no a que antecede tais nomes:

> Fui a/à **Europa**, e não a/à **Ásia**.
> Iremos a/à **Inglaterra**, e não a/à **Escócia**.

6) Usa-se o acento no a antes de palavra masculina e ainda no plural, quando se abrevia ou reduz uma expressão que, na verdade, tem início por palavra feminina. Ex.:

> Vou à **Homicídios**. (= Vou à **Delegacia** de Homicídios.)
> Cheguei à **Costumes** e não encontrei o delegado.
> (= Cheguei à **Delegacia** de Costumes e...)

Crase (2)

Acentua-se o a que principia locuções com palavra feminina. Ex.: carro à **gasolina**; estudar à **noite**; estar à **cata** de informações; à **proporção** que chove, mais preocupados ficamos.

A única locução que não deve trazer acento no a é a **distância**, quando não está determinada. Ex.:

> Os guardas ficaram a distância.
> No zoológico, os animais ficam a distância.

Quando a distância é determinada, o a passa a ser acentuado:

> Os guardas ficaram à distância **de cem metros**.
> No zoológico, os animais ficam à distância **de dez metros**.

Nas construções: vestir-se à **Momo**, escrever uma redação à **Rui Barbosa**, vestir-se à **1930**, jogar à **Telê Santana**, há uma destas locuções subentendidas: à **semelhança de**, à **moda de** ou à **maneira de**; daí a necessidade do acento no a, obrigatoriamente.

IMPORTANTE

1) Algumas locuções adverbiais de tempo são iniciadas pela preposição a. Neste caso se usa o acento. Ex.:

> Àquela época tudo era diferente = Naquela época...

> À chegada do presidente ouviram-se aplausos = Na chegada...
> Àquela hora tudo era silêncio = Naquela hora...

2) Usa-se o acento grave, ainda, em expressões semelhantes a locuções, nas quais o elemento principal é uma palavra feminina. Ex.:

> À **entrada** da casa havia um aviso: cão bravo.
> Estão todos esses homens à **disposição** da justiça.

3) Não se dá o fenômeno da crase (prep. **a** + art. **a**) nas locuções adverbiais de instrumento ou nas de modo, mas no **a** que as principia se usa o acento, por força da tradição ou da clareza. Ex.: bater à **máquina**, matar à **bala**, comprar à **vista**, atirar à **queima-roupa**, matar alguém à **fome**.

Outras locuções do mesmo tipo: à **mão**, à **vela**, à **tinta**, à **chave**, à **navalha**, à **pedrada**, à **gasolina**, à **eletricidade**, à **pilha**. Esse acento, por não indicar a ocorrência de crase, recebe o nome de acento analógico.

▪ Casos que dispensam o uso do acento grave, indicador da crase

Em vista do exposto nas duas regras fundamentais de **crase**, não devemos usar o acento grave no **a**, em hipótese alguma, nos seguintes casos:

1) antes de substantivo masculino. Ex.:

> Creusa gosta de andar a **cavalo**.
> Esta loja não vende a **prazo**.
> Sua camisa está cheirando a **suor**.

2) antes de qualquer nome feminino tomado em sentido genérico ou indeterminado, isto é, não precedido de artigo. Ex.:

> Nunca fui a **festa alguma**, a **reunião alguma**, a **recepção alguma**.
> Não me refiro a **mulheres**, refiro-me a **crianças**.
> Não sou candidato a **coisa nenhuma**.
> O prefeito não dá ouvidos a **reclamações**.

Note que construímos sempre sem o artigo:

> Não sou **de** festa, **de** reunião, **de** recepção nenhuma.
> Não falei **com** mulheres, falei **com** crianças.
> Não fui nomeado **para** coisa nenhuma.
> O prefeito não se preocupa **com** reclamações.

Por que não usamos o artigo antes dos substantivos aí vistos? Porque tais substantivos são usados em sentido indeterminado, vago, impreciso.

3) antes de nome próprio de cidade. Ex.:

> Vou a **Piraçununga** antes de ir a **Mojimirim**.
> Nunca fui a **Brasília** nem a **Goiânia**.

4) antes de nome próprio de pessoas célebres. Ex.:

> Somente hoje o professor se referiu a **Maria Antonieta**.
> Ninguém ainda fez alusão a **Joana d'Arc**.

5) antes de pronomes que não admitem artigo. Ex.:

> Não entregue isto a **ninguém**.
> Darei a **essa** moça tudo o que ela quiser.
> Obedeço a **toda** sinalização de trânsito.
> Dirigíamo-nos a **cada** pessoa que passava na rua.
> Não me refiro a **qualquer** pessoa, refiro-me a ela.
> Estamos dispostos a **tudo**, a **qualquer** coisa.
> Oferecemos a **vocês** todo crédito possível.
> Você entregou o documento a **qual** das funcionárias?
> A **qual** das moças você pediu o favor?
> Entreguei o documento a **S. Ex.ª**
> Estou contando a **V. S.ª** o que de fato aconteceu.
> A cena a **que** me refiro é bastante violenta.
> Filipe e Virgílio, a **cuja** irmã devo mil obrigações, são anarquistas.

6) antes de verbo. Ex.:

> Estamos dispostos a **colaborar**.
> A **partir** de amanhã, novo congelamento de preços.
> Prefiro morrer a **ver** isso acontecer.

7) antes da palavra **Dona** (que se abrevia **D.**). Ex.:

> Entreguei a chave a **Dona** Teresa.
> Não conte isso a **D.** Teresinha!

Se, porém, a palavra **Dona** vem modificada por adjetivos, cabe o acento. Ex.:

> Entreguei a chave à **simpática Dona** Teresa.
> Não conte isso à **querida D.** Teresinha!

8) antes da palavra **casa**, quando significa **lar** (neste caso vem sempre sozinha, desacompanhada de modificador). Ex.:

> Voltei a **casa** cedo.   Não vou a **casa** agora.

Observe que a palavra **casa**, usada assim, não exige artigo:

> Estive **em** casa cedo.   Não fico **em** casa agora.

Aparecendo modificador, todavia, tudo se modifica:

> Voltei à **casa de minha namorada** cedo.
> Não vou à **casa dela** agora.

Por que tudo se modifica? Porque, agora, a palavra **casa** exige o artigo:

Estive **na** casa da minha namorada cedo.   Não fico **na** casa dela agora.

---

9) antes da palavra **terra**, antônima de **bordo**, também usada sozinha, sem modificador. Ex.:

Chegamos a **terra** bem cedo.   Os marujos ainda não desceram a **terra**.

Observe que construímos:

Depois de meses no mar, vimos **terra**. (E não: *vimos "a" terra.*)
O timoneiro da embarcação avistou **terra**.
Os restos do foguete caíram em **terra**, e não no mar.

---

10) antes do artigo indefinido **uma**. Ex.:

Dirigi-me a **uma** pessoa que estava ao balcão.
Entreguei o documento a **uma** senhora que estava ali.

---

11) antes de substantivos repetidos, nas locuções adverbiais. Ex.: **gota a gota**, **cara a cara**, **frente a frente**, **de ponta a ponta**, etc.

---

12) antes de numerais. Ex.:

O número de carros acidentados chega a **duzentos**.
O secretário de Estado norte-americano fará uma visita a **nove** países da América Latina.
Nasci a **18** de dezembro, e não a **2** de fevereiro.

---

13) nas locuções adverbiais de modo que trazem o substantivo no plural. Ex.:

As mulheres se atracaram a **dentadas**.
A reunião foi a **portas fechadas**.
A **duras penas** conseguimos chegar lá.

Usando-se toda a expressão no plural, aparece o acento:

Mandei-o às **favas**, às **vezes**.   Fiz tudo às **avessas**, às **escondidas**.

---

14) na locução **a distância**, quando a noção da distância não for bem definida, delimitada. Ex.:

Tudo acontecia a **distância**, não poderíamos ser afetados.
As crianças observavam os animais, no zoológico, a **distância**.

Se a distância vem determinada, então, usa-se o acento:

Tudo acontecia à distância de mil metros, não poderíamos ser afetados.
As crianças observavam os animais, no zoológico, à distância de cem metros.

Ainda que a expressão venha com algum modificador, não se usará o acento. Ex.:

A atriz ficou a boa distância de mim.
Ela ficou a uma distância de trinta metros.
Avistei-a a longa distância.

OBSERVAÇÕES

1) Antes do numeral **uma** usa-se acento no **a**, visto que neste caso ocorre crase. Ex.:

Os guardas chegaram à uma hora.
Os guardas gritaram à uma: *Fora, todos!*.

No último exemplo estão ocultas as palavras **só voz** (à uma = a uma só voz).

2) A expressão candidata a exige posposição imediata de substantivo sem artigo; daí a ausência de acento grave no a em frases tais como:

Teresa é candidata a rainha.
Teresa é candidata a rainha do carnaval.

Casos facultativos do uso do acento grave, indicador da crase

Nos casos de faculdade do uso do artigo também há, por consequência, faculdade no emprego do acento grave. São estes os principais casos:

1) antes de pronome possessivo. Ex.:

Dei isto a/à sua professora, e não a/à minha amiga.
Ofereceram ótimo salário a/à nossa funcionária, mas ela preferiu ficar conosco.

Como não se usa artigo antes de possessivo acompanhado de nome de parentesco, também não se usa o acento grave no a que antecede tal possessivo. Ex.:

Dei isto a sua mãe, e não a minha prima.
Ofereça um brinde a sua mulher!

OBSERVAÇÃO

Quando o possessivo funciona como pronome substantivo, o acento é obrigatório. Ex.:

Não me refiro às respostas de Luís, mas às tuas.

2) antes de nome próprio de pessoa, desde que íntima, familiar. Ex.:

> Dei tudo **à Ciça**, que nem sequer me agradeceu.
> Disse **à Bete** o que ela precisava ouvir.

Este uso se justifica pela prática de, principalmente no Sul do Brasil, usar-se:

> A **Ciça** acabou de chegar.   A **Bete** era a minha namorada.

Tal prática não é muito aconselhável, ainda que admitida.

3) antes destes nomes próprios de lugar: **Europa**, **Ásia**, **África**, **França**, **Inglaterra**, **Espanha**, **Holanda**, **Escócia** e **Flandres**. Ex.:

> Fui **a/à Europa**, mas não cheguei a ir **a/à África**.
> Levei **a/à França** todas as minhas ambições.

Esta faculdade se dá em virtude de podermos construir, sempre que regidos de preposição:

> Estive **em/na** Europa, e não em/na África.
> Cheguei **de/da** França neste instante.

4) com a locução **até a**, antes de palavra feminina. Ex.:

> Fui **até a/até à** farmácia, mas não encontrei o remédio.
> Iremos **até a/até à** Bahia, brevemente.

Tudo isso porque, com nomes masculinos, podemos usar facultativamente:

> Vou **até o/ao** supermercado.
> Iremos **até o/ao** Chile amanhã.

Como facilmente se percebe, o uso adequado do acento indicador da crase está diretamente relacionado com o conhecimento que se tem do uso e omissão do artigo.

Em tempo – Existe diferença de sentido entre **matar a fome** (saciar a fome) e **matar à fome** (matar à míngua, negando alimentação).

Testes e exercícios

1 Indique a existência da crase, usando o acento no **a**, quando for necessário:

a) Telefonei a ela e depois a você, enfim, a todos os nossos amigos.

b) Dos cinquenta pescadores que saíram, apenas dois retornaram a terra.

c) Não vou a Brasília, vou a Bahia, a essa nossa encantadora Bahia.

d) Obedeça a sinalização – é o que pedem as placas nas rodovias.

e) Nunca desobedeça a nenhuma pessoa, nem mesmo a sua sogra!

f) Fui a Londres, ou melhor, a velha Londres, onde morei dez anos.

g) Você não deve ir a festa nem a recepção alguma: é a recomendação médica.

h) Fui a festa e a recepção: não respeitei a recomendação médica.

i) Os turistas ficaram bom tempo a contemplar aquela praia.

j) O fato aconteceu a 20 de abril, e não a 5 de março.

k) Não fiz alusão a mulher nem a homem, fiz alusão a bichos.

l) Não fiz alusão a mulher nem ao homem, pois nem os conheço.

m) Norma padrão é semelhante a etiqueta social: usa quem pode, e não quem quer.

n) A reunião será a portas fechadas.

o) A partir de amanhã o comércio abrirá as portas as 6h.

p) Trabalho de segunda a sábado, das 7h as 21h.

q) Trabalhei da segunda-feira a quinta-feira nesse projeto, do meio-dia a uma da madrugada.

r) Passearemos a pé, e não a cavalo.

s) Comi um bife a milanesa e outro a cavalo.

t) Um rapaz usava bigode a Hitler, e o outro usava chapéu a Napoleão, no baile a fantasia.

u) Estávamos ali, frente a frente, cara a cara com o inimigo.

v) Virgílio vive a custa da mulher; seu filho vive a expensas da avó.

w) Minha preocupação aumenta a medida que o tempo passa.

x) Era um baile a antiga, onde todos se trajavam a 1960.

y) Tenho três carros: um a gás, um a gasolina, um a álcool.

z) Aquela altura dos acontecimentos, tudo corria as mil maravilhas.

2 Complete com **a**, **à**, **as** ou **às**, conforme convier:

a) O rapaz entrou no palco, deu um sorriso ★ Sílvio Santos, que achou aquilo tudo muito ★ 1950 e começou ★ cantar, ★ pedido do apresentador.

b) O rapaz foi fazer uma entrevista de emprego, chegou e já foi cumprimentando o entrevistador com um sorriso ★ Sílvio Santos: ficou sem o emprego.

c) Saímos ★ procura de um bom restaurante; quando o encontramos, comemos ★ farta, bebemos ★ vontade, conversamos ★ valer e rimos ★ pampas.

d) Um policial ★ paisana nos fotografava.

e) Foi um assassinato ★ sangue frio; o tiro foi ★ queima-roupa.

f) Desde ★ uma da tarde estou ★ procura de uma farmácia e justamente ★ que encontro não tem o que eu quero.

g) A polícia acompanhava a manifestação estudantil ★ distância.

h) A polícia acompanhava a manifestação estudantil ★ distância de no máximo vinte metros.

i) Na ocasião eu usava bolsa ★ tiracolo ★ moda da época.

j) ★ respeito disso afirmou que falaria sempre, hora ★ hora, minuto ★ minuto.

3 Identifique a frase correta quanto ao uso do acento da crase:

a) Desta vez, fomos a Inglaterra, a França e a Espanha.

b) A carta à que você faz alusão eu não recebi.

c) Resistiremos à qualquer pressão, lutaremos até a morte.

d) Dou os parabéns à Vossa Senhoria pelo resultado.

e) Entreguei à Dona Viridiana o envelope.

4 Identifique a frase errada quanto ao uso ou à omissão do acento da crase:

a) Hortênsia é candidata a rainha.
b) Hortênsia é candidata a rainha do carnaval.
c) Hortênsia é candidata a deputado.
d) Hortênsia é candidata a uma vaga na empresa.
e) Hortênsia é candidata à qualquer coisa.

5 Identifique a frase correta quanto ao uso ou à omissão do acento da crase:

a) Os tubarões são capazes de sentir o cheiro de uma única gotícula de sangue em meio a uma piscina olímpica e de perceber a distância o batimento cardíaco de uma presa.
b) Os tubarões são capazes de sentir o cheiro de uma única gotícula de sangue em meio a uma piscina olímpica e de perceber à distância o batimento cardíaco de uma presa.
c) Os tubarões são capazes de sentir o cheiro de uma única gotícula de sangue em meio à uma piscina olímpica e de perceber à distância o batimento cardíaco de uma presa.
d) Os tubarões são capazes de sentir o cheiro de uma única gotícula de sangue em meio à uma piscina olímpica e de perceber a distância o batimento cardíaco de uma presa.
e) n.d.a.

Testes de concursos e vestibulares

1 (Cesgranrio-RJ) Identifique a frase em que o **a** não deve levar o sinal indicativo da crase:

a) Dirigi-me apressado àquela farmácia.
b) Refiro-me àquele rapaz que foi teu colega.
c) Àquela hora todos já se tinham recolhido.
d) Quero agradecer àquele homem as atenções que me dispensou.
e) Fui para àquela praça, mas não a encontrei.

2 (PUC-SP) O acento grave, indicador de crase, foi empregado ou omitido corretamente, exceto na alternativa:

a) Após à luta de boxe, todos queriam brigar.
b) Retornaremos à noite, talvez de madrugada.
c) Você já respondeu àquele seu amigo?
d) Não costumo ir a festa de aniversário.
e) Ele não está se referindo a mulher, está se referindo a homem.

3 (TACrim-SP) Das orações abaixo, uma apresenta incorreção quanto ao uso do sinal indicativo da crase. Assinale-a:

a) Pôs-se a correr assim que viu a bruxa.
b) Todos estão a lhe prestar as devidas homenagens póstumas.
c) Entregue a ela todos os livros que tomamos emprestados!
d) Vários ataques terroristas têm sido planejados para destruir a cidade de Nova Iorque.
e) Pedro foi a cidade de Nova Iorque em meio aos ataques terroristas.

4 (Mapofei) Copiar as seguintes frases, corrigindo-as quanto à crase, se necessário:

a) A nação a qual te referes é o Brasil.
b) Não deves obediência a leis injustas.
c) Dei tudo a esta velhinha.
d) Os moços vestem-se a Luís XV.
e) Não vá de trem, vá a cavalo!

5 (STN) Comunico ★ V. S.ª que encaminhamos ★ petição anexa ★ Divisão de Fiscalização que está apta ★ prestar ★ informações solicitadas. A alternativa que preenche as lacunas dessa frase é:

a) a – a – à – a – as
b) à – a – à – a – às
c) a – à – a – à – as
d) à – à – a – à – às
e) à – a – à – à – as

6 (BB) Assinale a frase cujo **a** deve levar acento indicador de crase:

a) Gostava de andar a cavalo.
b) Requereu a autoridade competente.
c) Comunicou o fato a quem de direito.
d) Referia-se a Copacabana.
e) Deixai vir a mim as criancinhas!

7 (UFF-RJ) Identifique a única frase em que há erro no que se refere ao emprego do acento grave para indicar o fenômeno da crase:

a) Se a instituição resistiu à uma devassa como essa é porque nada tem de condenável.
b) O almoço será à uma hora: quem chegar atrasado não almoça.
c) Esperava por eles, sentado à porta, ou encostado à janela.
d) Estou feliz porque servi de olhos a um cego.
e) Todos, à uma, denunciavam o motorista do ônibus como culpado.

8 (Faetec) Assinale a alternativa que não contenha erro quanto ao uso da crase:

a) Chegou a uma hora em ponto.
b) Ele se referia às candidatas interessadas.
c) Naquela cidade não se obedece a lei.
d) Tu costumas andar à pé?
e) Agradeci a própria pessoa.

9 (FEC) Assinale a frase errada quanto ao uso do sinal indicador da crase:

a) Toda noite assisto a novelas.
b) Chegamos à noite e saímos às pressas.
c) Não estávamos dispostos à estudar.
d) Pensou que ia à Bahia.
e) Não disse nada à mãe e saiu.

10 (Esaf) Aponte a alternativa em que não ocorra erro no uso do acento indicativo de crase:

a) Caminhava passo à passo a procura de um lugar onde pudesse estar à vontade.
b) Sempre me dirigia aquele lugar, pontualmente às dez horas.
c) Aquela hora ninguém estaria disposto à fazer mais nada.
d) A vontade daquele homem era ir a Roma.
e) Não conte aquilo à ninguém!

CAPÍTULO 35
COLOCAÇÃO DOS PRONOMES ÁTONOS OBLÍQUOS

As lâmpadas se acenderam e logo depois se apagaram.

Colocação dos pronomes átonos oblíquos

O pronome oblíquo átono pode ocupar três posições em relação ao verbo: antes (**próclise**), no meio (**mesóclise**) e depois (**ênclise**).

Exemplo de próclise:	Nunca o vi mais gordo.
Exemplo de mesóclise:	Vê-lo-ei amanhã.
Exemplo de ênclise:	Vejo-o amanhã.

Como é natural, o português falado no Brasil guarda algumas diferenças de ordem fonética em relação ao português falado em Portugal e em outras partes do mundo que receberam a influência da língua desse país. Assim é que entre nós, brasileiros, a próclise tem nítida preferência, tanto na língua falada quanto na língua escrita, mesmo que em início de período. Tal preferência se explica pelos padrões fonéticos por nós utilizados.

Não obstante, nos exames a que se procede no país há uma notória e nem sempre justificada preferência pela colocação pronominal de uso em Portugal, e não pela nossa topologia.

Os brasileiros preferimos a próclise com alguma razão. Em Portugal, a preferência pela ênclise faz os lusitanos construir com visível duplo sentido uma frase como esta, por exemplo: Os jornais chamam-nos de animais. Os brasileiros evitam a ambiguidade, ao construirmos: Os jornais os chamam de animais. Ademais, que brasileiro proferiria: Dei-me mal, Dá-me um dinheiro aí!, sem sentir-se um pouco agoniado?

■ Casos gerais

1) Desde que não inicie período, o pronome oblíquo proclítico estará sempre bem colocado. Ex.:

Elisa o beijou à despedida.
Elisa chegou, o beijou e saiu.
As lâmpadas se acenderam e logo depois se apagaram.
Tu me iludiste, me enganaste!
O carteiro bateu à porta, me entregou a carta e se foi.

Depois de vírgula, há certa preferência pela ênclise. Ex.:

> Elisa chegou, beijou-o e saiu.
> O carteiro bateu à porta, entregou-me a carta e se foi.

Em nenhum dos cinco exemplos vistos inicialmente, porém, há impropriedade no uso da ênclise, que só não deve ser usada quando há fator de próclise. São fatores de próclise principalmente os conetivos, os advérbios e os pronomes substantivos.

2) Nas orações reduzidas de infinitivo e de gerúndio usa-se apenas ênclise. Ex.:

> Era necessário mostrar-lhe quem éramos de verdade.
> Ao ouvir aquilo, saí, deixando-os a sós.

3) Em todos os demais casos, usa-se a próclise:

a) sempre que houver fator de próclise:

> Sei que me chamam, mas lá não irei mais.
> O rapaz que me chama é meu inimigo.
> Já me criticaram muitas vezes.
> Aquilo me encheu de coragem e brio.
> Tudo se transforma neste mundo.

b) em qualquer oração exclamativa, optativa e interrogativa direta:

> Quanto me iludi com essa gente!
> Deus lhe dê tudo de bom!
> Quando me pedirás perdão?

c) com formas verbais proparoxítonas:

> Nós o censurávamos.
> Nós lhe desobedecíamos.

d) com a preposição **em** + gerúndio:

> Em se plantando, tudo dá.
> Em se pondo o Sol, vão-se os pássaros.

OBSERVAÇÃO

Todos os advérbios exigem próclise, mas quando se deseja pausa respiratória depois do advérbio, por motivo de ênfase, o pronome aparece enclítico. Ex.:

> Aqui, trabalha-se.
> Antigamente, amarravam-se cachorros com linguiça.

Ainda que não haja a vírgula, se a colocação for enclítica, isso significa que devemos ler com pausa. Portanto, ainda que esteja escrito assim:

> Aqui trabalha-se,
> Antigamente amarravam-se cachorros com linguiça,

devemos ler com pausa respiratória após o advérbio, mercê da colocação pronominal, que a isso nos obriga.

Casos inadmissíveis na norma padrão

1) Iniciar período com pronome oblíquo átono. Ex.:

> "**Me**" ajudem, por favor!
> "**Lhe**" pagaram tudo o que deviam?
> "**O**" encontrarei depois do almoço.
> "**Te**" cuida, rapaz!

Na norma padrão se usa, neste caso, apenas e tão somente:

> Ajudem-**me**, por favor!
> Pagaram-**lhe** tudo o que deviam?
> Encontrá-**lo**-ei depois do almoço.
> Cuida-**te**, rapaz!

2) Usar a ênclise com o futuro. Ex.:

> "Farei-**lhe**" uma sugestão.
> "Daria-**te**" um beijo se me fizesses tal favor.

Na norma padrão se usa apenas e tão somente:

> Far-**lhe**-ei uma sugestão.
> Dar-**te**-ia um beijo se me fizesses tal favor.

OBSERVAÇÃO

No corpo do período, depois de uma vírgula, podemos usar a próclise ou a mesóclise, com preferência ainda para esta, em virtude da pausa respiratória sugerida pela vírgula. Ex.:

> Ele entrará, **lhe** fará uma sugestão e sairá.
> Ele entrará, far-**lhe**-á uma sugestão e sairá.

A próclise também é obrigatória quando usamos o pronome reto ou sujeito expresso. Ex.:

> Eu **lhe** farei uma sugestão: não erre mais!
> Teresa **te** daria um beijo se lhe fizesses tal favor.

3) Usar a ênclise após particípio. Ex.:

> Tenho "deliciado-**me**" com Machado de Assis.
> As crianças tinham "queixado-**se**" do frio.
> Li o seu livro e tenho "indicado-**o**" a meus amigos.

Na norma padrão se usa apenas e tão somente:

> Tenho **me** deliciado com Machado de Assis.
> As crianças tinham **se** queixado do frio.
> Li o seu livro e tenho **o** indicado a meus amigos.

OBSERVAÇÃO

Não convém usar o hífen nos tempos compostos e nas locuções verbais, pois, na fala brasileira, o pronome oblíquo se liga foneticamente ao verbo principal, e não ao verbo auxiliar. Justamente por essa razão é que se ouve e vê comumente:

> Vamos **nos** unir! (Na pronúncia: *Vamos nozunir!*)
> Íamos **nos** retratar. (Na pronúncia: *Íamos nosretratar.*)

Mesmo quando aparece um fator de próclise, nos tempos compostos e nas locuções verbais, a preferência, na fala brasileira, é pela colocação do pronome solto entre os verbos. Se não, vejamos:

> Não vamos **nos** aliar a corruptos!
> Já íamos **nos** separar!

Dificilmente entre nós encontramos a colocação típica de Portugal:

> **Não nos** vamos aliar a corruptos!
> Ou: Não vamos **aliar**-nos a corruptos!
>
> **Já nos** íamos nos separar!
> Ou: Já íamos **separar**-nos!

Nos tempos compostos, o pronome só não poderá aparecer após o particípio. Assim, temos estas colocações:

> Eu **me tenho deliciado** com Machado de Assis.
> Eu **tenho me deliciado** com Machado de Assis. (preferida do Brasil)

Nas locuções verbais, segundo a fala portuguesa, o pronome oblíquo pode aparecer em qualquer posição, se não houver fator de próclise. Ex.:

> O rapaz **deve casar**-se hoje.
> O rapaz deve **se casar** hoje.
> O rapaz **se deve casar** hoje.
>
> A criança **está acalmando**-se.
> A criança está **se acalmando**.
> A criança **se está acalmando**.

Como dissemos, na fala brasileira se dá preferência ao pronome entre os verbos, qual seja, a segunda colocação.

Havendo fator de próclise, considerando-se ainda a fala portuguesa, temos apenas estas colocações:

> O rapaz não deve **casar**-se hoje.
> O rapaz **não se** deve casar hoje.
> A criança **não se** está acalmando.

Nenhuma dessas colocações é corrente no Brasil, onde se prefere usar o pronome entre os verbos. Na fala portuguesa, o pronome oblíquo estará sempre bem-colocado depois do infinitivo.

Testes e exercícios

1 Em cada conjunto de frases, distinga a colocação pronominal na fala brasileira (**FB**) da colocação pronominal da fala portuguesa (**FP**); escreva **2** quando a colocação pronominal servir tanto para uma fala quanto para a outra; deixe em branco se a colocação não se prestar nem a uma nem a outra fala:

a) Enquanto se espera o jogo, bebe-se algo.
b) Enquanto se espera o jogo, se bebe algo.
c) Enquanto espera-se o jogo, bebe-se algo.
d) Enquanto espera-se o jogo, se bebe algo.

a) Todos se têm enganado quando se referem a isso.
b) Todos têm se enganado quando se referem a isso.
c) Todos têm se enganado quando referem-se a isso.
d) Todos têm enganado-se quando se referem a isso.
e) Todos têm enganado-se quando referem-se a isso.

a) Já notam-se modificações no trânsito.
b) Já se notam modificações no trânsito.

a) O professor se referiu a vários assuntos.
b) O professor referiu-se a vários assuntos.

a) Eu me poderia irritar, se isso acontecesse.
b) Eu poderia irritar-me, se isso acontecesse.
c) Eu poder-me-ia irritar, se isso acontecesse.
d) Eu poderia me irritar, se isso acontecesse.

a) Quero lhe dar parabéns pela vitória.
b) Quero dar-lhe parabéns pela vitória.
c) Lhe quero dar parabéns pela vitória.

a) Ninguém o estava seguindo.
b) Ninguém estava o seguindo.
c) Ninguém estava seguindo-o.

a) Telefonar-te-ei amanhã à noite.
b) Te telefonarei amanhã à noite.
c) Telefonarei-te amanhã à noite.

a) Alguns pernilongos incomodar-te-ão durante a noite.
b) Alguns pernilongos te incomodarão durante a noite.
c) Alguns pernilongos incomodarão-te durante a noite.

a) Isso deixaria-me bastante aborrecido.
b) Isso deixar-me-ia bastante aborrecido.
c) Isso me deixaria bastante aborrecido.

2 Dê a colocação pronominal portuguesa quando encontrar a colocação pronominal brasileira, e vice-versa:

a) Espero que vocês se estejam divertindo bastante.
b) Eu queria me encontrar com o presidente.
c) Os carros teriam se quebrado na avenida.
d) Nos chamaram e nos disseram tudo.
e) Chame-me amanhã às seis horas da manhã!
f) Se levantem e me peçam perdão!
g) Sonhei que ela estava me beijando.
h) Dever-nos-íamos sentar ao lado da princesa.
i) As luzes ainda não se tinham apagado.
j) Dar-lhe-ei um beijo se você me ajudar.

a) Nós tínhamos nos levantado tarde.
b) O cão se poderia atirar sobre nós.
c) Se você quiser, fá-la-ei minha esposa.
d) Me vesti o mais rapidamente possível.
e) Não ia me casar com uma mulher daquelas.
f) Os pacientes não se estavam queixando do médico.
g) Os fregueses não queriam identificar-se.
h) Ninguém sabia que nos havíamos mudado para cá.
i) O carteiro chegou, me entregou a correspondência e se foi.
j) Eu me teria arrependido se me apaixonasse por ela.

3 As colocações que coexistem tanto na fala portuguesa quanto na fala brasileira se podem ver nestas frases:

I
a) Quase que eu me esqueço de você.
b) Quase eu ia esquecendo de você.
c) Quase eu ia me esquecendo de você.
d) Quase eu ia-me esquecendo de você.
e) Quase eu me ia esquecendo de você.

a) A criança se queixa do colchão duro.
b) A criança queixa-se do colchão duro.
c) A criança tinha se queixado do colchão duro.
d) A criança tinha queixado-se do colchão duro.
e) A criança se tinha queixado do colchão duro.

a) Aqui se dão aulas particulares.
b) Tê-lo-emos conosco amanhã para o jantar?
c) Lá se passou o fato; não sei se me faço entender.
d) Esta é a minha esposa, cuja vida se acha em perigo.

e) Me fale dela, que isto muito me agrada!
f) Quem lhe disse tamanha asneira?
g) O professor se referiu a mim.
h) Nenhum ruído me perturba.
i) Tudo se fez para evitar o acidente.
j) Sempre as encontrávamos à janela.

a) Se você a vir, dê-lhe meus parabéns!
b) Se você vi-la, dê-lhe meus parabéns!
c) Se você a vir, lhe dê meus parabéns!
d) Se você vi-la, lhe dê meus parabéns!

4 Só modifique a colocação pronominal quando se tratar de caso inadmissível tanto na fala portuguesa quanto na fala brasileira:

a) Os alunos que trouxeram-me o presente pensam que, em agradando-me, eu os aprovarei, mesmo que não respondam às perguntas que fizer-lhes nos exames.
b) Ainda não sabemos se visitá-lo-emos esta noite.
c) Os que tinham solicitado-me, com tanta insistência, o convite, não vieram-no buscar e deram-me uma prova de descortesia que profundamente magoou-me.
d) Se ela chegar a cumprimentar-me, estenderei-lhe a mão, porque não sou grosseiro e quero lhe dar uma lição de urbanidade.
e) Convocamo-lo para que comparecesse e dissesse-nos as razões por que tanto tem difamado-nos, nos assacando as maiores ignomínias.
f) Me disseram que o presidente, em reelegendo-se, será mais duro com os russos.
g) Faz tempo que não vejo Cristina. Tem visto-a por aí?
h) Todos sabem que temos nos encontrado todos os dias.
i) Ninguém poderá lhe atribuir a culpa, se porventura nos acontecer algum acidente na viagem.
j) Se houvessem me contado o que lhes aconteceu, teria dito-lhes que me procurassem.

Luiz Antonio Sacconi

CAPÍTULO 36
SEMÂNTICA (1)

dentes de alho

Semântica (1)

Semântica é o estudo da significação das palavras e das suas mudanças de significação, através do tempo ou em determinada época. Assim, a semântica pode ser sincrônica e diacrônica, mas só a primeira é que nos vai interessar.

A semântica sincrônica compreende:

a) a significação das palavras (sinonímia, homonímia, paronímia, polissemia, hiperonímia e hiponímia);

b) a linguagem figurada (figuras de linguagem), que constitui sozinha uma ciência especial, chamada **Estilística**.

● Significação das palavras

A semântica estuda as palavras em seu sentido normal, ou seja, estuda a **significação das palavras**, cuja maior importância reside na discriminação entre sinônimos e antônimos (sinonímia e antonímia) e entre homônimos e parônimos (homonímia e paronímia).

● Sinonímia

Sinonímia é a relação de equivalência semântica entre palavras que reenviam para o mesmo referente.

Há sinonímia, ou seja, duas ou mais palavras são sinônimas, quando se identificam exatamente ou aproximadamente quanto ao significado. Quando a identificação semântica é completa, os sinônimos são perfeitos; quando é apenas aproximada, os sinônimos são imperfeitos. Ex.: cara e rosto, sal e cloreto de sódio (sinônimos **perfeitos**), aguardar e esperar, pessoa e indivíduo (sinônimos **imperfeitos**). Raramente as palavras apresentam sinonímia perfeita. Enfim, duas palavras são totalmente sinônimas quando são substituíveis, uma pela outra, em todos os contextos. Duas palavras são parcialmente sinônimas quando, ocasionalmente, surge a possibilidade de se substituírem uma pela outra, num único enunciado isolado.

Antonímia

Antonímia é a relação de oposição entre o significado de duas palavras que apresentam em comum alguns traços semânticos, permitindo relacioná-las de forma pertinente.

Há antonímia, ou seja, duas ou mais palavras são antônimas, quando se opõem pelo significado. Ex.: **amor** e **ódio**, **euforia** e **melancolia**.

Homonímia

A **homonímia** é a propriedade semântica característica de duas palavras que possuem a mesma grafia ou a mesma pronúncia, mas têm significados distintos.

Há homonímia, ou seja, duas ou mais palavras são homônimas, quando apresentam identidade de sons ou de forma, mas diversidade de significado. Ex.: **são** (= **sadio**, **santo**, forma do verbo **ser**).

As palavras homônimas podem ser:

	Exemplos
a) **perfeitas**: quando apresentam som e grafia iguais.	**rio** (subst.) e **rio** (verbo)
b) **homófonas**: quando apresentam som igual, mas grafia diferente.	**acento** (sinal gráfico) e **assento** (banco)
c) **homógrafas**: quando apresentam grafia igual, mas som diferente.	**seco** (adjetivo) e **seco** (verbo)

Algumas homônimas homófonas são tão interessantes, que merecem consulta ao dicionário. Perceba, então, a diferença de sentido entre estas homônimas: **acender** e **ascender**, **bucho** e **buxo**, **caçar** e **cassar**, **cela** e **sela**, **censo** e **senso**, **cerração** e **serração**, **concerto** e **conserto**, **laço** e **lasso**, **paço** e **passo**, **seção**, **sessão** e **cessão**, **tacha** e **taxa**.

OBSERVAÇÃO

No campo diacrônico ou histórico*, cumpre distinguir a homonímia da polissemia. No terreno diacrônico, só há homonímia quando a palavra resulta de vocábulos. Ex.: **rio** – provém de **rivu** (subst. latino), ou de **rideo** (verbo latino).

A **polissemia** é a propriedade de uma palavra adquirir multiplicidade de sentidos, que só se explicam dentro de um contexto. Trata-se realmente de **uma única** palavra, que abarca grande número de acepções dentro do seu próprio campo semântico. Ex.:

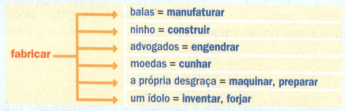

Fabricar é palavra polissêmica nesses exemplos, assim como é **fino** nestes:

voz **fina** (**aguda**), lâmina **fina** (**afiada**), livro **fino** (**que não é grosso**), homem **fino** (**educado**), ambiente **fino** (**seleto**), vinho **fino** (**excelente**), **fino** acabamento (**apurado**)

Algumas conjunções também são polissêmicas. Ex.: **que**, **como**, **porque**, **quando**, que ora aparecem com um valor, ora com outro, dependendo do contexto em que se inserem.

As catacreses (**barriga da perna**, **céu da boca**, **dente de alho**) são exemplos típicos de polissemia.

O antônimo da polissemia é a **monossemia**, que é a palavra de um único significado, como **lápis**, **caneta**, **televisor**, etc.

* **Diacronia** é o estudo da língua ou de dois ou mais estádios de uma língua. Existem, assim, a linguística sincrônica e a linguística diacrônica.

Paronímia

Paronímia é a propriedade semântica característica de palavras com sentidos diferentes, mas de formas relativamente próximas.

Há paronímia, ou seja, duas palavras são parônimas, quando apresentam grafia e pronúncia parecidas, mas significado diferente. Ex.: **despercebido** (= **não notado**) e **desapercebido** (= **despreparado**).

Assim como as homônimas homófonas, algumas parônimas também merecem consulta ao dicionário. Perceba a diferença de sentido entre absolver e absorver, aprender e apreender, arrear e arriar, comprimento e cumprimento, deferir e diferir, degredar e degradar, delatar e dilatar, descrição e discrição, descriminar e discriminar, despensa e dispensa, discente e docente, emergir e imergir, emigrar e imigrar, eminente e iminente, flagrante e fragrante, imoral e amoral, indefeso e indefesso, infligir e infringir, intimorato e intemerato, mandato e mandado, pleito e preito, prescrever e proscrever, retificar e ratificar, soar e suar, sortir e surtir, tráfego e tráfico, vadear e vadiar, vultoso e vultuoso.

Hiperonímia

Hiperonímia é a relação hierárquica de inclusão semântica existente entre uma palavra de significado genérico (**hiperônimo**) e outra de significado específico (**hipônimo**), sendo que o hiperônimo sempre impõe as suas propriedades ao hipônimo, criando, desta forma, uma dependência semântica. Ex.: Calçado está numa relação de hiperonímia com sandália. Por quê? Porque calçado é uma palavra de significado genérico, da qual se originam outras: sandália, chinelo, sapato, bota, tênis, sapatênis, etc. Calçado é, pois, um **hiperônimo** de sandália. Um hiperônimo pode substituir, em todos os contextos, qualquer dos seus hipônimos, mas o oposto não é possível.

Hiponímia

Hiponímia é o oposto da hiperonímia, ou seja, é a relação hierárquica de inclusão semântica existente entre uma palavra de significado mais específico (hipônimo) e outra de significado mais genérico (hiperônimo), sendo que o hipônimo, além de conservar as propriedades semânticas impostas pelo hiperônimo, possui os seus próprios traços diferenciadores. Ex.: Sandália se encontra em relação de hiponímia com calçado. Por quê? Porque sandália é apenas uma parte, um item de um termo genérico, que é calçado. Sandália é, pois, um hipônimo de calçado.

A utilização adequada dos hiperônimos, ao escrever um texto, evita a repetição desnecessária de termos. O correto entendimento da relação entre hipônimos e hiperônimos é fundamental para a coesão do texto.

Testes e exercícios

1 Complete com o sinônimo:

a) O que não se pode dizer é ★.
b) O que não se pode prever é ★.
c) O que não se pode decompor é ★.
d) O que não se pode executar é ★.
e) O que não se pode descrever é ★.
f) O que não se pode imitar é ★.
g) O que não se pode igualar é ★.
h) O que não se pode transpor é ★.
i) O que não se pode investigar é ★.
j) O que não se pode corromper é ★.

2 Substitua o que está em destaque por um sinônimo:

a) palavras **que comovem** = palavras ★
b) homens **que criam** = homens ★
c) políticos **que mentem** = políticos ★
d) pessoas **que enojam** = pessoas ★
e) cenas **que se repetem** = cenas ★
f) obras **que podem ser feitas** = obras ★
g) fruta **que não apodrece** = fruta ★
h) flor **que não murcha** = flor ★
i) momentos **que iludem** = momentos ★
j) substância **que mata** = substância ★

3 Descubra onde está o erro em cada definição (se houver erro):

a) **exultar** = vibrar de alegria
b) **mouco** = surdo ou quase surdo
c) **liamba** = folhas secas de cânhamo; maconha
d) *takeoff* = pouso de aeronave, foguete ou míssil
e) **vibrissas** = pelos que se desenvolvem nas fossas nasais
f) *shoyu* = molho de arroz
g) **aterrar** = aterrorizar, apavorar
h) **kévlar** = tipo de plástico cinco vezes mais resistente que o aço
i) **eclodir** = terminar de repente
j) **cincerro** = chocalho que se pendura no pescoço do animal que guia os demais
k) **bisotar** = cortar obliquamente (vidro de espelho)
l) **falésia** = rocha alta e íngreme à beira-mar
m) **esgar** = movimento facial grotesco; careta
n) **alvar** = alvo, muito branco
o) **borduna** = cacete policial
p) **olor** = cheiro especial de uma flor
q) **septicemia** = infecção generalizada
r) **provecto** = de idade avançada
s) *newbie* = iniciante no uso da informática
t) **falaz** = que fala demais; falador, papagaio

u) **hissope** = pequeno instrumento para aspergir água benta; aspersório
v) **sequioso** = muito desejoso; ávido, sedento
w) **gueixa** = mulher idosa japonesa, encarregada de entreter homens
x) **moela** = primeira bolsa do estômago das aves
y) **sutache** = trancinha estreita, usada como enfeite de vestidos
z) **frugal** = que se alimenta de frutos

4 Transcreva as frases, substituindo as palavras em destaque por sinônimos:

a) Há alguns **assomos** de corrupção no Congresso.
b) Ele tem ideias muito **arrojadas** para o seu tempo.
c) Fiz o serviço com **capricho**.
d) Você não tomou uma atitude inteligente, você tomou uma atitude **cavalar**.
e) Depois de uma dose **cavalar** dessas, quem não fica bêbado?
f) Elisabete costuma fazer **alarde** das virtudes que tem.
g) Os jornais **anunciaram** o fato com o maior **estardalhaço**.
h) No **âmbito** do futebol, Pelé e Ademir da Guia foram gênios.
i) A imprensa procura sempre **amplificar** os fatos.
j) Para ser locutor, você precisa **apurar** a dicção.

5 Identifique as definições corretas, corrigindo as incorretas (cuidado, preste muita atenção!):

a) **undécimo**: numeral ordinal correspondente ao cardinal onze.
b) **nidífugo**: diz-se do filhote que morre no ovo.
c) **realejo**: instrumento musical fixo que se toca através de uma manivela.
d) **resoluto**: diz-se daquele que é firmemente decidido ou determinado.

410   Luiz Antonio Sacconi

e) **duodécimo**: numeral ordinal correspondente ao cardinal duzentos.

f) **rococó**: estilo de arquitetura e decoração surgido no tempo de Luís XV, na França.

g) **redoma**: objeto maciço, de forma arredondada, que serve para cobrir e proteger algo delicado de poeira ou impurezas.

h) **ripa**: pedaço largo e curto de madeira.

i) **congênito**: que adquiriu logo depois de nascer.

j) **impostergável**: inadiável.

6 Descubra as palavras (cada ★ corresponde a uma letra), de acordo com a definição dada ou o enunciado:

a) Que ou aquele que não crê em Deus: ★★★U.

b) Habitação miserável; favela: MA★★★★.

c) Grade com dentes, usada para aplanar ou limpar terreno: RAS★★★★.

d) Corrida de barcos ou uma série delas: RE★★★★.

e) Diminuição drástica da atividade econômica: RE★★★★★★.

f) Perturbado, tonto: AZO★★★.

g) Diz-se de variedade de uva, apreciadíssima, por ser muito doce: MO★★★★★★.

h) Suspensão temporária das atividades normais do legislativo e do judiciário: RE★★★★★.

i) Humor mucoso e espesso do nariz; ranho: MON★★.

j) Trabalho de prevenção, para evitar que se inflamem novamente os restos de um incêndio recente: RES★★★★★.

k) Vinho de maçã: ★★★RA.

l) Terreno baixo, plano, fértil e cultivado em um vale ou às margens de um rio: V★★★EA.

m) Depressão alongada entre grandes elevações de terra (montes, montanhas, etc.), geralmente formada por erosão de um curso de água que corre ao longo dela: ★★L★.

n) Em que não penetra claridade nenhuma; escuro: TE★★★★★★O.

o) Percurso ou caminho que deve ser percorrido de determinado ponto a outro: TR★★★★O.

p) Marca, evidência ou um sinal de alguma coisa que já existiu, mas ora está desaparecido: ★★★★★GIO.

q) Pessoa que, em tempo de guerra, deserta de suas fileiras, para passar às do inimigo: TR★★★★★GA.

r) Bofetada leve dada no rosto, com a palma da mão aberta: ★★BE★★.

s) Tubo recurvado, em forma de S, que serve para evacuar as águas usadas numa pia e impedir a subida de mau cheiro: ★★F★O.

t) Mantimentos: ★★★★RES.

u) Falta de cumprimento de compromisso financeiro: ★★★★★★★★★★CIA.

v) Canudo para tomar chimarrão: ★★★★★LHA.

w) Presença de excessiva quantidade de gases no estômago ou nos intestinos: F★★★★L★★★★★.

x) Relutância manhosa, apenas aparente, com o objetivo de fazer charminho: F★★★Ô.

y) Quantia com que se compra ou suborna um jogador do time adversário, para que se deixe vencer: J★★★★★LÊ.

z) Objeto a que se atribuem poderes mágicos ou sobrenaturais e ao qual se presta culto, por se crer representar simbolicamente um espírito ou uma divindade: F★★★★★E.

7 Complete com o antônimo da palavra em destaque:

a) Todos falavam da **fatuidade** do orador, e não da sua ★.

b) A transformação não foi **rápida**, mas sim ★.

c) Havia dois homens **barbados** e três completamente ★ na quadrilha.

d) Vocês não são **egoístas**; muito ao contrário, vocês são ★.

e) Os lavradores procedem à **fertilização** da terra, e não à sua ★.

f) Dia 13 é dia **propício** para uns e ★ para outros.

g) Na verdade, a lei era **nupérrima**, e não ★.

h) Havia dois tipos de vidro: um **opaco** e o outro ★.
i) Não vou **procrastinar** a reunião; ao contrário, vou ★.
j) Ora se ouvia ritmo **sacro**, ora se ouvia ritmo ★.
k) Meu discurso foi **lacônico**, mas o dele foi ★.
l) Todos comentavam o **entusiasmo** do ministro e a ★ do presidente.
m) A obra não é **autêntica**, a obra é ★.
n) Fale com **naturalidade**, e não com ★.
o) Todos admiraram o **apetite** do rapaz e a ★ da namorada.
p) Em vez de pensarmos em **decadência**, pensemos em ★.
q) Em vez de pensarmos em **maleficências**, pensemos em ★.
r) Nada neste mundo é **eterno**, tudo é ★.
s) Embora não fosse um rapaz **robusto**, muito ao contrário, era um rapaz ★, ninguém conseguia derrubá-lo.
t) Tudo o que é **prejudicial**, naturalmente, não é ★.
u) Há duas possibilidades: ou você recebe **aplausos**, ou recebe ★.
v) O mar não estava **calmo**, estava bastante ★.
w) Se não alcançarmos a **vitória**, restar-nos-á o ★.
x) Os **velhos** cumprimentavam os ★, numa confraternização emocionante.
y) Eram irmãos gêmeos: um era **intemerato**; o outro, ★.
z) Eram irmãos gêmeos: um era **intimorato**; o outro, ★.

8 Assinale o antônimo de **sagaz**:
a) doentio   c) ingênuo   e) n.d.a.
b) ignorante   d) ligeiro

9 Assinale o antônimo de **eclesiástico**:
a) clero   c) governante   e) cardinalício
b) lutuoso   d) laico

10 Assinale o antônimo de **impérvio**:
a) piedoso   c) impermeável   e) n.d.a.
b) transitável   d) rude

11 Transcreva as frases, completando-as com uma das homônimas ou das parônimas propostas, conforme convier:

1) **AFIM DE** ou **A FIM DE**?
   a) O presidente foi à televisão ★ pedir mais imposto.
   b) O português é uma língua ★ o francês.
   c) A pessoa que morreu era ★ a sua família?
   d) Vou à escola ★ estudar, e não ★ bagunçar.

2) **RATIFICOU** ou **RETIFICOU**?
   a) Ele confirmou o que disse, isto é, ★ tudo.
   b) Ele desmentiu o que disse, ou seja, ★ tudo.
   c) Ao verificar que o documento continha falhas, ★-o imediatamente.
   d) Kepler ★ a teoria heliocêntrica, demonstrando que as órbitas dos planetas em torno do Sol são elípticas.

3) **CHEQUE** ou **XEQUE**?
   a) Ele passou um ★ sem fundo, colocando todo o seu prestígio em ★.
   b) O papel empregado nas folhas de ★ é o mesmo do papel-moeda.
   c) Um ★ do petróleo é hóspede desse hotel.
   d) Essa medida colocou em ★ o próprio governo.
   e) Essa violação vai colocar o uso da urna eletrônica em ★.

4) **FLAGRANTE(S)** ou **FRAGRANTE(S)**?
   a) A polícia apanhou o ladrão em ★.
   b) A CPMF era um ★ desrespeito ao povo.
   c) A dama-da-noite é uma planta de folhas ★.
   d) Foi um ★ fotográfico que deu muito o que falar.
   e) A polícia fez hoje dois ★.
   f) Ela usa no corpo um óleo ★.
   g) Garota de mãos e cabelos ★.

5) **TAXOU** ou **TACHOU**?
   a) Ifigênia ★ o ministro de incompetente, mas Jeni o ★ de muito inteligente.
   b) Ninguém o ★ de corrupto, mas já houve alguém que o ★ de malandro.

c) O governador ★ a apresentação de perfeita, sensacional.

d) A crítica ★ o filme de racista.

6) CONJUNTURA ou CONJETURA?

a) Na atual ★ qualquer atrito pode fazer ferver o caldeirão político.

b) Não quero fazer nenhuma ★: é preciso conhecer realmente os fatos.

c) O governo decretou aquele plano econômico por uma simples questão de ★, já que naquele momento era totalmente impopular.

d) Nestes tempos de insanidade global, a palavra do profeta torna-se aplicável à atual ★.

e) Deus seria apenas uma ★?

f) Marx aventou a ★ de que é possível construir uma sociedade sem propriedade privada.

7) PROEMINENTE(S) ou PREEMINENTE(S)?

a) A aluna mais ★ da sala tinha nariz ★ e testa ★.

b) Einstein foi um dos mais ★ físicos que a humanidade conheceu.

c) Qual o político ★ de seu Estado?

d) Tom Jobim é a figura mais ★ da música brasileira contemporânea.

e) Ele desenvolveu uma barriga ★ e não faz nenhum exercício para se livrar dela.

8) ARRIOU ou ARREOU?

a) Um desconhecido ★ a bandeira nacional e hasteou a do seu time.

b) Um desconhecido ★ as calças e promoveu o maior escândalo na rua.

c) O dono da casa ★ o muro, porque desejava maior ventilação.

d) A bateria ★: alguma coisa está roubando corrente.

e) ★ o vidro da janela, para que o vento entrasse.

f) O frei ★ a mula, montou-se nela e partiu do mosteiro.

9) POSTARAM ou PROSTRARAM?

a) À minha esquerda ★-se os palmeirenses; à minha direita ★-se os corintianos.

b) Como estavam exaustos da longa jornada, ★-se.

c) Em toda a sua história, Lula e o PT ★-se como guardiães da ética.

d) Reconheceram que Jesus era o Messias e, então, ★-se em terra para adorá-Lo.

e) Mais de 100 mil pessoas ★-se às margens do rio Reno para acompanhar a passagem do Papa num barco.

10) MAL ou MAU?

a) Teresinha vê ★, escreve ★, dorme ★ e se alimenta muito ★.

b) O pai de Teresinha, além de tudo, é um homem ★.

c) O ★ do Brasil é a impunidade e essa gente corrupta, que sempre engana o povo.

d) A vida é um bem, mas a morte não é um ★.

e) Células de porco podem ajudar a tratar ★ cerebral.

f) Ele vive de ★ humor: é uma pessoa ★--humorada.

g) O ★ hálito é conhecido cientificamente por halitose.

h) O ★ tempo adiou o pouso da nave espacial.

i) Que se pode fazer para espantar ★-olhado?

j) Tudo não passou de um ★-entendido.

k) Ele sofreu um ★ súbito justamente na hora da prova.

11) DESPERCEBIDO ou DESAPERCEBIDO?

a) Nenhum erro passava ★ daquele professor de Português.

b) O temporal me pegou totalmente ★ de capa ou de guarda-chuva.

c) Ele é demasiado grande, para passar ★.

d) É um hospital totalmente ★ de aparelhos modernos.

e) Pode um asteroide passar ★ perto da Terra?

f) Como vai você sair com a namorada totalmente ★ de dinheiro?!

g) Bom árbitro é aquele que passa ★ durante toda a partida.

12) VULTOSO ou VULTUOSO?

a) Dizem ter sido ★ o prejuízo dos comerciantes.

b) Ele chegou com o rosto inteiramente ★, causando má impressão.

c) Foi ★ o investimento do governo nessa obra.

d) Como podemos, agora, pagar esse ★ empréstimo?

e) Esse governo deu um ★ prejuízo ao país.

f) O roubo mais ★ do Brasil aconteceu em Fortaleza, no Ceará: mais de 160 milhões de reais.

g) Fecharei um ★ negócio na próxima semana.

13) **SEÇÃO, SESSÃO** ou **CESSÃO?**

a) Na ★ de camisas trabalham duas pessoas que frequentam ★ espírita.

b) A ★ do território do Acre ao Brasil foi feita mediante compensação financeira.

c) É proibida a ★ de direitos autorais a alguém?

d) A última ★ do cinema era às 22h.

e) Visitei a ★ de cama, mesa e banho da loja.

f) Para a ★ de um bem ser válida, tem de preencher os requisitos legais.

g) Aquela ★ da CPMI esclareceu muita coisa.

h) A ★ de pós-graduação dessa faculdade foi criada em 2006.

i) Você conhece a ★ de livros raros da nossa biblioteca municipal?

j) Houve ★ gratuita de imagens de uma emissora para outra.

14) **CONCERTOS** ou **CONSERTOS?**

a) Em teatros se pode assistir a belos ★; em oficinas se têm geralmente péssimos ★.

b) Esse relógio já passou por quantos ★?

c) Esse teatro já promoveu quantos ★?

d) A orquestra apresentará ★ clássicos em diversos locais do Brasil.

e) Promoveram-se vários ★ para a juventude, nestas férias.

f) Os astronautas da Discovery fizeram vários ★ no casco da Estação.

g) Ele tinha nas mãos um guia de ★ de eletroeletrônicos.

h) Os ★ são feitos no corpo da cliente por uma costureira especializada de plantão, sem nenhum custo adicional.

i) A programação inclui ★ no Teatro Municipal.

15) **COMPRIMENTO** ou **CUMPRIMENTO?**

a) Recebi o ★ do presidente da firma por ter acertado o ★ do seu cinto.

b) Qual o ★ da sua saia? E o ★ do seu carro, qual é?

c) O fundamental para ele era o ★ das obrigações.

d) Você sabe como é feita na indústria têxtil a medida do ★ das fibras de algodão?

e) A ministra defendeu o ★ dos programas prioritários do governo.

f) Muitas mulheres só se preocupam com o ★ das saias quando a moda favorece os tamanhos curtos.

g) O presidente brasileiro enviou mensagem de ★ ao presidente eleito norte-americano.

h) A cor da luz é determinada pelo ★ de onda.

16) **INFLIGIR** ou **INFRINGIR?**

a) O juiz poderá ★ pena severa àquele que ★ essa lei.

b) O pai deverá ★ duro castigo ao filho malcriado.

c) Por que ★ as regras de trânsito, se elas existem para a sua segurança?

d) Um furacão é capaz de ★ danos catastróficos a uma cidade.

e) ★ as leis tem sido menos arriscado que cumpri-las.

f) Empresa farmacêutica pode ★ patentes de outra no início do desenvolvimento de uma droga.

g) Nunca se deve ★ repreensão séria sob o império da cólera ou de grande nervosismo.

h) É errado ★ dor a qualquer ser sensível, sem nenhum motivo.

17) **CESTA, SESTA** ou **SEXTA?**

a) Deixou a roupa na ★ e foi tirar a ★.

b) Toda ★ ele vinha visitar os pais.

c) É a ★ vez que eu lhe pergunto isso.

d) Eu era a ★ pessoa da fila.

e) Na ★ havia de tudo: legumes, verduras e frutas.

f) Ela recebeu uma ★ de café da manhã do namorado apaixonado.

g) Os pediatras dizem que a ★ ajuda as crianças a ficar mais obedientes.

h) Os apitos costumam acordar os políticos da sua ★.

i) Reúna os amigos e divirta-se na ★, ao som das melhores bandas de forró!

j) A obra já está em sua ★ edição.

18) **MANDATO** ou **MANDADO**?

a) O advogado impetrou ★ de segurança e conseguiu do juiz a liminar.

b) Quanto tempo ainda você tem de ★ na câmara?

c) O ★ judicial foi cumprido: era um ★ de busca e apreensão.

d) O STJ rejeitou o ★ de segurança dos grevistas.

e) O STJ manteve o ★ de prisão contra o empresário.

19) **EMINENTE** ou **IMINENTE**?

a) O menino desapareceu dentro d'água; é ★ o afogamento.

b) A vitória dos aliados, naquela época, já era ★.

c) A tempestade se tornava cada vez mais ★.

d) O presidente se tornava cada vez mais ★ no cargo.

e) ★ figura da mídia faleceu este ano.

20) **VIAGEM** ou **VIAJEM**?

a) Espero que os diretores ★ confortavelmente.

b) Vocês fizeram boa ★?

c) Nunca ★ sem verificarem o estado do veículo!

d) Vamos fazer uma ★ de recreio.

e) Os pais pedem aos filhos que não ★ à noite.

f) Se for prevenido, terá mais tranquilidade em sua ★.

g) Ao viajar, não se esqueça de seus equipamentos de ★!

12 Identifique as frases corretas:

a) Você sabe quais são os pontos cardeais?

b) Pedi ao banco todos os extratos da minha conta.

c) Seja bem-vindo a nossa cidade, que tem apenas cinco lustros de existência!

d) Os anjos são seres intimoratos; os heróis é que são seres intemeratos.

e) A macieira dá frutos fragrantes.

f) O animal foi bem dominado pelo cavaleiro.

g) O condenado foi recolhido à sela.

h) A discrição é uma qualidade indispensável a todo homem de bem.

i) Para ascender a posto de responsabilidade, é necessário competência.

j) No próximo censo talvez já sejamos duzentos milhões de brasileiros.

k) O comércio cerrou as portas mais cedo ontem.

l) Você comprou um cachorro pequenez?

m) Enquanto assuava o nariz, ele assoava o cantor.

n) A cerração é causa de muitos acidentes nas estradas.

o) Ele não me trouxe um prego, mas sim uma tacha.

p) A cada passo víamos um paço episcopal.

q) Nossa despensa está vazia, por isso é que houve dispensa de empregados.

r) O genitor de meu pai possui 53 anos, mas o seu progenitor já tem 97.

s) O presidente subscreveu o acordo internacional.

t) Mande-nos envelope selado e sobrescrito, para resposta!

u) Minha estadia nesse hotel foi desagradável.

v) A mãe infringe maus-tratos aos filhos, por isso foi chamada ao fórum.

w) As crianças arrearam os quatro pneus do carro de Gumersindo.

x) Virgílio nos disse que, naquele lugar ermo, até o zumbido do vento o assustava; às vezes chegava a tilintar de pavor.

y) Como a doença já estava em estádio avançado, os médicos não puderam fazer mais nada: morreu.

z) Entre 1935 e 1945, o que se viu foi uma impressionante imigração do povo europeu para todas as Américas.

13 Indique o hiperônimo correspondente a cada um destes hipônimos:

a) tilápia – cará – lambari – jaú
b) geladeira – lavadora – rádio – televisão
c) maçã – pera – manga – jabuticaba
d) jegue – asno – mula – burro
e) gripe – dengue – bronquite – asma

14 Explique a diferença de sentido entre:

a) O advogado considerou o argumento precedente.
b) O advogado considerou o argumento procedente.

15 Identifique as frases corretas:

a) Os homens-rãs pularam na água e logo imergiram.
b) O peão arreou seu corcel e partiu a galope.
c) Os ciganos são um povo migrante.
d) Meus alunos apreendem rapidamente os ensinamentos.
e) Não vou lá nem tão pouco permito que meus filhos vão lá.

Testes de concursos e vestibulares

1 (TCU-DF) Assinale a frase incorreta:

a) Trouxeram-me um ramalhete de flores fragrantes.
b) A justiça infligiu a pena merecida aos desordeiros.
c) Promoveram uma festa beneficiente para a creche.
d) Devemos ser fiéis ao cumprimento do dever.
e) A cessão de terras compete ao Estado.

2 (PUC-SP) Parecia *estar prestes a acontecer* a desclassificação, pois os jogadores demonstraram usar métodos *pouco sábios* na *realização* dos preparativos finais para a partida decisiva.

a) eminente – incípidos – concecussão
b) eminente – insipientes – consequência
c) iminente – insipientes – consecução
d) eminente – insípidos – concecussão
e) iminente – incipientes – consequência

3 (UFPR) Pedro e João ★ entraram em casa, perceberam que as coisas não estavam bem, pois sua irmã caçula escolhera um ★ momento para comunicar aos pais que iria viajar nas férias; ★ seu irmão deixou os pais ★ sossegados afirmando que ela iria com as primas.

a) mau – mal – mais – mas
b) mal – mal – mais – mais
c) mal – mau – mas – mais
d) mal – mau – mas – mas
e) mau – mau – mas – mais

4 (TRE-MG) A palavra destacada está empregada inadequadamente em:

a) Os moradores sempre o consideraram, pelas suas atitudes, um homem sério e **descente**.
b) Sempre foi muito místico, por isso não se cansavam de lhe chamar de **ascético**.
c) Comentava-se que o príncipe só poderia **ascender** ao trono após a maioridade.
d) Na última publicação do jornalista, a **seção** de esportes estava ótima.
e) Sabe apreciar uma pintura. Não há dúvida de que possui **senso** artístico.

5 (MPU) Assinale a frase que apresenta emprego incorreto de palavra:

a) O corpo docente fora consultado sobre a reprovação do aluno.
b) Após aquele desagradável incidente, a amizade da turma tornou-se diferente.
c) À pequena distância, não se conseguia descriminar os sinais de trânsito.
d) Na escuridão da casa, o novo fusível não foi encontrado para que voltasse a energia.
e) Candidatos experientes surgirão no próximo pleito, mobilizando a comunidade.

6 (Esaf) **Necessitando ★ o número do cartão do PIS, ★ a data de meu nascimento.**

a) ratificar – proscrevi
b) prescrever – discriminei
c) descriminar – retifiquei
d) proscrever – prescrevi
e) retificar – ratifiquei

7 (Unisinos-RS) A frase onde os homônimos e/ou parônimos em destaque estão com significação invertida é:

a) Era **iminente** a queda do **eminente** deputado.
b) A justiça **infringe** uma pena a quem **inflige** a lei.
c) **Vultosa** quantia foi gasta para curar sua **vultuosa** face.
d) O **mandado** de segurança impediu a cassação do **mandato**.
e) O nosso **censo** depende exclusivamente do **senso** de responsabilidade do IBGE.

8 (TFC) Assinale a opção que traz as palavras que completam adequadamente as frases abaixo:

1. Quem possui deficiência auditiva não consegue ★ os sons com nitidez.
2. Hoje são muitos os governos que passaram a combater o ★ de entorpecentes com rigor.
3. O diretor do presídio ★ pesado castigo aos prisioneiros revoltosos.

a) discriminar – tráfico – infligiu
b) discriminar – tráfico – infringiu
c) descriminar – tráfego – infringiu
d) descriminar – tráfego – infligiu
e) descriminar – tráfico – infringiu

9 (Fuvest-SP) **No último ★ da orquestra sinfônica, houve ★ entre os convidados, apesar de ser uma festa ★.**

a) conserto – flagrantes descriminações – beneficente
b) concerto – fragrantes discriminações – beneficente
c) conserto – flagrantes descriminações – beneficiente
d) concerto – fragrantes discriminações – beneficente
e) concerto – flagrantes discriminações – beneficente

10 (Mack-SP) **Em sua vida, nunca teve muito ★, apresentava-se sempre ★ no ★ de tarefas ★.**

a) censo – lasso – cumprimento – eminentes
b) senso – lasso – cumprimento – iminentes
c) senso – laço – comprimento – iminentes
d) senso – laço – cumprimento – eminentes
e) censo – lasso – comprimento – iminentes

CAPÍTULO 37 — SEMÂNTICA (2)

A Amazônia é um tesouro verde.

Semântica (2)

Linguagem figurada

Linguagem figurada é aquela que se usa fora dos padrões normais da comunicação, com o emprego das figuras de linguagem.

Figuras de linguagem

Figuras de linguagem são desvios das normas estritas de linguagem, com fins expressivos. Ex.: **tarde tímida**; **a luz da inteligência**; **quebrar o protocolo**.

As figuras de linguagem eram objeto da Retórica. Compreendem as figuras de palavras e as figuras de pensamento.

Figuras de palavras

As **figuras de palavras** compreendem principalmente os tropos e as figuras de sintaxe.

A	Tropos	Os **tropos** compreendem a metáfora (que compreende a alegoria, a comparação ou símile e a sinestesia), a metonímia, a catacrese, a antonomásia ou perífrase.
A1	Metáfora	

Metáfora é o emprego de palavra fora do seu sentido normal, por efeito da analogia (comparação). Ex.:

> A Amazônia é o **pulmão** do mundo.
> Na sua mente **povoa** só maldade.

No primeiro exemplo diz-se que existe **metáfora impura**, por estarem presentes os dois termos da comparação (**Amazônia** – **pulmão**); no segundo exemplo diz-se que existe **metáfora pura**, por não estar presente nenhum termo da comparação.

IMPORTANTE

1) À sequência de metáforas se dá o nome de **alegoria**. Ex.:

A felicidade é um estribo para o gênio, uma piscina para o cristão, um tesouro para o homem hábil, para os fracos um abismo.

2) Quando o segundo termo da metáfora impura vem precedido de conjunção comparativa ou de qualquer outro elemento que a substitua, temos a **comparação** ou **símile**. Ex.:

Esse homem é bravo **como** uma fera!
Essa mulher é perigosa **qual** uma cascavel!
Ele reagiu **feito** um animal!

Nestes casos, o predicativo pode vir subentendido. Ex.:

Esse homem é **como** uma fera!   Essa mulher é **qual** uma cascavel!

3) Uma variedade de metáfora muito utilizada é a **sinestesia**, que é o cruzamento de duas ou mais sensações distintas, ou, então, a atribuição a uma coisa de qualidade que lhe é incompatível, aceita apenas no plano figurado. Ex.: tosse gorda (sensação auditiva × sensação tátil ou visual). Outros exemplos:

grito áspero
dizer palavras douradas

doce infância
ter pálidas esperanças

A2 Metonímia

Metonímia é a substituição de um nome por outro, em virtude de haver entre eles algum relacionamento. Tal substituição se realiza principalmente destes modos:

	Exemplos
1) o autor pela obra:	Ler Jorge Amado.
	Ter um Picasso em casa.
2) o possuidor (P) pelo possuído (p), ou vice-versa:	Ir ao barbeiro. (**Barbeiro**, P, está por barbearia, p.)
	Na guerra não descansam as armas. (**Armas**, p, está por guerreiros, P.)
3) o lugar pela coisa ou pelo produto:	Ir ao Correio. (**Correio** está por onde funciona o serviço do Correio.)
	Tomar champanha. (**Champanha** está por vinho da cidade de Champanha.)
4) a causa pelo efeito, ou vice-versa:	Viver do trabalho. (**Trabalho** está por alimento.)
	Sócrates bebeu a morte. (**Morte** está por veneno.)

	Exemplos
5) o continente pelo conteúdo, ou vice-versa:	Bebi dois copos de leite. (Copos está por leite.)
	Passe-me a manteiga! (Manteiga está por manteigueira.)
6) o instrumento pela causa ativa:	Ser uma pena brilhante. (Pena está por escritor.)
7) a coisa pela sua representação:	Ser defensor intransigente do lar. (Lar está por família.)
8) a causa primária pela secundária:	O engenheiro construiu mal o edifício. (Engenheiro está por trabalhadores.)
9) o inventor pelo invento:	Comprar um Ford. (Ford está por automóvel.)
10) o concreto pelo abstrato, ou vice-versa:	Ter ótima cabeça. (Cabeça está por inteligência.)
	A juventude brasileira. (Juventude está por jovens.)
11) a parte pelo todo, ou vice-versa:	Ter cinco bocas em casa para sustentar. (Bocas está por pessoas.)
	Vestir um urso. (Urso está por pele de urso.)
12) o gênero pela espécie, ou vice-versa:	Os mortais de tudo são capazes. (Mortais está por homens.)
	Estamos na estação das rosas. (Rosas está por flores.)
13) o singular pelo plural, ou vice-versa:	O brasileiro é um apaixonado do futebol. (Brasileiro está por brasileiros.)
	As chuvas chegaram. (Chuvas está por época chuvosa.)
14) o determinado pelo indeterminado:	Fazer mil sugestões. (Mil está por muitas.)
15) a matéria pelo objeto:	Tinem os cristais. (Cristais está por copos.)
16) a forma pela matéria:	Chutar a redonda. (Redonda está por bola.)
17) o indivíduo pela classe:	Ser o cristo da turma. (Cristo está por culpado.)

Estão aí incluídos todos os casos de sinédoque (**11** a **17**), que se relacionam com o conceito de extensão, ao passo que a metonímia abrange apenas os casos de analogia ou de relação. Não é importante distinguir a metonímia da sinédoque.

Luiz Antonio Sacconi

A3 Catacrese

Catacrese é o emprego impróprio de uma palavra ou expressão, por esquecimento ou ignorância do seu étimo (vocábulo que é a origem imediata de outro). Ex.:

ganhar mesada semanal
(**mesada** = quantia que se recebe por mês)

ferradura de prata
(**ferradura** = peça de ferro)

embarcar num avião
(**embarcar** = tomar barca)

relógio da água, da luz, do táxi
(**relógio** = marcador de horas)

marmelada de chuchu
(**marmelada** = doce de marmelo)

Modernamente ainda se consideram como catacreses as metáforas viciadas, ou seja, as metáforas que pelo uso constante perderam o valor estilístico e se formaram graças à semelhança de forma existente entre os seres. Estão neste caso pé de meia, braço de rio, cabelo de milho, barriga da perna.

Em rigor, não se pode afirmar que catacrese seja uma figura de linguagem, pois sua existência se deve ao esquecimento etimológico ou a uma deficiência da língua. O uso constante faz das catacreses fatos normais da linguagem.

OBSERVAÇÃO

Azulejo nada tem que ver com azul; a palavra é de origem árabe, diminutivo de *zuluj* (pedras lisas); o a inicial é o artigo definido **al**, cujo **l** se assimilou ao **z**. Portanto, não há catacrese em azulejo branco, azulejo amarelo, etc., nem muito menos redundância em azulejo azul.

A4 Antonomásia ou Perífrase

Antonomásia ou **Perífrase** é a substituição de um nome por outro ou por uma expressão que facilmente o identifique. Ex.:

A Cidade-Luz
(= Paris)

O rei das selvas
(= o leão)

O Mestre
(= Jesus Cristo)

a Águia de Haia
(= Rui Barbosa)

A antonomásia é, na realidade, uma variante da metonímia. Quando a referência é a nomes próprios, convém que todos os elementos que constituem a antonomásia estejam grafados com inicial maiúscula, exceto os vocábulos átonos.

B — Figuras de sintaxe

As **figuras de sintaxe** compreendem a elipse, o pleonasmo, o anacoluto, a silepse, o hipérbato ou inversão (que compreende a anástrofe e a sínquise), a aliteração (que compreende a harmonia imitativa), a repetição ou iteração, a anáfora, o polissíndeto, o assíndeto, a epizeuxe, o quiasmo ou conversão, a hipálage e a paronomásia.

B1 — Elipse

Elipse é a omissão de uma palavra ou de uma expressão facilmente subentendida. Ex.:

A catedral
(= a **igreja** catedral).

Calma, amigos!
(= **Tenham** calma, amigos!)

São bagunceiros, mas eu gosto de meus alunos!
(= **Eles** são bagunceiros, mas eu gosto de meus alunos!)

Domingo vou ao estádio.
(= **No** domingo **eu** vou ao estádio.)

Ninguém imaginou fossem ladrões.
(= Ninguém imaginou **que** fossem ladrões.)

OBSERVAÇÕES

1) Convém observar que não há elipse do sujeito. Sujeito elíptico seria o mesmo que sujeito oculto. Há impropriedade em ambas as denominações. O sujeito está sempre claro na desinência verbal.

2) Uma espécie de elipse é o **zeugma**, que consiste na supressão de um termo já expresso anteriormente, muitas vezes de flexão diversa. Ex.:

Alguns estudam, outros não.
(= Alguns estudam, outros não **estudam**.)

Comprei alguns abacates e peras.
(= Comprei alguns abacates e **algumas** peras.)

O rapaz falou como gente grande.
(= O rapaz falou como gente grande **fala**.)

Eu fiz os salgados, ela os doces.
(= Eu fiz os salgados, ela **fez** os doces.)

Pode haver supressão de uma oração inteira. Ex.:

Perguntei ao repórter qual havia sido o resultado do jogo. Ele me respondeu que não sabia.
(= que não sabia **qual havia sido o resultado do jogo**.)

B2 — Pleonasmo

Pleonasmo é o emprego de termos desnecessários, cujo objetivo é enfatizar a comunicação. Pode ser **semântico** (ver com os próprios olhos) e **sintático** (a mim ninguém me engana).

O pleonasmo só é figura de linguagem, ou seja, só possui valor literário, quando a repetição tem finalidade expressiva, quando traz objetivo estilístico; do contrário constitui redundância.

São pleonásticos os pronomes **esse** e **isso** quando substituem **quem**, **aquele que** e **o que**. Ex.:

> **Quem** insistia em desobedecer ao limite de 80km/h,
> **esse** estava sujeito a pesadas multas.
> **O que** você pensa, **isso** não me interessa.

São pleonasmos perfeitamente aceitáveis: **arrumar bem arrumadinho**, **fazer bem feitinho**, **lavar bem lavadinho**, **limpar bem limpinho**, etc.

OBSERVAÇÃO

Ambos os dois e **ambos de dois** são boas combinações pleonásticas, não havendo nenhum inconveniente no seu emprego, desde que discreto e realmente necessário.

B3 Anacoluto

Anacoluto é a quebra da estrutura normal da frase para a introdução de uma palavra ou expressão sem nenhuma ligação sintática com as demais. É, enfim, a falta de nexo sintático entre o princípio da frase e o seu final. Ex.:

> **Aquela sua filha caçula**, você não disse toda a vida que nenhum espertinho iria casar com ela?

Ocorre geralmente anacolutia quando o sujeito fica sem predicado (**Minha vida, tudo não passa de alguns anos sem importância** ou **Eu, parece-me que vou desmaiar**), quando se alteram as relações normais entre os termos da oração (**Quem ama o feio, bonito lhe parece**) e quando se usa um verbo no infinitivo e se repete no meio da frase (**Morrer, todos haveremos de morrer**).

B4 Silepse

Silepse é a concordância com a ideia subentendida, que se deseja transmitir, e não com os termos expressos. Já tratamos da silepse em *Concordância irregular ou figurada*; vamos, contudo, recordá-la.

Existem três tipos de silepse:

a) **silepse de gênero**. Ex.:

> São Paulo continua **poluída**.
> (Isto é: **A cidade** de São Paulo.)

> Sua Excelência é **bom** demais.
> (**Sua Excelência** = gênero feminino, mas indica pessoa do sexo masculino.)

b) **silepse de número**. Ex.:

> **Estamos** muito **contente** hoje.
> (= **Estou** muito contente hoje.)

> A criançada chegou bem cedo à fazenda e desperdiçando energia; à tarde quando nem mesmo o Sol havia se posto, já **estavam** na cama.
> (**Criançada** dá ideia de plural; como está distante do verbo, este vai ao plural.)

c) silepse de pessoa. Ex.:

> **Os brasileiros somos otimistas.**
> (**Os brasileiros** é termo que pede a 3.ª pessoa do plural; o verbo, porém, vai à 1.ª pessoa do plural, porque a pessoa que fala ou que escreve também participa do processo verbal.)

> **Os cinco estávamos felizes caminhando pela praia.**

B5 Hipérbato ou Inversão

Hipérbato ou **Inversão** é a alteração da ordem direta dos termos na oração, ou das orações no período. Ex.:

> **Morreu o presidente.**
> (Por: O presidente **morreu.**)

> **Papagaio em casa, eu não quero mais.**
> (Por: Eu não quero mais **papagaio em casa.**)

> **De que tudo aconteceu como ele diz, não duvido eu.**
> (Por: Eu não duvido **de que tudo aconteceu como ele diz.**)

IMPORTANTE

O **hipérbato** designa genericamente qualquer tipo de inversão, simples ou complexa. Compreende a anástrofe e a sínquise.

A **anástrofe** é a anteposição, em expressões nominais, do termo regido de preposição ao termo regente. Ex.:

> *Somos do mundo a esperança.*
> (Por: Somos a esperança **do mundo.**)

> *Da morte o manto lutuoso vos cobre a todos.*

> *Ela, triste mulher, ela tão bela dos seus anos na flor.*

É própria do verso, da poética.

A **sínquise** é a inversão dos termos da oração, tornando-se obscura ou ininteligível a frase. Ex.:

> *Um cãozinho tinha o Paulo, fofinho e peludinho.*
> (Por: O Paulo tinha **um cãozinho** fofinho e peludinho.)

> *Enquanto manda as ninfas amorosas grinaldas nas cabeças pôr de rosas.*
> (Camões)
> (Por: Enquanto manda as ninfas amorosas **pôr grinaldas de rosas nas cabeças.**)

B6 Aliteração

Aliteração é a repetição de consoantes ou de sílabas, com o objetivo de dar destaque a um determinado som ou de imprimir ritmo à frase. Ex.:

> Quem com ferro fere com ferro será ferido.

Geralmente, os poetas utilizam a aliteração para sugerir ruídos da natureza. Neste caso, a aliteração recebe o nome especial de harmonia imitativa. Ex.:

> E o céu da Grécia, turvo, carregado,
> Rápido o raio rútilo retalha.
> (Raimundo Correia)

A sucessão de erres procura sugerir o ruído que se segue a um relâmpago. Eis outros exemplos:

> Vozes veladas, veludosas vozes,
> Volúpias dos vilões, vozes veladas.
> Vagam nos velhos vértices velozes
> Dos ventos, vivas, vãs, vulcanizadas.
> (Cruz e Sousa)

A repetição dos vês tem o objetivo de sugerir o sussurro do vento. Repare, ainda, neste exemplo:

> Vamos ver quem é que sabe
> soltar fogos de São João?
> Foguetes, bombas, chuvinhas,
> chios, chuveiros, chiando,
> chiando,
> chovendo,
> chuvas de fogo!
> Chá-bum!
> (Jorge de Lima)

A harmonia imitativa, como se vê, é pura onomatopeia. A sucessão de consoantes fricativas sugere fuga, sopro; de sibilantes, deslizamento, atrito; de velares, rolamento, confusão; de oclusivas, pancada, choque; de vibrantes, ímpeto, ação violenta.

B7 Repetição ou Iteração

Repetição ou **Iteração** é a repetição proposital de palavras ou expressões. Ex.:

> Cantei, cantei, cantei,
> Como é cruel cantar assim.
> (Chico Buarque)

B8 Anáfora

Anáfora é a repetição da mesma palavra ou expressão no início de membros da frase ou das frases. Ex.:

> *Tudo cura o tempo, tudo gasta, tudo digere, tudo acaba.*
> (Padre Vieira)

> *Vi tudo. Vi com estes olhos. Vi para nunca mais esquecer.*

B9 Polissíndeto

Polissíndeto é o uso repetido e intencional de uma conjunção coordenativa (geralmente *e*), para dar a ideia de sequência monótona ou desagradável. Ex.:

> *O menino resmunga, e chora, e esperneia, e grita, e maltrata.*

B10 Assíndeto

Assíndeto é a omissão das conjunções coordenativas aditivas entre termos ou orações. É, portanto, o oposto do polissíndeto. Ex.:

> *Vim, vi, venci e convenci.*

> *Não sopra o vento; não gemem as vagas; não murmuram os rios.*
> (Rui Barbosa)

B11 Epizeuxe

Epizeuxe (pronuncia-se *epizêuze*) é a repetição seguida de uma palavra, com fins expressivos. Ex.:

> *O universo todo obedece ao amor; amai, amai, que tudo o mais é nada!*

> *Os tagarelas são os mais discretos de todos os homens: falam, falam, e nunca dizem coisa nenhuma.*

B12 Quiasmo ou Conversão

Quiasmo ou **Conversão** é a repetição simétrica, cruzando as palavras à maneira de **X**. Ex.:

> *No meio do caminho tinha uma pedra*
> *Tinha uma pedra no meio do caminho.*
> (Carlos Drummond de Andrade)

B13 Hipálage

Hipálage é a modificação de um adjetivo a um substantivo que, logicamente, não deveria modificar. Ex.:

> *A atitude impoluta do prefeito.*
> (Em vez de: A atitude do **impoluto** prefeito.)

Note: o adjetivo **impoluta** está modificando o substantivo **atitude**, quando deveria estar modificando **prefeito**. Outro exemplo:

> O **segredo egípcio** da esfinge.
> (Em vez de: O segredo da **esfinge egípcia**.)

B14 Paronomásia

Paronomásia é o emprego de palavras parônimas. Ex.:

> *Com tais premissas ele sem dúvida leva-nos às primícias.*
> (Padre Vieira)

> *Quem vê um fruto Não vê um furto.*
> (Mário Quintana)

Figuras de pensamento

As **figuras de pensamento** compreendem a hipérbole, a litotes, o eufemismo, a ironia, a prosopopeia ou personificação, a apóstrofe, a antítese ou contraste, o oximoro ou paradoxo, a gradação (clímax, anticlímax e gradação encadeada) e as reticências ou aposiopese.

Hipérbole

Hipérbole é o exagero na afirmação, com o objetivo de dar ênfase à comunicação. Ex.:

> Isso já lhe ensinei isso **mil vezes**, e você ainda não aprendeu?!
> Eu quase **morri** de estudar!
> Minha namorada desconfia da **própria sombra**!

Lítotes (ou Litótis)

Lítotes é a afirmação branda por meio da negação do contrário. Ex.:

> Sua namorada não é nada boba. (= Sua namorada é **esperta**.)
> Ele não ficou nada contente. (= Ele ficou **descontente**.)

Como se vê, a lítotes é o oposto da hipérbole.

Eufemismo

Eufemismo é o emprego de palavras ou expressões agradáveis, em substituição às que têm sentido grosseiro ou desagradável. Ex.: **toalete** (por privada), **tumor maligno** (por câncer), **faltar à verdade** (por mentir).

Ironia

Ironia é sugerir, pela entoação e contexto, o contrário do que as palavras ou as frases exprimem, por intenção sarcástica. Ex.:

> **Que menina linda!** (Quando se trata, na verdade, de um monstrinho.)
> **O ministro foi sutil como uma jamanta e fino como um hipopótamo...**

As reticências são a pontuação que mais evidenciam um pensamento irônico ou sarcástico.

Prosopopeia ou Personificação

Prosopopeia ou **Personificação** é a atribuição de qualidades e sentimentos humanos a seres irracionais e inanimados. Ex.:

> As árvores são *imbecis: se despem justamente quando começa o inverno.*
> *Dorme, ruazinha, é tudo escuro.* (Mário Quintana)

Apóstrofe

Apóstrofe é a interpelação violenta a pessoas ou coisas presentes ou ausentes, reais ou fantásticas. Ex.:

> *Deus, ó Deus! onde estás, que não respondes?* (Castro Alves)
> *Mundo! Que és tu para um coração sem amor?!*

Antítese ou Contraste

Antítese ou **Contraste** é o emprego de palavras ou expressões contrastantes, geralmente na mesma frase. Ex.:

> Toda *guerra* finaliza por onde devia ter começado: a *paz*.
>
> Não há no mundo *alegria* sem *sobressalto*, *concórdia* sem *dissensão*, *descanso* sem *trabalho*, *riqueza* sem *miséria*, *dignidade* sem *perigo*; finalmente, não há *gosto* sem *desgosto*.

Oximoro ou Paradoxo

Oximoro ou **Paradoxo** é a associação de ideias, além de contrastantes, contraditórias. É a antítese levada ao extremo. Ex.:

> Era dor, sim, mas uma *dor deliciosa!*
> Acabamos de ouvir as *vozes do silêncio.*
> A essa pergunta, o presidente respondeu com um *silêncio eloquente.*

Gradação

Gradação é a apresentação de uma série de ideias em progressão ascendente (**clímax**) ou descendente (**anticlímax**). Ex.:

> Não fosse ele, e este livro seria talvez uma *simples prática paroquial, se fosse padre,* ou uma *pastoral, se bispo,* ou uma *encíclica, se Papa.* (Machado de Assis)
>
> Eu era *pobre*. Era um *subalterno*. Era *nada*. (Monteiro Lobato)

Exemplo de anticlímax e clímax, respectivamente, encontra-se aqui:

> Nada *fazes*, nada *tramas*, nada *pensas* que eu não *saiba*, que eu não *veja*, que eu não *conheça* perfeitamente. (Cícero)

Dá-se o nome de **gradação encadeada** ou **concatenação** a este tipo de progressão:

> As *preocupações* trazem o *aborrecimento*;
> o *aborrecimento* traz a *melancolia*; a *melancolia* produz a *solidão*;
> a *solidão* leva ao *tédio*; do *tédio* nasce a *infelicidade*;
> e a *infelicidade* conduz ao *fim* de todas as coisas. (LAS)

Reticências ou Aposiopese

Reticências ou **Aposiopese** é a interrupção do pensamento, por ser o silêncio mais expressivo que a palavra. Ex.:

O rústico veste-se como rústico e fala como rústico, mas um pregador vestir-se como religioso e falar como... não o quero dizer em reverência ao lugar. (Padre Vieira)

Denise me acompanhava. Era noite. A rua, deserta. Eu e ela. Ela e eu. Nós dois. Sozinhos...

Testes e exercícios

1) Identifique os tropos:

a) Aquele vidro contém a morte.
b) Ah, se todo o mundo lesse Machado de Assis!
c) Esse menino é um capeta!
d) Hitler perdeu a guerra.
e) Meu irmão é forte como um touro.
f) Fui ontem ao cabeleireiro.
g) Moro na Cidade Maravilhosa.
h) Um dente do pente se quebrou.
i) A Cidade-Luz recebe milhões de turistas todos os anos.
j) Minha vida é um livro aberto.

2) Identifique as figuras de sintaxe:

a) A mim não me interessa se você é pobre ou rico.
b) Tive um professor que bagunça ele não admitia na sala de aula.
c) Coisa curiosa é gente jovem! Como falam!
d) As crianças, todos devemos amá-las.
e) São José do Rio Preto é linda, muito gostosa.
f) A criança não ficou bom do coração.
g) Caíram na gandaia também os padres.
h) Deus te livre a ti dessa desgraça!
i) Aquele calor insuportável parecia que estava pegando fogo lá.
j) *Há sempre um quê de bondade no que é mau. Fossem mais perspicazes, os homens o descobririam.*

3) Identifique todas as figuras de palavras:

a) Quantas primaveras completas hoje, Denise?
b) Sopram verdes ares para o nosso país.
c) As tropas eram comandadas pelo Marechal de Ferro.
d) Tomei um bom vinho de laranja.
e) O humorismo é o açúcar da vida.
f) No verão meu quarto é um forno!
g) Hersílio comeu uma panela de arroz.
h) Trabalhamos duro para ganhar nosso pão.
i) Os dentes do tempo trituram, matam e consomem a gente.
j) A ignorância é a noite do espírito.

4) Identifique as figuras de pensamento:

a) O mar castiga a praia.
b) Fiz daquele amigo tão próximo o mais distante.
c) Não estou nada bom hoje.
d) Esse homem é um assíduo hóspede do Estado.
e) Isabel estava elegante como uma zebra e perfumada como uma raposa.
f) Fazia séculos que não me sentia tão feliz!
g) Na praça ondulava um oceano de cabeças.
h) Ifigênia só sabe ouvir música no rádio no máximo volume. A orelha dela é delicadíssima!
i) Sou velhíssimo e apenas nasci ontem.
j) Juçara é tão inteligente, mas tão inteligente, que, aos 25 anos, já está na 5.ª série...

5 Nessa guerra, milhões adormeceram para sempre. A figura aí existente é:
a) antítese   c) anacoluto   e) pleonasmo
b) eufemismo   d) prosopopeia

6 Dizem que os paulistas só pensamos em trabalhar. A figura aí existente é:
a) silepse de pessoa   d) ironia
b) antonomásia   e) hipérbole
c) metáfora

7 Ganhar dinheiro no Brasil é sopa. A figura aí existente é:
a) ironia   c) metáfora   e) hipérbato
b) pleonasmo   d) silepse de gênero

8 *Menino do rio, calor que provoca arrepio.* Nessa frase de Caetano Veloso, existe:
a) hipérbole   c) sinestesia   e) ironia
b) oximoro   d) eufemismo

9 Cachorro em casa, eu não quero mais. Nessa frase existe:
a) hipérbato   c) sinestesia   e) anástrofe
b) hipérbole   d) oximoro

10 ... e planta, e colhe, e mata, e vive, e morre... (Clarice Lispector). Existe aí:
a) assíndeto   c) anacoluto   e) sinestesia
b) polissíndeto   d) oximoro

11 *A vida não é antologia, não tem gramática, não tem adjetivos bonitos, não tem pontuação.* Nessa frase de Paulo Mendes Campos, encontramos:
a) aliteração   c) oximoro   e) polissíndeto
b) sinestesia   d) assíndeto

12 *Ou se tem chuva e não se tem sol*
Ou se tem sol e não se tem chuva.
(Cecília Meireles)
Temos aí:
a) epizeuxe   c) quiasmo   e) hipálage
b) repetição   d) zeugma

13 O homem nordestino, seu conceito de brasilidade é bem conhecido. Temos aí:
a) anacoluto   c) polissíndeto   e) aposiopese
b) apóstrofe   d) assíndeto

14 *Amor é um fogo que arde sem se ver,*
É ferida que dói, e não se sente;
É um contentamento descontente,
É dor que desatina sem doer. (Camões)
Temos nesses versos:
a) antítese   c) perífrase   e) oximoro
b) sinestesia   d) gradação

15 À medida que o navio ia se aprofundando no mar, iam desaparecendo os prédios, as casas, as luzes, a cidade. Temos aí:
a) hipérbole   c) anástrofe   e) gradação
b) hipálage   d) sínquise

16 *Toma-me, ó Noite Eterna, nos teus braços e chama-me teu filho...* (Fernando Pessoa)
Temos aí:
a) reticências   c) gradação   e) sínquise
b) oximoro   d) apóstrofe

17 *Difícil é não ter pais. Difícil e duro é não ter pais na presença deles.* (LAS)
Temos aí:
a) oximoro   c) anticlímax   e) personificação
b) clímax   d) litotes

18 Já não sou tão moço. Temos aí:
a) anáfora   c) litotes   e) ironia
b) repetição   d) eufemismo

19 Ou você vai por bem, ou você vai, então, ...
Temos aí:
a) ironia   c) litotes   e) hipálage
b) sínquise   d) reticências

20 *Moça bonita, nas pontas da sua trança amarrei minha ilusão.* Nessa letra de canção popular, encontramos:
a) quiasmo   d) paronomásia
b) sinestesia   e) harmonia imitativa
c) sínquise

Testes de concursos e vestibulares

1 (ITA-SP) *Braços nervosos, brancas opulências*
Brumais brancuras, fúlgidas brancuras
Alvuras castas virginais alvuras,
latescências das raras latescências.

Qual das figuras abaixo é uma figura de som, ocorrente no poema?

a) sinestesia   c) aliteração   e) n.d.a.
b) metáfora   d) polissíndeto

2 (USF-SP) Assinale a alternativa em que não há palavra empregada em sentido metafórico:

a) Meu coração é um louco cavalo solto.
b) Meu porquinho-da-índia foi minha primeira namorada.
c) Do mar de meus afetos, ofereci-lhe os mais belos frutos.
d) O uivo rouco dava-nos a ideia do enorme porte do animal selvagem.
e) Sua indiferença por mim era a maior pedra em meu caminho.

3 (FMU-SP) Nos versos: *O vento voa /a noite toda se atordoa...* aparece a figura:

a) metáfora   c) hipérbole   e) antítese
b) metonímia d) personificação

4 (USF-SP) A palavra **arroz** está sendo empregada em sentido figurado ou conotativo em:

a) O arroz-doce foi servido num prato lindamente ornamentado.
b) O arroz, moldado em forma de pirâmide, acompanhava as carnes.
c) Na borda da travessa, traçadas com grãos de arroz, estavam suas iniciais.
d) Saudaram os noivos com punhados de arroz.
e) Ele, sim, era arroz de festa, não perdia uma comemoração.

5 (USF-SP) A palavra **colher** está sendo empregada em sentido figurado ou conotativo em:

a) Em briga de marido e mulher, não se põe a colher.
b) Ela queria uma colher bem grande, para servir o arroz.
c) O doutor prescreveu xarope contra a tosse: uma colher de sobremesa a cada três horas.
d) Não se deve pôr a colher suja sobre a toalha da mesa.
e) A criança, fazendo birra, batia a colher no prato de sopa.

6 (Mack-SP) Identifique a alternativa que contém a figura de linguagem predominante em **Partimos todos os alunos**:

a) pleonasmo   c) metáfora   e) antonomásia
b) silepse   d) metonímia

7 (Magistério-SP) Identifique a frase em que há silepse de gênero:

a) Gostava de ler Machado de Assis.
b) Dormiremos dos astros sob o manto.
c) Vossa Senhoria pode ficar descansado.
d) Os brasileiros aplaudimos a seleção.
e) Todos embarcaram no avião.

8 (Mack-SP) Assinale a frase que traz catacrese:

a) Os olhos piscavam mil vezes por minuto diante do horrível espetáculo.
b) Eu parece-me que vivo em função de um áspero orgulho.
c) Com o espinho enterrado no pé, levantou-se rápido à procura do pai.
d) Suas faces avermelhadas eram chamas encolerizadas pelos males da terra.

9 (FAURGS) Assinale a figura correta nos versos:

Vi uma estrela tão alta,
Vi uma estrela tão fria!
Vi uma estrela luzindo
Na minha vida vazia. (Manuel Bandeira)

a) assíndeto   c) anáfora   e) silepse
b) pleonasmo d) anacoluto

10 (Cesgranrio-RJ) Assinale a alternativa em que há figura de linguagem:

a) Ele era um homem ávaro.
b) Todos devem entrar para dentro.
c) Não se deve dirigir com apenas uma mão.
d) O mito é o nada que é tudo.
e) O menino viu o incêndio do prédio.

11 (Fuvest-SP) Identifique a figura empregada no verso em destaque: *Quando a indesejada das gentes chegar* / *(Não sei se dura ou coroável)*, / *Talvez eu tenha medo.*

a) clímax   c) sínquise   e) pleonasmo
b) eufemismo   d) catacrese

12 (PUC-SP) Aponte a figura de linguagem existente em ... *vento ou ventania varrendo...*

a) metonímia   c) anacoluto   e) hipérbole
b) aliteração   d) catacrese

13 (FEC) Indique a figura que aumenta ou diminui, exageradamente, a verdade das coisas:

a) metáfora   c) metonímia   e) gradação
b) hipérbole   d) antomásia

14 (Mack-SP) *À luz dos intervalos / de matar o tempo / de anunciar a eternidade / de estourar o momento dos cardíacos / de expulsar os loucos / de aproximar os rejeitados / de providenciar novas experiências / de costurar encontros.* Nesses versos, há um recurso estilístico denominado:

a) assíndeto   c) polissíndeto   e) anacoluto
b) hipérbato   d) anáfora

15 (Mack-SP) *Fitei-a longamente, fixando meu olhar na menina dos olhos dela.* Nesse período ocorre uma figura de linguagem:

a) metáfora   c) antonomásia   e) sinédoque
b) catacrese   d) metonímia

16 (Unimep-SP) Todas as frases a seguir são corretas. Assinale a única que encerra anacoluto:

a) Aos homens parece não existir a verdade.
b) Os homens parece-lhes não existir a verdade.
c) Os homens parece que ignoram a verdade.
d) Os homens parece ignorarem a verdade.
e) Os homens parecem ignorar a verdade.

17 (Mack-SP) Aponte a alternativa que contenha a mesma figura de pensamento existente no período:

Acenando para a fonte, o riacho despediu-se triste e partiu para a longa viagem de volta.

a) O médico visualizou, por alguns segundos, a cara magra do doente, antes que a última paixão se calasse.
b) Os arbustos dançavam abraçados como os pinheiros a suave valsa do crepúsculo.
c) Contemplando aquela terna fisionomia, afastou-se com um sorriso pálido e irônico.
d) Só o silêncio tem sido meu companheiro neste período amargo de intensa solidão.
e) A mesquinhez de tua atitude é poço profundo, cavado no íntimo de teu espírito.

18 (FMU-SP) Na expressão: *... a natureza parece estar chorando...* do ponto de vista estilístico, temos:

a) antítese   c) ironia   e) aliteração
b) polissíndeto d) personificação

19 (Mack-SP) Assinale a figura da frase seguinte:

Em poucos segundos avistávamos a maravilhosa Rio de Janeiro.

a) metáfora   d) silepse de número
b) silepse de pessoa   e) sinédoque
c) silepse de gênero

20 (ITA-SP) Assinale a opção em que ocorreu a figura chamada **paradoxo**:

a) *Flor que se cumpre, sem pergunta.*
b) *E os soldados já frios.*
c) *Sussurrante de silêncios.*
d) *Sustentando seu demorado destino.*
e) *Ao pássaro que procura o fim do mundo.*

CAPÍTULO 38 — VÍCIOS DE LINGUAGEM

Vícios de linguagem

Vícios de linguagem são desvios das normas gramaticais.

Não cometer erros que dificultem ou impossibilitem a compreensão da mensagem, não revelar pobreza ou insuficiência no domínio da norma padrão, evitar preciosismos e demonstrar conhecimento de um vocabulário razoável são algumas das virtudes da linguagem. Ao levarmos em conta essas virtudes, estaremos evitando cometer vícios de linguagem.

Os vícios de linguagem compreendem: o barbarismo, o solecismo, a cacofonia, a ambiguidade ou anfibologia, o preciosismo ou perífrase, o arcaísmo, o plebeísmo e a redundância ou tautologia.

● Barbarismo

Barbarismo é qualquer desvio que se comete relativo à palavra. Sendo assim, pode ser:

	Exemplos
1) **ortoépico** (provocando as cacoépias)	"compania", "cadalço", "arto", "gor", "fleira", "t**au**ba"
2) **prosódico** (provocando as silabadas)	"**ré**corde", "fil**â**ntropo", "**í**bero", "**rú**brica", "proto**ti**po", "j**ú**niors"
3) **gráfico** e/ou **flexional** (provocando as cacografias)	"a janta", "a" telefonema, "maizena", "magérrimo", "mendingo", eu "intervi", "um" bacanal, os "cidadões"
4) **semântico** (provocando os deslizes)	"vultuosa" quantia (por vultosa), ovos "estalados" (por estrelados), anjos "intimoratos" (por intemeratos); conheço sua voz de longe: sua voz é "irreconhecível" (por inconfundível).

NOSSA GRAMÁTICA COMPLETA

> **OBSERVAÇÃO**
> Comete barbarismo, ainda, quem abusa dos estrangeirismos. Ex.: *boutique* (por **butique**), *carnet* (por **carnê**), *ticket* (por **tíquete**), *hall* (por **saguão**). Note: quem abusa (e não quem usa).

Solecismo

Solecismo é qualquer desvio que se comete contra a sintaxe. Sendo assim, pode ser:

	Exemplos
1) de **concordância**	"Houveram" muitas reclamações. • A turma "gostaram" da festa. • Quem fez isso não "foi" eu. • "Acabou" as aulas, "começou" as férias.
2) de **regência**	Obedeça "o" chefe! • Assisti "um" filme. • Não "lhe" conheço, nunca "lhe" vi mais gordo!
3) de **colocação**	Ele tinha "formado-se" com vinte anos. • "Verei-te" amanhã.

Cacofonia

Cacofonia é qualquer sequência silábica intervocabular que provoque som desagradável. Ex.: **ela tinha**, **uma mala**, **boca dela**.

Compreende:

	Exemplos
1) o **cacófato**: é o som obsceno.	Hilca ganhou. • Esse time não marca gol.
2) o **eco**: é a repetição desagradável de terminações iguais.	Vicente já não sente dores de dente tão frequentemente como antigamente, quando morava no Oriente, na casa de um parente doente.

> **OBSERVAÇÃO**
> O eco, na prosa, é um defeito, mas na poesia é o fundamento da rima. Ainda na prosa, quando usado com parcimônia, torna-se uma virtude. Veja-se o caso dos provérbios, em que se procura até forcejá-lo: **Muito riso, pouco siso.** • **Ladrão que rouba ladrão tem cem anos de perdão**. Neste caso, portanto, o eco recebe o nome especial de **homeoteleuto**.

	Exemplos
3) o **parequema**: é a aproximação de sons consonantais idênticos ou semelhantes. Recebe o nome de colisão, se os sons aproximados forem sibilantes.	uma mala, vaca cara, vista terrível Levante-se cedo, porque o lance será importante!
4) o **hiato**: é a aproximação de vogais idênticas, geralmente a.	traga a água, há aula amanhã.

Muitas vezes é impossível fugir a certas cacofonias, por isso a ânsia de encontrá-las caracteriza pecado maior que elas próprias.

Ambiguidade ou Anfibologia

Ambiguidade ou **Anfibologia** é o duplo sentido causado por má construção da frase. Ex.:

> **O policial levou o bêbado a sua casa.**
> (Por: O policial levou o bêbado à casa **deste**.)
>
> **Beatriz comeu um doce e sua irmã também.**
> (Por: Beatriz comeu um doce**,** e sua irmã também.)
>
> **Mataram a vaca da sua tia.** (Por: Mataram a vaca **que era de** sua tia.)
>
> **Preciso de uma empregada para ordenhar vacas e um empregado forte.**
> (Por: Preciso de uma empregada para ordenhar vacas e **de** um empregado forte.)

Preciosismo ou Perífrase

Preciosismo ou **Perífrase** é o exagero na linguagem, em prejuízo da naturalidade e da clareza. Ex.:

> **Na pretérita centúria, meu progenitor presenciou o acasalamento do Astro-Rei com a rainha da noite.** (Por: No século passado, meu avô presenciou o eclipse solar.)
>
> **Acabar com a corrupção? Isso é colóquio flácido para acalentar bovino.**
> (Por: Isso é conversa mole para boi dormir.)

Constitui preciosismo, ainda, a articulação afetada dos erres e esses finais: *"cantarr", "verr", "portuguêss", "vezz", "arrozz"*, etc.

Arcaísmo

Arcaísmo é o emprego de palavras, expressões ou construções desusadas, antigas, que já não pertencem ao idioma em seu estádio atual. Ex.:

> **hum, fremosa, abrido, vosmecê**

Opõe-se ao **neologismo**, que não é propriamente vício de linguagem, já que descobrimentos tecnológicos, novas modalidades de esporte, novas realidades nas ciências de todos os tipos, provocam cada vez mais o aparecimento de novos vocábulos, como **surfar, windsurfar, interfonar, auditar, carreata, precificar, oportunizar, otimizar, panelaço, buzinaço, acessar, deletar,** etc. Muitas vezes se formam de siglas criadas: **dedetizar** (de DDT), **cutizar sindicatos** (de CUT, Central Única dos Trabalhadores), etc.

Plebeísmo

Plebeísmo é qualquer desvio que caracteriza a trivialidade ou a falta de instrução. Exemplo maior de plebeísmo é o abuso de gírias. Ex.:

> Pintei no pedaço, ganhei a mina, mas acabei dançando, macho: a mina tava amarradona em outro carinha. Me achaquei!

Redundância ou Tautologia

Redundância ou **Tautologia** é a repetição de ideias mediante o emprego de palavras ou expressões distintas. É o mesmo que **pleonasmo vicioso** e **perissologia**. Ex.: subir para cima, descer para baixo, sair para fora, entrar para dentro, hepatite do fígado, repetir outra vez, adiar para depois.

OBSERVAÇÕES

1) Não há redundância em intrometer-se no meio, já que alguém pode intrometer-se no começo, no fim e até no meio de uma conversa. Nem muito menos redundância há em voltar-se para trás, pois alguém pode perfeitamente voltar-se para o lado.

2) Não se tomam por redundantes na língua contemporânea combinações como estas: antídoto contra, interpor-se entre, coabitar com, concordar com, comparar com, suicidar-se. Ver tautologia em casos como esses nos obrigaria a considerar, por exemplo, os pronomes oblíquos comigo, contigo, consigo e conosco também formas tautológicas.

Testes e exercícios

1 Transcreva todas as frases, eliminando os barbarismos (quando houver):

a) Comprei maizena para fazer um bolo de siriguela.

b) Que frustação a minha quando vi meu time rebaixado!

c) Naquele carramanchão existem muitas largatixas.

d) Eu só intervi na briga porque sou intemerato.

e) Advinhe quem vem para a janta conosco, querida!

f) O Instituto de Metereologia prevê chuva para hoje.

g) Juçara não joga volibol nem muito menos basquetebol.

h) Deixe-se de ser pretencioso, cara, você não é mais que ninguém!

i) Não remova gelo do congelador com objeto ponteagudo!

j) Falei com o acessor da coronela e com um auxiliar da sargenta.

2 Transcreva todas as frases, eliminando os solecismos (quando houver):

a) Meu óculos estava todo embaçado.
b) Não se pôde obter provas para condenar a ré.
c) As crianças parecem que ficaram envergonhadas.
d) As crianças só faltaram comer terra de tanta fome!
e) Faziam anos que não morria tantas pessoas nesta rua.
f) Eram sócios do clube; daí haver eles entrado sem pagar.
g) O réu achava que se podia cometer crimes impunemente.
h) Começa a haver disputas de terra no Sul do país.
i) Amigos é o que não faltam para mim.
j) Acabou as aulas, começou as férias. Feliz férias a todos!

3 Identifique o cacófato, a ambiguidade e a redundância:

a) Coitado do burro do meu irmão: morreu!
b) Escapei do perigo Deus sabe como!
c) Entre dentro do meu carro para você ver como ele é bonito!
d) Ama o filho a boa mãe.
e) É admirável a fé de seu tio!

4 O vício de linguagem que comete a pessoa que diz **Meu genitor sofre de alopecia androgênica**, em vez de **Meu pai é careca**, é:

a) tautologia
b) arcaísmo
c) preciosismo
d) anfibologia
e) plebeísmo

5 Identifique os vícios de linguagem que possam existir nestas frases:

a) Ela pediu para mim sair, mas eu não saí.
b) Você ganhou de graça isso do seu vizinho?!
c) Ele é um peão que marca gado todo dia.
d) Prefiro milhões de vezes futebol do que basquete.
e) Saímos cinco minutos; nesse interim, os ladrões roubaram nossa casa.
f) Isso aconteceu há muitos anos atrás.
g) Chama a Aparecida para mim, faz favor!
h) A tecnologia nos apresenta diariamente novidades inéditas.
i) Mamãe me mandou mangas, melões, mamões e maçãs maduros.
j) Leão, ex-treinador do Timão e da seleção, dará preleção pela televisão.

Testes de concursos e vestibulares

1 (FEI-SP) Identifique o vício de linguagem existente em **O protagonista deste romance diz que não quer casar no primeiro capítulo, mas concorda em fazê-lo no quarto**:

a) redundância
b) ambiguidade
c) cacofonia
d) pleonasmo
e) silepse

2 (FEI-SP) Identifique a alternativa em que ocorre um pleonasmo vicioso:

a) Ouvi com meus próprios ouvidos.
b) A casa, já não há quem a limpe.
c) Para abrir a embalagem, levante a alavanca para cima!
d) Bondade excessiva, não a tenho.
e) n.d.a.

3 (UFU-MG) Qual o vício de linguagem que se observa na frase: **Eu vi ele não faz muito tempo?**

a) solecismo
b) cacófato
c) arcaísmo
d) barbarismo
e) colisão

4 (Omec-SP) Assinale o vício de linguagem da frase: **Ele prendeu o ladrão em sua casa:**

a) colisão
b) anfibologia
c) preciosismo
d) eco
e) cacofonia

5 (PUC-SP) Na frase **A liberdade, como a concebo, não se confunde com o consumismo,** existe:

a) cacofonia
b) colisão
c) eco
d) anfibologia
e) perífrase

6 (Mack-SP) Na frase **O aluno esteve com a colega em seu quarto**, existe:

a) redundância
b) parequema
c) cacófato
d) hiato
e) anfibologia

7 (Unesp-SP) Aponte a alternativa em que não ocorre solecismo:

a) Faz cinco anos completos que não visito o Rio.
b) Devem haver explicações para esse fato.
c) Haviam vários objetos espalhados sobre a mesa.
d) Se lhe amas, deves declarar-te depressa.
e) Fazem já vinte minutos que começou a prova.

8 (ITA-SP) Todas as alternativas abaixo contêm barbarismo, exceto em:

a) A seleção brasileira está desde ontem sobre "linha dura" na Toca da Raposa.
b) Todas as razões do mundo não conseguiram justificar aquele jesto.
c) Esperava que nesse interim sua situação financeira melhorasse.
d) A estada do presidente no hotel foi de três dias.
e) O mecanismo do elevador engasgou e ele se deteu.

9 (TRT-GO) Em todas as alternativas há solecismo, exceto em:

a) Calculam-se que dez mil soldados estejam isolados no Afeganistão.
b) O projeto é bom; quem está querendo construir não deve deixar de conhecer-lhe.
c) Vendo-o distraído, ataquei-o à sorrelfa.
d) Se o gato desaparecer, ninguém poderá mais ver ele.
e) Não estou com a menor intenção de lhe ofender.

10 (Unitau-SP) Em **Envie-me já o catálogo de vendas**, temos:

a) ambiguidade
b) pleonasmo
c) barbarismo
d) colisão
e) cacófato

CAPÍTULO 39
PONTUAÇÃO

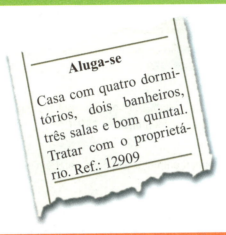

Pontuação

Pontuação é o conjunto de sinais gráficos destinados a indicar pausa mais ou menos acentuada de caráter objetivo, subjetivo ou distintivo.

Uma das funções mais importantes da pontuação é tornar as orações e os períodos mais fáceis de ler. Toda frase mais ou menos longa deve merecer leitura atenta e repetida, para que a pontuação seja usada de modo correto.

São estes os mais importantes sinais de pontuação: o ponto, a vírgula, o ponto e vírgula, o dois-pontos, o ponto de interrogação, o ponto de exclamação, os parênteses, as reticências, as aspas e o travessão. Os quatro primeiros constituem a pontuação de pausa objetiva; os quatro seguintes formam a pontuação de pausa subjetiva, afetiva, e os dois últimos são os sinais distintivos.

Ponto

É um dos sinais que marcam fim de período e o que assinala a pausa de máxima duração.

Quando marca fim de período escrito na mesma linha, chama-se **ponto simples**.

Quando marca fim de período escrito em linhas diferentes, chama-se **ponto parágrafo**.

Quando termina em enunciado ou escrito completo, chama-se **ponto final**.

Os principiantes em redação mostram a tendência de evitar o uso do ponto simples e do ponto parágrafo quanto podem. Preferem ajuntar num só período várias orações, ligando-as por conetivos (e, que, se, porque, etc.). O resultado é a confusão total de pensamentos.

Basta que a frase tenha verbo em qualquer tempo do modo indicativo para que o ponto simples já tenha razão para aparecer.

É aconselhável que cada assunto represente um período. Isso não significa que todos os períodos devam ser curtos, nem que toda frase deva ter um só verbo. Às vezes um pensamento necessita de certos esclarecimentos, o que força a multiplicidade de orações.

Em suma, o importante é não englobar num só período o que pode vir separado. A consequência desse modo de preceder são três qualidades do estilo: a correção, a elegância e a simplicidade.

Além de encerrar períodos, o ponto é usado ainda em quase todas as abreviaturas. Ex.: **Cia.** (Companhia), **pág.** (página), etc. Chama-se, neste caso, **ponto abreviativo**.

Se a palavra abreviada aparecer em final de período, este não receberá outro ponto; neste caso, o ponto de abreviatura marca também fim de período. Ex.: **Comprei maçãs, peras, abacates, melões, etc.** (e não: "etc..")

IMPORTANTE

1) Usa-se o **ponto separativo** na separação de casas decimais: **15.245, 289.587, 1.687.987**, etc. Pode-se também proceder desta forma: **15 245, 289 587, 1 687 987**, isto é, deixando-se um espaço vazio correspondente a um algarismo.

Os números que identificam o ano, porém, não ganham ponto nem devem ter espaço algum a separá-los, assim como os números que identificam o CEP (Código de Endereçamento Postal): **1992, 1947, 1983, 2008, 04011-062**, etc.

2) Nos títulos e cabeçalhos é opcional o emprego do ponto. Também opcional é o uso do ponto após o nome do autor de uma citação. Ex.:

> O Brasil elege hoje seu novo presidente (ou: presidente.)
> O culto do vernáculo faz parte do brio cívico. (**Napoleão Mendes de Almeida**) (ou: Almeida.)

3) Nas correspondências, a data, que compreende o nome da cidade, dia, mês e ano, termina pelo ponto obrigatoriamente, ainda que haja opiniões em contrário. Ex.:

> São Paulo, 18 de dezembro de 1947.
> Salvador, 1º de novembro de 1983.

4) O ponto é, hoje, muito usado no lugar da vírgula, constituindo-se, assim, numa característica de estilo do escritor. Ex.:

> Casaram-se às nove horas; depois de duas horas, já estavam separados. E definitivamente!
> Eu não queria ir de jeito nenhum à praia naquele dia. Mas fui. Porque ela sempre me convencia a tudo. Até ao indesejável, até ao redundante. Até ao impossível!

Alguns manchetistas do moderno jornalismo muitas vezes estampam com rara felicidade:

> Menino cai do 10º andar. E não morre.
> Aumenta o imposto de renda na fonte. E muito.

Vírgula

A **vírgula*** é o sinal de pontuação que indica pequena pausa na leitura, o que equivale a uma pequena ou grande mudança na entoação.

Vejamos como se lê um período em que não há vírgula nenhuma:

> A vida no campo é sem dúvida nenhuma bem mais saudável que a vida na cidade.

---

* **Vírgula** significa varinha; daí a pequeno traço foi um passo.

Esse período, como aí está, não indica que deva haver mudança na entoação, que é absolutamente linear.

Vejamos como se lê o mesmo período, agora com vírgulas:

> A vida no campo é, sem dúvida nenhuma, bem mais saudável que a vida na cidade.

A entoação de leitura, agora, já não é linear. Observe a significativa mudança de entoação ocorrida depois de lido o verbo é, conferindo ao termo entre vírgulas certa importância na linha melódica frasal.

Na dúvida, recomenda o bom senso não usar a vírgula, pois a omissão caracteriza pecado menor do que uma inserção indevida. Ademais, a falta de vírgula onde ela é necessária pode ser tomada por esquecimento; sua inserção indevida é tida por algo menos lisonjeiro.

Usa-se a vírgula principalmente nestes casos:

1) para separar palavras ou orações de mesma função sintática. Ex.:

> Minha casa tem **quatro dormitórios**, **dois banheiros**, **três salas** e bom quintal.
>
> A inflação reduz **o consumo**, **a produção**, **o incentivo dos empresários** e a oferta de emprego.
>
> As flores murcham, os palácios caem, os impérios desintegram-se.
> Só as palavras sábias permanecem.

Não há obrigatoriedade de usar a conjunção **e** entre a última e a penúltima palavras.

2) para separar os vocativos. Ex.:

> O tempo não é, **meu amigo**, aquilo que você pensou.
> **Senhor**, eu desejaria saber quem foi o imbecil que inventou o beijo.
> **Amigos**, não há amigos.

OBSERVAÇÃO

Neste caso, a vírgula pode ser substituída com vantagem pelo ponto de exclamação, se a intenção é dar ênfase ao vocativo. Ex.:

> Oh! **meu bem**! eu te amo tanto!
> **Deus**! ó **Deus**! onde estás que não respondes? (Castro Alves)

3) para separar o aposto do termo fundamental. Ex.:

> Brasília, **capital da República**, foi fundada em 1960.
> O brasileiro, **um assíduo tomador de café**, ainda não tem acesso a um produto de boa qualidade.
> O espetáculo da beleza talvez baste para adormecer em nós, **tristes mortais**, todas as dores.

IMPORTANTE

O aposto de especificação não vem separado por vírgula. Ex.: **o rio Tietê**, **a palavra saudade**, etc.

4) para separar certas palavras e expressões interpositivas: por exemplo, **porém**, **ou melhor**, **ou antes**, **isto é**, **por assim dizer**, **além disso**, **aliás**, **com efeito**, **então**, **outrossim**, **pois**, **assim**, **entretanto**, **todavia**, etc.

> Elas gritavam. Eu, **porém**, nem me incomodava.
> Eles gastaram R$500.000,00, **isto é**, tudo que tinham.
> Quer dizer que você, **então**, não foi mais à República Checa?
> O ditador era muito respeitado, **ou antes**, muito temido.
> Ficamos, **assim**, livres da vergonha de sermos chamados trogloditas.

OBSERVAÇÕES

1) Tais palavras não são necessariamente interpositivas. O autor da frase é que determina a situação de cada uma.

2) Quando anunciam uma enumeração, as expressões **isto é**, **por exemplo**, **bem como**, **tais como**, etc. requerem dois-pontos depois delas.

5) para separar o adjunto adverbial, quando a ele se quer dar ênfase. Ex.:

> Casaram-se às nove horas. **Duas horas depois**, estavam separados.
> **Em um naufrágio**, quem está só ajuda-se mais facilmente.
> A boca é, **nas mulheres**, a feição que menos nos esquece.

Observe no trecho abaixo as palavras em destaque:

> **Hoje** o céu e a terra me sorriram;
> **hoje** recebi o sol no fundo da minhalma.
> **Hoje** eu a vi, e ela olhou para mim.
> **Hoje**, acredito em Deus.

A vírgula foi propositadamente usada apenas depois do último **hoje**, em virtude de o autor desejar ali maior ênfase.

6) para separar orações coordenadas assindéticas. Ex.:

> O tempo não para no porto, não apita na curva, não espera ninguém.
> Todas as horas ferem, a derradeira mata.
> Nascemos nas lágrimas, vivemos no sofrimento, morremos na dor.

7) antes de todas as conjunções coordenativas (exceto **e** e **nem**). Ex.:

> A beleza empolga a vista, **mas** o mérito conquista a alma.
> O lago está na minha fazenda, **por conseguinte** me pertence.
> Não chore, **que** será pior!
> Ou fosse do cansaço, **ou** do livro, antes de chegar ao fim da segunda página, adormeci também. (Machado de Assis)

IMPORTANTE

1) As conjunções **e** e **nem** dispensam a vírgula, quando ligam orações, palavras ou expressões de pequena extensão. Ex.:

> Casou **e** viajou.   Ela não ouve **nem** fala.

Pode, contudo, aparecer um termo imediatamente anterior separado por vírgulas. Ex.:

> Casou, **contrariado**, e viajou.   Ela não ouve nada, **nada mesmo**, nem fala.

É preciso erradicar de vez a concepção errônea que existe em alguns espíritos de que não se usa a vírgula antes de **e** em hipótese nenhuma. A título de mera curiosidade, eis nove casos de emprego obrigatório da vírgula antes de **e**:

a) quando o **e** equivale a **mas**, caso em que se classifica como conjunção adversativa. Ex.:

> *Quem cabritos vende*, *e cabras não tem, dalgures lhe vêm.* (e = mas)
> *Juçara fuma*, *e não traga.* (e = mas)
> *Todo político promete*, *e não cumpre.* (e = mas)

b) quando o **e** dá início a outra oração no período, sendo diferentes os sujeitos. Ex.:

> *Uma mão lava a outra*, *e a poluição suja as duas.*
> *Os soldados ganham as batalhas*, *e os generais recebem o crédito.*

c) quando entre um sujeito e outro aparece um termo imediatamente anterior separado por vírgulas. Ex.:

> *A casa, muito antiga*, *e o edifício, moderníssimo, formavam visível contraste.*

d) quando se deseja uma pequena pausa para em seguida dar ênfase ao termo imediatamente posposto ao **e**. Ex.:

> *Algumas coisas precisam ser esclarecidas*, *e logo!*
> *Os jovens querem ser fiéis*, *e não podem. Os velhos querem ser infiéis*, *e não podem.*

A referida pausa, nesses casos, é tão desejada e significativa, que os autores modernos preferem substituir a vírgula pelo ponto. Ex.:

> *Algumas coisas precisam ser esclarecidas.* **E** *logo!*

Em vez da vírgula e do ponto, pode aparecer neste caso o travessão, que sugere pausa maior que a vírgula, porém, menor que o ponto. Ex.:

> *Um homem arrebata o primeiro beijo, suplica pelo segundo, pede pelo terceiro, toma o quarto, aceita o quinto – e aguenta todos os outros.*

e) antes de **vice-versa**. Ex.:

> *As orações causais não aceitam normalmente os artifícios que se empregam para as orações explicativas*, *e* **vice-versa**.

f) antes do último membro de uma enumeração. Ex.:

> *O Brasil é o maior produtor mundial de mamona;*
> *o México produz muita prata, petróleo e mercúrio*, *e o Chile é rico em cobre.*

g) nos polissíndetos. Ex.:

> A criança chorava, e berrava, e gritava, e esperneava, fazia todo o mundo louco!

h) antes das expressões e nem, e nem ao menos, e nem sequer. Ex.:

> Ela chegou, e nem quis saber de nós!

i) quando há uma coordenação com e anterior e posterior. Ex.:

> A hidrologia nada mais é que o estudo científico das propriedades, distribuição e efeitos da água na superfície terrestre, no solo e nas rochas adjacentes, e na atmosfera.

2) Usa-se a vírgula também com as locuções correlativas não só ... mas, não só ... mas também, não só... senão, etc. Ex.:

> Ifigênia não só pediu, mas exigiu o cumprimento da lei.
> Teresa seria capaz não só de esconder a verdade, senão de mentir.

3) A conjunção ou, quando liga palavras curtas, sem nenhum caráter enfático, dispensa a vírgula. Ex.:

> Os mendigos pediam dinheiro ou comida?   Você quer ir ou ficar?

4) Das conjunções adversativas, só mas aparece obrigatoriamente no começo da oração; as demais podem vir no início ou no meio dela. No primeiro caso, põe-se uma vírgula antes da conjunção; no segundo, a conjunção deve aparecer entre vírgulas. Veja estes exemplos:

> Ficarei com a casa, mas não posso pagá-la à vista.
> Ficarei com a casa, porém não posso pagá-la à vista.
> Ficarei com a casa; não posso, porém, pagá-la à vista.

Entre as orações, em casos que tais, como a pausa é acentuada, costuma se empregar o ponto e vírgula em vez da vírgula. Ex.:

> Ficarei com a casa; porém não posso pagá-la à vista.

Pode se dizer o mesmo para todas as conjunções conclusivas, com exceção de pois, que deve aparecer sempre isolada por vírgula, isto porque sempre vem no meio da oração. Ex.:

> Vencemos; portanto não fique assim tão triste!
> Vencemos; não fique, portanto, assim tão triste!
> Vencemos; não fique, pois, assim tão triste!

5) É facultativo, dependendo de ênfase ou não, o emprego da vírgula depois de conjunções que principiem período. Ex.:

> Muitos alunos são displicentes. Todavia, nem todos chegam à aula atrasados.
> Isso jamais aconteceu em nossa cidade. Portanto vamos festejar!
> Nunca vi disco-voador. Logo não acredito neles.

Não é aconselhável, todavia, o uso das conjunções contudo, porém e todavia em início de período.

8) antes de não antecedido de **mas** subentendido:

> *Os lobos mudam seu pelo, não seu coração.*
> (= Os lobos mudam seu pelo, **mas não** seu coração.)
> *Na discussão você ganha ou perde amigos, não argumentos.*

IMPORTANTE

Frases semelhantes podem aparecer com a conjunção e clara, equivalente de **mas**:

> *Quando conhecemos uma pessoa, conhecemos-lhe os olhos, e não o coração.*
> *O horizonte está nos olhos, e não na realidade.*
> *Ela fuma, e não traga.*

9) para separar orações iniciadas pela conjunção e, quando os sujeitos forem diferentes. Ex.:

> *Tirai do mundo a mulher, e a ambição desaparecerá de todas as almas generosas.*
> *A mulher aceita o homem por amor ao casamento, e o homem tolera o matrimônio por amor à mulher.*
> *Quantas vezes uma vírgula modifica uma sentença, e uma palavra pode destruir uma grande e velha amizade!*

10) antes de ou e de nem, quando empregados enfaticamente, em frases do tipo:

> *Afinal, quem manda aqui sou eu, ou são vocês?*
> *Você está procurando uma casa, ou um palacete?*
> *Não vais com ele, nem muito menos comigo.*
> *Não saio de casa com essa chuva, nem morto!*

11) antes de e e nem repetidos, quer por ênfase, quer por enumeração. Ex.:

> *Ele fez o céu, e a terra, e o mar, e tudo quanto há neles.*
> *Ora, o brasileiro que não é formoso, nem espirituoso, nem elegante, nem extraordinário – é um trabalhador.*

IMPORTANTE

1) A conjunção nem dispensa a vírgula quando liga orações, palavras ou expressões de pequena extensão. Ex.:

> *Em instante crítico não grite nem desespere!*
> *Não conheço Piraçununga nem Iguaçu.*

Sendo outra a extensão, todavia:

> *O pai não permitia que as filhas ficassem à janela, nem que saíssem à rua.*

2) Em casos de enumeração do sujeito, a vírgula deve ser usada entre o último elemento e o verbo. Ex.:

*Maçãs, peras, bananas, **uvas**, **eram** frutas proibidas em casa.*

*Por alguns minutos, o cenário, os cantos, **as figuras**, **recrearam**-me os olhos e os ouvidos.* (Viriato Correia)

Quando, porém, um pronome (**ninguém**, **tudo**, **nada**, etc.) resume todos os sujeitos, não se emprega a vírgula. Ex.:

*Nem eu, nem você, nem ela, nem as crianças, nem **ninguém** conseguirá dormir aqui, com tantos pernilongos!*

3) Num sujeito composto em que não se usa a conjunção **e**, a vírgula também é obrigatória entre o último sujeito e o verbo. Ex.:

*Mau curso primário, **mau curso secundário**, **produzem** mau candidato à universidade.*

*Psicólogos, sociólogos, **antropólogos**, **foram chamados** a opinar sobre o assunto.*

12) para separar do nome da obra, autos de processo, etc., a página ou qualquer outra indicação. Ex.:

Nossa gramática – teoria e prática, 29.ª edição, pág. 416.

13) para separar do nome do autor, o da obra. Ex.:

Luiz Antonio Sacconi, Nossa gramática.

Mário Palmério, Vila dos confins.

14) para separar o nome da localidade, nas datas. Ex.:

Salvador, 1.º de novembro de 1983.   *Teresina, 21 de março de 1967.*

15) para separar termos ou orações que, deslocados, quebram uma sequência sintática. Ex.:

*Comunicamos-lhes que, **a partir desta data**, atenderemos em novo endereço.*

*O ministro, **segundo recomendação médica**, deve permanecer em repouso absoluto.*

*As viúvas inconsoláveis, **quando são jovens**, acham sempre alguém que as console.*

*Sejamos sinceros, porém, evitemos empregar com demasiado rigor a franqueza que, **muito embora seja uma bela virtude**, poderá tornar-se mais prejudicial do que benéfica.*

OBSERVAÇÃO

Em caso de deslocação, fundamental é perceber que um elo foi quebrado e, desta forma, fazer que o termo ou a oração fique entre vírgulas. Não basta usar uma só vírgula, antes ou depois, prática que não permitiria a retomada do elo natural.

16) para separar orações adverbiais e substantivas quando antepostas à principal. Ex.:

> **Embora estivesse muito cansado**, compareci à reunião.
> **Se tudo correr bem**, iremos a Madri ano que vem.
> **Como isso pôde acontecer**, ninguém sabe.
> **Que venham todos**, é preciso: estou muito doente!

IMPORTANTE

1) Com exceção das comparativas e conformativas, todas as orações adverbiais vêm separadas por vírgula. Ex.:

> Ajuda-me agora, **para que eu te auxilie depois!**
> O ar poluído das grandes cidades, como São Paulo, corrói a vida das pessoas, **embora algumas não o percebam em curto prazo**.
> O prefeito declarou à imprensa que não entende o motivo do êxodo dos paulistanos para o interior, **embora saiba que todo ser humano possui pulmões**...
> Deveríamos escolher para esposa a mulher que escolheríamos para amigo, **se ela fosse homem**.
> As paixões são como os ventos que são necessários para dar movimento a tudo, **conquanto muitas vezes causem temporais**.
> Vou dizer toda a verdade, **nem que me prendam**.
> Falou com tanto desembaraço, **que a todos entusiasmou**.
> Abri a porta, **a fim de que eles pudessem entrar**.
> **Se fores o patrão**, finge-te, **quando necessário**, de cego;
> **se fores empregado**, finge-te, **quando necessário**, de surdo.

2) As orações substantivas só vêm separadas por vírgula quando antepostas à principal. Na ordem normal, teremos, portanto, as frases vistas:

> Ninguém sabe **como isso pôde acontecer**.
> É preciso **que venham todos**: estou muito doente!

17) para separar orações reduzidas de gerúndio, de particípio e de infinitivo. Ex.:

> **Chegando o diretor**, avise-me imediatamente!
> **Terminada a conferência**, foi nos oferecido um jantar.
> Deus, **antes de ser homem**, era sol sem sombra. (Vieira)

18) para isolar as orações adjetivas explicativas. Ex.:

> Brasília, **que é a capital do Brasil**, foi fundada em 1960.
> A beleza, **que é a fonte do amor**, é também a fonte das maiores desgraças deste mundo.

OBSERVAÇÃO

Convém usar a vírgula depois de oração adjetiva restritiva, principalmente quando os verbos se seguem um ao outro. Ex.:

Um sentimento **que precisamos desenvolver no coração da mocidade brasileira**, é o do patriotismo.
No amor, a mulher **que dá o retrato**, promete o original.
O homem **que ri**, vive mais.
O homem **que é pessimista antes dos 48**, sabe demais; o **que é otimista após os 48**, sabe de menos.

19) para separar adjetivos que exercem função predicativa. Ex.:

Sereno e tranquilo, caminhou o condenado à forca.
Não esperava que ele, **inteligente e culto**, dissesse tamanha asneira!
A mulher saiu em desabalada carreira, **desesperada**.

20) para separar objetos pleonásticos ou termos repetidos. Ex.:

Amigos sinceros, já não os há.
Mulheres, mulheres, mulheres, quantas mulheres!

OBSERVAÇÃO

Omite-se a vírgula quando não se deseja dar ênfase ao objeto. Ex.:

As rosas fê-las Deus para as mãos pequeninas. (Guerra Junqueiro)
A vida leva-a o vento. (João de Deus)

Procede-se da mesma forma quando o objeto é representado por pronome oblíquo tônico. Assim, por exemplo:

A mim me acusam de vagabundo!
A ti te chamam de preguiçoso!

21) para separar termos deslocados de sua posição normal na oração. Ex.:

As laranjas, você chegou a comprar?   **De mim**, elas gostam?

OBSERVAÇÃO

Às vezes a transposição de termos é tão violenta, que, não usada a vírgula, o sentido fica visivelmente prejudicado:

O grito e os gemidos eram ouvidos a boa distância, **dos feridos**.
Um cãozinho tinha o Luís, fofinho e peludinho.
A grita se alevanta ao céu, **da gente**. (Camões)

22) para indicar a omissão de uma palavra (geralmente verbo), ou de um grupo de palavras. Ex.:

A mulher é a parte nervosa da humanidade;
o homem, a parte muscular. (= o homem **é**)

Cármen ficou alegre; **eu,** muito triste. (= eu **fiquei**)

Um anjo, essa menina. (= Um anjo **é**)

Um escândalo, essa declaração. (= Um escândalo **foi**)

Solteiro, **pavão;** noivo, **leão;** casado, **jumento.** (= Solteiro **foi**; noivo **era**; casado **é**)

23) para separar orações principais e coordenadas do tipo:

Um homem é um homem, **sabe você,** *amigo Atanásio.* (C. C. Branco)

A ausência prolongada, **digam o que quiserem,**
é prejudicial às mais estreitas amizades. (Julio Dantas)

Nossas exportações, **dizia o ministro,**
aumentaram consideravelmente no ano que passou.

Neste caso, em vez da vírgula pode ser usado o travessão, mormente quando se deseja pausa maior que aquela indicada pela vírgula.

24) para destacar palavras ou expressões isoladas. Ex.:

Ação, **não palavras,** é o de que precisamos.

Um bom partido, **não um bom marido,** era o que ela desejava.

25) antes da abreviatura **etc**. Ex.:

Comprei maçãs, peras, abacates, laranjas, **etc.**

Falamos de política, futebol, lazer, **etc.**

Estiveram na festa Luísa, Juçara, Cassilda, **etc.**

> **IMPORTANTE**
>
> **1)** Em rigor, é inconcebível o uso da vírgula antes do **etc.**, pois esta abreviatura significa **e outras coisas**. A tradição, no entanto, obriga-nos a usá-la.
>
> **2)** Injustificado seria o uso dessa mesma abreviatura em referência a pessoas, pelo próprio significado que encerra (**e outras coisas**). Nada obstante, é possível usá-la, ainda que seja esse o caso.

26) para separar palavras repetidas que têm função superlativa. Ex.:

Os namorados passaram por mim **juntinhos, juntinhos!**

A parede da casa era **branquinha, branquinha!**

NOSSA GRAMÁTICA COMPLETA

27) para separar os elementos paralelos de um provérbio. Ex.:

Tal pai, tal filho.
A pai muito ganhador, filho muito gastador.
Longe dos olhos, longe do coração.

28) depois do **sim** e do **não**, usados como respostas, no início da frase. Ex.:

Sim, vou a Piraçununga.
Não, não vou a Moji das Cruzes.

IMPORTANTE

1) Vem separado por vírgulas o **sim** de frases semelhantes a estas:

   Eu não sei se o Brasil vai poder pagar a dívida externa;
   sei, **sim**, que eu não vou pagar.

2) Quando se diz **Sim**, senhor e **Não**, senhor, a vírgula não significa pausa na fala.

3) Constitui erro imperdoável o emprego da vírgula entre o sujeito e o verbo, ou entre o verbo e o complemento, ou entre um núcleo e adjunto. Ex.:

   "Luís, mereceu" o prêmio.
   Você quer "tomar, vinho"?
   A "mulher, do meu vizinho" foi à feira.

   Quando, porém, se deseja pausa expressiva entre o sujeito e o verbo, a vírgula representará essa pausa. Ex.:

   Aquela, era a minha oportunidade. (Mário Palmério)

4) É facultativo o uso da vírgula em orações justapostas deste tipo:

   Quem tudo quer tudo perde./**Quem tudo quer**, tudo perde.

5) Num sobrescrito ou envelope e no cabeçalho das correspondências, usa-se a vírgula após cada elemento ou item. Ex.:

   Instituto Metodológico,
   Caixa Postal 1000,
   05050-000, São Paulo, SP.

   Depois de Caixa Postal não se usa vírgula.

● Ponto e vírgula

O **ponto e vírgula** marca pausa maior que a da vírgula e menor que a do ponto. Em nenhuma circunstância o ponto e vírgula substitui **ou**.

Antigamente os escritores preferiam as construções longas, que exigiam, além da vírgula, o ponto e vírgula. Hoje as construções curtas imperam, o que torna cada vez menos frequente o aparecimento do ponto e vírgula.

Usa-se o ponto e vírgula principalmente nestes casos:

1) para separar orações coordenadas longas ou curtas, num trecho longo. Ex.:

*Homem ativo é aquele que sabe realizar aquilo que
para os outros constitui simples aspiração; que cumpre o seu dever;
que tem iniciativa; que não espera as ocasiões, mas que as cria.*

*Obrigado, Senhor:
Pelos meus braços perfeitos,
Quando há tantos mutilados;
Pelos meus olhos perfeitos,
Quando há tantos sem luz;
Pela minha voz que canta,
Quando tantas emudecem;
Pelas minhas mãos que trabalham;
Quando tantas mendigam.*

*Hoje o céu e a terra me sorriram; hoje recebi o sol no fundo da minhalma.
Hoje eu a vi, e ela olhou para mim. Hoje, acredito em Deus.*

2) em paralelismos, comparações, contrastes. Ex.:

*Quem não quer raciocinar é um fanático;
quem não sabe raciocinar é um tolo; e quem ousa raciocinar é um escravo.*

*Não se odeia a quem se despreza;
odeia-se a quem é julgado igual ou superior.*

*Se afirmas que desejas viver e te ameaçam de morte, és um infeliz;
se afirmas que desejas morrer e não te matas, és um farsante.*

*A França com os seus vinhos e seus perfumes;
a Inglaterra com os seus tecidos e o seu carvão;
a Itália com as suas massas alimentícias e seus laticínios,
são países que pesam na balança comercial.*

3) para separar orações coordenadas adversativas e conclusivas com conetivo deslocado. Ex.:

*Ficarei com a casa; não posso, porém, pagá-la à vista.
Vencemos; não fique, portanto, assim tão triste!*

OBSERVAÇÃO

Mesmo quando o conetivo inicia a oração coordenada, se o desejo é acentuar a oposição ou a conclusão, usa-se o ponto e vírgula. Ex.:

*Basta um minuto para fazer um herói;
mas é necessário uma vida inteira para fazer um homem de bem.
Vencemos; portanto não fique assim tão triste!*

4) para separar orações que dão ideia de distribuição. Ex.:

> *Refletindo bem, pode se beber vinho por cinco motivos: primeiro, para se festejar algo; segundo, para calmar a sede; depois, para se evitar de ter sede após; em seguida, para se fazer honra ao bom vinho e, finalmente, por todos os motivos.*

Poderia haver o ponto e vírgula ainda antes do **e**, se o desejo fosse de pausa também ali.

OBSERVAÇÃO

Costuma usar-se o ponto e vírgula sempre que o período se encontre interiormente já separado por vírgulas. Além desse período, que serve de exemplo, eis outros:

> *Quem quer outra coisa, senão a Cristo, não sabe o que quer; quem pede outra coisa, senão a Cristo, não sabe o que pede; e quem obra, senão por Cristo, não sabe o que obra.* (Padre Manuel Bernardes)

> *Tudo o que é considerado qualidade no rico, é considerado defeito no pobre. O rico é valente, o pobre é imprudente; o rico é generoso, o pobre é corruptor; o rico é benévolo, o pobre é covarde; o rico é cortês, o pobre é subserviente; o rico é eloquente, o pobre é loquaz; o rico é reservado, o pobre é tímido.*

5) para separar os diversos itens de uma numeração qualquer (alíneas de uma lei, exposição de motivos, regulamento, etc.).

> Os cargos públicos são providos por:
>
> I – nomeação;   V – readmissão;
>
> II – promoção;   VI – reversão;
>
> III – transferência; VII – aproveitamento.
>
> IV – reintegração;

OBSERVAÇÃO

Como se vê, prescinde-se do uso da conjunção **e** entre o último e o penúltimo item, neste caso, porém, isso não é obrigatório.

6) para separar os considerandos (exceto o último), que constituem o preâmbulo de um decreto, de uma portaria, sentença, acórdão ou quejando. Ex.:

> **Considerando que o Plano Cruzado malogrou-se;**
>
> **Considerando que o povo brasileiro foi enganado;**
>
> **Considerando, finalmente, que a inflação não declinou mesmo:**
>
> **O governo federal decretou a sua própria incompetência.**

Dois-pontos

Marca uma suspensão de voz em frase ainda não concluída.
Usa-se principalmente nestes casos:

1) antes ou depois de uma enumeração. Ex.:

> Neste clube pratica-se: futebol, natação, voleibol, tênis e basquetebol.
>
> Futebol, natação, voleibol, tênis e basquetebol: são essas as modalidades de esporte praticadas neste clube.

Note a inicial minúscula após o dois-pontos.

2) antes das citações. Ex.:

> Perguntaram a um sábio: *A quem queres mais: a teu irmão ou a teu amigo?*.
> E o sábio respondeu: *Quero mais a meu irmão, quando é meu amigo.*

OBSERVAÇÃO

Usa-se o dois-pontos depois de qualquer verbo *dicendi* (dizer, perguntar, responder, etc.).

3) para anunciar um aposto ou uma oração apositiva. Ex.:

> Existem somente dois países sul-americanos que não são banhados por oceano: o Paraguai e a Bolívia.
>
> Amor: a busca; casamento: a conquista; divórcio: a reconsideração.
>
> Só alimento uma ilusão na vida: ter você.

Note a inicial minúscula após o dois-pontos.

4) antes de um esclarecimento ou explicação de ideia anteriormente enunciada. Ex.:

> Fiquei curioso: circulara o boato da renúncia do presidente.
>
> Edgar não dá esmolas por ser caridoso: quer ver seu nome nos jornais!
>
> *Não foi a razão que motivou esta ternura: foi a amizade.* (C. C. Branco)

5) antes de uma reflexão ou explanação. Ex.:

> Nada decida em estado de emoção: já se viu alguém fazer boa coisa fora do estado normal?

6) na invocação das correspondências (caso especial) e nos discursos. Ex.:

> Prezado Sr. Cristiano: Senhoras e Senhores:
> Caro amigo: Brasileiros:

Alguns usam a vírgula neste caso, o que não é muito aconselhável, visto que a pausa aí é maior que aquela representada pela vírgula. O dois-pontos representa melhor essa pausa. Outros, ainda, preferem não usar pontuação nenhuma, pecando, assim, por omissão.

7) depois da palavra **exemplo** ou da sua abreviatura, porque o que se segue equivale a uma citação. Ex.:

> **Em português toda palavra proparoxítona é acentuada, sem exceção.**
> **Ex.:** máquina, rótulo, álibi, etc.
> **Em português toda palavra dissílaba terminada em x é paroxítona.**
> **Ex.:** tórax, fênix, xérox, etc.

Note a inicial minúscula depois do dois-pontos.

8) depois de **nota** ou **observação**. Ex.:

> **Nota:** A palavra xérox é feminina.
> **Observação:** A palavra álibi é latinismo tanto quanto cútis, mapa-múndi, fórum e quórum, todas acentuadas.

Note a inicial maiúscula após o dois-pontos.

Costuma usar-se, neste caso, também o travessão. Ex.:

> **Nota** – A palavra xérox é feminina.
> **Observação** – A palavra álibi é latinismo tanto quanto...

9) depois das locuções **isto é**, **tais como**, **a saber**, **bem como** e da palavra **como**, quando precedem uma enumeração. Ex.:

> Compramos vários objetos, **a saber:** lápis, canetas, cadernos, etc.
> Trouxe muitos presentes, **como:** balas, chocolates, bombons, etc.

Ponto de interrogação

Marca uma pausa com melodia característica, ou seja, entoação ascendente (elevação da voz).

Usa-se o ponto de interrogação principalmente nestes casos:

1) para fechar oração interrogativa direta. Ex.:

> O que você faria se ganhasse muito dinheiro na loteria**?**
> Que estória é essa, rapaz**?**
> Você poderia explicar essa estória direito**?**
> Posso contar contigo para este trabalho**?**

OBSERVAÇÃO

Nas orações interrogativas indiretas, usa-se o ponto. Ex.:

> Perguntei o que você faria se ganhasse muito dinheiro na loteria**.**
> Quero saber que estória é essa, rapaz**.**

2) entre parênteses, para indicar incerteza ou dúvida sobre a frase ou o termo antecedente. Ex.:

> Elisa chegou ao meio-dia **(?)** e terminou o trabalho ao meio-dia e meia **(?)**.
> O governo anuncia que a inflação do mês foi de 1% **(?)**.

OBSERVAÇÃO

As perguntas que denotam surpresa podem ter combinados o ponto de interrogação e o ponto de exclamação. Ex.:

> Você bebeu desta água?! Estava envenenada!

Quando se deseja demonstrar mais o sentimento de surpresa e de admiração do que o da dúvida, usa-se a posição inversa:

> A inflação neste mês foi de 1%!? Este governo é brincalhão...

Ponto de exclamação

Marca uma pausa e uma entoação não uniformes, e seu emprego está mais afeto à Estilística do que à Gramática.

Usa-se o ponto de exclamação principalmente nestes casos:

1) em final de frases exclamativas, entre as quais se podem incluir as interjeições e locuções interjetivas. Ex.:

> Como te pareces com a água, ó alma humana!
> Como é fantástico Ipanema!
> Oh!
> Coitado de mim!

2) nas frases imperativas, quando se quer ênfase. Ex.:

> Aquele que não sabe e não sabe que não sabe, é um tolo. Evite-o!
> Aquele que não sabe e sabe que não sabe, é um estudioso. Instrua-o!
> Aquele que sabe e não sabe que sabe, é um sonâmbulo. Acorde-o!
> Aquele que sabe e sabe que sabe, é um sábio. Siga-o!

3) para substituir a vírgula num vocativo enfático. Ex.:

> Paulo Roberto! onde estiveste até agora?
> Deus! ó Deus! onde estás que não respondes? (Castro Alves)

IMPORTANTE

1) A interjeição **oh!**, que exprime alegria ou surpresa, vem sempre seguida de ponto de exclamação. O mesmo se dá com a interjeição **ó**, quando o sinal só aparece depois do vocativo. Ex.:

> Oh! que belo dia!   Ó jovem! aonde vais?

2) Costuma repetir-se o ponto de exclamação quando a intenção é marcar um reforço na duração ou na intensidade da voz. Ex.:

> Quantas mulheres!!!   Viva eu!!!

3) Os espanhóis antepõem à frase, invertidos, os pontos de interrogação e de exclamação, numa advertência ao leitor acerca da entoação a ser empregada. Tal prática bem poderia ser introduzida na língua portuguesa: só traria benefícios.

Parênteses

Os **parênteses** têm a função de intercalar num texto qualquer comentário ou indicação acessória.

Usam-se os parênteses nestes principais casos:

1) para separar qualquer indicação que se julga conveniente, de ordem explicativa ou não. Ex.:

> A música brasileira fez um progresso esta semana: entre as dez melodias de maior sucesso do momento, não mais duas, mas três **(pasmem!)** são brasileiras.
>
> *O primeiro beijo* **(convém sabê-lo)** *não é dado com a boca, mas com os olhos.*

OBSERVAÇÃO

Neste caso costuma-se usar modernamente ainda o travessão. Ex.:

> *A primeira parte do intestino grosso se chama ceco, e o órgão a ele ligado – de formato parecido com o de um dedo de uma luva – é o apêndice ileocecal.*
>
> *Não resta a menor dúvida de que a economia brasileira – referimo-nos ao setor privado – está acometida de uma anemia aguda e se não for corretamente tratada – e com urgência – em pouco tempo entrará naquilo que os médicos chamam de fase terminal, quando já não terá mais salvação.*
>
> (*Editorial do JT*, 6 875, pág. 4.)

O segundo uso dos travessões, aí, caracteriza-se não pela substituição dos parênteses, mas sim das vírgulas. Quando se deseja pausa forte, procede-se a tal substituição.

2) para destacar um adendo ou comentário que o escritor acha conveniente, por algum motivo, em manifesta intimidade com o leitor. Ex.:

> O Brasil deve **(pouco, quase nada)** trezentos e cinquenta bilhões de dólares.
>
> O que ela mais queria ganhar **(seria preferível nem contar)** era um trenzinho!

3) para separar indicações bibliográficas. Ex.:

> *A tirania da imprensa não se detém ante o limiar do lar doméstico.* **(Carlos de Laet, *O frade estrangeiro*, pág. 83, Rio de Janeiro, 1953.)**

4) para separar o latinismo **sic**, cuja função é demonstrar a fidelidade de uma declaração ou de um trecho transcrito. Ex.:

> O governador anunciou que já não tem vontade própria **(sic)**.
>
> *A república, este sim, é o melhor regime* **(sic)**.

5) para incluir no texto letra, número ou sinal de caráter explicativo. Ex.:

> (a)   (b)   (1)   (2)   (*)

> **OBSERVAÇÃO**
>
> Se a letra ou o número inicia o período, para indicar os vários itens de um texto, basta o segundo parêntese: **a)**, **b)**, **1)**, **2)**, etc.

6) para separar a sigla do Estado quando se faz referência a uma de suas cidades. Ex.:

> Em Moçoró **(RN)**, as indústrias não pagam impostos.

Têm sido usadas, neste caso, apenas vírgulas:

> Em Moçoró**,** RN**,** as indústrias não pagam impostos.

Num sobrescrito ou envelope, ao nome da cidade se deve pospor a vírgula. Ex.:

> Nova Geração,
> Rua William Speers, 1.000,
> 05067-900, São Paulo**, SP**.

7) para separar quantia correspondente a outra moeda. Ex.:

> Isto me custou US$5.00 **(R$15,00)**.

> **IMPORTANTE**
>
> Nem sempre o ponto fica fora do conjunto parentético. Se o primeiro parêntese for aberto sem que o período anterior tenha sido encerrado, o ponto ficará fora do segundo parêntese. Em caso contrário, dentro. Ex.:
>
> > Eles estavam sem dinheiro (e eu também**)**.
> > Elas estavam sem dinheiro. **(**Eu não tinha um real.**)**
>
> Em hipótese nenhuma se usa vírgula antes de parêntese.

● Reticências

Marcam uma suspensão da frase com entoação descendente.

O seu emprego muitas vezes depende do emissor, ou seja, do instante espiritual ou espirituoso do escritor.

Usam-se principalmente nestes casos:

1) para indicar suspensão ou interrupção do pensamento. Ex.:

> Se você soubesse**...**
> Quer dizer, então, que você estava pensando que**...**
> Saia daqui, seu desgraçado! Fora!

2) para sugerir o prolongamento da frase, gramaticalmente perfeita. Ex.:

> A vida é punição, sonho, mentira**...**

3) para indicar hesitação, dúvida, ou breve interrupção do pensamento. Ex.:

> Eu não a beijava porque... porque... porque eu tinha vergonha!
>
> *O beijo das mulheres sérias é frio: faz a gente espirrar;
> o das mulheres ardentes gasta-nos os lábios... e o dinheiro.*

4) para realçar uma palavra ou expressão. Ex.:

> Não havia motivo para tanto... carinho.
>
> Hoje em dia, mulher casa com "pão" e... passa fome.

5) para indicar pausa maior que aquela sugerida pela vírgula. Ex.:

> *A existência é surgir... passar... morrer...*
>
> Esperamos que nossas reivindicações sejam ouvidas... e atendidas.

6) para indicar ironia, malícia ou qualquer outro sentimento, que o autor se abstém de manifestar, deixando à argúcia de quem lê apreender-lhe o pensamento em toda a sua extensão. Ex.:

> *Aqui jaz minha mulher. Agora ela repousa. E eu também...*
>
> Eu não estava em meu estado normal,
> e ela insistia em me beijar ardentemente...

Neste caso, as reticências podem indicar até mesmo o contrário do que se afirma. Repare:

> O governo Sarney foi de extrema austeridade e competência...

OBSERVAÇÃO

Em alguns títulos e citações, as reticências têm sido usadas para indicar a supressão de uma parte. Ex.:

> ...E o vento levou completou cinquenta anos recentemente.
>
> Observou ele que, ..., não poderia ter aceitado o convite.

● Aspas

Usam-se principalmente nestes casos:

1) no começo e no fim de citação ou transcrição. Ex.:

> Algum sábio já afirmou:
> "Agir na paixão é embarcar durante a tempestade".
>
> "O casamento é um romance no qual o herói
> sempre morre no primeiro capítulo."

Se a citação ou a transcrição não começar com a palavra inicial, colocar-se-ão reticências logo após a abertura das aspas. Da mesma forma, devem ser usadas as reticências no final, antes do fechamento das aspas, se a intenção é não terminar a referida citação ou transcrição.

2) para indicar estrangeirismos, arcaísmos, neologismos, vulgarismos, etc. Ex.:

> Estamos no "hall" do hotel.
> Aqui você é considerada "persona non grata".
> Qual a "solucionática" desta problemática?
> Você vai pagar à vista ou com "papagaios"?

No português contemporâneo já não se consideram os neologismos como vícios de linguagem, de modo que já não há tanta necessidade de fazê-los vir entre aspas (v. **problemática**, no exemplo acima).

3) para indicar que uma palavra foi escrita propositadamente de maneira incorreta. Ex.:

> Na Avenida Faria Lima já houve um "cabeleleiro" masculino.
> Ele disse que o "cadalço" do seu sapato estava desamarrado.
> Ela, decepcionada com o namorado, agora queria ser "fleira".

4) para indicar que o uso de um termo não é muito próprio, mas é bastante próximo do que ali poderia estar, além de mais conhecido. Ex.:

> O odor desagradável de certas axilas e pés suados é causado pela "sujeira" fabricada pelo organismo, ou seja, bactérias da pele ou do próprio ambiente, como o pó.
> Quando o suor umedece essa "sujeira", aparece o mau cheiro. Portanto, o suor por si só não fede.

5) em casos de ironia. Ex.:

> A "inteligência" da moça me sensibilizou profundamente!
> Veja como ele é "educado": cuspiu no chão!

6) quando se citam nomes de jornais, revistas, livros e legendas. Ex.:

> Li a notícia no "Jornal da Manhã" e na "Manchete".
> "Os lusíadas" foram escritos no século XVI.
> "Ordem e Progresso" é a legenda de nossa bandeira.

Nas obras impressas, podem ser suprimidas as aspas; neste caso o que entre elas deveria figurar vem em negrito, itálico ou versal e versalete.

IMPORTANTE

1) As aspas aparecem depois da pontuação somente quando abrangem todo o período. Ex.:

> "O Brasil espera que cada um cumpra o seu dever."

Caso contrário a pontuação fica depois delas:

> A frase "O Brasil espera que cada um cumpra o seu dever" é do almirante Barroso.
> Um filósofo disse: "É nos pequenos frascos que estão os grandes perfumes".

2) Nas frases com ponto de interrogação, ponto de exclamação, reticências, tais pontuações ficam antes das aspas, ou porque são essenciais à linha melódica da frase, ou porque só delas fazem parte integrante. Ex.:

> Ele perguntou: "Você vai?".
>
> Ela disse: "Ela casou!".
>
> Eles cochicharam: "Os dois casaram...".

Note o uso do ponto, encerrando cada um dos períodos.

3) Quando já há aspas numa citação ou numa transcrição, usam-se as aspas simples ou, então, o negrito. Ex.:

> "Um espartano, convidado a ouvir alguém que imitava o canto do rouxinol, respondeu friamente: 'Já ouvi o rouxinol'."
>
> "Um espartano, convidado a ouvir alguém que imitava o canto do rouxinol, respondeu friamente: **Já ouvi o rouxinol**."

4) Não se usam as aspas em nomes de escolas, fundações, clubes, etc. Portanto, sem aspas:

> Colégio Rui Barbosa.
>
> Escola Aníbal Machado.
>
> Esporte Clube Noroeste.

Observe que os nomes de logradouros públicos não trazem aspas: Rua Rui Barbosa, Avenida Aníbal Machado, etc.

5) Nos casos 2, 3, 4 e 5, em vez de aspas, podemos sublinhar, nos trabalhos manuscritos ou digitados e, nos trabalhos impressos, podemos usar **grifo** ou **negrito**. Ex.:

> Estamos no hall do hotel.   Estamos no *hall*/**hall** do hotel.

● Travessão

Usa-se principalmente nestes casos:

1) para separar orações do tipo:

> Avante! – gritou o general.
>
> A Lua foi alcançada, afinal – cantou o poeta.

2) para pôr em evidência palavra, expressão ou frase. Ex.:

> Só há uma razão séria na vida – **o amor**; tudo o mais – **riqueza, saber, prazer** – nada vale diante dele.
>
> Na Holanda, os veículos movidos à gasolina vão sendo substituídos por outros transportes – **principalmente bicicletas** – em razão da carência de combustível.
>
> No dizer de certos sábios antigos, a simpatia entre os sexos é tão forte que, ainda no caso de que na Terra houvesse um só homem e uma só mulher – ela no Ocidente e ele no Oriente –, os dois, contudo, se encontrariam e se descobririam, mercê da força natural de atração.

O travessão substitui com vantagem a vírgula, pois imprime maior força expressiva à palavra, expressão ou frase que ele separa.

Muitas vezes pode vir em substituição ao dois-pontos, em nome dessa expressividade. Ex.:

> *O sono é a infância da morte: um repouso transitório.*
> *Tem um túmulo, o leito, tem um verme, o pesadelo.*
> *Em compensação, como a morte, propicia um bálsamo*
> *– o esquecimento.* (Coelho Neto)

3) para substituir a vírgula nos apostos longos. Ex.:

> *O Plano Cruzado – programa de reforma monetária caracterizado pelo congelamento de preços e pelo fim da correção monetária, o qual objetivava o controle da inflação, a melhor distribuição de renda e o desestímulo à especulação financeira – infelizmente acabou.*

4) nos diálogos, para indicar mudança de interlocutor. Ex.:

> *– Por que não fumas? – perguntou o comerciante.*
> *– Porque a saúde é minha mãe – respondeu o filósofo.*

OBSERVAÇÃO

Antes do Acordo Ortográfico, usava-se travessão, quando duas ou mais palavras se combinavam para formar um encadeamento vocabular (ponte Rio—Niterói). Hoje se usa hífen em seu lugar (ponte Rio-Niterói).

Outros sinais

Temos, ainda, estes sinais distintivos:

1) a **barra** (/), usada:

a) na abreviação das datas, concorrendo com o hífen: 15/01/2005;
b) na representação do ano fiscal, para distinguir do ano civil tradicional: 1993/94, 1983/84, 2010/2011, etc. (O uso dos números completos e do hífen indica um biênio: 1983-1984, 2010-2011, etc.);
c) para separar siglas: IOF/UPC;
d) na enumeração de documentos: PP 515/92, Anexos/10;
e) para separar os termos de uma oração, na análise sintática: Luís/riu;
f) em duplicidade, para separar orações: Luís riu//e saiu.

2) os **colchetes** ([ ]), usados como a primeira opção aos parênteses, sobretudo em Matemática. Podemos empregá-los ainda na separação de orações: Luís riu [e saiu]. Substituem, ainda, os parênteses nas transcrições feitas pelo anotador: [V. pág. 428.]

3) o **asterisco** (*) é usado, mormente:

a) para remeter o leitor a uma nota ao pé da página ou no fim do capítulo, ou do livro;
b) para substituir um nome que não se quer mencionar, vindo, neste caso, repetido três vezes. Ex.: O autor *** não quis revelar suas fantasias sexuais.

Parágrafo

É uma unidade do discurso formada por um ou mais períodos. Também é o nome que se dá ao espaço em branco, geralmente correspondente a seis ou sete caracteres, num trecho escrito, à esquerda de cada uma dessas unidades.

Não se começa a escrever sem abrir parágrafo. Toda vez que abrimos parágrafo, a leitura deve merecer pausa maior que a representada pelo ponto final. Às vezes até a entoação deve ser mudada, em favor da expressividade.

Quem escreve deve observar com atenção o momento adequado de abrir parágrafos, para que o escrito não se torne pesado, cansativo, desinteressante. No diálogo, cada fala é iniciada com abertura de parágrafo, o que vai indicando a mudança de interlocutor.

Não existem normas rígidas a que o escritor deva obedecer, a fim de abrir parágrafos. O bom escritor sabe estabelecer o equilíbrio do seu trabalho, não deixando desnecessariamente num único parágrafo frases curtas nem transformando o seu escrito num único bloco monolítico.

Poderíamos dizer que à abertura de um novo parágrafo deve sempre corresponder um sinal forte de pontuação, que nos obriga a uma grande pausa e, muitas vezes, à mudança da entoação.

Abre-se parágrafo quando concluímos a enunciação de uma série de conceitos para passarmos a outra, relativa ao mesmo discurso, mas considerada sob aspecto diverso.

Testes e exercícios

1 Use a vírgula onde necessário:

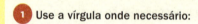

a) Trouxeram-nos laranjas caquis abacaxis mexericas muitas frutas.

b) Gostava de estar com os filhos com a mulher com os amigos.

c) Adeus meu amor! Adeus meu amor! Para sempre!

d) Ao que tudo indica caro colega vamos ter barulho.

e) Machado de Assis um dos maiores nomes da nossa literatura foi tipógrafo.

f) No Rio de Janeiro ex-capital da República reside a intelectualidade brasileira isto é a maior parte da intelectualidade brasileira.

g) Não era pessoa de beber duas três quatro doses de uísque.

h) Efetivamente é o Rio de Janeiro grande reduto de intelectuais.

i) Observe por exemplo na música na literatura nas artes plásticas.

j) O Rio de Janeiro é ainda grande reduto de mulheres as mais lindas do Brasil.

II

a) O cavalo sertanejo é esguio sóbrio pequeno rabo compridíssimo crinas grandes.

b) Arroz feijão grãos em geral verduras legumes pães doces ovos caipiras e laticínios existem à vontade nos entrepostos espalhados pela cidade.

c) Certa manhã um ratinho saiu do buraco pela primeira vez. Admirou a luz do Sol o verdor das árvores a correnteza dos ribeirões a habitação dos homens.

d) Fomos assaltados por um mascarado aliás por dois.

e) Filipe saiu dizendo por aí que já foi a Júpiter; não a Plutão!

f) Filipe aonde é que você foi? A Plutão? Você está maluco Filipe?!

g) À noite quase todos os dias íamos tomar água de coco na avenida à beira-mar.

h) De repente senti que tudo era ilusão.

i) Na praia a nosso lado garotas conversavam sobre novela moda e sobretudo sobre rapazes.

j) Depois daquela conversa as lágrimas foram então deslizando pelo seu lindo rosto uma a uma.

2 Justifique o uso da vírgula nos períodos que seguem:

a) Apesar do Sol de verão, faz sempre muito frio no alto das montanhas.

b) Simples, delicada, com suas inúmeras variedades de espécie, a rosa se tornou a preferida entre as flores.

c) O imperador romano Calígula nomeou seu cavalo, Incitatus, cônsul e sacerdote.

d) Céu, mar, terra, rios, Sol, plantas, animais, tudo é constituído dos mesmos elementos.

e) Com a queda da monarquia, os festejos perderam inteiramente o elemento aristocrático.

f) *Ama, com fé e orgulho, a terra em que nasceste.* (Bilac)

g) O sinimbu ou camaleão tem a propriedade do mimetismo, ou seja, a capacidade de se confundir com o meio ambiente, pela mudança de cor.

h) Cleópatra, a famosa rainha do Egito, não era egípcia. Cleópatra, a amante de Júlio César, nasceu na Macedônia.

i) A Estação da Luz, em São Paulo, começou a ser construída em 1895 e, na época, era a maior estação ferroviária do continente.

j) Deus do céu, será possível!?

3 Use a vírgula onde necessário:

a) O pobre odeia o rico o velho odeia o moço o fraco odeia o forte.

b) A águia voa a serpente rasteja.

c) Todos em casa estudam e trabalham.

d) Ela não faz nada nem permite que os outros façam alguma coisa.

e) Todos em casa estudam bem ou mal e trabalham.

f) Ela não faz nada nada mesmo nem permite que os outros façam alguma coisa.

g) Gostaríamos de ajudá-lo mas não podemos fazê-lo.

h) Choveu bastante portanto a colheita está garantida.

i) *Homem solitário ou é besta ou é anjo.*

j) O esqueleto do homem é interno; os insetos entretanto trazem o esqueleto fora do corpo.

a) O amor não só faz bem como alimenta.

b) A garota não só abraçou como também beijou o rapaz.

c) *O amor é a mais forte das paixões porque ataca ao mesmo tempo a cabeça o coração e o corpo.*

d) *Dizei ao tempo Senhor que não me tire este amor pois seria tirar-me a vida.*

e) As chimbicas voltaram e pioraram o trânsito; não estavam porém em condições precárias.

f) As chimbicas voltaram e piorou o trânsito por isso devem ser retiradas de circulação.

g) Estou muito fraco; não contem portanto comigo nesse trabalho.

h) Estou muito fraco portanto não contem comigo nesse trabalho.

i) Durante o ano as crianças estudam bastante; nas férias por isso mesmo querem viajar passear divertir-se.

j) Quem vai pagar a conta são eles ou sou eu?

4 Justifique o uso da vírgula nos períodos que seguem:

a) Tudo não passou de um mal-entendido; façamos, pois, as pazes!

b) Não quero falar com o pai dela, nem muito menos com a mãe.

c) E a criança chora, e grita, e esperneia, e maltrata, e blasfema.

d) Você corre, almoça, trabalha, você passa e não me vê.

e) Na floresta, à noitinha, ora se ouvem pipilos estranhos, ora se veem aves misteriosas.

f) *Não sei nem como penso, nem como vivo, nem como sinto, nem como existo.*

g) *Deixe que a terra leve o que é dela, pois eu, homem, não terei fim.*

h) *Deus não pensa, pois o pensamento é a procura da luz, e Deus é a própria luz.*

i) *Qual a diferença entre os deuses e os homens? Consiste em que, diante dos primeiros, muitas ondas passam numa torrente eterna; em nós, as ondas nos levantam, as ondas nos tragam, e desapareceremos.*

j) *É preciso pensar na morte, mas sem fazer da morte um drama.*

5 Justifique a omissão ou o uso da vírgula após cada termo em destaque:

a) Estou muito fraco. **Portanto** não contem comigo.

b) Amigos, parentes, **vizinhos**, não souberam do fato.

c) **Pensa com clareza, fala com inteligência**, vive com simplicidade!

d) Ela chegou e já me telefonou. **Logo** deve ter novidades para mim.

e) Não há **transportes**, nem **luz**, nem **água**, nem correios.

f) Sarampo, rubéola, **catapora**, são doenças próprias da infância.

g) Mercúrio é o planeta mais próximo do **Sol**, e uma de suas faces é permanentemente voltada para o Astro-Rei.

h) De três coisas precisam os homens: **prudência no ânimo, silêncio na língua**, e vergonha na cara. (Sócrates)

i) Má infância, má **adolescência**, provocam marcas profundas na personalidade de uma pessoa.

j) A **poesia**, o **teatro**, o **cinema**, a **música**, tudo lhe agradava.

6 Use a vírgula e o ponto e vírgula quando necessário:

a) Os ciúmes de um namorado são homenagem os do marido um insulto.

b) A prece do pobre é um pedido a do rico um recibo.

c) As preocupações trazem o aborrecimento o aborrecimento traz a melancolia a melancolia produz a solidão a solidão leva ao tédio do tédio nasce a infelicidade e a infelicidade conduz ao fim de todas as coisas.

d) As paixões passam o remorso porém não passa nunca.

e) A águia voa sozinha os corvos voam em bandos o tolo tem necessidade de companhia o sábio tem necessidade de solidão.

f) O inimigo avança recuamos o inimigo recua avançamos o inimigo se cansa atacamos.

g) Se seus pais são bons ame-os se são maus ature-os!

h) Fiz o que pude façam melhor os que o puderem!

i) O homem é ciumento quando ama a mulher também o é porém sem amar.

j) Concordar é o único direito dos escravos divergir um privilégio dos homens livres.

7 Justifique a vírgula e o ponto e vírgula destes períodos:

a) *A minha alegria apareceu e desapareceu, a modo de relâmpago; mas a minha afronta durará sempre.*

b) *Cada paixão no coração é, a princípio, como um mendigo; em seguida, como um hóspede e, finalmente, como o dono da casa. Não deveis abrir a porta de vossos corações ao primeiro pedinte.*

c) *Por muito ingênua que seja uma mulher, nunca um homem deve gabar-se de ter sido o primeiro a revelar-lhe que é bonita; a menos atilada possui sempre o espírito bastante para compreender o que o espelho lhe diz.*

d) *Há mulheres que corriam ao serem beijadas; outras chamam a polícia; algumas xingam e há as que mordem. Mas as piores são as que riem.*

e) *Um marido que entra com a mulher em uma casa de modas é igual e contrário a um balde; igual, porque entra rindo e sai chorando; contrário, porque o balde sai molhado, e o marido, enxuto.*

f) *Não há planta viçosa que esta geada não corte; flor delicada que este Sol não murche; árvore robusta que este furacão não derribe; rochedo duro que este raio não lasque.*

g) *O zero, como desenho, é a perfeição; como número nada vale; portanto é o vazio absoluto na perfeição.*

h) *Toda mulher vale um beijo; algumas valem dois; e nenhuma vale três.* (Humberto de Campos)

i) *Não concordo com nem uma palavra sequer que dizeis; mas defenderei até a morte o direito de dizê-las.*

j) *Não perguntes à Felicidade quem ela é nem de onde veio; abre-lhe a porta, a fim de que ela entre e fecha-a, bem aferrolhada, a fim de que não fuja!*

8 **Justifique a pontuação encontrada:**

a) São amplamente conhecidas as consequências de um quadro de crescente distorção inflacionária: os juros elevam, a balança comercial deteriora-se, e as transições entre os agentes econômicos ficam dificultadas pelo clima de incerteza; em particular, as negociações salariais emperram à medida que os trabalhadores voltam a enfatizar mecanismos de defesa contra a erosão rápida dos salários.

b) Arroz, feijão, lentilhas e outros de grãos, quando industrializados, só contêm hidratos de carbono, ou seja, açúcares. Já os integrais, além de açúcares, têm proteínas e fibras vegetais.

c) Agindo assim, o ministro foi sutil como uma jamanta e fino como um hipopótamo...

d) Viver, sofrer, morrer: três coisas que não se ensinam nas universidades e que, todavia, encerram em si toda ciência necessária ao homem.

e) Um precisa do outro: o capital não pode existir sem o trabalho, nem o trabalho sem o capital.

f) Ver o dia clarear entre um pomar de laranjeiras; sentir as estações do ano semeando hortas; tornar-se um apicultor e perseguir floradas no voo das abelhas; esses, entre outros sonhos, estão sendo transformados em realidade por um grupo de pessoas cansadas da vida da cidade grande.

g) Rosana me encantou pela beleza, mas ela era uma... uma... vocês me entenderam. Perdeu-se, assim, todo o meu encanto.

h) Kennedy foi, como todos sabem, o único presidente católico dos Estados Unidos.

i) Não há papel mais triste do que o de certos papéis...

j) O sapotizeiro é a árvore do chiclete. Seus ramos, troncos e frutos, quando feridos, exsudam um látex branco e pegajoso, usado para a fabricação do chiclete comercial.

9 **Pontue convenientemente este período:**

Se destruíssemos todas as árvores desapareceriam as aves que deleitam a vista e a orelha do homem e destroem os insetos que nos fazem mal secar-se-iam as fontes e os rios que matam a sede aos animais e produzem as chuvas estas que fecundam a terra refrescam a atmosfera e fazem as plantas brotar cessariam por sua vez.

10 **O trecho abaixo apresenta inúmeras falhas de pontuação (uso ou omissão indevidos). Transcreva-o usando a pontuação adequada:**

Fernandinha ganhou uma bicicleta Desce então com a mãe até o playground para estreá-la.

Na primeira volta, disse: Manhê, olhe sem as mãos.

Na segunda volta, disse: Manhê, olhe, sem os pés.

Na terceira volta, gritou: Manhêêê, olhe agora, sem os pés e sem as mãos.

Daí a segundos foi um barulho surdo e seco: bummmmmm! Fernandinha levou o maior tombo.

Na quarta volta então disse Fernandinha: Manhê, olhe, sem os dentes.

11 **Pontue convenientemente:**

a) Estão programados para amanhã em São Paulo passeatas buzinaço discursos entre outros eventos.

b) Hoje a partir das 10 horas começa a panfletagem em toda a cidade convocando a população para participar do ato público.

c) O texto do panfleto é o seguinte Acorda Brasil Dia 4 Ato Público no Largo São Francisco às 18 horas.

d) As entidades representativas da sociedade civil diante da grave crise pela qual passava o país convocaram os cidadãos para um ato público exigindo eleições diretas para presidente.

e) A inflação a corrupção a fome a miséria o desemprego a repressão o desrespeito ao cidadão e ao voto fazem parte do triste cotidiano de todos os brasileiros. (*Jornal da Tarde*, 6 831, pág. 5.)

12 Justifique a pontuação encontrada:

a) *Reputação, reputação, reputação! Oh, eu perdi minha reputação!*

b) O suspense, o mistério, a emoção, a ironia, o humor, perderam o seu maior representante no cinema: Alfred Hitchcock.

c) *Todo homem tem três caracteres: o que ele exibe, o que ele tem e o que ele pensa que tem.*

d) *Mães, sois vós que tendes nas mãos a salvação do mundo!*

e) O escorpião, como as aranhas, alimenta-se de insetos, e as fêmeas, depois de fecundadas, também devoram os machos. Uma picada de escorpião, dolorosíssima, não mata um adulto, mas pode matar uma criança.

f) *Se as cidades forem destruídas e os campos conservados, as cidades ressurgirão; mas, se queimarem os campos e conservarem as cidades, estas não sobreviverão.* (Benjamin Franklin)

g) *A dor é o primeiro alimento do amor, e todo amor que não se nutrir de um pouco de dor pura, morre.*

h) Deus disse ao homem: *Trabalha, e eu te ajudarei!*

i) Quem quer só o que pode, pode tudo quanto quer.

j) *O amor é como uma canção de ninar que te embala suavemente: mal pegas no sono, cessa a canção e acordas sozinho...*

13 Pontue convenientemente:

a) Um cientista moderno chegou à conclusão de que a vida na Terra existe por um triz pois se a Terra estivesse um pouquinho mais próxima do Sol teríamos tido em vez de um planeta capaz de entreter a vida outro completamente deserto como Vênus ou Marte

b) O café deve ser quente como o inferno negro como o Diabo doce como o beijo e puro como o amor

c) A Natureza não me disse Não sejas pobre Ainda menos Sê rico Mas ela me grita Sê independente

d) O direito e o dever são como as palmeiras não dão frutos se não crescem um ao lado do outro

e) *Tua irmã é carinhosa e doce e meiga e casta e consoladora* Eça de Queirós

f) Os gases que compõem o ar atmosférico são sete azoto oxigênio argônio néon hélio crípton e xênon

g) Um país sem árvores é um deserto onde a existência se torna difícil insuportável quase impossível

h) Todas as classes sociais cujos interesses são feridos por qualquer opinião acham sempre essa opinião perigosa e dissolvente É a natureza humana Alexandre Herculano

i) Se destruíssemos todas as árvores que é que aconteceria

j) *Coruja e águia depois de muita briga resolveram fazer as pazes   Basta de guerra disse a coruja*   Monteiro Lobato

14 Um desafio para você:

A frase só tem sentido se nela forem incluídos um ponto e duas vírgulas. Coloque-os:

Maria toma banho porque sua mãe disse ela pegue a toalha.

CAPÍTULO 40
A PALAVRA QUE

As meninas têm um quê da mãe.

A palavra *que*

A palavra **que** se classifica de várias formas, a saber:

1) Substantivo: geralmente precedida de artigo e sempre com acento. Ex.:

> Sinto um **quê** de insatisfação.
> Encontrei onze **quês** naquele trecho.
> Elisa tem um **quê** da mãe.

Não se acentua, quando se faz referência a um **que** inacentuado. Por exemplo:

> O **que** dessa frase é conjunção ou pronome relativo?

2) Interjeição: exprime sentimento; também sempre acentuada. Ex.:

> **Quê!** Ela fez isso?

3) Advérbio de intensidade: modifica adjetivo ou advérbio e equivale a **quão**. Ex.:

> **Que** bom vê-la novamente, Cristina!
> **Que** longe de casa estamos!

4) Pronome adjetivo: acompanha o substantivo. Ex.:

> **Que** escola frequentas? (pronome adjetivo interrogativo)
> **Que** ideia maluca! (pronome adjetivo exclamativo)
> **Que** horas são? (pronome adjetivo indefinido **Que** = **Quantas**)
> Não sei nem por **que** caminho seguir.
> (pronome adj. indefinido **que** = **qual**)

Seguido da preposição **de**, é também pronome adjetivo indefinido:

> **Que de boatos!** (= **Quantos** boatos!)

5) Pronome substantivo: substitui um substantivo. Ex.:

> **Que aconteceu?** (pronome substantivo interrogativo)
> **Ela me disse não sei o quê.** (pronome substantivo indefinido)

6) Pronome relativo: substitui substantivo ou pronome substantivo e pode exercer funções sintáticas as mais diversas. Ex.:

> **Cão que ladra não morde.** (que = sujeito de **ladra**)
> **O melhor retrato de cada um é aquilo que escreve.**
> (que = objeto direto de **escreve**)
> **Esse é o legume de que mais gosto.**
> (que = objeto indireto de **gosto**)
> **Todos veem aquilo que pareces; poucos sentem o que és.**
> (que = predicativo de **pareces** e também de **és**)
> **Faço tudo de que tenho vontade.**
> (que = complemento nominal de **vontade**)
> **A cobra por que fui picado não é venenosa.**
> (que = agente da passiva)
> **Comprei o livro de que você me falou.**
> (que = adjunto adverbial de assunto)

IMPORTANTE

1) Quando se faz análise sintática, não se considera apenas o pronome relativo como objeto indireto, complemento nominal, agente da passiva ou adjunto adverbial; toma-se a preposição como elemento da função sintática.

2) O pronome relativo **que** pode não exercer função sintática alguma na oração adjetiva de que faz parte. Ex.:

> **Clarisse acabou por confirmar o que não queria que todos confirmassem.**

O pronome **que** da oração adjetiva exerce a função de objeto direto de **confirmassem**, verbo da oração posterior, que é objetiva direta. Outro exemplo:

> **Você não é o que eu pensava que você era.**

O **que**, aí, é predicativo da oração **que você era**.

3) O pronome **que** aparece como relativo ainda em frases tais como:

> **O candidato do governo venceu as eleições, o que já era esperado.**
> **O filme foi muito comentado pela imprensa, o que provocou êxito de bilheteria.**

Neste caso, o pronome demonstrativo **o** resume toda a oração anterior, funcionando, assim, como aposto dessa mesma oração. Pode-se substituí-lo pelo substantivo **coisa** ou **fato**.

7) Conjunção coordenativa: liga orações sintaticamente independentes. Ex.:

> A criança mexe que mexe no berço. (que = e; portanto, **aditiva**)
> Culpe-os, que não a mim! (que = mas; portanto, **adversativa**)
> Levante-se, que já é tarde! (que = porque; portanto, **explicativa**)
> Que chova, que faça sol, irei à praia.
> (que ... que = ou ... ou; portanto, **alternativa**)

8) Conjunção subordinativa: liga orações sintaticamente dependentes. Ex.:

> Não vou ao cinema que vai chover. (que = porque; portanto, **causal**)
> Quero ganhar esse prêmio, pouco que seja.
> (que = embora; portanto, **concessiva**)
> Qualquer que seja o resultado, não o censure!
> (que = embora; portanto, **concessiva**)
> Ah, que fosse eu o escolhido!
> (que = se; portanto, **condicional**)
> Dizem que vai gear. (que é integrante; o verbo **dizer** é transitivo direto.)
> Faço votos que sejas feliz! (que = para que; portanto, **final**)
> Agora que eu ia viajar, chove! (que = quando; portanto, **temporal**)
> Falou tanto, que ficou rouco.
> (que é correlativa de **tanto**; portanto, **consecutiva**)
> Ele não sai à rua que não encontre um amigo.
> (que = sem que; portanto, **consecutiva**)
> Ficou maior que eu. (que = do que; portanto, **comparativa**)

9) Palavra expletiva ou de realce: pode ser retirada da oração sem prejuízo do sentido. Ex.:

> Naturalmente que eu não aceitei o convite.
> Quase que caí da escada.
> Nunca que eu faria isso!
> Que que é isso, rapaz?
> Que bom que eram os anos sessentas!

Forma com **é** a locução expletiva **é que**. Ex.: **Os homens é que maltratam os animais.** Como se vê, é locução absolutamente invariável; não concorda com nenhum termo da oração. Se, porém, seus membros aparecem separados, o verbo varia. Ex.: **São os homens que maltratam os animais.**

10) Preposição: pode substituir-se por **de**. Ex.:

> Primeiro que tudo é preciso ver se temos dinheiro para viajar.
> Fui ao supermercado primeiro que tudo.

OBSERVAÇÃO

Alguns consideram preposição a palavra **que** usada com o verbo **ter**. Ex.:

Tenho que viajar urgentemente.
Elisabete quase teve que ser operada.

A função prepositiva da palavra **que**, neste caso, é bastante discutível, já que apareceu em construções semelhantes por mero cruzamento sintático. Em nosso ver, continua exercendo a função de pronome relativo.

Testes e exercícios

1) Classifique a palavra **que** (quando pronome relativo, dê a função sintática):

a) *Mais vale um pássaro na mão que dois que voando vão.*
b) Você fez um **quê** malfeito. **Que quê** mais feio o **que** você fez!
c) Outro **que** não eu fará plantão amanhã. Eles **que** se arrumem!
d) *Diz-me com quem andas, que te direi quem és!*
e) **Que** alegres são suas crianças!
f) A criança berrava **que** berrava. Ninguém sabia o **que** ela sentia.
g) *Passarinho que na água se cria, sempre por ela pia.*
h) *Pensamos tanto em Deus. Que pensará Deus de nós?*
i) *Não atires uma pedra no poço em que acabas de beber!*
j) *É possível que os homens valham mais; é certo que as mulheres valham melhor.*
k) *Oito dias de viagem com a mulher a quem se ama, que encanto! Três semanas, que catástrofe!*
l) *Não amamos uma mulher pelo que ela diz; amamos o que ela diz, porque a amamos.*
m) *Um homem que acha que é mais esperto que sua mulher tem uma sorte danada, porque se casou com uma mulher realmente inteligente...*
n) *A independência nunca é dada a um povo. Ela deve ser conquistada e, uma vez conquistada, tem que ser defendida.*
o) *Para um homem apaixonado, toda mulher vale o que ela lhe custa.*
p) Ela não escreve duas palavras **que** não cometa três erros.
q) Eu fui o **que** tu és; tu serás o **que** eu sou.
r) Eu **que** apanho, ela **que** chora.
s) **Que** eu saiba, no Brasil já houve vários terremotos.
t) Abertos **que** foram os portões do estádio, o público entrou como boiada.

2) Em **É preciso que**, o **que** é:
a) sujeito
b) objeto direto
c) adjunto adverbial
d) complemento nominal
e) conjunção integrante

3) Em **Acreditava-se que**, o **que** é:
a) conjunção integrante
b) objeto indireto
c) objeto direto
d) predicativo
e) palavra expletiva

4) Em **Estou certo de que**, o **que** é:
a) palavra expletiva
b) adjunto adverbial
c) conjunção integrante
d) sujeito
e) objeto indireto

De 5 a 12, indique a classificação correta da palavra **que**.

5) A criança grita tanto, **que** assusta os transeuntes.
a) pronome relativo
b) conjunção subordinativa final
c) conjunção subordinativa integrante
d) substantivo
e) conjunção subordinativa consecutiva

470

Luiz Antonio Sacconi

6 **A lição tem um quê de difícil.**
   a) pronome relativo
   b) interjeição
   c) conjunção subordinativa final
   d) substantivo
   e) conjunção subordinativa comparativa

7 **Não posso sair contigo; tenho de estudar, que a prova será difícil.**
   a) substantivo
   b) conjunção subordinativa causal
   c) conjunção subordinativa comparativa
   d) conjunção subordinativa integrante
   e) conjunção coordenativa explicativa

8 *Que saudades da minha terra natal!*
   a) pronome substantivo indefinido
   b) pronome adjetivo indefinido
   c) pronome adjetivo interrogativo
   d) advérbio de intensidade
   e) n.d.a.

9 *Que bom que você veio!*
   a) pronome substantivo exclamativo
   b) pronome adjetivo exclamativo
   c) advérbio de intensidade
   d) pronome substantivo indefinido
   e) pronome adjetivo indefinido

10 **Gosto de peras, verdes que estejam.**
   a) conjunção subordinativa concessiva
   b) conjunção subordinativa integrante
   c) pronome relativo
   d) conjunção subordinativa causal
   e) n.d.a.

11 **Não fui eu quem fez isso, mas, que fosse, é de sua conta?**
   a) conjunção coordenativa explicativa
   b) conjunção subordinativa integrante
   c) conjunção subordinativa condicional
   d) conjunção subordinativa causal
   e) n.d.a.

12 **Quê! Outro terremoto no Ceará?!**
   a) substantivo
   b) interjeição
   c) pronome substantivo exclamativo
   d) pronome adjetivo exclamativo
   e) advérbio de intensidade

Testes de concursos e vestibulares

1 (PUC-SP) Identifique a alternativa onde ocorre que com a função de objeto direto:
   a) *Informação é o termo que designa o conteúdo daquilo...*
   b) *... exigências maiores do que nunca... .*
   c) *... e que faz com que nosso ajustamento seja nele percebido...*
   d) *... e que faz com que nosso ajustamento seja nele percebido...*
   e) *A informação que recebe é coordenada por meio do seu cérebro...*

2 (Fuvest-SP) **A cláusula mostra que tu não queres enganar.** A classe gramatical da palavra que, no trecho, é a mesma da palavra que na frase:
   a) Ficam desde já excluídos os sonhadores, os que amem o mistério.
   b) Não foi a religião que te inspirou esse anúncio.
   c) Que não pedes um diálogo de amor, é claro.
   d) Que foi então, senão a triste, longa e aborrecida experiência?
   e) Quem és tu, que sabes tanto?

3 (PUCCamp-SP) Assinale a alternativa na qual a palavra em destaque é pronome:
a) O homem **que** chegou é meu amigo.
b) Notei um **quê** de tristeza em seu rosto.
c) Importa **que** compareçamos.
d) Ele é **que** disse isso!
e) Vão ter **que** dizer a verdade.

4 (Mack-SP) Na frase **Você é que pensa que a vida flui segundo as leis do poder**, a palavra **que** se classifica, respectivamente, como:
a) palavra de realce – pronome relativo
b) advérbio de intensidade – conjunção integrante
c) advérbio de intensidade – pronome relativo
d) conjunção integrante – pronome relativo
e) palavra de realce – conjunção integrante

5 (PUC-SP) Mostre a alternativa em que aparece a conjunção final **que**:
a) Não sei o que dizer a você.
b) Cinco dias são passados que dali saímos.
c) Peço a Deus que te faça venturoso.
d) Crio estas crianças que vês, que refrigério sejam da minha velhice.
e) n.d.a.

6 (FEI-SP) Classifique o **que** da frase: **Corre, que o ônibus está chegando.**
a) pronome relativo
b) advérbio
c) conjunção explicativa
d) conjunção integrante
e) conjunção consecutiva

7 (FEC-TJ-RJ) **Mas que pecado é este que me persegue?**
a) pronome adjetivo – pronome adjetivo
b) pronome substantivo – pronome adjetivo
c) pronome substantivo – pronome relativo
d) pronome adjetivo – pronome relativo
e) pronome adjetivo – pronome interrogativo

8 (TRT-CE) O **que** está com função de preposição na alternativa:
a) Não chore, que eu já volto!
b) Dize-me com quem andas, que eu te direi quem és.
c) Veja que lindo está o cabelo da nossa amiga!
d) O fiscal teve que acompanhar o candidato ao banheiro.
e) João não estudou mais que José, mas entrou na faculdade.

9 (Esag-SC) A classificação entre parênteses da palavra em destaque está errada em:
a) Tenho **que** ir embora. (preposição)
b) Não vi o rapaz **que** entrou. (pronome relativo)
c) Ele disse **que** voltaria cedo. (advérbio)
d) Você é **que** sabe. (partícula de realce)
e) **Que** quer você? (pronome interrogativo)

10 (Ufacre) Assinale a opção em que a palavra **que** é advérbio:
a) Temos que resolver todos os problemas.
b) Que desagradável é aquela pessoa!
c) Que fez você hoje?
d) Que gravata você pretende usar?
e) Ele estudou bem mais que os colegas.

11 (IDR-DF) Assinale a alternativa em que o pronome relativo é sujeito:
a) Sinto um quê de satisfação.
b) O retrato de cada um é aquilo que escreve.
c) Deram-me um livro que me agradou muito.
d) Você não é o que eu pensava que fosse.
e) Não sei nem por que caminho seguir.

12 (Aman-RJ) **Mas não precisa de correr, que não é sangria desatada...** Classifica-se a palavra destacada como:
a) pronome relativo, sujeito de é
b) conjunção integrante, conetivo
c) conjunção concessiva, conetivo
d) pronome indefinido, sujeito de é
e) conjunção explicativa, conetivo

CAPÍTULO 41
A PALAVRA SE

A palavra *se*

A palavra se também possui inúmeras classificações e funções, a saber:

1) Substantivo: vem determinada por artigo ou por pronome adjetivo. Ex.:

> O se é uma palavra muito interessante.
> Nenhum se apareceu no parágrafo estudado.

2) Conjunção subordinativa: liga orações sintaticamente dependentes. Ex.:

> Não sei se o ministro se demitiu. (se = integrante)
> Se você for a Criciúma, avise-me! (Se = condicional)
> Se você gosta dela, por que não a procura? (Se = causal = já que)
> Se ferido ele queria lutar, imagine, então, são! (Se = concessiva = embora)
> Se o estilo reflete o homem, o idioma é o espelho da cultura de um povo.
> (Se = comparativa = assim como)

3) Palavra expletiva ou **de realce:** pode ser retirada da oração sem prejuízo do sentido. Ex.:

> Passaram-se anos, e ela não voltou.
> No homem gasto, vão-se as ilusões, fica a esperança.
> Quando perguntei a Luís se ele gostava de Cristina,
> respondeu: Se gosto! Se gosto!

4) Sujeito de infinitivo: com verbo causativo ou sensitivo. Ex.:

> Isabela deixou-**se** estar à janela por várias horas.
> Em sonho, Jeni viu-**se** entrar no céu.

5) Objeto direto: acompanha verbo transitivo direto. Ex.:

> O médico feriu-**se** com o canivete.
> O médico trancou-**se** no consultório.
> Mãe e filha entrebeijaram-**se**.

6) Índice de indeterminação do sujeito: acompanha verbo que não tem objeto direto. Ex.:

> Não **se** é ministro, **se** está ministro.
> Precisa-**se** de empregados.
> Ama-**se** muito aqui.
> Vive-**se** bem nesta cidade.

7) Objeto indireto: acompanha verbo transitivo indireto ou verbo transitivo direto e indireto. Ex.:

> Mãe e filha querem-**se** muito.
> Manuel sempre **se** pergunta isso.
> Ela **se** impôs essa obrigação desde pequenina.

8) Pronome apassivador: acompanha verbo transitivo direto, com sujeito paciente. Ex.:

> Aluga-**se** esta fazenda. Vendem-**se** apartamentos.
> Guerra **se** faz com armas, e não com palavras.
> Cartas de amor não devem rasgar-**se**.
> Paz, amor e felicidade não **se** compram nem **se** recebem de presente.

OBSERVAÇÃO

Nas frases:

> Ele **se** chama Luís.
> Ela **se** batizou aos três anos.
> Ele **se** vacinará contra a varíola.
> Ela **se** operou do apêndice.
> Ele **se** curou da bronquite.

e semelhantes, o pronome **se** é apassivador. O gramático Mattoso Câmara, no entanto, entende que se trata de objeto direto.

9) Pronome integrante do verbo: em dois casos principalmente. Ex.:

1º) quando o verbo for pronominal essencial. Ex.:

> Juçara **se** arrependeu do que fez.
> Elisa **se** queixou do colchão duro.

2º) quando o sujeito não se constitui num agente efetivo, por decorrer espontaneamente a ação verbal, independentemente da vontade do sujeito. Ex.:

O menino **se** feriu nos espinhos do limoeiro.

O sujeito não é, em rigor, o praticante da ação verbal, pois o fato aconteceu independentemente da sua vontade. Outros exemplos:

Como não conhecia direito a cidade, Hilda **se** perdeu.
(**se** perdeu = ficou perdida)
Uma criança **se** afogou em Ipanema. (**se** afogou = ficou afogada)
O tronco **se** partiu em dois.
O Sol **se** ergue no horizonte.
As nuvens **se** movimentam rapidamente.
Todos **se** reuniram para jantar.
O menino **se** atirou do 5º andar.

Verificamos que, se artificialmente levarmos tais verbos à voz passiva, nenhum deles é transitivo direto. Se não, vejamos:

O tronco foi partido em dois.

A diferença de significado entre essa oração e aquela com pronome é patente. Quando lemos a primeira, nada nos leva a imaginar que haja um agente indeterminado, como na segunda. Portanto, o sentido desta não equivale ao daquela: o pronome **se** faz parte integrante do verbo, que é intransitivo. Nem há equivalência sintática entre uma frase e outra, porque na segunda existe um agente da passiva indeterminado, o que não acontece à primeira fase.

O mesmo se diz em relação aos outros exemplos:

O Sol é erguido no horizonte. (!?)
As nuvens são movimentadas rapidamente. (!?)
Todos foram reunidos para jantar. (!?)
O menino foi atirado do 5º andar. (!?)

Tais construções jamais nos permitem admitir a existência de um ser exterior ao sujeito, ser este que possa praticar a ação. Tais verbos são, sintaticamente, intransitivos; morfologicamente, pronominais.

Testes e exercícios

1 Classifique a palavra **se**:

a) As moscas apanham-**se** com mel, e não com fel.
b) Tempo perdido não **se** recupera.
c) **Se** você não for viajar, avise-me!
d) **Se** morto tubarão já assusta, imagine vivo!
e) Vão-**se** os amores e ficam-**se** as dores.
f) Estou pensando **se** vale a pena casar.
g) Os professores cumprimentaram-**se** alegremente.
h) O governo arroga-**se** o direito de congelar os preços.
i) Já **se** passou um ano, e ela ainda não voltou.
j) Não encontrei nenhum **se** no livro todo.

k) **Se** você não acredita em Deus, não pode ser meu amigo.

l) **Se** você não acredita em Deus, por que reza?

m) Minha namorada foi-**se** embora para sempre.

n) Naquele tempo, qualquer viagem **se** fazia a cavalo.

o) Quem longe vai casar, ou **se** engana, ou vai enganar.

p) Não há pessoas que não **se** envergonhem de **se** terem amado quando já não **se** amam.

q) Há pessoas inteligentes que, à força de **se** deixarem adular, acabam estúpidas.

r) **Se** ninguém é insubstituível, por que é que na hora da minha morte eu mesmo vou ter que ir?

s) Em briga de marido e mulher, não **se** mete a colher.

t) Não **se** nasce mulher; torna-**se** mulher.

De 2 a 10, indique a classificação correta da palavra **se**.

2 **Perde-se a vontade de trabalhar aqui.**
a) objeto direto
b) pronome apassivador
c) objeto indireto
d) índice de indeterminação do sujeito
e) pronome integrante do verbo.

3 **As comportas da barragem romperam-se.**
a) objeto direto
b) objeto indireto
c) pronome apassivador
d) índice de indeterminação do sujeito
e) pronome integrante do verbo

4 **Os bandidos deram-se as costas.**
a) objeto indireto
b) objeto direto
c) pronome apassivador
d) índice de indeterminação do sujeito
e) n.d.a.

5 **Dorme-se tranquilo nesta rua.**
a) objeto direto
b) índice de indeterminação do sujeito
c) palavra expletiva ou de realce
d) sujeito
e) n.d.a.

6 **O espetáculo que se me ofereceu aos olhos causou-me surpresa extraordinária.**
a) pronome apassivador
b) palavra de realce
c) sujeito
d) índice de indeterminação do sujeito
e) n.d.a.

7 **Ela se morre de ciúme do namorado.**
a) sujeito
b) objeto direto
c) palavra de realce
d) pronome apassivador
e) n.d.a.

8 **Se todos pedem tua presença, por que não vais?**
a) conjunção condicional
b) conjunção causal
c) conjunção integrante
d) conjunção concessiva
e) n.d.a.

9 **Lá se vão as minhas últimas esperanças.**
a) objeto direto
b) índice de indeterminação do sujeito
c) pronome relativo
d) palavra expletiva
e) n.d.a.

10 **Ele se mudou há algum tempo daqui.**
a) pronome integrante do verbo
b) palavra de realce
c) pronome apassivador
d) objeto direto
e) n.d.a.

Testes de concursos e vestibulares

1 (TRT-PE) No período **Não se fazem automóveis como antigamente**, a palavra **se** é:

a) pronome apassivador
b) índice de indeterminação do sujeito
c) pronome interrogativo
d) conjunção subordinativa condicional
e) conjunção integrante

2 (TRE-GO) Assinale a opção em que o **se** é parte integrante do verbo:

a) O professor atrapalhou-se.
b) Ele se atribui muito valor.
c) Ela deixou-se ficar à janela.
d) Todos se queixaram das instalações.
e) Todos se foram embora.

3 (FEC-RJ) **Uma lagartixa passou correndo à sua frente e sumiu-se por entre as macegas.** A palavra **se** é:

a) pronome reflexivo e objeto direto
b) pronome reflexivo recíproco e objeto direto
c) palavra de realce – sem função sintática
d) pronome pessoal oblíquo e objeto direto
e) pronome integrante do verbo

4 (ITA-SP) O **se** não é pronome apassivador nem índice de indeterminação do sujeito em:

a) Estudou-se este assunto.
b) Ela se suicidou ontem.
c) Falou-se muito sobre aquela festa.
d) Aos inimigos não se estima.
e) Fizeram-se reformas na casa.

5 (PUC-SP) **O medíocre lutador se deu ares de campeão.** O pronome **se**, nessa oração, é:

a) pronome apassivador
b) palavra expletiva
c) índice de indeterminação do sujeito
d) objeto direto
e) objeto indireto

6 (TRT-MG) Assinale a alternativa em que a palavra destacada não é expletiva:

a) Vendo-a ir-**se**, sentiu a alegria voltar à alma.
b) Ao ver a cena, tornou a rir-**se** interiormente.
c) A moça sorriu-**se** melancolicamente.
d) Todos **se** foram embora.
e) Comia-**se** muito pão e biscoitos.

7 (TRT-RS) **Almerinda fechou-se no seu quarto:**

a) sujeito
b) objeto indireto
c) objeto direto
d) pronome apassivador
e) índice de indeterminação do sujeito

8 (Fuvest-SP) Assinale a opção em que a palavra **se** é conjunção subordinativa integrante:

a) Vive-se bem naquele lugar.
b) Plastificam-se documentos.
c) Se chover, não iremos à festa.
d) Não sei se o problema está certo.
e) Ele se penteou antes de sair.

9 (Esag-SC) Indique a alternativa em que a palavra **se** não é pronome apassivador:

a) Ouviam-se gargalhadas e pragas.
b) Destacavam-se risos.
c) Trocavam-se brindes na festa.
d) Já não se destacavam vozes dispersas.
e) Pigarreava-se grosso por toda a parte.

10 (Unimep-SP) Quanto ao uso do **se**, a gramática tradicional não admite a construção:

a) Vendem-se casas.
b) Aluga-se apartamento.
c) Não se vá tão cedo!
d) Trabalhou-se muito hoje.
e) Conserta-se sapatos.

CAPÍTULO 42

VERSIFICAÇÃO

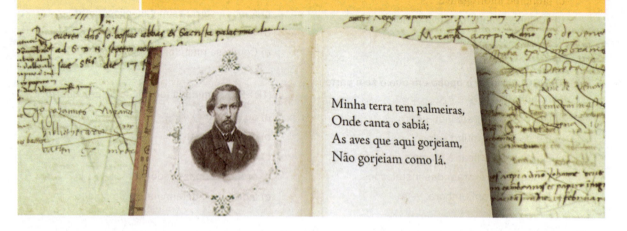

Versificação

Versificação é a arte de fazer versos.

Verso é o nome da linha do poema. Assim, cada linha abaixo constitui um verso:

> *Minha terra tem palmeiras,*
> *Onde canta o sabiá;*
> *As aves que aqui gorjeiam,*
> *Não gorjeiam como lá.*
>
> (Gonçalves Dias)

O conjunto de versos se chama **estrofe** ou **estância**. A estrofe acima possui quatro versos: é uma **quadra** ou um **quarteto**.

A estrofe de dois versos se chama **dístico**; a de três, **terceto**; a de cinco, **quintilha**; a de seis, **sextilha**; a de sete, **setilha** (muito rara); a de oito, **oitava**; a de nove, muito rara, não possui designação própria, e a de dez versos recebe o nome de **décima**. Estrofes com mais de dez versos são muito pouco encontradas.

Quando o verso se repete no fim das estrofes, temos o **estribilho**.

Todo verso possui, normalmente, estes elementos: **metro**, **ritmo** e **rima**, dos quais os primeiros são os mais importantes.

Metro

Metro é a extensão da linha poética, o número de sílabas do verso.

Em nossa língua, a poética tradicional só admite versos de uma a doze sílabas. Os poetas modernos, no entanto, já compõem versos com mais de doze sílabas (são os chamados versos **bárbaros**).

As sílabas de um verso recebem o nome de **sílabas métricas**. A diferença entre as sílabas métricas e as sílabas gramaticais é que aquelas se contam auditivamente e obedecem a estes princípios:

1) quando houver vogal no fim de uma palavra e vogal no início da palavra seguinte, formando **ditongo** (grande amor = gran-dia-mor; campo alcatifado = cam-pual-ca-ti-fa-do) ou **crase** (minha alma = mi-nhal-ma; santo orvalho = san-tor-va-lho), conta-se apenas uma sílaba;

2) no verso, a contagem de sílabas métricas se faz somente até a sílaba tônica da última palavra. Portanto, se a palavra for paroxítona, não se conta a última sílaba; se for proparoxítona, as duas últimas sílabas serão desprezadas. Os versos que terminam por palavras oxítonas ou monossílabas são chamados versos **agudos**; os que terminam por palavras paroxítonas são denominados versos **graves**, e os que acabam por palavra proparoxítona, **esdrúxulos**;

3) os ditongos, geralmente, formam uma só sílaba métrica: pá-tria; quei-xu-me; a-cor-dou; su-biu; lá-bios;

4) os hiatos mantêm, em geral, as vogais separadas: ru-í-do; bo-a; re-cu-a; ven-ta-ni-a. Vamos, então, tomar os versos já vistos e dividi-los em sílabas métricas:

1	2	3	4	5	6	7	
Mi	nha	te	rra	tem	pal	mei	(ras)
On	de	can	ta o	sa	bi	á;	
As	a	ves	que a	qui	gor	jei	(am)
Não	gor	jei	am	co	mo	lá.	

Note: em todos os versos há sete sílabas métricas, e a contagem destas só se faz até a sílaba tônica da última palavra do verso.

Escandir um verso é dividi-lo em sílabas métricas: foi o que fizemos. Note que, dos versos acima, o primeiro e o terceiro são graves; o segundo e o quarto, agudos.

Quanto ao número de sílabas, os versos mais comuns são estes: **pentassílabos** ou **redondilhas menores** (5 sílabas), **hexassílabos** (6 sílabas), **heptassílabos** ou **redondilhas maiores** (7 sílabas), **octossílabos** (8 sílabas), **eneassílabos** (9 sílabas), **heroicos** e **sáficos** (10 sílabas), **hendecassílabos** (11 sílabas), **dodecassílabos** ou **alexandrinos** (12 sílabas).

Os poetas podem recorrer a vários processos fonéticos para que o metro seja perfeito. Os principais são:

	Exemplos
1) crase (fusão de duas vogais numa só)	minha alma → minhalma
	santo orvalho → san-tor-va-lho
	pode exaltar → po-de-xal-tar

	Exemplos
2) elisão ou **sinalefa** (queda da vogal átona final de uma palavra, quando a seguinte começa por vogal)	canta um → can-tum minha infância → mi-nhin-fân-cia
Quando o poeta não quer a elisão, costuma usar um traço entre as palavras, e esse recurso fonético recebe o nome de **diálise**.	canta-um
3) ditongação (fusão de uma vogal átona final com a seguinte, formando ditongo)	grande amor → gran-dia-mor campo alcatifado → cam-pual-ca-ti-fa-do meigo amigo → mei-gua-mi-go
4) sinérese (transformação de um hiato em ditongo)	crueldade → cruel-da-de violeta → vio-le-ta
5) diérese (transformação de um ditongo em hiato)	saudade → sa-u-da-de vaidade → va-i-da-de
6) ectlipse (queda de um fonema nasal final para que haja crase ou ditongação)	com o = co com os = cos com a = coas (Camões escreveu: *Mais co saber se vence que co braço.*)
7) aférese (queda de sílabas ou de fonemas iniciais)	inda (em vez de ainda) 'stamos (em vez de estamos)
8) síncope (queda de um fonema no meio da palavra)	esp'rança (por esperança) dev'ria (por deveria) per'la (por pérola)
9) apócope (queda de fonema no fim da palavra)	mármor (em vez de mármore) cárcer (por cárcere) val (por vale)
10) prótese (acréscimo de fonema no início da palavra)	alevantar (por levantar) amostra (por mostra)
11) paragoge ou **epítese** (acréscimo de fonema no final da palavra)	mártire (por mártir) cantare (por cantar)
12) diástole (deslocação do acento para a sílaba seguinte)	Cleopatra (em vez de Cleópatra) alacre (em vez de álacre)
13) sístole (inverso da diástole: deslocação do acento para a sílaba anterior) A sístole e a diástole recebem o nome genérico de **hiperbibasmo**.	Dário (por Dario) calmária (por calmaria)
14) metátese (transposição de um fonema na própria palavra) Trata-se de um recurso fonético pouquíssimo usado pelos poetas, que só para ele apelam quando desejam satisfazer as exigências de rima.	vairo (por vário) rosairo (por rosário)

Ritmo

É a música do verso. Para que um verso tenha ritmo, usam-se sílabas fracas, com intervalos regulares. A sequência rigorosa dessas sílabas é que dá ao verso música, harmonia e beleza. Quando se fala em ritmo, há um verso que merece especial atenção: o **decassílabo**. Neste tipo de verso, o acento (ou apoio rítmico) pode estar na 6.ª e na 10.ª sílaba (é o verso **heroico**), ou na 4.ª, 8.ª e 10.ª sílabas (é o verso **sáfico**). Eis exemplo de verso heroico:

1	2	3	4	5	6	7	8	9	10
Só	a	le	ve es	pe	ran	ça em	to	da a	vi(da).

Note: não juntamos Só a, porque a sílaba termina por vogal tônica. Mas em alguns versos os poetas reduzem sílabas semelhantes a uma só. Eis, agora, exemplo de verso sáfico:

1	2	3	4	5	6	7	8	9	10
Dis	far	ça a	pe	na	de	vi	ver,	mais	na(da).

Rima

É a identidade ou semelhança de sons, a partir da vogal tônica, entre duas ou mais palavras.

Vejamos estes versos de Guilherme de Almeida:

> *Quando a chuva cessava e um vento fino*
> *Franzia a tarde tímida e lavada,*
> *Eu saía a brincar pela calçada,*
> *Nos meus tempos felizes de menino.*

O primeiro verso termina pela palavra fino; o quarto, pela palavra menino. Observe a correspondência de sons entre essas palavras, a partir da vogal tônica (fino/menino). Tal correspondência recebe o nome de **rima**.

Quando a correspondência é perfeita, entre vogais e consoantes, a rima se diz **soante** ou **consoante** (fino/menino, lavada/calçada, atroz/nós, feio/seio, fez/mês). Se a correspondência é apenas de vogais tônicas, a rima se denomina **toante** ou **assoante** (satírico/espírito, olhos/demora, tarde/esperar-te). Essas rimas também são conhecidas pelo nome de **assonância**.

As rimas soantes traduzem harmonia, segurança e felicidade; as rimas toantes, ao contrário, traduzem desarmonia, intranquilidade e desventura.

Podemos classificar, ainda, a rima quanto ao timbre da vogal tônica. Nesse caso, ela será perfeita ou imperfeita.

A rima é **perfeita** quando as vogais tônicas são idênticas no timbre. Ex.: céu/véu, fosse/doce, agora/mora, etc.

Quando não ocorre essa identidade, ou quando uma das palavras possui um fonema a mais que a outra, a rima é **imperfeita**. Ex.: céu/meu, fosse/posse, estrela/vela, mudo/surdo, virgem/vertigem, nus/azuis.

No Brasil, em virtude da redução dos ditongos, considera-se rima perfeita a que se forma entre palavras como louco/sufoco, beijo/benfazejo, jocoso/repouso. Repare também nestas: atrás/vais, feroz/heróis.

Quanto ao seu valor, as rimas podem ser pobres, ricas, preciosas e raras.

As rimas **pobres** se formam com palavras da mesma classe. Ex.: amor/flor (substantivos), amar/calar (verbos), doloroso/amoroso (adjetivos).

As rimas **ricas** se formam com palavras de classes diferentes. Ex.: **ar**de/co**var**de (verbo e adjetivo), **p**enas/a**p**enas (substantivo e palavra denotativa), **f**ino/men**in**o (adjetivo e substantivo).

As rimas **preciosas** são formadas por três letras: **vê-la**/es**trela**, **vê-lo**/no**velo**, **sê-lo**/**pelo**, **há de**/sau**dade**.

As rimas **raras** se formam entre letras de terminação incomum. Ex.: **cisne**/**tisne**, es**tirpe**/ex**tirpe**.

Quanto à disposição, as rimas podem ser:

1) **cruzadas** ou **alternadas** (**abab**). Ex.:

> Se o casamento dur**asse**   a
> Semanas, meses fat**ais**,   b
> Talvez eu me abalanç**asse**,   a
> Mas toda a vida... é dem**ais**!   b
>
> (Afonso Celso)

2) **emparelhadas** (**aabb**). Ex.:

> Uma noite estendi a música na est**ante**   a
> E o cravo suspirou... Naquele mesmo inst**ante**   a
> Da ebúrnea palidez doentia do tecl**ado**   b
> Manso e manso evolou-se o aroma do pass**ado**.   b
>
> (Gonçalves Crespo)

3) **interpoladas** ou **opostas** (**abba**). Ex.:

> Não sei bem quem seja o aut**or**   a
> Desta sentença de p**eso**:   b
> O beijo é o fósforo ac**eso**   b
> Na palha seca do am**or**.   a
>
> (Bastos Tigre)

4) **encadeadas**: o fim de um verso rima com o meio do seguinte. Ex.:

> Voai, zéfiros mim**osos**
> Vagar**osos**, com cautela.
>
> (Silva Alvarenga)

5) **iteradas**: a rima se faz no mesmo verso. Ex.:

> Donz**ela** b**ela** que me insp**ira** à l**ira**
> Um c**anto** s**anto** de fremente amor,
> Ao b**ardo** o c**ardo** da trem**enda** s**enda**
> Est**anca**, arr**anca**-lhe a terrível dor.
>
> (Casimiro de Abreu)

6) **misturadas**: quando não ocorre nenhum dos casos acima. Ex.:

> *No outono a luz é um eterno poente,*
> *Que mais à calma que ao rumor se ajeita;*
> *Brilha.*
> *Tão de manso e calma,*
> *Que parece unicamente feita*
> *Para o estado d'alma*
> *De um convalescente.*
>
> (Mário Pederneiras)

7) **oitava rima**: quando as estrofes são oitavas, principalmente oitavas reais, estrofes de oito versos decassílabos a que obedecem ao esquema **abababcc**.

Os *lusíadas* são o maior exemplário das oitavas reais. Eis a primeira oitava real do célebre poema:

As armas e os barões assinal*ados*	a
Que da Ocidental praia Lusit*ana*,	b
Por mares nunca dantes naveg*ados*,	a
Passaram ainda além da Taprob*ana*,	b
E em perigos e guerras esforç*ados*	a
Mais do que prometia a força hum*ana*,	b
Entre gente remota edific*aram*	c
Novo reino, que tanto sublim*aram*	c

IMPORTANTE

1) Os versos que não rimam chamam-se **brancos**. Geralmente os versos esdrúxulos não rimam. Um exemplo se encontra no *Hino Nacional Brasileiro*:

> *Ouviram do Ipiranga as margens plácidas*
> *De um povo heroico o brado retumbante,*
> *E o sol da Liberdade, em raios fúlgidos,*
> *Brilhou no céu da Pátria nesse instante.*

2) Às vezes o poeta coloca no verso seguinte uma ou mais palavras que completam o sentido do verso anterior, eliminando-se, assim, a pausa final. Esse recurso estilístico recebe o nome de **encadeamento** ou **cavalgamento**, que em francês se conhece por *enjambement*.

Raimundo Correia nos fornece exemplo:

> *Se a cólera que espuma, a dor que mora*
> *N'alma e destrói cada ilusão que nasce,*
> *Tudo o que punge, tudo o que devora*
> *O coração, no rosto se estampasse.*

O recurso do encadeamento visa a dar ênfase maior ao elemento que figura no verso seguinte.

Exercícios

1 Faça a escansão destes versos, identificando o ritmo:

> Se a cólera que espuma, a dor que mora
> N'alma e destrói cada ilusão que nasce,
> Tudo o que punge, tudo o que devora
> O coração, no rosto se estampasse.
>
> (Raimundo Correia)

Que tipo de rima existe nessa estrofe?

2 Neste quarteto de Carlos Drummond de Andrade,

> No céu também há uma hora melancólica.
> Hora difícil, em que a dúvida também
> [penetra as almas.
> Por que fiz o mundo? Deus se pergunta
> e se responde: Não sei,

há ectlipse e paragoge? Justifique sua resposta.

3 Nesta estrofe de Augusto de Lima,

> Quem pôde jamais dizer-me
> Com certeza donde vim,
> Se sou simplesmente um verme
> Ou se Deus está em mim?,

diga tudo o que encontrou sobre rima.

4 Distinga as rimas toantes das soantes:

a) rigores – flores
b) amor – condor
c) alcança – cansa
d) cresce – esmaece
e) vozes – moles
f) trouxe – fosse
g) algoz – impôs
h) ousado – descaso
i) castelo – sincero
j) extra – festa

5 Neste terceto de H. Castriciano,

> Teu nome, flor, o teu nome
> recorda a polpa de um figo
> na boca de quem tem fome,

encontramos prótese, metátese e rima perfeita? Justifique sua resposta.

6 Nesta estância de Guilherme de Almeida,

> Só – palavra fingida,
> palavra inútil, pois quem sente
> saudade, nunca está sozinho, e a gente
> tem saudade de tudo nesta vida,

encontramos rima interpolada, rima iterada e dois cavalgamentos? Justifique sua resposta.

7 Neste quarteto de Cruz e Sousa,

> Cristais dilúvios de clarões alacres,
> Desejos, vibrações, ânsias, alentos,
> Fulvas vitórias, triunfamentos acres,
> Os mais estranhos estremecimentos...,

encontre os recursos fonéticos usados pelo autor e diga se os versos são heroicos ou sáficos, justificando suas afirmações.

484   Luiz Antonio Sacconi

Bibliografia

ACADEMIA BRASILEIRA DE LETRAS. *Vocabulário Ortográfico da Língua Portuguesa*. 5.ª ed. São Paulo: Global, 2009.
ALI, M. Said. *Dificuldades da língua portuguesa*. 5.ª ed. Rio de Janeiro: Livraria Acadêmica, 1957.
_____. *Gramática histórica da língua portuguesa*. São Paulo: Melhoramentos, 1975.
_____. *Gramática secundária da língua portuguesa*. 8.ª ed. São Paulo: Melhoramentos, 1969.
AMARAL, Vasco Botelho de. *Novo dicionário de dificuldades da língua portuguesa*. Porto: Educação Nacional, 1943.
AULETE, Caldas. *Dicionário contemporâneo da língua portuguesa*. 5.ª ed. Rio de Janeiro: Delta, 1970.
BALDINGER, Kurt. *Teoria semântica*. Madri: Alcalá, 1970.
BARRETO, Mário. *Fatos da língua portuguesa*. 2.ª ed. Rio de Janeiro: Organização Simões Editora, 1954.
_____. *Através do dicionário e da gramática*. Rio de Janeiro: Quaresma, 1927.
_____. *De gramática e linguagem*. 2 volumes. Rio de Janeiro: Publicação da Revista de Língua Portuguesa, 1922.
_____. *Novos estudos da língua portuguesa*. 2.ª ed. Rio de Janeiro: Francisco Alves, 1921.
BECHARA, Evanildo. *Moderna gramática portuguesa*. 28.ª ed. São Paulo: Nacional, 1983.
_____. *Lições de português pela análise sintática*. 12.ª ed. Rio de Janeiro: Padrão.
_____. *Ensino da gramática. Opressão? Liberdade?* São Paulo: Editora Ática, 1985.
BENVENISTE, Emile. *Problemas de linguística geral*. São Paulo: Nacional, 1977.
BERGO, Vittorio. *Pequeno dicionário brasileiro de gramática portuguesa*. Rio de Janeiro: Civilização Brasileira, 1960.
_____. *Erros e dúvidas de linguagem*. 6.ª ed. Rio de Janeiro: Francisco Alves, 1986.
BRANDÃO, Cláudio. *Sintaxe clássica portuguesa*. Belo Horizonte, 1963.
CABRAL, Leonor Scliar. *Introdução à linguística*. 5.ª ed. Porto Alegre: Globo, 1982.
CÂMARA Jr., Joaquim Mattoso. *Dicionário de fatos gramaticais*. Ministério da Educação e Cultura: Casa de Rui Barbosa, 1956.
_____. *Princípios de linguística geral*. 4.ª ed. Rio de Janeiro: Acadêmica, 1974.
_____. *A estrutura da língua portuguesa*. 4.ª ed. Petrópolis: Vozes, 1973.
_____. *Problemas de linguística descritiva*. 6.ª ed. Petrópolis: Vozes, 1973.
CARVALHO, José G. Herculano. *Teoria da linguagem*. Coimbra: Atlântica.
CHEDIAK, Antônio J. *Lições práticas de língua portuguesa*. Rio de Janeiro: Organização Simões, 1948.
_____. *Análise sintática*. Rio de Janeiro: Organização Simões, 1965.
CHOMSKY, Noam. *Aspectos da teoria da sintaxe*. Coimbra, 1975.
COUTINHO, Ismael de Lima. *Gramática histórica*. 7.ª ed. Rio de Janeiro: Ao Livro Técnico, 1976.
CRUZ, José Marques da. *Português prático*. 28.ª ed. São Paulo: Melhoramentos, 1964.
CUNHA, Celso Ferreira da. *Gramática do português contemporâneo*. Belo Horizonte: Bernardo Álvares, 1970.
_____. *Gramática da língua portuguesa*. 3.ª ed. MEC-Fename, 1976.
_____. *Nova Gramática da língua portuguesa*. Rio de Janeiro: Nova Fronteira, 1985.
ELIA, Silvio Edmundo. *Ensaios de filosofia e linguística*. 2.ª ed. Rio de Janeiro: Grifo/MEC, 1975.
_____. *Dicionário gramatical*. 3.ª ed. Porto Alegre: Globo, 1972.
FERNANDES, Francisco. *Dicionário de regimes de substantivos e adjetivos*. 2.ª ed. Porto Alegre: Globo, 1967.
_____. *Dicionários de verbos e regimes*. 4.ª ed. Porto Alegre: Globo, 1967.
FONSECA, Maria Stella V.; Neves, Moema F. *Sociolinguística*. Rio de Janeiro: Eldorado, 1971.
GÓIS, Carlos. *Dicionário de afixos e desinências*. 2.ª ed. Belo Horizonte: Tipografia Americana, 1930.
_____. *Sintaxe de regência*. 8.ª ed. Rio de Janeiro: Francisco Alves, 1957.
_____. *Método de análise*. 17.ª ed. Belo Horizonte, 1952.
GREIMAS, A. J. *Semântica estrutural*. São Paulo: Cultrix, 1973.
HALLYDAY, M.A.K. *Novos horizontes em linguística*. São Paulo: Cultrix/Edusp, 1971.
JAKOBSON, Roman. *Linguística e comunicação*. 5.ª ed. São Paulo: Cultrix, 1971.
JOTA, Zélio dos Santos. *Dicionário de dificuldades da língua portuguesa*. Rio de Janeiro: Fundo de Cultura, 1960.
_____. *Glossário de dificuldades sintáticas*. Rio de Janeiro: Fundo de Cultura, 1962.
KURY, Adriano da Gama. *Lições de análise sintática*. 4.ª ed. Rio de Janeiro: Fundo de Cultura, 1967.
_____. *Pequena gramática*. 8.ª ed. Rio de Janeiro: Agir, 1962.
LANGACKER, Ronald L. *A linguagem e sua estrutura*. Petrópolis: Vozes, 1972.
LAPA, Manuel Rodrigues. *Estilística da língua portuguesa*. 7.ª ed. Rio de Janeiro: Acadêmica, 1973.
LEPSCHY, C. Giulio. *A linguística estrutural*. São Paulo: Perspectiva, 1971.

LIMA, Carlos Henrique da Rocha. *Gramática normativa da língua portuguesa*. 22.ª ed. Rio de Janeiro: José Olympio, 1982.
MALMBERG, Bertil. *As novas tendências da linguística*. São Paulo: Nacional, 1971.
MARTINET, André. *Elementos de linguística geral*. 5.ª ed. Lisboa: Sá da Costa, 1973.
MAURER Jr., Theodoro Henrique. *O infinito flexionado português*. São Paulo: Nacional/USP, 1968.
MELO, Gladstone Chaves de. *Novo manual de análise sintática*. 3.ª ed. Rio de Janeiro: Acadêmica, 1967.
_____. *Iniciação à filologia portuguesa*. 5.ª ed. Rio de Janeiro, 1975.
_____. *Gramática fundamental da língua portuguesa*. Rio de Janeiro: Ao Livro Técnico, 1978.
_____. *Ensaio de estilística da língua portuguesa*. Rio de Janeiro: Padrão, 1976.
NARO, Anthony S. *Tendências atuais da linguística e da filosofia no Brasil*. Rio de Janeiro: Francisco Alves, 1976.
NASCENTES, Antenor. *O idioma nacional*. 5.ª ed. Rio de Janeiro: Acadêmica, 1965.
_____. *Métodos práticos de análise lógica*. 17.ª ed. Rio de Janeiro: Francisco Alves, 1953.
_____. *Dificuldades de análise sintática*. Rio de Janeiro: Francisco Alves, 1953.
OEHLMEYER, Automar. *Regência verbal e nominal*. São Paulo: Pioneira, 1962.
PEREIRA, Eduardo Carlos. *Gramática expositiva*. 76.ª ed. São Paulo: Nacional, 1949.
RECTOR, Mônica. *A linguagem da juventude*. Petrópolis: Vozes, 1975.
REIS, Otelo. *Breviário da conjugação dos verbos da língua portuguesa*. 32.ª ed. Rio de Janeiro: Francisco Alves, 1968.
RIBEIRO, Joaquim. *Estética da língua portuguesa*. 2.ª ed. Rio de Janeiro: J. Ozon, 1964.
RYAN, Maria Aparecida. *Conjugação dos verbos em português*. São Paulo: Ática, 1984.
SACCONI, Luiz Antonio. *Corrija-se de A a Z*. São Paulo: Nova Geração, 2008.
_____. *Grande dicionário Sacconi – Dicionário da Língua Portuguesa*. São Paulo: Nova Geração, 2010.
_____. *Não erre mais!* 33.ª ed. São Paulo: Matrix, 2019.
SAUSSURE, Louis Ferdinand de. *Curso de linguística geral*. 2.ª ed. São Paulo: Cultrix, 1970.
SCHAFF, Adam. *Introdução à Semântica*. Rio de Janeiro: Civilização Brasileira, 1968.
SILVEIRA, A. F. de Sousa da. *Lições de português*. 8.ª ed. Rio de Janeiro: Livros de Portugal, 1972.
_____. *Fonética sintática*. Rio de Janeiro: Organização Simões, 1952.
TAVARES, Hênio. *Teoria literária*. 2.ª ed. Belo Horizonte: Bernardo Álvares, 1966.
VANOYE, Francis. *Usos de linguagem*. 5.ª ed. São Paulo: Martins Fontes, 1985.

Créditos das imagens: Arte NG: 37, 75, 110, 117, 354, 378, 389, 417, 425, 449, 465, 491, 544, 584. **Corbis:** 166, 199. **Getty Images:** 160, 287, 351. **Photodisc:** 17, 18, 61, 120, 147, 180, 210, 244, 310, 320, 338, 354, 358, 397, 403, 437, 456, 495, 512, 538, 506, 572, 579. **Prensa Três:** 320, 523. **Stock Xchng:** 120, 147, 437, 506. **Nasa:** 338.

SOLUÇÕES DOS TESTES E EXERCÍCIOS

CAPÍTULO 1 – INTRODUÇÃO

CAPÍTULO 2

1. c) e) g) i) **2.** a) d) f) g) h) i) **3.** todas corretas, exceto f) g) j) **4. Mala**: bala, cala, fala, gala, pala, rala, sala, tala, vala; **Cola**: bola, gola, mola, rola, sola, tola; **Fato**: cato, chato, gato, jato, lato, mato, nato, pato, rato; **coMer**: correr, coser, cozer; **ceNa**: ceda, cega, cela, cepa, cera, ceva; **liMa**: lida, liga, lira, lisa, lixa. **5.** a) b) **6.** in-te-res-ta-du-al, su-bu-ma-no, sub-li-nhar, sub-lo-car, su-be-men-da, su-pe-ra-mi-go, su-bins-pe-tor, ab-rup-to (admite-se ainda: a-brup-to) **7.** a) **8.** c) **9.** d) **10.** b) d) f) g) i) **11.** h) **12.** e) **13.** a) **14.** a) **15.** d) **16.** e) **17.** c) e) j) **18.** b) **19.** a) b) c) e) f) j) **20.** d) e) **21.** e) **22.** e) **23.** b) (a divisão silábica de **quiuí** é **qui-uí** (*ki-wi*), que pode ser também **qui-u-í**, mas jamais "quiu-í", como registrado em um dicionário).

Testes de concursos e vestibulares

1. c) **2.** d) **3.** b) **4.** b) **5.** b) **6.** d) **7.** b) **8.** d) **9.** d) **10.** c) **11.** d) **12.** b) **13.** b)

CAPÍTULO 3

1. a) privilégio b) umedecer c) marceneiro d) empecilho e) elucidar f) pontiagudo g) mexerica h) casimira i) desprevenido j) meritíssimo **2.** a) polir b) polenta c) poleiro d) bujão e) botijão f) bulir g) goela h) moqueca i) jabuti j) óbolo **3.** a) beleza b) análise c) empresa d) cozinha e) cafuzo f) pesquisa g) atrasado h) defesa i) enfisema j) maisena **4.** a) flecha b) encher c) mexer d) capixaba e) encharcar f) chuchu g) xarope h) xícara i) xingar j) piche **5.** a) majestade b) laranjeira c) cerejeira d) jiboia e) jeito f) pajem g) vagem h) cafajeste i) canjica j) jia **6.** a) pretensioso b) bissexto c) retenção d) excursão e) fascista f) facínora g) fascículo h) plebiscito i) obcecado j) assessor **7.** a) friorento b) estupro c) madrileno (o VOLP acaba de registrar também "madrilenho", infelizmente) d) aforismo e) cataclismo f) bugiganga g) lasanha h) oleaginoso i) irascível j) viger **8.** a) jamegão b) tiziu c) cabeçalho d) miscelânea e) driblar f) ansioso g) tim-tim h) caramanchão i) somatório (o VOLP acaba de registrar também "somatória", infelizmente) j) beneficente **9.** a) meteorologia b) descascar c) manteigueira d) barbeiragem e) carceragem f) garagem g) carrossel h) cabeleireiro i) goianiense j) espontaneidade **10.** a) prazeroso b) fleuma (o VOLP acaba de registrar também "fleugma", infelizmente) c) muçarela d) hemácia e) cinquenta f) ascensorista g) bandeja h) caranguejo i) nojento j) nhoque **11.** a) enfarte: infarto, infarte, enfarto c) aluguel: aluguer d) porcentagem: percentagem e) cãibra: câimbra g) abdome: abdômen h) bêbado: bêbedo j) chimpanzé: chipanzé (não recomendável esta forma, porém, existente e com registro no VOLP) **12.** b) carroceria: carroçaria c) quota: cota d) quociente: cociente e) quatorze: catorze g) maquiagem: maquilagem h) translada: traslada i) clina: crina j) prancha: plancha **13.** a) paralisar b) catequizar c) batizar d) canalizar e) memorizar f) avisar g) frisar h) cotizar i) catalisar j) fiscalizar **14.** a) efetue b) amaldiçoe c) flui; constitui d) continue e) distribui **15.** f) **16.** b) **17.** h) **18.** a) automático b) automóvel c) alto-falante d) auditivo e) altivo f) almaço g) cautela h) alqueire i) autópsia **19.** a) 5kg b) 10km c) 25cm d) 100km/h e) 10h f) 10h12min g) 0h5min h) 300km/s i) 1,80m j) 2,50m

20. ANTI - a) anti-horário b) anticaspa c) antiferrugem d) anti-imperialismo e) anti-infeccioso f) antirracista g) antisseborreico h) antirroubo i) antirruído j) antissubmarino

ARQUI - a) arquirrival b) arqui-inimigo c) arquitrave d) arquibancada e) arquisseguro f) arquimilionário g) arquidiocese h) arquiavô i) arquifonema j) arquiepiscopal

SUPER - a) superalimentação b) super-realidade c) superelegante d) superego e) superestrutura f) super-humano g) supersecreto h) superinteressante i) super-requintado j) supersafra

INFRA - a) infra-assinado b) infracitado c) inframencionado d) infraestrutura e) inframamário f) infrarrenal g) infraumbilical h) infra-hepático i) infratranscrito j) infravermelho

AUTO - a) autoestrada b) autoignição c) autoelogio d) autorreflexão e) autorretrato f) autoafirmação g) autoajuda h) auto-hipnose i) auto-oxidação j) autoestima

BI - a) bicampeão b) bicampeonato c) bidimensional d) bidirecional e) bimensal f) bimotor g) binacional h) birracial i) bissexual j) bitributar

CONTRA - a) contrarreforma b) contrarrevolução c) contraordem d) contraoferta e) contra-almirante f) contraofensiva g) contra-ataque h) contrassenso i) contraindicação j) contraespionagem

MINI - a) minirreta b) mini-hotel c) minissaia d) minissérie e) mini-implante f) miniblusa g) minirrestaurante h) miniônibus i) minirretrospectiva j) minijardim

SEMI - a) semialfabetizado b) seminovo c) semi-integral d) semieixo e) seminu f) semirracional g) semirreta h) semissintético i) semiárido j) semi-internato

MULTI - a) multiuso b) multitarefa c) multisserviço d) multinacional e) multi-infecção f) multivitamina g) multilateral h) multimídia i) multirracial j) multiesportivo

PSEUDO - a) pseudoamigo b) pseudocristão c) pseudoirregularidade d) pseudopoeta e) pseudossábio f) pseudorreligião g) pseudodemocrata h) pseudoárbitro i) pseudoinventor j) pseudo-história

SUB - a) subsolo b) subdiretor c) subsecretário d) sub-base

e) subchefe f) subemprego g) sub-humano (ou subumano) h) subestação i) subprefeito j) sub-raça

21. a) tricampeão b) superamigo c) autolotação d) minissecador e) autopeça f) micro-ônibus g) micro-ondas h) ultravioleta i) extraterrestre j) mini-herói

22. b) c) d) e) f)

23. a) por que b) porque c) por que; por quê d) por quê? e) porquê f) Por que; por que g) por quê? Porque h) Por que i) por que; por quê j) porquê

24. Por que; porque; por que; por que; porquê; Porque; por que

25. c) **26.** c) e) **27.** a) a; a; b) há; a c) a; a d) a e) A f) Há g) A h) Há i) há j) a **28.** todas corretas

Testes de concursos e vestibulares

1. b) **2.** b) **3.** c) **4.** a) **5.** e) **6.** a) **7.** a) **8.** a) **9.** b) **10.** e) **11.** d) **12.** b) **13.** d)

CAPÍTULO 4

1. (O acento agudo serve aqui apenas para indicar timbre aberto da vogal ou sílaba tônica.) a) caróços e carócinhos b) prontos-socórros c) fórnos e fórninhos d) estôura; estôuro e) rôuba, rôubo f) chofér, chóferes g) trême, trêmem h) chôco, chócos i) trôco, trócos j) tôco, tócos **2.** a) recórde b) Rorâima c) Elâine, Gislâine d) E (é), TV E (é) e) vitamina E (é) f) grupo O (ó) g) IOF (i ó efe) h) Festêjo; festêjas i) indígno; indígnam j) imprégna **3.** a) repúgnam b) indígna, indígno c) pôusa, pôusa d) trême e) esprême f) cápta; cápta g) ópto; ópto h) abiscôito i) nôiva, nôivo j) endôido **4.** f) lá h) café i) vírus j) tórax **5.** h) mês i) três **6.** a) guaraná f) jiló g) pajé

7. a) céu d) réu f) herói g) coronéis h) troféu i) dói **8.** a) chapéu e) anzóis f) caracóis g) anéis **9.** g) pólen i) hífen **10.** a) fácil b) difícil c) fáceis d) difíceis e) útil **11.** c) amêndoa e) xérox h) farmácia j) safári **12.** a) biquíni **13.** c) Vênus e) látex g) dúplex (**duplex** também se aceita) i) **tríplex** (triplex também se aceita). **Durex** é nome comercial, não se enquadra, portanto, na regra.

14. a) mágica b) cínico d) crisântemo f) física g) protótipo h) ínterim j) pólipo **15.** a) cômico b) êxodo c) cândida d) oxítona e) êxito g) sílaba h) álibi i) óbito **16.** a) saída c) gaúcha e) ruína f) arruína g) Luís h) Luísa **17.** b) raízes d) juízes e) faísca f) balaústre h) reúne i) uísque **18.** c) traído e) traíra f) suíço **19.** a) saúde b) saúda c) suíte j) caíque **20.** nenhuma com acento **21.** b) pôr c) pôde vir d) Pôr ali

22. a) tamanduá c) próprio d) há g) vê-la h) rói i) curimbatá **23.** a) cá b) lá c) pô-lo j) após **24.** judô b) lilás c) através **25.** júnior d) tábua g) baú i) poluído **26.** a) cálice c) alguém d) ninguém g) chalé i) chulé j) buquê **27.** hambúrguer b) recém c) refém e) ânsia f) anágua h) consciência i) já **28.** a) jiu-jítsu g) gás h) fênix i) sótão j) fenômeno **29.** a) Flávia b) Mônica c) Pâmela d) Inês e) Cláudia f) Vítor g) Célio h) Estêvão i) Luís **30.** a) cá b) fé d) mês e) vês j) pás **31.** c) trás d) má **32.** g) jacaré h) pequinês i) paletó j) armazém **33.** a) Itanhaém b) parabéns c) refém f) Bagdá i) sêmen **34.** b) pônei d) zíper e) nêutron f) órfã g) ágil j) espécie **35.** a) bênção b) pôster c) órgão e) ágeis f) ônus g) látex h) dúplex (pode ser também duplex) i) líquen j) Quéops **36.** a) hífen c) têxtil d) têxteis e) mapa-múndi f) pólen h) longínquo i) tênue j) cadáver

37. b) pólipo d) êxito f) cólica i) crisântemo j) pêssego **38.** a) pétala c) amoníaco e) pântano g) pústula h) túnica i) ariete j) trânsfuga **39.** a) jesuíta b) ruína c) arruína i) cuíca j) conteúdo **40.** a) gaúcho g) reúne h) juízes j) raízes **41.** e) suíço f) graúdo g) heroísmo h) saúva i) saúdo j) carnaúba **42.** b) céu c) constrói e) destrói **43.** a) chapéu **44.** a) Vá; já b) Lá; cá; más; há c) Lá; é; só; crê; vê d) Zé; só **45.** a) acolá b) Ninguém; compôs; você c) ipê; será; vovô

46. d) caratê e) pequinês **47.** todas, exceto a) **48.** a) d) f) **49.** a) ártico d) Êmerson e) ariete g) ínterim **50.** c) herói f) réu h) troféu **51.** j) tabaréu **52.** a) saímos b) saída e) saísse f) egoísta g) balaústre h) faísca i) ruína j) arruína **53.** c) d) **54.** c) d) **55.** e) **56.** a) curimbatá b) maracujá d) íon e) próprio f) café h) céu **57.** j) pântano **58.** a) têxtil b) têxteis e) óbolo f) álcool g) álcoois h) ânsia **59.** c) baiuca g) feiura **60.** e) **61.** a) águam (ou aguam); mobílio b) deságua (ou desagua) c) arruíne d) saúdo e) enxáguo (ou enxaguar) **62.** todas, exceto a) e i).

Testes de concursos e vestibulares

1. e) **2.** a) palavra proparoxítona ou paroxítona terminada em ditongo crescente b) palavra oxítona terminada em -em c) palavra proparoxítona ou paroxítona terminada em ditongo crescente d) palavra proparoxítona **3.** e) **4.** c) **5.** b) **6.** b) **7.** c) **8.** b) **9.** d) **10.** c) **11.** a) **12.** b) **13.** b) **14.** a) **15.** c) **16.** c) **17.** e) **18.** b) **19.** d) **20.** b) **21.** a) **22.** a) **23.** d) **24.** e) **25.** c)

CAPÍTULO 5

1. b) e) f) g) **2.** a) b) c) **3.** f) h) **4.** d) i) **5.** b) c) d) g) **6.** a) c) h) i) j) **7.** a) b) c) d) e) g) i) j) **8.** b) d) g) h) j) **9.** b) c) d) **10.** a) **11.** b) **12.** a) micróbio = pequeno + vida b) democracia = povo + governo c) ortografia = correto + escrita d) pseudônimo = falso + nome e) acrofobia = altura + medo f) cefalalgia = cabeça + dor g) antropófago = homem + comer h) dermatologia = pele + estudo i) cleptomania = roubo + mania j) ginecologia = mulher + estudo **13.** a) ornitologia b) ictiologia c) arqueologia d) paleontologia e) entomologia f) malacologia g) botânica h) micologia i) anatomia j) etiologia **14.** e) **15.** a) oclofobia (ou enoclofobia) b) cleptomania c) androfobia d) estomatite e) oligofrenia **16.** todas corretas, exceto d) e e) **17.** a) repor b) transpor c) impor d) expor e) apor f) justapor g) sobpor (ou subpor ou soto-pôr) h) interpor i) sobrepor j) propor **18.** c) d) c) a) b) **19.** a) b) c) e) g) h) **20.** a) b) c) d) e) **21.** b) c) d) **22.** todas, exceto a f) **23.** a) c) e) a) d) **24.** b) c) d) g) h) **25.** a) antítese b) epiderme c) circum-navegar d) supracitado e) transandino **26.** a) e) **27.** a) androfobia b) gastrite c) cinegética d) anarquia e) oclofobia (ou enoclofobia) f) necrópole g) autônoma h) estomatite i) acrofobia j) oligofrênico

Testes de concursos e vestibulares

1. e) **2.** a) **3.** a) supra = posição superior b) oni = tudo, todos c) pro = origem d) semi = metade, quase **4.** e) **5.** c) **6.** c) **7.** c) **8.** e) **9.** a) **10.** e) **11.** a) **12.** b) **13.** c) **14.** a) **15.** e) **16.** a) **17.** b) **18.** d) **19.** a) **20.** d)

CAPÍTULO 6

1. a) Inimigos se pautam pela deslealdade.

b) O ódio nos torna inferiores.

c) Editor inidôneo é sempre malvisto.

d) Jogador inábil nunca é aplaudido.

e) Político ímprobo é o que mais há por aí.

2. b) c) e) f) g) **3.** todas corretas **4.** d) **5.** a) envelhecer b) enegrecer c) apodrecer d) aferventar e) enaltecer f) enobrecer g) rejuvenescer h) empobrecer i) enriquecer j) encarecer **6.** a) emudecer (derivada parassintética) b) manquejar (derivada sufixal) c) burocrata (hibridismo) d) infravermelho (derivada prefixal) e) uivar (onomatopeia) **7.** a) enfear (ou afear) b) enviesar c) engatar d) embaçar e) acarpetar

Testes de concursos e vestibulares

1. a) **2.** d) **3.** e) **4.** a) **5.** e) **6.** a) **7.** d) **8.** c) **9.** c) **10.** e) **11.** a) **12.** a) **13.** c) **14.** e) **15.** b) e c) **16.** a) **17.** c) **18.** e) **19.** a) **20.** a)

CAPÍTULO 7

1. a) c) e) g) i) **2.** a) só (realce) b) que (realce) c) até (inclusão) d) mormente (seleção) e) menos (exclusão) f) Nada! (negação) g) Mas (situação) h) Bem (continuação) i) é porque (explicação) j) aliás (retificação)

CAPÍTULO 8

1. b) e) **2.** b) **3.** b) **4.** a) frialdade b) frieza c) mudez d) gravidezes e) estupidezes f) malvadezes g) malcriadezes h) heresias i) espontaneidade j) impassibilidade **5.** a) concessão b) inversão c) cessão d) ressurreição e) rescisão f) ascensão g) manutenção h) audição i) extinção j) ingestão

6. a) álbum b) juntas c) vocabulário d) cardumes e) plêiade f) dilúvio g) alcateia; matilha h) antologia (ou coletânea) i) banca j) buquê

7. a) frota b) réstias; réstias c) bando d) rebanho e) viveiro f) baixela g) fauna h) flora i) manada j) atilho

8. a) constelação b) farândola c) fato d) pinacoteca e) exército f) enxame g) júri h) molhos; molho i) molho j) plantel; plantel

9. a) prole b) quadrilha c) conclave d) consistório e) discoteca f) esquadrilha g) feixe h) multidão i) pinha (ou turma) j) turma

10. a) uma ateia b) a cônsul; uma sapa c) a horteloa; a lavradeira d) a anfitrioa (ou anfitriã); uma capioa e) uma deusa (ou diva ou deia) f) uma profetisa; uma pitonisa g) A poetisa; da embaixadora (há quem prefira, mesmo aqui, embaixatriz) h) uma plebeia; uma verdadeira dama i) A ladra (ou ladrona); ilhoa; pigmeia j) uma elefanta; uma veada (ou cerva), uma perdiz; uma javalina mortas.

11. a) A imperatriz era uma grande música, disse a capitã.

b) A marechala e a tenente viraram heroínas na guerra, disse a cabo.

c) A coronela e a sargenta saíram feridas do combate, mas a soldada não.

d) Sóror Anselma era a nossa matriarca.

e) Era a única virago da família, e considerada uma diaba (ou diáboa ou diabra).

f) A judia era uma política habilidosa.

g) A ré era uma verdadeira tabaroa.

h) A juíza tratou a hindu como uma princesa, disse a tenente.

i) Duas viscondessas eram as papisas das letras brasileiras naquela época.

j) A deputada era bacharela em direito e excelente pilota.

12. a) O avestruz; o tamanduá; do magazine b) A xérox c) pela alcunha d) A fênix e) a cal f) A sentinela; o eclipse g) o apetite h) a aguardente; o saca-rolhas i) a bacanal j) O boia-fria; o gambá

13. a) um guaraná; um champanha b) uma comichão c) uma matinê; um tapa d) um lança-perfume e) um formicida f) uma pane g) um telefonema; uma ênfase h) uma agravante (há quem admita "um" agravante) i) uma atenuante (há quem admita "um" atenuante) j) uma entorse

14. a) um dó b) um sósia perfeito e) a alface; cara a alface f) A cólera g) a ídola (que grande novidade!) h) a mascote i) O guaraná; o puxa-puxa j) pão-duro

15. a) um grama de ouro d) crânio e) o maior nó-cego f) um monstro g) um gênio h) membro i) um pé-frio

16. b) **17.** a) **18.** todos, menos g) h) i) **19.** d) e) f) h) **20.** a) c) d) e) f) i) **21.** a) a pulga macho, a pulga fêmea; b) a sapa c) a abada d) a tartaruga e) a rã macho, a rã fêmea f) a paraninfa g) a grua h) a faisã (ou faisoa) i) o gavião macho, o gavião fêmea (há dicionário por aí que traz "gavioa" e até "gaviã") j) a oficiala

22. a) o gorila macho, o gorila fêmea b) a arará c) a peixe-mulher d) a jabota e) o puma macho, o puma fêmea f) a paca g) o jacaré macho, o jacaré fêmea h) a faquiresa i) o leopardo macho, o leopardo fêmea j) a pavoa

Testes de concursos e vestibulares

1. b) **2.** a) matilha b) legião c) cardume d) elenco e) vara **3.** d) **4.** c) **5.** b) **6.** c) **7.** b) **8.** c) **9.** d) **10.** d) **11.** c) **12.** d) **13.** b) **14.** d) (**ídolo**, hoje, já não se considera como nome sobrecomum, tendo feminino: **ídola**) **15.** d) **16.** e) **17.** e) **18.** c) **19.** a) **20.** e) **21.** a)

CAPÍTULO 9

1. a) Os cidadãos ganharam dois cantis dos alemães.

b) Trouxe do supermercado limões, mamões, pães e hambúrgueres.

c) Havia dois cães nos conveses do navio.

d) Minha mulher teve duas gravidezes tranquilas.

e) Tenho dois pôsteres de Juliana Paes.

f) Meus funcionários não são uns caracteres corruptos.

g) Você tem dois sassafrases no seu quintal?

h) Aqueles cuscuz foram feitos por dois anciãos.

i) Dei dois adeuses aos capitães, que se emocionaram.

j) Os cônsules presentearam os tabeliães com uns suéteres.

2. a) conta-giros b) cigarros; fósforos c) chope d) ciúme e) drope; clipe f) patim g) chiclete h) álcoois j) estupidezes

3. a) dos Kennedys b) Os Matarazzo fazem c) os Gusmões; os Malufs d) Os Safras são e) dos Cavalcantes

4. a) Nos papeizinhos havia o desenho de uns caminhõezinhos e de uns aneizinhos.

b) Os pãezinhos estavam embrulhados nuns jornaizinhos.

c) Os casaizinhos de namorados colheram uns mamõezinhos e umas florzinhas (ou florezinhas).

d) Pegue as colherzinhas (ou colherezinhas) que estão com aqueles alemãezinhos e traga-as aqui!

e) Ele pôs uns tizinhos na palavra ímã que quase ninguém via.

f) A fábrica está dando bombrizinhos de presente, como oferta.

g) Comprei uns limõezinhos para fazer uma caipirinha.

h) Quem comprou esses anzoizinhos e esses faroizinhos?

i) Aqueles balõezinhos não foram feitos por mim.

j) Esses aviõezinhos que você fez é para jogar em quem?

5. a) Ganhei um drope e um porta-aviões.

b) Tomamos um chope e só chupamos um drope.

c) Só vi o clipe, porque eu estava com os óculos.

d) frase correta

e) frase correta

f) Não beije na boca da criança, porque ela pode pegar sapinhos (há quem admita **sapinho**, no singular, que nada mais é que diminutivo de **sapo**).

g) Prendeu as folhas de papel com um clipe.

h) Você ganhou um quebra-cabeça e um vira-lata?

i) O remédio veio com um conta-gotas.

j) Seu carro tem um porta-trecos?

6. a) Guardei os toca-CDs nos guarda-roupas.

b) Os democrata-cristãos fizeram dois abaixo-assinados contra a caça dos beija-flores.

c) Coloquei no meu carro dois alto-falantes pesados e dois pisca-piscas (ou piscas-piscas) italianos.

d) Dois sem-vergonhas colocaram terra nos arrozes-doces.

e) Dois sem-terras apanharam muito da polícia ontem.

f) Não conheço nenhuns sem-tetos, nenhuns sem-terras.

g) Não eram dois surdos-mudos; eram dois dedos-duros.

h) Rezei duas ave-marias, dois pai-nossos (ou pais-nossos) e duas salve-rainhas.

i) Só mesmo joões-bobos caçam joões-de-barro.

Nota: Há quem não aceite os plurais sem-terras e sem-tetos.

Mas plural de composto formado por prefixo ou preposição + substantivo sempre teve este pluralizado. A regra mudou?

7. a) franco-atiradores b) pães-duros c) empurra-empurras d) mapas-múndi e) habite-se (invariável) f) puros-sangues g) más-criações h) quebra-quebras i) bota-foras

Nota: O VOLP (Vocabulário Ortográfico da Língua Portuguesa) registra os plurais empurras-empurras e quebras-quebras, por se tratar de substantivos formados por elementos iguais. A eufonia manda só admitir uma pluralização para esse tipo de composto.

8. c) h) i)

9. c) d) e)

Testes de concursos e vestibulares

1. d) **2.** d) **3.** a) **4.** b) **5.** c) **6.** c) **7.** e) **8.** b) **9.** e) **10.** d) **11.** b) **12.** c) **13.** b) **14.** a) **15.** d) **16.** a) **17.** c) **18.** c) **19.** b) **20.** c) **21.** b) **22.** c)

CAPÍTULO 10

1. a) copázio (ou coparrão) b) beijoca c) cruzeiro d) fatacaz e) homenzarrão f) narigão g) montanha h) ratazanas i) pedregulho j) rochedo

2. a) arvoreta b) asteroide c) cruzeta d) pontilhão e) riacho (ou ribeiro ou regato) f) ruela g) vareta h) veranico i) palacete j) beijote

Testes de concursos e vestibulares

1. d) **2.** c) **3.** b) **4.** e) **5.** b) **6.** b)

CAPÍTULO 11

1. a) **uma** árvore (artigo indefinido); **uma** planta (artigo indefinido); d**a** primavera (artigo definido); **um** homem (artigo indefinido); d**a** minha alegria (artigo definido)

b) **A** mulher (artigo definido)

c) **As** maiores verdades (artigo definido); **as** mais simples (artigo definido, em que o termo **verdades** está oculto)

d) **um** pouco (artigo indefinido); **o** homem (artigo definido); **o** canalha (artigo definido); **o** homem (artigo definido); **um** perigo (artigo indefinido); **o** canalha (artigo definido); pel**o** contrário (artigo definido); **as** oportunidades (artigo definido)

e) **a** prudência (artigo definido); **a** perspicácia (artigo definido); **a** hipocrisia (artigo definido)

2. a) **Os** Estados Unidos; **o** Brasil b) entre **a** uma e **as** duas horas d) **Dona** Juçara; **por** mar; **por** terra e) entre **as** oito e **as** nove horas; entre **o** meio-dia e **a** uma f) A partir d**as** sete horas g) por volta d**a** zero hora h) Todo **o** mundo; **de** Sergipe i) **em** Franca; conhecer Franca j) venha quanto antes, para ver quão idiota

3. a) Limão é fruto b) semana sim, semana não; ano sim, ano não c) Fale verdade d) como cascavel e) foi grande; foi craque f) O pão francês ou bengala g) dia sim, dia não i) uns mais, outros menos j) A etimologia ou razão histórica

4. Trata-se de definição, que sempre tem início com o termo definido, desacompanhado de artigo.

Testes de concursos e vestibulares

1. c) **2.** c) **3.** a) **4.** e) **5.** b) **6.** c) **7.** a) **8.** e) **9.** a) **10.** d) **11.** a) **12.** a) **13.** c) **14.** a) **15.** e) **16.** e) **17.** b) **18.** d) **19.** e) **20.** a)

CAPÍTULO 12

1. a) fácil (uniforme); difícil (uniforme) grande (uniforme) **b)** aviltadora (biforme) **c)** legítima (biforme); passageiros (biforme); eternos (biforme); original (uniforme) **d)** brancos (biforme); repugnantes (uniforme) **e)** incorruptíveis (uniforme)

2. a) amaríssimas **b)** macérrima ("magérrima" é forma meramente popular) **c)** nigérrimos **d)** antiquíssima e paupérrima **e)** fidelíssima **f)** sapientíssimos **g)** fragílimos **h)** personalíssima **i)** humílimas **j)** simpaticíssimas

3. a) irremediável **b)** gástrico **c)** culinária **d)** fluvial **e)** ígneas **f)** lacustre **g)** fecais **h)** insulares **i)** cardíaca **j)** cordial **k)** absolutória **l)** ungueais **m)** inguinal **n)** sideral **o)** lupinos **p)** oníricos **q)** torácica **r)** vulpina **s)** glúteos **t)** lombares

4. a) bogotanos **b)** vicentino **c)** limenhas **d)** pacenhos **e)** cipriotas **f)** monegascas **g)** flamenga **h)** assuncionenhas (ou assuncionenses) **i)** madrilenas (ou madrilenhas) **j)** holmienses **k)** hierosolimitano (ou hierosolimitana) **l)** ribeirão-pretano **m)** sertanezina **n)** marajoara **o)** belga **p)** noronhenses **q)** paulistano **r)** paulista **s)** carioca **t)** fluminense

5. a) brasilo-angolana **b)** colombo-americanos **c)** dano-japonesa **d)** bolivo-chilena **e)** franco-canadense (ou galo-canadense) **f)** hispano-americana **g)** nipo-russa **h)** germano-brasileiros (ou teuto-brasileiros) **i)** helveto-italiana **j)** puno-cretense

6. a) b) c) e) f) g) i) j)

7. a) vulnerabilíssimo **b)** frigidíssimo **c)** friíssima **d)** amabilíssima **e)** dulcíssimo **f)** miserabilíssimo (ou miserabilíssima) **g)** celebérrimo **h)** tetérrimo **i)** acutíssima **j)** agílimo

8. a) bom **b)** alto **c)** preguiçoso **d)** velho **e)** mau **f)** doce **g)** tenro **h)** tétrico **i)** livre **j)** frio

9. b)

10. a) cinza-claro (invariável) **b)** azul-marinho (invariável) **c)** azul-pavão (invariável) **d)** surdos-mudos **e)** verde-piscina (invariável) **f)** castanho-escuros **g)** castanho-claros **h)** verde-amarelas **i)** jurídico-empresariais **j)** amarelo-canário (invariável)

11. a) contas fantasma **b)** liquidações relâmpago **c)** passeatas monstro **d)** notícias bomba **e)** traficantes laranja **f)** fiscalizações surpresa **g)** países tampão **h)** operários padrão **i)** garotos prodígio **j)** palavras chave

12. trata-se de adjetivo adverbializado, por isso não varia

Testes de concursos e vestibulares

1. d) **2.** c) **3.** e) **4.** d) **5.** e) **6.** c) **7.** c) **8.** c) **9.** d) **10.** b) **11.** d) **12.** a) **13.** c) **14.** e) **15.** c) **16.** b) **17.** a) **18.** a) **19.** e) **20.** d) **21.** e) **22.** d) **23.** d)

CAPÍTULO 13

1. a) vigésimo **b)** quinquagésimo **c)** quadragésima **d)** octogésimo **e)** setuagésimo (preferível a septuagésimo) **f)** nonagésima **g)** ducentésima **h)** trecentésima (ou tricentésima) **i)** quadringentésima **j)** quingentésimo **k)** octingentésimo **l)** setingentésimo (preferível a septingentésimo) **m)** segundo **n)** sexto **o)** décimo **p)** terceiro **q)** quarto **r)** primeiro **s)** sétimo **t)** oitavo

2. a) segundo milésimo **b)** dois (ou segundo) milésimo primeiro **c)** três (ou terceiro) milésimo quadringentésimo octogésimo sétimo **d)** três (ou terceira) milésima octingentésima setuagésima nona **e)** dois (ou segunda) milésima trecentésima (ou tricentésima) sexagésima primeira **f)** oitava milésima **g)** oito milésima setingentésima (preferível a septingentésima) quinquagésima sexta **h)** nono milésimo **i)** nove milésimo ducentésimo setuagésimo (preferível a septuagésimo) primeiro **j)** décima mil

3. a) óctuplo **b)** sétuplo **c)** nônuplo; triplo **d)** décimo **e)** duodécuplo; décimo **f)** undécuplo; décimo

4. a) um (adjetivo) **c)** um (adjetivo) **d)** duas (adjetivo); uma (substantivo) **f)** trezentos (adjetivo); cinco (substantivo) **g)** três (adjetivo); três (substantivo) **h)** dois (adjetivo); ambos (substantivo) **i)** ambos (adjetivo) **j)** um (adjetivo)

Testes de concursos e vestibulares

1. a) **2.** e) **3.** b) **4.** c) **5.** e) **6.** a) **7.** c) **8.** c) **9.** c) **10.** c) **11.** e) **12.** d) **13.** b) **14.** d) **15.** d)

CAPÍTULO 14

1. a) eles, pronome pessoal do caso reto (3ª)

b) lhe, pronome pessoal do caso oblíquo (3ª); **ele**, pronome pessoal do caso reto (3ª)

c) o, pronome pessoal do caso oblíquo (3ª); **me**, pronome pessoal do caso oblíquo (1ª)

d) Vossa Excelência, pronome pessoal de tratamento (3ª); **conosco**, pronome pessoal do caso oblíquo (1ª); **Sua Majestade**, pronome pessoal de tratamento (3ª)

e) lhes, pronome pessoal do caso oblíquo (3ª); **nos**, pronome pessoal do caso oblíquo (1ª)

2. a) o; a **b)** me; a **c)** os; a **d)** si; eles **e)** Eu; me; nós; nos

3. a) Se eu lhes der minha palavra, saberei cumpri-la até o fim.

b) O ladrão pulou o muro, os policiais perseguiram-no e prenderam-no.

c) Tiramos uma xérox do documento, trouxemo-la e pusemo-la em cima da mesa do chefe.

d) Ela traz a alface e põe-na na geladeira; as crianças vêm e tiram-na da geladeira.

e) Como a filha deles chegou tarde, castigaram-na.

4. a) mim; eu **b)** mim; eu **c)** mim; mim **d)** eu; eu **e)** mim; mim

5. a) conosco; com nós **b)** conosco; com nós **c)** com nós; conosco **d)** conosco; com nós **e)** Com nós; conosco

6. a) consigo **b)** contigo **c)** contigo **d)** contigo; contigo **e)** consigo

7. a) Não me levaram a bolsa porque eu estava atento.

b) Os netos lhe tocavam de leve a face. (Ou: tocavam-lhe)

c) Ninguém nos calará a voz.

d) O filho lhes poupou mais um desgosto. (Ou: poupou-lhes)

e) Quase que a onda lhes arranca os calções.

8. a) minha (1ª) b) nossos (1ª) c) teus (2ª) d) vosso (2ª); vossa (2ª) e) seu (3ª)

9. respostas ou soluções claras no texto aprendido

10. a) Vou escovar os dentes e lavar as mãos. Você já lavou as suas?

b) Machuquei o dedo na máquina, mas sinto dor nas costas.

c) Sujei a calça no carro, depois de bater a cabeça na porta.

d) Telefonei a Luís, mas ele não estava em casa.

e) Cheguei a casa por volta da meia-noite, trazendo o meu presente.

11. d) e)

12. respostas ou soluções claras no texto aprendido

13. a) os; esta b) essa c) isso d) os; os e) mesmo; mesmos; o; o

14. a) Esse b) este c) aquela d) aquela e) este; aquela f) esta; esta g) Essas h) estas i) Esta j) este

15. a) **Quem** (pronome substantivo); **muitos** (pronome substantivo); **quem** (pronome substantivo); **muitos** (pronome substantivo); **todos** (pronome substantivo); **ninguém** (pronome substantivo)

b) **todos** (pronome substantivo); **nenhum** (pronome substantivo)

c) **Todos** (pronome substantivo); **uns** (pronome substantivo); **outros** (pronome substantivo)

d) **algo** (pronome substantivo)

e) **Nada** (pronome substantivo)

f) **Todos** (pronome substantivo); **poucos** (pronome substantivo); **ninguém** (pronome substantivo)

g) **alguma** (pronome adjetivo)

h) **quantos** (pronome adjetivo)

i) **cada** (pronome adjetivo); **uns** (pronome substantivo); **outros** (pronome substantivo)

j) **muita** (pronome adjetivo); **quanto** (pronome adjetivo)

16. a) cada **um** b) **quaisquer** que sejam c) **nenhum** problema f) ambos (ou os dois) g) nenhuns

17. a) e)

18. a) Quem; Que b) qual (ou que) c) quanto d) qual (ou que) e) que

19. a) que; que b) onde; onde c) quanto; quanto d) cuja; que e) que; como f) que g) que; que h) que i) quanto j) que; que

20. a) cujo b) cuja c) cujos d) quem e) a qual f) quem (ou as quais) g) a quem (de preferência ao simples **que**); a quem (de preferência ao simples **que**) h) a quem (de preferência ao simples **que**) i) cujas j) cuja

21. a) O livro que estou lendo é de suspense.

b) O filme que vi ontem é excelente.

c) A estrada que o governo construiu em 1950 foi toda recapeada.

d) A garota ama o namorado, que não trabalha nem estuda.

e) A garota que foi paquerada por você ama o namorado.

22. a) As árvores, cujas folhas estão caindo, são velhas.

b) Os edifícios, cuja construção foi demorada, são financiados pela Caixa.

c) A menina, cujo pai morreu, teve um acesso de nervos.

d) O livro, cujas folhas se destacam facilmente, saiu publicado recentemente.

e) As escolas, cujos diretores são competentes, estão conservadas.

23. a) o qual b) que c) que d) a qual e) as quais

24. a) indefinido b) indefinido c) relativo d) relativo e) indefinido f) indefinido g) interrogativo; interrogativo h) indefinido i) indefinido j) relativo

25. c)

Testes de concursos e vestibulares

1. c) **2.** e) **3.** c) **4.** e) **5.** d) **6.** e) **7.** a) **8.** d) **9.** e) **10.** d)
11. e) **12.** b) **13.** a) **14.** c) **15.** c) **16.** d) **17.** d) **18.** a) **19.** e)
20. e) **21.** b) **22.** c) **23.** d) **24.** a) **25.** a) **26.** e) **27.** c) **28.** c)
29. a) **30.** d)

CAPÍTULO 15

1. a) é, conheci, fosse

b) há; nascer, viver, morrer; sente; nascer, sofre; morrendo; esquece; viver c) é; vale; é d) É; mudar e) mede

2. c) d) **3.** a) reflexiva b) passiva c) reflexiva d) ativa e) reflexiva f) reflexiva g) reflexiva h) passiva i) ativa j) passiva

4. a) Os livros eram deixados na carteira pelos meninos.

b) A aula foi interrompida pelo professor.

c) O professor é enfurecido pelos garotos.

d) O dia de amanhã não foi previsto por ninguém.

e) Qualquer coisa ali foi vista por nós.

5. Deixavam-se os livros na carteira. b) Matam-se vários animais. c) Pescam-se milhares de peixes neste rio. d) Far-se-ão novos investimentos. e) Pôr-se-á o material no lugar.

6. a) b) d) e)

7. a) **arranj** (radical) **a** (vogal temática) desinência zero e **mos** (desinência número-pessoal)

b) **sofr** (radical) **e** (vogal temática) desinência zero e **ram** (DNP)

c) **pesquis** (radical) e (VT) desinência zero e **i** (DNP)

d) **sent** (radical) **i** (vogal temática) **re** (DNT) e **i** (DNP)

e) **discut** (radical) **i** (VT) desinência zero e **i** (DNP) com crase

f) **sub** (radical) **i** (vogal temática) **rã** (desinência modo-temporal) e **o** (DNP)

g) **enfeit** (radical) **a** (VT) **rá** (DNT) e desinência zero

h) **enfrent** (radical) **a** (VT) **va** (DNT) e desinência zero

i) **cav** (radical) **a** (VT) desinência zero e **ste** (DNP)

j) **fal** (radical) **a** (VT) **sse** (DMT) **is** (DNP)

8. formas rizotônicas: penso, quebre (as demais são formas arrizotônicas)

9. a) jogues b) tomemos c) passeemos d) ponhais e) vão

10. a) dera b) esteja c) estivesse d) consume e) sue; suo; sua

11. a) caibo; caibam b) contradigo; contradigam c) perfaço; perfaçam d) desdigo; desdigam e) desdizemos; desdiga

12. a) supus; supusessem b) precavi; precavesse c) provi; provesse d) contradisse; contradissesse e) precavemos; precaveu

13. a) dispusesse b) opuser c) compusesse d) puser e) propusessem

14. a) Põe b) imponhamos c) façais d) Ponde e) Precavei

15. a) valha; valho b) reouve; reouvesse c) vir d) virmos e) previr

16. a) revir b) virmos c) recupere (**reaver** não tem presente do subj.); reouveram d) vir e) revisse

17. a) entretivera b) detivera c) mantiveram d) retivera e) se sustivera

18. a) agrida; agridamos b) cuspamos c) escapole d) pule; pulem e) provenha

19. a) coberto; coberto b) descoberto; descoberto c) encoberto; encoberto d) vindo; vindo e) escrito; escrito

20. a) interviesse b) se desaviaram c) intervindo d) intervindo; intervindo e) sobrevieram

21. a) pegado; pegada (ou pega) b) aceitado c) chegado; chegado d) falado; falado e) imprimido; impressos

22. a) me inscrevo; te inscreves b) nos dirigimos; vos dirigis c) nos cobrimos; se cobre; te cobres; se cobrem d) me saio; me saí e) nos enveredamos; se enveredaram

23. b) c)

24. a) Se virdes um leão à frente, mantém-**vos** calmo! (Ou: Se **vires** um leão à frente, mantém-te calmo!) c) mantivesse d) previsse

25. a) seja b) fosse c) repila; queira d) profiras e) queiram; saibam; estejam

26. a) hasteio; hasteiam; hasteamos b) arrio; arriam; arriamos c) arreio; arreiam; arreamos d) odiamos; odeiam e) receamos; receiam

27. a) vir b) penteio; penteie c) vier aqui e nos vir e) interveio f) condiga g) condissesse h) soube; soubesse; intervindo

28. a) haja b) houvesse c) houverem d) houvessem e) havia f) houvesse g) hajamos h) houvéssemos i) houverem j) Haja

29. a) Exponhamos b) Põe c) imponhais d) imponhas e) ponhais f) Precavei g) Faça h) digamos i) ponhamos j) façais

30. a) sugiro; vá b) vier c) vierem d) viermos e) interviesse f) interveio; intervim g) interveio h) vão i) consume j) consuma

31. a) gastado (ou gasto) b) chegado c) falado d) trazido e) pegado f) pegada (ou pega) g) aberto h) empregado i) pagado (ou pago) j) ganhado (ou ganho) k) prendido l) limpado m) entregado n) salvado (ou salvo) o) elegido (ou eleito) p) pegado q) pegado (ou pego) r) pagado (ou pago) s) aceitado t) soltado (ou solto)

32. a) fora b) tivera c) estivéramos d) viera e) coubera

Testes de concursos e vestibulares

1. b) **2.** b) **3.** e) **4.** b) **5.** b) **6.** b) **7.** d) **8.** b) **9.** d) **10.** c)
11. c) **12.** b) **13.** b) **14.** e) **15.** b) **16.** e) **17.** e) **18.** b)
19. a) **20.** b) **21.** d) **22.** d) **23.** a) **24.** c) **25.** d) **26.** a)
27. e) **28.** a) **29.** b) **30.** d)

CAPÍTULO 16

1. I a) presente universal b) presente histórico c) presente habitual d) presente pontual e) presente durativo f) presente durativo g) presente durativo h) presente durativo i) presente universal j) presente pontual

II a) presente pontual b) presente durativo c) presente habitual d) presente universal e) presente pontual f) presente histórico g) presente pontual h) presente universal i) presente pontual j) presente habitual

2. a) pelo futuro do presente b) pelo futuro do subjuntivo c) pelo pretérito imperfeito do subjuntivo d) pelo futuro do presente e) pelo futuro do presente

3. resposta pessoal

4. I a) imperfeito habitual b) imperfeito pontual c) imperfeito habitual d) imperfeito habitual e) imperfeito durativo f) imperfeito durativo g) imperfeito durativo h) imperfeito histórico i) imperfeito durativo j) imperfeito pontual

II a) imperfeito habitual b) imperfeito habitual c) imperfeito durativo d) imperfeito histórico e) imperfeito habitual f) imperfeito durativo g) imperfeito habitual h) imperfeito durativo i) imperfeito pontual j) imperfeito histórico

5. a) pelo presente do indicativo b) pelo pretérito imperfeito do subjuntivo c) pelo futuro do pretérito (ou pelo presente do indicativo) d) pelo futuro do pretérito e) pelo futuro do pretérito

6. a) Namorei mulheres que me deram orgulho. Pratiquei atos que só me aviltaram.

b) Tenho lido Machado de Assis. Tenho dito. Esse tempo indica que o fato se inicia no passado, dura e se vem repetindo até o presente.

c) iterativo   d) a forma composta   e) idem

7. perfeito permansivo: a) c) e)

perfeito habitual: b) d)

8. perfeito permansivo: a) b) e)

perfeito habitual: c) d)

9. a) pelo futuro do presente composto
b) pelo mais-que-perfeito   c) pelo futuro do presente composto
d) pelo mais-que-perfeito   e) pelo mais-que-perfeito

10. Nós **viemos** aqui para beber ou para conversar? Hoje **vim** para o que der e vier.

11. a) Quando a desposei, ela já **namorara** muitos amigos meus. Sim: **tinha namorado**.

b) Eu, afinal, **resolvera** casar. Sim: **tinha resolvido**.

c) Ela **sonhara** que estava rica. Sim: **tinha sonhado**.

d) o futuro do pretérito e o pretérito imperfeito do subjuntivo

Esse fato **mexera** com a minha cabeça. Não **fora** o goleiro, levaríamos uma goleada.

e) Quem me **dera** casar com uma princesa!

12. a) tivera por teria   b) fora por seria e criara por criasse
c) fora por fosse   d) Ficara por Ficaria   e) fora por seria e houvera por houvesse

13. Farei isso por você.

14. a) Quando vocês chegarem, já terei voltado. Quando o presidente cumprir a promessa de campanha, já se terão passado mil anos...

b) Se o pai da moça souber disso, terás causado um escândalo. Casando, terás sabido toda a verdade.

c) Ter-nos-ão visto aqui? Não terá sido o nosso maior erro aquele?

15. futuro jussivo: b) f)

futuro apelativo: e) i)

futuro eventual: a) c) d) g)

futuro universal: h) j)

16. uso correto do futuro eventual

17. e **18.** respostas pessoais, possíveis mediante consulta ao texto.

19. a) fato futuro certo, dependente de certa condição

b) fato futuro duvidoso

c) polidez para fato presente

d) fato posterior a certo momento do passado

e) fato futuro duvidoso

f) fato futuro certo dependente de certa condição

g) polidez para fato presente

h) fato futuro duvidoso

i) incerteza sobre fatos passados

j) fato futuro certo, dependente de certa condição

20. Talvez chova ainda hoje.

21. Deus queira que, um dia, acabem com a impunidade no país!

22. Ela sairá assim que os pais deem autorização.

23. fato passado: d) e)

fato futuro já concluído em relação a outro fato futuro: a) b) c)

24. Fosse eu o presidente, acabaria com a impunidade.

25. fato anterior a outro fato passado: a) b) e)

fato irreal no passado: c) d)

26. Quando houvermos encerrado o assunto, nenhuma pergunta mais será permitida.

27. a) disser b) fizer c) puderem d) vir e) puserem f) estiver g) souber h) vir i) couber j) trouxerem

28. Não, indica muito mais, além de ordem.

29. O presente. Ex.: Faz favor de sentar-se!

30. Beija-me e serás uma mulher feliz!

31. a) Pode me tocar essa música?

b) Pode fazer-me arroz à grega, Teresa?

c) Pode me emprestar este livro?

d) Você lhe arrumaria R$ 2,00, Edgar?

e) Queira sentar-se aqui!

32. a) Cumprimentem todos os convidados!

b) Fica em casa hoje!

c) Dorme conosco hoje!

d) Almocem com a gente hoje!

e) Acompanhe-o até o portão, minha filha!

33. respostas pessoais, possíveis mediante leitura do texto

34. a) forma de particípio, já que tanto o gerúndio quanto o particípio do verbo vir têm uma só forma: **vindo**.

b) particípio   c) **vir** e derivados A polícia já havia **intervindo** na manifestação nesse momento. Elas estão **vindo**.

35. b) d) f) g) h) j)

36. I c) estarmos d) teres h) entrarem (a mídia desconhece a regra) i) ficarem j) serem

II i) gostarem

III b) pagarmos (embora pagar não seja totalmente indesejável) d) Trabalharmos e) estarem g) pagarem i) Morrerem j) terem

37. I b) c) d) g) h) j) **II** a) b) c) d) f) h) j)

38. futuro do subjuntivo: a) d) f) g) (se retirar) j)

infinitivo: b) c) e) g) (avisar) h) i)

CAPÍTULO 17

1. e) **2.** a) **3.** a) paulatinamente b) magistralmente c) ininterruptamente d) impiedosamente e) involuntariamente f) concomitantemente (ou simultaneamente) g) irrefletidamente h) precocemente i) propositadamente (ou propositalmente) j) prazerosamente

4. a) aqui b) Nunca c) Certamente d) agora e) assim f) lá g) Indubitavelmente (ou Claro ou Naturalmente) h) radicalmente i) casualmente j) friamente

5. a) simultaneamente (ou concomitantemente) b) descuidadamente c) esporadicamente d) inesperadamente e) fortemente f) calmamente (ou pacificamente) g) fraternalmente h) extemporaneamente i) naturalmente j) lateralmente

6. e) h) **7.** b) c) g) h) j)

8. a) em domicílio d) em domicílio e) grosso modo (sem o "a") f) alto e bom som (sem o "em", preferivelmente) h) mais bem-elaborada j) em domicílio k) a pé (sem o "de"); a cavalo (também sem o "de") l) Lá de longe (sem o "De") n) Aqui de fora (sem o "D") o) aqui (sem o "d"); lá do Recife (sem o "de") p) em domicílio

9. b) f) j) **10.** a) b) c) d) (apenas **melhor**; *pior* é adjetivo)

Testes de concursos e vestibulares

1. c) **2.** e) **3.** a) **4.** d) (mal, que modifica o adjetivo vestida) **5.** a) **6.** c) **7.** a) **8.** a) **9.** e) **10.** a)

CAPÍTULO 18

1. b) c) **2.** a) Entre b) ante c) perante e) sem; sem

3. a) Diante de b) em cima de c) por (**pelo** = por + o), idem d) Cerca de

4. a) b) c) d)

5. c) d)

6. a)

7. a) em; de b) a c) a d) a e) do f) ao; à g) à h) ao i) a; a j) a; a

8. a) em; no b) em; em c) no; no d) em; na e) em; em f) a; ao g) a; a h) ao; ao i) a; a; a j) de; de; do (ou de)

9. b) c) f)

10. a) **entre**: meio social b) **de**: causa; **em**: lugar c) **de**: objeto; **perante**: lugar; **para**: destino d) **com**: modo; **sobre**: assunto; **em**: qualidade; **de**: procedência e) **de**: instrumento ou objeto

Testes de concursos e vestibulares

1. a) lugar b) modo **2.** e) **3.** a) **4.** e) **5.** a)

CAPÍTULO 19

1. a) **2.** c)

3. a) **nem**: aditiva b) **já... já**: alternativa c) **que**: explicativa d) **logo**: conclusiva e) **como também**: aditiva f) **por conseguinte**: conclusiva g) **e**: aditiva h) **mas**: adversativa i) **porque**: explicativa j) **ou... ou**: alternativa

4. a) Não duvide de nada, **porque** neste mundo tudo é possível!

b) Vocês estudam, **logo** deverão passar.

c) Cassilda não vai a praia **nem** vai a cinema.

d) Plante, **que** o governo garante!

e) O lavrador semeia, **e** a lavradeira, tempos depois, colhe.

f) O espetáculo foi bom, **mas** não agradou ao público.

g) Todos falam em violência, **porém**, ninguém faz nada para coibir a violência.

h) Nadando **ou** jogando futebol, ele é grande atleta.

i) Está fazendo frio, **por isso** levarei uma blusa.

j) **Ora** as crianças brincam, **ora** brigam.

5. a) conclusão b) adição c) explicação d) ressalva – retificação e) ressalva – compensação f) conclusão g) explicação h) conclusão i) alternância j) conclusão

6. a) **que**: consecutiva

b) **Quanto maior é o mérito**: proporcional

c) **como prevíramos**: conformativa

d) **que**: integrante

e) **se**: integrante

f) **À medida que**: proporcional

g) **Enquanto**: temporal concomitante

h) **Quando**: temporal

i) **que**: comparativa

j) **a menos que**: concessiva

7. a) conformidade b) causa c) proporção d) integração; conformidade; conformidade e) tempo f) concessão g) integração h) concessão i) proporção j) comparação

8. b) usa-se **no entanto** ou apenas **entretanto**, mas não "no entretanto" f) não se usa "se caso", duas conjunções juntas, mas sim **se acaso** i) não se usa "à medida em que", mas apenas **à medida que**

Testes de concursos e vestibulares

1. c) **2.** e) **3.** c) **4.** c) **5.** e) **6.** b) **7.** c) **8.** b) **9.** d)

CAPÍTULO 20

1. a) alívio b) admiração ou espanto c) desejo d) alegria e) satisfação

2. a) Ó b) Oh! c) Ó d) Oh! e) Ó

CAPÍTULO 21

1. a) O desaparecimento do cometa.

b) Protestaram violentamente nos EUA contra a Rússia.

c) Rescisão por parte do atleta do contrato com o clube.

d) Manutenção da impassibilidade do comandante.

e) Redução de todos os nossos preços.

2. a) d) i)

CAPÍTULO 22

1. a) **Os caroços de ameixa**: sujeito simples; núcleo: **caroços**

b) **Tudo**: sujeito simples e também núcleo

c) **rios**: sujeito simples e também núcleo

d) **ninguém**: sujeito simples e também núcleo

e) **nós**: sujeito simples e desinencial

f) **o coração**: sujeito simples; núcleo: **coração**

g) **as férias**: sujeito simples; núcleo: **férias**

h) **as aulas**: sujeito simples; núcleo: **aulas**

i) **Um profundo corte no supercílio e uma grande ferida**: sujeito composto; núcleos: **corte** e **ferida**

j) **o tigre, o leão, o leopardo e a pantera**: sujeito composto; núcleos: **tigre, leão, leopardo, pantera**

2. a) sujeito oracional: **que estudemos bastante**, em que há sujeito desinencial (**nós**)

b) sujeito indeterminado

c) sujeito indeterminado

d) sujeito indeterminado

e) sujeito oracional: **bater em seu filho**; sujeito desinencial (**você**, do infinitivo pessoal **bater**)

f) sujeito oracional: **que você saiba isso**

g) sujeito indeterminado

h) sujeito desinencial (**eu**)

i) sujeito oracional: **que as crianças gostaram da brincadeira**

j) sujeito indeterminado

3. a) c) d) g) h) i) j)

4. a) Houve dois acidentes hoje nessa esquina.

b) Houve várias comemorações em homenagem aos novos campeões.

c) Nesta região do país, faz verões insuportáveis.

d) Ontem ventou bastante forte.

e) De madrugada choveu torrencialmente.

f) Naquela hora da noite já não havia pessoas na rua.

g) Haverá muitos candidatos a esse cargo.

h) No inverno, aqui, geia, castigando as plantações.

i) Houve muitas brigas na festa; havia alguns penetras.

j) Nunca houve rios no deserto?

5. a) verbo impessoal b) verbo unipessoal (**parece**) c) verbo unipessoal (**convém**) d) verbo impessoal e) verbo impessoal (**foi**)

6. a) havia b) Faz c) Deve haver d) la fazer e) haverem

7. resposta pessoal

8. a) Nossos atletas se houveram bem nas Olimpíadas.

b) Haviam já meus amigos comprado os ingressos para o jogo.

c) Havia muitas vagas na garagem.

d) Se vocês houvessem sido cautelosos, não haveriam passado por tal vexame.

e) Espero que haja muitos amigos meus nesta festa.

9. a) d) e)

10. a) haviam b) há c) havia d) havia e) Há

11. oito (são quatro orações comparativas, em que o verbo está subentendido)

12. a) **parece um planeta**: predicado nominal; núcleo: **planeta**

b) **comerão no mesmo prato**: predicado verbal; núcleo: **comerão**

c) **é feito pela fêmea**: predicado verbal; núcleo: **é feito**

d) **entrou na sala sério**: predicado verbonominal: núcleos: **entrou** e **sério**

e) **fina e fria**: predicado verbonominal: núcleos: **fina** e **fria**

13. a) predicativo do objeto: **para cristos**

b) predicativo do sujeito: **os homens**; predicativo do objeto: **cegos**

c) predicativo do objeto: **razoáveis**

d) predicativos do sujeito: **ilustre** (duas vezes)

e) predicativo do sujeito: **sabão**

14. a) **Bateram**: verbo intransitivo; **há**: verbo transitivo direto

b) **existem**: verbo intransitivo

c) **há**: verbo transitivo direto

d) **Avisaram**: verbo transitivo direto e indireto

e) **Prefiro**: verbo transitivo direto e indireto

f) **levou**: verbo transitivo direto (à escola é adj. adverbial)

g) **Faltou**: verbo transitivo direto (para tudo é adj. adverbial)

h) **pensou**: verbo transitivo indireto

i) **transporta**: verbo transitivo direto (para a obra é adj. adverbial)

j) **têm**: verbo transitivo direto

Testes de concursos e vestibulares

1. e) **2.** e) **3.** c) **4.** d) **5.** c) **6.** e) **7.** e) **8.** c) **9.** b) **10.** e) **11.** c) **12.** c) **13.** e) **14.** d) **15.** d) **16.** a) **17.** a) **18.** d) **19.** b) **20.** e) **21.** b) **22.** b) **23.** b) **24.** e) **25.** d) **26.** d) **27.** a) **28.** d) **29.** d) **30.** a)

CAPÍTULO 23

1. a) complementos verbais: **o ninho** (obj. direto); **a destruição do ninho** (obj. direto); complemento nominal: **do ninho**

b) complementos verbais: **particular aversão a peixe** (obj. direto); **de peixe** (obj. indireto); complemento nominal: **a peixe**

c) complementos verbais: **a Pátria** (obj. direto); **traição à Pátria** (obj. direto); complemento nominal: **à Pátria**

d) complemento nominal: **à picada de serpentes**

e) complementos verbais: **de animais vivos** (obj. indireto); complementos nominais: **de animais vivos**; **lhes**

2. a) de pinheiros d) pelos gregos; pelos ingleses

3. a) aos superiores: objeto indireto e complemento nominal (abaixo) b) **de ajuda**: objeto indireto e complemento nominal (abaixo) c) **em milagres** (objeto indireto) e **a milagreiros** (complemento nominal) d) **a basquete** (obj. indireto); **por futebol** (complemento nominal) e) **ao homem** (complemento nominal)

4. a) Poucos têm amor aos bichos. b) Temos muita confiança em você. c) Os EUA desejam a manutenção da paz naquela região. d) Eu lhes tenho muita consideração. e) Ela não tem interesse por mim.

5. a) do cachimbo (complemento nominal)

b) **até de água fria**: objeto indireto

c) **ao ser humano** (obj. indireto); **da sua ignorância** (complemento nominal)

d) **pelo acaso**: agente da passiva

e) **por algum filósofo**: agente da passiva

6. a) obj. dir. preposicionado b) obj. dir. preposicionado c) objetos indiretos d) obj. indireto e) obj. dir. preposicionado

7. objetos diretos pleonásticos: a) **a** d) **o** objetos indiretos pleonásticos: b) **me** c) **lhes** e) **lhe**

8. objetos diretos internos: c) **lágrimas amargas**; e) **o amor** duas vezes objetos indiretos por extensão: a) **me** b) **lhe** d) **lhe**

Testes de concursos e vestibulares

1. a) **2.** b) **3.** b) **4.** e) **5.** d) **6.** c) **7.** c) **8.** d) **9.** d) **10.** b) **11.** b) **12.** e) **13.** b) **14.** c) **15.** a) **16.** d) **17.** a) **18.** a) **19.** e) **20.** b)

CAPÍTULO 24

1. a) **2.** e) (objeto direto) **3.** a) **4.** a) **5.** c) **6.** a) **7.** a) **8.** c) **9.** apostos: a) c) e); vocativos: b) d) **10.** adjuntos: b) c) i) ; complementos: a) d) e) f) g) h) j)

Testes e exercícios gerais sobre termos da oração

1. a) O Brasil b) A melhor seleção de futebol do mundo c) rios d) O vício e) ninguém f) essas verdades g) as margens plácidas h) este i) a vida j) tudo

2. d) e) g) j) k)

3. a) **4.** a) b) d) e) **5.** a) c) d) **6.** a) e) **7.** a) b) d) e)

8. a) b) c) d) e) **9.** b) d) **10.** a) c) e) **11.** c) e) **12.** c) **13.** a) b) c) d) **14.** a) b) e) **15.** a) d) (apenas no segundo período) e) **16.** a) e) **17.** a) b) c) d) e) **18.** a) **19.** d) **20.** b)

CAPÍTULO 25

1. c) **2.** e) **3. a)** explicativa b) adversativa c) aditiva d) adversativa e) adversativa f) conclusiva g) conclusiva h) adversativa i) alternativa j) alternativa

Testes de concursos e vestibulares

1. b) **2.** b) **3.** c) **4.** c) **5.** d) **6.** e) **7.** c) **8.** e) **9.** c) **10.** d) **11.** e) **12.** b)

CAPÍTULO 26

1. c) **2.** b) **3.** b) **4.** b)

5. a) oração subjetiva b) or. subjetiva c) or. objetiva direta d) or. completiva nominal e) or. subjetiva f) or. predicativa g) or. objetiva indireta h) or. apositiva i) or. subjetiva j) or. apositiva

6. a) aposto: que você seja feliz!

b) objeto indireto: de que você fosse honesto

c) sujeito: que se promovam concursos

d) complemento nominal: de que Deus nos ampare

e) predicativo: que o bujão de gás explodiu

7. a) a morte do mafioso b) esse acontecimento c) seu ódio ao padrasto d) de sua laicidade nesse assunto e) seu incentivo ao desmatamento

8. a) objetiva direta b) completiva nominal c) objetiva indireta d) objetiva direta e) subjetiva f) predicativa g) apositiva h) predicativa i) completiva nominal j) subjetiva

9. substantivas de agente da passiva

10. a) que não tem: restritiva

b) que educa: explicativa; que apenas dá chutes numa bola: explicativa

c) quanto se põe num prato furado: restritiva

d) onde a chuva...: explicativa; que é o berço da humanidade: explicativa

e) que fortifica a amizade: explicativa

11. a) Mulher moradora na Rua da Praia.

b) Homem residente na Avenida Atlântica.

c) Pessoa por todos malquista.

d) Vizinho por todos benquisto.

e) Tropas mantenedoras da paz.

f) Letra ininteligível.

g) Ruídos imperceptíveis.

h) Força motriz.

i) Força centrípeta.

j) Força centrífuga.

12. a) como o outro: comparativa

b) quanto o irmão: comparativa

c) que acabou maluco: consecutiva

d) porque o chão estava liso: causal

e) nem que me obrigassem: concessiva

f) quanto menos talentosos os estilistas de hoje: proporcional

g) como todos os lavradores esperavam: conformativa

h) Como não choveu: causal

i) como pode: comparativa

j) Posto que não costumasse mentir: concessiva

13. a) coordenada explicativa b) subordinada causal
c) subordinada causal d) coordenada explicativa
e) subordinada causal

Testes de concursos e vestibulares

1. e) 2. b) 3. a) 4. d) 5. b) 6. d) 7. a) 8. e) 9. b) 10. d)
11. a) 12. b) 13. a) 14. b) 15. d) 16. c) 17. c) 18. b) 19. b)
20. e) (é adjetiva restritiva)

CAPÍTULO 27

1. a) **nem reclamavam**: oração coordenada sindética aditiva

b) **Como você sabe**: oração subordinada adverbial conformativa

c) **porque eu sei**: oração coordenada sindética explicativa;

como isso se faz: oração subordinada substantiva integrante

d) **porque é melhor para você**: oração coordenada sindética explicativa

e) **porque não me chamaram**: oração coordenada sindética explicativa

f) **que Ésquilo**: oração subordinada substantiva subjetiva

g) **que vocês pratiquem esporte**: oração subordinada substantiva subjetiva

h) **entretanto ninguém a ela desobedeceu**: oração coordenada sindética adversativa

i) **Mal cheguei**: oração subordinada adverbial temporal

j) **que não era rico**: oração subordinada substantiva objetiva direta

2. a) **cale a boca, pois**: oração coordenada sindética conclusiva

b) **pois estava com fome**: oração coordenada sindética explicativa

c) **de modo que devemos preservá-las**: oração coordenada sindética conclusiva

d) **Conquanto fosse absurda a ordem**: oração subordinada adverbial concessiva

e) **ou perderá a vez**: oração coordenada sindética alternativa

f) **Como não veio**: oração subordinada adverbial causal

g) **do que um homem sem caráter**: oração subordinada adverbial comparativa

h) **mas só os loucos podem perseverar nele**: oração coordenada sindética adversativa

i) **que na ocasião do perigo te ajuda**: oração subordinada adjetiva restritiva

j) **ou se aprende retamente sem o escrúpulo**: oração coordenada sindética alternativa

3. a) **para colaborar**: adverbial final; **a fim de incomodar**: adverbial final

b) **acordando toda a vizinhança**: coordenada aditiva

c) **reclamando da administração pública**: subordinada adjetiva

d) **Não dispondo de combustíveis minerais**: subordinada adverbial causal

e) **Aborrecido com as crianças**: subordinada adverbial causal

f) **a seguir**: subordinada adverbial final (**a** = **para**)

g) **estando malferido**: subordinada adverbial concessiva

h) **até morrer**: subordinada adverbial temporal

i) **Feito por você**: subordinada adverbial condicional

j) **concordarem conosco**: subordinada substantiva predicativa

4. a) condição b) tempo c) integração d) condição e) tempo f) concessão g) integração h) predicação i) integração j) tempo

5. a) **para educar pessoas**: adverbial final

b) **que viajar**: adverbial comparativa

c) **Ao falar**: adverbial temporal

d) **comendo folgadamente na cozinha**: adjetiva restritiva

e) **acabou**: substantiva apositiva

6. a) orações aditivas b) oração coordenada aditiva (pode ser vista ainda como adversativa) c) oração substantiva integrante (ou adverbial locativa) d) oração adverbial temporal e) oração substantiva subjetiva f) oração substantiva subjetiva g) oração adverbial condicional h) oração adverbial locativa i) oração substantiva objetiva direta j) oração substantiva objetiva direta

Testes de concursos e vestibulares

1. e) **2.** c) **3.** e) **4.** c) **5.** a) **6.** c) **7.** Convém-nos que ele intervenha. **8.** d) **9.** d) **10.** b) **11.** d) **12.** c) **13.** c) **14.** d) **15.** a) **16.** c) **17.** b) **18.** c) **19.** e) **20.** b)

CAPÍTULO 28

1. a) fraturados b) temporões c) estranha d) bela e) macio f) torradinho g) renovado h) frios; maravilhosos i) intensos j) ótima

2. a) acesos b) acesos c) culpados d) culpados e) um problema f) a pedrinha g) deliciosos h) deliciosas i) os nervosos j) valiosa

3. a) O predicativo fica invariável quando representado por nome abstrato ou por substantivo de uma só forma genérica, como é o caso de **novidade** e de **alvo** nestoutra frase: *Alguns políticos são **alvo** de investigações da polícia federal.*

4. a) próprios; uma fera b) extras c) quite; quites d) lesa- e) nenhumas; nenhuns f) obrigada; obrigadas g) anexa; anexas h) inclusa i) juntas; junto j) juntos; junto k) junto; junto l) Junto m) sós; sós; Só; sós n) sós; só o) mesma p) Juntos q) nenhumas r) mesma s) mesmo t) mesmo u) bastantes; bastante v) bastante; meio; meio w) menos; menos x) alerta y) monstro; monstro (alguns admitem a forma **monstra**); z) forma

5. a) caro; baratas b) baratos; caro c) menos d) bastantes; bastantes e) bastante; bastante f) Tirante g) Exceto h) Salvo i) fantasma; fantasma j) modo k) aprovados l) bom; um veneno m) proibido n) proibida o) preciso (**ter** oculto) p) preciso (**fazer** oculto) q) necessário (generalizando) r) necessária s) possível t) série (ou séries) u) séries v) padrão w) Dadas x) utilizada y) Dada z) possível

6. a) abertas b) novos e) Felizes f) o somos g) de bobo i) o somos j) um e outro (ou **umas e outro**) l) um com gripe; a outra com febre n) um e outra estavam q) um com o outro v) É vedada x) oportuno (**ocasião** e **momento** = sinônimos)

7. b)
8. a) b)

CAPÍTULO 29

1. a) Sobraram b) Choveram d) deram e) Bateram f) soavam; saíam g) faltaram; sobraram h) existem i) devem j) Acabaram; começaram n) Havia r) Faz s) está jogado t) foi pescada v) foi negociado x) foi recolhido z) Vai

2. a) Reformam; pregam b) planeja; podem (admite-se ainda o singular **pode**, se o raciocínio for: o que não se pode? cometer equívocos) c) Devem (neste caso, se o verbo ficar no singular, **investigar** tem de ir ao plural); deve d) devem (mesmo caso do anterior) e) Necessita; exigem f) deve; pode g) trata-se h) assiste i) devem (admite-se ainda **deve**, no singular: o que não se deve: roubar os ricos) j) estão; estão

3. a) povoou b) veio; avisou c) pousou d) Aconteceram e) Aconteceu

4. a) Vivam c) ficam; ficam f) virou

5. a) invadiram; depuseram b) foram c) puderam d) puderam e) ocorreram

6. c) morreremos e) ficarão k) irá l) tem n) entraremos p) estão ocupados q) ficará com o filho r) cumpriu com as suas obrigações s) morreu t) disseram u) ajudam w) dão y) giram

7. a) limitam b) limitam c) possuem d) participam e) queixam f) trabalham g) aceitam h) acredita i) acredita j) arrecada

8. c)

9. a)

10. e)

11. c) e)

12. e)

13. a) Lá só se viam jipes. b) Lá só se encontram caminhões. c) Lá só se veem motocicletas. d) Lá só se leem bons livros. e) Lá só se dão bons conselhos. f) Podiam ser uns tratores. g) Vinham vindo uns carros. h) Existem pessoas boas no mundo? i) Iam começar os jogos. j) Surgem outros carros.

14. a) **Ocorreram** no domingo muitos jogos importantes pelo campeonato.

b) **Acontecem** muitos acidentes nesta rodovia.

c) Para você conseguir o passaporte, ainda **faltam** outros documentos.

d) **Faz** dois anos que ela não me escreve nem me telefona.

e) **Existem**, por acaso, vidas em outros planetas?

CAPÍTULO 30

1. d) Discutiam e) Voltamos g) foram i) vimos

2. a) Vive (ou Vivem) b) Vivemos c) sou d) são e) existamos f) Cabe (de preferência a **Cabem**) g) namoramos h) acontece i) tem j) escapa

3. c) tomamos (ou toma) d) vai e) basta k) provocaram n) apitará r) estará v) aparecia y) tem (sem acento)

4. b) e)

5. e)

CAPÍTULO 31

1. e) Hoje **são** onze ou doze de março?

f) O dono daquilo não **éramos** só nós, eram eles.

g) Do palacete que **eram** só mármores restaram apenas escombros.

h) Lá em casa o culpado de tudo sempre **sou** eu.

j) Não **fui** eu que fiz isso, **foram** eles.

l) Dois meses **era** pouco tempo para uma viagem tão longa.

m) Isso, afinal, **são** vaias ou **são** aplausos?

n) Intrigas **é** o que não falta por aqui.

r) Gumersindo **é** as únicas preocupações de todos nós.

2. a) é b) é c) são d) sou e) é f) parecem g) é h) parece i) parecem j) sou; são

3. b) c) d) f) g) j)

4. O verbo **ser** concorda com o predicativo (**o**) preferencialmente; **vai**, no singular, porque o sujeito é o pronome relativo que. Trata-se do mesmo caso da frase correspondente à letra **n** do exercício 1.

5. a) silepse de gênero b) silepse de pessoa c) silepse de gênero d) silepse de gênero e) silepse de gênero f) silepse de número g) silepse de pessoa h) silepse de gênero i) silepse de gênero j) silepse de número k) silepse de pessoa l) silepse de gênero m) silepse de número n) silepse de número o) silepse de número p) silepse de número q) silepse de número r) silepse de gênero s) silepse de gênero t) não há silepse

6. b) c) d) e)

Testes de concursos e vestibulares

1. e) **2.** a) **3.** b) **4.** c) **5.** b) **6.** a) Havia b) houvesse; existiriam **7.** c) **8.** a) **9.** e) **10.** e) **11.** b) **12.** d) **13.** c) **14.** d) **15.** d) **16.** b) **17.** d) **18.** b) **19.** b) **20.** a) **21.** c) **22.** e) **23.** b) **24.** a) **25.** e) **26.** c) **27.** a) **28.** d) **29.** b) **30.** d)

CAPÍTULO 32

1. a) Não agrade muito seus filhos! Isso só agrada aos psicólogos.

b) O filme não agradou ao público nem à crítica.

c) A mãe batia no filho e depois ia agradá-lo; isso desagradou bastante ao pediatra.

g) Aproveito-me da ocasião para cumprimentar a todos.

i) O rapaz aproveitou-se da confiança que nele depositaram e surripiou a patroa.

2. a) Pais que agradam os filhos agem muito mal.

b) A música não agradou ao público nem ao governador.

c) O governador anterior não agradou a população que o elegeu.

d) Seu comportamento desagradou aos parentes e amigos.

e) Desagradar aos adversários faz parte do jogo político.

3. a) Edgar aspira ao cargo de chefia; poucos aspiram a ele, porque é um cargo de muita responsabilidade.

b) Todos os alunos aspiram à aprovação. Você também não aspira a ela?

d) Assistimos a um bom programa de televisão. Você não assiste à televisão?

f) Não gosto de assistir a filmes pela televisão por causa das dublagens, sempre horríveis!

g) Todos os que assistiram ao jogo gostaram. Você não assistiu a ele?

h) A que programa você mais gosta de assistir pela televisão?

i) Os espetáculos desse circo são ótimos, mas não tenho tempo para assistir a eles.

k) Como poderia eu me esquecer de você, se todos os dias me lembro do seu nome?

m) Cristina, espero que você nunca se esqueça de mim!

n) Então, você não se lembra de mim?! Puxa, eu nunca me esqueci de você!

o) Toda mudança de residência implica despesas de transporte

q) Uma crise econômica implicará a demissão de muita gente

r) Residimos na Rua da Paz, e não na Rua do Sossego.

s) Moro na Avenida da Alegria, e não na Avenida da Tristeza.

t) Minha namorada mora na Alameda Itu; eu moro no Beco do Tigre.

u) Obedeçam a seus pais, nunca desobedeçam a seus pais.

v) Embora pedisse perdão, o pai não quis perdoar-lhe. Você perdoa a seus amigos? Ou não costuma perdoar-lhes?

w) O padeiro já chegou. Tenho que pagar-lhe hoje sem falta. E não tenho dinheiro para pagar-lhe!

x) Ninguém lhe pagará nem lhe perdoará por ter feito aquilo ontem.

y) Disse o candidato a seus adversários políticos: *Eu lhes perdoo, eu lhes perdoo!*

z) Prefiro passear a ficar em casa.

4. b) Repare naquela moça que ali vai; agora repare no namorado dela. Não é engraçado?

c) Ainda não respondi ao cartão que recebi de Hortênsia. Você já respondeu àquela carta que recebeu sábado?

d) O rapaz teve de responder a processo por ter feito isso. Você já respondeu a algum processo na vida? Eu não respondi a nenhum.

e) Cartas chegam de todo o país, mas não tenho tempo de responder a elas.

f) O questionário foi entregue ontem; ainda não respondi a ele. Você já respondeu ao questionário que lhe entregaram?

i) Ninguém antipatizou com você, Marisa. Você é que antipatiza com todo o mundo

l) Quem mais sobressaiu no concurso foi a filha de Calasãs. A filha de Travaços não conseguiu sobressair desta vez.

m) Será que os militares ainda visam ao poder?

n) O progresso é um bem, e o governo que não vise a ele perde todo o seu prestígio.

q) Nunca reparei nos defeitos dela: quem ama não repara nos defeitos.

s) Você não prefere ir ao cinema a ir ao teatro?

t) Isilda está grávida e prefere ter homem a ter mulher.

u) As crianças preferem praia a piscina.

v) Queríamos a essa menina como a uma filha.

w) Esses vultosos desperdícios implicarão a falência da empresa.

x) Não exceda os limites de carga deste elevador!

y) Eu nunca faltei às aulas, principalmente a essa aula.

z) O Palmeiras nunca mais terá um camisa 10 que ombreie com Ademir da Guia.

5. a) Não foi esse o jogo que eu vi, não foi esse o jogo a que assisti.

b) a que c) em que d) que e) de que f) que g) de que

h) O programa a que você assistiu não foi o programa a que eu assisti.

i) O cargo que você deseja não é o cargo que eu desejo.

j) O cargo a que você aspira não é o cargo a que eu aspiro.

k) O cargo a que você visa não é o cargo a que eu viso.

l) a que m) a que n) a que o) Não conheço o assunto a que você se refere nem a pessoa a quem você se refere. p) com quem q) em quem

r) de quem s) em quem t) com quem u) com quem v) em que

w) de que x) em que y) Essa é a casa de que precisamos, este é o bairro de que gostamos. z) Existem amigos de quem sempre nos queixamos, mas de quem nunca nos esquecemos.

Testes de concursos e vestibulares

1. c) **2.** c) **3.** e) **4.** b) **5.** e) **6.** d) **7.** e) **8.** c) **9.** e) **10.** a) **11.** d) **12.** e) **13.** c) **14.** e) **15.** d) **16.** e) **17.** e) **18.** b) **19.** a) **20.** c) **21.** d) **22.** a) **23.** c) **24.** e) **25.** c)

CAPÍTULO 33

1. c) f) h) m) p) s)

2. a) Minha namorada mora na Rua da Paixão, e eu moro na Avenida da Saudade.

b) ao/com

c) a/por

d) às

e) com/para/para com

f) ao/do

g) a

h) sobre

i) a/de/por

j) a/com

3. e)

4. c)

CAPÍTULO 34

1. c) Não vou a Brasília, vou à Bahia, a essa nossa encantadora Bahia.

d) Obedeça à sinalização – é o que pedem as placas nas rodovias.

f) Fui a Londres, ou melhor, à velha Londres, onde morei dez anos.

h) Fui à festa e à recepção: não respeitei a recomendação médica.

l) Não fiz alusão à mulher nem ao homem, pois nem os conheço.

o) A partir de amanhã o comércio abrirá as portas às 6h.

p) Trabalho de segunda a sábado, das 7h às 21h.

q) Trabalhei da segunda-feira à quinta-feira nesse projeto, do meio-dia à uma da madrugada.

s) Comi um bife à milanesa e outro a cavalo.

t) Um rapaz usava bigode à Hitler, e o outro usava chapéu à Napoleão, no baile à fantasia.

v) Virgílio vive à custa da mulher; seu filho vive a expensas da avó.

w) Minha preocupação aumenta à medida que o tempo passa.

x) Era um baile à antiga, onde todos se trajavam à 1960.

y) Tenho três carros: um a gás, um à gasolina, um a álcool.

z) Àquela altura dos acontecimentos, tudo corria às mil maravilhas.

2. a) O rapaz entrou no palco, deu um sorriso a Sílvio Santos, que achou aquilo tudo muito à 1950 e começou a cantar, a pedido do apresentador.

b) O rapaz foi fazer uma entrevista de emprego, chegou e já foi cumprimentando o entrevistador com um sorriso à Sílvio Santos: ficou sem o emprego.

c) Saímos à procura de um bom restaurante; quando o encontramos, comemos à farta, bebemos à vontade, conversamos a valer e rimos às pampas.

d) Um policial à paisana nos fotografava.

e) Foi um assassinato a sangue frio; o tiro foi à queima-roupa.

f) Desde a uma da tarde estou à procura de uma farmácia e justamente a que encontro não tem o que eu quero.

g) A polícia acompanhava a manifestação estudantil a distância.

h) A polícia acompanhava a manifestação estudantil à distância de no máximo vinte metros.

i) Na ocasião eu usava bolsa à tiracolo à moda da época.

j) A respeito disso afirmou que falaria sempre, hora a hora, minuto a minuto.

3. a)

4. e)

5. a)

Testes de concursos e vestibulares

1. e) **2.** a) **3.** e) **4.** a) A nação à qual te referes é o Brasil. d) Os moços vestem-se à Luís XV. **5.** a) **6.** b) **7.** a) **8.** b) **9.** c) **10.** d)

CAPÍTULO 35

1. I a) Enquanto se espera o jogo, bebe-se algo. **FP**

b) Enquanto se espera o jogo, se bebe algo. **FB**

II a) Todos se têm enganado quando se referem a isso. **FP**

b) Todos têm se enganado quando se referem a isso. **FB**

IV a) O professor se referiu a vários assuntos. **FB**

b) O professor referiu-se a vários assuntos. **FP**

V c) Eu poder-me-ia irritar, se isso acontecesse. **2**

VI a) Quero lhe dar parabéns pela vitória. **FB**

b) Quero dar-lhe parabéns pela vitória. **FP**

2. I a) Espero que vocês estejam se divertindo bastante.

b) Eu queria encontrar-me com o presidente.

c) Os carros se teriam quebrado na avenida.

d) Chamaram-nos e disseram-nos tudo.

e) Me chame amanhã às seis horas da manhã!

f) Levantem-se e peçam-me perdão!

g) Sonhei que ela estava beijando-me.

h) Nos deveríamos sentar ao lado da princesa.

i) As luzes ainda não tinham se apagado.

j) Darei um beijo em você, se me ajudar.

II a) Nós nos tínhamos levantado tarde.

b) O cão poderia se atirar sobre nós.

c) Se você quiser, a farei minha esposa.

d) Vesti-me o mais rapidamente possível.

e) Não me ia casar com uma mulher daquelas.

f) Os pacientes não estavam se queixando do médico.

g) Os fregueses não queriam se identificar.

h) Ninguém sabia que havíamos nos mudado pra cá.

i) O carteiro chegou, entregou-me a correspondência e foi-se.

j) Eu teria me arrependido se me apaixonasse por ela.

3. I a) Quase que eu me esqueço de você.

c) Quase eu ia me esquecendo de você.

II a) A criança se queixa do colchão duro.

b) A criança queixa-se do colchão duro.

c) A criança tinha se queixado do colchão duro.

III a) Aqui se dão aulas particulares.

c) Lá se passou o fato; não sei se me faço entender.

d) Esta é a minha esposa, cuja vida se acha em perigo.

f) Quem lhe disse tamanha asneira?

g) O professor se referiu a mim.

h) Nenhum ruído me perturba.

i) Tudo se fez para evitar o acidente.

j) Sempre as encontrávamos à janela.

IV a) Se você a vir, dê-lhe meus parabéns!

4. b) Ainda não sabemos se o visitaremos esta noite.

c) Os que me tinham solicitado, com tanta insistência, o convite, não o vieram buscar e deram-me uma prova de descortesia que profundamente me magoou.

d) Se ela chegar a cumprimentar-me, estender-lhe-ei a mão, porque não sou grosseiro e quero lhe dar uma lição de urbanidade.

e) Convocamo-lo para que comparecesse e nos dissesse as razões por que tanto nos tem difamado, nos assacando as maiores ignomínias.

g) Faz tempo que não vejo Cristina. Tem-na visto por aí?

h) Todos sabem que nos temos encontrado todos os dias.

i) Ninguém lhe poderá atribuir a culpa, se porventura nos acontecer algum acidente na viagem.

j) Se me houvessem contado o que lhes aconteceu, ter-lhes-ia dito que me procurassem.

CAPÍTULO 36

1. a) indizível b) imprevisível c) indecomponível
d) inexequível

e) indescritível f) inimitável g) inigualável h) intransponível
i) ininvestigável j) incorruptível

2. a) comoventes b) criativos c) mentirosos d) nojentas

e) repetitivas f) factíveis g) imputrescível h) imarcescível

i) ilusórios j) letal

3. d) f) i) o) p) w)

4. a) sinais b) avançadas c) esmero d) exagerada

e) gigantesca f) exibicionismo g) noticiaram/alarde

h) contexto i) ampliar j) aperfeiçoar

5. b) nidífugo: diz-se do filhote que abandona o ninho logo após nascer por poder andar e se alimentar sozinho.

e) duodécimo: numeral ordinal correspondente ao cardinal doze.

i) congênito: que adquiriu antes mesmo do nascimento ou ao nascer.

6. a) ateu b) maloca c) rastelo d) regata e) recessão
f) azoado g) moscatel h) recesso i) monco j) rescaldo
k) sidra l) várzea m) vale n) tenebroso o) trajeto p) vestígio
q) trânsfuga r) tabefe s) sifão t) víveres u) inadimplência
v) bombilha w) flatulência x) flozô y) jabaculê z) fetiche

7. a) modéstia b) lenta c) imberbes d) altruístas e) esterilização
f) desfavorável g) antiquíssima h) diáfano i) antecipar
j) profano k) prolixo l) desolação m) apócrifa n) afetação
o) inapetência p) progresso q) beneficências r) transitório
s) franzino t) benéfico u) vaia v) revolto w) fracasso x) moços
y) corrupto z) medroso

8. c)

9. d)

10. b)

11.

1. a) a fim de b) afim do c) afim de d) Vou à escola a fim de estudar, e não a fim de bagunçar.

2. a) ratificou b) retificou c) retificou-o d) ratificou

3. a) Ele passou um cheque sem fundo, colocando todo o seu prestígio em xeque. b) cheque c) xeque d) xeque e) xeque

4. a) flagrante b) flagrante c) fragrantes
d) flagrante e) flagrantes f) fragrante g) fragrantes

5. a) Ifigênia tachou o ministro de incompetente, mas Jeni o taxou de muito inteligente. b) Ninguém o tachou de corrupto, mas já houve alguém que o tachou de malandro. c) taxou; d) tachou

6. a) conjuntura b) conjetura c) conjuntura
d) conjuntura e) conjetura f) conjetura

7. a) A aluna mais preeminente da sala tinha nariz proeminente e testa proeminente. b) preeminentes
c) preeminente d) preeminente e) proeminente

8. a) arriou b) arriou c) arriou d) arriou e) arriou
f) arreou

9. a) À minha esquerda postaram-se os palmeirenses; à minha direita postaram-se os corintianos.
b) prostraram-se c) postaram-se d) prostraram-se
e) postaram-se

10. a) Teresinha vê mal, escreve mal, dorme mal e se alimenta muito mal. b) mau c) mau d) mal e) mal
f) Ele vive de mau humor: é uma pessoa mal-humorada.
g) mau h) mau i) mau-olhado j) mal-entendido k) mal

11. a) despercebido b) desapercebido c) despercebido
d) desapercebido e) despercebido f) desapercebido
g) despercebido

12. a) vultoso b) vultuoso c) vultoso d) vultoso
e) vultoso f) vultoso g) vultoso

13. a) Na seção de camisas trabalham duas pessoas que frequentam sessão espírita. b) cessão c) cessão
d) sessão e) seção f) cessão g) sessão h) seção i) seção
j) cessão

14. a) Em teatros se pode assistir a belos concertos; em oficinas se têm geralmente péssimos consertos.
b) consertos c) concertos d) concertos e) concertos
f) consertos g) consertos h) consertos i) concertos

15. a) Recebi o cumprimento do presidente da firma por ter acertado o comprimento do seu cinto b) Qual o comprimento da sua saia? E o comprimento do seu carro, qual é? c) cumprimento d) comprimento e) cumprimento
f) comprimento g) cumprimento h) comprimento

16. a) O juiz poderá infligir pena severa àquele que infringir essa lei. b) infligir c) infringir d) infligir
e) infringir f) infringir g) infligir h) infligir

17. a) Deixou a roupa na cesta e foi tirar a sesta. b) sexta c) sexta d) sexta e) cesta f) cesta g) sesta h) sesta i) sexta j) sexta

18. a) mandado b) mandato c) O mandado judicial foi cumprido: era um mandado de busca e apreensão. d) mandado e) mandado

19. a) iminente b) iminente c) iminente d) eminente e) eminente

20. a) viajem b) viagem c) viajem d) viagem e) viajem f) viagem g) viagem

12. a) b) c) e) f) h) i) j) k) n) o) p) q) r) s) t) y)

13. a) peixe b) eletrodoméstico c) fruta d) qquino e) doença

14. Na letra "a", o adjetivo "precedente" significa "anterior", ou seja, o "argumento precedente" está relacionado a argumentos utilizados anteriormente em casos análogos. Já, na letra "b", o "argumento procedente" é um argumento que possui procedência, que é lógico e que possui procedência, validação.

15. a) b) c) d)

Testes de concursos e vestibulares

1. c) **2.** c) **3.** c) **4.** a) **5.** c) **6.** e) **7.** b) **8.** a) **9.** e) **10.** b)

CAPÍTULO 37

1. a) metáfora b) metonímia c) metáfora d) metonímia e) comparação f) metonímia g) antonomásia ou perífrase h) catacrese i) antonomásia ou perífrase j) metáfora

2. a) pleonasmo b) sínquise c) silepse de número d) anacoluto e) silepse de gênero f) silepse de gênero g) hipérbato h) pleonasmo i) anacoluto j) hipérbato

3. a) metonímia b) hipérbato ou inversão c) antonomásia ou perífrase d) metonímia e) metáfora f) metáfora g) metonímia h) metonímia i) metáfora j) metáfora

4. a) prosopopeia ou personificação b) antítese c) lítotes d) eufemismo e) ironia f) hipérbole g) hipérbole h) ironia i) paradoxo ou oximoro j) ironia

5. b) eufemismo

6. a) silepse de pessoa

7. c) metáfora

8. b) oximoro

9. a) hipérbato

10. b) polissíndeto

11. d) assíndeto

12. c) quiasmo

13. a) anacoluto

14. e) oximoro

15. e) gradação

16. d) apóstrofe

17. a) oximoro

18. c) lítotes

19. d) reticências

20. b) sinestesia

Testes de concursos e vestibulares

1. c) **2.** d) **3.** d) **4.** e) **5.** a) **6.** b) **7.** c) **8.** c) **9.** c) **10.** d) **11.** b) **12.** d) **13.** b) **14.** a) **15.** b) **16.** b) **17.** b) **18.** d) **19.** c) **20.** c)

CAPÍTULO 38

1. a) Comprei maisena para fazer um bolo de ciriguela.

b) Que frustração a minha quando vi meu time rebaixado!

c) Naquele caramanchão existem muitas lagartixas.

d) Eu só intervim na briga porque sou intimorato.

e) Adivinhe quem vem para o jantar conosco, querida!

f) O Instituto de Meteorologia prevê chuva para hoje.

g) Juçara não joga volibol nem muito menos basquetebol.

h) Deixe-se de ser pretensioso, cara, você não é mais que ninguém!

i) Não remova gelo do congelador com objeto pontiagudo!

j) Falei com o assessor da coronela e com um auxiliar da sargenta.

2. a) Meus óculos estavam todo embaçados.

b) Não se puderam obter provas para condenar a ré.

c) As crianças parece que ficaram envergonhadas.

d) Às crianças só lhes faltou comerem terra, de tanta fome!

e) Fazia anos que não morriam tantas pessoas nesta rua.

f) Eram sócios do clube; daí haverem eles entrado sem pagar.

g) O réu achava que se podiam cometer crimes impunemente.

h) Começa a haver disputas de terra no Sul do país.

i) Amigos é o que não falta para mim.

j) Acabaram as aulas, começaram as férias. Felizes férias a todos!

3. a) Ambiguidade b) Cacófato c) Redundância

d) ambiguidade e) cacófato

4. c) preciosismo

5. a) solecismo b) redundância ou tautologia c) cacófato

d) redundância e solecismo de regência e) barbarismo prosódico;

f) redundância ou tautologia g) plebeísmo

h) redundância i) parequema j) eco

Testes de concursos e vestibulares

1. b) **2.** c) **3.** a) **4.** b) **5.** a) **6.** e) **7.** a) **8.** d) **9.** c) **10.** e)

CAPÍTULO 39

1. I a) Trouxeram-nos laranjas, caquis, abacaxis, mexericas, muitas frutas.

b) Gostava de estar com os filhos, com a mulher, com os amigos.

c) Adeus, meu amor! Adeus, meu amor! Para sempre!

d) Ao que tudo indica, caro colega, vamos ter barulho.

e) Machado de Assis, um dos maiores nomes da nossa literatura, foi tipógrafo.

f) No Rio de Janeiro, ex-capital da República, reside a intelectualidade brasileira, isto é, a maior parte da intelectualidade brasileira.

g) Não era pessoa de beber duas, três, quatro doses de uísque.

h) Efetivamente, é o Rio de Janeiro grande reduto de intelectuais.

i) Observe, por exemplo, na música, na literatura, nas artes plásticas.

j) O Rio de Janeiro é, ainda, grande reduto de mulheres, as mais lindas do Brasil.

II a) O cavalo sertanejo é esguio, sóbrio, pequeno, rabo compridíssimo, crinas grandes.

b) Arroz, feijão, grãos em geral, verduras, legumes, pães, doces, ovos caipiras e laticínios existem à vontade nos entrepostos espalhados pela cidade.

c) Certa manhã, um ratinho saiu do buraco pela primeira vez. Admirou a luz do Sol, o verdor das árvores, a correnteza dos ribeirões, a habitação dos homens.

d) Fomos assaltados por um mascarado, aliás, por dois.

e) Filipe saiu dizendo por aí que já foi a Júpiter; não, a Plutão!

f) Filipe, aonde é que você foi? A Plutão? Você está maluco, Filipe?!

g) À noite, quase todos os dias, íamos tomar água de coco na avenida à beira-mar.

h) De repente, senti que tudo era ilusão.

i) Na praia, a nosso lado, garotas conversavam sobre novela, moda e, sobretudo, sobre rapazes.

j) Depois daquela conversa, as lágrimas foram, então, deslizando pelo seu lindo rosto, uma a uma.

2. a) Separação do adjunto adverbial

b) Separação de adjetivos que exercem função predicativa

c) Separação do aposto do termo fundamental

d) Separação de palavras com a mesma função sintática

e) Separação do adjunto adverbial

f) Separação do adjunto adverbial

g) Separação de palavras ou expressões interpositivas

h) Separação do aposto do termo fundamental

i) Separação do adjunto adverbial

j) Separação do vocativo

3. I a) O pobre odeia o rico, o velho odeia o moço, o fraco odeia o forte.

b) A águia voa, a serpente rasteja.

c) Todos, em casa, estudam e trabalham.

d) Ela não faz nada, nem permite que os outros façam alguma coisa.

e) Todos, em casa, estudam, bem ou mal, e trabalham.

f) Ela não faz nada, nada mesmo, nem permite que os outros façam alguma coisa.

g) Gostaríamos de ajudá-lo, mas não podemos fazê-lo.

h) Choveu bastante, portanto, a colheita está garantida.

i) *Homem solitário ou é besta, ou é anjo.*

j) O esqueleto do homem é interno; os insetos, entretanto, trazem o esqueleto fora do corpo.

II a) O amor não só faz bem, como alimenta.

b) A garota não só abraçou, como também beijou o rapaz.

c) *O amor é a mais forte das paixões, porque ataca ao mesmo tempo a cabeça, o coração e o corpo.*

d) *Dizei ao tempo, Senhor, que não me tire este amor, pois seria tirar-me a vida.*

e) As chimbicas voltaram e pioraram o trânsito; não estavam, porém, em condições precárias.

f) As chimbicas voltaram, e piorou o trânsito, por isso, devem ser retiradas de circulação.

g) Estou muito fraco; não contem, portanto, comigo nesse trabalho.

h) Estou muito fraco, portanto, não contem comigo nesse trabalho.

i) Durante o ano, as crianças estudam bastante; nas férias, por isso mesmo, querem viajar, passear, divertir-se.

j) Quem vai pagar a conta são eles, ou sou eu?

4. a) Isolar a conjunção coordenativa conclusiva com conectivo deslocado

b) Conjunção "nem" empregada enfaticamente

c) Separação do polissíndeto

d) Separação dos assíndetos

e) Separação do adjunto adverbial, separação de conjunções coordenativas alternativas

f) Separação da conjunção "nem" repetida como enumeração

g) Separação do aposto do termo principal

h) Separação de orações coordenadas sindéticas

i) Separação do adjunto adverbial, separação de orações coordenadas assindéticas

j) Separação de orações coordenadas adversativas

5. a) Conjunção que inicia período

b) Sujeito composto em que não se usa a conjunção "e"

c) Separação das orações coordenadas assindéticas

d) Conjunção que inicia período

e) Separação do polissíndeto

f) Separação de palavras que possuem a mesma função sintática

g) Separação de orações iniciadas pela conjunção "e", quando os sujeitos são diferentes

h) Sujeito composto em que não se usa a conjunção "e"

j) Separação de palavras que possuem a mesma função sintática

6. a) Os ciúmes de um namorado são homenagem; os do marido, um insulto.

b) A prece do pobre é um pedido; a do rico, um recibo.

c) As preocupações trazem o aborrecimento; o aborrecimento traz a melancolia; a melancolia produz a solidão; a solidão leva ao tédio; do tédio nasce a infelicidade, e a infelicidade conduz ao fim de todas as coisas.

d) As paixões passam; o remorso, porém, não passa nunca.

e) A águia voa sozinha; os corvos voam em bandos; o tolo tem necessidade de companhia; o sábio tem necessidade de solidão.

f) O inimigo avança, recuamos; o inimigo recua, avançamos; o inimigo se cansa, atacamos.

g) Se seus pais são bons, ame-os; se são maus, ature-os!

h) Fiz o que pude, façam melhor os que o puderem!

i) O homem é ciumento quando ama; a mulher também o é, porém, sem amar.

j) Concordar é o único direito dos escravos; divergir, um privilégio dos homens livres.

7. a) Acentuação da oposição na oração coordenada

b) Separação de orações com ideia de comparação

c) Separação de orações coordenadas num trecho longo

d) Separação de orações que contêm a ideia de paralelismo

e) Separação de orações que possuem a ideia de contraste

f) Separação de orações que possuem a ideia de paralelismo

g) Separação de orações que contêm a ideia de comparação

h) Separação de orações com ideias de distribuição

i) Separação de orações coordenadas sindéticas adversativas

j) *Separação de orações coordenadas num trecho longo*

8. a) Os dois pontos foram utilizados para marcar uma enumeração. As vírgulas e o ponto e vírgula foram utilizados para separar orações coordenadas sindéticas num período longo.

b) As vírgulas foram utilizadas para separar palavras com a mesma função sintática. Ademais, há vírgulas separando expressões intercaladas ("ou seja") e locuções conjuntivas ("além de açúcares").

c) A vírgula foi utilizada para separar uma oração subordinada adverbial condicional reduzida de gerúndio. As reticências foram usadas para indicar ironia.

d) As vírgulas foram utilizadas para separar o sujeito composto sem a conjunção "e". Ademais, há vírgulas para isolar a conjunção adversativa deslocada ("todavia"). Os dois pontos foram utilizados para anunciar uma oração apositiva.

e) Os dois pontos foram utilizados para esclarecer uma ideia anteriormente anunciada. As vírgulas, para separar orações coordenadas aditivas com sujeitos distintos.

f) O ponto e vírgula foi utilizado para separar orações coordenadas que estão em um período longo. As vírgulas estão isolando expressões intercaladas ("entre outros sonhos").

g) As vírgulas foram utilizadas para separar orações coordenadas sindéticas adversativas. Ademais, também foram utilizadas para isolar a conjunção conclusiva deslocada ("assim"). As reticências foram utilizadas para indicar uma ideia, um sentimento que o autor se absteve de manifestar.

h) As vírgulas foram utilizadas para separar orações principais e coordenadas.

i) As reticências sugerem o prolongamento da frase.

j) As vírgulas foram utilizadas para separar o sujeito composto sem a conjunção "e". Ademais, elas também foram utilizadas para separar a oração adverbial reduzida de particípio.

9. Se destruíssemos todas as árvores, desapareceriam as aves, que deleitam a vista e a orelha do homem, e destroem os insetos, que nos fazem mal. Secar-se-iam as fontes e os rios, que matam a sede aos animais e produzem as chuvas; estas, que fecundam a terra, refrescam a atmosfera e fazem as plantas brotar, cessariam por sua vez.

10. Fernandinha ganhou uma bicicleta. Desce, então, com a mãe até o playground para estreá-la. Na primeira volta, disse: "Manhê, olhe, sem as mãos". Na segunda volta, disse: "Manhê, olhe, sem os pés".

Na terceira volta, gritou: "Manhêêê, olhe agora, sem os pés e sem as mãos".
Daí a segundos, foi um barulho surdo e seco: bummmmmm! Fernandinha levou o maior tombo. Na quarta volta, então, disse Fernandinha: "Manhê, olhe, sem os dentes".

11. a) Estão programados para amanhã, em São Paulo, passeatas, buzinaço, discursos, entre outros eventos.

b) Hoje, a partir das 10 horas, começa a panfletagem, em toda a cidade, convocando a população para participar do ato público.

c) O texto do panfleto é o seguinte: Acorda Brasil! Dia 4, Ato Público no Largo São Francisco, às 18 horas.

d) As entidades representativas da sociedade civil, diante da grave crise pela qual passava o país, convocaram os cidadãos para um ato público, exigindo eleições diretas para presidente.

e) A inflação, a corrupção, a fome, a miséria, o desemprego, a repressão, o desrespeito ao cidadão e ao voto fazem parte do triste cotidiano de todos os brasileiros. (*Jornal da Tarde*, ed. 6.831, pág. 5)

12. a) As vírgulas foram utilizadas para separar palavras com a mesma função sintática. O ponto de exclamação foi utilizado no final de frases exclamativas.

b) As vírgulas foram utilizadas para separar o sujeito composto sem a conjunção "e". Os dois pontos foram utilizados para explicar o aposto.

c) Os dois pontos foram utilizados para anunciar o aposto. As vírgulas, para separar orações que possuem a mesma função sintática.

d) A vírgula foi utilizada para separar o vocativo.

e) As vírgulas foram utilizadas para isolar os adjuntos adverbiais. Também foram utilizadas para isolar o adjetivo com função predicativa ("dolorosíssima"), assim como para separar as orações coordenadas adversativas.

f) As vírgulas foram utilizadas para separar orações subordinadas antepostas à oração principal. O ponto e vírgula foi utilizado para separar orações coordenadas longas.

g) As vírgulas foram utilizadas para separar orações coordenadas aditivas com sujeitos diferentes. Além disso, também foram utilizadas a fim de criar uma pequena pausa para dar ênfase ao termo imediatamente posposto.

h) *Os dois pontos foram utilizados para anunciar um aposto. A vírgula foi utilizada para marcar a omissão de uma palavra (a conjunção subordinativa consecutiva "que").*

i) A vírgula foi utilizada para separar elementos paralelos de um provérbio.

j) Os dois pontos foram utilizados para anunciar uma oração apositiva. As reticências, para sugerir o prolongamento da frase.

13. a) Um cientista moderno chegou à conclusão de que a vida na Terra existe por um triz, pois se a Terra estivesse um pouquinho mais próxima do Sol, teríamos tido, em vez de um planeta capaz de entreter a vida, outro completamente deserto, como Vênus ou Marte.

b) O café deve ser quente como o inferno, negro como o Diabo, doce como o beijo e puro como o amor.

c) A Natureza não me disse: "Não sejas pobre". Ainda menos: "Sê rico". Mas ela me grita: "Sê independente"!

d) O direito e o dever são como as palmeiras: não dão frutos, se não crescem um ao lado do outro.

e) *"Tua irmã é carinhosa, e doce, e meiga, e casta, e consoladora."* (Eça de Queirós)

f) Os gases que compõem o ar atmosférico são sete: azoto, oxigênio, argônio, néon, hélio, crípton e xênon.

g) Um país sem árvores é um deserto, onde a existência se torna difícil, insuportável, quase impossível.

h) "Todas as classes sociais, cujos interesses são feridos por qualquer opinião, acham sempre essa opinião perigosa e dissolvente. É a natureza humana". (Alexandre Herculano)

i) Se destruíssemos todas as árvores, que é que aconteceria?

j) *Coruja e águia, depois de muita briga, resolveram fazer as pazes. — Basta de guerra, disse a coruja.* (Monteiro Lobato)

14. Maria toma banho porque sua. Mãe, disse ela, pegue a toalha.

CAPÍTULO 40

1. a) *Mais vale um pássaro na mão* que *dois que voando vão.*

Conjunção subordinativa comparativa

b) Você fez um quê malfeito. Que quê mais feio o que você fez!

Quê = substantivo
Que = pronome adjetivo exclamativo

c) Outro que não eu fará plantão amanhã. Eles que se arrumem!

Conjunção coordenativa adversativa

d) *Diz-me com quem andas, que te direi quem és!*

Conjunção coordenativa aditiva

e) Que alegres são suas crianças!

Advérbio de intensidade

f) A criança berrava que berrava. Ninguém sabia o que ela sentia.

Que = conjunção coordenativa aditiva

(o) que = pronome relativo - objeto direto

g) *Passarinho que na água se cria, sempre por ela pia.*

Pronome relativo = sujeito

h) *Pensamos tanto em Deus. Que pensará Deus de nós?*

Pronome substantivo interrogativo

i) *Não atires uma pedra no poço em que acabas de beber!*

Pronome relativo - objeto direto

j) *É possível que os homens valham mais; é certo que as mulheres valham melhor.*

Conjunção integrante

k) *Oito dias de viagem com a mulher a quem se ama, que encanto! Três semanas, que catástrofe!*

Pronome adjetivo exclamativo

l) *Não amamos uma mulher pelo que ela diz; amamos o que ela diz, porque a amamos.*

(pelo) que = pronome adjetivo indefinido

(o) que = conjunção integrante

m) *Um homem que acha que é mais esperto que sua mulher tem uma sorte danada, porque se casou com uma mulher realmente inteligente...*

Que = pronome relativo = sujeito

Que = conjunção integrante

n) *A independência nunca é dada a um povo. Ela deve ser conquistada e, uma vez conquistada, tem que ser defendida.*

Preposição

o) *Para um homem apaixonado, toda mulher vale o que ela lhe custa.*

Pronome relativo - objeto direto

p) Ela não escreve duas palavras que não cometa três erros.

Conjunção subordinativa condicional

q) Eu fui o que tu és; tu serás o que eu sou.

Pronome relativo = predicativo

r) Eu que apanho, ela que chora.

Partícula expletiva ou de realce

s) Que eu saiba, no Brasil já houve vários terremotos.

Conjunção subordinativa conformativa

t) Abertos que foram os portões do estádio, o público entrou como boiada.

Conjunção subordinativa temporal

2. e) conjunção integrante
3. a) conjunção integrante
4. c) conjunção integrante
5. e) conjunção subordinativa consecutiva
6. d) substantivo
7. e) conjunção coordenativa explicativa
8. b) pronome adjetivo indefinido
9. c) advérbio de intensidade
10. a) conjunção subordinativa concessiva
11. c) conjunção subordinativa condicional
12. b) interjeição

Testes de concursos e vestibulares

1. e) 2. c) 3. a) 4. e) 5. d) 6. c) 7. d) 8. d) 9. c) 10. b)
11. c) 12. e)

CAPÍTULO 41

1. a) pronome apassivador
b) pronome apassivador
c) conjunção subordinativa condicional
d) conjunção subordinativa concessiva
e) palavra expletiva ou de realce
f) conjunção subordinativa integrante
g) objeto direto
h) pronome integrante do verbo
i) palavra expletiva ou de realce
j) substantivo

k) conjunção subordinativa condicional

l) conjunção subordinativa causal

m) palavra expletiva ou de realce

n) pronome apassivador

o) pronome integrante do verbo

p) *Não há pessoas que não se envergonhem de se terem amado quando já não se amam.*
Pronome integrante do verbo/objeto direto/ objeto direto

q) sujeito

r) conjunção subordinativa causal

s) índice de indeterminação do sujeito

t) Não *se* nasce mulher; torna-*se* mulher.
Índice de indeterminação do sujeito

2. b) pronome apassivador

3. a) objeto direto

4. a) objeto indireto

5. b) índice de indeterminação do sujeito

6. e) n.d.a. (pronome integrante do verbo)

7. c) palavra de realce

8. b) conjunção causal

9. d) palavra expletiva

10. a) pronome integrante do verbo

Testes de concursos e vestibulares

1. a) **2.** d) **3.** c) **4.** b) **5.** e) **6.** e) **7.** c) **8.** d) **9.** e) **10.** e)

CAPÍTULO 42

1.

```
1  2 3 4    5    6 7    8    8  10
Se a|có|le| ra| que es |pu |ma a| dor| que| mo |ra   A

1    2    3    4 5 6 7  8 9    10
N'al |ma e| des| trói| ca|da i |lu |são| que| na| sce,  B

1  2  3    4    5 6 7    8    9    10
Tu |do o| que| pun |ge| tu|do o| que| de |vo| ra    A

1 2 3    4    5 6 7  8    9   10
O| co| ra |ção| no| ros |to| se es |tam |pa |sse.    B
```

A estrofe é formada por versos decassílabos, que possuem dez sílabas métricas. As rimas são cruzadas ou alternadas, com a disposição A/B/A/B.

2. Nos versos do quarteto, há ectlipse no trecho "também há", pois ocorre a ditongação entre as sílabas "bém" e "há". Entretanto, não ocorre paragoge, visto que nenhuma das palavras do trecho recebe acréscimo de fonema.

3. As rimas estão dispostas na sequência A/B/A/B, ou seja, são rimas cruzadas ou alternadas. Existe, entre o primeiro e o terceiro verso, rimas imperfeitas, pois as sílabas tônicas ("di**zer**-me" e "**ver**me") não são idênticas em sua pronúncia. Já, entre o segundo e o quarto verso, percebem-se rimas perfeitas e soantes (ou consoantes), visto que há identidade no timbre das vogais tônicas e também correspondência entre vogais e consoantes ("**vim**" e "**mim**"). Quanto ao valor, observam-se as rimas ricas: entre o primeiro e terceiro versos, rima-se um verbo acrescido de pronome ("dizer-me") com um substantivo ("verme"); e entre o segundo e quarto versos rima-se um verbo ("vim") com um pronome oblíquo ("mim").

4. a) rigores - flores - soante

b) amor - condor - soante

c) alcança - cansa - soante

d) cresce - esmaece - soante

e) vozes - moles - toante

f) trouxe - fosse - soante

g) algoz - impôs - soante

h) ousado - descaso - toante

i) castelo - sincero - toante

j) extra - festa - soante

5. No terceto destacado, não encontramos nem prótese, nem metátese, visto que não há acréscimo de fonema no início de nenhuma palavra (prótese), tampouco há transposição de fonema (metátese). No entanto, encontramos entre os pares "nome" e "fome" identidade no timbre das sílabas tônicas, o que caracteriza a rima perfeita.

6. Na estância de Guilherme de Almeida, encontramos rima interpolada, visto sua disposição é A/B/B/A. Como não encontramos rimas dentro dos versos, não há rima iterada. O recurso estilístico do cavalgamento está presente em duas passagens: "pois quem sente/saudade" (do segundo para o terceiro verso) e em "e a gente tem saudade" (do terceiro para o quarto verso).

7.

```
1    2     3 4 5      6 7     8   9  10
Cris|tais|di| lú |vios| de|cla |rões| a|la|cres,

1    2     3 4 5     6     7    8  9  10
De| se|jos| vi|bra|ções| ân|sias| a|len|tos,

1    2    3    4     5  6 7    8   9  10
Ful|vas| vi|tó|rias| triun|fa| men|tos| a|cres,

1    2      3 4     5      6 7 8 9    10
Os| mais| es|tra|nhos| es|tre|me|ci|men|tos...
```

No quarteto de Cruz e Souza, observa-se o recurso da diástole na palavra "alacre", pois houve um deslocamento do acento da antepenúltima para a penúltima sílaba da palavra. O quarteto é composto por versos decassílabos sáficos e heroicos. Tanto no primeiro quanto no terceiro verso, o apoio rítmico encontra-se na 4.ª, 8.ª e 10.ª sílabas. Já, no segundo verso, há o decassílabo heroico, quando o apoio rítmico se encontra na 6.ª e na 10.ª sílabas.

© 2020 - Luiz Antonio Sacconi
Direitos em língua portuguesa para o Brasil:
Matrix Editora
www.matrixeditora.com.br

Diretor editorial
Paulo Tadeu

Capa
Allan Martini Colombo

CIP-BRASIL - CATALOGAÇÃO NA PUBLICAÇÃO
SINDICATO NACIONAL DOS EDITORES DE LIVROS, RJ

S125n
34. ed.
Sacconi, Luiz Antonio
Nossa gramática completa / Luiz Antonio Sacconi. - 34. ed. - São Paulo: Matrix, 2020.
512 p.; 27,5 cm.

ISBN 978-65-5616-041-2

1. Língua portuguesa - Gramática. I. Título.

20-67499
CDD: 469.5
CDU: 811.134.3'36

Camila Donis Hartmann - Bibliotecária - CRB-7/6472